PÉRIGORD QUERCY

Dordogne Lot

Collection sous la responsabilité d'Anne Teffo

Édition	Stéphanie Vinet
Rédaction	Frédéric Denhez, Stéphanie Vinet
Cartographie	Véronique Aissani, Denis Rasse, André Prévault, Thierry Lemasson, Pascale Bisson, Michèle Cana, Stéphane Anton
Informations pratiques	www.insee.fr (chiffres population)
Conception graphique	Laurent Muller (couverture), Agence Rampazzo (maquette intérieure)
Relecture	Agnès Jeanjean
Régie publicitaire et partenariats	michelin-cartesetguides-btob@fr.michelin.com *Le contenu des pages de publicité insérées dans ce guide n'engage que la responsabilité des annonceurs.*
Remerciements	Patrick Berger
Contacts	Michelin Cartes et Guides Le Guide Vert 46, avenue de Breteuil 75324 Paris Cedex 07 ✆ 01 45 66 12 34 – Fax : 01 45 66 13 75 www.cartesetguides.michelin.fr www.viamichelin.fr

Parution 2009

Votre avis nous intéresse

Vous souhaitez donner votre avis sur nos publications ou nous faire part de vos expériences ?
Rendez-vous sur **www.votreaviscartesetguides.michelin.fr**

Note au lecteur

L'équipe éditoriale a apporté le plus grand soin à la rédaction de ce guide et à sa vérification. Toutefois, les informations pratiques (prix, adresses, conditions de visite, numéros de téléphone, sites et adresses Internet…) doivent être considérées comme des indications du fait de l'évolution constante des données. Il n'est pas totalement exclu que certaines d'entre elles ne soient plus, à la date de parution du guide, tout à fait exactes ou exhaustives. Elles ne sauraient de ce fait engager notre responsabilité.

Le Guide Vert,

la culture en mouvement

Vous avez envie de bouger pendant vos vacances, le week-end ou simplement quelques heures pour changer d'air ? Le Guide Vert vous apporte des idées, des conseils et une connaissance récente, indispensable, de votre destination.

Tout d'abord, **sachez que tout change**. Toutes les informations pratiques du voyage évoluent rapidement : nouveaux hôtels et restaurants, nouveaux tarifs, nouveaux horaires d'ouverture... Le patrimoine aussi est en perpétuelle évolution, qu'il soit artistique, industriel ou artisanal... Des initiatives surgissent partout pour rénover, améliorer, surprendre, instruire, divertir. Même les lieux les plus connus innovent : nouveaux aménagements, nouvelles acquisitions ou animations, nouvelles découvertes enrichissent les circuits de visite.

Le Guide Vert **recense** et **présente ces changements** ; il réévalue en permanence le niveau d'intérêt de chaque curiosité afin de bien mesurer ce qui aujourd'hui vaut le voyage (distingué par ses fameuses 3 étoiles), mérite un détour (2 étoiles), est intéressant (1 étoile). Actualisation, sélection et appréciation sur le terrain sont les maîtres mots de la collection, afin que Le Guide Vert soit à chaque édition le reflet de la réalité touristique du moment.

Créé dès l'origine pour **faciliter et enrichir vos déplacements**, Le Guide Vert s'adresse encore aujourd'hui à tous ceux qui aiment connaître et comprendre ce qui fait l'identité d'une région. Simple, clair et facile à utiliser, il est aussi idéal pour voyager en famille. Le symbole [icon] signale tout ce qui est intéressant pour les enfants : zoos, parcs d'attractions, musées insolites, mais également animations pédagogiques pour découvrir les grands sites.

Ce guide vit pour vous et par vous. N'hésitez pas à nous faire part de vos remarques, suggestions ou découvertes ; elles viendront enrichir la prochaine édition de ce guide.

L'ÉQUIPE DU GUIDE VERT MICHELIN
LeGuideVert@fr.michelin.com

ORGANISER SON VOYAGE

OÙ ET QUAND PARTIR

S'Y RENDRE ET CHOISIR SES ADRESSES

À FAIRE ET À VOIR

COMPRENDRE LA RÉGION

NATURE

HISTOIRE

ART ET CULTURE

LE PÉRIGORD ET LE QUERCY AUJOURD'HUI

VILLES ET SITES

À l'intérieur du premier rabat de couverture, la carte générale intitulée « **Les plus beaux sites** » donne :
- une **vision synthétique** de tous les lieux traités ;
- les **sites étoilés** repérables en un coup d'œil ;
- les **circuits de découverte**, dessinés en vert, aux environs des destinations principales.

Dans la partie « **Découvrir les sites** » :
- les **destinations principales** sont classées par ordre alphabétique ;
- les **destinations moins importantes** leur sont rattachées sous les rubriques « Aux alentours » ou « Circuits de découverte » ;
- les **informations pratiques** sont présentées dans un encadré vert dans chaque chapitre.

L'**index** permet de retrouver rapidement la description de chaque lieu.

DÉCOUVRIR LES SITES

Canoë à La Roque-Gageac.

R. Mattes / MICHELIN

ORGANISER SON VOYAGE

OÙ ET QUAND PARTIR

Nos conseils de lieux de séjour

Sites préhistoriques, châteaux ou églises romanes ? Vallées encaissées ou causse desséché ? Randonnée pédestre ou descente en kayak ? La région satisfait à peu près toutes les demandes ; elle a tous les patrimoines à offrir, naturel, bâti, gastronomique et historique.

UN CONCENTRÉ DE PÉRIGORD

Un coup d'œil à notre carte générale Les plus beaux sites *(dans le rabat de couverture)* suffira à vous en persuader : la vallée de la Dordogne et le Périgord noir offrent un concentré des atouts de la région. Grottes préhistoriques de Lascaux et des Eyzies, châteaux perchés de Castelnaud, de Montfort et de Commarque, cités préservées de Sarlat-la-Canéda et de La Roque-Gageac, gouffre de Proumeyssac, jardins de Marqueyssac et d'Eyrignac, paysages naturels de la vallée, de ses falaises et de ses cingles sont réunis sur un territoire relativement restreint. C'est sans doute grâce à ce patrimoine hors du commun que la Dordogne est le département qui vend le plus de nuitées « à la campagne ». Car l'affluence touristique, sensible de mai à septembre, répond à ces atouts. Les routes étant relativement étroites et constamment sinueuses, prévoyez de parcourir en moyenne 40 km par heure, et beaucoup moins si vous devez traverser une cité touristique comme Sarlat, Les Eyzies ou Montignac. Vous viendrez ici en séjours à la fois **culturels** et **naturels**. L'offre de logement est abondante, relativement concurrentielle et active toute l'année. Pour les hôtels et commerces, les principales villes sont Sarlat-la-Canéda, Le Bugue, Montignac, Les Eyzies-de-Tayac-Sireuil, Souillac pour les plus importantes, mais aussi Domme, Beynac-et-Cazenac, La Roque-Gageac et St-Cyprien. Vous trouverez des chambres d'hôte à peu près partout, de même que des restaurants. Les campings s'avèrent dix fois plus nombreux en Périgord noir que dans les Périgords vert et blanc. L'allégement du budget que les campings autorisent habituellement doit être ici modéré : en Périgord noir, la majorité affiche 3 ou 4 étoiles. Aussi ne s'étonne-t-on pas que la Dordogne dans son ensemble, et le Périgord noir en particulier, attire des visiteurs plutôt aisés ou aisés et moins de familles que dans d'autres départements.

Bon à savoir – Par la densité géographique de son patrimoine, le Périgord noir se prête idéalement aux **courts** et **moyens séjours**. Hors saison, vous pouvez aussi faire jouer la concurrence entre les nombreux types d'hébergement.

DES RÉGIONS PROPICES AUX LONGS SÉJOURS

Hors de cette zone, le Périgord et le Quercy déclinent un tourisme moins concentré. Dans les **Périgord pourpre, vert** et **blanc**, les chambres d'hôte, ouvertes sur une longue période, maillent l'ensemble du territoire. Pour la plupart, les campings se répartissent aux confins du Périgord vert (Tourtoirac, environs de Nontron et de Villefranche-de-Lonchat), le long de l'Isle et à proximité de Périgueux en Périgord blanc, le long de la Dordogne et vers Biron en Périgord pourpre. Les villes ressources sont Nontron, Brantôme, Périgueux, Bergerac suivies par Tourtoirac, Excideuil, Sorges, Bourdeilles et Ribérac. Le tourisme familial profite d'un ample choix de Stations Vertes *(voir p. 22)*. Le patrimoine naturel de ces régions vallonnées, boisées et traversées par les rivières s'agrémente de nombreuses églises romanes à coupoles.

En Quercy, les sites les plus touristiques que sont Rocamadour, Cahors, Figeac, les grottes du Pech-Merle et St-Cirq-Lapopie sont assez bien répartis sur un territoire propice au **tourisme familial** par le nombre de ses rivières ouvertes à la baignade et de ses randonnées de tous types. Le réseau des campings, de Stations Vertes et des chambres d'hôte couvre à peu près uniformément l'ensemble de la région, avec néanmoins une concentration en vallée de la Dordogne lotoise. La proportion de campings 3 et 4 étoiles est du même ordre qu'en Dordogne, mais la dépense moyenne journalière des visiteurs est bien moindre. Il est juste de préciser aussi que plus de la moitié des vacanciers bénéficient de logement non payant (amis, famille et résidence secondaire). Les villes ressources sont Rocamadour (attention, beaucoup de sites y sont fermés de novembre à mars), Figeac, Cahors, suivies par Gramat, Gourdon, Najac et Caussade. Le Quercy dispose en outre d'une rare Station kid *(voir p. 31)* de campagne, installée à Figeac.

Bon à savoir – Répondant à cette tendance de tourisme familial, la saisonnalité est ici marquée. Renseignez-vous donc sur l'ouverture des sites et restaurants si vous comptez venir hors saison.

Nos propositions d'itinéraires

LA DORDOGNE QUERCYNOISE

Circuit de 5 jours au départ de Rocamadour (182 km).

1er jour – L'époustouflant site de Rocamadour éblouira votre matinée. Déjeunez à proximité, puis descendez dans la vallée vous rafraîchir au contact de l'**Alzou**. En longeant la rivière à contre-courant par le GR 6, vous traversez un Espace naturel sensible de toute beauté. Reprenez la voiture pour aller visiter le petit **moulin de Cougnaguet**, un vestige médiéval qui fonctionne encore, sur l'**Ouysse**. Passez la nuit à Rocamadour, quand les foules l'ont libéré.

2e jour – Direction **les grottes de Lacave** et leurs concrétions d'une ampleur exceptionnelle. Après avoir déjeuné, remontez la vallée de la Dordogne jusqu'au beau village de **Meyronne.** Là, deux options : parcourez en canoë l'une des portions les plus sauvages de la Dordogne, ou passez directement la rivière, direction **Souillac** à l'ouest et sa belle église abbatiale. Restez-y pour la nuit.

3e jour – Partez au matin pour **Martel** (D 803) et ses sept tours. La place des Consuls, l'hôtel de la Reymondie, les ruelles et l'église sont l'occasion d'une belle promenade. Il vous reste encore un peu de temps pour monter au **puy d'Issolud** et apprécier la vue de ce tout dernier lieu de résistance gauloise, du temps où il se nommait Uxellodunum. Vous pourrez déjeuner dans le cadre très préservé du village de **Carennac**. Passez-y le début de votre après-midi. Suivant votre désir, longez la Dordogne à l'ouest : vous parcourrez ensuite tout ou une partie du sentier au départ de Floirac qui longe et commente le **Couasne de Floirac**. Passez la nuit à proximité de Padirac.

M.-H. Carcanague / MICHELIN

Le site de Rocamadour.

4e jour – Prenez votre imperméable car les concrétions continuent à se former le long de la rivière souterraine du vertigineux **gouffre de Padirac**. Vous pouvez déjeuner à proximité, avant de prendre la direction du **cirque d'Autoire**. Montez par le chemin rocailleux pour apprécier la vue superbe sur ce site naturel ! Passez enfin par le joli village d'Autoire. Vous pourrez faire étape à **Loubressac**, village perché qui observe sur 360 ° (ou presque) la vallée et le causse de Gramat.

5e jour – Deux châteaux, trois époques que nous n'abordons pas dans l'ordre chronologique pour cette dernière journée. Commencez par le **château de Montal**, que l'on compare pour ses ornements Renaissance aux châteaux de la Loire. Avant de déjeuner dans les ruelles charmantes de **St-Céré**, intéressez-vous aux tapisseries et dessins contemporains de Jean Lurçat. C'est de loin que vous apercevrez la forteresse médiévale de **Castelnau-Bretenoux**, dont la baronnie domina longtemps le Quercy. L'A 20 est accessible à la hauteur de Souillac.

LA BOURIANE, LA BASSE VALLÉE DU LOT ET LE QUERCY BLANC

Circuit de 5 jours au départ de Gourdon (340 km).

1er jour – Tout commence à **Gourdon**, capitale de la verte Bouriane. Passez la matinée en ville, profitez pour déjeuner de sa spécialité en foie gras, truffes et châtaignes, puis rendez-vous aux grottes de **Cougnac**, tant pour leurs concrétions que pour leurs dessins préhistoriques. Ne ratez pas la minuscule église de **N.-D.-des-Neiges**, avec son retable et sa source intérieure. La jolie D 673 mène à travers bois à **Salviac** et ses vitraux Renaissance. Vous traversez l'ancienne bastide de **Cazals** pour atteindre **Puy-l'Évêque**, à quelques kilomètres au sud. Faites-y étape.

2e jour – Emportez un pique-nique et offrez-vous à nouveau une échappée dans le centre de la Bouriane. Passez par l'église de **Lherm** pour apprécier son retable sculpté. Puis consacrez votre matinée aux ruelles, au musée et à l'église des **Arques**, au nord, qui exposent quelques sculptures de Zadkine.

Déjeunez en cours de route, avant de rejoindre l'Espace naturel sensible des landes du Frau, près de Lavercantière, à une quinzaine de kilomètres au nord, pour une promenade à pied. Faites étape à Cahors.

3e jour – Avec son superbe pont médiéval, le portail roman et le cloître de sa cathédrale, ainsi que son centre historique animé, **Cahors** mérite votre matinée. Déjeunez sur place, puis longez les cingles du Lot. Quittez Cahors par la D 511 à l'ouest et empruntez à gauche la charmante D 9 pour atteindre **Luzech**, le Jardin médiéval des Sens de Castelfranc et **Puy-l'Évêque**, où vous ferez à nouveau étape. Prévoyez un pique-nique pour le lendemain.

4e jour – Dirigez-vous vers le château de **Bonaguil** à l'ouest. Sa découverte marqua le futur Lawrence d'Arabie. Revenez sur vos pas, puis passez de l'autre côté du Lot pour profiter des points de vue de la D 8. Vous aurez l'embarras du choix pour votre aire de pique-nique : **Courbenac**, **Grézels**, **Bélaye** et **Luzech**, presque coupée de sa rivière par un cingle prononcé que l'on découvre depuis l'Impernal. Dînez et dormez à Luzech.

M.-H. Carcanague / MICHELIN

Pigeonnier cylindrique près de Molières.

5e jour – Passez la rivière, direction le sud : vous voici en Quercy blanc, paysage mamelonné parsemé de moulins à vent et de bastides *(voir p. 81)*. Gagnez d'abord **Montcuq**, puis, à l'est par la D 4, la bastide de **Castelnau-Montratier**. Nous vous proposons de gagner **Lauzerte** pour déjeuner. Cette bastide bien conservée a des toits plats qui la rapprochent des villes du sud ; sa place des Cornières est une petite merveille d'urbanisme. Le plan d'eau de **Molières** (pour une baignade, en saison) et la collégiale de **Montpezat-de-Quercy** (ne manquez pas ses tapisseries) sont les dernières étapes de votre circuit. L'A 20 est accessible à Caussade.

PÉRIGORDS BLANC ET VERT : ÉGLISES ET GASTRONOMIE !

Circuit de 5 jours au départ de Périgueux (252 km).

1er jour – **Périgueux**, sa cathédrale romane, les constructions médiévales et Renaissance de St-Front : ce quartier très cinématographique se déploie depuis le sommet de la tour Mataguerre, il y a fort à faire pour le découvrir en entier ! Une bonne matinée à passer, suivie d'une petite promenade digestive sur les quais. Découvrez ensuite le quartier de la Cité. Les Arènes et l'église St-Étienne-de-la-Cité sont deux étapes avant la visite du remarquable musée gallo-romain Vesunna. S'il vous reste encore de l'énergie, faites honneur aux riches collections préhistoriques du musée du Périgord. Dormez à Périgueux.

2e jour – Partez tôt car nous vous avons prévu un long circuit pour ce deuxième jour. Tant par le rythme de son architecture que par celui de sa liturgie, l'abbaye de **Chancelade** invite au calme et à l'élévation spirituelle. Prenez ensuite la route de **Neuvic**, dont vous apprécierez la collection d'arbres, avant de pénétrer en forêt de la Double, que vous traversez par la D 44 jusqu'à **St-Aulaye**, pour la première d'une série d'intéressantes églises. Déjeunez à **Aubeterre-sur-Dronne**, dont l'église troglodytique est impressionnante… Il ne vous reste plus qu'à rouler d'une église romane à coupoles à l'autre : **St-Privat-des-Prés** au sud, **Cumond**, **Ribérac** à l'est. Faites étape à Ribérac.

3e jour – Continuez votre chapelet d'églises à coupoles vers le nord avec **Lusignac**, puis **St-Martial-Viveyrol** et poussez jusqu'à **Vendoire** (écomusée de la Tourbe). Déjeunez à proximité de **Mareuil**. Les modifications successives de la forteresse offrent un véritable cours d'histoire de l'art. Dormez sur place.

4e jour – Découverte du Brantômois et de la gastronomie périgourdine se combinent à présent. **Brantôme** mérite une longue étape, vous y trouverez justement d'agréables restaurants avec terrasse, parfois au bord de la Dronne. Consacrez votre après-midi aux charmes du château de **Puyguilhem**. Dormez à Thiviers (à l'est).

5e jour – Quelle chance d'être à pied d'œuvre pour profiter des matins déserts de **St-Jean-de-Côle** ! Promenez-vous dans le village, puis rendez visite aux splendides concrétions de la grotte de **Villars**. Regagnez **Thiviers** pour le

Dordogne-Périgord
Depuis 450 000 ans, le PÉRIGORD,
c'est en DORDOGNE...
...180 sites et monuments
attendent votre visite...
Pour faciliter vos séjours,
Réservez le Périgord
Grâce au Service Loisirs - Accueil!
loisirs accueil
Dordogne - Périgord
www.perigord-reservation.com
www.dordogne-perigord-tourisme.fr
tél: 05.53.35.50.24
DORDOGNE
PERIGORD
Le pays de l'Hom

Quartier St-Front à Périgueux.

déjeuner et son foie gras. Gardez vos papilles attentives jusqu'à la Maison de la truffe de **Sorges**, avant de regagner Périgueux.

FIGEAC, LES DEUX VALLÉES ET LES CAUSSES

Circuit de 4 jours au départ de Figeac (201 km).

1er jour – **Figeac**, avec son hôtel de la Monnaie, sa place des Écritures et le souvenir de Champollion, mérite votre matinée. Déjeunez en ville. Passez par la D 822 au sud pour la vue sur les mystérieuses aiguilles de Figeac, puis, par beau temps, revenez vers les baignades et jeux du **Domaine de loisirs du Surgié** à l'est. Si la baignade ne vous dit rien, favorisez plutôt les paysages de la D 662 longeant la vallée du Lot. Visitez le **château de Larroque-Toirac**, puis passez la rivière pour profiter du point de vue du **saut de la Mounine**. Revenez faire étape à Figeac et profitez de ses éclairages nocturnes.

2e jour – Emportez un pique-nique ce matin. La **vallée du Célé** se parcourt par la D 41 à l'ouest de Figeac. Chaque village mérite un arrêt tant les panoramas sont surprenants. Sur la route de St-Jacques-de-Compostelle (GR 65), l'ancien prieuré d'**Espagnac-Ste-Eulalie**, séparé de la falaise par une rivière bien maigre, voit passer pèlerins et marcheurs. Continuez jusqu'à **Marcilhac-sur-Célé**, où vous pique-niquerez. Visitez l'ancienne abbaye avant de vous baigner si le cœur vous en dit.

3e jour – Tant par ses concrétions que par ses peintures et vestiges préhistoriques, la grotte du **Pech-Merle** compte parmi les plus belles de France. Qu'elle ouvre donc la matinée d'un jour riche en découvertes ! À Bouziès, traversez la rivière et montez vers **St-Cirq-Lapopie** par une route à flanc de falaise et panoramas mémorables. C'est ainsi qu'on se prépare au choc visuel que représente St-Cirq. Déjeunez là et consacrez le début de votre après-midi au site. Remontez ensuite les méandres du Lot jusqu'au château perché de **Cénevières**. Direction maintenant le causse de Limogne, au sud : faites étape à Limogne-en-Quercy ou Varaire.

4e jour – Terres sauvages doucement vallonnées, sol calcaire et aride : les paysages se sont modifiés et vous allez justement vous intéresser à eux, aux **phosphatières du Cloup d'Aural** de Bach, à l'ouest. Plus au sud, le village médiéval de **Caylus**, où vous déjeunerez, vous ouvre les portes du Rouergue. Passez par son église pour admirer le rude Christ sculpté par Zadkine. Gagnez ensuite l'abbaye de **Beaulieu-en-Rouergue**, dont vous admirerez la coupole sur trompes. Au bord de l'Aveyron, le moyenâgeux **St-Antonin-Noble-Val** permet une dernière promenade à pied, ne manquez pas la façade de son hôtel de ville. Vous pouvez récupérer l'A 20 à Caussade à l'ouest.

VALLÉES DE PRÉHISTOIRE

Circuit de 4 jours au départ des Eyzies-de-Tayac-Sireuil (80 km).

Bon à savoir – Plusieurs de ces sites sont soumis à réservation près d'un mois à l'avance. À défaut, présentez-vous à la première heure à Font-de-Gaume *(voir les Eyzies)*.

1er et 2e jour – Ce parcours très spécialisé se combine avec le week-end aux **Eyzies** *(voir p. 14)*. Vous pourrez prolonger votre 2e journée en vous rendant, en voiture, à la **grotte de Rouffignac**.

3e jour – Vous passerez aujourd'hui d'une vallée à l'autre. Prenez la direction de Sarlat et suivez la vallée de la Beune. Avec des enfants, faites un arrêt au **roc de Cazelle**. Rendez vous ensuite à l'**abri du Cap Blanc**, pour admirer ses sculptures en haut-relief. Déjeunez au pied du château de Beyssac (sur la D 47). Revenez sur vos pas et empruntez, juste après le Cap Blanc, l'étroite D 6 qui monte à travers bois vers la vallée de la Vézère. Faites un détour par le beau **site de la Madeleine**, à l'occupation très ancienne, puis visitez un autre site troglodytique : le beau village de La Roque-St-Christophe. Faites étape aux alentours de Montignac.

4e jour – Alors que vous avez commencé votre circuit par de vrais sites préhistoriques, voici des copies, mais de grande qualité. Dès le matin, réservez vos places pour la grotte de Lascaux II. Passez d'abord au **Thot**, pour voir une reproduction d'une partie de la grotte de Lascaux. Déjeunez à **Montignac**, puis terminez en apothéose par les reproductions des plus belles peintures préhistoriques connues à ce jour : **Lascaux II**. Vous êtes devenu grand amateur de préhistoire...

Nos idées de week-end

Pour un court séjour, il est préférable de venir en voiture car aucun TGV ne dessert la région et sur place vous serez tenté de sortir des villes pour profiter des paysages et sites aux alentours.

PÉRIGUEUX

Rendez-vous place de la Clautre, où se tient le marché le samedi matin, pour goûter quelques produits, avant ou après la visite de la **cathédrale St-Front** aux formes byzantines, qui recèle un monumental retable baroque en bois. Ensuite, allez flâner dans les rues piétonnes du **vieux centre-ville** au gré de vos envies : vous trouverez toujours un trésor d'architecture en chemin. Vous passerez inévitablement devant des boutiques de produits régionaux qui vous ouvriront l'appétit, d'ailleurs la balade vous aura mené à l'heure du déjeuner. Au programme de l'après-midi, la visite des vestiges de l'**antique cité** bâtie à proximité de la source sacrée de la Vésone, avec un arrêt au **Musée gallo-romain**. À la belle saison, profitez des rayons du soleil pour arpenter les **rives de l'Isle** : guinguette, sentiers ou promenades en bateau...

Consacrez votre dimanche matin à la visite du **musée d'Art et d'Archéologie du Périgord** riche d'innombrables œuvres médiévales, objets d'art du 16e au 20e s. et d'une section sur la préhistoire. L'après-midi, sortez de Périgueux pour découvrir l'**abbaye de Chancelade** et, non loin, le petit **prieuré de Merlande**, niché dans un site rafraîchissant à l'écart des grands axes touristiques.

BERGERAC

Pour bien commencer ce week-end, mettez-vous tout de suite en bouche en visitant la **Maison des vins**, sise dans l'un des plus beaux lieux de la ville : le cloître des Récollets. Ensuite, faites un petit détour par le **musée du Tabac**, tout proche. Puis, partez à la recherche de la terrasse de vos rêves pour un repas bien mérité. Reprenez votre découverte du vieux Bergerac sur les pas du héros local, Cyrano, jusqu'aux portes de l'**église Notre-Dame**. Vous pourrez finir cette journée comme vous l'avez débutée, par le vin, en visitant son intéressant musée, également consacré à la batellerie et à la tonnellerie. Le lendemain, quittez Bergerac aux aurores pour parcourir le vaste vignoble du Bergeracois : rosette, montravel, saussignac, pécharmant... Faites vos jeux ! (avec modération, bien sûr) sans oublier l'incontournable visite du **château de Monbazillac**.

SARLAT

Le samedi matin, prenez un petit-déjeuner sur la place de la Liberté avant de parcourir les rues et ruelles du **vieux Sarlat**, de l'ancien évêché à l'hôtel Plamon en passant par le présidial. Après l'effort, le réconfort : voici l'heure de se sustenter dans l'une des quelques bonnes tables du centre. L'après-midi, rendez vous au **moulin de la Tour**, situé à une dizaine de kilomètres au nord-est. Après vous être familiarisé avec la fabrication de l'huile de noix, poussez jusqu'aux magnifiques allées des **jardins d'Eyrignac**. Les uns y trouveront matière à disserter sur l'art paysager, les autres profiteront du calme du lieu pour se laisser aller à quelques pensées vagabondes...

Le lendemain, rejoignez la vallée de la Dordogne à hauteur de Carlux pour contempler la silhouette du **château de Fénelon** (et pourquoi ne pas le visiter ? Il abrite un mobilier intéressant) et la beauté du **cingle de Montfort** par la route de la falaise. En fin d'après-midi, vous aurez gagné **La Roque-Gageac** et **Beynac** pour parcourir ces deux petits bourgs qui étalent leurs belles maisons de pierre ocre sur les berges de la rivière.

CAHORS

Privilégiez la fraîcheur matinale pour parcourir ses **rues et ruelles** animées entre l'îlot Fouillac au nord et la rue Lastié au sud. Quant aux heures chaudes du jour, vous les consacrerez aux édifices religieux de Cahors : la **cathédrale St-Étienne** (son auguste portail nord, son cloître et la chapelle St-Gausbert), l'**église St-Urcisse**, et à l'écart du centre, l'**église St-Barthélemy**. Les amateurs d'art contemporain apprécieront le **musée Henri-Martin**. Les amateurs d'histoire opteront pour le beau **musée de la Résistance**.

Le dimanche, après un petit-déjeuner en terrasse, rien de tel qu'une balade

S. Sauvignier / MICHELIN

Pont Valentré de Cahors.

pour se dégourdir les jambes, les sites excentrés de la ville vous attendent : le magnifique **pont Valentré** qui toise de ses hautes tours les eaux du Lot, la barbacane et la tour St-Jean, comme les nombreux points de vue des environs qui embrassent le cingle du Lot et la ville. Après la pause déjeuner, quittez Cahors en direction des vignobles de l'AOC, en suivant vers l'ouest les flots tranquilles du Lot qui se frayent un chemin à travers le causse. Poussez jusqu'à **Luzech**, voire **Puy-l'Évêque**, petite cité épiscopale blottie à flanc de colline.

ROCAMADOUR

C'est à un véritable pèlerinage que cette proposition vous convie. Celui-ci vous fera découvrir le site somptueux de Rocamadour, le **vieux bourg** animé par ses chalands, ses terrasses ombragées et son musée de la Miniature qui occuperont votre matinée. Réservez l'après-midi pour découvrir la magnifique verticalité de la cité religieuse, du parvis des églises au musée d'Art sacré, avant d'aller admirer un spectacle de vol de rapaces au **Rocher des Aigles**, près des remparts.

Consacrez votre dimanche matin à **L'Hospitalet** et à ses sites : la grotte des Merveilles, le spectacle de la Féerie du rail ou encore la forêt des Singes, ou profitez tout simplement des nombreux magasins de souvenirs. L'après-midi, après l'élévation spirituelle, la descente dans les entrailles de la terre : le **gouffre de Padirac** n'est qu'à une poignée de kilomètres de Rocamadour. Un voyage inoubliable, teinté de folklore, pour découvrir l'un des plus fameux sites des causses du Quercy.

LES EYZIES-DE-TAYAC : LA PRÉHISTOIRE... À PIED

Vous pouvez arriver aux Eyzies en train : vous n'aurez pas besoin de voiture ce week-end. Depuis la gare, prenez la direction de Sarlat le long de la D 47 (prudence, la route est passante) et marchez 10mn pour atteindre Font-de-Gaume. Outre l'émotion procurée par le fait d'entrer dans une des dernières grandes grottes ornées ouvertes au public, le commentaire passionnant assuré par les guides vous jette dans les mystères de la préhistoire. Comptez de nouveau 15mn de marche pour atteindre la grotte des Combarelles située sur la même route. Moins de couleurs ici, des dessins plus difficiles à décrypter mais tout aussi passionnants. Revenez aux Eyzies par la même route pour déjeuner. L'après-midi, traversez la Vézère en remarquant au passage la taille des falaises, révélatrice de l'ancienne puissance de la rivière. Observez-la bien : la vallée compte une densité exceptionnelle de sites préhistoriques. Sur le côté droit de la route, un sentier protégé donne accès à une succession de sites dans la falaise. L'après-midi, visitez la grotte du Grand Roc pour ses splendides concrétions, et celle du rare site de plein air de La Micoque, ancienne aire de dépeçage préhistorique. Revenez par la même route. Après le pont, jetez un œil à l'endroit où l'on a trouvé l'homme de Cro-Magnon, derrière l'hôtel du même nom.

Programme moins chargé pour le dimanche : le matin, soit vous optez pour du kayak, soit vous vous concentrez sur l'abri Pataud et les techniques des préhistoriens. Offrez-vous un bon repas aux Eyzies et terminez ce week-end par les riches collections, les reconstitutions et les multiples films de courte durée du musée national de Préhistoire.

WEEK-END PROLONGÉ DE CHÂTEAUX EN JARDINS

Bon à savoir – Les sites de Hautefort et Eyrignac d'un côté, de Marqueyssac et de Castelnaud de l'autre, sont réunis par des billets combinés. Sachez aussi qu'il vous faudra réserver la visite des jardins de l'Imaginaire.

Vous passez juste la frontière nord du Périgord et voici le plus énigmatique de ses châteaux : **Jumilhac-le-Grand** vous initie par l'ornementation de ses toits aux symboles de l'alchimie. Le petit musée voisin creuse le sujet de la fabrication mythique de l'or. Les yeux pleins de ces rêves étincelants, pénétrez plus avant en Périgord, vers le **château de Hautefort** et son élégante galerie (17e s.). Restauré après un terrible incendie, il a retrouvé un mobilier à sa mesure et se pare de broderies de buis. Vous déjeunerez à proximité. Continuez en direction du sud pour gagner **Terrasson-Lavilledieu**.

Les jardins de l'imaginaire (visites guidées seulement) déclinent diverses variations contemporaines du jardinage. La restauration du vieux centre, les terrasses panoramiques et le pont médiéval agrémenteront votre soirée sur place.

Le dimanche, vous entrez en Périgord noir en prenant la direction de jardins contemporains d'un autre style : ceux d'**Eyrignac**, conçus dans les années 1960, s'inspirent des jardins réguliers dits « à la française ». Buis, ifs et charmes taillés avec un soin amoureux ménagent des effets de perspective. Déjeunez dans les environs avant d'aller apprécier une tout autre conception des jardins, plus fleurie et moins structurée, aux jardins de Cadiot à **Carlux**. Traversez ensuite la Dordogne pour rendre visite au **château de Fénelon**, qui garde la mémoire du grand orateur. En suivant le cours de la rivière, vous arriverez au **site de Montfort**, la forteresse (14e-19e s.) dominant un cingle majestueux. Faites étapes à proximité de **Domme**, charmante bastide perchée.

Le lundi matin, traversez à nouveau la Dordogne : la toute proche **Roque-Gageac** réunit pour votre matinée un site exceptionnel, un petit jardin exotique et un fort troglodytique. Déjeunez sur place, puis achevez votre tournée par un beau doublé : les jardins suspendus de **Marqueyssac** dont les entrelacs de buis taillés se prolongent en panoramas et le **château de Castelnaud**, qui vous enseigne avec talent sur la guerre au Moyen Âge (animations pour les enfants).

Les atouts de la région au fil des saisons

La région bénéficie d'un **climat tempéré** qui la rend agréable à vivre en toutes saisons. D'ouest en est cependant, l'effet modérateur de l'océan Atlantique s'atténue. La hausse des reliefs accentue les contrastes. Grossièrement, entre le sud-ouest du Périgord et le nord-est du Quercy, la pluviométrie augmente et les températures baissent. Si le Périgord est relativement homogène, le Lot est un assemblage de climats intermédiaires entre le climat montagnard du Cantal et celui, océanique, du Tarn-et-Garonne. D'est en ouest, du Massif Central à l'Agenais, le Ségala et le Limargue sont plus frais et arrosés que les autres « pays » quercynois, les causses sont plus secs, les vallées nettement plus chaudes tandis que le Quercy blanc est doux.

Le printemps et l'automne

Ces deux saisons intermédiaires sont douces mais pluvieuses (c'est souvent en avril et mai qu'il pleut le plus) ; ces précipitations sont très bien accueillies par la population car elles favorisent alors la « venue » des cèpes... La pluie est souvent précédée du vent d'autan, qui arrive du sud-est, et des vents d'ouest. Les températures relèvent à la fois de la sécheresse continentale du Massif Central et de l'humidité de l'Atlantique. Parce que l'affluence touristique est moins importante et que les beaux jours sont déjà nombreux, printemps et automne conviennent idéalement au séjour.

L'été

Des mois qui se prêtent aux vacances ! Le beau temps est souvent au rendez-vous avec des températures oscillant entre 25 °C et 35 °C. Il y tombe alors moins de 70 mm d'eau par mois. En août, les orages viennent parfois rafraîchir l'atmosphère. L'affluence touristique atteint son pic en juillet et août et les routes de la vallée de la Dordogne sont souvent embouteillées. À cette période, vous aurez parfois du mal à croiser d'énormes moissonneuses sur les petites routes de campagne, ne prévoyez donc pas des temps records pour vos déplacements.

Quel temps pour demain ?

Services téléphoniques de Météo France – Taper **3250** suivi de :

1 – toutes les prévisions météo départementales jusqu'à 7 jours ;

2 – météo des villes ;

5 – météo des routes.

Accès direct aux prévisions du département – ✆ 0 892 680 2 suivi du numéro du département *(0,34€/mn)*.

Toutes ces informations sont également disponibles sur **www.meteo.fr**.

L'hiver

Dans l'ensemble de la région, la saison froide reste clémente : les températures descendent rarement en dessous de zéro, même s'il arrive qu'on note des records à moins 21 °C (à Bergerac, en 1986) ! La neige est peu fréquente, en moyenne moins de six jours par an, dix dans les zones « en altitude ». Si la plupart des sites de la Dordogne restent ouverts à la visite, en revanche, même autour de Rocamadour et de la grotte du Pech-Merle, beaucoup d'établissements du Lot ferment de novembre à mars.

S'Y RENDRE ET CHOISIR SES ADRESSES

Où s'informer avant de partir

LES ADRESSES UTILES

Pour préparer votre voyage dans le détail, adressez-vous aux professionnels du tourisme de la région qui éditent de nombreuses documentations. Outre les adresses indiquées ci-dessous, sachez que les coordonnées des offices de tourisme ou syndicats d'initiative des villes et sites décrits dans ce guide sont données systématiquement dans l'**encadré pratique** des villes et sites, sous la rubrique « Adresse utile ».

Bon à savoir – Vous trouverez nombre d'informations sur le site de la Fédération des office de tourisme et syndicats d'initiative : **www.tourisme.fr**.

Comités régionaux de tourisme

Aquitaine – *Cité Mondiale - 23 parvis des Chartrons - 33074 Bordeaux Cedex - ✆ 05 56 01 70 00 - www.tourisme-aquitaine.fr.* Il propose plusieurs brochures, que l'on peut aussi télécharger sur le site Internet. Parmi celles-ci, *L'Aquitaine, Le bon côté du Sud* brosse le portrait de la région en images et réunit l'ensemble des renseignements utiles pour organiser son périple. La **carte touristique** permet de mieux le visualiser : accès et distance entre les principales villes et sites incontournables.

Midi-Pyrénées – *54 bd de l'Embouchure - BP 2166 - 31022 Toulouse Cedex 2 - ✆ 05 61 13 55 55 - www.tourisme-midi-pyrenees.com.*

Limousin – *30 cours Gay-Lussac - 87000 Limoges - ✆ 05 55 11 05 90 ou 0 810 410 420 - www.tourismelimousin.com.*

Comités départementaux de tourisme

Dordogne-Périgord – *25 r. du Prés.-Wilson - BP 2063 - 24002 Périgueux Cedex - ✆ 05 53 35 50 24 - www.dordogne-perigord-tourisme.fr.*

Lot – *107 quai Eugène-Cavaignac - BP 7 - 46001 Cahors Cedex 9 - ✆ 05 65 35 07 09 - www.tourisme-lot.com.*

Tarn-et-Garonne – *7 bd Midi-Pyrénées - BP 534 - 82005 Montauban Cedex - ✆ 05 63 21 79 65 - www.tourisme82.com.*

Corrèze – *45 quai Aristide-Briand - 19000 Tulle - ✆ 05 55 29 98 78 - www.vacances-en-correze.net.*

Maison de pays à Paris

Maison Aquitaine – *21 r. des Pyramides - 75001 Paris - ✆ 01 55 35 31 42 - www.maison.aquitaine.fr - lun.-vend. : 10h-18h30.* Située entre le Louvre et l'Opéra (M° Pyramides), elle présente les savoir-faire, l'art de vivre et les cultures de la région à travers des expositions, une bibliothèque et un espace multimédia. Des spécialistes du tourisme aident à préparer votre séjour dans la région.

TOURISME DES PERSONNES HANDICAPÉES

Un certain nombre de curiosités décrites dans ce guide sont accessibles aux personnes à **mobilité réduite**, elles sont signalées par le symbole ♿. Le degré d'accessibilité et les conditions d'accueil variant toutefois d'un site à l'autre, mieux vaut appeler avant tout déplacement.

Accessibilité des infrastructures touristiques

Le **label national Tourisme et Handicap** est délivré en fonction de l'accessibilité des équipements touristiques et de loisirs au regard des quatre grands handicaps : auditif, mental, moteur ou visuel. À ce jour, plus de 2 000 sites labellisés (hébergement, restauration, musées, équipements sportifs, salles de spectacles, etc.) ont été répertoriés en France. Vous pourrez en consulter la liste (classée par type de handicap, région ou type d'activité) sur le site Internet de la Maison de France à l'adresse suivante : **www.franceguide.com/voyageurs/tourisme-et-handicap**.

Association des Paralysés de France – *Direction de la Communication - 17 bd Auguste-Blanqui - 75013 Paris - ✆ 01 45 80 17 17 - www.apf.asso.fr.* Le magazine *Faire Face* publie chaque année, à l'intention des personnes en situation de handicap moteur, un hors-série *Guide vacances* disponible auprès de l'APF.

Accessibilité des transports

Train – Disponible gratuitement dans les gares et boutiques SNCF ou sur le site **www.voyages-sncf.com**, le *Mémento du voyageur handicapé*.

SNCF Accessibilité Service – *✆ 0 800 154 753 (Numéro vert).*

Pour venir en France

Voici quelques informations pour les voyageurs étrangers en provenance de pays francophones comme la Suisse, la Belgique ou le Canada.

Adresses utiles

Ambassade de Suisse – *142 r. de Grenelle - 75007 Paris - ✆ 01 49 55 67 00 - www.eda.admin.ch/paris.*

Ambassade du Canada – *35 av. Montaigne - 75008 Paris - ✆ 01 44 43 29 00 - www.amb-canada.fr.*

Ambassade de Belgique – *9 r. de Tilsitt - 75840 Paris Cedex 17 (guichets)- ✆ 01 47 54 07 64 (en cas d'urgence seulement) - www.diplomatie.be/paris.*

Pièces d'identité

La carte nationale d'identité en cours de validité ou le passeport (même périmé depuis moins de 5 ans) sont valables pour les ressortissants des pays de l'Union européenne, d'Andorre, du Lichtenstein, de Monaco et de Suisse. Pour les Canadiens, il n'y a pas besoin de visa mais d'un passeport valide.

Santé

Les ressortissants de l'Union européenne bénéficient de la gratuité des soins avec la **carte européenne d'assurance-maladie**. Comptez un délai d'au moins deux semaines avant le départ (fabrication et envoi par la poste) pour obtenir la carte auprès de votre caisse d'assurance-maladie. Nominative et individuelle, elle remplace le formulaire E 111 ; chaque membre d'une même famille doit en posséder une.

Véhicules

Pour le conducteur : permis de conduire à trois volets ou permis international. Outre les papiers du véhicule, il est nécessaire de posséder la carte verte d'assurance.

QUELQUES RAPPELS

Code de la route

Sachez que la **vitesse** est généralement limitée à 50 km/h dans les villes et agglomérations, à 90 km/h sur le réseau courant, à 110 km/h sur les voies rapides et à 130 km/h sur les autoroutes.

Le port de la **ceinture** de sécurité est obligatoire à l'avant comme à l'arrière.

Le taux d'**alcoolémie** maximum toléré est de 0,5 g/l.

Argent

La monnaie est l'**euro**. Les chèques de voyage, les principales **cartes de crédit** internationales sont acceptées dans presque tous les commerces, hôtels, restaurants et par les distributeurs de billets.

Téléphone

En France, tous les numéros sont à 10 chiffres.

Pour appeler la France depuis l'étranger, composez le **00 33** et les neuf chiffres de votre correspondant français (sans le zéro initial).

Pour téléphoner à l'étranger depuis la France, composez le **00** + l'indicatif du pays + le numéro de votre correspondant.

Numéros d'urgence – Le **112** (numéro européen), le **18** (pompiers) ou le **17** (police, gendarmerie), le **15** (urgences médicales).

Transports

PAR LA ROUTE

Les grands axes

Par le nord : Paris-Orléans (A 10), Orléans-Vierzon (A 71), Vierzon-Châteauroux-Limoges-Brive-Souillac-Cahors (A 20).

Par le sud : Toulouse-Montauban (A 62), Montauban-Cahors (A 20).

Par l'ouest : Bordeaux-Périgueux-Brive-Clermont-Ferrand (A 89) ; Bordeaux-Bergerac (D 936), Bergerac-Sarlat (D 660, D 29, D 25, D 703 et D 57) ; Bergerac-Cahors (D 660 et D 911).

Les cartes Michelin

Les **cartes Région**, au 1/200 000, couvrent le réseau routier secondaire et

Info pratique

CHANGEMENT DE NUMÉROTATION ROUTIÈRE

Sur de nombreux tronçons, les **routes nationales** passent sous la direction des départements. Leur numérotation est en cours de modification.

La mise en place sur le terrain a commencé en 2006 mais devrait se poursuivre sur plusieurs années. De plus, certaines routes n'ont pas encore définitivement trouvé leur statut au moment où nous bouclons la rédaction de ce guide. Nous n'avons donc pas pu reporter systématiquement les changements de numéros sur l'ensemble de nos cartes et de nos textes.

Bon à savoir – Dans la majorité des cas, on retrouve le n° de la nationale dans les derniers chiffres du n° de la départementale qui la remplace. Exemple : N 16 devient D 1016 ou N 51 devient D 951.

donnent de nombreuses indications touristiques. Elles sont pratiques lorsqu'on aborde un vaste territoire ou pour relier des villes distantes de plus de cent kilomètres. Elles disposent également d'un index complet des localités et proposent les plans des préfectures. Pour ce guide, utilisez les cartes 522, 524 et 525.

Les **cartes Départements**, au 1/150 000 ou au 1/175 000, ont été conçues pour ceux qui aiment prendre le temps de découvrir une zone géographique plus réduite (un ou deux départements) lors de leurs déplacements en voiture. Elles disposent d'un index complet des localités et proposent les plans des préfectures. Pour ce guide, consultez les cartes Départements **329** et **337**.

Et n'oubliez pas, la **carte de France** n° 721 vous offre la vue d'ensemble de la région Périgord-Quercy au 1/1 000 000, avec ses grandes voies d'accès d'où que vous veniez.

Les péages

En venant du nord, péages sur l'A 10 et l'A 71, entre Dourdan et Vierzon. L'autoroute A 20 est payante à partir de Brive et de Montauban. Sur l'A 62, péages à Montauban et Toulouse. Péages à Libourne et Périgueux sur l'A 89.

Informations autoroutières – ✆ *0 892 681 077 - www.autoroutes.fr*. Pour connaître les conditions de circulation et autres informations sur les autoroutes.

Informations sur Internet

Le site Internet **www.ViaMichelin.fr** offre une multitude de services et d'informations pratiques d'aide à la mobilité (calcul d'itinéraires, cartographie, sélection des hôtels et restaurants du *Guide Michelin*) sur la France, entre autres.

Distances en km	Bergerac	Cahors	Figeac	Périgueux	Rocamadour	Sarlat
Bordeaux	119	247	297	137	258	198
Brest	743	833	828	760	790	798
Lille	756	792	787	708	749	755
Lyon	483	466	461	441	423	429
Marseille	609	516	427	595	473	584
Nantes	396	534	529	414	491	497
Nice	773	680	591	759	637	748
Paris	540	576	571	492	533	538
Strasbourg	885	870	865	845	810	833
Toulouse	206	112	163	275	171	180

EN TRAIN

Les grandes lignes

Aucun TGV ne dessert la région. Si vous voulez descendre rapidement de Paris, prenez le TGV (gare Montparnasse) jusqu'à Bordeaux (3h) ou Libourne (3h), ou un train Corail (gare d'Austerlitz) jusqu'à Limoges (3h) où de nombreuses correspondances vous attendent! Pour un Paris-Périgueux ou un Paris-Brive (gare d'Austerlitz), il faut compter entre 4h et 4h30, Paris-Sarlat : 5h30.

Les **liaisons** avec Périgueux s'effectuent à partir de Bordeaux, Libourne, Limoges ou Agen ; celles avec Cahors se font à partir des gares de Brive, Limoges, Montauban ou Toulouse.

Informations générales – ✆ *36 35 (0,34 €/mn) - www.voyages-sncf.com*.

Le réseau régional

Le réseau ferré est bien plus dense dans le **Lot**. Chaque ligne est assurée à la fois par des trains et des bus ; la plupart passent par Capdenac-Gare et Figeac. Les lignes *Toulouse/Figeac/Clermont-Ferrand* et *Toulouse/Capdenac/Decazeville* ne passent dans la région que par ces deux villes. La ligne *Toulouse/Figeac/Brive*, une des plus belles, dessert en plus Assier, Flaujac, Gramat, Rocamadour-Padirac, Floirac, St-Denis-lès-Martel. Autres lignes pittoresques, *Souillac/St-Denis-lès-Martel* (en car uniquement) et *Cahors/Figeac/Capdenac* qui suit la rive droite du Lot. La ligne *Rodez/Figeac/Brive* marque les arrêts à Figeac, Les Quatre-Routes et Turenne. La ligne *Brive/St-Denis-lès-Martel/Aurillac* fait quant à elle les arrêts à Turenne, Les Quatre-Routes, Vayrac, Bétaille, Puybrun, Bretenoux, Laval-de-Cère, Lamativie et Laroquebrou. Au sud, le train *Toulouse/Montauban/Brive* stoppe à Caussade, Montpezat-de-Quercy, Lalbenque, Cahors, Dégagnac, Gourdon et Souillac. Le *Rodez/Cahors* s'arrête à Limogne-en-Quercy, Concots et Arcambal.

Dans le **Périgord**, quatre lignes seulement. *Agen/Périgueux* (via Villefranche-du-Périgord, Belvès, Siorac, Le Buisson-de-Cadouin, Le Bugue, Les Eyzies-de-Tayac-Sireuil, Mauzens-et-Miremont), *Brive/Périgueux/Bordeaux* (elle dessert la plupart des bourgs situés le long de la N 89/A 89 et de l'Isle), *Limoges/Périgueux/Bordeaux* (via Thiviers) et *Sarlat/Bergerac/Bordeaux* (St-Cyprien, Siorac, Le Buisson-de-Cadouin, Trémolat, Lalinde).

Informations sur le réseau régional – ✆ *0 800 872 872 (N° vert tlj sf w.-end) et*

Distances en km	Bergerac	Cahors	Figeac	Périgueux	Rocamadour	Sarlat
Bergerac	-	112	210	49	171	77
Cahors	112	-	70	173	70	72
Figeac	210	70	-	168	46	102
Périgueux	49	173	168	-	130	66
Rocamadour	171	70	46	130	-	64
Sarlat	77	72	102	66	64	-

0 810 810 810 (0,23 €/mn) - www.ter-sncf.com. Retrouvez carte et horaires sur le site Internet.

Les bons plans

Les tarifs de la SNCF varient selon les périodes : -50 % en période **bleue**, -25 % en période **blanche**, plein tarif en période **rouge** *(calendriers dans les gares et boutiques SNCF)*.

Bon à savoir – L'échange ou le remboursement de billets se fait gratuitement jusqu'à la veille du départ. Le jour même du départ, une retenue est imposée par personne et par trajet. Au-delà de cette date, tout échange ou remboursement est impossible et le billet est perdu. Cette condition s'applique à tous les usagers *(sauf tarif PRO)*.

Les cartes de réduction

En vente dans les gares et boutiques SNCF, elles sont valables un an et vous garantissent, dans la limite des places disponibles, des réductions de 25 % à 60 % par rapport à des billets plein tarif. Vous bénéficiez par ailleurs d'un système de cumul de points fidélité vous permettant de gagner des billets.

– **Carte Enfant+** : destinée aux enfants de moins de 12 ans et leurs accompagnateurs.
www.enfantplus-sncf.com

– **Carte 12-25** : pour les 12-25 ans.
www.12-25-sncf.com

– **Carte Senior** : à partir de 60 ans.
www.senior-sncf.com

– **Carte Escapades** : permet aux 26-59 ans d'obtenir des réductions sur tout aller-retour de 200 km minimum effectué le samedi ou le dimanche, avec au choix l'aller-retour dans la même journée, ou la nuit du samedi au dimanche passée sur place et le retour effectué le dimanche.
www.escapades-sncf.com

Tarifs particuliers

Les familles ayant au minimum 3 enfants mineurs peuvent bénéficier d'une **Carte famille nombreuse** *(18 € de frais de dossier)* permettant une réduction individuelle de 30 à 75 % selon le nombre d'enfants (réduction calculée sur le prix plein tarif de 2e classe, même si la carte permet de voyager en 1re). Elle ouvre droit à d'autres réductions hors SNCF *(voir p. 20)*.

Kit « Familles nombreuses » disponible sur www.voyages-sncf.com ou dans les points de vente SNCF.

Les réductions sans carte

Les usagers ne disposant d'aucune carte d'abonnement peuvent toutefois bénéficier de certaines réductions tarifaires :

– **Billets Prem's** : ni échangeables ni remboursables, ces billets s'achètent uniquement en ligne à des tarifs avantageux *(aller simple en TGV à partir de 22 €)*, pourvu que vous réserviez jusqu'à 90 jours avant votre départ ou hors des périodes d'affluence.

Pensez aussi à **IDTGV** qui dessert Bordeaux : l'aller-simple est mis en vente dès 6 mois avant le départ à partir de 19 € quelle que soit la période, exclusivement en ligne et sous forme de billet imprimable.

Découvrez sur **www.voyages-sncf.com** les offres spéciales et bons plans du Net, et demandez à créer une **Alerte résa** pour être informé par mail ou sms des places disponibles sur la destination de votre choix.

– **Offre Loisir** : valable pour tous, sans limite d'âge, cette nouvelle façon de concevoir le voyage récompense l'anticipation de l'achat : plus l'usager réserve à l'avance, meilleurs seront les prix. En fonction de la date de réservation et du taux de remplissage du train, le billet pourra ainsi aller du plein tarif à une réduction de 70 %.

Budget

LES FORFAITS TOURISTIQUES

Pensez à les conserver sur vous pour pouvoir les présenter dans chaque site participant à l'opération.

Pass'Périg'Or

Ce carnet à coupons donne droit à des réductions dans les dans les sites touristiques, quelques hôtels, restaurants et chambres d'hôte. Il est valable un an et sa composition change chaque année *(rens. au ✆ 05 53 35 50 24)*. Il s'obtient auprès du comité départemental du tourisme du Périgord à condition que vous fassiez un séjour payant ou auprès de la centrale de réservation Loisirs-Acceuil Périgord-Dordogne *(voir p. 22)*.

Passeport Pays des Bastides

Tarifs préférentiels sur présentation chez les restaurateurs, prestataires de loisirs et artisans participant à l'opération. Vous trouverez ce passeport dans les offices de tourisme.

Pour en savoir plus : www.pays-des-bastides.com.

Les Coups de cœur de Cathy

Le site Internet www.tourisme-lot.com/coeur.htm (gratuit, il suffit de s'inscrire) informe ses abonnés de promotions sélectionnées et de bons plans dénichés par le comité départemental du tourisme du Lot.

LES BONS PLANS

Les chèques vacances

Ce sont des titres de paiement permettant d'optimiser le budget vacances/loisirs des salariés grâce à une participation de l'employeur. Les salariés du privé peuvent se les procurer auprès de leur employeur ou de leur comité d'entreprise, et les fonctionnaires auprès des organismes sociaux dont ils dépendent.

On peut les utiliser pour régler toutes les dépenses liées à l'hébergement, à la restauration, aux transports ainsi qu'aux loisirs. Il existe aujourd'hui plus de 135 000 points d'accueil.

La carte famille nombreuse

On se la procure auprès de la SNCF *(voir p. 19)*. Elle ouvre droit, outre les billets de train à prix réduits, à des réductions très diverses auprès de la RATP et du RER, des musées nationaux, de certains sites privés, parcs d'attractions, loisirs et équipements sportifs, cinémas et même certaines boutiques. Mieux vaut l'avoir sur soi et demander systématiquement s'il existe un tarif préférentiel famille nombreuse.

NOS ADRESSES D'HÉBERGEMENT ET DE RESTAURATION

Au fil des pages, vous découvrirez nos **encadrés pratiques**, sur fond vert. Ils présentent une sélection d'établissements dans et à proximité des villes ou des sites touristiques auxquels ils sont rattachés. Pour repérer facilement ces adresses sur nos **plans**, nous leur avons attribué des pastilles numérotées.

Nos catégories de prix

Pour vous aider dans votre choix, nous vous communiquons une **fourchette de prix** : pour l'hébergement, les prix communiqués correspondent aux tarifs minimum et maximum d'une chambre double ; il en va de même pour la restauration et les prix des menus proposés sur place. Les mentions « Astuce prix » et « **bc** » signalent : pour la première les formules repas à prix attractif, servies généralement au déjeuner par certains établissements de standing, pour la seconde les menus boisson comprise.

Les prix que nous indiquons sont ceux pratiqués en **haute saison** ; hors saison, de nombreux établissements proposent des tarifs plus avantageux, renseignez-vous… Dans chaque encadré, les adresses sont classées en quatre catégories de prix pour répondre à toutes les attentes *(voir le tableau ci-contre)*.

Premier prix – Choisissez vos adresses parmi celles de la catégorie ⊖ : vous trouverez là des hôtels, des chambres d'hôte simples et conviviales et des tables souvent gourmandes, toujours honnêtes.

Prix moyen – Votre budget est un peu plus large : piochez vos étapes dans les adresses ⊖⊖. Dans cette catégorie, vous trouverez des maisons, souvent de charme, de meilleur confort et plus agréablement aménagées, animées par des passionnés, ravis de vous faire découvrir leur demeure et leur table. Là encore, chambres et tables d'hôte sont au rendez-vous, avec également des hôtels et des restaurants plus traditionnels, bien sûr.

Haut de gamme – Vous souhaitez vous faire plaisir, le temps d'un repas ou d'une nuit, vous aimez voyager dans des conditions très confortables ? Les catégories ⊖⊖⊖ et ⊖⊖⊖⊖ sont pour vous… La vie de château dans de luxueuses chambres d'hôte pas si chères que cela ou dans les palaces et les grands hôtels : à vous de choisir ! Vous pouvez aussi profiter des décors de rêve de lieux

Info pratique

SITES DE LOCATIONS DE MAISONS

La formule à la semaine, ou au mois, s'avère économique au-delà de 3 personnes. Vous en trouverez, à des prix variables, sur de nombreux sites Internet, certains particulièrement fournis : www.locations-france.com, www.locasun.fr, vacances-en-perigord.com, terres-de-vacances.com, www.locationscampagne.com.

NOS CATÉGORIES DE PRIX				
	Se restaurer (prix déjeuner)		**Se loger** (prix de la chambre double)	
	Province	Grandes villes Stations	Province	Grandes villes Stations
€	jusqu'à 14 €	jusqu'à 16 €	jusqu'à 45 €	jusqu'à 65 €
€€	plus de 14 € à 25 €	plus de 16 € à 30 €	plus de 45 € à 80 €	plus de 65 € à 100 €
€€€	plus de 25 € à 40 €	plus de 30 € à 50 €	plus de 80 € à 100 €	plus de 100 € à 160 €
€€€€	plus de 40 €	plus de 50 €	plus de 100 €	plus de 160 €

mythiques à moindres frais, le temps d'un brunch ou d'une tasse de thé... À moins que vous ne préfériez casser votre tirelire pour un repas gastronomique dans un restaurant renommé. Sans oublier que la traditionnelle formule « tenue correcte exigée » est toujours d'actualité dans ces élégantes maisons !

Se loger

NOS CRITÈRES DE CHOIX

Les hôtels

Nous vous proposons une gamme large en termes de confort. Certains établissements assurent un service de restauration également accessible à la clientèle extérieure.

Pour un choix plus étoffé, **Le Guide Michelin France** recommande des hôtels sur toute la France. Pour chaque établissement, le niveau de confort et de prix est indiqué, en plus de nombreux renseignements pratiques. Le symbole « **Bib Hôtel** » signale des hôtels pratiques et accueillants offrant une prestation de qualité à prix raisonnable, moins de 72 € en province (88 € grandes villes et stations balnéaires).

Les chambres d'hôte

Vous êtes reçu directement par les habitants qui vous ouvrent leur demeure. L'atmosphère est plus conviviale qu'à l'hôtel, et l'envie de communiquer doit être réciproque : misanthropes, s'abstenir ! Les prix, mentionnés à la nuit, incluent le petit-déjeuner. Certains propriétaires proposent aussi une table d'hôte, ouverte uniquement le soir, et toujours réservée aux résidents de la maison. Il est très vivement conseillé de réserver votre étape, en raison du grand succès de ce type d'hébergement.

Bon à savoir – Certains établissements ne peuvent pas recevoir vos compagnons à quatre pattes ou les accueillent moyennant un supplément, pensez à le demander lors de votre réservation.

Le camping

Retrouvez les offres proposées dans la région sur les sites Internet dédiés : **www.campings-dordogne.com** et **www.campinglot.com**.

Autrement, le **Guide Camping Michelin France** propose tous les ans une sélection de terrains visités régulièrement par nos inspecteurs. Renseignements pratiques, niveau de confort, prix, agrément, location de bungalows, de mobil-homes ou de chalets y sont mentionnés.

Les locations de bateaux habitables

La location de « bateaux habitables » (sans permis) aménagés en général pour six à huit personnes permet une approche insolite des sites parcourus sur les rivières, en particulier le Lot, navigable sur 75 km entre Luzech et Cénevières. Diverses formules existent : à la journée, au week-end ou à la semaine.

BabouMarine – *Port St-Mary - 46000 Cahors - ✆ 05 65 30 08 99 - www.baboulene-jean.fr.*

Crown Blue Line – *Le Moulinat - 46140 Douelle - ✆ 05 65 20 08 79 - www.crownblueline.com.*

Lot navigation Nicols – *Le Bourg - 46330 Bouziès - ✆ 05 65 24 32 20 - centrale de réservation : ✆ 02 41 56 46 56 - www.nicols.com.*

Nautic - *Cévennes de Caïx - 46140 Luzech - ✆ 05 65 22 21 91 - www.nautic.fr/lot/lot.htm.*

Avant de partir, procurez-vous les cartes nautiques et cartes-guides :

Éditions Grafocarte-Navicarte – *125 r. Jean-Jacques-Rousseau - BP 40 - 92132 Issy-les-Moulineaux Cedex - ✆ 01 41 09 19 00 - www.navicarte.fr.*

Éditions du Plaisancier – *43 pte-du Grand-Lyon - 01700 Neyron - ✆ 04 72 01 58 68.*

LES BONS PLANS

Les services de réservation

Sachez que ces services sont référencés par les comités départementaux de tourisme qui pourront vous renvoyer vers eux selon vos critères. Sur leur site Internet, vous trouverez des idées de séjours et des promotions.

Fédération nationale des services de réservation Loisirs-Accueil – *74/76 r. de Bercy - 75012 Paris - ✆ 01 44 11 10 20 - www.loisirs-accueil.fr.* La fédération anime et fédère un réseau de 55 centrales de réservation départementales.

Fédération nationale Clévacances – *54 bd de l'Embouchure - BP 52166 - 31022 Toulouse Cedex 2 - ✆ 05 61 13 55 66 - www.clevacances.com.* Cette fédération propose des locations de vacances (gîtes, appartements, chalets, villas, demeures de caractère, pavillons en résidence) et des chambres dans toutes les régions françaises et outre-mer.

Fédération des Stations Vertes de vacances et Villages de neige – *BP 71698 - 21016 Dijon Cedex - ✆ 03 80 54 10 50 - www.stationsvertes.com.* Elle rassemble des destinations de vacances familiales, reconnues pour leur qualité de vie, la variété des loisirs et la capacité d'hébergement.

Info pratique

STATIONS VERTES

Dordogne (24) – Belvès, Le Bugue, Le Buisson-de-Cadouin, Montpon-Ménestérol, Nontron, Ribérac, St-Aulaye, Savignac-les-Églises, Sorges, Tocane-St-Apre, Trémolat et Villefranche-du-Périgord.

Lot (46) – Cajarc, Castelnau-Bretenoux, Castelnau-Montratier, Gourdon, Latronquière, Limogne-en-Quercy, Luzech, Martel, Montcuq, Prayssac, Puy-l'Évêque, Souillac et Vers.

Tarn-et-Garonne (82) – Stations couvertes par le guide : Caylus, Laguépie, Montaigu-de-Quercy, Montpezat-de-Quercy et St-Antonin-Noble-Val.

Corrèze (19) – Beaulieu-sur-Dordogne.

Charente (16) – Aubeterre-sur-Dronne.

Aveyron (12) – Najac.

Maison des gîtes de France – *59 r. St-Lazare - 75009 Paris - ✆ 01 49 70 75 75 - www.gites-de-france.com.* Cet organisme publie des guides nationaux par types d'hébergement en milieu rural (gîtes ruraux, chambres et tables d'hôte…) et des guides départementaux.

Info pratique

HÉBERGEMENTS ORIGINAUX

Vous souhaitez, le temps d'un week-end ou d'un plus long séjour, sortir des traditionnels modes d'hébergement ? Et bien vous pourrez opter pour la **yourte** meublée à Lanouaille *(http://yourtes-en-perigord.com - ✆ 05 53 52 37 91)* ou la **cabane** sur pilotis à Urval *(www.cabanicime.com - ✆ 06 82 84 18 24).*

Bienvenue à la ferme

Le guide *Bienvenue à la ferme*, édité par l'assemblée permanente des chambres d'agriculture *(service Agriculture et Tourisme - 9 av. George-V - 75008 Paris - ✆ 01 53 57 11 44)*, est aussi en vente en librairie ou sur **www.bienvenue-a-la-ferme.com**. Il propose par région et par département des fermes-auberges, campings à la ferme, fermes de séjour, mais aussi des loisirs variés : approches pédagogiques pour enfants, découverte de la gastronomie des terroirs en ferme-auberge, dégustation de produits…

Les auberges de jeunesse

Fédération unie des Auberges de la Jeunesse – *27 r. Pajol - 75018 Paris - ✆ 01 44 89 87 27 - www.fuaj.org.* La **carte FUAJ** est délivrée en échange d'une cotisation annuelle de 11 € pour les moins de 26 ans, de 16 € au-delà de cet âge et de 23 € pour les familles. Vous trouverez une auberge de jeunesse affiliée à : Beaulieu-sur-Dordogne, Brive-la-Gaillarde, Cadouin, Cahors, Périgueux et Villefranche-de-Rouergue.

L'hébergement pour randonneurs

Les randonneurs peuvent consulter le site **www.gites-refuges.com**, principalement destiné aux amateurs de randonnée, d'alpinisme, d'escalade, de ski, de cyclotourisme et de canoë-kayak.

POUR DÉPANNER

Les chaînes hôtelières

L'hôtellerie dite « économique » peut éventuellement vous rendre service. Sachez que vous y trouverez un équipement complet (sanitaire privé et télévision), mais un confort très simple. Souvent à proximité de grands axes routiers, ces établissements n'assurent pas de restauration. Toutefois, leurs tarifs

DONNEZ DU RELIEF
À VOS VOYAGES !
Nouvelles cartes Départements
Relief image satellite
MICHELIN
Aude, Pyrénées-Orientales
1 cm = 1,5 km
Relief image satellite
Carte précise et détaillée
Sélection des plus beaux sites
Suggestions d'itinéraires
Plans de ville : Carcassonne, Perpignan
Nouvelle numérotation des routes nationales et départementales

restent difficiles à concurrencer (moins de 50 € la chambre double). Voici donc les centrales de réservation de quelques chaînes :

Akena – ✆ *01 69 84 85 17 - www.hotels-akena.com.*

B & B – ✆ *0 892 782 929 - www.hotel-bb.com.*

Etap Hôtel – ✆ *0 892 688 900 - www.etaphotel.com.*

Villages Hôtel – ✆ *03 80 60 92 70 - www.villages-hotel.com.*

Enfin, les hôtels suivants, un peu plus chers (à partir de 68 € la chambre), offrent un meilleur confort et quelques services complémentaires :

Campanile – ✆ *0 825 003 003 - www.campanile.fr.*

Kyriad – ✆ *0 825 003 003 - www.kyriad.fr.*

Ibis – ✆ *0 825 882 222 - ibishotel.com.*

Info pratique

GOÛTEZ DU PAYS !

En Aquitaine, vous verrez affiché sur certaines devantures de café ou de restaurant « Café de Pays » ou « Assiette de Pays », dans la région Midi-Pyrénées ce sera « Bistrot de Pays® ». Dans les deux cas, ces marques signalent des établissement qui portent une attention particulière à l'accueil et aux saveurs locales. D'une part, ils servent de relais d'informations, disposant de documentations touristiques ; ce sont aussi des lieux de vie, assurant un programme d'animations tout au long de l'année. D'autre part, ils mettent à l'honneur les produits du terroir en vitrine ou dans l'assiette soigneusement composée.

Pour en savoir plus et connaître la liste des établissements, consultez : www.bistrotdepays.com et http://aquitaine.bienvenueaupays.fr.

Se restaurer

NOS CRITÈRES DE CHOIX

Pour répondre à toutes les envies nous avons sélectionné des **restaurants** régionaux bien sûr, mais aussi classiques, exotiques ou à thème… Et des lieux plus simples, où vous pourrez grignoter une salade composée, une tarte salée, une pâtisserie ou déguster des produits régionaux sur le pouce.

Pour un choix plus étoffé et actualisé, **Le Guide Michelin France** recommande des restaurants sur toute la France. Pour chaque établissement, le niveau de confort et de prix est indiqué, en plus de nombreux renseignements pratiques. Le symbole **« Bib Gourmand »** signale les tables qui proposent une cuisine soignée à moins de 28 € en province (36 € grandes villes et stations balnéaires).

Quelques **fermes-auberges** vous permettront de découvrir les saveurs de la du terroir. Vous y goûterez des produits authentiques provenant de l'exploitation agricole, préparés dans la tradition et généralement servis en menu unique. Le service et l'ambiance sont bon enfant. Réservation obligatoire !

LES TABLES ÉTOILÉES

Dans le secteur que couvre ce guide, dix établissements qui se sont vus attribuer une étoile par les inspecteurs du Guide Michelin en 2008.

Dans le Périgord

Le Moulin de l'Abbaye – *Brantôme - ✆ 05 53 05 80 22.*

Le Manoir de Bellerive – *Le Buisson-de-Cadouin - ✆ 05 53 22 16 16.*

Le Moulin du Roc – *Champagnac-de-Belair - ✆ 05 53 02 86 00.*

L'Essentiel – *Périgueux - ✆ 05 53 35 15 15.*

Le Grand Bleu – *Sarlat - ✆ 05 53 31 08 48.*

L'Imaginaire – *Terrasson-Lavilledieu - ✆ 05 53 51 37 27.*

Le Vieux Logis – *Trémolat - ✆ 05 53 22 80 06.*

Dans le Lot

Château de la Treyne – *Lacave - ✆ 05 65 27 60 60.*

Pont de l'Ouysse – *Lacave - ✆ 05 65 37 87 04.*

Les Trois Soleils de Montal – *St-Céré - ✆ 05 65 10 16 16.*

SITES REMARQUABLES DU GOÛT

C'est un label dotant des sites dont la richesse gastronomique s'appuie sur des produits de qualité et, ce qui ne gâte rien, un environnement culturel et touristique intéressant. En Périgord-Quercy, en bénéficient Martel-en-Quercy pour son huile de noix, Lalbenque pour son marché de la truffe, Objat pour son marché aux veaux de lait sous la mère.

Pour en savoir plus, consultez : **www.sitesremarquablesdugout.com**.

À FAIRE ET À VOIR

Activités et loisirs de A à Z

Les **comités départementaux** et **comités régionaux de tourisme** *(voir p. 16)* disposent de nombreuses documentations et répondront à vos demandes d'informations sur les activités proposées dans leur secteur. Retrouvez notre sélection de prestataires dans les rubriques « Visite » et « Sports & Loisirs » des encadrés pratiques des villes et sites.

S. Sauvignier / MICHELIN

Promenade en canoë sur le Lot.

BAIGNADE

Selon les paramètres bactériologiques et chimiques, les eaux de la Dordogne, du Lot et du Célé sont de bonne qualité, en particulier dans le Lot. Les indicateurs bactériologiques se dégradent cependant après des épisodes fortement pluvieux, au cours desquels les affluents (Cère et Bave notamment) charrient des eaux chargées en polluants organiques qui peuvent encourager la floraison bactérienne et algale.

De façon générale, la baignade est peu pratiquée dans les rivières de la région, pourtant bien agréables ! Elle l'est beaucoup plus dans les plans d'eau et étangs (18 en Quercy, 29 en Périgord), où la qualité des eaux est classée comme moyenne par les autorités sanitaires.

Pour en savoir plus : http://baignades.sante.gouv.fr.

Pour le Lot : vous pouvez contacter le service Inf'eau loisirs – *0 805 46 46 00 (appel gratuit).*

CANOË-KAYAK

Les eaux paisibles des rivières périgourdines et quercynoises se prêtent bien à la découverte du canoë-kayak.

Le **canoë** (d'origine canadienne) se manie avec une pagaie simple. C'est l'embarcation pour la promenade fluviale en famille, à la journée, en rayonnant au départ d'une base, ou en randonnée pour la découverte d'une vallée à son rythme. Le **kayak** (d'origine esquimaude) se déplace avec une pagaie double. Les lacs et les parties basses des cours d'eau offrent un vaste choix de parcours.

Où pratiquer

La descente de la Dordogne ou du Lot se révèle idéale pour une initiation. Le débutant peut aussi améliorer sa technique sur des parcours de faible difficulté inscrits dans des sites remarquables : bas Célé (Lot), Dordogne, Lot, basse Vézère. Bien que paisibles, ces eaux nécessitent le respect des règles de sécurité.

Pour sortir des eaux calmes, le sportif confirmé pourra descendre la Corrèze, l'Elle (Corrèze) ; l'Auvézère, le Céou, la haute Dronne, la haute Isle (Dordogne) ; le haut Célé (Lot).

Où s'informer

Fédération française de canoë-kayak – *87 quai de la Marne - 94344 Joinville-le-Pont - 01 45 11 08 50 - www.ffcanoe.asso.fr.* Elle édite un livre *France canoë-kayak et sports d'eaux vives*, et, avec le concours de l'IGN, une carte *Les Rivières de France*, avec tous les cours d'eau praticables.

Bon à savoir – Les bases de location accueillent les débutants comme les pratiquants confirmés et proposent la descente ou la randonnée libre (parfois accompagnée), ainsi que d'autres prestations (VTT, spéléologie, etc.).

ESCALADE

Les falaises creusées par les rivières sont une bénédiction pour les amateurs de varappe.

Dans le **Lot**, 22 sites principaux recèlent plus de 500 voies s'échelonnant de relativement faciles (Montcabrier, coté 3c) à difficiles (Vers, St-Géry, Autoire, cotés 8b).

Le **Périgord** ne compte que 13 sites seulement mais un nombre équivalent de voies, notamment à Castelnaud (180 voies, de 3c à 8b).

Les 6 sites quercynois du **Tarn-et-Garonne** sont parcourus par 500 voies, du 4 au 8b.

Un site enfin se situe dans la partie de la **Corrèze** couverte par ce guide : Aubazines, avec 100 voies du 3b au 7a.

Pour plus d'informations, consultez le site Internet **www.ffme.fr/site/FALAISE_index.php**.

Pour une **initiation** ou un **encadrement**, la Fédération française de montagne et d'escalade accrédite 6 clubs en Dordogne, 10 dans le Lot, 2 à St-Antonin-Noble-Val et un à Brive.

Fédération française de la montagne et de l'escalade – *8-10 quai de la Marne - 75019 Paris - ✆ 01 40 18 75 50 - www.ffme.fr.*

ESPACES NATURELS SENSIBLES

Le conseil général du Lot a financé cinq **Espaces naturels sensibles** (ENS) en partenariat avec le Parc naturel régional des Causses du Quercy et les communes. Dans chacune de ces zones de grand intérêt patrimonial, un sentier d'interprétation a été tracé (8 au total). Le promeneur va de borne en borne, dans laquelle il insère une fiche correspondante. Extraite de son « guide de découverte » *(disponible dans les offices de tourisme et au siège du parc - payant)*, cette fiche permet de lire le paysage offert et d'insister sur des aspects factuels particuliers.

Voir Les Arques, vallée de la Dordogne, Gourdon, Labastide-Murat, Rocamadour.

FERMES

Certaines d'entre elles proposent des visites accompagnées, organisées par les offices de tourisme, que l'on effectue avec son propre véhicule. Vous pourrez y goûter tous les produits de vos rêves, assister à un gavage ou encore aller sur les traces d'une truffière…

FOIE GRAS

Les stages de préparation du foie gras se déroulent le week-end ou en semaine sur une durée de 2 à 3 jours (voire plus), pendant la saison du gras, généralement d'octobre à mars. Les personnes désirant apprendre à confectionner le foie gras, le confit, le cou farci, etc. sont reçues dans des fermes, gîtes ou hôtels. Le prix du stage comprend l'initiation (découpe, transformation et conservation), les repas et l'hébergement, mais pas l'achat de l'oie ou du canard.

S. Sauvignier / MICHELIN

Composition de foie gras.

Loisirs-Accueil Lot – *✆ 05 65 53 20 90 - www.reservation-lot.com.*

Loisirs-Accueil Dordogne-Périgord – *✆ 05 53 35 50 00 - www.perigord-reservation.com.*

GABARRES

Vous pouvez découvrir quelques sites du Périgord à bord d'une gabarre. Ce bateau est un survivant de la multitude qui fit la gloire de la batellerie de la Dordogne au 19e s. *(voir p. 56).*

Nom générique des unités qui remontaient ou descendaient fleuves et rivières de la région, la gabarre se déclinait en couraux, gabarots et autres courpats. Les navires actuels ne font que de la promenade d'une heure à une heure et demie. Un moment agréable en début et en fin de journée, particulièrement impressionnant à Beynac et La Roque-Gageac.

Voir les encadrés pratiques de Bergerac, Beynac, Terrasson-Lavilledieu et La Roque-Gageac.

GOLF

Peu nombreux dans la région, les golfs sont situés dans un agréable cadre de verdure, au relief vallonné, parfois entourés de forêts.

En Dordogne : à Vitrac, Siorac-en-Périgord et Monestier pour les 9 trous, Périgueux, Mouleydier, St-Félix-de-Reilhac, Siorac-en-Périgord et Marsac-sur-l'Isle pour les 18 trous.

Dans le Lot : 9 trous à Sauveterre et au château de Montal *(voir ce nom)* et 18 trous à Souillac.

Fédération française de golf – *68 r. Anatole-France - 92300 Levallois-Perret Cedex - ✆ 01 41 49 77 00 ou 0 892 691 818 - www.ffgolf.org.*

GROTTES ET GOUFFRES

Une fois que vous vous serez prémuni contre la fraîcheur souterraine (température constante avoisinant les 13 °C), choisissez-les pour leurs exceptionnels dessins ou sculptures préhistoriques (Le Cap Blanc, Les Combarelles, Font-de-Gaume, Lascaux et Pech-Merle), leurs concrétions naturelles (Foissac, Le Grand

Info pratique

RECONNAISSANCE

Saviez-vous que certaines communes de la **vallée de la Vézère** sont classées patrimoine mondial de l'Humanité ? C'est dire la richesse et l'importance des sites que comptent les lieux. Un **Pôle International de la Préhistoire** a même été créé, rassemblant de multiples informations, pour les spécialistes et les néophytes, que vous pouvez retrouver sur son site **www.pole-prehistoire.com**. Vous pourrez d'ailleurs télécharger une **balade audioguidée** (25mn en tout) à écouter sur place en suivant les indications qui terminent la description de chaque étape (7 au total).

Roc, Lacave, Maxange, Padirac) parfois agrémentés de spectaculaires son et lumière (Proumeyssac, Villars).

MARCHÉS

Les producteurs fermiers diffusent leurs spécialités en se regroupant sur des marchés, assurant ainsi eux-mêmes la promotion de produits de qualité. Reportez-vous aux encadrés pratiques des villes pour connaître leur emplacement.

Marchés des producteurs de pays

Disposant d'une charte de qualité, ces marchés se tiennent le matin ou en fin d'après-midi en saison (entre la mi-juin et la mi-septembre) avec parfois une animation folklorique. Pour en connaître la liste, consultez le site **www.marches-producteurs.com**.

Marchés d'exception

De par leur histoire très ancienne et la diversité des produits qui y sont présentés, les marchés de **Cahors** et de **Martel** ont été qualifiés de marchés d'exception par le Conseil national des arts culinaires.

Marchés de nuit

Ils ne sont pas toujours reconduits d'une année sur l'autre mais se tiennent habituellement, certains jours de l'été, à Cahors, Figeac, Paunat, Périgueux, St-Avit, St-Céré... Renseignez auprès des offices de tourisme.

PÊCHE

La région propose à l'amateur un riche réseau de rivières, de vastes étangs et de plans d'eau classés en deux catégories.

Eaux à salmonidés (truites) – Classées en 1re catégorie, elles occupent le cours supérieur des rivières importantes. Vous en trouverez entre autres au lac du Tolerme, à Sénaillac-Latronquière, et au plan d'eau de Dégagnac.

Eaux à cyprinidés (ablette, barbeau, brème, carpe, gardon, tanche) – Classées en 2e catégorie, elles occupent les cours moyen et inférieur des rivières, le lac du Causse (Lissac-sur-Couze), le lac du Rosier (Coursac) et le lac de St-Sernin (Montcuq).

Marchés	cèpes (août-novembre)	noix (octobre-novembre)	châtaignes (octobre-novembre)	gras (novembre-mars)	truffes (décembre-mars)
Belvès		merc.			
Brantôme				vend.	
Brive-la-Gaillarde				sam.	
Cahors				sam.	
Excideuil				jeu.	jeu.
Lalbenque					mar.
Limogne-en-Quercy					dim.
Martel				merc., sam.	merc., sam.
Monpazier	tlj, suivant poussée				
Montignac		merc.			
Périgueux				merc., sam.	merc., sam.
Ribérac		vend.		vend.	
Ste-Alvère					lun.
Sarlat-la-Canéda		sam.	sam.	sam.	sam.
Sorges					dim.
Thiviers				sam.	
Villefranche-du-Périgord	tlj, suivant poussée		sam.		

Même s'ils ne sont pas classés, certains **plans d'eau** présentent un intérêt puisqu'ils vous proposent à la fois les loisirs de la baignade, de la pêche et de la planche à voile : plan de Rouffiac (Angoisse), lac de Gurson (Carsac-de-Gurson), étang de St-Estèphe, barrage de Mauzac à Trémolat, plan d'eau de Cazals, lac de Gourdon, lac de Brugale à Laval-de-Cère, base de Caix (Luzech), lac de Malivert (Molières) et lac de Parisot.

Réglementation

Quel que soit l'endroit choisi, il convient d'observer la réglementation nationale ou locale, de s'affilier *(pour l'année en cours)* à une association de pêche et de pisciculture agréée, d'acquitter les taxes afférentes au mode de pêche pratiqué, etc. Pour certains étangs ou lacs, des cartes journalières sont délivrées.

Bon à savoir – Vous trouverez de nombreux renseignements sur le site : **www.club-halieutique.com**.

Où s'informer

Fédération départementale de pêche de Dordogne – *M. Jacques Laguerre - 16 r. des Prés - 24000 Périgueux - ✆ 05 53 06 84 20 - www.federationpechedordogne.com.*

Fédération départementale de pêche du Lot – *182 quai Cavaignac - 46000 Cahors - ✆ 05 65 35 50 22 - www.pechelot.com.*

RANDONNÉE CYCLISTE

S'il n'existe pas de pistes cyclables en Périgord et Quercy *(projets à l'étude dans le Lot)*, des milliers de kilomètres de routes et de chemins, en partie épargnés par l'intense trafic automobile de saison, sont en revanche à la disposition des cyclistes. Des circuits balisés VTT ont été mis en place, en Dordogne et dans le Lot, où les sentiers proposés varient en distance, permettant à chacun de partir pour quelques heures ou la journée.

M.-H. Carcanague / MICHELIN

Promenade en vélo dans la vallée du Lot.

Où s'informer

Fédération française de cyclotourisme – *12 r. Louis-Bertrand - 94207 Ivry-sur-Seine Cedex - ✆ 01 49 35 69 00 - www.ffct.org.*

Fédération française de cyclisme – *5 r. de Rome - 93561 Rosny-sous-Bois Cedex - ✆ 01 49 35 69 24 - www.ffc.fr.* La fédération propose 46 000 km de sentiers balisés pour la pratique du VTT, répertoriés dans un guide annuel gratuit.

Comité départemental de cyclotourisme de Dordogne – *M. Hubert Prévost - 14 rte de Montbreton - 24340 Mareuil - ✆ 05 53 04 86 74.*

Comité départemental de cyclotourisme du Lot – *Milan - 46120 Leyme - ✆ 05 65 10 98 90 - www.randocyclovtt46.com.*

Les comités départementaux de tourisme, ainsi que certains office de tourisme, proposent des plans : n'hésitez pas à les solliciter.

RANDONNÉE ÉQUESTRE

La région dispose de centaines de kilomètres d'itinéraires équestres disséminés à travers les forêts, les causses et les vallées des principales rivières.

Itinéraires balisés

Dordogne : 900 km – La carte *Sentiers et relais équestres du Périgord* est disponible auprès du comité départemental de tourisme équestre de la Dordogne.

Lot : 700 km – Une *Carte départementale de la randonnée* (échelle 1/200 000), reprenant le tracé des sentiers de Grande Randonnée et de pistes équestres, est disponible auprès du comité départemental de tourisme équestre du Lot.

Promenades en roulotte

Amateurs de nature et de retour aux sources, vous pouvez louer une roulotte et découvrir une région au rythme de la foulée du cheval (5 km/h), en empruntant des voies secondaires. La vie de nomade peut durer de 2 à 7 jours suivant le type de circuit organisé par le loueur.

Pensez à contacter notamment les Loisirs-Accueil *(voir p. 26)* qui proposent ce type de formule.

Plusieurs sites proposent aussi des promenades en calèche.

Où s'informer

Comité national de tourisme équestre – *Parc équestre - 41600 Lamotte-Beuvron - ✆ 02 54 94 46 80 - www.ffe.com.* Le comité édite une brochure annuelle, *Cheval nature, l'officiel du tourisme équestre*, répertoriant les possibilités en équitation de loisirs et les hébergements accueillant cavaliers et chevaux.

Comité départemental de tourisme équestre de la Dordogne – *25 r. Wilson - 24000 Périgueux - ✆ 05 53 56 05 04.*

Comité départemental de tourisme équestre du Lot – *Denis Letartre - BP 103 - 46002 Cahors Cedex 9 - ✆ 05 65 35 80 82 - www.cheval-lot.com.*

Info pratique

RANDONNÉE

La **FFRP** (Fédération française de la randonnée pédestre) publie des topoguides sur la région :

– Traversée du Périgord (GR6, 36)

– Sentier de St-Jacques de Compostelle, le chemin du Puy, Le Puy-Figeac (GR65)

– Sentier de St-Jacques de Compostelle, le chemin du Puy, Figeac-Moissac (GR65, 651, 652)

– La Dordogne à pied (PR)

– Le Pays Midi-Quercy à pied (PR)

Le **Parc naturel régional des Causses de Quercy** édite un topoguide *(6 €)* comprenant 27 circuits (6 à 16 km).

RANDONNÉE PÉDESTRE

Des sentiers de **Grande Randonnée (GR)**, jalonnés de traits rouges et blancs horizontaux, permettent de découvrir la diversité des paysages de la région.

GR 6 – Le Périgord et le Quercy de Monbazillac à Figeac, via Les Eyzies-de-Tayac-Sireuil.

GR 36 – La « Traversée du Périgord » sillonne les routes de Dordogne de Mareuil à Monbazillac (départ de Puymoyen), puis celles du Lot de Castillonnès à Cahors.

GR 46 – Le « Tour des gorges de l'Aveyron » emprunte les routes du Lot de Cahors à Beauregard, puis celles du Tarn-et-Garonne et du Tarn de Loze à Penne (vers Mazamet).

GR 65 – Le « Sentier de St-Jacques » traverse la partie sud-est du Quercy, de Montredon à Cahors (départ de Conques) ; puis la partie sud-ouest, de Cahors à Moissac (vers Roncevaux).

Les sentiers de **Petite Randonnée (PR)** sont destinés aux marcheurs d'un jour. Au départ des circuits, des balisages indiquent la durée de la promenade :

Bleu – Jusqu'à 2h.

Jaune – De 2h15 à 3h45.

Vert – De 4h à 6h.

Enfin, vous pourrez suivre 4 quatre **voies vertes** (réservées exclusivement au marcheurs et au cyclistes) en Dordogne : au départ de Sarlat *(voir Le Périgord noir)*, de Thiviers *(voir St-Jean-de-Côle)*, celle qui passe par Périgueux *(voir ce nom)* et celle qui suit le canal de Lalinde *(voir Beaumont-du-Périgord)*.

Dans le Lot, le **chemin de halage** entre entre Bouziès et St-Cirq-Lapopie *(voir Cahors)* est aussi agréable.

Bon à savoir – Nombre d'offices de tourisme proposent, gratuitement ou à la vente, des topoguides couvrant les environs. Le comité départemental du tourisme du Lot publie 4 guides de Pays *(6 € l'unité) : Pays de Cahors et du Sud du Lot, Pays Bourian, Pays Est-Quercy* et *Parc naturel régional des Causses (voir l'encadré pratique ci-contre).*

Où s'informer

Fédération française de la randonnée pédestre – *64 r. du Dessous-des-Berges - 75013 Paris - ✆ 01 44 89 93 90 - www.ffrandonnee.fr.* Elle donne le tracé détaillé des GR, GRP et PR à travers ses collections de topoguides ainsi que d'utiles conseils *(voir l'encadré pratique ci-contre).*

Comité régional de la randonnée pédestre en Aquitaine – *153 r. David-Johnston - 33000 Bordeaux - ✆ 05 56 00 99 26 - www.ffrandocd33.com.* Tout sur la pratique et les itinéraires.

Comité départemental de la randonnée pédestre de Dordogne – *46 r. Kléber - 24000 Périgueux - ✆ 05 53 45 51 21 - http://rando24.com.*

Comité départemental de la randonnée pédestre du Lot – *Stade du Calvaire - 46100 Figeac - ✆ 05 65 34 34 19 - cdrp46@wanadoo.fr.*

Comité régional de la randonnée pédestre en Midi-Pyrénées – *Maison des sports - r. Buissonnière - BP 81908 - 31319 Labège Cedex - ✆ 05 62 24 18 77 - www.randonnees-midi-pyrenees.com.*

Comité départemental de la randonnée pédestre de Corrèze – *45 quai Aristide-Briand -19000 Tulle - ✆ 05 55 20 11 47 - www.randocorreze.com.*

Promenades avec un âne

Pour randonner sans les contraintes du poids du sac à dos, l'âne est le compagnon idéal. Pouvant porter des bagages de 40 kg, il emboîte le pas à la famille et motive les enfants à la marche. L'ânier loue ses animaux à la journée ou à la semaine (possibilité de randonnées accompagnées) et propose de nombreuses prestations pour faciliter la découverte du pays.

Voir Vallée de la Dordogne pratique.

ROUTES ARCHITECTURALES

Art roman

Route des églises romanes du Ribéracois – *Rens. à l'office du tourisme de Ribérac - ✆ 05 53 90 03 10 - www. valdedronne.com.* De part et d'autre de la vallée de la Dronne, allez visiter les églises romanes à coupoles.

Sentiers romans en Quercy blanc – *Rens. dans les offices du tourisme de Castelnau-Montratier : ✆ 05 65 21 84 39 et de Montcuq : ✆ 05 65 22 94 04.* Le *Guide des sentiers romans en Quercy blanc* (2 €) présente une sélection d'églises romanes du Quercy blanc.

J. Damase / MICHELIN

Vue aérienne de Monpazier.

Bastides et cités médiévales

Vous trouverez toutes les informations sur le site Internet du Pays des Bastides : www.pays-des-bastides.com.

ROUTES DES MÉTIERS D'ART

En Périgord – *✆ 05 53 31 56 23 - www. route-metiers-d-art-aquitaine.com.* Mise en place par la chambre des métiers de Dordogne-Périgord, elle propose de partir à la rencontre des métiers d'art et de création : la route regroupe 66 ateliers d'artisans (horlogers, luthiers, relieurs, doreurs, tailleur de pierre, dinandiers, souffleurs de verre, potiers, couteliers, maroquiniers, etc.).

Dans le Lot – *✆ 05 65 35 13 55 - www. rm-art46.org.* Animée par la chambre des métiers et de l'artisanat du Lot, elle propose de partir à la rencontre des métiers d'exception : la route regroupe 29 ateliers d'artisans d'art (potiers, ébénistes, sculpteurs, maîtres verriers…).

ROUTES HISTORIQUES

Route des mille et un châteaux du Périgord – Renseignez-vous auprès du comité départemental du tourisme de la Dordogne *(voir p. 16).*

Routes de St-Jacques en Limousin – Elles vous entraînent sur les pas des pèlerins, sans aller jusqu'en Espagne. Renseignez-vous auprès du comité départemental de tourisme de la Corrèze *(voir p. 16).*

Route des marches du Quercy – De Capdenac jusqu'à Brive en passant par Souillac et St-Céré, cette route parcourt trois régions riches en châteaux et en édifices religieux depuis le haut Moyen Âge, autrefois aux confins du duché d'Aquitaine et des possessions du comte de Toulouse. Renseignez-vous auprès du comité départemental du tourisme de la Corrèze *(voir p. 16).*

Route des comtes de Toulouse – *43 r. du Parc-de-Clagny - 78000 Versailles - ✆ 01 39 54 79 85 s'adresser à M. Lyonel de Lastic-Saint-Jal.* Elle comprend les châteaux de Cas, Belcastel, Cénevières, Cieurac, Pruines, St-Projet, la forteresse de Najac et les abbayes de Loc-Dieu, Beaulieu-en-Rouergue et la collégiale de Villefranche-de-Rouergue.

ROUTES GASTRONOMIQUES

La route des vins – Informations à la Maison des vins de Bergerac *(voir Bergerac pratique).*

Route de la noix du Périgord – Corne, marbot, grandjean ou franquette, à vous de voir laquelle vous préférez en parcourant les quatre itinéraires proposés. Informations auprès du comité départemental du tourisme de la Dordogne, et du comité départemental du tourisme du Lot *(voir p. 16).*

ROUTE DES PATRIMOINES

En Périgord-Limousin – Préhistoire, protohistoire, histoire, expression artistique, gastronomie, environnement, géographie, anciens métiers et savoir-faire. Une démarche pédagogique pour découvrir une région, ses atouts et sa richesse ethnologique d'une façon originale et adaptée à tous. Forfaits d'une demi-journée à 5 jours et plus. Renseignements et documentation au Centre permanent d'initiative pour l'environnement *(voir p. 279).*

SPÉLÉOLOGIE

Le Périgord et le Quercy, aux reliefs calcaires truffés de grottes et de cavités, se prêtent à merveille à la pratique de la spéléologie. L'essentiel des sites se trouve néanmoins sous les causses du Quercy (à Rocamadour, Thémines, Caniac-du-Causse, Gramat et Le Bastit en particulier). La plupart des cavités se trouvent sur des terrains privés : il convient donc de demander l'autorisation aux propriétaires. Liste disponible auprès des fédérations. Il est également impératif de vérifier la météo avant de s'engouffrer : les rivières souterraines peuvent rapidement monter sous l'effet d'une forte pluie.

Où s'informer

Fédération française de spéléologie – *28 r. Delandine - 69002 Lyon - ✆ 04 72 56 09 63 - www.ffspeleo.fr.*

Comité régional de spéléologie d'Aquitaine – *Maison des comités - 46 r. Kléber - 24000 Périgueux - ✆ 05 53 08 16 48 - http://cds24.free.fr.*

Comité régional de spéléologie Midi-Pyrénées – *7 r. André-Citroën - 31130 Balma - ✆ 05 61 11 71 60 - www.comite-speleo-midipy.com.*

TRAINS TOURISTIQUES

Pour découvrir la vallée de la Dordogne ou les principaux sites de la vallée du Lot dans une atmosphère surannée, avec ou sans repas.

Voir les encadrés pratiques de Bergerac ou Sarlat et Martel.

VISITES GUIDÉES

La plupart des villes proposent des visites guidées. Elles sont organisées toute l'année dans les grandes villes ou seulement en saison dans les plus petites. Dans tous les cas, informez-vous du programme à l'office de tourisme et prévoyez éventuellement de vous inscrire. En général, les visites ne sont pas assurées en deçà de quatre personnes et pendant la période estivale les listes sont rapidement complètes.

Dans l'encadré pratique des villes, nous mentionnons les visites guidées qui ont retenu notre attention.

Villes et Pays d'art et d'histoire

Sous ce label décerné par le ministère de la Culture et de la Communication sont regroupés quelque 130 villes et pays qui œuvrent activement à la mise en valeur et à l'animation de leur architecture et de leur patrimoine. Dans les sites appartenant à ce réseau sont proposées des visites générales ou insolites (1h30 ou plus), conduites par des guides-conférenciers et des animateurs du patrimoine agréés par le ministère *(voir également « La destination en famille »).*

Ministère de la Communication

Renseignez-vous dans les offices de tourisme des villes ou sur le site **www.vpah.culture.fr**.

Les Villes et Pays d'art et d'histoire cités dans ce guide sont : Cahors, la vallée de la Dordogne, Figeac, Périgueux et Sarlat.

La destination en famille

Nous avons sélectionné pour vous un certain nombre de sites ou activités qui intéresseront particulièrement votre progéniture *(voir tableau p. 32)*. Vous les repérerez dans la partie « Découvrir les sites » grâce au pictogramme .

LABELS

Station kid

Le label « Station kid », soutenu par le ministère délégué au Tourisme, permet aux familles de repérer en toute confiance les lieux de séjour les plus actifs pour leurs enfants. Le label est décerné en fonction de la qualité de l'accueil, des activités, des équipements, de la sécurité, de l'environnement et de l'animation. **Figeac** est la seule Station kid de la région.

Villes et Pays d'art et d'histoire

Le réseau des Villes et Pays d'art et d'histoire *(voir « Visite guidée » ci-contre)* propose des visites-découvertes et des ateliers du patrimoine aux enfants, les mercredis, samedis et pendant les vacances scolaires. Munis de livrets-jeux et d'outils pédagogiques adaptés à leur âge, ces derniers s'initient à l'histoire et à l'architecture, et participent activement à la découverte de la ville. En atelier, ils s'expriment à partir de multiples supports (maquettes, gravures, vidéos) et au contact d'intervenants de tous horizons : architectes, tailleurs de pierre, conteurs, comédiens, etc.

SITES OU ACTIVITÉS À FAIRE EN FAMILLE			
Bloc	**Nature**	**Musée et sites**	**Loisirs**
Les Arques	Espace naturel sensible de la vallée de la Masse		
Beaulieu-sur-Dordogne		Musée de l'Homme de Neandertal	
Belvès		Habitations troglodytiques	
Bergerac			Balade en gabarre, lac de Neufont, Aqua Park Junior' Land
Beynac-et-Cazenac		Château, Parc archéologique	Balade en gabarre, canoë
Château de Biron		Livret-jeu de visite	
Château de Bonaguil		Animations médiévales en saison	
Brantôme		Grottes de Villars	Vélo-rail du Périgord, voie verte
Brive-la-Gaillarde		Musée de Labenche, Gouffre de la Fage	Lac du Causse
Le Bugue	Aquarium du Périgord noir	Village du Bournat, Gouffre de Proumeyssac, Limeuil	Canoë
Cahors		Plage aux ptérosaures de Crayssac, Musée de plein air du Quercy	Petit train, Cap Nature-accrobranche
Château de Castelnaud		Animations médiévales en saison	
Caylus	Phosphatières du Cloup d'Aural		
Vallée de la Dordogne	Espace naturel sensible du Couasne de Floirac	Château des Milandes	Canoë, Airparc, Arcâne
Excideuil		Papeterie de Vaux	Base de loisirs de Rouffiac
Les Eyzies-de-Tayac-Sireuil		PréhistoParc, Roc de Cazelle, Maison forte de Reignac	Canoë
Figeac		Musée Champollion	Domaine de loisirs du Surgié
Grottes de Foissac		Parc préhistorique	
Gourdon	Espace naturel sensible des landes de Frau		Plan d'eau Écoute s'il pleut
Labastide-Murat	Espace naturel sensible de l'igue de Planagrèze		
Grottes de Lacave		Préhistologia	
Grotte de Lascaux		Regourdou	
Jardins de Marqueyssac		Animations	Initiation à l'escalade
Martel		Reptiland	Train « Le Truffadou »
Montignac	Forêt Barade	Le Thot, la Roque-St-Christophe	L'Appel de la Forêt
Neuvic	Parc botanique		Grand étang de la Jemaye
Nontron	Roc Branlant		Étang de St-Estèphe, CPIE de Varaignes
Grottes de Pech-Merle	Site naturel		
Périgueux		Visites guidées de la ville, Musée d'Art et d'Archéologie, Vesunna	Voie verte
Ribérac		Moulin de la Pauze	Parc de loisirs du Paradou
Rocamadour	Espace naturel sensible de la vallée de l'Ouysse et de l'Alzou	Rocher des Aigles, Féerie du rail, Forêt des singes, parc animalier de Gramat	
Grottes de Rouffignac		Petit train d'accès	Jacquou Parc
St-Léon-sur-Vézère		Parc aux dinosaures	Canoë
Sarlat-la-Canéda		Visites guidées de la ville, Cabanes du Breuil	Indian Forest Périgord
Souillac		Musée national de l'Automate	Quercyland, canoë
Terrasson-Lavilledieu		Jardins de l'imaginaire	
Vendoire		Écomusée de la Tourbe	

Bon à savoir – Ces activités sont également proposées pendant la visite des adultes, en juillet et août, dans le cadre de l'opération « L'Été des 6-12 ans ».

Que rapporter ?

Tous les produits du terroir que vous avez appréciés sur place : l'incontournable foie gras, les gésiers de canard ou d'oie, les magrets, les cèpes, les truffes, les châtaignes, les noix et pourquoi pas quelques fraises, si vous passez au printemps. Et comme un couteau peut être très utile, n'hésitez pas à aller en acheter plusieurs à Nontron. Sans oublier que de retour à la maison, vous aurez envie de vous sentir bien dans vos pantoufles, alors passez par Varaignes pour choisir des charentaises !

Pour la maison

Périgord et Quercy sont aussi des terres d'inspiration pour des centaines d'artistes et d'artisans spécialisés. Céramistes, ébénistes, luthiers, sculpteurs ou ferronniers sont connus des offices de tourisme et référencés dans des catalogues de métiers d'art.

Voir « Route des Métiers d'Art » (p. 30).

Les ateliers sont visibles sur demande.

Nontron a eu l'heureuse initiative de fédérer les énergies créatrices dans un pôle expérimental des métiers d'art *(voir Nontron)* où les artistes du nord du Périgord exposent et vendent une sélection de leur travail.

Pour le palais

Douceurs – La **noix** s'utilise sous de multiples formes dans cette région, surtout dans les pâtisseries. Il existe plusieurs variétés de gâteaux aux noix suivant la région. Nous vous conseillons particulièrement les croquants aux noix (on en trouve à Rocamadour), les arlequines de Carlux (cerneaux de noix enrobés de chocolat et poudrés de cacao), les bouchées aux noix (noix et chocolat noir), les nogaillous du Périgord (cerneaux de noix enrobés de chocolat brillant)…

Ne comportant pas de noix mais tout aussi appréciés par les gourmands : coque de Cahors (pâte briochée au cédrat confit, parfumée à la fleur d'oranger) ; pastis quercynois (feuilletage badigeonné d'huile, fourré de pommes) ; ségala (gâteau à la broche, spécialité de Figeac).

Fromages – Impossible de passer à côté du **cabécou**, célèbre petit fromage de chèvre du Quercy, qui depuis 1996 bénéficie d'une AOC sous le nom de **rocamadour**. Il peut se déguster frais, sec ou crémeux.

Foie gras et confits – Ces spécialités du Sud-Ouest sont particulièrement bien implantées dans la région. Laissez-vous tenter par un foie gras d'oie ou de canard, truffé ou non, par des cuisses de confits ou par d'autres spécialités telles que le cou farci, les fritons, le magret fumé…

Truffes – Cet « or noir » parfumera le moindre de vos plats, même si son coût exorbitant vous fera peut-être acheter seulement des pelures. Il s'agit de la peau de la truffe qui, bien que portant un nom peu engageant (péridium), dégage un parfum et un goût prononcés.

Boissons alcoolisées – Dans le Périgord comme dans le Quercy, le vin est de la partie. Vous aurez donc le plaisir de déguster ceux de Bergerac et de Cahors. Le **vignoble du Bergeracois** riche de ses douze appellations propose toute

Choisir le bon produit

Cèpes – Ils sont bien meilleurs frais, ou confits dans l'huile, que déshydratés. Ne lavez pas les cèpes frais, ils se comportent comme des éponges et perdraient alors leur saveur. Ne les épluchez pas non plus. Retirez la terre et les feuilles avec un couteau ou une brosse.

Truffes – La truffe noire se récolte et se vend de novembre à mars.

Les truffes doivent être fermes au toucher. Si elles suintent quand on les presse, elles ont subi les assauts du froid. Si elles paraissent sèches et légères, elles ont été immodérément exposées au soleil. Si elles n'ont pas d'arôme, elles ne sont pas forcément mauvaises, mais tout simplement pas assez mûres. Inversement, une truffe pourrie exhale une odeur nauséabonde qui ne trompera personne.

De mai à octobre, c'est la truffe d'été, une autre espèce ! Les pelures de truffe noire rehaussent les plats à un coût nettement inférieur.

Foies gras – Pour distinguer les foies gras locaux de ceux importés et traités sur place, l'étiquette « Foie gras du Périgord » ne suffit pas : repérez la mention IGP (Inscription géographique protégée, *voir p. 76*) Le foie gras est préférable en parfait (pot en verre) plutôt qu'en conserve.

une gamme de vins, dont le monbazillac, vin liquoreux. Le **vignoble de Cahors**, également AOC, offre des vins rouges de caractère. Plus au sud, le Quercy perpétue une petite production de vin des coteaux.

Pour la description des vins, voir p. 81.

Maison des vins de Bergerac – *Voir p. 117.*

Cave coopérative de Monbazillac – *Voir p. 255.*

Union interprofessionnelle du vin de Cahors – *Voir p. 159.*

Les Vignerons de Quercy – *Voir p. 269.*

Lors de votre périple, vous pourrez également vous arrêter à Carlux dans le Périgord noir pour acheter **Béquinoix** (apéritif) ou **cerneaux de noix à la liqueur** au domaine de Béquignol *(voir p. 291)*. De Brive-la-Gaillarde, vous rapporterez **Denoix** (liqueur) et **Quinquinoix** (apéritif) de la maison Denoix *(voir p. 140)*. Dans le Lot, vous ferez une halte à Souillac où la distillerie Louis Roque produit une vieille prune *(voir p. 358)*.

Événements

Voici les principales manifestations dont la réputation n'est plus à faire, mais bien d'autres festivités animent la région toute l'année.

DE PÂQUES À NOËL

Aubazines – L'aura des Arts : musique sacrée - www.lauradesarts.org.

JUIN

Domme – Fête de la Saint-Clair (1er w.-end) : folklore, bal et feu d'artifice.

PENTECÔTE

Sarlat – Fête de la Ringueta : jeux traditionnels occitans (les années paires).

Varaignes – Marché des tisserands : le dernier en France - www.filset metiers.com.

JUILLET

Assier – Assier dans tous ses états (fin du mois) : théâtre, musiques - http://assier.festival.free.fr.

Cahors – Festival de Blues (mi-juil.) - www.cahors.bluesfestival.com.

Cajarc – Africajarc, festival qui met l'Afrique à l'honneur (4e sem.) - www.africajarc.com.

Gourdon – Festival de musique de chambre (3e sem. du mois).

Monpazier – Fête du livre (dernier dim.) : ateliers liés aux métiers du livre, dédicaces, bouquinistes - www.pays-des-bastides.com.

Montignac – Festival danse et musique du monde (dernière sem. du mois).

Périgord – La Félibrée (1er dim.) : fête de la langue et de la civilisation occitanes. Chaque année, une ville différente du Périgord accueille cette fête.

Ribérac – Festival musique et paroles en Ribéracois (fin du mois).

Rocamadour – Les Éclectiques de Rocamadour : musique, humour, danse - www.leseclectiques.org.

Souillac – Festival de jazz Sim Copans (3e sem. du mois) - www.souillacenjazz.net.

Terrasson-Lavilledieu – Festival de l'Imaginaire (2e sem.) : spectacles de rue.

J.-F. Amelot

Festival de la Vézère.

JUILLET-AOÛT

Brive-la-Gaillarde – Festival de la Vézère : manifestations musicales diverses dans des lieux du patrimoine (églises de village, cathédrale, château du Saillant…) - www.festival-vezere.com.

Figeac – Festival théâtral de Figeac/Les Tréteaux de France (4e sem. juil. - 1re sem. août) - http://www.treteauxdefrance.com/festivals/festivalfigeac.htm.

Lauzerte, Montcuq, Montpezat – Festival du Quercy blanc (de fin juil. à mi-août) : concerts de musique classique.

St-Céré – Festival de St-Céré (de mi-juil. à mi-août) : opéras, théâtre musical, concerts… - www.festival-saint-cere.com.

St-Robert – Concerts de musique classique, théâtre et musiques du monde - www.amisdesaintrobert.com.

Sarlat – Festival des jeux du théâtre de Sarlat (de mi-juil. à déb. août) - www.festival-theatre-sarlat.com.

Tourtoirac, Badefols, Hautefort – Festival du pays d'Ans en Périgord noir (de mi-juil. à déb. août) : musique classique, jazz, théâtre - ✆ 05 53 51 13 63.

JUILLET-SEPTEMBRE

Bergerac et Pays des bastides – Festival L'été musical en Bergerac (de mi-juil. à déb. sept.) - ✆ 05 53 74 30 94.

AOÛT

Brantôme – Les Soirées abbatiales de Brantôme : concerts classiques et autres musiques (jazz, chorales…) - www.ville-brantome.fr.

Brive-la-Gaillarde – Orchestrades de Brive : concerts classiques - www.orchestrades.com.

Audrix, Le Bugue, Les Eyzies-de-Tayac-Sireuil, St-Cyprien – Musique en Périgord (1re sem.).

Château de Bonaguil – Festival de théâtre (1re sem.).

Gourdon – Les Médiévales de Gourdon (1er w.-end et lun.) : animations de rues.

Nontron – Fête du couteau (1er w.-end).

Périgueux – Mimos : festival international du mime (1re sem.) - www.mimos.fr.

Rocamadour – Fête de l'Assomption : procession aux flambeaux (le 14).

St-Amand-de-Coly – Messe de St-Hubert, avec trompes de chasse (le 15).

AOÛT-SEPTEMBRE

Périgueux, Brantôme, Chancelade – Sinfonia en Périgord (de fin août à déb. sept.) : festival de musique baroque - www.francefestivals.com.

Rocamadour – Pèlerinage annuel.

St-Léon-sur-Vézère, Montignac, St-Amand-de-Coly – Festival musical du Périgord noir (de déb.août à mi-sept.) - www.festivalduperigord-noir.fr.

NOVEMBRE

Brive-la-Gaillarde – Foire du livre (début du mois) : sous la halle Georges-Brassens - www.foiredulivre.net

Périgueux – Salon international du livre gourmand (les années paires) : 3 jours de conférences, d'expositions autour des arts de la table, rencontres d'éditeurs, écrivains et grands chefs.

Nos conseils de lecture

Randonnée, voir p. 29.

Ouvrages généraux - tourisme

Le Lot, P. Hyver, Équinoxe, 2007.

Le Périgord, P. Hyver, Équinoxe, 2006.

Le Périgord des jardins, H. Brunaux, A. Devise, Ouest-France, 2002.

Les Couleurs de la Dordogne, S. Gayet, Les Créations du Pélican, 2002.

Architecture - art - archéologie

L'Architecture paysanne en Périgord et sa restauration, J.-P. Simon, Fanlac, 2006.

Le Lot, collectif, Patrimoines & Médias, collection châteaux, manoirs et logis, 2006.

Les Églises fortifiées de Dordogne, T. Hourlier, Patrimoines & Médias, 2006.

Les Bastides, villes neuves du Moyen Âge, J. Dubourg, Sud-Ouest, 2002.

Les Châteaux du Périgord, M. Binet, J.-L. Bouchard, Ouest-France, 1996.

Cahors la Magnifique, M.-C. Lanta, H. Guillaume, Le Lou du Lac, 2005.

Figeac, le langage des pierres, A.-A. Pêcheur, N. Blaya, Éditions du Rouergue, 1999.

S. Sauvignier / MICHELIN

Caselle (cabane en pierre sèche).

Histoire et civilisation

La Préhistoire en Périgord, R. Roussot, Sud-Ouest, 2006

Le Périgord de Jacquou le Croquant 1800-1850, G. Fayolle, Hachette Éditions, 2002.

Gabariers et bateliers de la Dordogne, J. Reix, Fanlac, 2003.

Gastronomie

Les Recettes périgourdines de tante Célestine, F. Bonis, Ouest-France, 2008.
Les Meilleures Recettes du Périgord, J. Leymarie, J.-P. Gratien, Ouest-France, 2007.
Mes Recettes Quercy-Rouergue, M. Rouffignac, Christine Bonneton éditeur, 2006.
Canard, confits, foie gras, J. Andrieu, Marabout, 2007.
Carnets truffiers, D. Hervier, Féret, 2008.

Littérature

Le Goût du Périgord, collectif, Mercure de France, collection Petit Mercure.
Des grives aux loups, C. Michelet, Pocket.
J'ai choisi la terre, C. Michelet, Pocket.
Jacquou le Croquant, E. Le Roy, Pocket
La Rivière Espérance, C. Signol, Pocket.
Adeline en Périgord, C. Signol, Pocket.
Le Bonheur à Souillac, D. Tillinac, La Table ronde, collection La Petite Vermillion.
Le Déjeuner de Sousceyrac, P. Benoît, Le Livre de poche.
Journal sous l'Occupation en Périgord, J. Pouquet, Le Rocher, 2006.
Contes de Dordogne, M. Cosem, Fanlac, 2003.

Jeunesse

Contes du Périgord, Toussaint-Samat, Sud-Ouest, 2008.
La merveilleuse Découverte de Lascaux, P. Fanlac, Fanlac, 2006.

Cave de dégustation dans la région de Bergerac.

P. Renault / hemis.fr

COMPRENDRE LA RÉGION

NATURE

Calcaires et sédimentaires, le Périgord et le Quercy font la transition entre le Massif Central et l'Aquitaine. Répartis autour des basses vallées du Lot et de la Dordogne, ces deux pays ont été modelés par l'eau. La plus ou moins grande perméabilité des sols a abouti à une très rare diversité de milieux naturels, striés de rivières, que l'homme s'est tôt appliqué à travailler, créant une grande variété de paysages agricoles.

S. Sauvignier / MICHELIN

Paysage verdoyant de la vallée du Lot.

Une terre plurielle, une terre féconde

La dureté de la roche a obligé les cours d'eau à tailler des falaises. Les premiers Européens en ont suivi les berges et ont fait souche dans la région parce qu'ils ont su habilement tirer parti de la diversité colorée de la géographie. Pays de grottes et de gouffres, le Périgord et le Quercy sont aussi terres de chênes, de châtaigniers, de vignes, de moutons, de murets de pierre sèche et de moulins…

COULEURS DU PÉRIGORD

La région se découpe en quatre couleurs, et une zone humide.

Le Périgord blanc

Entre Charentes et Aquitaine, le Ribéracois est véritablement une « champagne » typique. Comme la Champagne, c'est une grande plaine calcaire vallonnée rebaptisée Périgord blanc au 17e s. en l'honneur de sa couleur dominante. Couvert de cultures céréalières, il ne ressemble pas aux autres pays composant le Périgord : seuls ses innombrables églises romanes à coupoles et ses cluzeaux, abris troglodytiques et souterrains, le rattachent visuellement à la région.

Le Périgord central

Autour de Périgueux, un autre Périgord blanc s'enroule à l'est du Ribéracois. Voici le Périgord central. Tout autant crayeux que le Ribéracois, il s'en différencie par ses collines et les grandes vallées de l'Isle, de la Vern et de Beauronne qui tranchent dans sa monotonie. Moins présentes, les cultures céréalières partagent l'espace avec l'élevage éparpillé autour de multiples hameaux. Le patrimoine bâti est aussi moins riche. À l'est, il a des allures de Quercy : la campagne autour de Hautefort est un causse strié de murets de pierre sèche qui la relie à la région quercynoise de Martel.

La Double et le Landais

Au sud du Ribéracois, voici une région d'étangs comme la Sologne ou la Dombes. En couches alternées, grès, sables et argiles ont été arrachés au Massif Central et déposés successivement par un océan à l'ère tertiaire, puis par d'innombrables cours d'eau. La Double et le Landais forment une région d'un camaïeu de verts : la forêt de chênes, châtaigniers et pins maritimes, replantée sous Napoléon III pour couvrir un sol mis à nu par les déboisements excessifs du 18e s., occupe plus de la moitié de sa superficie. Comme dans les autres régions marécageuses de France, les terres furent drainées afin de chasser définitivement la « fièvre » (le paludisme). Seule la brume du petit matin rappelle ces temps anciens du règne de l'eau, de ses dangers et de ses légendes...

Le Périgord noir

Taillant dans le calcaire dur, la Dordogne et la Vézère ont ménagé de hautes falaises friables. Jusqu'aux grandes coupes du Moyen Âge, les plateaux sont restés couverts de très denses boisements de chênes verts et pubescents. Ce qu'il en reste, mêlé aux châtaigniers, donne à ce Périgord la teinte sombre de sous-bois où la lumière est chiche. Périgord noir, donc, que ce pays impressionnant tant par sa découpe – falaises à pic, méandres prononcés – que par son patrimoine architectural qui semble faire corps avec la roche. Quel contraste avec le Quercy, si sec, et le Bergeracois, à la morne géographie ! Le Périgord noir est gras, fertile, productif et riche. C'est ici que l'on peut voir encore le très rare hibou grand-duc, imposant rapace nocturne très menacé en France, qui a trouvé refuge au sommet des falaises.

Le Périgord vert

Une portion de Limousin fait la frontière entre les Charentes et le bassin de Brive : le Périgord vert est géologiquement un morceau du Limousin. Pas de calcaire, donc, mais du gneiss et des schistes, des roches métamorphosées en profondeur il y a des centaines de millions d'années. Grâce à une pluviométrie généreuse, l'érosion les a dégradées en sols acides, propices à de denses boisements de résineux, de châtaigniers et des landes à bruyères. Cela fait un beau vert, pâturé par des bovins, comme dans le Limousin, dont Jules Verne a tiré ce nom de « Périgord vert ». Porté par la ville de Nontron, le pays est géographiquement étroit. Mais, parce que le nom était parlant, les instances touristiques régionales l'ont étendu à une région plus vaste, jusqu'à Jumilhac-le-Grand et Payzac.

Le Périgord pourpre

La partie sud du Périgord a plus à faire avec l'Aquitaine qu'avec le Périgord noir tout proche. Tout la rattache en effet au Bordelais : la Dordogne, sa vallée alluvionnaire et ses versants plantés de vignes là où la terre est d'argile et de calcaire. Rouge (pourpre) parce qu'il donne du raisin, ce Périgord-là n'est pas des plus riants. Sa grande densité de population, conséquence de la forte demande en main-d'œuvre du vignoble et du tabac au début du 20e s., s'est traduite par une urbanisation envahissante. Cela dit, le vin est somptueux. Le tabac, grande culture régionale, entoure Bergerac.

BASSIN DE BRIVE

Le bassin de Brive est un point de rencontre entre le Massif Central, le nord du Périgord et le Quercy. Les paysages y sont modelés par le mélange de roches sédimentaires, comme le grès, et le calcaire. Cela donne un caractère mélangé à Brive : l'ouest mamelonné, richement pourvu en cours d'eau, contraste par ses hameaux d'élevages avec l'est plus plat, couvert de prairies et de champs de tabac. Le sud-est est un causse typique, qui préfigure la majesté aride du nord du Quercy.

PAYS DU QUERCY

Le Quercy est une zone de transition géologique. Entre Aquitaine et Auvergne, s'y échelonnent des terrains qui permettent de passer progressivement de la France du Nord à celle du Sud, de pays d'Oïl en pays d'Oc. Mosaïque paysagère comme le Périgord, le Quercy doit son unité actuelle à l'histoire, faite autour de l'extraordinaire territoire des causses.

Des senteurs et des murmures

La faune et la flore des **causses** sont aussi variées... que discrètes. Si les **orchidées** fleurissent en nombre au printemps (ophrys jaune, orchis bécasse et ophrys parfumé en particulier), en été la monotonie domine. Mais vous apprécierez alors les effluves des **plantes aromatiques**, comme le serpolet et l'origan. Le genêt cendré forme des buissons épars tandis que le chêne pubescent envahit le causse dès lors qu'on le laisse faire : cherchant l'eau, il tend ses racines vers les réservoirs ouvragés par l'homme tels que les lacs de St-Namphaise, qu'il dégrade rapidement. Dans le ciel, bruant ortolan et fauvette orphée rivalisent avec l'œdicnème criard, aussi bien camouflé que... criard. L'animal le plus visible demeure cependant l'un des plus petits, le papillon, omniprésent au printemps.

Les causses

C'est à l'ère secondaire, il y a une centaine de millions d'années, que le socle du Massif Central s'effondre et laisse place à la mer. À sa lisière, les dépôts calcaires s'accumulent et forment les causses. Un causse (du latin *calcinus*, chaux) est donc une terre calcaire recouverte de pelouse sèche, sans arbre. Elle est ce qui reste dès lors que le chêne pubescent a disparu. L'homme est à l'origine de cette disparition : comme le maquis, le causse est un paysage de dégradation. La nature a néanmoins eu le temps de s'adapter au déboisement et à la mise en pâture au point de constituer un paysage rien moins que naturel, mais très riche en espèces.

Sans le couvert des arbres, le sol est nu. Au vent et confronté à de grandes différences de températures, il reçoit beaucoup d'eau en automne et en hiver, mais celle-ci est bue par la roche affleurante qui est perméable. Les plantes sont donc rabougries, toutes adaptées à la recherche profonde et à l'économie de l'eau, le genévrier par exemple, et les orchidées, innombrables au printemps. Entretenu par le mouton, le causse a été pendant des siècles débarrassé de ses pierres pour construire murets, clôtures, abris, abreuvoirs et réserves d'eau. Les maisons sont faites de la roche sous-jacente. Bocage de pierre sèche, le causse est une steppe française désormais menacée par la fin de la paysannerie pastorale qui, par endroits, l'a déjà condamnée à revenir à l'état de boisement.

Causse de Martel – Adossé au Périgord noir, le causse de Martel est plus riche que les autres. Cela est lié au nombre plus important de dépressions, les **dolines** (ou cloups), ça et là réunies en vastes **ouvalas**. L'argile s'y est accumulée. Imperméable et plus fertile que le sol calcaire, la terre argileuse supporte d'autres plantes et autorise des élevages plus importants, ceux des bovins en particulier.

Causses de Gramat et de Gréalou – Une désolation plate. Le causse de Gramat, entre les vallées de la Dordogne et du Célé, riche en patrimoine rural, en dolmens et en menhirs, est le plus typique des causses. L'eau y est bue plus rapidement que chez les autres. Le sol végétal, très peu épais, n'a pas le temps de la retenir. L'eau profite des multiples failles, pertes, gouffres et autres abîmes pour s'infiltrer et grossir de profonds réservoirs. Aride, le causse de Gramat masque en vérité un très complexe réseau hydrographique souterrain, entretenu à la fois par l'eau de pluie et les

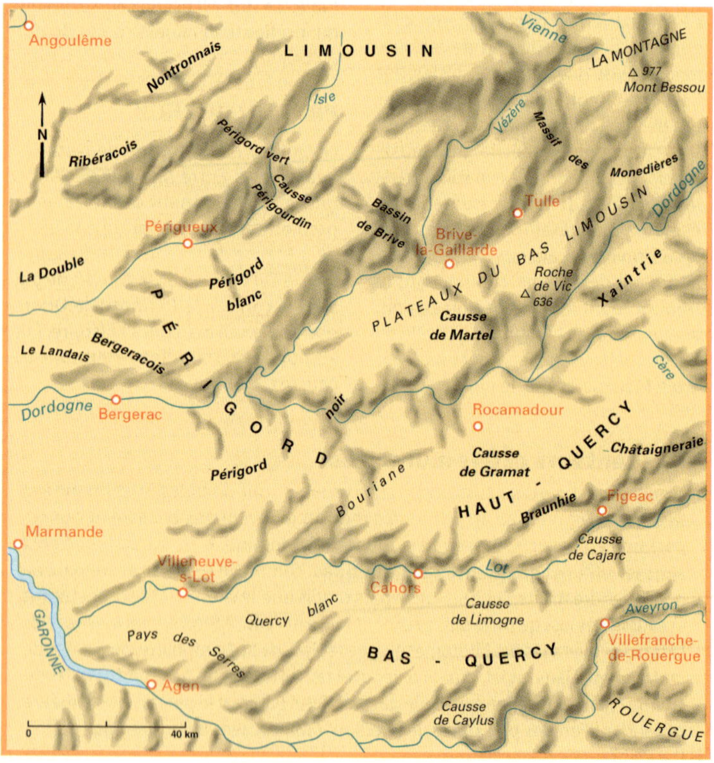

rivières auvergnates forcées de quitter la surface dès qu'elles entrent en contact avec le calcaire. Entre les vallées du Lot et du Célé, le causse de Gréalou (ou de Cajarc) est une portion du causse de Gramat.

Causse de Limogne – Le plus méridional des causses quercynois se caractérise par une flore quelque peu méditerranéenne, à l'image du genêt cendré. Plus sec que les autres, le causse de Limogne est celui où les hommes ont sans doute plus tenté qu'ailleurs de retenir l'eau. Les lavoirs, puits et digues (autour des pertes) sont ici plus nombreux que dans les autres causses. Terre d'élection de la truffe, le pays cache par ailleurs en son sous-sol des veines de phosphate exceptionnellement riches en fossiles de l'ère tertiaire.

Causse de Caylus – À la frontière de l'Aveyron, le causse de Caylus est en grande partie occupé par un terrain militaire. C'est le plus boisé des causses car les aléas de la géologie ont offert à son calcaire des nappes d'argiles fertiles.

Les trois vallées

La Dordogne, le Célé et le Lot, descendus du Massif Central, s'encaissent dans les calcaires durs du Quercy. Ces rivières sont courbées en méandres par endroits tellement étroits que les falaises semblent se toucher, et ailleurs si prononcés qu'ils forment des cercles presque refermés, les **cingles**. Peu aménagées, les eaux du Quercy offrent un large panel de milieux de vie, allant de la falaise aux prairies inondables, du rapide au bras mort. Ce n'est pas si courant en Europe. Si l'on y rencontre classiquement le héron cendré et l'hirondelle de rivage, on s'étonne de voir la loutre, qui revient après avoir été trop chassée et, ici aussi, le hibou grand-duc. Les vallées, riches en alluvions, sont le domaine du maïs (Dordogne, Célé et Lot), de la vigne (Lot, en aval de Cahors et Dordogne, à Bergerac) et du tabac (Dordogne et Lot). Les trois principales villes du Quercy – Souillac, Figeac et Cahors – y ont été fondées.

La Bouriane

Zone de transition entre les causses et le Périgord noir, la Bouriane est un pays de forêts et de ruisseaux. Le calcaire laisse progressivement la place, d'est en ouest, à un calcaire mêlé de grès, plus hydrophile, qui est couvert à l'ouest de sables riches en fer et d'argiles. En Bouriane, on passe donc, de Mercuès à Cazals, de pelouses sèches à des boisements touffus de chênes pubescents et de châtaigniers. Les nombreux ruisseaux

A. Cassaigne / MICHELIN

Paysage du Quercy blanc.

ont pendant des siècles servi de moteur aux moulins de forges dont il reste un beau patrimoine bâti.

Le Quercy blanc

Passé le Lot, les causses du Quercy se transforment subtilement en **planèze**, grands plateaux de craie blanche veinés de nombreux ruisseaux. Terre de vent – les moulins ont été omniprésents pendant des siècles – le Quercy blanc est une intrusion de la région d'Agen dans le Quercy. Les planhès ne sont en effet rien d'autre que des **serres**, ces bandes calcaires typiquement agenaises séparées par l'action érosive des cours d'eau. Orientées nord-est/sud-ouest, les serres quercynoises ont vu leur sommet couronné par les bastides médiévales. C'est sur le calcaire de cette région que poussent les vignes donnant les côteaux-du-quercy, petits vins encore dans l'ombre des prestigieux cahors cultivés au nord, sur les coteaux de la vallée du Lot. Sur les pentes argileuses poussent des céréales et, au fond des vallées, un melon réputé et très sucré. Malgré ses arides apparences, le Quercy blanc est la région la plus agricole du Quercy.

Le Ségala

Tout ici, où seul le seigle a nourri les hommes (c'est lui qui a donné son nom à la région), rappelle le Cantal tout proche. Dans cette région semi-montagneuse, le sol acide peu fertile porte châtaigniers, pins, hêtres, bouleaux, chênes pédonculés et sessiles. Sur les croupes dénudées, aux pelouses arasées par le vent et le froid du soir, les vaches aubrac et salers sont plus nombreuses que les arbres. Elles se satisfont de pâtures bordées de fougères. Au sud, vers Figeac, les profonds ravins boisés cachent d'anciennes galeries de mines de charbon.

Le Limargue

Une bande de riches terres fait barrage entre causses et Ségala. Argilo-calcaire, soulevé de croupes fortement dessinées, le Limargue porte un bocage véritable où l'herbe est tendre, la terre grasse et les bovins bien nourris. Région la plus riche – à tout point de vue – du Quercy, le Limargue est une éponge : les cours d'eau auvergnats le nourrissent avant de disparaître dans le calcaire des causses. Certains ressortent par des résurgences près de Rocamadour, la plupart rejoignent directement le Célé et le Lot.

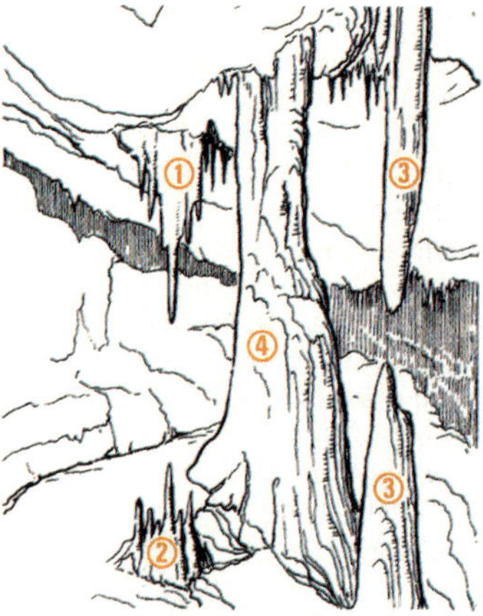

Grotte à concrétions :
① Stalactites ② Stalagmites
③ Colonne en formation ④ Colonne formée

Grottes et gouffres

Présent aux marches du Périgord où il tranche par son aridité dans un paysage très verdoyant, le causse l'est également dans le Quercy où il déroule à perte de vue ses solitudes pierreuses. Cette sécheresse s'explique par la nature calcaire du sol qui absorbe très rapidement les eaux de pluie. À l'aridité de surface correspond une intense activité souterraine.

L'INFILTRATION DES EAUX

Chargées d'acide carbonique, les eaux de pluie dissolvent le carbonate de chaux contenu dans le calcaire. Se forment alors des dépressions généralement circulaires et de dimensions modestes appelées **cloups**, terme local désignant les **dolines**. La dissolution des roches calcaires produit une terre arable propice aux cultures : lorsque les cloups s'agrandissent, ils forment de plus vastes dépressions fermées, les **sotchs**. De la taille des fissures dans les roches calcaires dépend l'importance du travail d'érosion et de corrosion de l'eau de pluie qui s'infiltrera alors plus profondément dans le sol. Affaiblie par ce patient travail de sape, de creusement et de dissolution, la couche calcaire s'effondre, donnant naissance à des puits naturels ou abîmes, que l'on appelle **igues** en Quercy, **edzes** ou **eidges** en Périgord.

LES RIVIÈRES SOUTERRAINES

Les eaux d'infiltration finissent par former d'importantes galeries souterraines et se réunissent en rivières à circulation plus ou moins rapide. Parfois chargées de matériaux abrasifs, elles élargissent leur lit et se précipitent en torrents souterrains. Lorsqu'elles s'écoulent lentement, elles forment, en amont, des barrages naturels ou **gours** qui s'édifient peu à peu par les dépôts de carbonate de chaux. Il arrive qu'au-dessus des nappes souterraines la dissolution de la croûte calcaire se poursuive : des blocs se détachent de la voûte, un dôme se forme, dont la partie supérieure se rapproche irrémédiablement de la surface

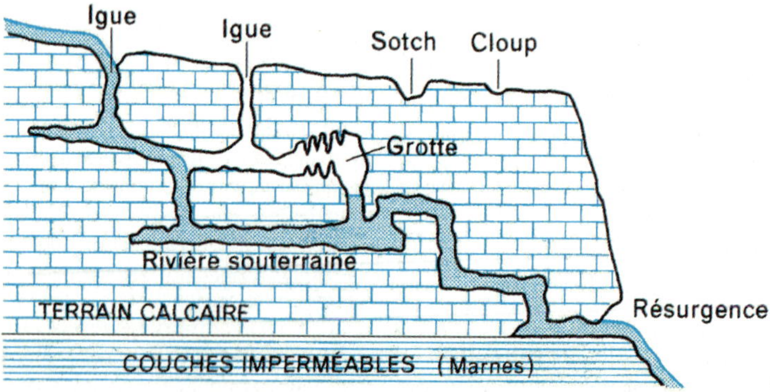

Formation d'une résurgence

Grotte de Lacave.

du sol. C'est le cas du Grand Dôme de Padirac que quelques mètres seulement séparent de la surface du causse de Gramat. Lorsque la voûte du dôme devient très mince, un éboulement découvre la cavité et ouvre un **gouffre**.

FORMATION DES GROTTES

Au cours de sa circulation dans les fissures et les interstices, l'eau abandonne lentement (à l'échelle géologique, soit des milliers d'années) le calcaire dont elle s'est chargée en pénétrant dans le sol. Elle façonne ainsi de magnifiques concrétions aux formes fantastiques. Dans certaines grottes, le suintement des eaux donne lieu à des dépôts de calcite blanchâtre (carbonate de chaux) qui constituent des cônes, des pendeloques, des pyramides, des draperies, dont les représentations les plus connues sont les stalactites, les stalagmites et les excentriques.

Les **stalactites** se forment à la voûte. Chaque gouttelette qui suinte au plafond y dépose, avant de tomber, une partie de la calcite dont elle s'est chargée. Peu à peu s'édifie ainsi la concrétion le long de laquelle d'autres gouttes d'eau viendront couler et déposer leur calcite.

Les **stalagmites** sont des formations de même nature qui s'élèvent du sol vers le plafond. Les gouttes d'eau tombant toujours au même endroit déposent leur calcite qui forme peu à peu un cierge. Celui-ci s'élance à la rencontre d'une stalactite avec laquelle il finira par se réunir pour constituer un **pilier** reliant le sol au plafond. La formation de ces concrétions est extrêmement lente : elle est, actuellement, de l'ordre de 1 cm par siècle sous nos climats.

Les **excentriques** sont de fines protubérances en forme d'aiguille, dépassant rarement 20 cm. Elles se développent dans une apparente anarchie sous forme de minces rayons ou d'éventails translucides. Formées par cristallisation, elles n'obéissent pas aux lois classiques de la pesanteur. Beaucoup plus rares mais tout aussi étonnants sont les **disques** (Pech-Merle), dont la forme spectaculaire s'explique aussi par quelques lois physiques de cristallisation.

Fusarium spp.

C'est la terreur des préhistoriens ! Ces champignons sont nocifs surtout pour les sites : ils ont conduit l'État à fermer Lascaux en 1963. Profitant du dioxyde de carbone (CO^2) et de l'humidité des exhalaisons humaines, l'espèce *Fusarium solani* avait fini par recouvrir les fresques et, en association avec la bactérie *Pseudomonas fluorescens*, par attaquer la roche. Cela continue, en 2006. Les autres grottes ne sont pas encore affectées, mais peut-être que la plupart devront un jour fermer au public, tant l'humidité menace dessins, sculptures et concrétions…

LES RÉSURGENCES

Les circulations souterraines s'alimentent soit avec les pertes d'un cours d'eau dans une igue du causse, soit par accumulation des eaux d'infiltration atteignant le niveau des couches imperméables (marnes ou argiles). Elles s'écoulent par conduite forcée ou par gravité, suivant l'inclinaison des couches jusqu'à réapparaître à l'air libre au flanc d'un versant : c'est une résurgence.

HISTOIRE

Loin, loin… les traces de culture, les empreintes de l'homme en Périgord et en Quercy arrachent le visiteur au temps présent pour le plonger dans un passé particulièrement riche et reculé. Cela commence par des éclats de pierre, des dessins, des projections de couleurs et des lumières de flamme sur les parois bosselées de grottes obscures. Cela se prolonge par des châteaux forts, des bastides, témoins de conflits et de famines, mais aussi de temps de paix et de prospérité.

E. Larribère / MICHELIN

Chevaux et mains de la grotte du Pech-Merle.

Naissance des arts et des cultures en préhistoire

La richesse et la diversité des sites souterrains du Périgord et du Quercy ont fait la réputation de la région. Habitués que nous sommes à l'échelle de l'histoire chrétienne, le dépaysement est ici total : se côtoient, dans un même foisonnement de cavernes, l'œuvre patiente de la nature, mesurable en millions d'années, et celle de nos lointains et habiles ancêtres, il y a « quelques » dizaines de millénaires…

L'ÉVOLUTION DU GENRE HUMAIN

L'ère quaternaire, dans laquelle nous vivons encore actuellement, commence vers – 1,8 million d'années. Elle est caractérisée par des cycles climatiques alternant phases glaciaires et périodes plus clémentes. Apparaît alors la faune animale moderne et se développe le genre humain, né à la fin de l'ère tertiaire.

L'apparition de l'homme

Les ancêtres de l'homme sont apparus en Afrique de l'Est, aux alentours de la région des Grands Lacs, du lac Tchad et de la vallée du Rift, vers – 7 millions d'années (voire plus). Le genre humain a quant à lui pris pied dans la même région et en Afrique du Sud il y a 2,5 millions d'années environ, avec *Homo rudolfensis* et *Homo habilis*. Ces derniers, premiers utilisateurs d'outils en pierre, inaugurent la période dite **paléolithique**, l'âge de la pierre ancienne.

L'homme en Europe

De plus en plus de spécialistes admettent que le continent européen a été « colonisé » en plusieurs fois : les plus anciennes traces dont on soit sûr remontent à – 1,8 million d'années environ. Elles ont été découvertes à Dmanisi en Géorgie pour les premières, puis en Espagne, à Atapuerca et Gran Dolina, et remontent aux environs de – 780 000 ans. D'après certains préhistoriens, il existe des sites plus anciens, datés de – 2 millions d'années, dans le Massif Central ainsi qu'à Sept-Fonds dans le Périgord, tandis que d'autres affirment que les outils trouvés sur ces sites, et qui ont servi à leur datation, ne seraient que des géofacts : des pierres fendillées par le gel et la foudre, confondues avec des outils taillés. Une dernière vague de peuplement, située vers – 500 000 ans, aurait apporté à l'Europe la domestication du feu (traces en Bretagne et dans le Var) et la taille du **biface**. Cette ultime colonisation aurait évolué sur place, pour donner l'homme de Neandertal, il y a de cela environ 200 000 à 250 000 ans, tandis que le Périgord-Quercy semble avoir été investi par l'*Homo ergaster* il y a 470 000 ans (site de **la Micoque**).

L'homme de Neandertal

Cet homme, qui subit des phases de refroidissement du climat très intenses, enterre ses morts (comme le confirment les sites périgourdins de **La Ferrassie**, du **Moustier** et de **Regourdou**), collectionne les fossiles et les belles pierres. Il s'essaierait à des œuvres d'art encore très frustes, comme en témoignent peut-être les cupules de La Ferrassie, et ses outils sont très élaborés. Ce qui prouve que leurs auteurs ne sont pas les bêtes brutes que certains voudraient encore voir en eux !

L'homme moderne

L'homme anatomiquement moderne, *Homo sapiens sapiens*, apparaît vers – 200 000 ans en Afrique du Nord, de l'Est et au Proche-Orient. Deux sous-espèces sont connues : *Homo sapiens idaltu*, qui a vécu en Éthiopie vers – 160 000 ans, et *Homo sapiens sapiens*, l'homme de Cro-Magnon, c'est-à-dire nous. Ce dernier semble arriver en Europe au plus tôt vers – 43 000 ans, date approximative des éléments retrouvés dans les Balkans. Vers – 35 000 ans, on le retrouve en Périgord (premier site de description au lieu-dit **Cro-Magnon**, aux Eyzies, en 1868). On pense qu'il cohabite et échange avec l'homme de Neandertal, tout en le repoussant progressivement – volontairement ou non – vers le nord de la France (restes de Neandertal découverts à Arcy-sur-Cure, en Bourgogne) et le sud de l'Espagne au-delà du fleuve Tage (site de Zafarraya). C'est vraisemblablement là que l'homme de Neandertal s'est éteint il y a 30 000 ans, peut-être victime du climat et d'une fécondité plus faible. Au **mésolithique** (période intermédiaire entre paléolithique et néolithique, de – 10 000 à – 6 000 ans environ), le climat évolue, devenant comparable à celui que nous connaissons aujourd'hui. Plus tard, vers – 6 000 ans, une nouvelle vague de peuplement arrive du Proche-Orient : ce sont les pasteurs et les agriculteurs du **néolithique**, qui remplacent progressivement les derniers chasseurs-cueilleurs (voir les quelques objets au musée du Périgord à **Périgueux**). Les sociétés se développent, se hiérarchisent, se sédentarisent, édifiant sur place menhirs et dolmens ; vers – 3 000, c'est l'**âge des métaux**, puis le début de l'histoire…

Pourquoi le Périgord-Quercy ?

Pourquoi les hommes, arrivés du Moyen-Orient et d'Afrique se sont-ils installés au bord des rivières du Sud-Ouest de la France ? Pas pour le climat, mais parce que le gel de l'eau infiltrée dans les falaises calcaires avait élargi d'innombrables

Neandertal ou Cro-Magnon : pas le même crâne…

Sans doute doué d'une intelligence comparable à la nôtre, parfaitement bipède, l'homme de Neandertal est doté d'un aspect plus robuste : il est de petite taille (1,60 m), possède des os plutôt épais, un front encore fuyant, un crâne ovale, large et long, avec une arcade sourcilière proéminente et un fort développement des sinus frontaux. Ces caractéristiques physiques sont peut-être à mettre en rapport avec ses dures conditions d'existence (périodes glaciaires). L'homme moderne, qui vient d'Afrique, pays sensiblement plus chaud, dispose d'une anatomie plus gracile : son crâne est plus haut et la réduction de sa mandibule a fait saillir un menton (à l'image du crâne de Néandertalien de **La Ferrassie** et du crâne d'homme moderne du site de **Cro-Magnon**).

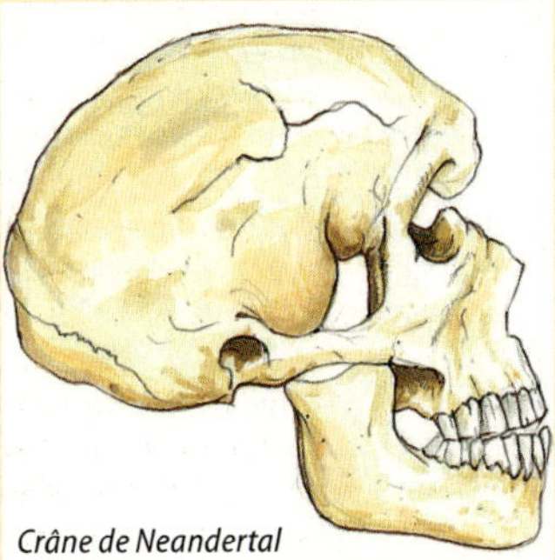

Crâne de Neandertal

R. Corbel / MICHELIN

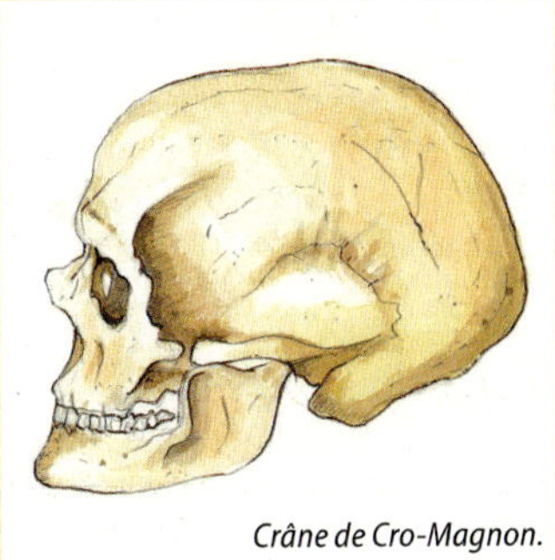

Crâne de Cro-Magnon.

R. Corbel / MICHELIN

Temps	Période	Culture	Espèce humaine	Outils et art	Sites en Périgord-Quercy
– 4 à – 1,5 M d'années	Paléolithique archaïque		Homo rudolfensis, Homo habilis	Galet aménagé	
– 1,7 M à – 500 000 ans	Paléolithique ancien	Acheuléen (subdivisions locales : tayacien, micoquien)	Homo ergaster	Premier biface	La Micoque
– 500 000 à – 40 000 ans	Paléolithique moyen	Moustérien	Homo ergaster, Homo Neandertalensis, Homo sapiens s.	Pointe et technique **Levallois**. Biface complexe (**acheuléen**), outils de pierre taillés à partir d'éclats	Le Moustier, La Ferrassie, Regourdou
– 40 000 à – 30 000 ans	Paléolithique supérieur	Châtelperronien	Homo Neandertalensis H. sapiens n'est pas concerné	Lame, couteau, pointe, outils en os, premiers bijoux	La Ferrassie
– 36 000 à – 29 000 ans		Aurignacien	Homo sapiens sapiens	Augmentation très importante de la diversité et de la finesse des outils (**lame** très effilée ou étranglée, pointe de sagaie en os), premières manifestations artistiques (parure, gravure sur blocs, cupule, symboles féminins, animaux schématiques)	Abris Blanchard, Cellier, Castanet et Pataud
– 29 000 à – 22 000 ans		Gravettien		Pointe à dos, pointe pédonculée, burin. Début de l'art pariétal, vénus stéatopyges	La Ferrassie, Laugerie-Haute, abri Pataud, Castel-Merle, abri Labattut, abri du Poisson, Pech-Merle, Cougnac
– 22 000 à – 18 000 ans		Solutréen		Retouche par pression. Finesse exceptionnelle des outils lithiques : aiguille à chas, **feuille de laurier**, pointe à cran. Art pariétal naturaliste, figure aviforme, homme blessé, perspective semi-tordue	Abri Pataud, Pech-Merle, Cougnac
– 18 000 à – 16 000 ans		Magdalénien ancien		Sagaie, outils lithiques triangulaires. Perspective semi-tordue, figures pariétales animées, chasseur en difficulté	Lascaux, Villars, Font-de-Gaume
– 16 000 à – 13 000 ans		Magdalénien moyen		Explosion artistique, respect des perspectives, développement de l'art mobilier sur os, bois et ivoire	Cap Blanc, abri Reverdit, Bara-Bahau, St-Cirq, Bernifal, Combarelles, Font-de-Gaume, Rouffignac
– 13 000 à – 10 000 ans		Magdalénien supérieur		**Harpons**. Art pariétal très réaliste	Teyjat, La Madeleine, Laugerie-Basse

failles en abris. Des grottes surtout, sous le surplomb desquelles nos ancêtres furent à couvert des intempéries et réchauffés par le rayonnement nocturne de la roche. L'homme n'a jamais habité à l'intérieur des cavernes, trop frais, humide et sombre, mais bien toujours à l'entrée, et de façon temporaire : il n'était ni cavernicole ni sédentaire ! De là, les premiers périgourdins-quercynois allaient cueillir baies et fruits dans des forêts alors très denses, chasser les ruminants et le gibier en migration sur les plaines alluviales et les pelouses calcaires, et boire dans les rivières.

LES CULTURES DE L'HOMME PRÉHISTORIQUE

Neandertal, puis Cro-Magnon ont littéralement « vécu sur la bête », en particulier sur le renne dont les troupeaux étaient considérables en cette époque où le climat oscillait entre tempéré froid et glacial. Cette variation cyclique s'est traduite par des modifications des écosystèmes. Steppe, taïga et toundra, accueillant mammouths, rhinocéros laineux, aurochs, cerfs géants et rennes, se sont succédé en Périgord-Quercy durant tout le quaternaire. L'outillage nécessaire à la capture des proies évolua et, avec lui, les techniques de transformation de la pierre puis des os, des peaux et des matières végétales. De façon générale, l'évolution s'est faite dans le sens de l'économie de la matière première, les sites à bons silex étant rares (l'un des plus riches se trouve près de Bergerac). Comment ? En affinant sans cesse la taille et en utilisant des supports plus petits, des éclats plutôt que des rognons de silex, par exemple. Moteur du développement humain, l'industrie des outils a été une véritable culture. Elle a connu des évolutions majeures, des étapes à dénommées « cultures » ou « industries » et décrites grâce à ce que la préhistoire nous a laissé comme vestiges après tant de millénaires : des silex taillés en bifaces, des outils d'os et des grottes ornées de peintures, de gravures ou de sculptures.

DU GALET À LA POINTE FINE

Premiers temps

On divise le paléolithique en plusieurs périodes dites archaïque (ou « très ancien paléolithique »), ancien, moyen et supérieur.

Paléolithique archaïque – Il correspond aux premiers temps de l'évolution humaine, de – 4 à – 1,5 million d'années ; il est essentiellement africain. Nos prédécesseurs utilisaient alors de simples cailloux qu'ils travaillaient à peine (*peeble tool culture*, ou culture des **galets aménagés**).

Paléolithique ancien – De – 1,7 million d'années à – 500 000 ans, il est possible de distinguer **l'acheuléen**, avec production de bifaces, et le **tayacien**, avec une industrie – propre au Périgord-Quercy – travaillant sur éclats et sans bifaces (site de La Micoque). Ensuite, les bifaces prennent des formes plus variées, donnant naissance au **micoquien**, subdivision locale de l'acheuléen nommée à partir du site où elle a été décrite.

Paléolithique moyen – Cet âge, de – 500 000 à – 40 000 ans environ, est caractérisé par l'apparition de la technique de débitage **Levallois**, une méthode très ingénieuse pour obtenir de bons outils bien calibrés. Cette période porte le nom de **moustérien**, c'est en effet celle du site du Moustier, où il a été décrit pour la première fois. Les outils sont façonnés avec moins de matière, ils sont réalisés à partir d'éclats, les bifaces gagnent en finesse.

On rencontre la culture moustérienne en Périgord, sur les sites du Moustier, de La Ferrassie et de Regourdou. Elle fut pratiquée surtout par l'homme de Neandertal, mais aussi par l'homme moderne.

Paléolithique supérieur : deux cultures cohabitent – Aux alentours de – 40 000 ans, deux humanités cohabitent encore en Périgord et Quercy. Deux humanités, deux cultures. D'un côté, l'industrie du **châtelperronien** et l'homme de Neandertal (site de La Ferrassie). Aux outils typiquement moustériens s'ajoutent la taille de lames et de « couteaux », la fabrication de pointes, d'outils en os et les premiers bijoux. Cantonnées à la France et au Nord de l'Espagne, les techniques du châtelperronien disparaissent de ces régions avec l'homme de Neandertal, vers – 30 000 ans. De l'autre côté, l'homme moderne, de type **aurignacien**, avec une culture que l'on retrouve dans toute l'Europe depuis – 36 000 ans. L'outillage, d'une haute finesse, est fait de grandes lames, parfois « étranglées », et de pointes de sagaies en os (**abri Pataud**). La parure est bien développée (perles, pendeloques), mais curieusement, alors qu'ailleurs l'art est très élaboré (Sud-Ouest de l'Allemagne, grotte Chauvet en Ardèche), il reste assez fruste dans ces régions : il est fait de gravures sur blocs, de cupules, de symboles féminins et animaux schématiques (abris **Blanchard** et **Castanet**, à Castel-Merle, et aussi au

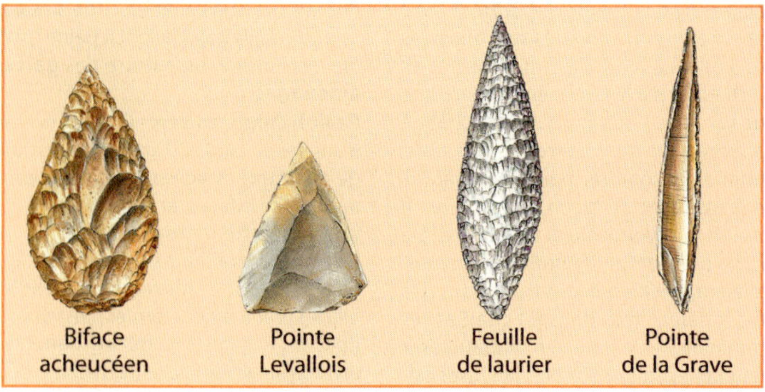

R. Corbel / MICHELIN

musée du Périgord à Périgueux, abri Cellier). L'aurignacien s'efface ensuite, en Périgord et en Quercy, devant le gravettien vers – 29 000 ans.

Gravettien : art pariétal et sculpture

Localement appelé périgordien supérieur, le gravettien se répand uniformément en Europe. En Périgord, il dure jusque vers – 22 000 ans. Les outils sont principalement des pointes à dos (tranchant d'un seul côté, l'autre côté permettant la prise en main), des pointes pédonculées (avec une ébauche de manche), ainsi que des burins de formes particulières (abri Pataud, La Ferrassie, **Laugerie-Haute**). L'art se développe (**abri Labattut**, Castel-Merle, **abri du Poisson**), l'art sur paroi – pariétal – apparaît : c'est le début de l'ornementation des grottes de **Cougnac** et **Pech-Merle**. Le gravettien est typique, notamment dans sa façon de représenter la femme, avec une forte poitrine, un ventre proéminent et des hanches généreuses (stéatopygie). Au début du 20e s., on prenait ces « Vénus » pour des représentations réalistes. Aujourd'hui, on penche plutôt pour des conventions stylistiques exprimant la fécondité.

Solutréen : la retouche par pression

Décrit à Solutré, en Saône-et-Loire, le solutréen est présent seulement en France, au Portugal et en Espagne. La période glaciaire est alors à son paroxysme (– 21 000 ans). Le travail de la pierre est de toute beauté, ayant acquis, grâce à la **retouche par pression** (au lieu de taper sur la pierre, on exerce une pression dessus pour détacher un éclat plus petit et plus fin), une très grande finesse : aiguilles à chas – invention de l'époque –, pointes à cran, feuilles de laurier (outils ayant la légèreté et la finesse d'une feuille de laurier) sont parmi les outils les plus caractéristiques. Outre sa finesse, cet art solutréen offre un mélange très intéressant de naturalisme et d'archaïsme : si les figures commencent à s'animer, l'ensemble reste massif et très stylisé (voir le bouquetin de l'abri Pataud et le bloc du Fourneau du Diable, exposé au musée national de Préhistoire des Eyzies). Selon le préhistorien Jean Clottes, les signes « **aviformes** », en forme d'accolades, datent aussi de cette époque (Cougnac et Pech-Merle). Sur ces sites, un nouveau thème figuratif apparaît, celui de « **l'homme blessé** », au corps percé de traits. Le solutréen se prolonge par la culture du badegoulien, avant de laisser la place au magdalénien, qu'il a pu influencer partiellement.

Magdalénien : mouvement, réalisme et perspectives

Étendu à toute l'Europe et débutant vers – 18 000 ans, le magdalénien (dont le nom vient du site de la Madeleine) se caractérise aussi par un réchauffement du climat ponctué d'épisodes plus froids. Il se divise en trois phases, en raison de la formidable explosion des formes d'art et d'outillage.

Magdalénien ancien – Il correspond à l'époque de **Lascaux** (vers – 17 000 ans), sanctuaire de cette culture. Bien qu'encore empreint de certaines conventions du solutréen (« **perspective semi-tordue** » des encornures, représentées de trois quarts alors que l'animal est figuré de profil), le style montre des figures animées qui gambadent sur les parois avec une grande liberté d'expression. Un même thème, celui du « chasseur en difficulté », se retrouve tant à Lascaux qu'au **Villars**. Il semble que les premiers décors de la grotte de **Font-de-Gaume** remontent à cette époque.

L'outillage osseux se développe et se régionalise (différents types de sagaies par exemple). Les outils en silex prennent une forme triangulaire.

Magdalénien moyen – Entre – 16 000 et – 13 000 ans, on assiste à une sorte d'explosion de l'art en Périgord, dont

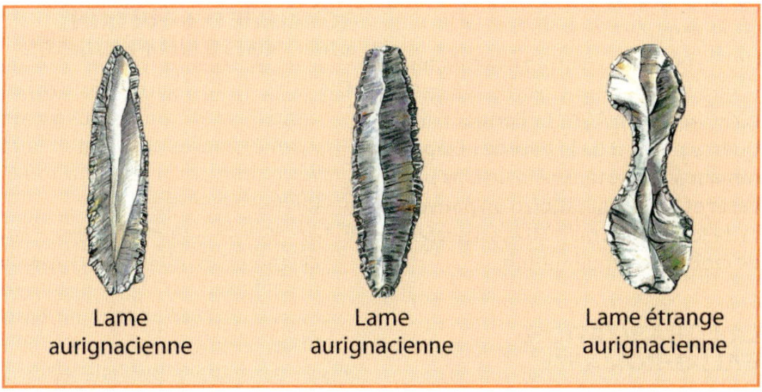

R. Corbel / MICHELIN

on trouve de multiples traces à l'abri du **Cap Blanc**, l'abri **Reverdit**, à Castel-Merle, **Bara-Bahau**, **St-Cirq-du-Bugue**, **Bernifal**, aux **Combarelles**, à Font-de-Gaume ou encore **Rouffignac**. Ces quatre derniers sites présentent un signe commun, en forme de maison, appelé **tectiforme**. Le style des figures est plus réaliste et la perspective des encornures (bois de cerfs, etc) est respectée. Parallèlement, l'art mobilier sur objets en os, bois de cervidés et ivoire atteint une grande maîtrise (**Laugerie-Basse**).

Magdalénien supérieur – De – 13 000 à – 10 000 ans, cette période voit la fin de la phase glaciaire. Un nouvel outil apparaît alors : il s'agit du **harpon**. L'art a évolué vers un **style hyperréaliste**, presque « photographique », évolution très visible sur l'art mobilier (**La Madeleine**, Laugerie-Basse, voir au musée national de Préhistoire des Eyzies) et dans l'art pariétal (grotte de la Mairie, à **Teyjat**, et peut-être certaines figures des Combarelles). Finalement, le magdalénien fait place au mésolithique ; l'art change de forme, se fait plus schématique : c'est la culture de l'azilien *(voir le musée du Périgord à Périgueux)*.

LES PIONNIERS DE LA RECHERCHE

Depuis la plus haute Antiquité, le mythe de « l'homme sauvage » accompagne la pensée occidentale. Il revient à Jacques Boucher de Perthes (1788-1868) d'avoir écorné ce mythe, en créant la préhistoire, science de l'étude de l'humanité et de son environnement avant l'invention de l'écriture.

C'est surtout dans la région des Eyzies-de-Tayac que cette science se développe : à la suite des prospections d'Édouard Lartet et d'Henry Christy, à la fin du 19e s., de nombreuses fouilles sont conduites dans cette région, notamment par les abbés Amédée et Jean Bouyssonie, Louis Capitan, Émile Cartailhac, l'abbé Lemozi et Denis Peyrony. Le docteur H. Martin (1864-1936) invente alors la taphonomie, l'étude des altérations des ossements après leur dépôt. Mais il faut attendre la découverte de la grotte de La Mouthe, en 1895, pour faire admettre l'existence de l'art pariétal. Les travaux de l'abbé Henri Breuil (1877-1961) mettront alors de l'ordre dans les classifications chronostratigraphiques et contribueront à faire connaître l'art paléolithique.

Découvertes modernes

Les préhistoriens ne recherchent plus aujourd'hui les belles pièces, mais à reconstituer des tranches de vie. Désormais, le moindre indice est traqué et analysé. Les nouvelles fouilles de l'abri Castanet ont ainsi permis de découvrir des centaines de fragments de perles en ivoire de mammouth. Grâce à la microscopie électronique à balayage et à l'expérimentation, le préhistorien américain, périgourdin d'adoption, Randall White est parvenu à en reconstituer la chaîne de fabrication. On parvient également à dater des échantillons de plus en plus petits : c'est la datation d'un simple bigorneau du collier associé aux squelettes de l'abri Cro-Magnon, qui leur a donné un coup de jeune : on les pensait aurignaciens, ils sont gravettiens ! L'imagerie numérique, en particulier médicale, vient également au secours des préhistoriens : en scannant les ossements fossiles, il est possible désormais d'en étudier l'intérieur sans avoir à les découper, et de déterminer les processus de croissance, voire les pathologies. Le traitement d'images, employé par Norbert Aujoulat pour l'étude des peintures à Lascaux, a ressuscité les gestes des artistes. Nous savons de quels pinceaux ils se sont servis, combien de couches ils ont appliqué, quelles nuances de couleurs ils ont employées : la technique des peintres magdaléniens apparaît désormais aussi complexe que celle d'un Michel-Ange ou d'un Raphaël…

Vers le Moyen Âge

Quelle unité pourrait-il y avoir dans la si longue période qui relie les Gaulois à la fin du Moyen Âge ? Le Périgord et le Quercy passent de la paix de l'Empire romain à sa chute, aux invasions barbares et à la restauration d'un pouvoir, cette fois féodal, mais lui aussi porteur de croissance et de culture.

LA COHABITATION GALLO-ROMAINE

Avant J.-C.

Au temps de la Gaule, le territoire actuel du Périgord est occupé par la tribu gauloise des Pétrocores, celui du Quercy par les Cadurques. Le pays des Pétrocores avait pour capitale *Vesona* (Périgueux) et celui des Cadurques, *Divona* (Cahors).

59-51 – Conquête romaine. La dernière résistance du peuple gaulois a lieu à *Uxellodunum* que les historiens situent dans le Quercy, au **puy d'Issolud**.

16 – L'empereur Auguste crée la province d'Aquitaine.

Après J.-C.

1er-3e s. – La Paix romaine. Pendant trois siècles, les villes se développent, de nombreux monuments publics sont édifiés. Dans les campagnes, autour des villes, de nouvelles cultures sont introduites : noyer, châtaignier, cerisier et, surtout, vigne.

235-284 – Les invasions (Alamans et Francs) ravagent la région. En l'an 276, plusieurs villes sont rasées. Vesunna se protège derrière un épais rempart élevé à la hâte avec les pierres de bâtiments publics romains démantelés.

ROYAUME D'AQUITAINE, BARONNIES DU PÉRIGORD

486-507 – Clovis, roi des Francs, conquiert la Gaule jusqu'aux Pyrénées après avoir défait le roi wisigoth Alaric II en 507 à Vouillé (près de Poitiers).

8e s. – Les deux comtés du Quercy et du Périgord sont rattachés au royaume d'Aquitaine.
Fondation de l'abbaye de Brantôme.

9e s. – Les vallées de l'Isle et de la Dordogne, ainsi que Périgueux sont dévastés par les **Normands**. De nombreux habitants se réfugient dans les cluzeaux, prenant la suite des hommes préhistoriques.

10e s. – Les quatre baronnies du Périgord se mettent en place : Mareuil, Bourdeilles, Beynac et Biron, ainsi que les châtellenies d'Ans, Auberoche, Gurson... Le comté du Périgord passe à la maison des Talleyrand.
De puissantes familles se partagent le Quercy : les Gourdon, les Cardaillac, les Castelnau, les Turenne et les Saint-Sulpice.

Vers 950 – Début du pèlerinage de **St-Jacques-de-Compostelle** qui traverse la région.

12e s. – Fondation d'abbayes dans le Périgord : Cadouin, Sarlat, Boschaud, Chancelade... et dans le Quercy : Rocamadour, Figeac, Souillac et Carennac.

1331 – Fondation de l'université de Cahors.

GRANDEURS ET MISÈRES DU MOYEN ÂGE

11e-13e s. – La population augmente et se réunit en villages, les « sauvetés » (autour d'une église), et dans des

Temps ou climat béni du Moyen Âge ?

À partir du début du 11e s., les températures moyennes s'élèvent de 1 à 2 degrés et l'humidité baisse en Europe occidentale. En Périgord-Quercy, ces nouvelles conditions climatiques favorisent les pratiques agricoles. Les cultures poussent mieux, plus vite, sans pourrir sur pied. Les hommes vivent plus vieux et la mortalité infantile baisse. Après cet « optimum climatique », ainsi baptisé par l'historien Emmanuel Le Roy Ladurie, le temps change. Dès le premier quart du 14e s., il entre dans le « petit âge glaciaire » qui se terminera à la fin du 18e s. Beaucoup plus humide, ce climat fit au 14e et 15e s. pourrir les cultures en herbe. Ce qui expliquerait la succession des famines, terribles, qui endeuillèrent les deux siècles de la guerre de Cent Ans. Il n'y avait bien sûr pas de relevés météorologiques à ces époques. Sur quoi s'appuient donc les historiens pour de telles affirmations ? Sur l'étude des glaciers et, plus récemment, sur l'analyse de l'émail dentaire !

BRIDGEMAN-GIRAUDON

« La Belle Rosamonde et la reine Aliénor d'Aquitaine », par Sir Edward Burne-Jones.

villes nouvelles, les bastides, à partir desquelles elle défriche la forêt et draine les marais. L'église tente d'imposer les trêves de Dieu, quarante jours de réflexion obligatoires avant d'entamer un conflit armé. La paix s'installe peu à peu, accompagnée de multiples progrès techniques.

Début 13e s. – Croisade des albigeois. Simon de Montfort fait des incursions dans le Quercy et le Périgord.

1229 – Le traité de Paris entre Saint Louis, roi de France, et Raymond VII, comte de Toulouse, met fin à la croisade des albigeois.

14e s. – Avec le retour des conflits, les récoltes s'amoindrissent, les famines se répètent, aggravées par les razzias sanglantes des routiers. Quand la peste arrive, elle trouve dans le Périgord et le Quercy des corps peu résistants : 1348, 1361, 1384 et 1400-1401 amènent des hécatombes.

Rivalité franco-anglaise

France et Angleterre se sont fait la guerre pendant près de huit siècles. À l'origine pour un différend successoral, la guerre est devenue conflit géopolitique entre deux puissances revendiquant le contrôle du continent ouest-européen. C'est dans le Périgord et le Quercy que la part terrestre de ce long conflit a été la plus active.

1137 – Mariage du prince Louis, fils du roi de France Louis VI, et **d'Aliénor**, fille unique du duc d'Aquitaine, qui lui apporte en dot un territoire plus important que le sien : la Guyenne, le Périgord, le Limousin, le Poitou, l'Angoumois, la Saintonge, la Gascogne et la suzeraineté sur l'Auvergne et le comté de Toulouse. Mariage mal assorti : Louis, devenu **Louis VII**, penche pour une vie monacale, tandis que la reine a appris à Bordeaux à savourer les arts et les fêtes. Après quinze ans de mésentente conjugale, le couple obtient du concile de Beaugency la prononciation de la nullité de son mariage.

1152 – Lourde erreur pour la politique française ! Outre sa liberté, Aliénor recouvre sa dot qu'elle apporte en remariage à Henri Plantagenêt, comte d'Anjou et suzerain du Maine, de la Touraine et de la Normandie. Elle dirige pleinement son duché d'Aquitaine. Pour les Capétiens, c'est une catastrophe : les domaines réunis d'Henri, futur roi d'Angleterre sous le nom d'**Henri II**, et d'Aliénor, sont en effet aussi vastes que ceux des autres vassaux du roi de France. Bien que le duché d'Aquitaine demeure en fait vassal du roi de France, l'équilibre des forces est rompu. La lutte franco-anglaise qui s'engage va durer des siècles. Elle se double par la suite des conflits entre Aliénor et son second mari, puis entre le roi et ses fils. Elle favorise la versatilité des villes et des grands féodaux. Les futurs rois de France sauront en jouer habilement.

1190 – Pour apaiser les tensions, **Philippe Auguste** cède aux Anglais le Quercy, frontalier entre les deux royaumes, à l'exception de deux abbayes : Figeac et Souillac.

1199 – Mort du fils aîné d'Aliénor, **Richard Cœur de Lion**, à Châlus. Une lutte s'engage pour la succession entre le petit-fils d'Aliénor, Arthur de Bretagne, et son fils **Jean sans Terre** qu'elle place sur le trône en 1199.

1204 – Profitant des hésitations de Jean sans Terre, Philippe Auguste conquiert la Normandie, possession anglaise, et Poitiers, capitale du duché d'Aquitaine. L'équilibre des forces se rétablit peu à peu.

1259 – Par le traité de Paris, cette fois avec **Henri III**, le fils de Philippe Auguste, **Saint Louis**, abandonne le Périgord et le Quercy, qui étaient échus auparavant au comte de Toulouse. Ce traité met fin aux luttes franco-anglaises et permet aux populations de vivre en paix. Mais il s'avère rapidement caduc et le conflit reprend.

1294-1296 – **Philippe le Bel** reconquiert la quasi-totalité des possessions anglaises. La Guyenne (Aquitaine) redevient française. Le port de Bordeaux se retrouve coupé de son riche arrière-pays. Afin, tout de même, que les choses ne dégénèrent pas, le roi de France donne à l'Angleterre sa sœur Marguerite, qui épouse le roi **Édouard Ier**, puis sa fille **Isabelle de France** au fils de celui-ci (le futur Édouard II).

1314 – Mort de Philippe le Bel. Lui succèdent pour de courtes durées, Louis X, Philippe V et Charles IV. Ces trois rois dits **maudits**, meurent sans héritier mâle.

1328 – Le trône de France est vacant. La couronne est posée sur la tête du fils du frère de Philippe le Bel, seul héritier mâle de la branche capétienne. **Philippe VI de Valois** devient donc roi de France. Pourtant, la fille de Philippe le Bel, Isabelle de France, a donné un fils à son mari le roi Édouard II. **Édouard III** est le prétendant le plus légitime à la couronne de France.

1340 – Édouard III d'Angleterre se proclame roi de France. Avec l'appui des Flamands, Bretons et Normands, il impose sa suprématie militaire et s'empare de l'Aquitaine.

1345 – Début de la guerre de Cent Ans en Aquitaine. Le roi **Jean le Bon** cherche à reprendre les terres d'Aquitaine. En 1356, il est vaincu à Poitiers par le fils d'Édouard III – le redoutable Prince Noir – et emprisonné à Londres.

1360 – Le traité de Brétigny donne toute l'Aquitaine aux Anglais. Commence alors une période faste qui voit se développer la viticulture et l'activité fluviale sur la Dordogne et le Lot. Les deux rivières seront tout le long de la guerre deux enjeux stratégiques majeurs. Leurs rives se hérissent de châteaux.

1369 – Après des années de ravages par les **routiers**, soldats mis au chômage durant les années de paix, le Quercy et le Périgord sont repris par Charles V, roi de France. Le futur connétable Du Guesclin, soutien actif du roi depuis quelques années déjà, a participé aux opérations. Par la suite, les seigneurs du nord du Périgord seront fidèles au roi de France tandis que ceux du sud prendront le parti des Anglais, passant parfois des uns aux autres en fonction de leurs intérêts économiques. Les villes du Quercy demeurent globalement fidèles au roi de France. **Cahors**, par exemple, se libère toute seule et ne sera jamais réinvestie par « l'Anglois ».

1399 – Annexion du Périgord par Charles VI.

1440-1500 – Le Quercy est si dépeuplé qu'il lui faut faire venir des milliers d'Auvergnats et d'habitants du Rouergue (l'Aveyron) pour redresser sa courbe démographique.

1429-1439 – Des bandes de routiers travaillant indifféremment pour les deux partis dévastent la région.

1453 – La bataille de Castillon met fin à la guerre de Cent Ans.

Guerres de Religions

Comme dans tout le royaume, les idées de la Réforme gagnent d'abord les « élites pensantes », puis les villes et les campagnes. La concurrence religieuse tourne en conflit politique, avec des soubresauts de guerre civile.

1540 – Un premier foyer protestant se développe à **Ste-Foy-la-Grande**; quatre ans plus tard, la Réforme atteint Bergerac. Le **protestantisme** devient alors l'affaire des Grands, il est soutenu dans le Périgord par les princes de Bourbon-Albret (dont Jeanne d'Albret, mère du futur Henri IV) et les Caumont-Laforce, et dans le Quercy par Jeanne de Genouillac, les Gourdon et les Cardaillac. Bergerac et Ste-Foy-la-Grande deviennent alors des bastions de la Réforme, tandis que Périgueux et Cahors soutiennent la Ligue.

1562 – Massacre de protestants à Cahors.

1569 – Massacre de **La Chapelle-Faucher** : l'amiral de Coligny, chef huguenot, fait enfermer 300 paysans dans le château et y met le feu en représailles aux attaques subies par l'armée protestante. **Brantôme** *(voir Une littérature enracinée)*, bouleversé par ce massacre, dénonce dans ses écrits ces luttes fratricides.

1572 – Massacre de la St-Barthélemy au cours duquel Clermont de Piles, chef des huguenots en Périgord, trouve la mort. Homme de guerre rusé, **Geoffroi de Vivans** prend la tête des armées protestantes et met la région à feu et à sang, cherchant à tout prix à s'emparer des villes fidèles à la Ligue.

1575 – Les troupes de Geoffroi de Vivans s'introduisent un soir de carnaval à Sarlat et s'emparent de la ville.

1577 – La paix de Bergerac annonce l'édit de Nantes à venir.

1580 – Prise de Cahors par Henri de Navarre.

1588 – Geoffroi de Vivans réalise l'exploit de s'emparer de Domme.

1589 – Avènement d'**Henri IV** qui se convertit au catholicisme en 1593 et est sacré roi en 1594. Sous Henri IV le comté du Périgord est rattaché au domaine royal.

1598 – **Édit de Nantes**. Après l'avènement d'Henri IV, les protestants obtiennent la liberté de culte, ainsi que des places de sûreté.

1685 – **Révocation de l'édit de Nantes** par Louis XIV, de nombreux Périgourdins protestants s'expatrient.

Temps de révoltes

À cause des famines et des guerres, Périgord et Quercy passent par des temps difficiles. Les luttes paysannes secouent les campagnes par intermittences pendant deux siècles.

1594-1595 – Première révolte des **croquants** : les paysans, dits « croquants », se révoltent alors que les guerres de Religion, la misère et les famines ont laissé la région exsangue. Ils se réunissent pour rédiger des doléances à transmettre au roi, se donnent une structure militaire, refusent de travailler pour les seigneurs et organisent des expéditions punitives contre eux. La noblesse réagit rapidement, une armée est organisée sous les ordres du sénéchal de Bourdeilles. Un combat à St-Crépin-d'Auberoche en août 1595, puis un autre à Condat-sur-Vézère défont l'armée des paysans. Ceux-ci, plus misérables que jamais, retournent alors à leurs terres.

1637 – Nouvelle révolte des croquants contre le gouvernement de Louis XIII et de Richelieu. La condition des paysans n'a pas changé, les taxes n'ont fait que s'alourdir et une levée extraordinaire de blé pour le ravitaillement des troupes déclenche l'insurrection. Des « gabeleurs » chargés de percevoir les impôts sont assassinés. Un gentilhomme du nom de **La Mothe La Forêt** prend alors la tête d'une armée paysanne de plusieurs milliers d'hommes, tente d'investir Périgueux le 1er mai et s'empare de Bergerac le 11. La résistance de Ste-Foy-la-Grande arrête cette armée dans sa progression sur Bordeaux. Le gouverneur de Guyenne lève alors une armée qui écrase les croquants à La Sauvetat. La Mothe La Forêt obtient une reddition honorable et dissout ses troupes. Dans les mois qui suivent, la guérilla se propage dans les campagnes. Des bandes, constituées d'anciens « soldats » de l'armée des croquants, parviennent à repousser les troupes royales. En 1642, le pouvoir royal vient enfin à bout des rebelles.

1707 – Dernière révolte paysanne, dite des **Tard-Avisés** (nom déjà donné aux révoltés de 1594). Elle éclate dans le Périgord et le Quercy, mais est très vite étouffée par l'armée du gouverneur de Guyenne.

Du 18e s. à nos jours

Le Siècle des lumières amorce les temps modernes. Avec eux arrivent les départements, le train, la fin de la batellerie, l'épidémie du phylloxéra, la découverte de la préhistoire, l'autoroute et le tourisme. La région sort de son isolement.

1743-1757 – **Tourny**, intendant de la généralité de Bordeaux, est le promoteur de nombreux aménagements dans les villes du Sud-Ouest, dont les allées qui portent son nom à Périgueux.
L'ouverture de nouvelles routes divise les temps de trajet par cinq, par rapport au Moyen Âge.

1789 – Réunion des états généraux; Assemblée constituante; prise de la Bastille; abolition des privilèges. Dernier sursaut des révoltes paysannes, quelques jacqueries accompagnent la Révolution dans les campagnes.

1790 – Formation des départements de la Dordogne et du Lot. Cahors devient préfecture à la place de Montauban, capitale historique du Quercy. L'affront sera lavé par **Napoléon** qui créera autour de Montauban le département du Tarn-et-Garonne en 1808.

1812-1814 – Le Périgord est un fief bonapartiste. Plusieurs généraux et maréchaux de Napoléon sont originaires de cette région : Murat, Fournier-Sarlovèse, Daumesnil.

1838 – Naissance de Léon Gambetta à Cahors.

Années 1860 – Arrivée du train.

1868 – La crise du **phylloxéra** détruit le vignoble de Cahors et de Bergerac et entraîne un véritable exode rural.

Début 20e s. – Aménagements du Lot et de la Dordogne. Le nombre d'inondations diminue et la vitesse de circulation des **gabarres** s'accroît, ce qui favorise le développement des foires.

1926 – Face à la concurrence croissante du train, le Lot et la Dordogne sont rayés de la *Nomenclature des voies navigables de France*. Des siècles de batellerie s'éteignent.

Entre deux-guerres – Forte émigration économique hollandaise, encouragée par les gouvernements français et batave. La plupart des immigrés trouvent à s'employer dans l'agriculture.

1939 – Évacués par l'armée française, des Strasbourgeois s'installent nombreux à Périgueux. Ils transmettent aux Périgourdins leurs techniques du foie gras.

1940 – Découverte par quatre jeunes gens de la grotte de **Lascaux**.

1940-1944 – Très agricoles et loin des grands axes de communication, le Périgord et le Quercy se trouvent à l'écart des batailles de la Campagne de France. Après la défaite, la région est au sud de la **ligne de démarcation**, sauf quelques villes à l'extrême ouest de la Dordogne.
La **Résistance**, très présente, augmente dès la disparition de la ligne de démarcation en 1942 et l'institution du Service du travail obligatoire. Un nombre croissant de paysans nourrissent et cachent les francs-tireurs. Les anciennes régions de révoltes que furent la Double et le Landais, le Ségala et les causses deviennent des maquis. Incapables de les « nettoyer », les occupants tentent de faire peur en brutalisant la population des villes, à **Figeac** notamment.

Juin 1944 – La remontée vers la Normandie de la division blindée **Das Reich**, freinée par le harcèlement de la résistance locale, est ponctuée de

La batellerie

Les hommes du Périgord et du Quercy ont forgé une civilisation fluviale qui date du néolithique. Lot et Dordogne furent aménagés à partir du 12e s. afin de réduire le débit et les caprices de l'eau. Durant des siècles, les gabarres ont affronté les « hautes eaux » hivernales et capricieuses du Lot et de la Dordogne pour descendre bois de chêne et de châtaignier, noix, huiles, fromages et châtaignes vers Cahors et Bergerac. De ces ports importants, les marchandises descendaient jusqu'à Bordeaux. Au retour, les navires rapportaient du sel, du poisson salé, du sucre et un peu de tout ce que l'on pouvait acheter sur les quais de ce grand port colonial des 18e et 19e s. Le chemin de fer, plus ponctuel et indifférent à la météo, a raison de la batellerie dans le dernier quart du 19e s. Ne reste aujourd'hui de cette civilisation que la légende des gabarriers, toujours très présente dans les mémoires et les histoires des conteurs.

Les grandes dates

59-51 av. J.-C. – Rome conquiert la région sur les Celtes Pétrocores et Cadurques.
235-284 – Invasions des Francs et des Alamans.
9e s. – Les Normands pillent la région en remontant ses rivières.
10e s. – De grandes familles féodales se partagent le Périgord et le Quercy.
1152 – Remariée au futur Henri II, Aliénor d'Aquitaine unit le Périgord au royaume d'Angleterre.
1190 – Philippe Auguste cède le Quercy à la couronne anglaise.
1294-1296 – Philippe le Bel reconquiert le Périgord et le Quercy.
1360 – Le traité de Brétigny donne toute l'Aquitaine à l'Angleterre. Le nord du Périgord et le Quercy demeurent néanmoins fidèles au roi de France.
1540-1577 – Guerres entre milices protestantes et catholiques.
1594-1595 – Révolte des croquants.
1637-1642 – Nouvelle révolte des croquants.
1790 – Formation des départements du Lot et de la Dordogne.
1860-1870 – Arrivée du train.
1868 – Crise du phylloxéra.
1939 – Des réfugiés strasbourgeois apportent la technique du foie gras.
1940 – Découverte de la grotte de Lascaux.
2003 – Le désenclavement routier se parfait avec l'achèvement de l'A 20.

représailles. **Montpezat-de-Quercy, St-Céré, Bagnac-sur-Célé, Cardaillac, Caylus, Cieurac, Figeac et Fanlac**, entre autres localités, subissent exécutions sommaires et crimes de guerre encore très présents dans la mémoire locale.
Pour son action, la ville de **Sarlat** est décorée de la croix de guerre en 1947.

Novembre 1953 – L'Union de défense des commerçants et artisans (UDCA) remporte la majorité à la Chambre de commerce de Cahors. Lancé par **Pierre Poujade**, commerçant de St-Céré, ce mouvement deviendra le « Poujadisme », synonyme de revendication populiste et réactionnaire.

1960 – Création des régions : la Corrèze est rattachée au Limousin, la Dordogne à l'Aquitaine et le Lot à la région Midi-Pyrénées.

1963 – Fermeture de la grotte de Lascaux.

1979 – Les grottes ornées de la vallée de la Vézère sont classés au Patrimoine mondial de l'humanité par l'Unesco.

1983 – Ouverture du site de Lascaux II au public.

1998 – La cathédrale de Périgueux et les chemins de St-Jacques de Compostelle sont classés au Patrimoine mondial de l'humanité par l'Unesco.

2003 – Achèvement de l'autoroute A 20 qui relie Limoges à Toulouse en contournant Cahors.

2008 – L'A 89 est achevée entre Clermont-Ferrand et Bordeaux.

ART ET CULTURE

Peinture, sculpture et gravure préhistoriques, naissance de la littérature courtoise colportée par les troubadours dont le duc d'Aquitaine lui-même ne dédaigne pas de faire partie, châteaux perchés, églises fortifiées ou à coupoles romanes, bastides : le Périgord et le Quercy, malgré des troubles et des guerres à répétition, ont prouvé au fil du temps qu'ils savaient créer, adapter ou refuser les mouvements artistiques.

J. Damase / MICHELIN

Comme sur la tapisserie (ici, à Montpezat-de-Quercy), la grande littérature s'est ancrée dans la région.

Une littérature enracinée

Peu étendus, le Périgord et le Quercy ont néanmoins porté de grands noms de la littérature française. Ils y sont nés, y ont élaboré un style nouveau ; leur demeure est encore visible aujourd'hui et on peut se plonger dans l'univers de la région par la lecture de leurs œuvres.

PLUMES NOVATRICES

Troubadours, trouvères et ménestrels, ces termes similaires font voyager et évoquent à la fois la poésie, la musique et le Moyen Âge. Accompagnant la naissance de la langue d'oc, ils sillonnent la région et inventent des airs (*trobar* en occitan signifie trouver, et renvoi à l'invention musicale) porteurs de poésies lyriques. **Guillaume IX de Poitiers** (1071-1127), comte de Poitiers, duc d'Aquitaine et de Gascogne, dit *le Troubadour*, est le premier connu parmi eux. Siégeant souvent à Bordeaux, il oriente son lyrisme vers un « nouvel art d'aimer » qui, repris et accentué par ses successeurs troubadours, aboutira à la **fin'amor**, l'amour courtois occitan. Encouragée par les seigneurs, cette poésie lyrique originale s'étend bientôt au Quercy et s'épanouit dans les cours féodales où la noblesse prend goût au chant, à la musique et à la poésie. Le simple nom des plus célèbres de ces troubadours renvoie aux villes environnantes : Bertand de Gourdon, Aimeric de Sarlat, Arnaut Daniel de Ribérac et Giraut de Borneuil, natif d'Excideuil. Un autre type de chanson, le **sirventès**, est créé dans la région ; il ne se distingue de l'art des troubadours que par le sujet traité – des thèmes guerriers – et un ton satirique. **Bertran de Born** (v. 1140 – v. 1215), seigneur de Hautefort, est l'instigateur de ces pièces politiques et morales, qui lui ont été inspirées par son conflit avec son frère pour faire valoir son droit à être seigneur indépendant.

AMOUR, AMITIÉ ET POLITIQUE

L'apogée de la Renaissance littéraire s'illustre avec **Clément Marot** (1496-1544). Né à Cahors d'une mère gasconne et d'un père normand, Marot excelle dans les épigrammes et les sonnets par lesquels il séduit la cour et le roi. Ses jeux littéraires et son ingéniosité s'illustrent dans son fameux poème *Beau Tétin* dans lequel il chante et décrit à ravir le corps féminin :

« Tétin refait, plus blanc qu'un œuf,
Tétin de satin blanc tout neuf,
Toi qui fait honte à la rose
Tétin plus beau que nulle chose ».

Pierre de Bourdeille (v. 1540-1614), plus connu sous le pseudonyme d'abbé de Brantôme (son titre vient du fait qu'il possédait une abbaye, sans avoir été religieux), s'attaque aux huguenots lors des batailles de Meaux et Dreux. Gentilhomme de la chambre sous Charles IX, il se retire dans son château de Richemond près de Brantôme *(voir p. 131)* après la mort du roi et écrit ses mémoires, des chroniques sur la cour des Valois et *Vie des hommes illustres*. « Femmes et amours sont compagnes, marchent ensemble et ont une même sympathie » écrit-il : son goût pour l'amour et les femmes devient

célèbre et ses ouvrages sont taxés de légèreté par ses contemporains.
Né en 1530 à Sarlat, **Étienne de La Boétie**, après des études de droit à l'université d'Orléans, devient conseiller au Parlement de Bordeaux. Philosophe et politicien, il rédige, alors qu'il est âgé d'à peine dix-huit ans, le *Discours de la servitude volontaire* ou *Contr'un*, un réquisitoire contre l'absolutisme. Illustré par de nombreux exemples tirés de l'Antiquité, ce texte pose la question de la légitimité de toute autorité sur une population et lui permet de critiquer la situation politique de son temps. C'est à cette période que naît l'amitié entre La Boétie et un autre philosophe, Michel Eyquem de **Montaigne** (1533-1592). Cette amitié deviendra célèbre : c'est en son honneur que, à la mort de La Boétie, Montaigne abandonne le stoïcisme. Dans ses *Essais*, rédigés dans la tour de la libraire de son château *(voir p. 259)*, il évoque cette relation essentielle : « En l'amitié de quoi je parle, elles se mêlent et confondent l'une en l'autre, d'un mélange si universel, qu'elles effacent et ne retrouvent plus la couture qui les a jointes. Si on me presse de dire pourquoi je l'aimais, je sens que cela ne se peut exprimer qu'en répondant : parce que c'était lui ; parce que c'était moi. »
Également originaire du Périgord, **Fénelon** (1631-1715) passe toute son enfance dans le château du même nom *(voir p. 287)*. Il commence ses études à Cahors, puis gagne Paris. Il aurait composé à Carennac *(voir ce nom)* son célèbre roman *Les Aventures de Télémaque* (1699). Dans son voyage pour retrouver son père Ulysse, Télémaque séjourne dans différents pays aux gouvernements autoritaires puis dans le gouvernement idéal de Salente. L'ouvrage, non destiné à la publication, permet à Fénelon, sous couvert d'Antiquité, de donner une leçon de politique au dauphin Louis de France (1682-1712), petit-fils de Louis XIV et futur père de Louis XV.

DES PAYSAGES LITTÉRAIRES

Auteur contemporain, **André Maurois** (1885-1967) écrit du Languedoc : « Tu vas voir une province toute sertie de merveilles naturelles ou architecturales, donc ne sois pas pressé. Donne-toi le temps d'un détour pour regarder un village qui n'est pas sur ta route. » Originaire de Seine-Maritime, il découvre la région par son épouse Simone de Cavaillant, propriétaire du manoir d'Essendiéras près d'Excideuil. Il y passe ses vacances et le transforme en lieu de rendez-vous d'artistes, de penseurs et de savants.
Jacquou le Croquant (1899), grand roman à succès qui relate une histoire de jacquerie paysanne au début du 19e s., est l'œuvre d'**Eugène Le Roy** (1837-1907), originaire de Hautefort. Le succès du roman est tel qu'il est d'abord adapté au petit écran en 1969 par Stellio Lorenzi, puis pour le cinéma en 2007, par Laurent Boutonnat. **Christian Signol**, auteur contemporain originaire du Quercy, connaît également le succès avec ses innombrables œuvres souvent inspirées de sa région natale. Son roman *La Rivière Espérance* est devenu un feuilleton télévisé en 1995. Peintre et écrivain, **François Augiéras** (1925-1971) passe son enfance à Périgueux et fait de la région l'héroïne de ses romans autobiographiques (*Domme ou l'Essai d'occupation, Une adolescence au temps du Maréchal*). Bien différent, **Pierre Michon** (né en 1945) est l'auteur de *La Grande Beune* (1998), roman sur la confrontation entre un instituteur et la société rurale périgourdine. L'épique saga paysanne du Corrézien **Claude Michelet** (né en 1938), *Des grives aux loups* (1979) a, elle aussi, été adaptée avec succès à la télévision.

Architecture rurale

Durant des siècles, Périgourdins et Quercynois ont bâti leurs maisons avec les matériaux disponibles. L'architecture rurale est pour l'essentiel le reflet fidèle de la géologie : décrypter une ferme c'est aussi lire le paysage et savoir dans quel « pays » l'on se trouve. Murs ocre jaune, toits abrupts recouverts de tuiles roses ou brunes, pigeonniers massifs perchés sur pilotis, caselles perdues au milieu du causse : l'habitat local revêt une identité ancrée dans la terre à peine mâtinée d'influences méridionales.

L'HABITAT TRADITIONNEL

Le Périgord

La maison du **Périgord noir** se présente sous la forme d'un édifice d'aspect massif en calcaire jaune, pierre majoritaire, coiffé d'un haut toit pentu couvert de tuiles plates brunes. De petits pigeonniers-tours à pans de bois encadrent les demeures les plus riches. Dans certains villages, les maisons les plus anciennes sont souvent couvertes non de tuiles, mais de **lauzes**, pierre calcaire extraite des causses tellement lourde qu'elle impose au toit une pente plus importante afin de supporter la charge (de 500 à 1000 kg par mètre carré).

En **Périgord blanc**, les maisons basses sont en calcaire blanc ou gris et percées de fenêtres surmontées d'œils-de-bœuf. Le toit plat couvert de tuiles romaines a déjà un aspect très méridional.

Dans **la Double et le Landais**, pays de forêt et de bois, les rares maisons traditionnelles sont construites en torchis maintenu par des colombages.

La « vinée » de **Bergerac** est parsemée de maisons vigneronnes reconnaissables en particulier à leur système de chais construit en U ou sur deux cours successives. Au milieu des vignes, on peut également apercevoir les masures des « bordiers » (ouvriers agricoles). Les constructions sont moins typiques en Périgord vert et central.

J. Damase / MICHELIN

Maison à Sarlat.

Architecture

Plus simples dans leurs plans, les **maisons périgourdines** typiques sont aussi plus basses. Leur toiture est en revanche plus complexe. Elle est organisée sur deux à quatre pans et percée de toutes petites ouvertures, les **outeaux**, par lesquelles l'air venait sécher les grains et les noix stockés.

Le Quercy

En **Bouriane**, les toits sont parfois couverts de lauzes et les murs sont en calcaire ocre ou en calcaire gréseux plus clair, comme le sol. À l'opposé, dans le **Ségala**, les habitations rappellent l'Auvergne si proche : la couverture est en schiste et s'appelle ardoise, les murs sont dans le même matériau ou en un mélange copié sur celui du sol (schiste, granit, gneiss et marbre). Au sud du pays, des ornements en bois rappellent qu'il y eut de grandes châtaigneraies, comme dans le Cantal frontalier. En **Limargue**, la richesse de la terre se lit sur le matériau des murs, fait de calcaire et de grès rouges ou blonds. Dans le **Quercy blanc**, les toits sont en tuiles plates. De façon générale, dans les fonds de vallée et près des rivières, nombre de constructions sont en briques, façonnées avec les argiles locales. Deux sortes de toit sont courantes en Quercy : le toit à forte pente (également appelé toit celtique) couvert de tuiles plates, parfois de lauzes à ses extrémités, et le toit à faible pente, couvert de tuiles romaines roses, dont les limites fluctuent entre le Lot et la Dordogne.

Architecture

Construites en moellons de calcaire blanc noyés dans du mortier de chaux, les solides demeures du **Quercy** présentent un ensemble de volumes et de décrochements, de tours, d'ouvertures qui en font un type très séduisant de maisons rurales, très différent des maisons plus simples du Périgord. Traditionnellement, le rez-de-chaussée, en sous-sol (appelé la « **cave** »), abrite l'écurie, les remises, les magasins. Le premier étage sert d'habitation. On y accède par un escalier extérieur en pierre qui donne sur une terrasse sous auvent, le « **bolet** », supporté par des colonnes de pierre ou de bois. Dans le Ségala, le froid a imposé la présence d'un sas sur la porte d'entrée et une architecture ramassée, pour une meilleure isolation. Le climat plus riant et la richesse de la terre – et de ceux qui l'ont exploitée – expliquent à l'opposé la diversité de l'ornementation des bâtisses du Limargue. En allant vers le sud, les maisons s'allègent : balustrades, colonnes et charpentes externes permettent de profiter du soleil et de faire sécher… le tabac.

LES CONSTRUCTIONS ANNEXES

Les dépendances

Celles de la ferme comprennent parfois, en Haut-Quercy notamment, un **fournil**. Ce bâtiment bas terminé par une abside renferme le four à pain. Les plus jolis **puits** sont couverts d'une voûte en tas de charge ou d'une toiture appareillée pyramidale.

Sur les serres du Bas-Quercy subsistent des **moulins-tours** à calotte tournante.

Le Périgord vert et la châtaigneraie quercynoise conservent quelques **séchoirs** à châtaignes appelés « clédiers ». Sur toute la marche auvergnate du Périgord et du Quercy, on rencontre des granges à montoir (Braunhie), plan incliné qui facilite le stockage du foin au premier étage, le rez-de-chaussée étant réservé aux animaux.

S. Sauvignier / MICHELIN

Pigeonnier.

Les pigeonniers

Ils sont très nombreux, et souvent élégants : tantôt tourelles flanquant la maison, tantôt isolés, parfois surmontant un porche ou montés sur colonnes. Avant 1789, le droit de pigeonnage était en principe réservé aux grands propriétaires terriens, mais le Quercy et, à un degré moindre, le Périgord faisaient exception. Les colombidés étaient élevés surtout pour leur fiente, la « colombine », dont l'importance (il y avait très peu de fumier, faute de bovins en nombre suffisant) se mesurait à l'heure des successions : elle était partagée entre les héritiers, au même rang que la terre et le bétail. Excellent engrais, elle était aussi prisée en boulangerie (pour aromatiser les petits pains), en pharmacie (pour, entre autres, ramollir les goitres…). Après 1850, l'apparition d'engrais chimiques entraîna le déclin de cette production. Les pigeonniers isolés les plus anciens sont de type « suspendu », posés sur des colonnes pour les protéger de l'humidité où des « capels », chapiteaux circulaires créant un surplomb, dissuadent les rongeurs d'entreprendre l'ascension. Les exemples de plan carré ou circulaire sont en général plus récents et destinés au stockage du grain. À l'approche de la vallée de la Garonne, la toiture se chapeaute d'un lanterneau d'envol parfois très effilé.

Les cabanes en pierre sèche

On rencontre encore, isolées dans les champs, au milieu des causses quercynois ou plus rarement groupées en hameau, comme les **cabanes du Breuil** en Périgord noir *(voir ce nom)*, ces petites constructions bâties en pierres sèches, du sol au faîte du toit, presque toujours coniques. Tenant sans ciment, ces gariottes, caselles et autres « cabanes » ont pour la plupart été bâties au 19e s. La contrainte exercée par les toitures de pierres sèches finit en effet par faire s'effondrer les cabanes en quelques décennies. Certaines ont deux niveaux. Les cabanes épousent les formes du causse dont elles sont issues. Comme les murets, elles semblent être des éléments naturels. Il faut parfois regarder longuement pour les distinguer parmi les prairies d'herbes sèches parsemées de pierres.

Lavoirs et murs

Plus difficiles encore à voir sont les compte-moutons, passages à gibier, passages à bergers, lavoirs, abreuvoirs, réservoirs (lacs de St-Namphaise), canaux, de même que les citernes que l'homme a souvent simplement creusées dans la roche pour récupérer l'eau de pluie. Ce petit patrimoine rural est tout à fait exceptionnel, tant par sa richesse que par sa rareté. Menacé de ruine par la désertification des campagnes, il est désormais protégé par le Parc naturel régional des causses du Quercy.

Les chartreuses

Maison de maître apparue au 17e s., la chartreuse se répand au siècle suivant et connaît encore une grande vogue jusqu'à la fin du 19e s. Très présente dans le Sud-Ouest, dans le Périgord en particulier (on en compte plus de 200), on en connaît un peu dans le Quercy. Cette maison rurale sans étage est souvent liée à l'exploitation de la vigne. Ses éléments architecturaux extérieurs, la recherche de symétrie, les moulurations ou les terrasses à balustres les différencient de la maison paysanne classique. Un couloir aménagé au nord dessert les pièces disposées en enfilade. Les chartreuses, surtout construites entre 1650 et 1850, manifestent, plutôt qu'une condition sociale ou un désir ostentatoire, un certain art de vivre.

ABC d'architecture

Les dessins présentés dans les planches qui suivent offrent un aperçu visuel de l'histoire de l'architecture dans les régions du Périgord et du Quercy et de ses particularités. Les définitions des termes d'art que nous vous proposons permettent de se familiariser avec un vocabulaire spécifique et de profiter au mieux des visites des monuments religieux, militaires ou civils.

Architecture religieuse

CADOUIN – Plan de l'église abbatiale (1119-1154)

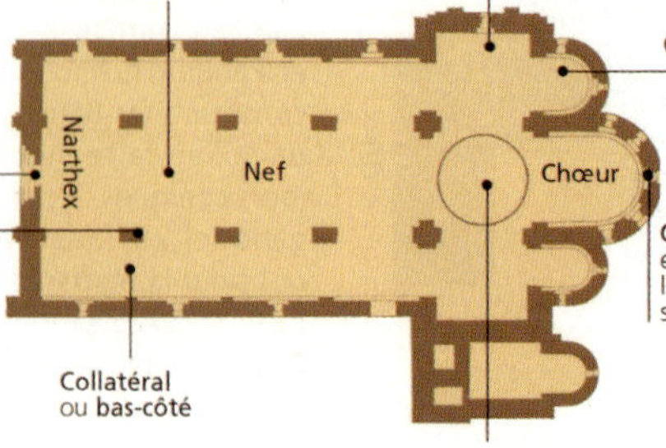

CARSAC-AILLAC – Voûtes de l'église Saint-Caprais (12e-16e s.)

R. Corbel/MICHELIN

BESSE – Portail de l'église Saint-Martin (fin du 11e-début du 12e s.)

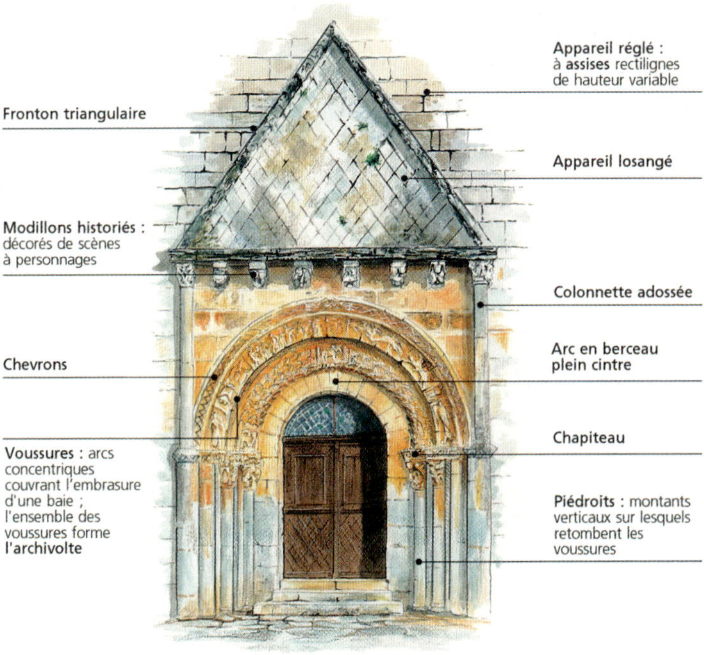

SOUILLAC – Chevet de l'ancienne abbatiale Sainte-Marie (12e s.)

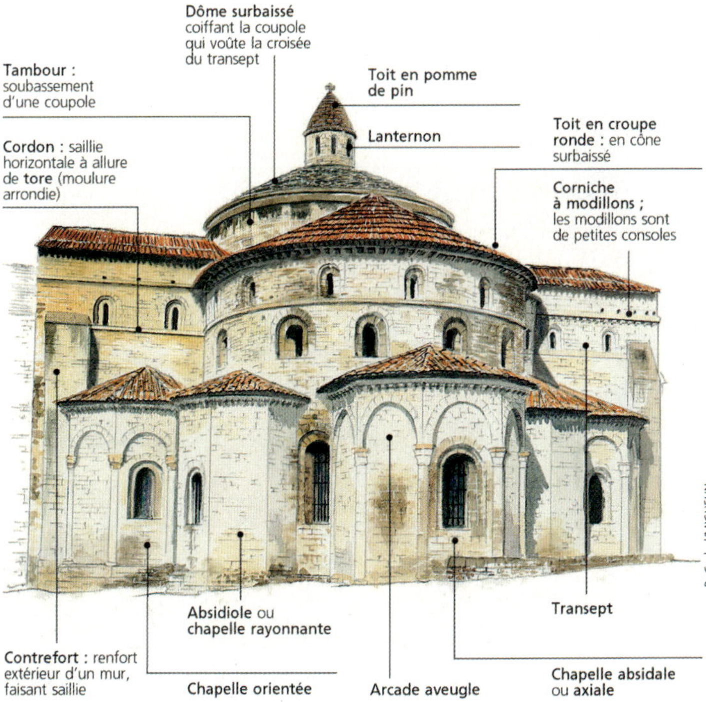

R. Corbel/MICHELIN

BRANTÔME – Clocher de l'ancienne abbatiale Saints-Pierre-et-Sicaire (11e s.)

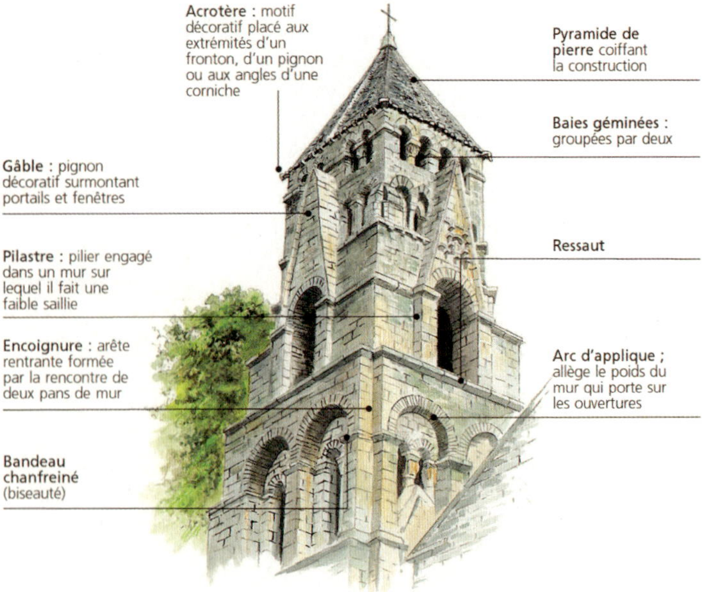

SAINT-AMAND-DE-COLY – Église fortifiée (12e et 13e s.)

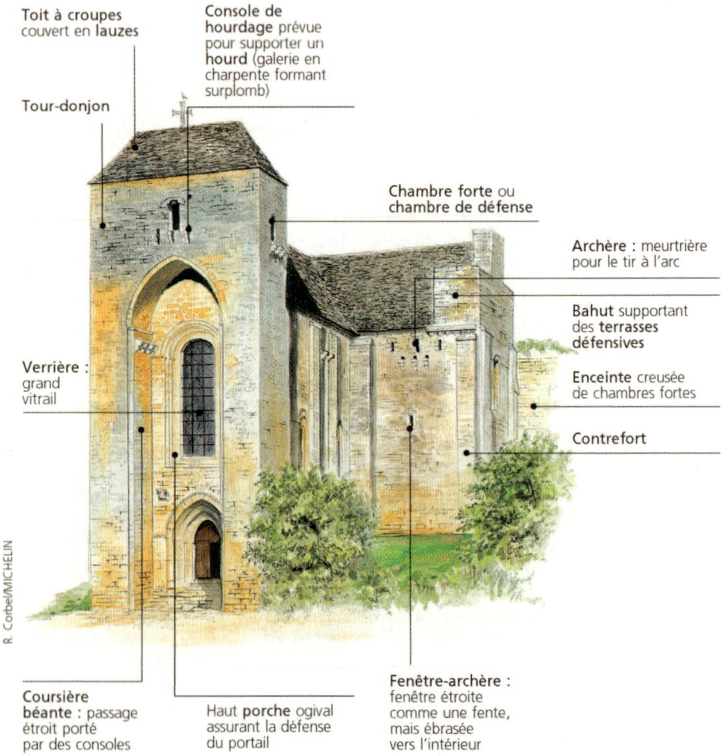

Châteaux

Château de BONAGUIL (13e s.-début du 16e s.)

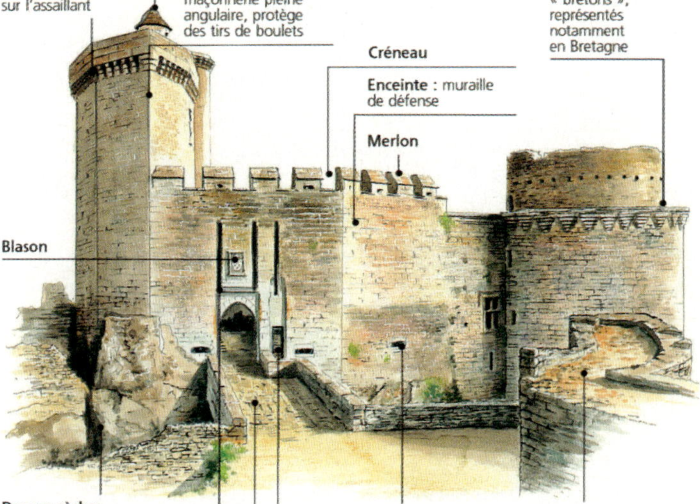

Château de MONTAL (millieu du 16e s.)

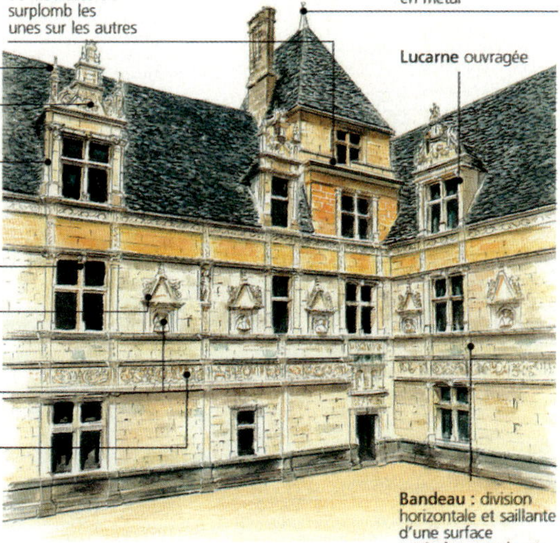

Architecture des bastides

DOMME – Porte des Tours (fin du 13e s.)

MONPAZIER – Place centrale de la bastide (fin du 13e s.-14e s.)

R. Corbel/MICHELIN

Constructions fonctionnelles

FIGEAC - Hôtel de la Monnaie (fin du 13e s.)

CAHORS – Pont Valentré (14e s.)

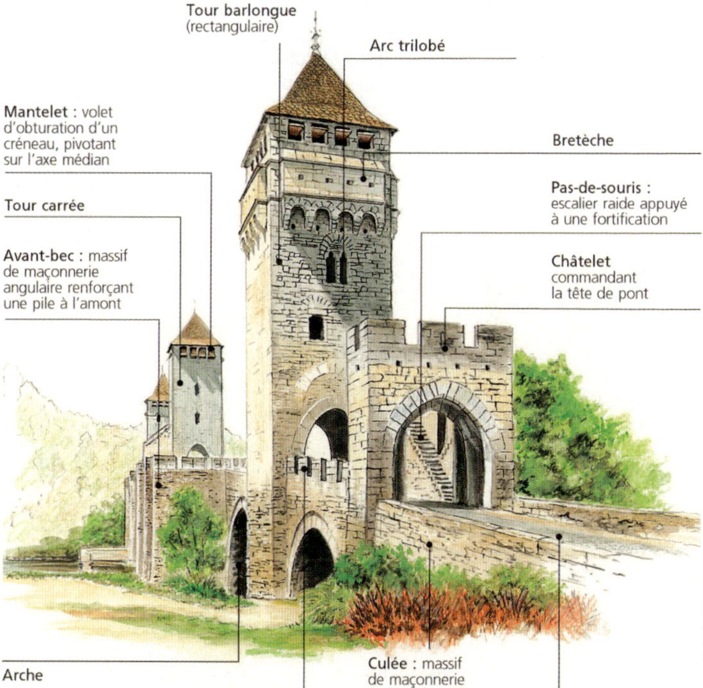

Les bastides

Ces villes neuves, *bastidas* en langue d'oc, plus ou moins fortifiées, se sont multipliées au 13e s. pour connaître, au 14e s., une évolution de leur système défensif.

CRÉATION

Les principaux fondateurs furent Alphonse de Poitiers (1249-1271), comte de Toulouse et frère de Saint Louis, et, à partir de 1272, les sénéchaux agissant pour le compte des rois de France, Philippe le Hardi et Philippe le Bel, ou sur ordre du roi d'Angleterre, Édouard Ier Plantagenêt, duc d'Aquitaine.

DÉVELOPPEMENT

La création des bastides répond à des besoins financiers et économiques ou à des préoccupations politiques et militaires.

Les fondateurs fixent sur les terres choisies des colons intéressés par les avantages d'un contrat : charte de franchise, garantie du droit d'asile, exemption du service militaire, droit à l'héritage… pour le prix d'une parcelle de terrain à bâtir et d'une autre à cultiver. La bastide est gérée par le *bayle* (bailli) qui représente le roi, rend la justice et perçoit les impôts, tandis que les consuls choisis par les habitants assurent l'administration.

Les objectifs politiques et militaires apparaissent au lendemain de la croisade contre les albigeois, lors de la fondation d'une quarantaine de bastides à l'initiative du comte de Toulouse Raimond VII. La nouvelle rivalité franco-anglaise fait bientôt peser d'autres menaces sur la région. Ainsi s'échelonnent les bastides **d'Eymet**, **Castillonnès** et **Villeréal** le long du Dropt et celles de **Villefranche-du-Périgord** et **Ste-Foy-la-Grande**, à l'initiative d'Alphonse de Poitiers. Le roi d'Angleterre répond à ces constructions en créant **Beaumont-du-Périgord** (1272), **Molières**, **Lalinde** et **Monpazier** (1285), créations entre lesquelles s'intercale **Domme** (1281), due à Philippe le Hardi.

URBANISME

Le plan des bastides se rapproche de l'échiquier carré ou rectangulaire (Ste-Foy-la-Grande, Monpazier), mais s'en éloigne souvent en raison de la nature du site, choisi pour ses possibilités de peuplement ou de défense (Domme). La bastide se développe parfois autour d'un élément préexistant : une église fortifiée comme à Beaumont ou un château.

Le plan de **Monpazier** est le plus caractéristique : un quadrilatère aux rues rectilignes se coupant à angle droit et ruelles *(carreyrous)* ; les façades latérales des maisons sont séparées par les *andrones*, interstices de 0,25 m environ qui formaient pare-feu et servaient d'égouts, voire de latrines. Au centre, une place carrée, entourée de galeries couvertes (cornières ou couverts), renferme une halle en bois utilisée pour le marché. L'église est située près de la place.

La plupart des bastides, dont le nom évoque parfois le fondateur (Villeréal = ville du roi), les privilèges (Villefranche), le rattachement à un château (Castelnau), ont perdu leur aspect primitif : les mieux conservées dans le Périgord et le Quercy sont Monpazier, Domme et Eymet.

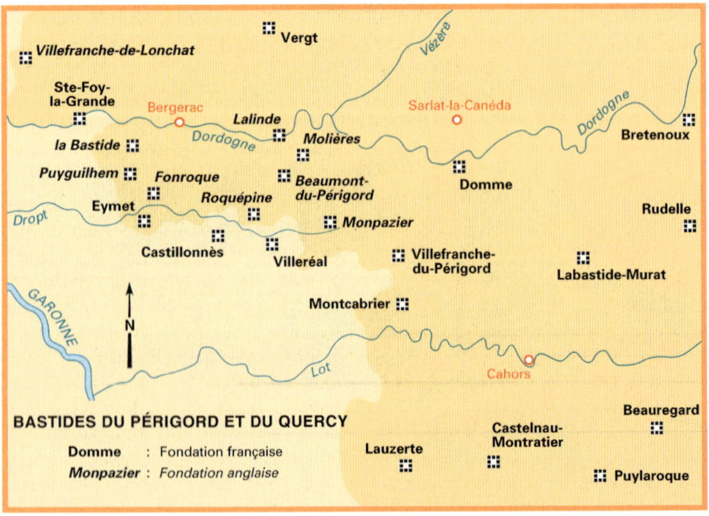

P. Blot / MICHELIN

Vue aérienne de la bastide de Monpazier.

L'art en Périgord et en Quercy

En art comme en histoire, le Périgord et le Quercy ancrent leurs références dans un passé à la fois brillant et presque antédiluvien... Au fil des siècles, la région a accueilli et adapté, à son rythme et selon ses besoins, les modes et les styles. Les périodes de guerre ou de révoltes étant nombreuses, l'art de bâtir fut souvent assujetti à celui de la défense.

L'ART PRÉHISTORIQUE

Difficile, voire impossible de résumer le patrimoine préhistorique. Non pas tant parce que le Périgord possède la plus importante collection de vestiges d'Europe, mais parce que l'on se perd toujours en conjecture sur les motivations des peintres du paléolithique. Qu'est-ce qui a bien pu les pousser à ne représenter que des animaux, et si peu – et si mal – eux-mêmes ? Pourquoi avoir utilisé aussi habilement le relief des grottes et la danse de la faible lumière des torches pour donner une telle perspective et une telle impression de mouvement aux sujets représentés ? Surtout, pourquoi Cro-Magnon, qui vivait à l'entrée des cavernes, s'est-il enfoncé, à genoux ou à plat ventre au plus profond des falaises pour exercer son art (jusqu'à plus d'un kilomètre à Rouffignac !) ? À ces questions, préhistoriens et archéologues apportent des réponses aussi contradictoires qu'incertaines. Ce qui est sûr néanmoins est que les techniques de peinture et de gravure appartenaient à peu d'hommes, qui l'enseignaient probablement à des élèves. L'art paléolithique s'est ainsi très certainement transmis de maîtres en disciples. Ces maîtres étaient-ils des chamans, des religieux, des intellectuels dont le savoir imposait le respect au point de les mettre à l'abri de toute autre tâche que celle de peindre, soigner, et consulter les augures ? Mystère...

La réinterprétation des grottes ornées a brisé le mythe d'une évolution linéaire de l'art et celui de la supériorité de l'homme moderne sur ses ancêtres, ne serait-ce que parce qu'il y a 15 000 ou 30 000 ans nos prédécesseurs ont développé un art pariétal abouti, qui émeut encore.

Un art symbolique

Chaque civilisation a sa propre vision artistique et ses techniques pour se représenter. Celle de l'homme de Cro-Magnon (la préhistoire actuelle ne connaît pas l'équivalent pour celui de Neandertal) se déploie sur les murs des grottes. Gravée, sculptée ou peinte, elle a été représentée avec un parti pris général : il y a très peu de scènes naturalistes (quelques pré accouplements, des troupeaux, des indications de saisonnalité comme les saumons becards, des affrontements de mâles), pas plus d'histoire. L'iconographie paléolithique semble uniquement symbolique. Les animaux sont en procession, ils disent quelque chose que nous ne comprenons pas. D'autant moins que les artistes paléolithiques, découvrant les dessins faits par de lointains prédécesseurs, s'en servaient pour représenter d'autres animaux. De la croupe d'un cheval s'élève celle d'un bison qui est le front d'un mammouth... Bref, les grottes sont des **palimpsestes** (plusieurs dessins successifs se superposent) parfois difficilement lisibles.

Comment les hommes peignaient-ils ? Contrairement aux idées reçues, très rarement avec du charbon de bois. Le noir est de l'**oxyde de magnésium**, l'ocre de l'**oxyde de fer**. Les deux principales couleurs de la palette paléolithique sont donc des terres, que les artistes savaient identifier et extraire parfois fort loin de leurs « ateliers ». Ils les étalaient avec leurs doigts, les crachaient sur leurs mains utilisées comme des pochoirs ou des caches, les soufflaient au moyen de sarbacanes ou directement à la bouche. Mais les artistes n'exerçaient pas uniquement au plus profond des grottes. Les grottes ornées les plus célèbres sont sans doute des exceptions. Nous les avons découvertes parce que des éboulements, en bouchant leurs entrées, ont préservé leurs richesses. Il est probable que leurs entrées étaient elles aussi décorées. Cet « art de tous les jours », moins élaboré (Bernifal, St-Cirq) a disparu avec l'effondrement des surplombs.

ART GALLO-ROMAIN

Des édifices qu'élevèrent Gaulois et Romains, bien peu ont résisté à l'épreuve du temps. Le souvenir de l'époque gauloise survit dans plusieurs sites du Quercy qui se disputent l'honneur d'avoir été le théâtre de la bataille d'Uxellodunum, dernier sursaut de la résistance des Gaules devant la conquête de César. Il s'agit de **Capdenac-le-Vieux**, de **Murcens** dans la vallée du Vers, de l'**Impernal** au nord de Luzech et enfin du **puy d'Issolud**. Ce dernier site est désormais reconnu comme le vrai théâtre de l'ultime bataille de résistance à l'occupant

Pendant l'occupation romaine, l'ex-capitale des Pétrocores, Vesunna (nom latin de Vesona, Périgueux), et celle des Cadourques, Divona (Cahors), étaient des villes importantes où s'élevaient de nombreux édifices publics. À Périgueux, quelques vestiges, tels l'imposant temple de Vésone, les fouilles d'un vaste *domus* (résidence urbaine) des 1er et 2e s., les restes des arènes et les mosaïques, stèles, autels présentés au musée de Périgueux témoignent encore de la richesse de l'antique cité. À Cahors, on reconnaît dans le plan quadrillé du quartier ancien l'influence gallo-romaine. L'arc de Diane, dernier vestige des thermes, est le seul élément architectural encore visible. Le musée de Cahors conserve aussi un sarcophage du 3e s. et un linteau sculpté.

ART ROMAN

Après les troubles du haut Moyen Âge, l'an mille marque le début d'un renouveau dans l'art de la construction. En même temps que s'affermit le pouvoir royal, un vaste élan de foi se développe en France : on remplace les édifices carolingiens par des églises de plus vastes dimensions construites selon des techniques plus hardies.

Architecture religieuse

En Périgord – La région est riche en églises romanes dont l'aspect austère valorise l'emploi d'un beau calcaire doré aux chaudes tonalités.

L'extérieur frappe par l'extrême sobriété de la décoration : les portails sans tympan s'ornent de voussures sculptées de tores, de festons en dents de scie...

Le plan de l'édifice reste simple : une nef, deux croisillons, un chœur, mais les collatéraux restent rarissimes. Si le chœur s'ouvre parfois de petites chapelles rayonnantes (St-Jean-de-Côle, Tourtoirac, Montagrier), le chevet est souvent plat.

L'architecture périgourdine se singularise par l'originalité de sa voûte, disposée en coupole. Importée d'Orient selon les uns, création originale de l'art français selon les autres, elle offre plusieurs avantages sur la voûte en berceau qui nécessite de puissants contreforts. La coupole sur pendentifs permet de répartir le poids de la voûte sur les murs latéraux mais aussi sur les arcs doubleaux de la nef. La première réalisation de ce style (St-Étienne-de-la-Cité à Périgueux) inaugure une succession d'autres constructions : Trémolat, Agonac, Grand-Brassac, Cherval... Ce procédé est aussi utilisé dans la nef qui est alors divisée en plusieurs travées carrées surmontées d'une coupole sur pendentifs, le rôle des pendentifs étant de permettre le passage du plan carré au plan circulaire. L'église St-Front de Périgueux avec son plan en croix grecque couverte de cinq coupoles reste un exemple unique.

Certaines églises répondent à une autre forme de construction : nef bordée de collatéraux (St-Privat, Cadouin), voûte en plein cintre et en berceau brisé. Dans le Ribéracois notamment, de nombreuses façades, influencées par l'art de la Saintonge et de l'Angoumois, s'ornent de registres d'arcatures.

En Quercy – L'art roman quercynois présente de nombreuses similitudes avec son voisin : même plan simple, même utilisation de la coupole (St-Étienne de Cahors, Souillac), même matériau : le calcaire. Cependant, les églises du Quercy

E. Larribère / MICHELIN

Portail de l'église de Carennac.

S. Sauvignier / MICHELIN

À Périgueux, les coupoles de la cathédrale St-Front s'inspirent de l'architecture byzantine.

sont plus riches en décoration sculptée illustrant l'influence de Moissac et de l'école languedocienne. Des ateliers de cette école – puisant leur inspiration dans l'art byzantin, les enluminures et l'Antiquité – sortirent de remarquables portails sculptés qui comptent parmi les plus beaux de cette époque : vestiges du portail de Souillac avec l'admirable prophète Isaïe, tympans de Cahors, Carennac, Martel et de Collonges-la-Rouge, à la limite du Quercy et du Limousin.

Architecture civile et militaire

Il reste peu de témoignages de l'architecture civile. Parmi eux, l'ancien hôtel de ville de St-Antonin-Noble-Val, en Quercy, bien que très remanié, demeure un intéressant exemple d'architecture municipale du 12e s. Les forteresses médiévales édifiées aux 10e et 11e s. ont largement été modifiées aux siècles suivants et n'ont guère résisté aux guerres et aux destructions. Il subsiste tout de même quelques donjons, généralement carrés. En Périgord, les châteaux de Biron, Beynac, Bourdeilles, Mareuil, Commarque, Castelnaud... ont conservé des parties romanes. En Quercy, le château de Castelnau-Bretenoux, au donjon puissamment fortifié, est un bon exemple de construction féodale bâtie sur une colline.

ART GOTHIQUE

Né dans la première moitié du 12e s. en Île-de-France, l'art gothique supplante peu à peu l'art roman. Parvenu tardivement en Périgord et en Quercy, il s'y prolonge tout de même jusqu'au 16e s.

Art religieux

Architecture – Voûte sur croisée d'ogives et emploi systématique de l'arc brisé sont les deux caractéristiques essentielles de l'art gothique qui va connaître des évolutions différentes selon les régions. Le Midi de la France n'a pas adopté les principes de l'architecture gothique septentrionale et le nouveau style y reste étroitement lié aux traditions romanes. Ainsi l'art gothique proprement méridional, dit « languedocien », se caractérise par une nef unique très large, sans collatéraux (autrement appelés bas-côtés), se terminant par une abside polygonale et la subsistance de contreforts massifs, entre lesquels se logent les chapelles, pour assurer la butée des voûtes (dans le nord, les arcs-boutants jouent ce rôle).

Du fait de leur position à la jonction des deux mondes (oïl et oc), le Périgord et le Quercy subissent les influences du Nord et du Sud, représentés parfois dans le même édifice. La cathédrale de **Sarlat**, par exemple, présente une nef à bas-côtés et des arcs-boutants aériens typiques du gothique septentrional, alors que les chapelles latérales montrent l'influence méridionale.

Dans le Quercy, l'école languedocienne inspire le plan des églises de **Gourdon** (église St-Pierre), **Martel** (St-Maur), **Montpezat-de-Quercy** (collégiale St-Martin, richement ornée) et **St-Cirq-Lapopie** (construite sur un premier édifice roman), qui présentent une nef unique presque aussi large que haute, sans bas-côté et pourvue de nombreuses chapelles latérales.

Monastères – L'architecture monastique est représentée par des ensembles qui n'ont pas toujours résisté aux épreuves du temps. Les hommes y ont souvent apporté des remaniements : tel est le cas de l'ancienne abbaye cistercienne de **Beaulieu-en-Rouergue** dont l'abbatiale, reconstruite au 13e s., reste remarquable par ses voûtes d'ogives et son élégante abside à sept pans. Cet édifice est d'autant plus intéressant que les ouvertures respectent les prescriptions du chapitre général de l'ordre qui prévoit des vitraux « blancs et sans image », baignant le vaisseau de pierre d'une douce lumière. **Cadouin** et **Cahors** ont conservé leur cloître de style flamboyant, et **Périgueux** un cloître dont la construction s'est échelonnée du 12e au 16e s.

Églises fortifiées – Pendant les 13e et 14e s., tandis que les églises gothiques s'élèvent dans d'autres régions de France, les Périgourdins, vivant dans l'insécurité permanente, fortifient leurs églises romanes (**St-Amand-de-Coly**) ou élèvent de véritables forteresses avec clocher-donjon, chemin de ronde, tours crénelées et archères… utilisées comme sanctuaires (églises de **Rudelle**, de **St-Pierre-Toirac**). Ces églises constituent pour les villageois le refuge le plus sûr pour échapper aux violences des troupes armées qui parcourent le pays, qu'elles soient françaises ou anglaises.

Sculpture et peinture – De la seconde moitié du 13e s. au 15e s. furent exécutées quelques œuvres remarquables comme le tombeau de saint Étienne à **Aubaine** (Corrèze), la Mise au tombeau de **Carennac** (16e s.), le tombeau des Cardaillac à **Espagnac-Ste-Eulalie** et les gisants du cardinal Pierre Des Prés et de son neveu Jean Des Prés, dans la collégiale St-Martin de **Montpezat-de-Quercy**.

Les fresques, peintures murales exécutées à l'eau sur une couche de mortier frais, à laquelle elles s'incorporent, décorent de nombreuses chapelles et églises. La coupole occidentale de la cathédrale de Cahors est entièrement couverte de fresques du 14e s. À **Rocamadour**, les chapelles ont reçu une décoration à l'intérieur et sur les façades extérieures. Dans les chapelles de **St-André-des-Arques**, de **Martignac**, de **Soulomès** (scène de la Résurrection dans un décor d'époque), dans celles de **St-Geniès**, et du petit cimetière à **Montferrand-du-Périgord** (situé à l'écart du village), les fresques naïves des 14e et 16e s. évoquent l'Histoire sainte. Œuvres de piété des populations locales attachées à leurs croyances en des temps parfois difficiles, elles offrent aussi de merveilleux défilés de mode de la gent seigneuriale et paysanne de l'époque.

Architecture civile et militaire

De nombreux châteaux du Périgord et du Quercy ont été élevés pendant l'époque gothique – qui coïncide avec l'augmentation de l'insécurité et la montée de petits potentats locaux – et en comportent des éléments architecturaux caractéristiques. Citons pour exemple **Bourdeilles** et ses deux châteaux, l'un médiéval, l'autre Renaissance ; le château épiscopal de **Château-l'Évêque** ; le nid d'aigle de **Beynac** perché sur sa falaise et dont l'austère donjon est flanqué d'un manoir seigneurial ; la forteresse de **Castelnaud**, lieu d'une vaste campagne de travaux pendant la seconde moitié du 15e s. ; l'impressionnante citadelle de **Castelnau-Bretenoux**, siège d'une puissante baronnie ; le château des Gontaut-Biron, à **Cabrerets**.

Le **château de Bonaguil**, situé aux confins du Quercy et de l'Agenais, présente un cas particulier : bien que construit à la fin du 15e s. et au début du 16e s. – époque où se développe une volonté d'ouvrir les murs trop épais, de faire pénétrer la lumière dans des édifices jugés lugubres et froids –, il montre toutes les caractéristiques des forteresses médiévales.

Dans les **villes**, un élan de construction important suit la fin de la guerre de Cent Ans. La paix stimule l'activité, les affaires reprennent de plus belle et les riches artisans et commerçants de la ville dépensent pour s'installer dans de riches demeures joliment décorées. À Sarlat, Périgueux, Bergerac, Cahors, Figeac, Gourdon, Martel… les façades des maisons s'ornent de grands arcs d'ogive au rez-de-chaussée où s'ouvre l'échoppe, de fenêtres en tiers-point (simples, doubles ou triples) ou à rosaces, de tourelles et d'échauguettes. Les familles de marchands, de magistrats, de dignitaires et autres édiles ornent leur façade d'écussons frappés de leurs armes ou de leur nom. Parmi les édifices les plus remarquables de cette époque, citons l'hôtel de la Raymondie à **Martel**, l'hôtel de la Monnaie à **Figeac**, l'hôtel Plamon à **Sarlat**… et le célèbre pont **Valentré** de Cahors.

L'ÂGE D'OR DES CHÂTEAUX : LA RENAISSANCE

Au début du 16e s., les arts subissent une forte influence italienne. La découverte des trésors artistiques de la péninsule éveille chez le roi François Ier et les nobles de sa suite le désir d'introduire chez eux, en utilisant les services d'artistes italiens, ces procédés nouveaux.

Les moyens financiers croissent fortement après la guerre de Cent Ans : meilleur rapport de la terre avec le déve-

Château de Larroque-Toirac.

loppement du métayage, libération du négoce sur la Dordogne, exploitation du minerai de fer, récompenses et offices rémunérateurs attribués par le roi aux guerriers émérites. Le très faible coût de la main-d'œuvre et la répartition de la dépense sur plusieurs générations rendent l'entreprise supportable.

Architecture

À **Assier**, château et église sont élevés au début du 16e s. par Galiot de Genouillac, grand maître de l'artillerie de François Ier. Le château, remarquable réalisation comparable aux plus beaux châteaux du Val de Loire, est malheureusement aux trois quarts démoli. Les châteaux de **Montal** et de **Puyguilhem**, par leur grâce et leur architecture, s'apparentent aussi aux châteaux de la Loire.

La plupart des autres châteaux élevés au 16e s. montrent un aspect défensif important malgré des fenêtres, des lucarnes, des cheminées et autres éléments de pur style Renaissance (**Monbazillac**, **Losse**...). Ceux de **Cénevières**, **Bourdeilles**, **Lanquais** et les Bories, ainsi que l'église de **Rouffignac**, furent partiellement transformés dans ce style. L'architecture civile porte aussi la marque de cette grâce italianisante : maison de Roaldès à **Cahors**, maison des Consuls à **Périgueux**, hôtel de Maleville à **Sarlat**, hôtel de Labenche à **Brive**.

Sculpture

En Quercy, les remarquables frises ornées d'attributs guerriers qui décorent le pourtour de l'église d'**Assier** et la façade intérieure du château comptent parmi les réalisations les plus originales de la Renaissance.

La cour intérieure du château de **Montal** offre un bel exemple du style italianisant avec ses bustes en haut-relief, chefs-d'œuvre d'un réalisme parfait ; à l'intérieur, le remarquable escalier peut rivaliser avec ceux des châteaux de la Loire.

Dans la chapelle de Biron, les tombeaux à gisants des Gontaut-Biron sont décorés de sculptures influencées par le Quattrocento (15e s. italien).

DE RESTAURATIONS EN CRÉATIONS

Parcourue de révoltes, la période des 17e et 18e s. n'a pas été très prolifique dans cette région. Aux confins du Limousin et du Périgord, le beau château de Hautefort et son hôpital sur plan centré sont un des rares exemples de l'architecture classique.

Après les troubles révolutionnaires, le 19e s. se tourne vers le sauvetage des monuments : c'est le cas pour les centres anciens de Sarlat, Figeac, Cahors et la cathédrale St-Front à Périgueux. Restauration ou nouvelle création ? L'ampleur des travaux à Périgueux pousse à se poser la question, d'autant que le mouvement ne concerne pas que ce seul monument, mais touche aussi plusieurs châteaux (Malartrie, Mareuil, Montfort...). On peut en voir un exemple jusque dans les jardins de Marqueyssac et d'Eyrignac. Les critères de cette option pour la conservation, qui se prolonge aujourd'hui, continuent d'évoluer.

Avec le 20e s., la région devient touristique et attire les artistes : le tapissier **Jean Lurçat** (1892-1966) se prend de passion pour St-Céré, le sculpteur **Zadkine** pour Les Arques et le photographe **Robert Doisneau** pour la vallée de la Dordogne et le Lot, tandis que **Marc Chagall** orne de vitraux la chapelle du Saillant.

En architecture, la dernière création moderne d'ampleur est celle du Musée gallo-romain de Périgueux, achevé en 2003. Conçu par **Jean Nouvel**, Vesunna protège et met en valeur le site archéologique grâce à un « simple » toit auvent géant posé sur 14 piliers et une enveloppe de verre. À la fois gigantesque et légère, la structure est l'écrin discret du contenu muséographique.

LE PÉRIGORD ET LE QUERCY AUJOURD'HUI

Un simple coup d'œil sur une carte en dit déjà beaucoup : boisés, le Périgord et le Quercy ne comptent pas de grande ville. L'habitat, essentiellement rural et relativement dispersé, s'accorde à une économie reposant d'abord sur l'agriculture. Une situation banale, en somme ? Pas tout à fait puisque la région tire parti tant de ses paysages et de son histoire que d'un patrimoine gastronomique fameux pour se spécialiser dans des produits de qualité, et vers le développement d'un tourisme à forte identité régionale.

A. Cassaigne / MICHELIN

Les chambres d'hôte tirent parti des patrimoines culturel et naturel périgourdins.

Tourisme et résidences secondaires

Avec entre 3,5 et 4,5 millions de visiteurs chaque année, le tourisme est la première activité tertiaire de la région. Développée dès l'après-guerre dans le Périgord, cette activité s'est intéressée au Quercy plus tardivement. L'amélioration de la N 20, puis la création de l'A 20 y ont été pour beaucoup. Si l'essentiel de l'activité touristique se fait dans le Périgord, elle est concentrée sur une dizaine de sites du Périgord noir qui drainent l'essentiel des 2,5 millions de touristes se rendant en Dordogne. Dans le Quercy, la dispersion des sites favorise une meilleure répartition de la fréquentation.

PATRIMOINE NATUREL

Particulièrement verts, Périgord et Quercy font de leur faible densité industrielle et urbaine un véritable atout.

Le **Lot** a été rendu navigable sur 75 km de son cours, après réaménagements... de ses aménagements. Le **saumon** est revenu dans la Dordogne en aval de Bergerac et en amont de Carennac, ainsi qu'en amont de Brive, sur la Vézère, grâce notamment au repeuplement par alevins et à la construction d'échelles de contournement des ouvrages hydrauliques. Une grande partie des rivières de la région est désormais protégée par des **arrêtés de biotope** et des classements en sites **Natura 2000**.

Ça et là, les bords des routes sont fauchés plus tardivement afin de laisser le temps aux papillons de polliniser la flore sauvage. Les orchidées sont protégées, comme l'ensemble du patrimoine naturel des causses.

La création de deux **parcs régionaux** (Périgord-Limousin et causses du Quercy, 180 000 ha environ chacun, soit à eux deux le quart de la surface de la région) permet des actions de sauvegarde du patrimoine bâti rural et des paysages agricoles, mis en péril par le vieillissement accéléré de la population agricole (30 % environ a plus de 60 ans, moitié plus que la moyenne nationale), l'exode urbain et la mise en jachère de certaines terres.

Les communes participent directement à cette œuvre conservatoire en finançant l'entretien des **chemins ruraux**, devenus sentiers de randonnée pédestres, équestres et cyclistes. C'est le cas du **Lot**, dont la pauvreté du sol a imposé une agriculture pastorale, qui a tracé un dense réseau de chemins entre fermes isolées et hameaux. Ce réseau mesure aujourd'hui 4 500 km de long, dont 3 000 km balisés, et 2 200 km classés en sentiers de grande et de petite randonnée, le double du réseau périgourdin.

PATRIMOINE BÂTI

Chambres, gîtes d'hôte et résidences secondaires favorisent un tourisme rural actif depuis une vingtaine d'années. La Dordogne est d'ailleurs le premier département de tourisme campagnard, avec un peu plus de 3 % des nuitées nationales, suivi du Lot (2 %). De nombreuses maisons rurales ont été sauvées de la ruine à laquelle les vouait l'exode rural par des citadins épris de vieilles pierres. Plus de la moitié des maisons du Lot sont ainsi des résidences secondaires. Dans le Périgord, l'**immigration anglaise** a également permis de restaurer des milliers de bâtisses ancestrales qui n'étaient plus entretenues. Témoin de l'importance de cette implantation, l'aéroport de Bergerac assure depuis 2002 plusieurs liaisons quotidiennes avec Londres tout à fait rentables. Le conseil général a dépêché une enquête sur les entrepreneurs britanniques en Dordogne, dont le nombre a été multiplié par 9 depuis 2001. Les secteurs d'activité, relativement variés, sont dominés par le bâtiment (34 %) et l'hébergement (près de 15 %).

Quelques chiffres clés

Dordogne-Périgord
Superficie : 9 060 km²
388 293 habitants (42 hab./km²)
Part des résidences secondaires/nbre de logements : 14,2 %
Préfecture : Périgueux
Sous-préfectures : Bergerac, Sarlat, Nontron

Lot
Superficie : 5 217 km²
160 197 habitants (31 hab./km²)
Part des résidences secondaires/nbre de logements : 20,4 %
Préfecture : Cahors
Sous-préfectures : Figeac, Gourdon

Sources Insee du dernier recensement (1999).

Une industrie spécialisée

Engendré par une agriculture spécialisée, le secteur agroalimentaire est dominant en Périgord-Quercy. Dans le Lot, 56 % du chiffre d'affaires issus de l'industrie vient de ce domaine, au 2/3 tournée vers des productions animales. Près de la moitié de la richesse créée en Périgord et en Quercy l'est par les entreprises de transformation des produits agricoles.

DES FERS DE LANCE ISSUS DE L'AGRICULTURE

Le foie gras

La production de foie gras en Dordogne-Périgord est d'une telle importance qu'il semble naturel de les associer. Il n'en a pourtant pas toujours été ainsi.

Un savoir ancestral – Les Égyptiens sont sans doute les premiers à avoir gavé les oies : une fresque datant de 2670 ans av. J.-C. l'atteste. La pratique fut ensuite reprise, améliorée et diffusée par les Romains. Le foie gras tombe dans l'oubli avant de ressurgir au 16e s. avec les Juifs d'Europe centrale qui utilisent la graisse pour conserver leur viande. La communauté développe cette activité en Alsace où elle est implantée en nombre. Déjà consommé par Louis XIV, le foie gras acquiert ses lettres de noblesse sous Louis XVI, au 18e s., en trônant sur la plupart des tables aristocratiques. La Seconde Guerre mondiale voit la production de foie gras se déplacer vers le Périgord. Les Juifs alsaciens se réfugient au-delà de la ligne de démarcation pour échapper aux persécutions nazies. La rencontre de ce savoir-faire et des grandes capacités énergétiques du maïs, très présent dans la région, permet dès lors l'explosion de la production de foie gras.

La technique du gavage – Dès que l'emplumement est suffisant (environ un mois), canards et oies sont élevés en plein air. En guise de préparation, ils reçoivent une nourriture composée de céréales et de luzerne, favorisant la dilatation de leur système digestif. Après trois mois de pâturage, les volailles sont installées dans des épinettes (cages individuelles) pour une période de claustration de quinze à dix-huit jours. Progressivement suralimentés, les palmipèdes ingurgitent (à l'aide d'une gaveuse pneumatique) de la semoule, puis des grains entiers de maïs, 2 à 3 fois par jour; pendant ce traitement, un canard recevra de 10 à 15 kg de maïs, une oie 15 à 20 kg. En fin de gavage, le foie doit avoir triplé, voire quadruplé, pour atteindre un poids idéal de 450 à 500 g pour un canard et de 800 à 900 g pour une oie.

S. Sauvignier / MICHELIN

Composition de foie gras

Une activité controversée – Bien qu'ancestrale, cette pratique suscite de sévères critiques. Le confinement, le stress et l'inconfort des animaux sont indéniables, comme pour les poules pondeuses. La polémique majeure porte sur les causes de l'enflure du foie. Pour les uns, c'est une cirrhose, donc une maladie. Pourtant, à l'inverse de celui de la maladie, le gonflement du foie ainsi obtenu est réversible. Pour les autres, le gavage n'est que l'amplification forcée d'un phénomène naturel propre aux oiseaux migrateurs (ce qui explique qu'on ne gave pas les poules !). En effet, dans la nature, les oiseaux se gavent avant la migration. Mais jamais à ce point…

Une spécialité régionale – Sur les 18 000 t de foie gras produits dans le monde, 90 % le sont en France, et la moitié en Aquitaine. Le Périgord et le Quercy ne sont plus les premiers producteurs français : le Gers, les Pyrénées-Atlantiques et les Landes les ont détrônés. Mais le foie gras reste une spécialité régionale et la Dordogne est le 1er département producteur d'oies à foie gras. Dans les basses-cours, vous verrez plus souvent les canards, plus rentables. L'élevage, orienté vers la préparation de foies gras et de confits, ne suffit pas à la production locale et doit être complété par l'importation de foies d'Israël ou de Hongrie. Les éleveurs et transformateurs du Périgord ont donc fait en sorte d'obtenir une **IGP** sur les canards à foie gras en 2000. Cette appellation garantit que les canards ont été élevés, gavés, abattus, découpés, cuisinés et conditionnés en Périgord.

Les confitures

Si on ne les associe pas par réflexe au Quercy, c'est injuste, car la petite ville de Biars-sur-Cère est la capitale des confitures de l'Union européenne : Andros, dont le siège social est dans ce village du Lot, fabrique près des 3/4 des produits vendus sur le continent. Son chiffre d'affaires en fait la plus grosse entreprise régionale, auquel s'ajoute celui de Materne-Boin, installé dans le même village.

LA FORÊT ET SES ARBRES

Près de 50 % des territoires de la région sont couverts de forêt, et la Dordogne, 3e département français forestier, compte 400 000 ha boisés, privés à 99 %. Outre la vente des champignons, l'exploitation des arbres apporte un important complément aux revenus agricoles : le département est le 1er producteur de bois d'œuvre en châtaignier et noyer, le 2e en chêne. La filière forêt et bois s'avère le 2e pourvoyeur d'emploi industriel après l'agroalimentaire.

DES PÔLES INDUSTRIELS

La région n'est pas industrielle, mais elle compte quelques grands noms de l'industrie mécanique et électronique. Dans les années 1970 se sont créés les pôles industriels de Périgueux (chaussure, imprimerie nationale des timbres-poste dont la production, pour la France et une vingtaine de pays étrangers, avoisine les 3,5 milliards de timbres par an !), Cahors (matériel électrique), Bergerac (tabac, société des poudres et explosifs), Brive (électronique et métallurgie) et Figeac. C'est dans cette dernière ville qu'est implantée l'une des plus belles entreprises aéronautiques d'Europe, Ratier, premier fabricant d'hélices du monde (il construit notamment les pales de celles du futur transporteur militaire européen Airbus A400M pour le compte d'EADS). La papeterie de Condat-sur-Vézère arrive juste derrière, avec le premier chiffre d'affaires du Périgord.

Le luxe est également une spécialité du Périgord-Quercy. **Souillac** et **Gourdon** fabriquent des emballages pour parfums et cosmétiques, tandis que **Nontron** s'est orienté vers la maroquinerie et la sellerie de haute volée (Hermès).

ART ET ARTISANAT

L'artisanat fait par ailleurs vivre directement un actif sur cinq, essentiellement dans le bâtiment, les services et l'alimentation. L'artisanat d'art concerne quant à lui quelques centaines de personnes seulement, mais il pérennise gestes et pratiques anciens. Aidés, promus et fédérés par la **Route des métiers d'art** et, dans le Périgord, le **Pôle expérimental des métiers d'art** de Nontron, ces métiers rares (ferronniers, émailleurs, enlumineurs, tailleurs de pierre…) ont été redynamisés au point que, chaque année, de nouveaux artisans s'installent dans la région, en particulier dans le nord du Périgord.

Voir les Route des métiers d'art *(p. 30)*.

Polyculture et labels

La diversité agricole est une spécificité régionale. Même les céréales, compte tenu de la faible irrigation des territoires, n'emportent pas la majorité de la production. Celle-ci se décline en productions diverses, dont la spécificité est d'être parmi les plus labellisées de France. Une vingtaine d'appellations d'origine contrôlée (AOC), de labels rouges et autres inscriptions géographiques protégées (IGP) garantissent leur qualité et leur origine.

S. Sauvignier / MICHELIN

La truffe, un diamant noir.

DES PRODUCTIONS LABELLISÉES

La truffe

Étrange production du règne végétal, la truffe est un champignon souterrain qui se développe à partir du mycélium, réseau de filaments, autour du noisetier, du tilleul et du chêne. Cette association est une symbiose : truffe comme chêne en tirent un bénéfice réciproque. Le champignon offre à l'arbre les sels minéraux qu'il fabrique par digestion de matières organiques en décomposition. L'arbre donne à la truffe les sucres que ses feuilles synthétisent par photosynthèse. Pour établir cette association, la truffe est exigeante. Elle monopolise toutes les ressources alentour, si bien qu'en surface la végétation disparaît, décrivant les fameux « **ronds de sorcière** » ou « brûlés » aux allures dénudées. Il lui faut quinze ans au minimum pour qu'enfin elle donne, entendez qu'elle développe ces sortes de fructifications que sont les truffes.

La truffe du Périgord – Elle naît au printemps, sans saveur, se développe pendant tout l'été, parvient à maturité en automne pour être « récoltée » entre les mois de novembre et février. Le **caveur**, accompagné d'une truie ou d'un chien spécialement dressé, laisse l'animal indiquer l'emplacement pour récolter les truffes lorsqu'elles sont mûres et bien parfumées. Une autre technique consiste à repérer l'emplacement de la truffe grâce à une « mouche à truffe » *(Suilla gigantea)* : cherchant un lieu de ponte, celle-ci se pose avec précision à l'endroit où se trouve la truffe. Il existe une trentaine d'espèces de truffes, mais la plus intéressante est la variété connue sous le nom de « truffe du Périgord » ou, plus exactement, **Tuber melanosporum.**

Une production limitée – Les principaux centres de production et de vente en **Périgord** sont Brantôme, Thiviers, Excideuil, Périgueux, Thenon, Terrasson, Sarlat, Domme, Sorges ; dans le **Quercy**, Limogne et surtout Lalbenque.

La truffe, considérée jadis comme une production d'appoint, n'a pas toujours été cet or noir que les « orpailleurs des causses » se disputent aujourd'hui. Il fut même un temps où les vignerons tentaient de l'éloigner de leurs alignements de vignes et creusaient des tranchées autour du vignoble. Un malheur peut avoir des effets secondaires bénéfiques : c'est le phylloxéra qui, en détruisant le vignoble, laissa le champ libre au champignon. Délaissée au début du siècle dans la tourmente de la Première Guerre, abandonnée par les nouvelles générations et l'exode rural, la production connaît un déclin régulier depuis plusieurs décennies : les chênes donnent moins, et aucun chercheur ne sait dire pourquoi. Le Périgord-Quercy n'est plus la première région de production de ce curieux champignon : la Provence assure 80 % de la production. Des plantations de chênes truffiers, notamment autour de **Lalbenque**, entretiennent cependant l'espoir d'améliorer le rendement. Le tarif oscille entre 300 et 700 € le kilo. Malgré un niveau élevé, il ne permet pas à la production truffière de peser bien lourd dans l'économie régionale (6 à 8 t/an en moyenne, soit un chiffre d'affaires près de 200 fois moindre que celui du tourisme).

Les rocamadours et les agneaux

Sur les causses où rien ne pousse, seuls les moutons sont en mesure d'arracher leur pitance. Des moutons à lunette noire, parce que l'herbe est difficile à voir, disent les paysans… La race **caussenarde** entretient les causses qui ont été en grande partie créés à leur usage. C'est elle qui offre au Quercy son fameux agneau fermier, estampillé Label Rouge en 1991. Élevé sous la mère, cet agneau développe une finesse et une tendresse de viande assez rare due au lait qui concentre toutes les saveurs des plantes du Causse.

Le lait des chèvres de races saanen et alpine est destiné à un autre usage. C'est avec lui que plus de 150 éleveurs confectionnent en effet les **rocamadours** ou **cabécous** (810 t en 2003). Ces petits fromages tout ronds, d'un diamètre de 6 cm sur 1,5 cm d'épaisseur, cinq fois striés sur le dessus, ont servi de monnaie à la fin du 15e s. Fromage du Quercy par excellence, le rocamadour (AOC) est différent d'un producteur à l'autre, les chèvres n'allant pas brouter partout les mêmes plantes qui parfument le lait.

S. Sauvignier / MICHELIN

Fraises : gariguettes du Périgord.

Les fraises précoces et maras des bois

La Dordogne est le 2e département producteur de fraises en France, avec 17 % de la production nationale. Cultivées d'abord dans les vallées du Lot et de la Dordogne, les fraises ont peu à peu gagné les plateaux de la région de Vergt et de Rouffignac dans le Périgord central.

On cultive les fraisiers sous d'indiscrètes bandes de plastique qui strient le paysage de longs rubans réfléchissants au printemps. On laisse ensuite les fruits mûrir sur ces mêmes bandes de plastique avant de les ramasser pour les expédier sur les grands marchés de la région parisienne et du Nord de la France où les fraises du Périgord, pour un bon tiers d'entre elles des **gariguettes**, sont particulièrement appréciées. Ce sont des fraises précoces, qui arrivent sur les marchés en avril-mai. La ciflorette est une sous-variété de la guariguette, plus rare. Plus juteuse, et la plus tardive, la **mara des bois** a la faveur des locaux : fraise de plein champ, elle a un goût unique.

Face à la chute de la consommation, les producteurs du Périgord ont obtenu en janvier 2004, l'IGP Fraise du Périgord. Pour diminuer leurs coûts de récolte, deux à trois fois plus élevés qu'ailleurs en Europe, ils cultivent l'ensemble des variétés afin que la saison de récolte soit la plus longue possible.

Les noix : quatre variétés pour une AOC

Périgord et Quercy produisent 37 % des noix françaises, à égalité avec le seul département de l'Isère, premier producteur national.

La noix **marbot**, variété la plus courante dans le Lot, très précoce, est souvent vendue comme noix fraîche (septembre-octobre).

La noix **grandjean**, produite dans les régions de Sarlat et de Gourdon, fournit une grande partie des cerneaux (noix vertes tirées de leurs coques) du Périgord et du Quercy (septembre à juin, comme toutes les noix sèches).

La noix **corne** est répandue dans la région de Hautefort et sur les meilleurs sols du causse : c'est une noix de qualité mais de petite dimension ; elle rencontre quelques difficultés de commercialisation.

On trouve la noix **franquette** dans les nouvelles plantations. Ces quatre variétés, plus deux autres (Mayette et Parisienne), sont depuis 2002 réunies sous l'AOC Noix du Périgord (l'autre AOC de la noix étant la Noix de Grenoble).

Toutes ces noix, cultivées au nord du Périgord, dans le sud de la Corrèze et dans une grande partie du Quercy, sont encore récoltées en abondance bien que leur production tende à décliner, surtout depuis la tempête de 1999, qui a mis à terre 70 % des noyers périgourdins.

Signe de l'importance de la région pour cette production, Creysse accueille la station expérimentale de la noix, chargée, en collaboration avec l'Inra et le CTIFL, de la création de la noiseraie du troisième millénaire. Une action qui concerne toute la filière nucicole française.

LES CULTURES INATTENDUES

Le tabac

Il trouve en Périgord et en Quercy, comme dans tout le Sud-Ouest de la France, des conditions particulièrement favorables à sa culture. La coopérative Périgord tabac, qui dépasse largement les frontières du département, est le premier producteur français avec 3 000 t annuelles (12 % de la production nationale, elle-même 4e européenne). Cette plante vigoureuse, importée d'Amérique au 16e s., fut à l'origine utilisée pour ses propriétés médicinales (*voir le musée du Tabac à Bergerac*). Exigeant des soins minutieux et une main-d'œuvre nombreuse, la production du tabac n'en assure pas moins des revenus substantiels pour les exploitations familiales qui s'adonnent à sa culture. Elle se pratique surtout sur les sols alluviaux des vallées de la Dordogne et du Lot, et sur les terres limoneuses des replats des collines du Périgord et du Quercy.

Les variétés traditionnelles, qu'elles soient brunes (destinées à la Seita) ou claires (traitées à l'usine de Sarlat), connaissent un même cycle de production : les semis de graines sélectionnées sont réalisés fin mars ; durant la fin du printemps et l'été ont lieu les travaux de repiquage, de binage, d'étêtage et d'ébourgeonnement. La récolte traditionnelle s'effectue tige par tige, chacune étant couverte de 10 à 12 feuilles atteignant 60 à 90 cm de longueur. Le séchage, d'une durée d'un mois et demi, a lieu dans des hangars aérés, constructions typiques des régions tabacoles. Triées, les feuilles séchées sont acheminées vers les dépôts de la coopérative. Le Lot a la quasi-exclusivité de la production de tabac à priser.

Le marché du tabac – La lente baisse de la production globale de tabacs en France porte essentiellement sur les tabacs bruns, tandis que la demande de produits dits de « goût américain », fabriqués à partir du tabac blond, s'accroît encore lentement. La Dordogne s'est adaptée en réduisant le nombre de ses exploitations, dont les surfaces ont été multipliées par deux en quinze ans (elles restent toutefois de 2 ha seulement en moyenne). Cette situation a rendu nécessaire la mise en œuvre d'un programme de recherche et de développement de ces variétés de tabac blond *(virginie)* ou clair *(burley)* à l'Institut du tabac de Bergerac.

L'exploitation du *virginie* nécessite des équipements spéciaux (fours de séchage), mais ces variétés sont cependant en constante expansion.

Fort de plusieurs centaines de producteurs, le département de la Dordogne occupe le 2e rang en France, après le Bas-Rhin (environ 15 % de la production française).

Le safran

Le safran est une production végétale luxueuse. Pour en produire 7,5 kg en 2005, il a fallu à la soixantaine d'exploitants du département du Lot cueillir 1 875 000 fleurs de crocus *(Crocus satina)*... Car le safran, c'est le pistil séché de cette plante, qu'il s'agit au préalable de séparer des trois étamines rouges qui l'entourent. Un travail long, minutieux et pénible, gourmand en main-d'œuvre (octobre).

Le safran, ingrédient d'une cuisine raffinée, a été une culture commune au Moyen Âge entre les 15e et 18e s. On l'utilisait pour teindre la soie, épicer les plats et concocter des remèdes. Peut-être introduit par les esclaves sarrasins qui construisirent le monastère d'Espagnac-Ste-Eulalie, sur le Célé, à la fin du 13e s., le crocus s'est particulièrement bien implanté dans le sud du Quercy. Cultivé sur des sols quasiment réduits

S. Sauvignier / MICHELIN

Séchage de tabac.

en poudre, il a fait la fortune de la ville de Caussade, principal marché au safran de la région.

Victime de mauvaises conditions climatiques et de la concurrence du safran du Gâtinais, la culture du crocus déclina au cours du 19e s., pour finalement être abandonnée. Ce n'est que depuis la fin des années 1990 que des cultivateurs réunis en association s'en occupent à nouveau dans la région de **Cajarc** et **St-Cirq-Lapopie**. Revenu complémentaire d'exploitations familiales (les mélanges étant interdits, chaque famille commercialise son produit), la culture du safran est devenue un élément important de l'image de marque du département du Lot. Car le safran, c'est cher : autour de 40 euros le gramme. Mais il est vrai qu'une seule dose commerciale (0,3 g), correctement mise à infuser, suffit à parfumer et colorer un plat de banquet.

Et les autres...

Le tableau ne serait pas complet s'il n'évoquait les melons du Quercy gorgés de soleil, les productions de prunes comme la reine-claude, les châtaignes, les cèpes...

Le **cèpe** *(Boletus edulis)* est le grand champignon du Quercy et du Périgord, avec une trentaine de tonnes vendues sur les marchés (sur 1 000 t environ à l'échelle nationale, essentiellement dans le Nord-Est et le Centre). La tempête de décembre 1999 ayant détruit une partie importante des bois, la production a été divisée par 2,5. Le cèpe se récolte d'août à septembre, en particulier dans le Périgord noir, dans le Ségala et en Bouriane.

Bon à savoir – Revenu complémentaire important des agriculteurs, les cèpes sont leur chasse gardée et les touristes récolteurs sont très rarement acceptés avec le sourire.

Classé en IGP depuis 2004, le **melon du Quercy** est la culture essentielle du Bas-Quercy avec 11 000 t chaque année (soit environ 25 % de la production française). On le cueille à la main de juin à octobre, août et septembre étant les mois les plus importants.

La **reine-claude** – C'est au monastère de Cluny que François Ier offrit les plants de pruniers, cadeau du souverain ottoman Soliman le Magnifique. Le roi leur donna le nom de sa première épouse, Claude. Puis la reine-claude fut transportée au monastère clunisien de **Carennac**, où, depuis, cette prune à chair verte tournant au rosé à maturité, très sucrée, se cultive sur de petites parcelles le long de la vallée de la Garonne ainsi que dans le Lot, le Lot-et-Garonne, le Tarn et le Tarn-et-Garonne. Label Rouge depuis 1998, la reine-claude se cueille en juillet, à la main. Elle représente à peu près le quart de la production nationale.

Les vins

Les vignobles de Cahors et de Bergerac étaient déjà renommés à l'époque gallo-romaine. Après la catastrophe du phylloxéra – elle avait totalement anéanti le vignoble lotois au 19e s. –, les vins ont retrouvé un nouvel essor et donnent des vins d'appellation d'origine contrôlée de qualité.

Le vignoble de Bergerac

Le vignoble de Bergerac, sur lequel une large part est faite au cépage sauvignon, recouvre près de 13 000 ha répartis sur 90 communes. S'étalant en terrasses au-

J. Damase / MICHELIN

Vignoble de Cahors.

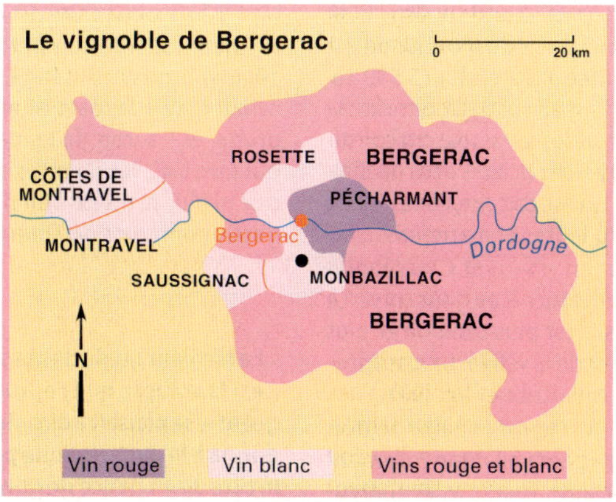

dessus de la vallée de la Dordogne, il se répartit en plusieurs zones donnant des crus différents : les bergerac et côtes de bergerac, le monbazillac, le montravel et les côtes de montravel, le pécharmant – dont le nom viendrait de Pech Armand –, le saussignac et le rosette.

Les vins blancs secs – Il s'agit des **montravels**, dont le terroir, berceau de Montaigne, est situé à proximité du St-Émilionnais, sur la rive droite de la Dordogne, autour de Vélines, et des **bergeracs**. Aromatiques, veloutés, fins et fruités, ils accompagnent parfaitement fruits de mer et poissons. Montravel et bergerac sont tous deux issus d'un assemblage de cépages sauvignon (essentiellement), sémillon et muscadelle.

Les vins blancs moelleux – Sous cette même désignation cohabitent des vins nuancés très agréables en apéritif, sur les viandes blanches et les fromages forts : les **côtes de bergerac** et **les côtes de montravel** conjuguent fraîcheur et rondeur ; la discrète appellation **rosette** se caractérise par des vins à la robe légèrement paillée ; quant aux **saussignacs**, récoltés aux limites de la « surmaturation », ils présentent une grande élégance.

Les vins blancs liquoreux – Le **monbazillac** occupe une place à part. Doré, onctueux, parfumé, ce vin se sert en apéritif ou avec le foie gras, les viandes blanches, poissons en sauce et les desserts. Issu de trois cépages (sémillon, sauvignon, muscadelle), il doit son bouquet particulier à la pourriture noble qui réduit l'acidité du raisin. Le procédé date de la Renaissance : la vendange (« tries ») s'effectue comme pour le sauternes en plusieurs fois ; on ne récolte à chaque passage que les grains parvenus à l'état souhaité. Le monbazillac acquiert toute sa saveur après deux ou trois années et peut se conserver trente ans. Son terroir s'étend sur 2 700 ha et cinq communes : Pomport, Rouffignac, Colombier, St-Laurent-des-Vignes et Monbazillac.

Les vins rouges – Les **bergeracs**, souples et fruités, se consomment jeunes (deux ou trois ans après la récolte), tandis que les **côtes de bergerac**, plus structurés, sont des vins de garde. Le **pécharmant**, excellent vin corsé et généreux, n'acquiert toutes ses qualités qu'après un long vieillissement. Ce dernier accompagnera idéalement un gibier en sauce ou un carré de bœuf, mais aussi un foie gras.

Les vins rosés – Seul le **bergerac** se décline en rosé. Récemment développé pour satisfaire une demande croissante, ce vin complète une gamme de vins d'appellation déjà très diversifiée. Issu de vinifications courtes, il se distingue par sa fraîcheur et sa vivacité.

Le vignoble de Cahors

Fort célèbres au Moyen Âge, les vins de Cahors, transportés par gabarres jusqu'à Bordeaux, puis par navires vers les différentes capitales d'Europe, étaient très recherchés. On raconte aussi que le roi François Ier aurait exigé d'en faire transplanter des ceps au château de Fontainebleau. Le tsar Pierre le Grand ne voulait boire que celui-là. Mais, en 1868, le vignoble, alors en pleine prospérité, fut complètement détruit par le phylloxéra. Le sol fut laissé à l'abandon et les viticulteurs émigrèrent. Après la Seconde Guerre mondiale, il fut décidé de reconstituer le vignoble de Cahors essentiellement avec le cot noir (cépage rouge – connu aussi sous le nom d'auxerrois), sur les versants ensoleillés de la vallée du Lot entre Cahors et Fumel. La véritable renaissance de ce vignoble eut lieu dans la décennie 1960-1970 et s'est poursuivie depuis. D'une superficie de 208 ha en 1962, l'aire de production est à présent limitée et s'étend sur 5 500 ha. Le vignoble s'assoit sur deux terroirs : la vallée du Lot, où les terrasses sont constituées de sous-sols calcaires enrichis d'alluvions, et le causse calcaire, composé de pierrailles argileuses et marneuses.

Le cahors est un vin « noir », très tannique, ample en bouche, au goût corsé. Le vin du plateau est plus tonique et plus rude que celui de la vallée. La classification en AOC fut attribuée en 1971.

Un vin de Cahors jeune (à partir de trois ans) accompagnera avantageusement viandes en sauce, foie gras et charcuteries. Un vin plus vieux (une dizaine d'années), aux arômes plus subtils et raffinés, se mariera avec les viandes rouges aux cèpes, les truffes, les gibiers et le fromage.

Entre Cahors et Montauban, s'étend sur 400 ha le vignoble des **coteaux du Quercy**. Bénéficiant d'une appellation VDQS, ces rouges en majorité se boivent jeunes (entre 2 et 5 ans) ; les rosés s'apprécient dans l'année.

Liqueurs et eaux-de-vie

Dans la région, on ne fait pas pousser que de la vigne ! Prunes, noix, genièvre, noisettes sauvages, châtaignes, framboises, mais aussi… truffes sont, depuis des générations, le centre d'intérêt de liquoristes et autres brûleurs de crus locaux comme la famille **Roque**, originaire de Sarlat et installée à Souillac depuis le début du siècle. Un travail scrupuleux pour respecter la tradition familiale, une sélection des fruits en fonction de leurs qualités et de leur provenance (en ce qui concerne la prune de la famille Roque, il en faut 10 kg pour faire 1 l de liqueur), un vieillissement en barriques (3 ou 10 ans), un remplissage-bouchage-étiquetage à la main et voilà la vieille prune, le fleuron de la maison Roque qui titre à 42 % volume d'alcool, devenue ni plus ni moins l'un des symboles gastronomiques du Quercy.

Du terroir à la table

« Le meilleur guide de ma santé à table, c'est la volupté que j'éprouve en mangeant », se plaisait à dire Montaigne qui donna à la gastronomie périgourdine le titre de « science de gueule ». La cuisine du Quercy n'est pas en reste, qui propose aussi nombre de plats, tour à tour subtils et copieux. Une bonne table bien garnie, telle semble être la maxime que ces deux gastronomies ont adoptée et sur laquelle elles ont assis leur réputation… Jugez plutôt.

UN ART DE VIVRE

Comment peut-on passer ici à côté de la gastronomie, alors que presque chaque ville et chaque village du Périgord comme du Quercy possède son marché au gras ? Quand, n'en déplaise aux Lyonnais et aux Bourguignons, dans l'esprit des Français, gastronomie rime avec Périgord ? Talleyrand, fort de ses attaches périgourdines, n'a-t-il pas gagné ses plus rudes batailles diplomatiques autour d'une table somptueusement servie faisant du pâté truffé et du monbazillac ses plus sûrs alliés ? De nos jours, Périgord rime avec art de vivre, fumets délicats et produits du terroir : ces truffes, cèpes, noix et surtout oies, canards et porcs qui font la fierté des fermes du pays.

S. Sauvignier / MICHELIN

Râpé de truffe sur omelette.

La soupe

Le repas commence immanquablement par le traditionnel tourin quercynois, soupe au confit d'oie, à l'ail ou à l'oignon, à laquelle on ajoute de la graisse d'oie saupoudrée d'une cuillère de farine. Roborative et riche en goût, elle est servie sur du pain bis.

Le tourin ségalain

Dans une sauteuse, faire revenir 80 g de lard finement coupé. Ajouter 3 oignons émincés, 2 tomates pelées et concassées. Laisser mijoter quelques instants, puis mélanger 20 g de farine. Cuire 5mn, déglacer avec 10 cl de vin blanc et laisser réduire. Verser ensuite 1 l de bouillon de volaille. Saler, poivrer; ajouter du thym et du laurier. Laisser mijoter 45mn à feu doux, à couvert. Servir en soupière.

Les entrées

Puis viennent le foie gras ou le pâté de foie ou de perdrix, le gésier de canard en salade, l'omelette aux cèpes ou à la truffe. Cette dernière, considérée par le gastronome Curnonsky comme « l'âme parfumée du Périgord » ponctue tous les plats de ses larges taches sombres et règne sur les foies gras, les pâtés, les volailles, les ballottines et les galantines. Elle embellit tout ce qu'elle touche grâce à son arôme qui imprègne les aliments. Ne dit-on pas que le secret d'une bonne **brouillade** aux truffes consiste à enfermer œufs et truffe dans une boîte hermétique le temps que les puissants arômes du champignon traversent la coquille ?

Mais la truffe ne peut donner toute satisfaction au gastronome que si elle est proposée fraîche ou en très bonne conserve artisanale. Elle peut alors se consommer crue en salade, ou encore, luxe suprême, entière, seulement cuite sous la cendre.

Le **far** est une entrée nettement plus traditionnelle. C'est une simple pâte (farine, œufs et lait) mêlée de lard, de jambon, de blettes ou de laitue, d'oignon, d'ail et de persil, mise à cuire en terrine. Une variante est la **mique**, pâte à lever mélangée aux légumes de la soupe à même la casserole.

Les plats de résistance

Bien sûr, il n'y a pas d'œufs sans volatiles. Les volailles constituent une des bases de la gastronomie périgourdine et quercynoise. Incontournable, le confit d'oie aux **pommes sarladaises** – pommes de terre sautées à cru, à la graisse d'oie, saupoudrées d'un hachis d'ail et de persil – mais aussi le magret de canard aux cèpes ou aux morilles, la poularde en estouffade... Les sauces les plus fréquemment employées sont la « rouilleuse » (un fond de farine roussi au beurre et mouillée au vin ou au sang), qui accompagne et colore la fricassée de volaille, et la sauce Périgueux, sauce Madère mijotée à partir de carcasses de ces mêmes volailles, à laquelle on incorpore des truffes bien fraîches.

Le Quercy résonne du bêlement des **moutons** de race caussenarde. Une viande tendre et goûteuse, légèrement teintée de rouge, et tour à tour fondante ou croustillante selon le mode de cuisson. Les recettes ne manquent pas : épaule farcie, rouelles de gigot fermier à la persillade, ris d'agneau aux cèpes, daube au vin de Cahors...

Les **poissons**, ne sont pas en reste : le sandre est accommodé à l'oseille, les écrevisses en soupe, le saumon au foie et aux cèpes... Curieusement, le poisson s'accompagne souvent de porc comme dans la préparation du brochet aux lardons ou de la carpe au confit.

La **farce** est fréquemment utilisée dans la cuisine locale : onctueuse et relevée, parsemée de foie et de truffes, elle garnit les volailles – comme le fameux cou d'oie farci – le gibier et les cochons de lait. Les huiles jouent aussi un rôle important dans les préparations culinaires du Périgord et du Quercy. Tout particulièrement l'huile de noix, désormais pressée à chaud dans de magnifiques moulins. Une grosse meule de pierre réduit les cerneaux en une pâte mise à chauffer à 60 °C au four à bois. Enveloppée dans une toile, cette pâte est ensuite pressée. Les résidus, appelés « tourteaux », servent encore parfois d'appât aux pêcheurs. L'huile très parfumée sera alors coupée avec une huile moins aromatique pour pouvoir servir d'assaisonnement.

Confits et foies gras

Fond rituel des cuisines périgourdine et quercynoise, le **confit** était avant tout un procédé qui permettait aux paysans de conserver les différentes parties de l'oie après en avoir récupéré les foies gras. Aujourd'hui spécialité gastronomique, les confits sont toujours préparés de manière traditionnelle. Les morceaux découpés sont cuits dans leur graisse pendant trois heures, puis conservés dans des pots de grès, les tupins. Ce procédé est utilisé pour l'oie, le canard, la dinde

Grippe aviaire

Pouvez-vous manger du foie gras ? L'Organisation mondiale de la santé reste très prudente. Si elle suppose que la grippe aviaire est essentiellement contractée par l'homme lors de « l'abattage, la plumée, la découpe et la préparation des oiseaux infectés pour leur consommation », elle ne peut expliquer un petit nombre de contaminations. Cumulant donc les précautions, elle recommande de ne continuer à consommer les volailles que dans les zones exemptes de la maladie en respectant les règles d'hygiène et de cuisson (échauffement à 70 °C en tout point de l'aliment). Dans ces conditions, manger du foie gras ne comporte aucun risque, la stérilisation des produits en boîtes et la cuisson des foies gras frais garantissant une totale sécurité.

et aussi la viande de porc (les confits de porc sont appelés « enchauds »). La graisse d'oie pure remplace le beurre dans la cuisine périgourdine (Alexandre Dumaine, dit Curnonsky, l'un des plus énergiques défenseurs de la gastronomie française, la disait en conséquence « sans beurre et sans reproche ») et sert entre autres à faire revenir les pommes de terre sarladaises.

La préparation – Le foie gras convient bien à la conserve qui se commercialise sous diverses formes, aussi convient-il de bien distinguer l'appellation du produit : un foie **frais**, vendu sous vide, se conserve trois à quatre jours dans le réfrigérateur ; un foie gras **entier** consiste en un ou plusieurs lobes simplement dénervés et assaisonnés, puis stérilisés dans leur graisse (la version mi-cuit doit être conservée à +3 °C et consommée rapidement) ; un **bloc** de foie gras est une reconstitution de fragments de lobe malaxés à très grande vitesse, puis émulsionnés par adjonction d'eau. Le foie gras est aussi présenté sous forme de parfait (75 % de foie gras), de mousse, de pâté, de médaillon ou de galantine (50 % de foie gras).

La dégustation – Les foies gras se servent frais (compter 50 g par personne) et se coupent avec un couteau trempé dans l'eau chaude ; ils s'accompagnent volontiers d'un verre de monbazillac ou de pécharmant, un rouge de haute tenue. Les foies frais sont destinés en particulier à être poêlés, manipulation très gourmande mais difficile à réaliser.

Foie gras d'oie ou de canard ? – Tout dépend de la finalité du produit : le foie gras d'oie, 4 % à peine du marché, occupe une place privilégiée dans le cœur des gourmets. Plus cher que le foie de canard, il est apprécié pour ses saveurs délicates, sans préparation de préférence. Quant au second, il aura connu un notable développement, le canard étant plus facile à élever que l'oie. Les connaisseurs se délectent de son goût rustique et de sa facilité à être cuisiné.

Le fromage

Nul n'ignore l'existence du rocamadour, petit fromage de chèvre emblématique du Quercy qui se décline aussi sur la table de différentes façons : pané ou rôti sur un lit de salade, nappé de miel, ou tout simplement frais, de préférence crémeux, c'est-à-dire après neuf jours d'affinage. Ceux qui apprécient les arômes plus puissants le choisiront sec. D'autres préféreront la texture molle de la trappe d'Échourgnac, rehaussée par les saveurs de la liqueur de noix qui l'imprègne. Monial, ce fromage périgourdin est une petite production artisanale.

Les desserts

Les desserts de la région sont tout aussi généreux que les autres préparations, avec les gâteaux ou les tartes aux noix, les tourtières aux pruneaux, mais surtout, le **pastis**. Loin de celui de Marseille, le pastis du Quercy, croustillant et parfumé, se mange à pleine bouche. Rappelant pour certains la pastilla marocaine, ce dessert feuilleté se gorge de beurre et de pommes marinées dans le rhum et l'eau de fleur d'oranger. Plus fruste, le **pescajun**, grosse crêpe cuite comme une omelette, peut autant être servi avec du sucre ou accompagner une viande.

Les digestifs

Le vin de noix reste un digestif très apprécié. On l'élabore à partir des noix de juillet, cueillies encore vertes et mises en macération dans du bon vin et un doigt d'eau-de-vie. Au bout de trois mois, le jus obtenu est filtré. On sait aussi sortir des armoires d'innombrables eaux-de-vie élaborées discrètement à partir de poire ou de prune. Le **ratafia** est un vin réalisé à partir du moût de raisin, qu'il faut boire vite, car sa fermentation est incontrôlable.

APPORTEZ VOTRE PIERRE À L'ÉDIFICE DE LA SAUVEGARDE DU PATRIMOINE

NE L'EMPORTEZ PAS DANS VOS BAGAGES

Un cœur transpercé d'une flèche et deux prénoms se jurant l'amour éternel, le tout gravé dans la pierre d'un monument historique ; emballages de pellicules, mégots de cigarettes ou bouteilles vides abandonnés sur un site archéologique. Comment confondre notre patrimoine culturel avec un carnet mondain ou une poubelle ? Pour la plupart d'entre nous, ces agissements sont de toute évidence condamnables, mais d'autres comportements, en apparence inoffensifs, peuvent également avoir un impact négatif.

Au cours de nos visites, gardons à l'esprit que chaque élément du patrimoine culturel d'un pays est singulier, vulnérable et irremplaçable. Or, les phénomènes naturels et humains sont à l'origine de sa détérioration, lente ou immédiate. Si la dégradation est un processus inéluctable, un comportement adéquat peut toutefois le retarder. Chacun de nous peut ainsi contribuer à la sauvegarde de ce patrimoine pour notre génération et les suivantes.

Ne considérez jamais une action de façon isolée, mais envisagez sa répétition mille fois par jour

- Chaque micro-secousse, même la plus inoffensive, chaque toucher devient nuisible quand il est multiplié par 1 000, 10 000, 100 000 personnes.
- Acceptez de bon gré les interdictions (ne pas toucher, ne pas photographier, ne pas courir) ou restrictions (fermeture de certains lieux, circuits obligatoires, présentation d'œuvres d'art par roulement, gestion de l'affluence des visiteurs, éclairage réduit, etc). Ces dispositions sont établies uniquement pour limiter l'impact négatif de la foule sur un bien ancien et donc beaucoup plus fragile qu'il ne paraît.
- Évitez de grimper sur les statues, les monuments, les vieux murs qui ont survécu aux siècles : ils sont anciens et fragiles et pourraient s'altérer sous l'effet du poids et des frottements.
- Aimeriez-vous emporter en souvenir une tesselle de la mosaïque que vous avez tant admirée ? Combien de visiteurs avec ce même désir faudra-t-il pour que toute la mosaïque disparaisse à jamais ?

Faites preuve d'attention et de respect

- Dans un lieu étroit et rempli de visiteurs tel qu'une tombe ou une chapelle décorées de fresques, faites attention à votre sac à dos : vous risquez de heurter la paroi et de l'abîmer.
- Les pierres sur lesquelles vous marchez ont parfois plus de 1 000 ans. Chaussez-vous de façon appropriée et laissez pour d'autres occasions les talons aiguilles ou les semelles cloutées.

N'enfreignez pas les lois internationales

- L'atmosphère de certains lieux invite à la contemplation et/ou à la méditation. Évitez donc toute pollution acoustique (cris, radio, téléphone mobile, klaxon, etc.).
- En vous appropriant une partie, si infime soit-elle, du patrimoine (un fragment de marbre, un petit vase en terre cuite, une monnaie, etc.), vous ouvrez la voie au vol systématique et au trafic illicite d'œuvres d'art.
- N'achetez pas d'objets de provenance inconnue et ne tentez pas de les sortir du pays ; dans la majorité des nations, vous risquez de vous exposer à de graves condamnations.

Message élaboré en partenariat avec l'ICCROM (Centre international d'études pour la conservation et la restauration des biens culturels) et l'UNESCO.

Pour plus d'informations, voir les sites :

http://www.unesco.org

http://www.iccrom.org

http://www.international.icomos.org

Le pont Valentré à Cahors.

R. Mattès / MICHELIN

DÉCOUVRIR LES SITES

Les Arques★

181 ARQUINS
CARTE GÉNÉRALE B3 – CARTE MICHELIN DÉPARTEMENTS 337 D4 – SCHÉMA P. 221 – LOT (46)

Grâce à la création du musée Zadkine en 1980, le village des Arques est revenu à la vie. Au centre de la Bouriane, il est l'un des plus représentatifs de cette région boisée, vallonnée, anciennement sidérurgique, qui fait la frontière avec le Périgord noir. Terre d'adoption de l'artiste russe, Les Arques sont un lieu calme très différent de l'art de son plus cher enfant.

- **Se repérer** – Les Arques sont situés à 28 km au sud de Gourdon, à 6 km au sud-est de Cazals (où vous trouverez l'office de tourisme du canton) et à 30 km au nord-ouest de Cahors.
- **À ne pas manquer** – La Pietà et le Christ de l'église St-Laurent.
- **Organiser son temps** – Comptez 1h15 pour le village, le musée et les églises ; 2h de plus pour découvrir l'Espace naturel sensible de la vallée de la Masse.
- **Avec les enfants** – Les Arques sont tout en côte… Mais le sentier d'interprétation de la vallée de la Masse est très facile.
- **Pour poursuivre la visite** – Voir aussi Bonaguil, Cahors, Domme, Gourdon, Luzech et Villefranche-du-Périgord.

Dans la crypte de l'église St-Laurent, la saisissante « Pietà » de Zadkine.

Comprendre

L'art de Zadkine – D'origine russe, **Ossip Zadkine** (1890-1967) arrive à Paris en 1909. En 1934, il acquiert une maison aux Arques où il réalise des sculptures marquantes comme *Diane*, la *Pietà*, *le Grand Christ*, caractérisées par leur expression monumentale. D'essence cubiste, l'œuvre de Zadkine heurte l'observateur par le déploiement et l'apparente anarchie des formes, qui comptent autant pour l'artiste ue le propos qu'elles véhiculent…

Se promener

Église St-Laurent★

Mêmes horaires que le musée Zadkine.

Située au cœur du village, cette église est le seul vestige d'un prieuré bénédictin fondé au 11e s. par l'abbaye de Marcilhac. La nef, autrefois plus large et plus longue, a été restaurée au 20e s. à l'instigation de Zadkine. L'abside et les absidioles ont conservé toute la pureté de leur architecture romane. Certains archaïsmes apparaissent, tel l'oculus du bras sud du transept, reste des traditions carolingiennes, et les bases à bourrelet des colonnes des arcs doubleaux. Les chapiteaux sont sculptés de motifs orientaux. L'aspect le plus original de l'édifice est le cintre de ses arcs. Deux œuvres poignantes de Zadkine ornent cette église : le **Grand Christ★**, arraché par l'artiste à un orme du Lot et installé au revers de la façade, et la **Pietà★** de la crypte.

Musée Zadkine

05 65 22 83 37 - de déb. avr. à fin sept. : 10h-13h, 15h-19h ; de déb. oct. à fin mars : tlj sf dim. 14h30-18h - possibilité de visite guidée (1h30) - fermé lun., 1er janv., 1er Mai, 1er et 11 Nov., 25 déc. - 3 € (enf. 1,50 €).

Trois salles montrent un éventail des matériaux et de l'œuvre de l'artiste : lithographies, tapisseries, bronzes (*Trio musical*, 1928 ; *Formes féminines*…) et bois monumentaux (*Diane et Orphée, les deux autres sont visibles dans l'église*). Un montage audiovisuel présente un long entretien de Zadkine. D'autres sculptures sont installées dans les rues du village.

Au musée sont associés **Les Ateliers des Arques**, structure accueillant des artistes pour quelques mois. Leurs œuvres sont exposées dans une des salles.

Espace naturel sensible de la vallée de la Masse
Départ du Relais découverte (à côté du musée Zadkine) - ✆ 05 65 21 11 24.
À parcourir impérativement avec les 9 fiches didactiques du guide découverte disponibles au Relais.
4,7 km ou 2 km, 2h ou 1h30, balisage jaune. Le long de ce beau sentier qui allie écologie, agriculture et histoire, on découvre les marais de la rivière Masse. Leur richesse biologique (libellules, grenouilles, oiseaux d'eau…) est soutenue par l'entretien permanent assuré par les chevaux camarguais et fjord qui les empêchent de se transformer en boisements. Avant le milieu du 20e s., ces marais étaient gérés par les paysans qui y coupaient le carex, pour leurs chaumes. Des artisans vanniers travaillent toujours ce végétal.

Aux alentours

Église St-André
Descendez vers la Masse, traversez la D 45 (comptez 45mn depuis le musée, visite comprise). S'adresser au musée Zadkine : clé en échange d'une pièce d'identité (18h15 heure limite de retrait de la clé).
Située dans une clairière au milieu des bois, cette église présente un ensemble assez remarquable de **fresques murales★** de la fin du 15e s. **découvertes** par Zadkine en 1954. La fenêtre du chœur est encadrée par l'Annonciation, puis, de part et d'autre, par les apôtres tenant soit l'instrument de leur supplice (croix en diagonale de saint André, hallebarde de Matthias), soit l'objet qui les symbolise (clef de saint pierre, long bâton de pèlerin de saint Jacques, équerre d'architecte de saint Thomas). Au-dessus, sur la voûte constellée d'étoiles rouges, le Christ en majesté assis sur un trône en forme d'arc-en-ciel bénit d'une main et tient un globe dans l'autre. Il est entouré des attributs des quatre évangélistes. Sur les piliers de l'abside soutenant l'arc triomphal, on reconnaît saint Christophe et de l'autre côté l'Enfant Jésus l'attendant pour passer la rivière.

Circuit de découverte

La bouriane
Ce circuit de 85 km au départ de Gourdon (voir ce nom) passe par Les Arques.

Les Arques pratique

Adresse utile

Office du tourisme de Cazals – *R. de la République - 46250 Cazals - ✆ 05 65 22 88 88 - juil.-août : 10h-12h, 15h-18h30, dim. 10h-12h ; juin et sept. : tlj sf dim. 10h-12h, 15h-18h30, sam. 10h-12h ; mars-mai et oct. : tlj sf dim. 10h-12h, 15h-17h30, sam. 10h-12h ; reste de l'année : tlj sf w.-end 10h-12h - fermé j. fériés (hors sais.).*

Se restaurer

La Récréation – *✆ 05 65 22 88 08 - fermé oct.-mars et w.-end sf janv. et fév., merc. et jeu. - 31 €.* Les nostalgiques des taches d'encre seront ravis d'apprendre que l'ancienne école du village abrite désormais un restaurant. La classe-salle à manger a pris de belles couleurs jaune et rouge et le préau accueille une charmante terrasse. Ceux qui jouaient aux cow-boys et aux Indiens pourront continuer d'en découdre après le repas autour du totem sculpté dans le marronnier de la vieille cour de « récré ». Heureusement, les recettes concoctées par le chef n'ont aucun rapport avec les menus de la cantine : sa cuisine au goût du jour enchante.

Assier★

645 ASSIÉROIS
CARTE GÉNÉRALE C3 – CARTE MICHELIN DÉPARTEMENTS 337 H3 – LOT (46)

Deux monuments magnifiques, un château et un tombeau, répètent à l'envi la devise d'un personnage haut en couleur, d'un grand homme, ou au moins de quelqu'un qui fit tout pour nous le laisser penser. Aujourd'hui encore, vous ne pouvez oublier que vous êtes sur les terres de Jacques Galiot de Genouillac, grand écuyer de France, en son village du Quercy, à la limite d'un pays verdoyant et du causse aride.

- **Se repérer** – À 18 km à l'ouest de Figeac et 4,5 km au nord de Livernon, Assier s'ouvre par la D 653.
- **À ne pas manquer** – La frise et le tombeau de l'église ; la façade du château.
- **Organiser son temps** – Comptez 1h pour visiter le village et le château.
- **Pour poursuivre la visite** – Voir aussi Figeac, Labastide-Murat, Rocamadour et St-Céré.

B. Kaufmann / MICHELIN

Le toit du château d'Assier, autrefois en forme de carène et recouvert de lauzes, était percé de plusieurs lucarnes comme celle qui subsiste.

Comprendre

Galiot de Genouillac (1465-1546) – Page de Louis XI, écuyer de Charles VIII, capitaine général de l'artillerie de Louis XII en 1512, enfin grand écuyer de France sous François Ier, Jacques Galiot de Genouillac aimait à dire qu'il avait servi quatre rois. Il contribua largement à la victoire de Marignan, reçut le collier de chevalier de l'ordre de St-Michel, fut nommé sénéchal du Quercy, puis gouverneur de Guyenne. Enfin, il organisa le fameux camp du Drap d'or où François Ier rencontra Henri VIII d'Angleterre dans un luxe inédit pour l'époque. Cet homme d'armes, qui montra un véritable génie tactique, était tellement imbu de ses exploits guerriers qu'il les fit reproduire en frise sur son château et son église. En divers endroits des deux monuments, on retrouve également sa devise : « J'aime Fortune » (qui pouvait aussi s'écrire « J'aime Fort Une »).

Visiter

Château

05 65 40 40 99 - www.monum.fr - possibilité de visite guidée (30mn) - juil.-août : 10h-12h30, 15h-18h45 (dernière entrée 45mn av. fermeture) ; mai-juin : tlj sf mar. 10h-12h30, 14h-18h45 ; reste de l'année : tlj sf mar. 10h-12h30, 14h-17h30 - fermé 1er janv., 1er Mai, 1er et 11 Nov., 25 déc. - 3 € (-18 ans gratuit).

L'ancien chancelier du roi Pierre de Bourdeille Brantôme écrivit au 16e s. que « bien qu'élevé en fort laide assiette, en fort laid pays montagneux et raboteux, le château d'Assier égale en splendeurs les palais du val de Loyre », car il était « mieux meublé que maison de France, tant en vaisselle d'argent qu'en tapisseries et ciels de soye d'or et d'argent ». Galiot de Genouillac voulait en effet une demeure somptueuse digne de son rang, souhait exaucé entre 1525 et 1535, dont on ne peut juger que d'après une aquarelle de Gaignières montrant le château en 1680. En effet, la propriété fut vendue par les descendants dès 1766, puis démantelée par quelques vendeurs de pierres. Seule a été conservée l'aile du corps de garde, plus simple et plus sobre que les trois autres ailes au somptueux décor Renaissance. On doit à Prosper Mérimée d'avoir fait classer Monument historique, en 1841, les vestiges de ce château alors à l'abandon.

Façades – La **façade extérieure** garde des traces de mâchicoulis entre ses deux tours rondes. Au centre, l'entrée monumentale, encadrée par deux colonnes, est surmontée par une niche qui abritait une statue équestre de... Galiot, bien entendu ! et d'un fronton où l'on voit la salamandre de François Ier. La **façade intérieure★** montre une grande pureté de lignes. Elle est ornée de frises à compartiments courant au-dessus de chaque étage. De nombreuses scènes de la légende d'Hercule font allusion à la toute-puissance du capitaine, des canons crachant des flammes rappellent sa charge de grand maître de l'artillerie.

Intérieur – Les salles du bas, voûtées d'ogives, contiennent des éléments architecturaux du château et un remarquable gisant du 17e s. représentant Anne de Genouillac. Un bel escalier de transition gothique-Renaissance donne accès à l'étage. Sur le palier, un **pilier★** sculpté dans un calcaire pur représente sur une face la Fortune, sur une deuxième les trophées de Galiot de Genouillac et sur la troisième Hercule luttant contre le lion de Némée.

Église★

Clef disponible sur demande préalable à M. ou Mme Armand : ☏ 05 65 40 57 97.

Construite de 1540 à 1550, elle nous est parvenue intacte. L'ornementation extérieure est un long panégyrique des exploits et des titres de Galiot de Genouillac. Une **frise** d'une centaine de mètres fait le tour de l'église. Les sujets qui y sont traités : sièges de villes et combats, cavaliers, fantassins, artilleurs, surprennent le visiteur peu habitué à rencontrer tant de sujets belliqueux dans la décoration d'un édifice religieux. Un document irremplaçable pour les historiens militaires. Le **portail** a une allure classique : au tympan, deux angelots offrent à la Vierge les insignes de Galiot, l'épée de grand écuyer et le collier de St-Michel. Le portique, formé de deux colonnes surmontées d'un fronton triangulaire, supporte une niche à dôme. N'oubliez pas le **tombeau** du grand capitaine dont le gisant repose sur un sarcophage de marbre : il est représenté en costume de cour ; au-dessus, un haut-relief montre Galiot entouré de ses attributs militaires et de deux canonniers. La **voûte** à 16 branches de la chapelle, taillée en étoile, forme un dôme soutenu par des trompes, un procédé remarquable et rarissime.

Pigeonnier

Situé au nord du bourg, ce pigeonnier du 16e s. est un bel exemple de l'architecture rurale. Sa tour cylindrique (9 m de diamètre) et son toit conique surmonté d'un lanternon d'envol (11 m de hauteur en tout) en font l'un des plus grands du Quercy.

Circuit de découverte

ENTRE CAUSSE ET LIMARGUE

Circuit de 40 km – environ 2h. Quittez Assier par le nord-ouest en empruntant la D 11, puis la D 38 (à droite). À Théminettes, prenez à droite.

Rudelle

Fondée au 13e s., l'**église fortifiée**, la plus surprenante du Quercy, est en fait un ancien bastion féodal, dont le niveau inférieur, de plan ovale, a été aménagé en chapelle. L'accès à la chambre de défense se fait par l'escalier de bois montant à la tribune, une échelle, une trappe et un escalier de pierre ! D'étroites meurtrières éclairent ce refuge qui abrite les cloches.

Du vieux cimetière qui entoure cette église-forteresse *(accès par un passage public à droite de l'église)*, **vue** sur le chevet et l'ensemble du monument. Derrière l'église, l'**oratoire** décoré d'une coquille rappelle qu'un des chemins de St-Jacques-de-Compostelle passait là.

Quittez Rudelle par le nord-ouest en empruntant la D 840. Après 2 km (aux Quatre Routes), prenez à droite la D 40.

Château d'Aynac

✆ 05 65 11 08 00 - www.castel-aynac.fr.

Dans un cadre de bois et de prairies, cet édifice du 15e s., aujourd'hui **centre de loisirs équestres**, presse autour de son curieux donjon central à six étages ses tours d'angles crénelées couvertes de dômes. Remarquez les armes des Turenne sur la belle porte d'entrée.

Quittez Aynac par l'est en empruntant la D 39.

La route longe la **vallée de Largentié**, puis s'élève vers les bois de Leyme, classés pour ses hêtres centenaires. Peu après Leyme, la route *(D 48 à droite)* offre de belles **vues** sur l'est du causse de Gramat. Un autre point de vue de grande ampleur avant Molières, au **Pech Mouleyret** *(suivre les panneaux)*.

Lacapelle-Marival

Bon à savoir – Un plan de circuit découverte est disponible à l'office de tourisme *(voir l'encadré pratique)*.

De l'ancienne et importante seigneurie de Lacapelle-Marival, qui appartint du 12e au 18e s. à la famille de Cardaillac, la localité a conservé plusieurs bâtiments. L'**église**, de style gothique, et la **halle**, coiffée d'une charpente en châtaignier couverte de tuiles rondes et soutenue par des piliers de pierre, datent du 15e s. L'ancienne **porte** de ville, l'« Arbol », était jadis intégrée aux remparts du bourg qui conserve de belles maisons.

Le massif donjon carré du **château**, à mâchicoulis et flanqué d'échauguettes à chacun de ses angles, remonte au 13e s., tandis que le corps de logis, cantonné de grosses tours rondes, a été ajouté au 15e s. Il abrite des poutres ornées du début du 17e s. représentant les châteaux quercynois de la famille Cardaillac, des paysages pittoresques et des figures antiques. *Visite guidée (1h) juil.-août : 10h, 15h30, 17h.*

Quittez Lacapelle par le sud en empruntant la D 940.

Le Bourg

Unique vestige d'un prieuré dépendant de l'abbaye d'Aurillac, l'**église** du 12e s. comprend un transept et un chœur décoré d'arcatures romanes supportées par de beaux chapiteaux où quelques oiseaux observent encore les rares fidèles.

Quittez Le Bourg par le sud-est en prenant la D 840, vers Figeac. Après 1 km, prenez à droite la D 653 qui ramène à Assier.

Assier pratique

Adresses utiles

Office de tourisme intercommunal Vallée-Causse – *Place de l'Église - 46320 Assier - ✆ 05 65 40 50 60 - www.otivalleecausse.com - de mi-juin à fin sept. : 9h-12h30, 15h-18h ; reste de l'année : sur demande préalable au ✆ 05 65 40 55 94 - fermé dim. et j. fériés.*

Office du tourisme du pays de Lacapelle-Marival – *Pl. de la Halle - 46120 Lacapelle-Marival - ✆ 05 65 40 81 11 - www.marival-tourisme.fr - juil.-août : tlj sf dim. 10h-12h30, 15h30-19h ; mars-juin et sept.-oct. : mar.-sam. 10h-12h, 14h-17h.*

Se loger

Chambre d'hôte Les Moynes – *Les Moynes de St-Simon - 46320 St-Simon - 3,5 km au nord-ouest d'Assier par D11 - ✆ 05 65 40 48 90 - http://les.moynes.free.fr - fermé 15 nov.-15 mars - ⊭ - 5 ch. et 2 gîtes 50/60 € ☕ - repas 19 €.* Cette maison quercynoise (1885) nichée sur une exploitation agricole dédiée aux canards est entièrement rénovée. Couleurs vives, poutres anciennes, vieilles pierres et salles de bains bien équipées caractérisent les douillettes chambres. Jolie salle à manger agrémentée d'un cantou et de mangeoires. Piscine.

Se restaurer

La Terrasse – *Près du Château - 46120 Lacapelle-Marival - ✆ 05 65 40 80 07 - www.hotel-restaurant-la-terrasse-lot.fr - fermé 2 janv.-26 fév. - 14/55 € - 13 ch. 50/70 € - ☕ 7 €.* Posté à proximité du château, dans un cadre verdoyant bordé d'une rivière, cet établissement séduisant propose d'appétissants plats au goût du jour : cannelloni aux champignons accompagnés de langoustines rôties au jus de truffes, porcelet de montagne cuit de plusieurs façons... Quelques chambres fonctionnelles à disposition.

Événements

Assier dans tous ses états – Festival pluridisciplinaire à la fin juil.

Lacapelle-Marival – En juil.-août, le château accueille des expositions d'artistes locaux *(10h-19h)*.

Aubazines★

798 AUBAZINOIS
CARTE GÉNÉRALE C2 – CARTE MICHELIN DÉPARTEMENTS 329 L4 – SCHÉMA P. 137
CORRÈZE (19)

Les maisons de ce petit village du sud-ouest corrézien, niché dans un joli cadre de collines boisées, se dressent à l'ombre de l'ancienne abbaye cistercienne à laquelle le bourg doit son existence. Aubazines, c'est une rencontre à la fois esthétique et spirituelle avec l'un des grands courants mystiques de l'Occident chrétien. Une promenade le long d'un vénérable canal, bâti de mains d'hommes à flanc de colline, conduit à des rochers d'escalade et ajoutera comme une note contemplative à cette visite.

- **Se repérer** – Entre Brive et Tulle, Aubazines se trouve à l'écart de la D 1089, sur la D 48. Parcours fléché depuis Brive (15 km).
- **À ne pas manquer** – L'abbatiale ; le tombeau de Saint-Étienne ; la chapelle grecque catholique.
- **Organiser son temps** – Comptez 2h.
- **Pour poursuivre la visite** – Voir aussi Brive-la-Gaillarde, Collonges-la-Rouge, Donzenac et Turenne.

Comprendre

La fondation de l'abbaye – Dans le premier tiers du 12e s. s'assemblent en forêt d'Aubazines, autour de l'ermite **Étienne de Vielzot**, venu de la Xaintrie voisine, des hommes et des femmes aspirant à une vie austère consacrée à la prière. La petite communauté, ayant adopté la règle de saint Benoît, érige un **monastère d'hommes** à Aubazines, puis un **monastère de femmes** à proximité du premier, dans le vallon du Coiroux. En 1147, malgré le handicap constitué par l'existence de la communauté féminine, Étienne obtient l'intégration de ses fondations dans l'ordre cistercien. Cette spécificité d'une double communauté monastique sera conservée jusqu'à la Révolution. Les femmes, ayant été soumises par le fondateur à la clôture absolue, vécurent sous la totale dépendance, tant au plan spirituel que matériel, du monastère masculin, condition sans doute à l'origine du facétieux dicton : *« Qui a fille à Coiroux a gendre à Aubazines. »*

Les cisterciens

Fondé à la fin du 11e s., l'ordre de Cîteaux se développa très vite au 12e s. sous l'influence de **Bernard de Clairvaux**, qui mit en œuvre un retour à la stricte règle bénédictine.

De grandeur en déclin – Érigé dans la seconde moitié du 12e s., cet édifice roman est, à l'époque de sa construction, la plus grande église du Limousin. Six siècles plus tard, le recrutement des religieux est en net recul, seuls quelques moines résident à l'abbaye ; n'ayant plus les moyens d'entretenir les bâtiments qui menacent de tomber en ruine, ils décident de l'amputer de six de ses neuf travées (précision qui renseigne sur ses imposantes proportions d'origine : 90 m de long...). L'espace ainsi libéré devient une place au cœur même du village.

Se promener

ABBAYE SAINT-ÉTIENNE★

Église abbatiale

05 55 84 61 12 - visite libre - possibililté de visite guidée dans le cadre de la visite guidée de la ville, s'adresser à l'office de tourisme.

Extérieur – L'abbatiale d'Aubazines se distingue par un **clocher★** particulièrement original, dont le plan carré passe au plan octogonal par un système de gradins de pierre, réalisant une figure géométrique dite « surface réglée », véritable prouesse technique unique à ce jour.

Intérieur – Le vaisseau central est voûté en berceau légèrement brisé, et le vaste carré du transept doté d'une élégante coupole sur pendentifs. Trois chapelles orientées, à chevet plat, s'ouvrent de chaque côté du chœur terminé par une abside à cinq pans. L'édifice est éclairé par des vitraux en grisaille, les seuls à être admis par les cisterciens qui refusaient tout décor et toute couleur par souci de dépouillement et d'austérité.

À l'intérieur de l'abbaye d'Aubazines, remarquez le tombeau de saint Étienne.

L'abbaye possède un intéressant mobilier, notamment de superbes **stalles** du 18e s. décorées de visages très expressifs, et la plus ancienne **armoire liturgique★** de France, fabriquée en chêne au 12e s. et ornée d'arcatures et de fines colonnettes annelées sur ses faces latérales. Notez aussi une Vierge de pitié en calcaire polychrome (15e s.) ainsi qu'une châsse en émail champlevé (13e s.).

Pièce majeure de l'abbatiale, le beau **tombeau de saint Étienne★★** fut exécuté en calcaire dans les années 1250-1260. Le gisant repose dans une châsse dont l'élévation est ajourée par une arcature ; le toit à deux versants est orné de scènes sculptées : sur le côté visible, la Vierge à l'Enfant accueille saint Étienne et ses communautés pendant leur vie terrestre. Observez le visage du gisant, mutilé par les fidèles qui raclaient la pierre, la poussière obtenue possédant selon leur croyance des vertus miraculeuses. Autre pièce d'une qualité exceptionnelle : la **Mise au tombeau du Coiroux**, œuvre en calcaire retrouvée en 1985 lors de la fouille de l'église du monastère féminin.

Ancien monastère masculin

✆ 05 55 84 61 12 - visite guidée (1h) 14 juil.-15 août : 10h30 (dim. 10h), 15h et 16h ; 1er juin-13 juil. et 16 août-30 sept. : 10h30 (dim. 10h) et 15h ; avr.-mai et oct. : 15h ; reste de l'année : w.-end 15h - fermé lun., janv. et du Jeu. au Sam. saint - 5 € (-16 ans 2 €).

Rassemblés autour du jardin de l'ancien cloître, les **bâtiments conventuels**, aujourd'hui occupés par la communauté catholique du Verbe de Vie, sont ouverts à la visite. Vous y verrez la salle capitulaire, avec ses voûtes d'arête retombant sur deux colonnes, la salle de travail des moines et le grand vivier à poissons. Ce dernier est alimenté par un canal, très belle réalisation d'une qualité technique exceptionnelle, qui vaut à lui seul d'être découvert.

Le canal des Moines – *1,5 km. Accès interdit en raison des travaux.* Cet étonnant ouvrage vieux de plus de 800 ans fut tantôt creusé dans la roche en place, tantôt construit en encorbellement au-dessus d'à-pics de plus de 50 m. Pour subvenir à leurs besoins en eau courante, les cisterciens, dont les talents d'hydrauliciens étaient connus, opérèrent une capture sur le torrentueux Coiroux, à partir de laquelle ils aménagèrent ce canal, faisant ainsi venir l'eau jusqu'à l'arrière du bâtiment qui abritait les cuisines et le réfectoire. Le canal permettait aussi d'irriguer jardins et prés, d'alimenter un vivier et même d'actionner trois moulins. Victime de la tempête de 1999 qui entraîna d'importants éboulements, mais aussi de la popularité du site, fréquenté par de nombreux visiteurs et amateurs d'escalade, le canal des Moines fait aujourd'hui l'objet de travaux de restauration.

Ancien monastère féminin

À environ 500 m du monastère d'hommes *(prenez la route en direction de Palazinges)*, dans un vallon étroit parcouru par l'impétueux Coiroux, subsistent quelques vestiges de ce monastère abandonné en 1791. Vous ne verrez guère que les murs de l'église, mais des fouilles ont également restitué les dispositifs d'alimentation en eau potable et ont permis de retrouver, sous le talus de la route actuelle, la **Porterie** voûtée, aménagée à la manière d'un sas, par laquelle communiquaient moines et moniales. Chaque communauté disposait en effet d'une clef de la porterie : l'une la clef de la porte extérieure, l'autre la clef de la porte intérieure !

LE BOURG

Chapelle grecque catholique

À 5mn à pied. Prenez la 1re rue à gauche, derrière l'église et suivez les panneaux.

Dans cette ancienne grange transformée en chapelle (1962) à deux étages, fresques et icônes rivalisent de couleurs chaudes avec les plafonds et le sol. La chapelle étant dédiée à la Théophanie (manifestations de Dieu), les illustrations représentent diverses scènes de la vie du Christ. Toutes de noir vêtues, les moniales de la Résurrection dépendent de l'Église catholique de rite byzantin d'Antioche (Turquie).

À voir aussi à Aubazines

Le **cromlech du puy du Peuch**, curieux alignement néolithique de pierres dressées autour d'un bloc central, probablement lié au culte du Soleil et de la Lune.

De la même époque, un joli **dolmen** en gneiss rose, formé de trois piliers.

Les couchers de soleil sur la vallée de la Corrèze, du haut du **calvaire** coiffé d'une statue de saint Étienne.

Le **chemin des Moines**, qui reliait le monastère masculin au monastère féminin et qui contourne le village dans un cadre verdoyant.

Circuit de découverte

BASSE VALLÉE DE LA CORRÈZE★ 1

Ce circuit de 45 km au départ de Brive-la-Gaillarde (voir ce nom) passe par Aubazines.

Aubazines pratique

Adresse utile

Office du tourisme du pays d'Aubazines-Beynat – *Le Bourg - 19190 Aubazines - ✆ 05 55 25 79 93 - www.cc-beynat.fr - juil.-août : 9h-12h30, 14h-18h30, dim. 9h-12h30 ; mai-juin et sept. : tlj sf dim. 9h-12h30, 14h-18h ; reste de l'année : tlj sf w.-end 9h-12h30, 14h-17h30 - fermé 1er Mai.*

Se loger

Chambre d'hôte La Lupronne – *Le Mons - 19150 Cornil - à 8 km au nord-est par D 1089 et D 1 - ✆ 05 55 27 26 47 - http://lalupronne.free.fr - 2 ch. + 3 suites 53/66 € - 6 € - repas 25/27 €.* Cette maison de l'époque napoléonienne a conservé ses puits, son séchoir à châtaignes et toutes ses dépendances. Une rénovation réussie met en valeur la beauté des volumes sans verser dans le luxe ostentatoire. On rallume parfois le four à bois pour une table d'hôte terroir.

Camping du Centre Touristique du Coiroux – *4 km à l'est d'Aubazines par D 48 - ✆ 05 55 27 21 96 - arepos.coiroux@wanadoo.fr - ouv. 14 avr.-1er oct. - réserv. conseillée - 166 empl. 20,60 € - restauration.* Ce camping aménagé au sein du parc de loisirs *(voir Sports & Loisirs)* vous séduira par ses vastes emplacements baignés de verdure. L'ensemble du terrain, très bien tenu, compte de nombreuses aires de jeux et animations, dont une toute nouvelle piscine chauffée.

Camping Les Hameaux de Miel – *19190 Beynat - à 13 km au sud-est par D 130 - ✆ 05 55 84 34 48 - www.leshameauxdemiel.com - 98 chalets (minimum 2 nuits) 183 €/sem. pour 6 pers.* Avec 98 chalets flambants neufs, cette structure voit les choses en grand. Chaque construction compte une terrasse couverte, une salle d'eau, 2 chambres et une petite cuisine équipée. Sur le site, 2 piscines dont une couverte et chauffée et 2 grandes salles de jeux.

Hôtel de la Tour – *✆ 05 55 25 71 17 - www.hoteldelatour19.com - fermé 2-24 janv., lun. midi en hiver et dim. soir - 18 ch. 50 € - 7 € - rest. 21/30 €.* Ces deux maisons de caractère sont situées face à l'abbaye. Chambres anciennes égayées de papiers peints colorés. Cuivres et étains décorent les salles à manger rustiques où l'on propose une cuisine régionale.

Se restaurer

Hôtel-restaurant St-Étienne – *Pl. de l'Église - ✆ 05 55 25 71 01 - www.lesaintetienne.com - fermé 15 nov.-1er mars - 19/27 € - 49/57 € - 7 €.* On ne peut pas manquer cette jolie bâtisse en pierre de pays, avec sa tour dominant la place du village. La grande salle à manger, aux meubles anciens et aux 2 imposantes cheminées, offre une place de choix aux repas si le temps ne permet pas de manger en terrasse. Chambres très classiques, propres et de bon confort.

Sports & Loisirs

Parc du Coiroux – *✆ 05 55 27 25 66 - www.golf-coiroux.com - juin-sept. : 8h-19h ; oct.-mai : 9h-17h. ; golf ouv. tte l'année - fermé 1er janv. et 25 déc.* Domaine de 180 ha regroupant de nombreuses activités : baignade dans le lac, tennis, volley-ball, golf et parc d'aventure.

Événement

L'Aura des Arts – *✆ 05 55 84 24 74 - www.lauradesarts.org.* Concerts de musique sacrée de Pâques à Noël.

Aubeterre-sur-Dronne★

412 AUBETERRIENS
CARTE GÉNÉRALE A2 – CARTE MICHELIN DÉPARTEMENTS 324 L8 – CHARENTE (16)

À mi-chemin entre la Charente et l'Aquitaine, ce village aux murs de pierre crayeuse est baigné d'une verdure foisonnante et prend déjà des allures de sud-ouest. Une balade dans ses ruelles pentues encadrées de maisons à balcons de bois rappelle que vous êtes ici dans l'un des plus beaux villages de France ! Merveille des merveilles, Aubeterre possède une saisissante église monolithe, à découvrir absolument…

- **Se repérer** – Aubeterre est à l'extrême ouest du Périgord, à 17 km à l'ouest de Ribérac par la D 70.
- **Se garer** – Le mieux est de se garer près de l'office de tourisme avant de descendre sur la place centrale.
- **À ne pas manquer** – La très curieuse église monolithe, bien sûr, mais aussi les ruelles bordées de maisons anciennes et de boutiques d'artisans.
- **Organiser son temps** – Comptez environ 3h pour découvrir ce village plein de charme, et au moins 1h pour ses alentours.
- **Avec les enfants** – Une balade en canoë sur la Dronne devrait les ravir.
- **Pour poursuivre la visite** – Voir aussi Bourdeilles, Brantôme, Mareuil, Neuvic, Périgueux et Ribérac.

Joël Damase / MICHELIN

Colonnes et galerie de l'église monolithe St-Jean.

Découvir

Il faut gagner l'agréable **place Trarieux**, au cœur du village, pour se repérer dans ce dédale de ruelles jalonnées de belles maisons restaurées. La rue qui descend conduit à l'église monolithe, encore dominée par les vestiges du château *(propriété privée)*, alors qu'à l'opposé, un clocher signale l'église St-Jacques. Après la découverte du village, les bords de la Dronne offrent une détente bien méritée.

Église monolithe★★

☏ 05 45 98 65 06/57 18 - juin-sept. : 9h30-12h, 14h-18h30 ; reste de l'année : 9h30-12h, 14h-17h30 - possibilité de visite guidée (en sais.) 10h30, 11h30, 14h30, 15h30, 16h30, 17h30 - fermé 1er janv., 25 déc. - 4 € (7-12 ans 2 €).

Réalisée par évidement d'une seule masse de pierre, l'église rupestre St-Jean est la plus haute église monolithe de France. Ceux qui la taillèrent au 12e s. dans la pierre calcaire de la colline du château, profitèrent de grottes et d'excavations plus anciennes, utilisées par les premiers chrétiens pour y pratiquer leur culte. L'origine et la vocation du site d'Aubeterre restent énigmatiques, mais l'église actuelle fut probablement bâtie pour accueillir les reliques du St-Sépulcre de Jérusalem, rapportées de croisade par Pierre II de Castillon, alors propriétaire du château. Après avoir longé un couloir bordé de niches funéraires, on pénètre dans la **salle principale**, cavité de plan rectangulaire aux dimensions impressionnantes : 27 m de long sur 16 m de large, avec des voûtes taillées en plein cintre atteignant près de 20 m de haut. Cet immense espace se compose d'une nef centrale bordée d'un seul bas-côté et d'une abside. Cette dernière abrite un **monument hexagonal** de style roman (hauteur : 6 m), taillé en forme de St-Sépulcre, qui aurait jadis servi de reliquaire. Au centre de la nef, creusée à même le sol, la **piscine baptismale circulaire** (4e s.-9e s.), sculptée en croix grecque, fut utilisée pour le baptême par immersion ou peut-être comme fosse à reliques. À l'autre extrémité de la nef, un entassement chaotique de sarcophages de toutes tailles, eux aussi creusés à même le sol, forme le décor d'une émouvante **nécropole★** dont il serait difficile de préciser l'époque. L'église recèle d'autres mystères, notamment celui de la **crypte** *(sous la nef centrale ; accès par un petit escalier sur la droite, juste après l'accueil)* où des adeptes de Mithra auraient, selon certains, pratiqué leur culte. Concluez votre visite des lieux par la partie supérieure de la nef : un petit escalier taillé dans le roc mène en effet à une **galerie suspendue** d'où, perché à 15 m de haut, vous apprécierez une superbe **vue★** d'ensemble sur ce lieu de culte chargé de spiritualité.

Église St-Jacques

Située dans la partie haute de la ville, cette église présente une belle façade romane, rythmée d'arcades et d'arcatures. L'archivolte de la façade est finement sculptée de motifs géométriques d'inspiration arabe. À gauche du portail central, une frise évoque les travaux des mois. En contrebas de l'église, tour à mâchicoulis (16e s.).

Circuit de découverte

LE VAL DE DRONNE

Ce circuit de 65 km au départ de Ribérac (voir ce nom) passe par Aubeterre-sur-Dronne.

Aubeterre-sur-Dronne pratique

Adresse utile

Office du tourisme du canton d'Aubeterre – *Pl. du Château - 16390 Aubeterre-sur-Dronne - ✆ 05 45 98 57 18 - juil.-août : 10h-12h, 14h-19h, lun. 14h-19h ; avr.-juin et sept. : tlj sf dim. 10h-12h, 14h-18h, sam., lun. 14h-18h ; reste de l'année : tlj sf w.-end et j. fériés 14h-18h.*

Se loger

⊖⊖ **Hostellerie du Périgord** – *Quartier Plaisance - ✆ 05 45 98 50 46 - www.hostellerie-perigord.com - P - 12 ch. 69 € - ☕ 7 € - rest. 17/41 €.* Ce petit hôtel familial se trouve au pied de l'un des plus beaux villages de France. Chambres colorées et bien insonorisées, restaurant agrandi d'une plaisante véranda tournée sur le jardin et la piscine. Cuisine classique actualisée.

Que rapporter

👁 **Bon à savoir** – Des artisans d'art (textile, cuir, céramique, poterie…) ont installé leurs ateliers dans le village, alors poussez leur portes !

Atelier du Puits Perdu – *Montée St-Jacques - ✆ 05 45 98 51 71 - avr.-sept. : 10h-14h, 15h-19h ; oct.-mars : tlj sf dim. 10h-18h.* Brigitte Larcher pratique le *s'graffiato*, une technique millénaire nécessitant une grande maîtrise de la poterie. Ses créations sont exposées dans une jolie boutique ornée d'un vieux puits de pierre.

Verrerie Daniel Baroy – *Quartier Plaisance - ✆ 05 45 23 53 44 - de Pâques à oct. : tlj sf lun. 15h-19h.* Il est magique de voir le maître artisan dessiner des courbes légères et fragiles sur une forme de verre rougeoyant. Créations de flacons, vases ou pieds de lampes en direct, sous vos yeux.

Sports & Loisirs

Base de Canoë d'Aubeterre – *Rte de Ribérac - ✆ 05 45 98 51 72 ou 06 88 31 42 30 - http://assoc.orange.fr/snpa.aubeterre - juil.-août : 10h-19h ; mai-juin et sept. : tlj sf lun. ; hiver : tlj sf dim. et lun.* Logée sous le pont de la route de Ribérac, la base de canoë propose de jolies balades embarquées sur la Dronne. Différentes formules sont proposées : randonnée libre ou accompagnée, pratique à l'heure, à la demi-journée ou à la journée et quel que soit votre choix, des cadres diplômés sont à votre disposition.

Randonnée – Un guide *Balade dans le Pays d'Aubeterre* est en vente *(2,50 €)* à l'office de tourisme.

Événement

Festival des Nuits Musicales d'Aubeterre – *Rens. et réserv. à l'office de tourisme.* En juil.-août, l'église monolithe accueille des concerts.

Abbaye de Beaulieu-en-Rouergue★

CARTE GÉNÉRALE C4 – CARTE MICHELIN DÉPARTEMENTS 338 C5 – TARN-ET-GARONNE (82)

Alliance parfaite de l'histoire et de la modernité, l'église cistercienne du 13e s. a été transformée, en 1970, en centre d'art contemporain. Des œuvres de Simon Hantaï, Michaux Serpan, Dubuffet, Roger Bissière ou encore Arpad Szenes et Maria Vieira da Silva offrent une nouvelle émotion dans ce site reculé du Tarn-et-Garonne.

- **Se repérer** – À 75 km au sud-est de Cahors, l'abbaye se trouve à 10 km au sud-est de Caylus et à 12,5 km au nord-est de St-Antonin-Noble-Val par la D 75.
- **Se garer** – Parking en amont des bâtiments sur la D 33.
- **À ne pas manquer** – La pureté des formes gothiques de l'église ; le centre d'Art contemporain de l'abbaye.
- **Organiser son temps** – Comptez 2h pour bien profiter des lieux.
- **Pour poursuivre la visite** – Voir aussi Caylus, Najac et St-Antonin-Noble-Val.

Comprendre

Une fille de Clairvaux – Les cisterciens nommèrent nombre de leurs abbayes (Froidmont, Fontfroide, Clairvaux...) selon la qualité du lieu. Beaulieu ne fait pas exception. Les débuts de cette fille de l'abbaye de Clairvaux sont assez obscurs. Sa fondation date vraisemblablement de 1144, moment où Adhémar III, évêque de Rodez, réussit à constituer une communauté suffisante. L'abbaye traverse sans trop d'encombre le tumulte des guerres de toutes sortes, les préjudices se « limitant » alors à la destruction du cloître et à la perte de ses archives. Après la Révolution, elle est transformée en exploitation agricole.

Ce n'est qu'en 1959 que de nouveaux propriétaires entreprennent sa restauration, poursuivie, à partir de 1973, par le Centre des monuments nationaux qui reçoit le monument et la **collection d'art contemporain** en donation.

J. Damase / MICHELIN

La coupole octogonale sur trompes vue de l'extérieur.

Visiter

05 63 24 50 10/60 00 - www.monum.fr - de déb. avr. à déb. nov. : 10h-12h, 14h-18h - fermé 1er Mai - 5 € (-18 ans gratuit) abbaye et expositions d'art contemporain.

Église★

Bel exemple de l'architecture cistercienne, l'église du 13e s. est représentative du style gothique le plus pur. Sa nef unique est voûtée d'ogives et éclairée par des lancettes et des roses taillées en arabesques. L'abside à sept pans est précédée par la croisée du transept que surmonte une **coupole** octogonale sur trompes. Chaque croisillon du transept s'ouvre sur une chapelle carrée.

Bâtiments abbatiaux

La **salle capitulaire**, partie la plus ancienne, s'ouvrait par trois arcs d'ogive sur le cloître, aujourd'hui disparu. Elle se compose de deux travées couvertes chacune de trois voûtes d'ogives retombant sur deux colonnes plutôt imposantes.

Le **cellier**, au rez-de-chaussée du bâtiment des frères convers, comprend dix voûtes sur croisée d'ogives reposant sur quatre colonnes dont les **chapiteaux** sont décorés de feuilles plates. La beauté de cette salle et le raffinement dont témoignent les sobres clefs de voûte montrent le soin que les moines cisterciens apportaient à l'édification de chaque bâtiment, même annexe. Au-dessus, à l'étage, était installé le dortoir, aujourd'hui reconverti en **salle d'exposition**. Le bâtiment des moines a été entièrement remanié au 17e s. et flanqué de deux tourelles un siècle plus tard.

Info pratique

Voir aussi Najac.

Événements

En été, l'abbaye abrite une **exposition thématique** et accueille des **animations musicales**. N'oubliez pas de vous renseigner à l'avance sur le programme.

www.art-beaulieu-rouergue.com

Beaulieu-sur-Dordogne★★

1 288 BELLOCOIS
CARTE GÉNÉRALE C2 – CARTE MICHELIN DÉPARTEMENTS 329 M6 – CORRÈZE (19)

Occupant un méandre de la Dordogne, cette jolie cité médiévale est une avancée du Périgord en Limousin. Son climat tempéré et son ensoleillement important tout au long de l'année lui valent le surnom de « Riviera limousine ». Ce « beau lieu » offre de nombreux trésors d'architecture, parmi lesquels le somptueux portail de son église romane et les vestiges du monastère bénédictin.

- **Se repérer** – À 40 km au sud de Tulle par la D 940 et à 17 km au nord de St-Céré via Bretenoux, par la même route.
- **À ne pas manquer** – Le charme des berges de la Dordogne et de la vieille ville ; les sculptures romanes de l'église St-Pierre ; en été, découvrez l'exotisme du parc botanique de Lostanges.
- **Organiser son temps** – Prévoyez une demi-journée pour la ville, la journée pour l'ensemble des circuits.
- **Avec les enfants** – À la Chapelle-aux-Saints, partez à la découverte de la grotte Bonneval, où furent découverts les restes d'un homme de Neandertal.
- **Pour poursuivre la visite** – Voir aussi Castelnau-Bretenoux, Collonges-la-Rouge, Curemonte, Turenne et St-Céré.

Comprendre

Du nom à l'abbaye – Le nom de Beaulieu remonterait à 855. **Raoul de Turenne**, alors archevêque de Bourges, visitant la région, est séduit par l'agrément du site qu'il baptise *Bellus locus* (beau lieu) et décide d'y fonder une abbaye. En dépit des luttes meurtrières des seigneurs de Turenne et de Castelnau qui se disputent sa suzeraineté, le monastère d'obédience clunisienne prend très vite une grande importance. Les abbés doivent ensuite compter avec les bourgeois de la cité qui, obtenant privilège sur privilège, acquièrent bientôt une indépendance presque totale.

La réforme bénédictine – L'abbaye, ayant eu à souffrir des guerres de Religion, est désertée par les moines qui prennent des libertés avec la discipline. En 1663, l'abbé de La Tour d'Auvergne fait appel aux austères bénédictins de St-Maur qui entreprennent les réformes nécessaires, réparent les bâtiments conventuels et permettent à l'abbaye de vivre des heures sereines jusqu'à la Révolution.

Se promener

Vieille ville★

Un dédale d'étroites ruelles bordées de demeures anciennes convergent vers l'église. Une belle tour à coquille (16e s.) se dresse rue Ste-Catherine. Place de la Bridolle, face au portail occidental, s'élève la **maison dite Renaissance**, jolie maison ornée de statues et de médaillons.

Église St-Pierre★★

01 46 51 39 30 - www.guidecasa.com - visite libre - possibilité visite guidée (appeler impérativement av.) - 15 j. en été (se renseigner) : 10h-12h, 14h30-18h - consulter sur place les affiches Casa précisant les jours de fermeture - gratuit.

Imprégnée d'influences architecturales venant du Limousin comme du Sud-Ouest de la France, cette église abbatiale du 12e s. fut un lieu de pèlerinage important. Bâtie en grès, elle présente un plan bénédictin que l'on retrouve dans les églises de pèlerinage de ce type. Le chœur, le transept et la travée orientale de la nef furent édifiés les premiers, de 1100 à 1140 environ. Au milieu du 12e s., on poursuivit les travaux par le côté sud de la nef et le mur du collatéral nord ; la campagne s'acheva au 13e s. par la travée occidentale de la nef et la façade.

Portail méridional★★ – Édifié en 1125, il est l'un des premiers chefs-d'œuvre de la sculpture romane. Ce portail a été exécuté par les tailleurs d'images toulousains qui travaillèrent à Moissac, Collonges, Souillac et Carennac. Précédé d'un porche ouvert, il présente un ensemble sculpté d'une composition et d'une exécution remarquables. Il illustre les préliminaires du Jugement dernier : les morts, assignés à comparaître, sortent de leur tombeau ; l'exaltation des apôtres, la magnificence de la Croix et des instruments de la passion, le témoignage des plaies du Christ, la soumission du Mal représenté par les monstres. L'ensemble des sculptures du tympan et du porche a été récemment restauré.

Chevet – Ses proportions harmonieuses donnent une impression d'unité, renforcée par l'homogénéité du style décoratif : moulurations limousines des fenêtres, corniches sur modillons sculptés, cordons de billettes. Le clocher central présente un seul étage octogonal percé de huit baies en arc brisé à voussure limousine. En contournant le chevet, dans le prolongement du croisillon nord, remarquez les restes du cloître bordant la salle capitulaire (sacristie).

Façade occidentale – Elle s'ouvre par un large portail sans tympan. Le clocher qui la surmonte à l'angle sud fut rajouté au 14e s., au moment de la guerre de Cent Ans, et surélevé en 1556.

Intérieur – Sanctuaire de pèlerinage, l'église est conçue pour faciliter la circulation des foules : larges bas-côtés et déambulatoire. La voûte en berceau de la nef repose sur des piles cruciformes. À la croisée du transept s'élève une coupole irrégulière sur pendentifs plats. Le chœur est éclairé par cinq baies en plein cintre. La décoration intérieure est assez pauvre en comparaison de la beauté du portail sud. Les chapiteaux sculptés sont rares : on les trouve aux entrées du déambulatoire et dans les chapelles du transept ; ils portent un décor de feuillages ou de personnages formant cariatides. Les autres chapiteaux appartiennent au type « géométrique » répandu dans le Quercy. Remarquez dans le croisillon nord, au-dessus de la porte de l'escalier des tribunes, un linteau de facture maladroite qui représente deux lions encadrant un arbre.

Trésor – Exposé dans le bras nord du transept, le trésor renferme une remarquable **Vierge à l'Enfant★** du 12e s. (60 cm de haut), en bois revêtu d'argent, des reliquaires et une châsse du 13e s. en émail champlevé.

Chapelle des Pénitents

Se renseigner à l'office de tourisme - mi-juin à mi-sept. - gratuit.

Chapelle du 12e s. qui sert de salle d'exposition pendant l'été.

A. Cassaigne / MICHELIN

Chapelle romane des Pénitents (N.-D.-du-Port-Bas) à Beaulieu-sur-Dordogne.

Aux alentours

Château d'Estresses

à 3 km au sud de Beaulieu. Prenez la D 41 qui longe la Dordogne, et bifurquez à droite direction Liourdes. ✆ 05 55 91 10 28 - visite guidée (1h) mai-oct. : 10h-12h, 14h-18h30 ; reste de l'année : sur demande préalable - 3,50 € (-12 ans gratuit).

La plaine d'Estresses fut le théâtre de grands événements historiques. En 889, Eudes roi de France arrête les Normands qui descendent la rivière en drakkars. En 1356, le Prince Noir, qui ravage la région, est stoppé en ces lieux. Les Roquets, bourgeois de Beaulieu, entreprennent la construction du château aux 14e-15e s. Incendié au moment de la Révolution, il est alors vendu à trois familles qui le laissent se dégrader. Il est finalement cédé dans un triste état, après 1918, au grand-père du propriétaire actuel. Il ne reste malheureusement aucune archive du château.

L'édifice, restauré avec soin entre 1920 et 1960, se compose désormais d'un porche d'entrée et d'une tour carrée du 14e s. reliés par un corps de logis du 16e s. Du bâtiment en fer à cheval terminé par un donjon (il partait de la tour) et de la chapelle précédée d'un logis qui était perpendiculaire au porche, il ne reste que quelques fondations. Rasées, ces structures servirent de carrière de pierre aux villages environnants. La visite se termine par la salle du roi Eudes, voûtée en anse de panier (rare), pourvue d'une grande cheminée en pierre, de meubles anciens et d'objets traditionnels. Au mur, une peinture sur toile (début 20e s.) raconte la bataille du roi Eudes.

Dans le beau **jardin** soigneusement fleuri, limité par la Dordogne, deux ifs millénaires ont des troncs de plus de 8 m de diamètre !

Circuits de découverte

ENTRE PALSOU ET SOURDOIRE

Circuit de 24 km – environ 2h. Quittez Beaulieu par le sud en empruntant la D 41, puis deux fois à droite la D 12 et la D 15E.

La Chapelle-aux-Saints

Du parking *(200 m du village)*, un chemin conduit à la **grotte** où furent retrouvés les restes de notre lointain cousin, enseveli il y a environ 45 000 ans. C'est ici à « la Bouffia (qui signifie la grotte, le trou en occitan) Bonneval », que fut trouvé, en 1908, un squelette quasiment complet de l'homme de Neandertal. Il gisait dans une fosse entouré d'objets familiers. Depuis 1999, les fouilles ont repris et ont permis de dégager de nouvelles cavités.

Le **musée de l'Homme de Neandertal** présente la découverte du squelette de ce chasseur, ainsi que son mode de vie et son environnement... Les visites commentées expliquent l'enjeu scientifique de cette découverte et réhabilitent cet homme trop longtemps vu comme une brute épaisse. *✆ 05 55 91 18 00 - www.neandertal-musee.org - ♿ - visite guidée (45mn) juil.-août : 10h-12h, 14h30-18h ; avr.-juin et de déb. sept. à mi-nov. : tlj sf jeu. 14h30-18h - 4,50 € (6-12 ans 3 €) - en sais. et certains autres j., enseignement des techniques du feu et de la taille du silex et visite de la grotte.*

L'**église** du village (12e s.) a un beau toit d'ardoises. Son portail comprend deux colonnes dont les oiseaux sur les chapiteaux tiennent dans leur bec une couronne ornée de perles, ou entourent un homme.

Curemonte★ *(voir ce nom)*

La D 15 offre de belles vues sur Curemonte et son site.

Prenez à droite la D 106.

Puy-d'Arnac

Il se blottit au pied d'une butte que couronne une église. Du village, une route en très forte montée permet d'accéder en voiture à la plate-forme entourant l'église (site de la Cafoulière). Celle-ci est aménagée en aire d'accueil et donne accès à des chemins pédestres entretenus. Trois tables d'orientation avec descriptif aident à découvrir le vaste **panorama★** : à l'est et au sud, la vue se porte sur la vallée de la Dordogne, composée de vallons et de collines avec des prairies coupées d'élégants rideaux de peupliers, tandis qu'au nord-ouest se dessinent les reliefs plus accentués de la région de Meyssac et de Turenne.

Rejoignez la D 940 direction Tulle, puis prenez à gauche la D 84 vers Lostanges.

Parc botanique de Lostanges

✆ 05 55 25 47 78 - www.jardin-de-lostanges.com - ♿ - juil.-août : 14h-19h ; avr.-juin et de déb. sept. à mi-oct : w.-end et j. fériés 14h-18h ; reste de l'année : sur RV - possibilité de visite guidée (1h) le matin sur demande - 4 € (6-12 ans 2 €).

Dans un cadre agréable de moyenne montagne, découvrez au gré du parcours 500 plantes groupées par origine géographique : de la lointaine Nouvelle-Zélande aux essences locales corréziennes, en passant par les déserts de cactus. Un diaporama sur les régions évoquées complète la visite.

Rejoignez la D 940 qui ramène à Beaulieu.

GORGES DE LA CÈRE

Circuit de 50 km – environ 3h.

Née dans les monts du Cantal, la Cère appartient au Quercy pour la dernière partie de son cours. Mais avant de confondre ses eaux avec celles de la Dordogne en aval de Bretenoux, au pied du promontoire où se dresse le célèbre château de Castelnau-Bretenoux, la Cère a dû se frayer un chemin, entre Laroquebrou et Laval-de-Cère, en creusant des gorges sauvages.

Quittez Beaulieu par la D 940 vers St-Céré, puis à gauche la D 41.

Après avoir traversé la Dordogne, la route s'élève, offrant de belles vues sur la vallée.

Reygade

Près du cimetière, un petit bâtiment abrite un chef-d'œuvre de la fin du 15e s., en pierre polychrome. Cette émouvante **Mise au tombeau★** pourrait avoir été réalisée par le même sculpteur que celui de Carennac (Lot). Les couleurs, qui ont gardé presque toute leur vivacité, accentuent l'expression des visages et donnent du relief aux costumes. Un montage audiovisuel explique les particularités de chaque personnage. *✆ 05 55 28 50 19 - ♿ - 9h-21h - 6 € (monnayeur, avec pièces de 2 €).*

Rejoignez et poursuivez sur la D 41. 7 km après La Chapelle-St-Géraud, prenez la D 13 vers Camps.

Rocher du Peintre★

Terre-plein aménagé au sud de Camps : de là se révèle une belle vue sur les gorges boisées de la Cère.

Alors que la voie ferrée emprunte de bout en bout les gorges, aucune route ne longe la rivière des environs de Laroquebrou à Laval-de-Cère.

Poursuivez sur la D 13.

Laval-de-Cère

Entre Laval-de-Cère et Port-de-Gagnac, la route sinueuse s'élève au-dessus de la vallée dans un décor de prairies et de collines, et surplombe le barrage de Brugale.

1 km avant Port-de-Gagnac, tournez à droite sur la D 116E.

Avant de regagner Beaulieu, en montant jusqu'à l'église de **Fontmerle**, vous pourrez profiter, une dernière fois, du paysage de la région.

A. Cassaigne / MICHELIN

Mise au tombeau de Reygade.

Beaulieu-sur-Dordogne pratique

Voir aussi Curemonte.

Adresse utile

Office du tourisme intercommunal du pays de Beaulieu – *Pl. Marbot - 19120 Beaulieu-sur-Dordogne - ✆ - 05 55 91 09 94 - www.otbeaulieu19.fr - 14 juil.-17 août : 9h30-13h, 14h30-19h ; 1er-13 juil. et 18-31 août : 9h30-13h, 14h30-19h, dim. et j. fériés 9h30-13h ; avr.-juin et sept. : 9h30-12h30, 14h30-18h, dim. et j. fériés 9h30-12h30 ; reste de l'année : tlj sf dim. 10h-12h30, 14h30-17h - fermé 1er janv. et 25 déc.*

Se loger

⊖⊜ **Hôtel Le Relais de Vellinus** – *17 pl. du Champ-de-Mars - ✆ 05 55 91 11 04 - www.vellinus.com - fermé 24 fév.-4 mars, 23-29 avr., 27 oct.-4 nov., 22 déc.-7 janv. et dim. - 20 ch. 54/115 € - ☕ 9 € - rest. 18/44 €.* Joliment reprise en main, cette maison s'est métamorphosée en profondeur. Confort contemporain. Chaque chambre invite à un voyage différent (mauresque « zen », mer, Afrique…) La sérénité règne dans la salle à manger et en terrasse. Cuisine traditionnelle.

⊖⊜ **Hôtel du Manoir de Beaulieu** – *4 pl. du Champ-de-Mars - ✆ 05 55 91 01 34 - www.manoirdebeaulieu.com - fermé 3 janv.-4 mars - P - 25 ch. 75/130 € - ☕ 10 € - rest. 27/80 €.* Cette grosse bâtisse régionale bénéficie d'un emplacement central. Demandez une chambre rénovée, les autres sont plus sobres. Vous pourrez déguster de bonnes recettes corréziennes dans une salle à manger au plaisant cadre rustique ou, l'été, sur la terrasse.

Se restaurer

⊖⊜ **Les Charmilles** – *20 bd St-Rodolphe-de-Turenne - ✆ 05 55 91 29 29 - www.auberge-charmilles.com - 20/45 € - 8 ch. 58 € - ☕ 8 €.* Cette accueillante maison régionale est située sur les berges de la Dordogne. La salle à manger, claire et colorée, sert de cadre à une cuisine classique. Aux beaux jours, un jardinet et une agréable terrasse ajoutent au charme de l'adresse. Pour prolonger l'étape, choisissez l'une des coquettes chambres.

Que rapporter

Earl Mage producteur de Vin Paillé – *Chirac-de-Brivezac - 8 km au nord-est de Beaulieu-sur-Dordogne par D12 - ✆ 05 55 91 54 52 ou 06 15 31 32 19 - earlmage@orange.fr - 9h-12h, 14h-18h, dim. sur RV.* Véritable spécialité de la basse Corrèze, le vin paillé est fabriqué à partir de grappes que l'on laisse sécher pendant plusieurs mois. Très sucré, ce breuvage obtenu après conservation en fût se boit frais, à l'apéritif ou au dessert. Dégustations sur place.

Sports & Loisirs

Randonnée – Le guide *Pays vallée de la Dordogne corrézienne* est en vente *(8 €)* à l'office de tourisme.

Beaumont-du-Périgord

1 145 BEAUMONTOIS
CARTE GÉNÉRALE B3 – CARTE MICHELIN DÉPARTEMENTS 329 F7 – DORDOGNE (24)

Planté au milieu d'un paysage vallonné, Beaumont domine les prés alentour délicatement dessinés par quelques haies d'arbres. D'aspect relativement moderne, la « première bastide royale » anglaise recèle encore des témoins de son riche passé. Vue d'avion, elle présente un original plan en H, alors que les bastides sont d'ordinaire de plan carré : hommage du bâtisseur, Édouard Ier, à son père Henri III.

- **Se repérer** – À 30 km au sud-est de Bergerac, Beaumont est sur la D 660 qui va jusqu'à Cahors.
- **À ne pas manquer** – L'église forteresse et les maisons des 13e, 14e et 15e s. ; les moulins à Couze-et-St-Front.
- **Organiser son temps** – Comptez 1h30 pour la ville, une journée pour le circuit.
- **Pour poursuivre la visite** – Voir aussi Bergerac, Le Bugue, Cadouin, Issigeac, les châteaux de Lanquais, Biron et Monbazillac.

B. Kaufmann / MICHELIN

Église St-Front de Beaumont-du-Périgord.

Se promener

LA BASTIDE

Ces villes neuves (*bastidas* en langue d'oc, *voir p. 68*), plus ou moins fortifiées, se sont développées au 13e s. Leur plan est généralement en échiquier, carré ou rectangulaire. Des quatre points cardinaux, des allées rejoignent les deux rues parallèles qui enserrent la place centrale de la ville. Fondée en 1272 par Lucas de Thanay, sénéchal de Guyenne, pour le compte d'Édouard Ier, celle de Beaumont n'a conservé de ses importantes fortifications percées de seize portes que la **porte Luzier**, par laquelle vous pénétrez dans le bourg.

Église St-Front

Les quatre tours reliées par un chemin de ronde marquent le caractère défensif de l'édifice bâti dans le style gothique anglais. De loin, l'église ressemble à s'y méprendre à un château fort. Le portail est orné d'une **galerie★** à balustrade soulignée par une frise de personnages grimaçants. À l'intérieur, à gauche, dans la tour des Cloches, est exposée la volumineuse clef de voûte du chœur (elle pèse 450 kg) sculptée de têtes, dont celle du patron de l'église, saint Front. Sur le même bas-côté vers le milieu de la nef, s'ouvre la chapelle St-Joseph, vestige sans doute d'une église plus ancienne.

Aux alentours

Dolmen de Blanc

3 km au sud de Beaumont-du-Périgord par la D 676.

Il lui est attaché une bien curieuse légende : on raconte qu'une jeune fille, qui s'était perdue pendant un orage, arriva à proximité des mégalithes et pria afin d'être secourue. Elle vit alors les pierres bouger afin de lui indiquer son chemin.

Circuit de découverte

BASTIDES ET MOULINS★

Circuit de 110 km – Comptez une journée. Quittez Beaumont par la D 660 au nord.

Couze-et-St-Front

Au débouché de la vallée de la Couze, ce bourg excellait dès le 15e s. dans la fabrication du « papier de Hollande » qui était commercialisé jusqu'en Russie. C'était le centre papetier le plus important d'Aquitaine : treize moulins y fonctionnaient. De nos jours, sur les trois moulins en activité, seuls deux fabriquent encore du papier filigrané selon les méthodes anciennes.

Moulin de la Rouzique - Écomusée du papier – *✆ 05 53 24 36 16 - visite guidée (1h, dernière entrée 1h av. fermeture) juil.-août : tlj sf sam. 10h-19h, dim. et j. fériés 14h-19h ; avr.-juin et sept. : tlj sf sam. 14h-18h30 ; reste de l'année : sur demande préalable - fermé 1er et 11 Nov., 25 déc.-1er janv. - 5 € (8-16 ans 3 €), gratuit Journées du patrimoine.* Comment de vieux tissus blancs (coton, lin) deviennent-ils feuilles de papier ? Un circuit initiatique retrace les étapes nécessaires à sa fabrication. C'est à l'étage du moulin de la Rouzique, percé de baies munies de volets en bois, qu'avait lieu le séchage du papier. Cet espace accueille aujourd'hui une intéressante **collection de papiers filigranés★** du 14e au 18e s.

Moulin de Larroque – *✆ 05 53 61 01 75 - www.moulindelarroque.com - atelier et galerie d'artisanat : tlj sf w.-end et j. fériés 9h-12h, 14h-17h - visite obligatoirement accompagnée en été - fermé 24 déc.-1er janv. - 4 € (-10 ans gratuit).* À la recherche d'idées pour vos cadeaux de fin d'année ? Faites une halte à la boutique de ce moulin du 13e s. où l'on fabrique du papier à la main. Les nombreux objets à base de papier filigrané devraient vous aider à trouver l'inspiration !

Quittez Couze par l'ouest en empruntant la D 37.

Château de Lanquais★ *(voir ce nom)*

Poursuivez sur la D 37. Après 1,5 km, tournez à droite et franchissez la Dordogne. À St-Capraise-de-Lalinde, prenez à droite la D 660.

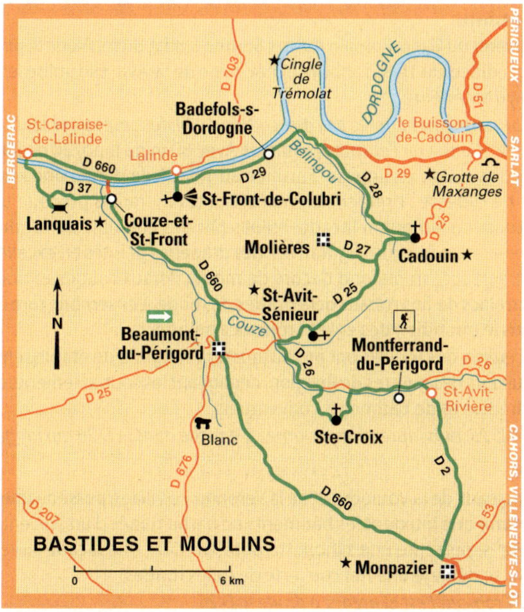

Lalinde

Malgré le grand incendie de 1914 qui a en grande partie détruit la ville ancienne, le plan quadrillé de cette ancienne **bastide anglaise** (13e s.) est encore bien visible. Se retrouvent les deux portes et les vestiges de l'ancienne enceinte, d'époque romane, la maison du Gouverneur, le donjon et de nombreuses façades à colombages. Sur la place centrale, un marché couvert remplace les halles abattues à la fin du 19e s.

Sentier d'interprétation de Tuilières – Il suit les berges du canal (voie verte) où se succèdent différents ouvrages dont l'escalier de Tuilières qui compte 6 écluses de part et d'autre d'un bassin de croisement.

Retraversez la Dordogne par la D 29.

Chapelle de St-Front-de-Colubri

Un dragon, expression de la dangerosité de la Dordogne, terrorisait les habitants de Lalinde. Prénommé **Coulobre**, il dévorait paysans et bateliers. Seul saint Front (1er s.), l'évangélisateur du Périgord, parvint à le terrasser. Depuis, la chapelle St-Front-de-Colubri trône face à Lalinde, à l'endroit où le dragon avait son antre.

Construite au 12e s. au sommet de la falaise dominant la Dordogne, elle protégeait les mariniers qui descendaient les rapides du saut de la Gratusse. À partir du milieu du 19e s., le canal de Lalinde permit d'entreprendre la manœuvre sans risque.

Longez la Dordogne par la D 29.

Badefols-sur-Dordogne

La petite église du village se terre au pied des vestiges du château fort, repaire de Seguin de Badefols, seigneur brigand pendant la guerre de Cent Ans qui louait ses troupes au plus offrant, Anglais ou Français.

Domaine de Barbe – *Voir l'encadré pratique.*

Poursuivez sur la D 29, puis 4 km plus loin, sur la D 28.

Cadouin★ *(voir ce nom)*

Quittez Cadouin par le sud-ouest en empruntant la D 25, puis après 2 km, tournez à droite sur la D 27.

Molières

La place de cette **bastide** inachevée (fondée par les Anglais en 1284), vers laquelle convergent de larges rues, n'a jamais été bordée de maisons à couverts. Cela n'empêche pas Molières d'être un village séduisant, embelli par une petite église gothique, un porche (maison du Bailli) et les ruines du château fort au nord du bourg. Dans celles-ci se trouve un puits au fond duquel le roi de Castille, Pierre Ier le Cruel, aurait en 1361 poussé Blanche de Bourbon, son épouse répudiée et félonne. Mais on n'aurait retrouvé au fond que les chaînes de la malheureuse, sans son squelette…

Faites demi-tour et reprenez la D 25 (à droite).

St-Avit-Sénieur

C'est en souvenir du Gallo-Romain **Avitus Senior**, soldat du roi Alaric II, puis ermite au 6e s., que fut édifiée, au 11e s., l'abbaye bénédictine de St-Avit. Elle utilise les fondations d'une abbaye antérieure.

Église★ – *Se renseigner auprès de l'association Au fil du temps pour les h. d'ouverture et les manifestations (voir l'encadré pratique).* Avec 60 m de long, 20 de large et 43 de hauteur, sa dimension en impose. Fortifiée au 14e s., elle donne une impression de sévérité et de rudesse : bretèche crénelée, hautes murailles presque aveugles du chevet et tours encadrant la façade, reliées par des chemins de ronde. Restauré, l'intérieur révèle des fresques figuratives, des draperies peintes en excellent état (13e et 17e s.) et, surtout, un plafond décoré de motifs floraux rouges et noirs disposés dans un entrelacs de fins rubans ocre bordés de rouge. L'ensemble, rare, replonge le visiteur dans le quotidien des églises romanes peintes.

Au sud de l'église, des fouilles ont mis au jour les vestiges d'un établissement augustinien détruit lors des guerres de Religion, dégageant les soubassements d'une église romane primitive et de bâtiments conventuels.

Suivez sur la D 25, puis, après 2 km, tournez à gauche dans la D 26 qui longe la Couze.

Ste-Croix

Entre les ruisseaux de la Vouludre et de la Véronne, ce village possède une charmante **église romane** que jouxtent les bâtiments en partie ruinés d'un ancien prieuré. Cet édifice du 12e s. présente une silhouette pure. Derrière une façade surmontée d'un clocher-mur se dégage une nef couverte de tuiles rondes.

Quittez Ste-Croix par l'est et prenez à droite la D 26.

Montferrand-du-Périgord

Un château fort à demi ruiné domine ce beau village étagé au-dessus de la Couze. Une promenade permet de découvrir une halle du 16e s., des maisons Renaissance et leurs pigeonniers.

Dans le cimetière, à l'écart du village *(balisé au départ du château, comptez 7mn de marche)*, une **chapelle romane** est décorée d'un ensemble de fresques (12e-15e s.).

Rejoignez la D 26 et tournez à droite sur la D 2.

Monpazier★ *(voir ce nom)*

Quittez Monpazier par la D 660 vers Beaumont-du-Périgord.

Beaumont-du-Périgord pratique

Adresses utiles

Office du tourisme du pays Beaumontois – *Pl. Centrale - 24440 Beaumont-du-Périgord - ✆ 05 53 22 39 12 - www.pays-beaumontois.com et www.pays-des-bastides.com - de déb. juil. à mi-sept. : 10h-12h30, 14h-18h30, dim. et j. fériés 10h-13h ; avr.-juin : 10h-12h30, 14h-18h, dim. et j. fériés 10h-13h ; reste de l'année : tlj sf dim. 10h-12h30, 14h-17h, sam. et j. fériés 10h-12h30 - fermé 1er janv. et 25 déc.*

Office du tourisme du pays Lindois – *Jardin public - 24150 Lalinde - ✆ 05 53 61 08 55 - juil.-août : 10h-19h, dim. et j. fériés 10h30-12h30 ; mai-juin et sept. : tlj sf w.-end 9h30-13h, 14h-18h ; reste de l'année : tlj sf w.-end et j. fériés 9h30-13h, 14h-18h.*

Visites

Au Fil du temps – *Abbaye de Cadouin - ✆ 05 53 57 52 64 - www.au-fil-du-temps.com.* Cette association a pour vocation de promouvoir le patrimoine. L'été, elle assure des animations (visites aux flambeaux au Pays des Bastides et Fête médiévale à Cadouin) et des ateliers (à Limeuil et St-Avit-Sénieur). Demandez le programme !

VISITES AUX FLAMBEAUX

Beaumont-du-Périgord – *Rens. et réserv. à l'office de tourisme - jeu. 21h30.*

Lalinde – *Rens. et réserv. à l'office de tourisme - vend. 20h30.*

VISITE TECHNIQUE

Domaine de Barbe – *Famille Kuster - 24150 Badefols-sur-Dordogne - ✆ 05 53 73 42 20 - www.domainedebarbe.com - juil.-août : mar. et jeu. : 10h30-17h30, vend. 10h30-15h (aussi merc. en août) ; reste de l'année sur RV - 2 € (6-12 ans 1 €).* Visite commentée de l'élevage (oies et canards), des installations de gavage et plumaison, de l'atelier de fabrication et dégustation.

Se loger

⊖ **Camping La Grande Veyière** – *24480 Molières - 4 km à l'ouest de Cadouin sur D 25 et D 27 - ✆ 05 53 63 25 84 - la-grande-veyiere@wanadoo.fr - ouv. avr.-2 nov. - réserv. conseillée - 64 empl. 25 €.* On respire le bon air sur ce terrain haut perché, aménagé auprès d'une belle ferme périgourdine dont les bâtiments bien restaurés accueillent entre autres le magasin d'alimentation et le bar. Vastes emplacements ombragés. Piscine et jeux d'enfants.

⊖⊖⊖ **Hôtel Côte-Rivage** – *Au bourg - 24150 Badefols-sur-Dordogne - ✆ 05 53 23 65 00 - www.cote-dordogne.com - fermé janv.-fév. - 7 ch. 98 € - ☕ 9 € - rest. 22 €.* Ancienne bâtisse restaurée près des berges de la Dordogne. Murs immaculés, rideaux colorés, meubles chinés et climatisation rendent les chambres agréables. Jolie salle à manger contemporaine et terrasse d'été. Cuisine du marché et bergeracs à prix coûtant.

Se restaurer

⊖⊖ **Hostellerie de Saint-Front** – *3 r. Romieu - ✆ 05 53 22 30 11 - fermé 3 sem. en janv., 1 sem. fin nov., 1 sem. déb. déc., sam. midi et mar. - formule déj. 11 € - 17/32 € - 10 ch. 27/49 € - ☕ 6 €.* En dépit de l'aspect un peu défraîchi de sa salle à manger, ce restaurant reste une adresse fort convenable, au centre du bourg. Les assiettes du pays, proposées le midi, peuvent largement remplacer un repas complet. Une carte traditionnelle, avec un petit accent local et un service efficace.

Sports & Loisirs

Randonnée – Si vous voulez vous promener, sachez qu'un guide de randonnées du canton de Beaumont est disponible à l'office de tourisme, qui organise également des circuits thématiques.

Équitation et roulottes du Périgord – *Métairie du Roc - 24560 Faux-en-Périgord - ✆ 05 53 24 32 57 ou 06 83 30 93 63 - www.metairieduroc.free.fr.* Équitation et roulottes. Poney-club à l'année.

Urval

Urval se dévoile dans un petit val de la dense forêt de **Bessède**. En cas d'attaque, l'austère église forte (11e-12e s.) abritait les habitants dans deux pièces au-dessus de la nef et du chœur. Remarquez au chevet le four banal du 15e s. Possession du seigneur d'Urval, il servait à la cuisson du pain des villageois contre redevance. À la sortie vers Belvès, ne manquez pas le joli moulin et sa retenue d'eau construits sur le ruisseau du Peyrat.

Château de la Bourlie – *✆ 05 53 22 06 00 - www.chateaudelabourlie.com - de mai à fin juil. : 9h-12h, 15h-18h ; deuxième quinzaine de sept. : 9h-12h, 14h-17h - 2 € - fermé dim., deuxième quinzaine de juin.* Ce parc de 5 ha, élaboré au 18e s. pour une grande part, charme non seulement le regard avec ses topiaires, mais aussi l'odorat avec ses roseraies au parfum prégnant.

Prenez la D 52 qui revient à Belvès.

Belvès pratique

Adresses utiles

Office du tourisme du pays de Belvès – *1 r. des Filhols - 24170 Belvès - ✆ 05 53 29 10 20 - www.perigord.com/belves - de mi-juin à mi-sept. : lun.-jeu. 10h-19h, vend.-dim. et j. fériés 10h-13h, 15h-19h ; reste de l'année : tlj sf dim. 10h-12h30, 15h-18h30 - fermé 1er janv. et 25 déc.*

Office du tourisme du pays du Chataîgner – *R. Notre-Dame - 24550 Villefranche-du-Périgord - ✆ 05 53 29 98 37 - juil.-août : 10h-12h30, 14h30-17h30 ; reste de l'année : 10h-12h30, 14h30-17h30, sam. 10h-12h30, dim. 14h30-17h30 - fermé merc.*

Visites

Visite guidée de Belvès – *Rens. à l'office de tourisme - juil.-août : tlj sf dim. 18h.* Découverte de la ville médiévale.

Balades en Pays belvésois – *Rens. à l'office de tourisme - 2,50 € (-12 ans gratuit).* Visite guidée en voiture à la découverte des produits du terroir.

Se loger

⊖⊖ **Chambre d'hôte Le Branchat** – *24170 Sagelat - 3 km au sud de Belvès par D 710 dir. Fumel et rte secondaire à gauche - ✆ 05 53 28 98 80 - www.lebranchat.com - fermé Toussaint-Pâques - P - 3 ch. 55/72 € ☕ - rest. 25 €.* Bergerie, étable, grange et maison des fermiers bénéficient d'une remarquable restauration ayant permis l'aménagement de ravissantes chambres d'hôte. Entouré par 5 ha de nature, vous y dormirez sur vos deux oreilles. Pour la détente : piscine, promenade dans le parc. Accueil des cavaliers et de leurs chevaux.

⊖⊖ **Chambre d'hôte La Grande Marque** – *La Grande Marque - 24220 Marnac - 9 km au nord-est de Belvès par D 703 et à droite - ✆ 05 53 31 61 63 - info@lagrandemarque.fr - ⊭ - 5 ch. 75 € - ☕ 7 € - repas 30 €.* Perchée sur les hauteurs, cette bâtisse périgourdine du 17e s. entourée d'un parc de 4 ha offre une vue imprenable sur la Dordogne et le village de Siorac. Trois chambres mansardées et une suite, éclairées de petites fenêtres, simples et joliment décorées. Également une chambre double en annexe et 4 gîtes.

Se restaurer

⊖ **Auberge de la Nauze** – *Fongauffier - 24170 Sagelat - 1 km au nord de Belvès par D 53 - ✆ 05 53 28 44 81 - aubergedelanauze@wanadoo.fr - fermé 6-12 fév., 27 juin-6 juil., lun. soir, mar. soir et sam. midi - 13,50/50 € - 8 ch. 38/40 € - ☕ 6 €.* Cette maison à l'architecture régionale est dominée par le pittoresque bourg de Belvès. Grandes baies vitrées et couleurs chaleureuses illuminent la salle à manger. Le chef mitonne une cuisine traditionnelle qui fait appel aux produits du terroir.

⊖⊖ **Ferme-auberge Les Tilleuls** – *Sortie du bourg - 24220 Marnac - 11 km au nord-est de Belvès par D 703, rte de Sarlat et à droite - ✆ 05 53 30 30 26 - fermé 3 sem. en mars, dim. soir sf en juil.-août et lun. - ⊭ - réserv. conseillée - 15/29,50 €.* Une ferme auberge ouverte midi et soir toute l'année constitue déjà un fait rare. Et quand on sait que les produits servis proviennent à plus de 80 % de l'exploitation, on ne peut que se réjouir de l'existence de cet établissement d'exception. Vente directe des préparations à base de canard.

Que rapporter

Marchés de Belvès – Marché le sam. matin. Marché aux noix mercredi matin d' oct. à déc.

Marchés de Villefranche-du-Périgord – Marché aux châtaignes sam. matin d'oct. à déc. Marché aux cèpes en semaine à partir de 16h et le dim. toute la journée de juin à oct. (selon la pousse).

Sports & Loisirs

Randonnée – Disponible à l'office de tourisme, un petit guide sous forme de plan propose 10 idées de promenades, de 7 à 17 km, sur sentiers balisés, dont 2 au départ de Belvès. Les autres partent des communes alentour, formant un trajet total de 120 km.

Le Périgord en calèche – *Le Bourg - 24550 Mazeyrolles - ✆ 05 53 29 98 99 - www.perigord-en-caleche.com.* Promenades en calèche à l'heure, demi-journée ou journée (avec repas compris).

Bergerac★

27 700 BERGERACOIS
CARTE GÉNÉRALE A3 – CARTE MICHELIN DÉPARTEMENTS 329 D6 – DORDOGNE (24)

Ses pierres, son tabac : Bergerac est une ville blonde. Coiffée de vignes, les pieds dans le bleu sombre de la Dordogne, la ville ne doit rien à Cyrano, mais beaucoup à tout le vin qu'on y négocie depuis des lustres. Par ses couleurs et ses ruelles, ses maisons de bois et de pierre, son vieux port où l'histoire glorieuse de la batellerie résonne toujours, Bergerac invite à la flânerie.

- **Se repérer** – Bergerac est à 69 km à l'ouest de Sarlat et 43 km au sud de Périgueux.
- **Se garer** – Le cœur historique est inaccessible en voiture et contourné par des avenues interminables. Grands parkings devant l'office de tourisme et sur le port ancien, saturés dès le matin en été.
- **À ne pas manquer** – Les gabarres de l'ancien port ; les collections de pipes, râpes et secouettes du musée du Tabac ; l'architecture du cloître des Récollets.
- **Organiser son temps** – Comptez une demi-journée pour la ville, une autre pour le circuit…
- **Avec les enfants** – Prévoyez une balade en gabarre ou une baignade à l'**Aqua Park Junior' Land** *(voir l'encadré pratique)*, ou encore une après-midi au lac de Neufont.
- **Pour poursuivre la visite** – Voir aussi Issigeac, Lanquais, Monbazillac, Périgueux.

Comprendre

Un carrefour commercial et intellectuel – La ville prend son essor dès le 12e s. Ville port mais aussi ville pont sur la Dordogne, elle voit rapidement se développer une bourgeoisie qui fait fortune dans le commerce fluvial entre les régions de l'intérieur (Auvergne, Limousin) et Bordeaux.

Au 16e s., ce fief des Navarre devient une des capitales du protestantisme, dans un Périgord très catholique. La ville connaît alors une période brillante. De nombreuses imprimeries publient des pamphlets diffusés dans l'ensemble du monde protestant. En août 1577, la **paix de Bergerac** est signée entre le roi de Navarre et les représentants d'Henri III. C'est un préliminaire à l'édit de Nantes qui sera, lui, signé en 1598. Mais en 1620, les armées de Louis XIII s'emparent de la ville et démolissent les remparts. Après la révocation de l'édit de Nantes (1685), les jésuites et les récollets essaient de reconquérir des disciples. De nombreux Bergeracois, fidèles à leurs croyances calvinistes émigrent alors en Hollande, pays avec lequel ils maintenaient des contacts commerciaux. À la Révolution, Bergerac jusque-là première ville du Périgord, se voit dépassée par Périgueux qui devient préfecture du département de la Dordogne. Au 19e s. cependant, vignoble et batellerie prospèrent jusqu'à la crise du phylloxéra et l'arrivée du chemin de fer.

A. Cassaigne / MICHELIN

Dans l'ancien port accostent toujours des gabarres pour embarquer des visiteurs.

Bergerac aujourd'hui – La région a été détrônée par l'Alsace pour la production française de tabac, mais Bergerac en reste la capitale grâce à l'Institut expérimental des tabacs et au Centre de formation et de perfectionnement des planteurs de tabac. Les vignes qui entourent la ville (12 000 ha) produisent des **vins** d'appellation d'origine contrôlée, comprenant le bergerac et les côtes-de-bergerac, le monbazillac, le montravel et le pécharmant *(voir la carte du vignoble p. 81)*. Le Conseil interprofessionnel des vins de la région de Bergerac, qui décide de l'appellation des vins, se trouve dans le cloître des Récollets *(voir ci-après)*. La principale entreprise industrielle est la Société des poudres et explosifs dont les productions sont orientées vers la fabrication de la nitrocellulose, employée dans l'industrie des films, des peintures, des vernis et des matières plastiques.

Se promener

LE VIEUX BERGERAC★★ Plan II

Ancien port

Autrefois, les gabarres accostaient à cet endroit pour décharger les produits et le bois qui venaient du haut du pays et embarquer les barriques de vin à destination de Bordeaux, puis de l'Angleterre et de la Hollande.

Prenez sur la gauche au bout du quai Salvette.

Rue du Château

Elle forme un coude dans lequel a été aménagé un curieux balcon à balustre surplombant la rue.

Poursuivez en traversant la rue de l'Ancien port et tournez à gauche.

Rue St-Clar

Elle est bordée de maisons à colombages en encorbellement dont les murs en torchis sont parfois mêlés de briquettes.

Tournez à gauche dans la rue des Rois-de-France et à droite dans celle de l'Ancien Port.

Histoire d'un nom

👁 D'après la tradition, Bergerac doit son nom à la présence d'une villa gallo-romaine, celle de *Bracarius*, dont l'ancêtre aurait été tailleur de braies.

👁 Le plus connu des Bergeracois reste sans conteste **Cyrano** et son fameux appendice nasal, héros de la pièce d'Edmond Rostand. Curieusement, malgré son nom, ce personnage, inspiré de l'écrivain philosophe du 17e s. n'a rien à voir avec la ville périgourdine !

Maison Peyrarède★

Cet élégant hôtel dit des Rois de France, édifié en 1603, s'orne d'une tourelle en encorbellement. Il abrite le **musée du Tabac** *(voir « Visiter »)*.

Rue d'Albret

Au fond de cette rue, à droite, apparaît la façade de l'hôtel de ville, ancien couvent des Dames de la Foi. En revenant sur ses pas, à gauche, faisant le coin avec la place du Feu, une vaste demeure a conservé les grands arcs de ses portes ogivales.

Places du Docteur-Caylaet de la Myrpe

Place du Docteur-Cayla, attenant à l'ancien couvent des Récollets, se dresse une chapelle du 13e s., devenue un **temple protestant** à la fin du 18e s. Celui-ci accueille des expositions relatives à l'histoire du protestantisme local. *✆ 05 53 57 02 79 - ♿ - de déb. juil. à déb. sept. et j. du Patrimoine : 15h-19h - fermé 14 Juil. - gratuit.*

La place de la Myrpe ombragée séduit par le charme de ses petites maisons à colombages. Sur le terre-plein se dresse la statue de **Cyrano de Bergerac** enveloppé d'une houppelande.

Engagez-vous dans la petite rue qui ferme la place, puis tournez à droite.

Rue des Conférences

Son nom évoque les entretiens qui précédèrent la paix de Bergerac. Elle est bordée de maisons à colombages.

Tournez à gauche.

Place Pélissière

Autour d'une fontaine, cette grande place à plusieurs niveaux (autrefois celle des marchands de peaux, pélissiers) a été dégagée à la suite de la démolition de masures. Elle est dominée par l'**église St-Jacques**, ancienne étape des pèlerins de St-Jacques-de-Compostelle, qui abrite des œuvres contemporaines.

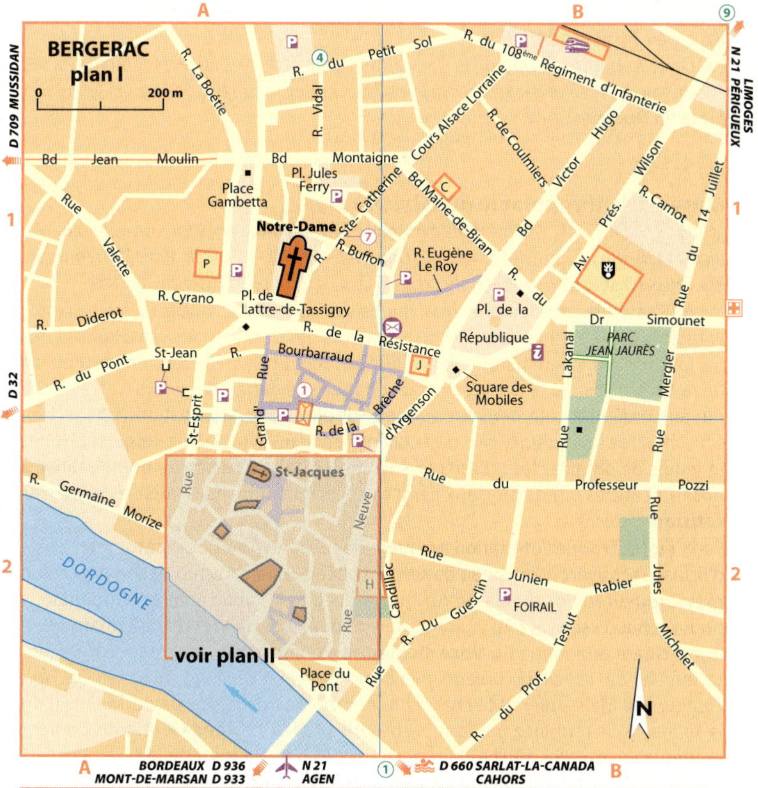

SE LOGER

Agrybella (Chambre d'hôte L')........ ①
Europ Hôtel........ ④
Verotel (Hôtel)........ ⑨

SE RESTAURER

Blue Mountain (Le)........ ①
Méli-Mélo (Le)........ ⑦

BERGERAC plan II

SE RESTAURER

Enfance de Lard (L')........ ①

Les caves du presbytère de St-Jacques ont été aménagées afin d'abriter le **Musée Donation Costi**. En effet, le sculpteur Costi (1906-2004), élève de Bourdelle, a offert ses œuvres à la ville. *✆ 05 53 63 04 13 - juil.-août : 14h-19h, reste de l'année sur RV - inclus dans le passeport musée 5 €.*

Rue St-James

Elle est bordée de demeures des 15e, 16e et 17e s., montrant des fenêtres à meneaux et des murs à pans de bois.

Tournez à droite.

Rue des Fontaines

La Vieille Auberge, au coin de la rue Gaudra, a conservé ses arcades moulurées, ses chapiteaux (14e s.) et ses baies ogivales. Descendez la rue des Fontaines jusqu'à la place du Docteur-Cayla.

Visiter

Musée d'Anthropologie du tabac★★ plan II

✆ 05 53 63 04 13 - ♿ - de mi-mars à mi-nov. : 10h-12h, 14h-18h, sam. 10h-12h, 14h-17h, dim. 14h30-18h30 ; reste de l'année : tlj sf dim. 10h-12h, 14h-18h, sam. 10h-12h - fermé lun. et j. fériés - 3,50 € (enf. gratuit) billet combiné avec le musée d'Histoire urbaine.

Ne vous attendez pas à trouver quoi que ce soit sur les effets nocifs de cette plante : vous êtes ici au paradis des fumeurs, amateurs des parfums, des sensations et des gestes du tabac. Les remarquables collections sont présentées dans une succession de petites salles. Au fil des pièces, on suit le destin extraordinaire de cette plante qui, aujourd'hui encore, demeure au centre de bien des préoccupations. Une section est consacrée à sa culture, plus particulièrement dans la région de Bergerac. Prenez le temps de détailler les tabatières, secouettes (tabatière percée pour le tabac à priser) et autres objets précieux liés à sa consommation, mais aussi les **gravures satiriques** du 19e s.

Le 1er étage évoque l'utilisation première du tabac en Amérique (**calumet★** à tête d'oiseau recouvert d'une peau de serpent), liée au chamanisme, et son expansion extraordinairement rapide en Afrique, alors que le tabac était une monnaie… pour l'achat d'esclaves ! Au 2e étage suivent quelques œuvres d'art. Remarquez le fume-cigare dénommé **La Noce sicilienne★** d'une grande richesse d'ornementation (19e s.), *Les Deux Fumeurs* de l'école française du Nord du 17e s., *Les Trois Fumeurs* de Meissonier et le charmant *Intérieur de tabagie* de David Teniers II dit le Jeune. Vous terminez par la superbe **collection de pipes★★** en tous genres : politique lorsqu'elles affichent les portraits de Marie-Antoinette, de Clemenceau, ou une abeille pour Napoléon, historique et humoristique pour celle d'Apollinaire en forme de pot de chambre, ou ludique avec ces pipes de Vienne portant jeux d'enfants, chiens et chats.

Vous pouvez descendre par le musée d'Histoire urbaine.

A. Cassaigne / MICHELIN

Parmi l'exceptionnelle collection d'objets viennois, voici « La Noce sicilienne », sculptée dans l'ambre et l'écume de mer.

Musée d'Histoire urbaine plan II

10 r. de l'Ancien-Pont - ✆ 05 53 63 04 13 - ♿ - mêmes conditions de visite que le musée du Tabac - billet combiné.

Dans une maison attenante à l'**hôtel Peyrarède** et reliée à celui-ci, des objets, cartes, documents, vestiges architecturaux, meubles… évoquent l'histoire de Bergerac. Remarquez quelques faïences qui étaient fabriquées à Bergerac au 18e s. et les plans anciens de la ville.

Chronologie du tabac en Europe

Les Indiens d'Amérique sont les premiers fumeurs. Avec le retour des colons, le tabac pénètre en Europe. En France, il est introduit vers 1560 par Jean Nicot qui envoie de la poudre de tabac à Catherine de Médicis pour guérir ses migraines. Fumeurs et fumeuses envahissent les églises... L'engouement est tel que le pape Urbain VIII va jusqu'à excommunier les fumeurs et que Louis XIII interdit la vente de tabac avant d'établir, plus sagement, le premier système fiscal le concernant. À la fin du 18e s., le tabac n'est plus vendu sous forme de carotte qu'il faut râper mais directement en poudre. Une nouvelle évolution se produit avec l'usage de la pipe. Les officiers du premier Empire en avaient lancé la mode, suivie aussitôt par les romantiques, dont George Sand. Enfin, au milieu du 19e s. apparaît la cigarette.

Musée régional du Vin et de la Batellerie★ plan II

5 r. des Conférences - ✆ 05 53 57 80 92 - ♿ - de mi-mars à mi-nov. : 10h-12h, 14h-17h30, sam. 10h-12h, dim. 14h30-18h30 ; reste de l'année : tlj sf dim. 10h-12h, 14h-17h30, sam. 10h-12h - fermé 14 Juil., 15 août et j. fériés (en sem.) - 2,50 € (enf. gratuit).

Installé dans une belle maison de brique à colombages, au bout de la place de la Myrpe, ce musée agréablement présenté comprend trois sections.

Au 1er étage, on découvre l'activité de la **tonnellerie** qui eut une place importante dans l'économie de Bergerac. Les *barricayres*, nom donné aux tonneliers, étaient tenus à des normes très strictes concernant les jauges, les bois utilisés... La section concernant le vin montre l'évolution du vignoble bergeracois à travers les siècles et les différents types d'habitats vignerons.

Au 2e étage, la **batellerie** revit à travers les maquettes des bateaux, les gabarres à fond plat et à voiles, qui assuraient le transport des marchandises sur la Dordogne. Ils n'allaient pas en amont de Bergerac qui était le seuil de rupture de charge. Des photos montrent l'animation du port de Bergerac au 19e s., ainsi que les scènes de pêche à l'épervier ou à l'escave, noms que l'on donnait aux grands filets qui permettaient des captures miraculeuses au moment de la remontée des poissons migrateurs : saumons, aloses.

À proximité de la place de la Myrpe se trouve la place Pélissière.

Maison des vins - Cloître des Récollets plan II

L'accès à l'ancien couvent des Récollets se fait par le quai Salvette - ✆ 05 53 63 57 55 - www.vins-bergerac.fr - ♿ - de mi-juin à mi-sept. : 10h-19h ; de déb. mai à mi-juin : 10h-12h30, 14h-19h ; reste de l'année : tlj sf lun. 10h30-12h30, 14h-18h, 1er dim. du mois 10h-13h - fermé janv. - gratuit (dégustation comprise).

En franchissant l'enceinte qui, jadis, protégeait la cité des fortes crues, le visiteur pénètre dans un couloir conduisant au **caveau de la Vinée**. La cave des moines remarquablement voûtée se divisait à l'origine en deux entrepôts : le plus petit recueillait le grain (par une trappe encore visible) ; le plus grand abritait les barriques de vin destinées au chargement des gabarres. Aujourd'hui, le caveau accueille les réunions de la Conférence des consuls de la Vinée.

Le **bâtiment du cloître**, construit entre le 12e s. et le 17e s., allie la brique à la pierre. La cour intérieure présente une galerie Renaissance du 16e s. accolée à une autre galerie du 18e s. Là sont présentées des expositions relatives au vin. Dans l'angle sud-est de la cour intérieure se trouve le four des moines.

La visite se termine par la **salle d'apparat** dont les fenêtres donnent sur les coteaux de Monbazillac et par la découverte du laboratoire d'œnologie : salle de dégustation en hémicycle où tous les vins sont goûtés chaque année pour savoir s'ils pourront recevoir l'appellation d'origine contrôlée (AOC).

Quittez la place Pélissière par le nord et la Grand'Rue, traversez le boulevard de la Résistance pour arriver sur la place de Lattre-de-Tassigny.

Église Notre-Dame plan I

Construite au 19e s. en style gothique, elle est coiffée d'un clocher très élancé. Elle présente dans la chapelle est deux beaux tableaux : une *Adoration des Mages* attribuée à Pordenone, peintre vénitien élève de Giorgione, et surtout une *Adoration des bergers* attribuée à Ferrari, Milanais élève de Léonard de Vinci. Dans la chapelle ouest est exposée une immense **tapisserie d'Aubusson** aux armes de Bergerac.

Circuit de découverte

VALLÉE DU CAUDAU

Circuit de 60 km – comptez environ une demi-journée. Quittez Bergerac par la N 21 au nord-est. Après Les Pelissous, emprunter à droite la D 21^{E1}.

Lamonzie-Montastruc

Perché sur une éminence naturelle, le **château de Montastruc** est un bel édifice de facture classique dont le corps du logis (16e s.) est flanqué de tours d'angle (15e s.). Le village possède une intéressante **église** romane à coupole du 12e s. au porche orné de voussures.

Poursuivez sur la D 21 qui longe le Caudau.

Château de la Gaubertie

Construit au 15e s., ce château a été entièrement restauré au début du 20e s. Un chemin de ronde court autour du grand corps de logis, flanqué de deux tours – l'une ronde, l'autre carrée. Une petite chapelle du 17e s. s'élève à l'écart du château.

Revenez et poursuivez sur la D 21.

Vergt

Cette commune agricole est devenue l'un des principaux **producteurs de fraise** *(voir l'encadré pratique)*. Tous les coteaux alentour sont ainsi couverts de cloches de plastique où s'abritent les précieux fraisiers.

Reprenez la D 8, en direction de Bergerac. Après 1,5 km, prenez la 2e route à gauche.

Lac de Neufont

Neuf fontaines ont donné son nom à ce charmant lac qui s'étire sur près de 5 ha. Deux plages aménagées facilitent la baignade : toboggan, jeux d'enfant, pédalo… qui dit mieux ?

St-Amand-de-Vergt

Le village possède une jolie église romane surmontée d'un dôme.

Quittez St-Amand par le sud.

Château de Saint-Maurice

Partiellement dissimulé derrière les arbres de son parc, ce château montre de beaux bâtiments des 14e et 15e s. aux fenêtres Renaissance et couronnés de mâchicoulis.

Poursuivez la route jusqu'à St-Félix-de-Villadeix, puis continuez sur la D 32 qui ramène à Bergerac.

Bergerac pratique

Adresse utile

Office du tourisme de Bergerac Pourpre – *97 r. Neuve-d'Argenson - 24100 sBergerac - 05 53 57 03 11 - www.bergerac-tourisme.com - juil.-août : 9h30-19h30, dim. et j. fériés 10h30-13h, 14h-18h30 ; reste de l'année : tlj sf dim. 9h30-13h et 14h-19h, dim. 10h30-13h et 14h30-19h - fermé certains j. fériés (se renseigner) - 2e bureau au cloître des Récollets - juil.-août : 10h30-13h, 14h-18h30.*

Visites

Visite guidée de Bergerac – *Rens. à l'office de tourisme - juil.-août : mar., vend : 11h et lun., merc., vend. 15h ; reste de l'année : mar., vend. 15h.*

Périgord gabarres – *Vieux Port - 05 53 24 58 80 - www.perigord-gabarres.com - juil.-août : 11h-12h, 14h-18h (dép. ttes les h., de mi-juil. à fin août 11h-18h) ; juin et sept. : 11h-12h, 14h-17h (dim. 18h en juin) ; mai : 11h, 14h-17h, dim. 11h, 14h-18h ; mars-avr. : 11h, 14h-16h, dim. 11h, 14h-17h ; oct. : 11h-12h, 14h-16h - 7,50 € (enf. 4,50 €).* Découverte de l'histoire de la batellerie, de Bergerac et de sa réserve naturelle.

Autorail Espérance – *Rens. et réserv. à l'office de tourisme - tlj sf dim. et j. fériés - 11 € (-12 ans 4 €).* En été, cet autorail relie Bergerac à Sarlat en 1h, avec commentaire des paysages et sites, ainsi qu'une dégustation de produits régionaux.

Se loger

Europ Hôtel – *20 r. du Petit-Sol - 05 53 57 06 54 - www.europ-hotel-bergerac.com - P - 22 ch. 46/56 € - 7,50 €.* Vous vous croirez un peu à la campagne, allongé au bord de la piscine entourée d'arbres. Cet hôtel est excentré, dans le quartier de la gare. Les chambres au décor des années 1970 sont simples, mais bien tenues et à prix doux.

Hôtel Verotel – *9 rte d'Agen - 05 53 24 89 76 - www.hotelverotel.fr - P - 50 ch. 58/60 € - 7 €.* Dans un grand bâtiment assez classique et entièrement climatisé, à la sortie de Bergerac, cet hôtel compte 50 chambres fonctionnelles, aux dimensions variées, dont quelques familiales et d'autres agencées en duplex. Réseau wifi. Du hall d'accueil et du salon, une grande surface vitrée donne sur la piscine et la terrasse. Restaurant indépendant sur place.

Chambre d'hôte L'Agrybella – *Pl. de l'Église - 24560 St-Aubin-de-Lanquais - à 11 km au sud-est par D 19 - 05 53 58 10 76 ou 06 83 87 77 56 - www.agrybella.fr. st - fermé janv.-fév. - - 4 ch. et 1 suite 85 € - repas 30/50 €.* Belle demeure du 18e s. et ses dépendances dans un beau parc arboré avec piscine. Les chambres sont originales et soignées : la « Coloniale » avec lit à moustiquaire et lumière tamisée, la « Rétro » avec mobilier et objets 1900, la suite « Surprise » aménagée sur un thème… que l'on ne dévoilera pas ! Accueil charmant.

Se restaurer

Le Blue Mountain – *Pl. de la Bardonnie - 05 53 22 49 46 - 8/15 €.* Lieu de rendez-vous incontournable des bergeracois, ce joli salon de thé flambant neuf affiche complet tous les midis. Un service sympathique, tournant parfois au comique, vient égayer une formule simple et agréable. Une fois passé la cohue du déjeuner, on appréciera la douceur des pâtisseries maison en toute tranquillité.

L'Enfance de Lard – *Pl. Pélissière - 05 53 57 52 88 - lenfacedelard@yahoo.fr - fermé mar. - réserv. obligatoire - 26/45 €.* Une atmosphère intime règne dans la minuscule et coquette salle à manger rustique de ce restaurant posté en bordure d'une jolie place du vieux Bergerac. Si l'on ajoute que l'accueil est charmant et la cuisine soignée, vous n'aurez pas de peine à comprendre pourquoi le lieu est souvent bondé.

Le Méli-Mélo – *2 r. Ste-Catherine - 05 53 57 10 86 - www.lemelimelo.com - fermé le soir, dim. et lun. - réserv. conseillée - formule déj. 14 € - 32 €.* De grandes baies vitrées inondent de lumière cette adresse cosy agrémentée de couleurs vives. Cuisine des terroirs à toute heure, salon de thé l'après-midi, espace dédié au chocolat : un vrai méli-mélo gourmand !

Faire une pause

La Désirade – *Pl. Pélissière, vieux quartier - 05 53 58 27 50 - juin-sept. : 10h-0h ; mai : 9h-19h - fermé oct.-avr.* Devant une très jolie fontaine, la terrasse de cet établissement bien nommé est un havre de paix et de fraîcheur. Le couple affable qui tient cette petite affaire vous proposera des glaces artisanales et de délicieux cocktails sans alcool.

Victoria – *27 r. Boubarraud - 05 53 58 48 36 - 10-14h, 15h-18h30 - fermé dim. et lun., sem. du 15 août.* Coquet salon de thé et boutique présentant de jolis services pour le « five o'clock tea ». Côté décor : reproductions de tableaux anciens, tartans écossais et couleur rouge dominante. Côté carte : tartes salées et salades à midi, pâtisseries maison et un choix de plus de 100 thés…

Que rapporter

Marché de Vergt – Le marché aux fraises n'existe plus en tant que tel, mais vous trouverez toujours une grande quantité de fruits à la **coopérative** *(tlj de mi-avr. à mai ; lun.-vend. de juin à sept.).*

À BERGERAC

Marchés des producteurs de pays – En juil.-août le dim. matin sous la halle ; en nocturne le mercredi et sam.

Marchés au gras - Sous la halle à partir de déc.

L'Art et le Vin – *17 Grand'Rue, pl. du Marché-Couvert - 05 53 57 07 42 - tlj sf dim. et lun. 9h30-12h30, 14h-19h, sam. 9h-12h30, 14h-19h ; juil.-août : 9h30-12h30, 14h-19h, dim. 10h30-12h, lun. 15h-19h.* La façade bordeaux de cette boutique voisine des halles donne le ton : vous pénétrez ici dans un lieu dédié à l'univers du vin. Les crus sélectionnés, rangés dans des caisses en bois, proviennent essentiellement des petits producteurs de la région, tous suivis d'année en année : pécharmant, bergerac, monbazillac, etc.

La Maison des vins de Bergerac – *2 pl. Cayla, quai Salvette - 05 53 63 57 55 - www.vins-bergerac.fr - hors sais. : 10h-12h30, 14h-18h, sais. : 10h-19h - fermé janv., dim. et lun.* Exceptionnel, le cadre de cette Maison qui s'est annexé le cloître des Récollets *(voir « Visiter »).* Vous y découvrirez le laboratoire d'œnologie où l'on « taste » chaque année les vins destinés à recevoir l'appellation d'origine contrôlée, et une boutique vendant les meilleurs crus de la région.

Sports & Loisirs

Aqua Park Junior' Land – *Rte de Bordeaux - 05 53 58 33 00 - www.bergerac-tourisme.com - 15 mai-15 sept. : canoës : 10h-20h ; hors sais. : suivant météo - fermé 16 sept.-14 mai - 6,20 € (-5 ans 4,20 €).* Quatre piscines éclairées, un toboggan, un trampoline à air, des jeux de plein air, du tir à l'arc, des vtt, des soirées à thème… et surtout de superbes balades en canoë sur la Dordogne ! De plus, vous pouvez compter sur un accueil vraiment chaleureux.

Événements

Mai des Arts – Expositions, animations et spectacles sont proposés tout au long du mois de mai.

Les mercredis du Jazz – Concerts en juil. et août.

Les Tables de Roxane et Cyrano – *Rens. à l'office de tourisme.* Autour du 14 Juillet les années paires, cette manifestation allie gastronomie et vins avec une programmation de concerts tous les soirs dans le vieux Bergerac.

Beynac-et-Cazenac★★

506 BEYNACOIS
CARTE GÉNÉRALE B3 – CARTE MICHELIN DÉPARTEMENTS 329 H6 – SCHÉMA P. 192
DORDOGNE (24)

Étagé autour de l'une des plus somptueuses falaises de la vallée de la Dordogne, ce village a une position stratégique qui lui vaut une occupation depuis l'âge de bronze. Des ruelles pavées du bourg au vaste panorama qui embrasse les châteaux de Marqueyssac, Fayrac et des Milandes, le site est époustouflant. Le cinéma y plante très souvent ses caméras.

- **Se repérer** – À 14 km au sud-ouest de Sarlat, 27 km au sud-est des Eyzies-de-Tayac-Sireuil et 60 km à l'est de Bergerac, Beynac est traversé par la D 703, seule grande voie entre Souillac et Bergerac. La route se rétrécissant au centre du village, les embouteillages sont nombreux.
- **Se garer** – Plusieurs parkings payants *(non autorisés aux camping-cars)* à l'entrée ouest du village, près du château et du parc archéologique.
- **À ne pas manquer** – L'architecture du château ; les points de vue ; les animations du parc archéologique.
- **Organiser son temps** – Comptez 3h.
- **Avec les enfants** – La visite du château, les animations du parc archéologique et une promenade en gabarre ou en canoë.
- **Pour poursuivre la visite** – Voir aussi Le Bugue, Castelnaud-la-Chapelle, Domme, Les Eyzies-de-Tayac-Sireuil, Marqueyssac, La Roque-Gageac et Sarlat-la-Canéda.

J. Damase / MICHELIN

Une rivière où glissent les gabarres, un village blotti au pied d'une falaise, un château dressé sur un rocher.

Comprendre

Une redoutable place forte – Au Moyen Âge, Beynac constitue avec Biron, Bourdeilles et Mareuil, l'une des quatre baronnies du Périgord. Pris par Richard Cœur de Lion à la fin du 12e s., le château est confié au sinistre Mercadier, capitaine d'armes dont les bandes pillent la région pour le compte de l'Angleterre. En 1214, Simon de Montfort, le champion de la croisade contre l'hérésie cathare, après s'être emparé du château avec sa violence coutumière, commence son démantèlement. Il avait interprété de façon quelque peu exagérée les réclamations de l'archevêque de Bordeaux et de l'abbé de Sarlat. Le seigneur de Beynac reconstruisit l'édifice tel qu'il nous est parvenu. Au cours de la guerre de Cent Ans, la Dordogne marque la limite des influences anglaises et françaises : Beynac, aux mains des Anglais en 1360, puis des Français en 1368, et Castelnaud, sous domination anglaise, échangent escarmouches et coups de main. La paix retrouvée, la forteresse continue de veiller sur le bourg.

Le hameau de Cazenac *(voir p. 352)* a été rattaché à Beynac en 1827.

Se promener

Village★

Il était organisé en cinq quartiers d'artisans, les barris (barri de la Cafourque, barri del Soucy, barri du port...), dont on retrouve encore le découpage par le nom des rues qui les délimitaient au 19e s.

La **rue Tibal Lo Garrel★**, petit chemin piétonnier en forte pente *(sur la droite)*, conduit du bas du village au château précédé de l'église paroissiale, ancienne chapelle du château remaniée au 15e s. Bordé de belles maisons des 15e, 16e et 17e s. finement ouvragées, il permet d'imaginer la prospérité passée de Beynac, quand le port constituait sa principale ressource. Au bout de la rue Tibal Lo Garrel, un calvaire surplombe la falaise : ne manquez pas le **panorama★★** sur la vallée de la Dordogne.

Le saviez-vous ?

C'est à Beynac que vécut Marius Rossillon (1867-1946), alias **O'Galop,** premier dessinateur du Bibendum Michelin.

C'est au château de Beynac que furent tournés le film de Jean-Marie Poiré, *Les Visiteurs II*, et *Jeanne d'Arc* de Luc Besson.

Visiter

Château★★

05 53 29 50 40 - de fin mars à fin sept. : 10h-18h30 ; oct.-nov. : de 10h à la tombée du jour ; déc.-fév. : de 11h à la tombée du jour - possibilité de visite guidée (1h15 de mi-mars à mi-nov.) sf entre 12h15 et 13h45 - tarif non communiqué.

Sa forme massive – en quadrilatère – domine la vallée de la Dordogne de 150 m. Cette falaise lui assurait une défense efficace au sud-est. À l'opposé, vers le plateau, il fut protégé par une double enceinte.

Le donjon garni de créneaux date du 13e s. En cas d'attaque, la garnison du château, après avoir repoussé les envahisseurs depuis les mâchicoulis par des jets de pierres, récupérait les projectiles à l'aide d'un treuil pour les entreposer jusqu'à l'attaque suivante.

Le grand corps de bâtiment des 13e et 14e s. est prolongé par le manoir seigneurial du 15e s. agrémenté au 16e s. d'une échauguette. À partir de 1798, le château ne fut plus habité et fut laissé à l'abandon jusqu'à son rachat en 1961. Le propriétaire, qui loge à présent au-dessus de l'entrée, a entrepris un ambitieux programme de rénovation (sur cent ans) qui a déjà permis aux cuisines, au pont-levis, à la salle des gardes et au donjon de retrouver leur aspect d'antan.

On pénètre dans la **salle des gardes** (13e s.) où il faut s'accoutumer à la pénombre, car elle n'est éclairée que de quelques lampes à l'huile comme à l'époque. À l'étage se trouve la cuisine du 14e s. avec ses deux cheminées. Dans la pièce attenante, vous verrez les latrines : ici, il y en a à tous les étages, comme souvent dans les châteaux médiévaux. Ensuite, on monte à la **salle des états généraux du Périgord** avec sa belle voûte en arceau brisé, où se réunissait jadis la noblesse. Remarquez le décor sculpté de la cheminée, en provenance d'Italie, qui a été ajouté. Dans l'oratoire, les fresques gothiques, d'une facture parfois naïve, mêlent personnages bibliques et membres de la famille de Beynac. Le grand escalier du 17e s. à rampe droite, d'inspiration florentine, mène à un **salon meublé** Louis XIII ; notez les peintures sur bois au plafond. Par un dernier escalier, on accède au chemin de ronde et au bastion méridional du château d'où l'on découvre un splendide **panorama★★** sur la vallée et, de gauche à droite, sur la « barre » de Domme et les châteaux de Marqueyssac, de Castelnaud, de Fayrac et des Milandes. En redescendant, passage par la cuisine sur différents niveaux (13e s.), puis par le pont-levis et la barbacane.

Parc archéologique

05 53 29 51 28 - de déb. juil. à mi-sept. : tlj sf w.-end 10h-19h - possibilité de visite guidée (1h30) - 5 € (6-16 ans 3,50 €).

À l'aide d'une dizaine de reconstitutions, ce parc archéologique évoque les habitats de la fin du néolithique à l'époque gauloise, auxquels s'ajoutent une sépulture lithique, une porte fortifiée et un four de potier gaulois.

Des activités pédagogiques destinées aux enfants sont organisées le mercredi de 14h à 17h30, sur demande préalable, ainsi que des démonstrations lors de la visite. Une **grande foire gauloise** se déroule les 13, 14 et 15 août.

Beynac-et-Cazenac pratique

Adresse utile

Office du tourisme intercommunal du Périgord noir – *La Balme - 24220 Beynac-et-Cazenac - ✆ 05 53 29 43 08 - www.cc-perigord-noir.fr - juil.-août : 9h30-12h30, 14h-18h ; mai-juin et sept.-oct. : 10h-12h30, 14h-17h30 ; reste de l'année : 10h-12h30, 14h-17h.*

Visite

Visite guidée de Beynac – *Sur réserv. à l'office de tourisme -jeu. 10h30 (1h15) - gratuit.*

Se loger et se restaurer

⊖⊖ **Le Relais des Cinq Châteaux** – *24220 Vézac - 2 km au sud-est de Beynac par D 57 - ✆ 05 53 30 30 72 - www. relaisdes5chateaux.com - 23/37 € - 14 ch. 52/135 € - ☕ 7 €.* La terrasse de cette maison régionale offre une vue sur la campagne et trois châteaux fortifiés. Si la météo s'avère peu clémente, deux salles à manger dont une en véranda vous permettent également de déguster la savoureuse cuisine classique mitonnée par le patron. Chambres confortables.

Que rapporter

Marché – Marché de producteurs de pays le lun. matin du 15 juin au 15 septembre, parking de la Balme.

Sports & Loisirs

Pour les locations de canoë, voir la vallée de la Dordogne.

Gabarres de Beynac – *24220 Beynac - ✆ 05 53 28 51 15 - www.gabarre-beynac. com - juil.-août : dép. parking automobile (ttes les 30mn) 10h-12h30, 14h-18h ; mai-juin et sept. : 10h30-12h30, 14h-17h30 ; de mi-mars à fin avr. et oct. : sur demande préalable - 7 € (-12 ans 4 €, gratuit le mat.).* Promenade commentée (50mn) sur la Dordogne.

Vol en montgolfière – *24220 Beynac - ✆ 06 83 26 47 66 - www.perigord-dordogne-mongolfiere.com - 190 € (-12 ans 110 €).* Une heure de vol époustouflante.

Château de Biron★

CARTE GÉNÉRALE B3 – CARTE MICHELIN DÉPARTEMENTS 329 G8 – DORDOGNE (24)

L'architecture du château concentre huit siècles d'évolution de l'art de bâtir en Périgord. Racheté par le département en 1978, le lieu a été restauré minutieusement et transformé en centre d'art. Tous les étés, les expositions offrent un excellent prétexte de visite. Avec en mémoire la légende de Charles de Gontaut, qui, depuis sa décapitation en 1602, se promènerait sur les remparts la tête entre les mains…

- **Se repérer** – Le château se trouve à 50 km au sud-est de Bergerac par la N 21, puis la D 2, et à 25 km au sud-ouest de Belvès par la D 53 et la D 2.
- **Se garer** – Le centre du bourg est interdit à la circulation, et les parkings alentour manquent d'ombre en plein après-midi.
- **À ne pas manquer** – Le mélange des styles de la cour d'honneur, le point de vue sur le village et le Périgord noir, l'immense cuisine, la frise de crânes dans la chapelle.
- **Organiser son temps** – Comptez 1h.
- **Avec les enfants** – Pour une visite ludique, procurez-vous le livret-jeu diponible à l'office du tourisme de Monpazier.
- **Pour poursuivre la visite** – Voir aussi Beaumont-du-Périgord, le château de Bonaguil, Issigeac, Monpazier et La Roque-Gageac.

Comprendre

Une longue histoire – Dès le 11e s., une forteresse existe sur ce petit promontoire, édifice malmené par Simon de Montfort qui l'assiège en 1212. Au 16e s., le château est reconstruit par Pons de Gontaut, chambellan de Charles VIII, qui décide de le transformer en demeure Renaissance à l'image de ce qu'il avait vu en Italie. Il remanie alors les bâtiments situés à l'est de la cour d'honneur et fait reconstruire la chapelle. Les travaux sont ensuite interrompus pour ne reprendre qu'au 18e s. Au total, 24 générations de Gontaut-Biron se seront succédé dans ce château, chacune y apportant ses modifications, du 12e au 20e s.

Visiter

✆ 05 53 63 13 39 - juil.-août : tlj 10h-19h ; avr.-juin et de déb. sept. à mi-nov. : tlj sf. lun. 10h-12h30, 14h-18h ; de mi-nov. à fin mars : tlj sf lun., vend. et sam. (de mi-nov. à mi-déc. et de déb. fév. à déb. avr.) 10h-12h30, 14h-17h30 - possibilité de visite guidée (1h) sur demande préalable (2 j. av.) - fermé janv., 25 déc. - 5,80 €, billet jumelé avec le cloître de Cadouin 9,50 € (6-12 ans 3,80 €, billet jumelé 6,50 €).

Basse cour

Entourant les bâtiments d'habitation du château sur trois côtés, elle comprend la **conciergerie**, la chapelle, la recette (bâtiment où les paysans venaient apporter leurs redevances) et la boulangerie. L'élégante tour de garde, occupée par la conciergerie, juxtapose créneaux, chemin de ronde et décoration Renaissance. La **chapelle** a été construite au début du 16e s. dans le style Renaissance, une balustrade courant à la base du toit. Elle abrite deux **tombeaux surmontés de gisants** dont les sculptures montrent l'influence du Quattrocento : celui d'Armand de Gontaut (évêque de Sarlat) est décoré de Vertus assises, et celui de son frère, Pons, est orné de bas-reliefs retraçant la vie du Christ. La nef basse servait jadis d'église paroissiale et la nef supérieure de chapelle seigneuriale. Au nord de la cour, le **bâtiment des recettes** date du 15e s.

Cour d'honneur

On y accède par un escalier et un couloir voûté d'ogives. À droite, le logis seigneurial du 16e s. orné de fenêtres Renaissance dessert le donjon du 13e s. remanié au 15e s. À gauche, le corps de logis bâti du 16e s. au 18e s. présente un bel escalier qui donne accès à la salle des États. Au sous-sol, la garnison tout entière s'attablait dans ce réfectoire de 210 m^2. Fermant la cour d'honneur à son extrémité, un portique à colonnes conduit aux terrasses du château d'où l'on découvre une large **vue★** sur la campagne environnante et, au nord, sur la bastide de Monpazier dont les Biron étaient les seigneurs.

Info pratique

Voir aussi Monpazier.

Se loger

Camping Sunêlia Le Moulinal – *24540 Biron - 4 km au sud de Biron par rte de Lacapelle-Biron - 05 53 40 84 60 - lemoulinal@perigord.com - de déb. avr. au 23 sept. - réserv. conseillée - 290 empl. 45 € - restauration.* L'étang bordant ce camping fera la joie de toute la famille qui pourra s'adonner à la baignade ou au bronzage sur la plage. Jolie piscine paysagée. Réservés aux enfants : un mini-club et un espace clos et arboré. Bungalows toilés et mobile homes à louer.

Sports et Loisirs

Pour les amateurs de vélos – Le Moulinal possède également une **base de VTT** reconnue par la Fédération française de cyclotourisme. Vous pourrez donc y louer des vélos afin de suivre les 150 km de chemins balisés, ou réserver un accompagnateur.

Château de Bonaguil★★

CARTE GÉNÉRALE B3 – CARTE MICHELIN DÉPARTEMENTS 336 I2 – SCHÉMA P. 242
LOT-ET-GARONNE (47)

Aux confins du Périgord noir et du Quercy, cette stupéfiante forteresse se dresse, sur une éminence rocheuse, au milieu des bois. Difficile de ne pas succomber à sa puissance… et à l'étonnement : pourquoi une telle forteresse à une époque où elle était inutile ? Bonaguil est un caprice, un baroud d'honneur, un chef-d'œuvre gratuit. Pour la beauté de l'art et le prestige du geste, tout simplement.

- **Se repérer** – *Situé à 55 km à l'ouest de Cahors, Bonaguil est à deux pas (8 km) de Fumel.* Prendre la D 811 depuis Cahors, puis la D 673 à Condat (5 km avant Fumel) et enfin la D 58 après 3 km, au lieu-dit Boussac.
- **À ne pas manquer** – Les points de vue sur le château.
- **Avec les enfants** – En été, ils apprécieront les animations médiévales et visites nocturnes avec reconstitutions historiques *(sur réserv.)*.
- **Pour poursuivre la visite** – Voir aussi Les Arques, château de Biron, Luzech, Quercy blanc et Villefranche-du-Périgord.

Comprendre

L'orgueil de Roquefeuil – « Par Monseigneur Jésus et touts les Saincts de son glorieux paradis j'eslèveroi un castel que ni mes vilains subjects ne pourront prendre, ni les Anglais s'ils ont l'audace d'y revenir, voire même les plus puissants soldats du Roy de France », proclame, en 1477, Béranger de Roquefeuil. Fils de l'une des plus anciennes familles du Languedoc, l'orgueilleux baron ne lésine ni sur les exactions ni sur les violences. Mais ses sujets se révoltent ! Béranger fait alors transformer le château de Bonaguil, qui existait depuis le 13e s., en une forteresse inexpugnable. Son entreprise, démesurée et anachronique, est

J. Damase / MICHELIN

Perché sur son rocher, le puissant château fort garde fière allure malgré son âge avancé.

comparable, toutes proportions gardées et dans un style très différent, à celle de Louis II en Bavière.

Un fort inébranlable – Il fallut quarante ans à Roquefeuil pour édifier ce nid d'aigle, plutôt inattendu à une époque où la mode tend à la demeure de plaisance. Mais Bonaguil présente la particularité d'offrir, sous la carapace traditionnelle des châteaux forts, une remarquable adaptation aux techniques nouvelles des armes à feu : canonnières et mousqueteries.

Jamais attaqué, c'est l'un des plus parfaits spécimens de l'architecture militaire de la fin du 15e s. et du 16e s., remarquable dans l'intelligence de conception, incomparablement efficace dans la manière de piéger les assaillants. Ce fut aussi le chef-d'œuvre de milliers de compagnons.

La lutte contre le temps – La Révolution, dans son ardeur à supprimer les symboles de l'Ancien Régime, démantèlera et découronnera bien le colosse, mais sans pour autant réussir à le déposséder de sa puissance. Viollet-le-Duc envisagera, un temps, de le restaurer. Il optera finalement pour Pierrefonds, dans l'Oise. Au début du 20e s., Bonaguil impressionnera le futur Lawrence d'Arabie dans son périple de jeunesse en France, consacré à l'étude des vestiges médiévaux.

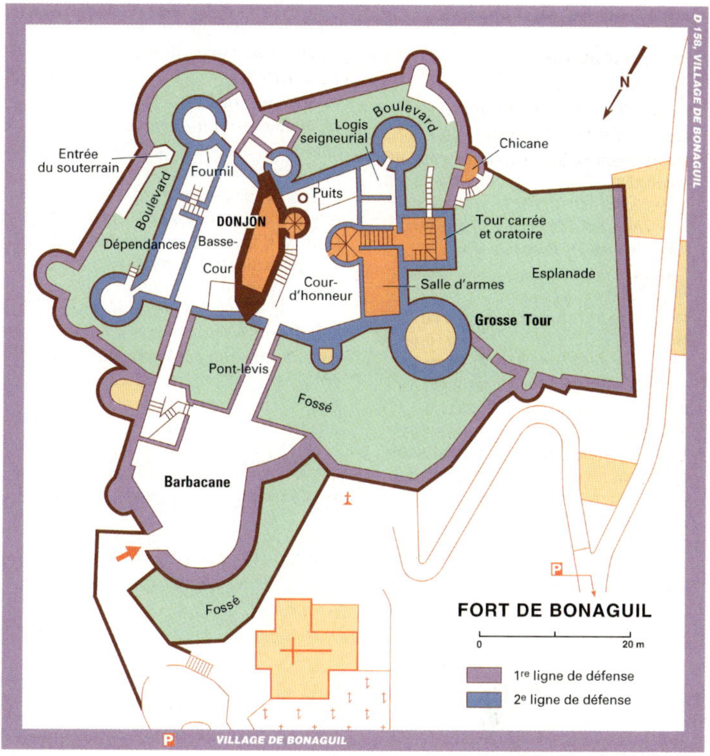

Visiter

✆ 05 53 71 90 33 - www.bonaguil.org - juin-août : 10h-18h ; avr.-mai et sept.-oct. : 10h30-12h30, 14h-17h30 ; fév.-mars : 10h30-12h30, 14h-17h ; nov. : w.-end et vac. scol. 10h30-12h30, 14h-17h ; déc.-janv. : vac. scol. 14h-17h - possibilité de visite guidée (1h30) - 6 € (6-16 ans 3,50 €).

On pénètre dans le château par la **barbacane**, énorme bastion qui avait sa garnison autonome, ses magasins et son arsenal. La barbacane faisait partie de la première ligne de défense, longue de 350 m, dont les bastions permettaient le tir rasant grâce à des canonnières. Dans la lice, douve sèche, la paroi naturelle de droite est transformée en un glacis capable de faire éclater sur les assaillants les projectiles lancés par les défenseurs depuis les tours. *Voir ABC d'architecture p. 65.*

La seconde ligne se composait de cinq tours, dont la « **Grosse Tour** » qui est l'une des plus importantes de plan circulaire jamais construites en France. Haute de 35 m, couronnée de corbeaux, elle servait à ses étages supérieurs de logis d'habitation, tandis que ses étages inférieurs étaient équipés de mousqueterie, couleuvrines, arquebuses, etc.

Dominant ces deux lignes, ultime bastion de la défense, le **donjon** à pans coupés était le poste de guet et de commandement. Ni circulaire ni carré, il a la forme d'un vaisseau, difficile à ébrécher par des projectiles, dont la proue est tournée vers le nord, secteur le plus vulnérable. À l'intérieur, une salle abrite des armes et des objets provenant de fouilles effectuées dans les fossés. Panorama depuis la terrasse.

Un puits taillé dans le roc, des dépendances (dont un fournil) où l'on accumulait les provisions, des cheminées monumentales, un réseau d'écoulement des eaux fort bien conçu ainsi que des tunnels admirablement voûtés constituant de véritables axes de circulation rapide des troupes, permettaient à près d'une centaine d'hommes de soutenir un siège (ce qui n'arriva jamais). Pour se battre et décourager les assaillants, ils avaient le choix : canonnières multiples, meurtrières à tirs croisés, escaliers tournant tous à droite (afin de gêner la main portant l'épée), casse-tête à leur sortie, chicanes…

Info pratique

Adresse utile

Office du tourisme Fumélois-Lémance – *Pl. Georges-Escande - 47500 Fumel - ✆ 05 53 71 13 70 - www.tourisme-fumelois.fr - 15 juin-15 sept. : 10h-18h30, dim. 10h-12h30 ; 1er avr.-14 juin et de mi-sept à fin oct. : tlj sf w.-end 10h-12h30, 14h-17h30 ; reste de l'année : merc.-vend. 10h-12h, 14h-17h, mar. 14h-17h.*

Se loger

⊖ **Village Vacances Les Loges de Mélis** – *47500 Cuzorn - 14 km par Fumel et D710 route de Villefranche-du-Périgord - ✆ 05 53 40 96 46 - www.loges-melis.com - ▭ - réserv. obligatoire - 10 chalets 250/680 €/sem. pour 4 à 6 pers.* Pour des vacances familiales à la campagne, dans un environnement boisé, ce village de gîtes dispose de 10 pavillons de bon confort (dont 1 accessible aux personnes à mobilité réduite) pouvant accueillir chacun 4 à 6 personnes. Nombreuses activités sportives et de plein air sur place (piscine, golf 4 trous, tir à l'arc, VTT…) ou aux alentours.

⊖⊖ **Chambre d'hôte La Carelle** – *47500 Sauveterre-la-Lémance - 4 km au nord-est de Bonaguil par D 710, rte de Périgueux et rte secondaire à gauche - ✆ 05 53 01 63 04 - femé déc.-mars - ▭ - réserv. obligatoire - 2 ch. 65/75 € - ☕ 7 € - repas 30 €.* Un peu perdue au milieu d'un parc partiellement boisé, cette superbe bâtisse périgourdine vous accueille pour un séjour en toute tranquillité. Anciens antiquaires, les propriétaires, un rien bavards mais toujours aux petits soins, ont aménagé l'intérieur avec beaucoup de goût. Terrasse couverte et jolie piscine.

Événement

Festival de Bonaguil-Fumel – *✆ 05 53 71 17 17.* Le château devient le cadre d'un festival de théâtre la 1re semaine d'août.

Bourdeilles★

784 BOURDEILLAIS
CARTE GÉNÉRALE A1 – CARTE MICHELIN DÉPARTEMENTS 329 E4 – DORDOGNE (24)

Le village s'est lové dans l'ombre de ses châteaux : l'un du 13e s., construit sur les ruines d'un plus ancien, et caractéristique de son époque : murs épais, donjon, mâchicoulis... L'autre de style Renaissance, tout en légèreté et en finesse, ne fut jamais achevé. Un contraste unique en Périgord, fruit de l'histoire et d'un espoir déçu.

- **Se repérer** – À 10 km au sud-ouest de Brantôme, 2 km au nord de Périgueux et 28 km à l'est de Ribérac, le bourg est enserré par la rivière Dronne et la D 78. Le château se situe au cœur du village.
- **À ne pas manquer** – La collection de meubles du château ; la vue vertigineuse sur le pont et le moulin.

Le saviez-vous ?

Le chroniqueur **Pierre de Bourdeille**, plus connu sous le nom de Brantôme *(voir ce nom)*, était le beau-frère de Jacquette de Montbron qui fit construire le château.

- **Organiser son temps** – Comptez 1h pour visiter le château, une demi-journée pour le circuit.
- **Avec les enfants** – Les promenades en calèche *(voir l'encadré pratique)*.
- **Pour poursuivre la visite** – Voir aussi Brantôme, Périgueux et Ribérac.

Comprendre

Une place convoitée – L'année 1259, date à laquelle Saint Louis cède aux Anglais le Périgord et la baronnie de Bourdeilles, marque le début des divisions dans la famille de Bourdeille. Les aînés soutiennent les Plantagenêts, tandis que la branche cadette, les Maumont, penche du côté capétien. Géraud de Maumont, épaulé par Philippe le Bel, s'empare du château familial que son protecteur s'empresse de faire fortifier et de pourvoir d'une garnison. En 1375, Du Guesclin marqua de son empreinte la forteresse en la reprenant par les armes aux troupes du prince de Galles.

Une femme « experte et ingénieuse » – C'est à Jacquette de Montbron, femme d'André de Bourdeille et belle-sœur de Brantôme, que l'on doit les plans du château Renaissance. La raison de cet empressement : une visite annoncée de Catherine de Médicis qui n'eut finalement pas lieu... Les travaux cessèrent alors.

Visiter

Château★

05 53 03 73 36 - juil.-août : 10h-19h ; avr.-juin et de déb. sept. à mi-nov. : tlj sf mar. 10h-12h30, 14h-18h ; reste de l'année : tlj sf mar. 10h-12h30, 14h-17h30 - possibilité de visite guidée (1h) - fermé janv. et 25 déc. - 5,70 € (6-12 ans 3,70 €).

Après avoir franchi la première enceinte fortifiée, on passe sous le chemin de ronde pour pénétrer dans la cour des communs.

Forteresse médiévale (fin 13e s.) – D'aspect sévère, cet édifice a été construit sur des fondations plus anciennes. Le corps de logis se trouve au pied d'un donjon (et un vrai : les murs font 2,40 m d'épaisseur !) de 35 m de haut d'où se dégage un magnifique **panorama** sur la Dronne et... le château Renaissance.

Logis Renaissance (16e s.) – Sobre et élégant, il abrite une remarquable **collection de meubles★★** (plus de sept cents tables, crédences, tapisseries, fauteuils, bas-reliefs, tableaux, armes, coffres, tapis...) réunie par deux mécènes, M. et Mme Santiard-Bulteau qui la léguèrent au département. Sur trois étages se visitent le **Salon doré★**, superbement décoré de tapisseries, que devait occuper Catherine de Médicis et, plus remarquable encore, la salle à manger ornée d'une magnifique **cheminée★★** du 16e s. sculptée de palmettes.

Du chemin de ronde, **vue★** sur un séduisant moulin seigneurial du 17e s., posé sur un îlot de la Dronne et un pont gothique.

S. Sauvignier / MICHELIN

Le magnifique portail de Grand-Brassac.

Circuit de découverte

VALLÉE DE LA DRONNE

Circuit de 65 km – Comptez une demi-journée. Quittez Bourdeilles par l'ouest en empruntant la D 78 qui longe la rive gauche de la Dronne.

Lisle

Bastide française bâtie au 14e s. dont le bourg s'organise autour de la halle. Les ruines d'une forteresse inachevée voisinent l'église St-Martin fortifiée pendant les guerres de Religion, et dont on admirera, entre autres, le chœur sous coupole et une abside aux chapiteaux sculptés.

Poursuivez sur la D 78, puis sur la D 710 en direction de Ribérac. Après 1 km, tournez à droite et traversez la Dronne.

Montagrier

À proximité d'une terrasse se dresse l'**église Ste-Madeleine**, chapelle d'un prieuré disparu. Seuls subsistent de l'édifice du 12e s. le carré du transept, couvert d'une coupole sur pendentifs, et l'**abside trilobée** nantie de deux absidioles en appendice, dispositif unique en Périgord. Le village est creusé de souterrains.

La Maison de la Dronne et du patrimoine rural – ✆ *05 53 90 01 33 - mai-août. : 9h-12h30, 14h-18h, w.-end et j. fériés 14h-18h ; reste de l'année : tlj sf w.-end et j. fériés 9h-12h, 14h-17h30 - possibilité de visite guidée sur demande 1 sem. av. - gratuit (hors expositions), visite guidée 3 € (-14 ans gratuit) ; 15 € location de barque sur la Dronne (1h, 6 pers. maximum).* Cet ancien moulin à eau du 12e s., reconverti de 1910 à 1930 en générateur électrique, propose d'intéressantes animations et expositions.

Continuez jusqu'au village. Quittez Montagrier par le nord en empruntant la D 103.

Grand-Brassac

L'**église fortifiée St-Pierre-et-St-Paul** servit, dès le 13e s., de lieu de refuge aux habitants. Les dispositifs de défense – créneaux, galerie de défense, ouvertures étroites – accentuent l'austérité du bâtiment originel. Au nord de l'édifice, le **portail roman★** a été remanié et a gagné en sculptures : au-dessus d'un arc orné de beaux rinceaux qui abrite des statuettes ayant appartenu à une Adoration des Mages ; cinq statues (le Christ entre saint Jean et la Vierge, plus bas saint Pierre et saint Paul) sont disposées sous un auvent.

Quittez Grand-Brassac par la D 1 à l'ouest. Au lieu-dit Flayac, tournez à droite (D 99).

La Tour-Blanche

Châtellenie des comtes d'Angoulême, ce bourg conserve de belles maisons anciennes aux fenêtres Renaissance. Au sud-est, vous verrez sur une motte artificielle les ruines du **donjon** de la forteresse du 13e s.

Quittez La Tour-Blanche par l'est.

Cercles

D'un prieuré roman subsiste l'**église St-Cybard**, de plan cruciforme. Le portail gothique, sous le clocher-mur crénelé, garde six beaux chapiteaux finement sculptés.

Quittez Cercles par le nord et rejoignez la D 84 (à droite).

Léguillac-de-Cercles

Ce village fait partie du Parc naturel régional Périgord-Limousin *(voir Nontron)*. Remaniée et fortifiée, l'**église** romane présente une nef voûtée de coupoles à pendentifs.

Au sud, la D 93 offre deux paysages contrastés : à droite la route est bordée par la **forêt de St-James**, où vous pourrez partir en promenade à la recherche de dolmens et de tumulus ; à gauche, elle est dominée par les **rochers du Breuil**, entourés d'une végétation clairsemée. Sur la droite, un peu à l'écart, des rochers creusés servirent d'abris troglodytiques.

Quittez Léguillac par le sud en prenant la D 93. Au lieu-dit Le Breuil, tournez à droite, direction Lignères. Rejoignez la D 2. À St-Vivien, prenez la D 93, à gauche, vers Paussac-et-St-Vivien.

Paussac-et-St-Vivien

Plantée au milieu de ravissantes maisons Renaissance, l'**église St-Timothée** édifiée au 13e s. et fortifiée au 15e s., passe pour être l'une des plus belles églises à coupoles du Périgord.

Quittez Paussac par l'est.

St-Julien-de-Bourdeilles

L'**église** gothique de ce village abrite deux belles statues en bois polychrome.

Quittez St-Julien par le nord.

Boulouneix

La façade de la **chapelle romane**, à deux niveaux d'arcatures, est d'inspiration saintongeaise. La travée sous clocher est voûtée d'une coupole. Dans le chœur, belles peintures murales du 17e s. représentant sainte Marie-Madeleine et saint Hiéronyme.

À deux pas de Boulouneix, le hameau de **Belaygue** abrite encore les ruines paisibles d'un petit prieuré.

Revenez à St-Julien-de-Bourdeilles. Quittez St-Julien par le sud et rejoignez la D 106E2.

La route sinueuse qui ramène à Bourdeilles passe au pied d'un rocher dit « **Forge du Diable** » (site verdoyant).

Bourdeilles pratique

Voir aussi Brantôme.

Adresse utile

Syndicat d'initiative de Bourdeilles – *Pl. des Tilleuls - 24310 Bourdeilles - ☏ 05 53 03 42 96 - www.bourdeilles.com - juil.-août : 10h-12h, 15h-18h, dim. 15h-18h ; reste de l'année : tlj sf mar. et w.-end 10h-12h, 15h-18h.*

Se loger

Chambre d'hôte Le Pigeonnier de Picandine – *24350 Lisle - 5 km au sud-est de Lisle, quitter Lisle par la D 1 en dir. de Périgueux, puis 3e à droite - ☏ 05 53 03 41 93 - www.picandine.com - fermé 15 nov.-15 fév. - - 5 ch. 53 € - repas 23 €.* Une paire de marronniers bicentenaires monte la garde dans la cour semi-ouverte de cette maison du 17e s. Les chambres, sobres et confortables, se répartissent entre l'ex-grange et le bâtiment principal. Deux sympathiques suites feront la joie des familles.

Chambre d'hôte L'Ambroisie – *Le Bourg - ☏ 05 53 04 24 51 - www.arachnis.asso.fr/dordogne/vitrines/ambroisie - - 5 ch. 63/75 € - repas 27/32 €.* « Curry », « Paprika », « Anis »... : les chambres et la suite de cette belle demeure du 18e s. arborent les couleurs fraîches et piquantes des épices dont elles portent le nom. Mobilier ancien, pierres et poutres apparentes, table d'hôte simple et conviviale, dressée à l'ombre des oliviers en été.

Hostellerie Les Griffons – *Le Pont - ☏ 05 53 45 45 35 - www.griffons.fr - fermé 6 nov.-31 mars, lun. midi, vend. midi en juil.-août et le midi sf w.-end et j. fériés de sept. à juin - P - 10 ch. 105/115 € - 11 € - rest. 24/35 €.* Cette plaisante maison bourgeoise du 16e s. est proche du vieux pont qui enjambe la rivière. Pierre apparente, poutres, meubles anciens et dans certaines une cheminée donnent du caractère aux chambres. Table classique. Terrasse dominant la Dronne.

Loisirs

Calèche de Dordogne – *Ferme de Charmonteil - 24350 Lisle - ☏ 05 53 03 58 35.* Promenades (1h, 1/2 j ou journée) en voiture à cheval avec un cocher. Possibilité de pique-nique ou de repas en ferme-auberge.

Brantôme★★

2 122 BRANTÔMOIS
CARTE GÉNÉRALE A1 – CARTE MICHELIN DÉPARTEMENTS 329 E3 – DORDOGNE (24)

Préhistorique, gallo-romaine, carolingienne ou de la Renaissance ; religieuse et troglodyte : Brantôme, en dépit d'une architecture unifiée, est de toutes les époques. Sa position insulaire, au creux d'un ample méandre de la Dronne, dédoublée et enjambée par cinq ponts, lui vaut depuis Raymond Poincaré le surnom de « Venise du Périgord ».

- **Se repérer** – À 22 km au nord de Périgueux, Brantôme est en retrait de l'axe majeur Périgueux-Angoulême.
- **Se garer** – Parkings sur les berges de la rivière, et le long des rues, en ville haute.
- **À ne pas manquer** – Le parcours troglodytique.
- **Avec les enfants** – Les grottes de Villars à 15 km au nord de Brantôme.
- **Organiser son temps** – Comptez 2h en ville, une journée pour les environs.
- **Pour poursuivre la visite** – Voir aussi Bourdeilles, Nontron, Périgueux, Puyguilhem et St-Jean-de-Côle.

Découvrir

BORDS DE LA DRONNE★★

Au pied d'une falaise, les bâtiments de l'abbaye dominent de leurs façades blanches l'île sur laquelle le bourg s'est installé.

Clocher de l'église abbatiale★★

05 53 05 80 63 - juil.-août : tlj sf sam. 10h-18h, dim. 14h-18h ; juin et de déb. à mi-sept. : tlj sf mar. 10h-12h30, 14h-18h, dim. 14h-18h - possibilité de visite guidée (1h15) sur demande à l'office de tourisme - 6 € (enf. 3 €).

Voir ABC d'architecture p. 64. Il est construit sur un rocher abrupt de 12 m de hauteur sous lequel s'ouvrent de vastes cavernes. Édifié au 11e s., c'est le plus ancien des clochers romans limousins à gâbles. Quatre étages légèrement en retrait les uns par rapport aux autres sont coiffés d'une pyramide en pierre. L'étage du rez-de-chaussée, voûté d'une coupole archaïque, est un probable réemploi d'une construction mérovingienne. Les trois autres étages sont percés de baies en plein cintre retombant sur des colonnes à chapiteaux rustiques.

Ancienne abbaye

La tradition fait remonter sa fondation à Charlemagne, qui y déposa les reliques de saint Sicaire, ancien esclave d'Hérode, converti après avoir participé au massacre des Innocents contemporain de la naissance du Christ. L'abbaye bénédictine de Brantôme devint un lieu de pèlerinage très fréquenté. Saccagée par les Normands en 849, elle fut reconstruite à partir de 1075. Au 16e s., elle eut comme abbé Pierre de Mareuil – qui construisit les bâtiments les plus intéressants –, puis son neveu Pierre de Bourdeille. Bertin, intendant du Périgord au 18e s., procéda à d'autres modifications avant une restauration radicale au 19e s.

Église abbatiale – Les deux coupoles ont été remplacées au 15e s. par des voûtes angevines, compromis entre la croisée d'ogives et la coupole. La nef est sobre et élégante ; trois fenêtres en tiers-point surmontées d'une baie en croix éclairent le chevet plat.

Le chroniqueur Brantôme

Pierre de Bourdeille (v. 1538-1614), plus connu sous le nom de Brantôme, mène tout d'abord une vie de guerrier et de courtisan, accompagnant Marie Stuart en Écosse, parcourant l'Espagne, le Portugal, l'Italie et l'Afrique. Des aventures extravagantes lui permettent d'entrer dans l'intimité des grands. Après avoir bataillé à Jarnac, en 1569, il se retire dans son château abbatial (dont il ne reste que la base d'une tour) et entreprend ses chroniques sur *Les Vies des hommes illustres et des grands capitaines*. Sortant de sa retraite, il reprend du service à la Cour comme chambellan de Charles IX. Mais, en 1584, une chute de cheval le rend infirme : il se retire alors dans ses terres et occupe ses loisirs en écrivant, entre autres, ses *Mémoires*.

Le baptistère est orné d'un bas-relief en pierre, du 14e s., figurant le Baptême du Christ. Sous le porche, le bénitier, qui repose sur un beau chapiteau roman orné d'entrelacs, est surmonté d'un bas-relief du 13e s. représentant le Massacre des Innocents. Près du portail principal subsiste une galerie du cloître du 16e s.

Bâtiments conventuels – Ils sont aujourd'hui occupés par la mairie. Un escalier monumental mène à l'ancien dortoir des moines, à la remarquable charpente en bois, qui accueille des expositions temporaires.

Ils abritent également le **musée Fernand-Desmoulin**, consacré à cet artiste de la fin du 19e s., proche d'Émile Zola. On peut voir une centaine de ses dessins médiumniques (réalisés dans un état hypnotique, en l'occurrence parfois à l'aveugle, la tête dans un sac) et certaines de ses œuvres plus classiques (portraits et paysages). *Musée intégré à la visite du parcours troglodytique.*

J.-P. Clapham / MICHELIN

Pour apprécier l'abbaye à sa juste mesure, il faut prendre un peu de recul.

Parcours troglodytique, « du creusé au construit »

05 53 05 80 63 - ♿ - juil.-août : 10h-19h ; avr.-juin et sept. : tlj sf mar. 10h-12h30, 14h-18h ; fév.-mars et oct.-déc. : tlj sf mar. 10h-12h, 14h-17h - fermé janv. (hors vac. scol.), 1er janv. et 25 déc. - 4 € (enf. 2 €).

Sous les rochers de l'abbaye. Succédant à des ermites qui avaient christianisé la « fontaine du Rocher », les moines occupèrent dans un premier temps les grottes de la falaise et les aménagèrent, les utilisant par la suite comme dépendances ou refuges lorsque les bâtiments de l'abbaye subirent des destructions (11e-12e s., 14e s., 17e s.). Le parcours montre le chauffoir et le lavoir des moines, des vestiges du moulin abbatial ainsi que le pigeonnier troglodytique. La « fontaine du Rocher », vouée à saint Sicaire, est toujours vénérée pour ses vertus sur la fécondité et son efficacité contre les maladies infantiles. L'atmosphère mystérieuse de la **grotte du Jugement dernier**, décorée d'un énigmatique *Triomphe de la Mort* et d'une crucifixion d'inspiration italienne (15e s.), témoigne de la spiritualité qui anima, un millénaire durant, la communauté monastique de Brantôme.

Pont coudé

Traversez le jardin, où trône la fontaine Médicis qui abrite le buste de Brantôme, pour rejoindre le pavillon Renaissance aux fenêtres à meneaux. Vous arrivez sur ce pont du 16e s. qui accède aux **jardins des Moines**, délimités par trois reposoirs.

LA « VENISE DU PÉRIGORD »

C'est le président de la République d'alors, Raymond Poincaré, qui donna ce surnom à Brantôme en 1913. Lui correspond un parcours en bord de Dronne.

À la sortie des **jardins des Moines**, traversez le pont pour rejoindre le quai Bertin où les vieilles maisons reflètent leurs balcons fleuris et leurs treilles dans la Dronne. Il vous reste à suivre les panneaux numérotés qui ponctuent le parcours du bourg et vous faciliteront la lecture des différentes architectures *(plan disponible à l'office de tourisme).*

Circuit de découverte

LE PÉRIGORD VERT★

Circuit de 80 km – comptez environ une journée. Quittez Brantôme par la D 78 à l'est.

L'eau est ici omniprésente, s'infiltrant à travers un cortège dense de ruisseaux, d'étangs peuplés de carpes et entretenant l'humidité de sous-bois verdoyants.

Château de Lasfond à La Chapelle-Faucher

Surplombant du haut de sa falaise le cours de la Côle, il a conservé ses courtines et sa poterne d'entrée. Le corps de logis, remontant au 15e s., est couronné d'un chemin de ronde à mâchicoulis. Les belles écuries qui bordent la cour ont été ajoutées au 17e s. La maison d'habitation accolée au château date du 18e s. Destin tragique que celui de ce château ! Il a été successivement dévasté par le Prince noir (fils d'Édouard III) au 14e s., incendié au 16e s. avec 260 paysans catholiques du village par l'amiral de Coligny, chef protestant, assiégé par les troupes royales durant la Fronde et enfin ravagé en 1916 par un incendie dû à la foudre !

Poursuivez sur la D 78.

Peu après St-Pierre-de-Côle se détachent sur la colline, à gauche de la route, les silhouettes des deux tours du **château de Bruzac** (11e et 15e s.), ruinées non par la guerre mais l'abandon. En cours de restauration, il peut se visiter *(contactez l'office du tourisme de St-Jean-de-Côle).*

Poursuivez sur la D 78 et bifurquez à gauche après 6 km.

St-Jean-de-Côle★ *(voir ce nom).*

Revenez sur la D 78 et prenez à gauche la D 707.

Thiviers

Ville-porte du **Parc naturel régional Périgord-Limousin** *(voir Nontron)*, Thiviers est réputé pour ses marchés ainsi que ses foires, et s'est approprié le titre de « capitale du foie gras » *(voir « Brantôme pratique »)*. Les trois bourdons de l'église font la fierté de la ville depuis qu'ils ont permis aux habitants de se réveiller et, ainsi, de repousser une attaque d'envergure en 1652.

À droite de l'office de tourisme, le petit **musée du Foie gras** rappelle les étapes de la réalisation du produit phare de la région. *✆ 05 53 55 12 50 - ♿ - 10h-13h, 14h-18h, sam. 9h-13h, 15h-18h (dim. 10h-13h en juil.-août) - 1,50 € (-12 ans gratuit).*

Quittez Thiviers par le nord-ouest en direction de St-Martin-de-Fressengeas pour gagner la D 707 (à droite). Après 3 km, prenez à gauche sur la D 82. Suivez-la sur 3 km, puis tournez à gauche pour accéder aux grottes de Villars à 1 km.

Grottes de Villars★★

La température reste constamment proche de 13 °C, prévoyez donc un chandail l'été. ✆ 05 53 54 82 36 - www.grotte-villars.com - visite guidée (45mn, dernière entrée 30mn av. la fermeture) juil.-août : 10h-19h30 ; avr.-juin et sept. : 10h-12h, 14h-19h ; oct. : 14h-18h30 - 7 € (5-12 ans 4,50 €).

Sur les 13 km explorés depuis la découverte de la grotte en 1953 par le Spéléo-Club de Périgueux, vous parcourrez 600 m de galeries reliant des salles creusées par la rivière souterraine. Elles sont ornées de concrétions très variées : des draperies mesurant jusqu'à 6 m de long aux délicates fistules, en passant par les gours et les colonnes. Vous serez frappé par l'étonnante blancheur de certaines stalactites formées de calcite presque pure (qui indique un écoulement rapide des eaux à ces endroits). À mi-parcours, vous assisterez d'un balcon suspendu à une élégante **animation son et lumière** évoquant les grandes étapes de la formation de la grotte. Votre imagination sera ensuite sollicitée par les **peintures pariétales** (chevaux, bouquetins, bisons) réalisées à l'oxyde de manganèse : le voile de calcite qui les recouvre et les protège – preuve que la grotte est toujours active – leur donne un aspect bleuté nuisant à leur lecture. Comme les œuvres de Lascaux, elles sont attribuées au magdalénien ancien (- 17 000 ans). Se devine une figure d'homme aux bras levés se faisant charger par un bison. La dernière salle conclut la visite en apothéose : une multitude de fines stalactites et stalagmites envahit les parois. Vous n'êtes plus qu'à 3 m de profondeur et repérez par endroits le chevelu pendant de quelques racines…

Avant ou après la visite, regardez la **projection vidéo** qui vous permettra de mieux comprendre les phénomènes géologiques ici à l'œuvre.

Revenez sur la D 82 (à gauche). À Villars, tournez à droite après l'église et 1 km plus loin accédez au château de Puyguilhem.

Château de Puyguilhem★ *(voir ce nom)*

Revenez à Villars et prenez à droite. À la sortie du village, prenez à droite la D 3, puis la première route à gauche (D 98).

Abbaye de Boschaud

Cette abbaye cistercienne date du 12e s. et tire son nom du vallon boisé qui l'accueillit : *bosco cavo* (bois creux). Dévastée pendant la guerre de Cent Ans et les guerres de Religion, l'abbaye était à l'abandon. Elle est reprise en 1950 par les Monuments historiques qui dégagent et consolident les ruines. D'une très grande simplicité, l'église est la seule connue de l'ordre cistercien dont la nef, aujourd'hui disparue, ait été voûtée d'une file de coupoles. Noyés en pleine nature, les vestiges (salle capitulaire, chœur de l'église) sont émouvants.

Revenez sur la D 98 (à gauche) que vous poursuivez au-delà de Quinsac. À St-Crépin-de-Richemont, tournez à gauche.

Château de Richemont

✆ 05 53 05 72 81 - visite guidée (45mn) de mi-juil. à fin août : 10h-18h ; reste de l'année : sur demande préalable - 4 € (enf. 3 €).

Au bout d'une allée ombragée, cet édifice s'articule en deux corps de logis disposés en équerre. Édifié au 16e s. par Brantôme, il demeure toujours dans la famille du chroniqueur qui fut inhumé dans la chapelle funéraire (il écrivit son épitaphe). Au 1er étage du bâtiment d'entrée se trouve sa chambre, ornée de boiseries.

Rejoignez la D 939 (à gauche) qui ramène à Brantôme.

Brantôme pratique

Adresses utiles

Office de tourisme – *Bd Charlemagne - 24310 Brantôme - ✆ 05 53 05 80 52 - www.ville-brantome.fr - juil.-août : 10h-19h ; avr.-juin et sept. : tlj sf mar. 10h-12h30, 14h-18h ; fév.-mars et oct.-déc. : tlj sf mar. 10h-12h, 14h-17h.*

Office du tourisme du pays Thibérien – *8 pl. Foch - 24800 Thiviers - ✆ 05 53 55 12 50 - www.pays-thiberien.fr - juil.-août : 10h-13h, 14h-18h, sam. 9h-13h, 15h-18h, dim. 10h-13h ; reste de l'année : tlj sf dim. 10h-13h, 14h-18h, sam. 9h-13h, 15h-18h.*

Visite

Promenade sur la Dronne – *✆ 05 53 04 74 71 ou 06 81 04 73 82 (M. Maffioletti) - http://bateaumaffioletti.free.fr - dép. quai du pavillon Renaissance de déb. avr. à mi-oct. : 10h-11h, 14h-18h - croisière commentée (45mn) - 7 € (enf. 5 €).*

Se loger

€ Chambre d'hôte Ferme des Guézoux – *Les Guézoux - 24800 Vaunac - 9 km au sud de Thiviers par D 6021 - ✆ 05 53 62 06 39 - www.escargotduperigord.com - 3 ch. 32/36 € - ☕ 5 €.* Isolés dans les bois, voici 3 chambres, avec cuisine à disposition des hôtes dans la grande salle, et 2 gîtes, l'un dans l'ancienne grange en pierre, l'autre dans un chalet en bois. Aménagement simple avec mobilier en pin. Élevage et dégustation d'escargots. Piscine.

€€ Chambre d'hôte La Maison Fleurie – *54 r. Gambetta - ✆ 05 53 35 17 04 ou 06 99 48 37 04 - www.maison-fleurie.net - 5 ch. 60/90 € ☕.* Un accueil sympathique vous attend dans cette maison du 19e s. située en plein centre-ville. Les chambres sont confortables. De copieux petits-déjeuners vous seront servis dans la cour dès les beaux jours. Petite piscine. Trois gîtes en location.

⊖⊖ **Chambre d'hôte Les Habrans** – *Chemin en face de la gendarmerie - à 1 km du centre-ville - ☎ 05 53 05 58 84 - www.leshabrans.aol.com - fermé nov.-mai - ⊭ - 5 ch. 65/75 € ☕.* Cette petite maison sans prétention, située au bord de la Dronne, propose des chambres équipées simplement, mais décorées avec goût et mansardées à l'étage. Leurs fenêtres donnent sur la rivière dont le doux murmure favorisera votre sommeil. Petit-déjeuner en plein air par beau temps.

⊖⊖ **Chambre d'hôte Doumarias** – *Doumarias - 24800 St-Pierre-de-Côle - 12 km à l'est de Brantôme par D 78 - ☎ 05 53 62 34 37 - www.doumarias.com - fermé 15 oct.-1er avr. - 4 ch. + 1 suite 70/95 € ☕ - repas 18 €.* Les tours ruinées du château de Bruzac se dressent face à cette maison tapissée de vigne vierge et sa cour ombragée d'un majestueux tilleul : l'ensemble possède un charme indéniable. Accueil sympathique. Chambres simples et calmes. Joli jardin avec piscine. L'ancien moulin, magnifiquement restauré, abrite l'un des 2 gîtes, avec piscine privative.

⊖⊖⊖ **Hôtel Chabrol** – *57 r. Gambetta - ☎ 05 53 05 70 15 - www.lesfrerescharbonnel.com - fermé 2 fév.-9 mars, 16 nov.-14 déc., dim. soir et lun. sf juil.-août - 19 ch. 90 € - ☕ 12 € - rest. 29/65 €.* L'expression « maison de tradition » s'applique parfaitement à l'hôtel Chabrol. Les chambres, peu à peu revues, bénéficient d'une amélioration de leur confort. Salle à manger à l'atmosphère provinciale et terrasse panoramique dominent le cours de la Dronne.

Se restaurer

⊖ **Salon de Thé Les Ondines** – *13 bd de Coligny - ☎ 05 53 46 60 30 - fermé 1er nov.-Pâques sf w.-end, merc., jeu., vend. sf vac. scol. et juil.-août - 13/20 €.* La terrasse de ce salon de thé surveillant l'abbaye se trouve juste au bord de la Dronne. L'intérieur a des allures de bonbonnière avec ses tons pastel, ses fleurs et ses nombreux bibelots en exposition-vente. Pâtisseries maison, glaces artisanales et, à découvrir, une bière locale à la châtaigne, aux noix et à la truffe.

⊖⊖ **La Ferme-Auberge de Faye** – *À Faye - 4 km au sud par D 939 et chemin à droite, rte de Périgueux - ☎ 05 53 05 85 84 - claudeetmarie.dubuison@wanadoo.fr - fermé 16 oct.-15 avr. ; boutique : ouv. tte l'année - réserv. obligatoire - 17/26 €.* Cette ferme-auberge bénéficie d'une réputation solide dans les environs, aussi est-il prudent de réserver une table si on veut y dîner. Au menu, foie gras, cuisses de canard farcies, magret à la confiture d'oignon et chevreau, provenant de l'exploitation. Repas du 15 avril au 15 octobre, mais la boutique ouvre toute l'année.

⊖⊖ **Les Jardins de Brantôme** – *33/37 r. Pierre-de-Mareuil - ☎ 05 53 05 88 16 - www.lesjardins-brantome.com - fermé jeu. sf en juil.-août et merc. - réserv. obligatoire - 17/35 €.* En été, tentez le petit jardin arboré de cet ancien relais de poste du 18e s. Par temps plus frais, la grande salle à manger vous apportera chaleur et bien-être. Cuisine régionale ou traditionnelle utilisant les herbes aromatiques du potager.

⊖⊖ **Au Fil du Temps** – *1 chemin du Vert-Galand - ☎ 05 53 05 24 12 - www.fildutemps.com - fermé 1er janv.-4 fév., 4-31 déc., dim. soir, mar. soir et lun. - 24/35 €.* Une salle avec rôtissoire, une autre plus cossue et cosy, une terrasse ombragée par un tilleul : trois espaces exquis pour déguster plats du terroir et viandes à la broche.

Que rapporter

Marchés – Marché traditionnel vend. matin. Marché fermier mar. matin en juil. et août. Marché au gras vend. matin de nov. à fév. Marché aux truffes de déc. à fév.

Marché gras de Thiviers – Samedi matin de mi-novembre à mi-mars.

Sports & Loisirs

Bon à savoir – Brantôme est l'une des portes d'entrée du Parc naturel régional du Périgord-Limousin *(voir Nontron)*.

Vélo-rail du Périgord – *☎ 05 53 52 42 93 - sur réserv., dép. gare de Corgnac-sur-L'Isle (6,5 km au sud-est de Thiviers) : 9h, 11h, 13h30, 15h45, 18h - tarif selon parcours (15 € 4 pers., 5 km).* Voilà une façon originale de découvrir la nature suivant une ancienne voie ferrée (5 à 20 km AR).

Voie verte – 17 km réservés aux piétons, cyclistes ou cavaliers entre Thiviers et St-Pardoux-la-Rivière (au nord-ouest).

Événement

Sinfonia – *☎ 05 53 09 51 30 - www.francefestivals.com.* Festival de musique baroque en Périgord de fin août à début sept. Concerts dans différents sites prestigieux dont l'abbaye de Brantôme.

Brive-la-Gaillarde

49 900 BRIVISTES
CARTE GÉNÉRALE C2 – CARTE MICHELIN DÉPARTEMENTS 329 K5 – CORRÈZE (19)

L'accent qui fleure bon la générosité du terroir dit bien l'ambiance qui règne dans la ville. Son cœur bat vite et fort, au rythme des clameurs du stade de rugby qui résonnent longtemps dans les mémoires après le coup de sifflet final. Mais qu'on ne s'y trompe pas : Brive est populaire, certes, mais c'est aussi la ville la plus riche de Corrèze. En témoignent ses hôtels particuliers, ses monuments et ses musées alignés le long de rues organisées concentriquement depuis le quartier ancien.

Se repérer – Situé à 75 km à l'est de Périgueux et à 22 km au nord de Souillac, Brive a un plan concentrique qui oblige presque toujours à refaire le tour du centre si l'on s'est trompé de direction.

Se garer – Très peu de places de parking au cœur de la vieille ville : garez-vous place du 14-Juillet ou place Aristide-Briand, situées toutes deux à proximité de l'office de tourisme.

À ne pas manquer – L'ornementation Renaissance de l'hôtel de Labenche ; l'ensemble de la vieille ville ; les chauves-souris et les draperies calcaires du gouffre de la Fage.

Organiser son temps – Comptez une demi-journée pour la ville, une journée et demi pour les environs.

Avec les enfants – Pour commencer, une petite visite au musée de Labenche pour leur parler de l'histoire et de l'archéologie de la région. Puis une descente dans les profondeurs terrestres, avec le gouffre de la Fage. Et enfin la détente sur la base de loisirs du lac du Causse.

Pour poursuivre la visite – Voir aussi Aubazines, Collonges-la-Rouge, Donzenac, Terrasson-Lavilledieu et Turenne.

Le saviez-vous ?

Au 6e s., la ville s'appelait *Briva Curretia* (Brive sur la Corrèze), *Briva* (« pont » en latin) rappelant qu'il y avait un gué sur la Corrèze près de l'actuel pont du Bouys. Au 14e s., on lui adjoignit l'épithète « la Gaillarde » car elle déploya du courage lors des nombreux sièges qu'elle eut à soutenir.

Parmi ceux qui entrèrent dans les annales de la ville, citons **Guillaume Dubois** (1656-1723), le sulfureux précepteur du futur Régent (voir le film de Bertrand Tavernier, *Que la fête commence*), **Guillaume Brune** (1763-1815) qui s'illustra à Arcole avant d'être nommé maréchal de France, ou **Edmond Michelet**, gaulliste du 17 juin à l'origine de la Résistance à Brive, déporté à Dachau, puis ministre des Armées et de la Justice entre 1945 et 1969.

Se promener

VIEILLE VILLE

Occupant le noyau central délimité par la première ceinture de boulevards, le quartier ancien a fait l'objet d'une importante rénovation mariant, souvent avec bonheur, bâtiments anciens et modernes uniformisés par la chaude couleur du grès beige et la teinte bleutée des toitures.

Partez de l'office de tourisme. Suivez l'avenue de Paris, prenez en face la rue de Toulzac et tout de suite à droite la rue de Corrèze.

Chapelle St-Libéral

Du 14e s., elle a un portail typique de style roman limousin. La nef est de style gothique. Cette chapelle accueille tout au long de l'année des expositions temporaires.

Poursuivez rue de Corrèze, puis rue Majour.

Collégiale St-Martin

Au 5e s., saint Martin se rend à Brive, décidé à combattre le paganisme. Il renverse les idoles, mais la population furieuse le lapide. Quelques temps plus tard, la ville est décimée par une épidémie. Les habitants de Brive sollicitent le saint qui semble répondre à leur prière. Sauvés, ils fondent alors, en 570, une première église qu'ils lui dédient. Détruite, ils en élèvent une seconde qui disparaît à son tour. Une nouvelle église plus grande est bâtie entre 1080 et 1150. Il n'en reste aujourd'hui que le transept, une chapelle, les absidioles et les 60 chapiteaux remarquablement décorés de figures humaines et d'animaux fantastiques ou réels. L'église dépend alors de l'évêque de Limoges. Elle est gérée par un collège de chanoines (d'où son nom de collégiale) qui vivent selon la règle de saint Augustin.

À l'intérieur, une coupole octogonale sur pendentifs plats de type limousin couvre le carré du transept. La nef et les collatéraux datent du 14e s. De style gothique, elle se distingue par sa voûte originale. Deux portails au décor typiquement limousin s'ouvrent à l'ouest pour les fidèles, au nord pour les chanoines (celui-ci donnait sur le cloître). Le chœur a été fidèlement reconstruit par le cardinal Dubois au 18e s. Très abîmée au moment de la Révolution, l'église est restaurée à la fin du 19e s., et les vitraux refaits par le Parisien Oudinot. Le clocher possède, outre trois cloches modernes, l'ancien bourdon de 1546.

Depuis le portail ouest, il faut descendre huit marches pour pénétrer dans la nef. À gauche, cuve baptismale en grès du 12e s. ornée des attributs des évangélistes, couronnée au 19e s. d'une statuette de saint Jean-Baptiste en métal. À côté, porte cierge en fer forgé du 13e s., tableaux 18e s. et orgue 19e s. À l'extérieur, admirez les beaux chapiteaux historiés et la corniche à modillons des absidioles.

Crypte archéologique – On peut y admirer les vestiges de murs de l'église primitive, des sarcophages en place, des objets liturgiques et des reliquaires.

En sortant de la collégiale, prenez sur la gauche la rue des Échevins.

Tour des Échevins

Un hôtel s'orne d'une tour Renaissance en encorbellement percée de fenêtres à croisillons de pierre. Le heurtoir de la porte figure une salamandre caractéristique de l'époque de François Ier.

Revenez sur vos pas et prenez à droite.

SE LOGER
- Collonges (Hôtel Le) .... ①
- Coq d'Or (Le) .... ③
- Truffe Noire (La) .... ⑤

SE RESTAURER
- Francis (Chez) .... ③
- Relais du Quercy (Le) .... ⑧
- Table d'Olivier (La) .... ⑨
- Toupine (La) .... ⑩

Place Latreille

Autrefois cœur spirituel et commercial de la cité, elle est bordée de maisons anciennes. L'hôtel de Quinhart dit des **Tours St-Martin** date des 15e-16e s. Il possède une tour polygonale et deux échauguettes.

Poursuivez tout droit dans la rue du Dr-Massénat, puis tournez à droite dans la rue Raynal.

Au coin des rues Raynal et du Salan se trouve l'**hôtel Desbruslys**, du 18e s.

Continuez dans la rue Raynal et pénétrez dans l'hôtel de Labenche par la petite porte sur la gauche.

> **L'École de Brive**
>
> En 1982, La Foire du livre de Brive *(voir Brive pratique)* a initié le regroupement d'auteurs ayant en commun un attachement à la Corrèze où ils puisent l'inspiration de leurs livres. On compte parmi eux : Michel Peyramaure, Claude Michelet, Christian Signol, Colette Laussac... Pour en savoir plus : *L'École de Brive, son histoire, ses auteurs*, J. Peuchmaurd, Robert Laffont, 1997.
>
> Reportez-vous aussi à « Nos conseils de lecture » *(p. 35)*.

Hôtel de Labenche★

De la cour intérieure, on découvre les deux corps de logis en équerre qui soutiennent les grandes arcades de la galerie. La coloration rosée de la pierre met en valeur la beauté de la décoration. Bâti vers 1540 par Jean II de Calvimont, seigneur de Labenche, garde du sceau et greffier du roi, ce magnifique spécimen de la Renaissance toulousaine est le plus remarquable édifice de la ville. Les fenêtres à meneaux sont ornées de festons, de fines colonnettes et surmontées de bustes d'hommes et de femmes sortant de fausses baies. L'hôtel abrite un musée *(voir ci-après)*.

Sortez boulevard Jules-Ferry et prenez à gauche la rue du Dr-Massénat.

Logis de l'abbesse des Clarisses

De style Louis XIII, il se signale par des lucarnes à frontons en plein cintre, ornées de boules quillées. Jadis relié par un cloître aux bâtiments de l'école de musique, il abrite désormais les archives municipales.

Tournez ensuite à droite dans la rue Teyssier.

Ancien collège des Doctrinaires

Tenu par les pères de la Doctrine chrétienne, humanistes à l'esprit ouvert, ce collège eut un rayonnement croissant jusqu'à la Révolution et forma des hommes de renom, tel le juriste consul Treilhard. Aujourd'hui occupés par les services de l'hôtel de ville, ces bâtiments du 17e s. présentent sur la rue Teyssier une façade classique donnant sur une cour fermée par un mur décoré d'une colonnade.

Tournez à droite.

Place Jean-Marie-Dauzier

Sur ce vaste espace dégagé se côtoient les bâtiments modernes du Crédit Agricole et d'anciens hôtels à tourelles dont, au nord-est, la **maison Treilhard (C1)** qui date du 16e s. Elle présente deux corps de logis reliés par une tour ronde s'ornant elle-même d'une échauguette.

Revenez sur vos pas, traversez la place de l'Hôtel-de-Ville pour revenir à la collégiale et rejoignez la rue de Toulzac à droite du chevet.

Visiter

Musée de Labenche★ B2

05 55 24 19 05 - www.musee-labenche.fr - ♿ - avr.-oct. : 10h-18h30 ; reste de l'année : 13h30-18h - expositions temporaires : 10h-12h, 13h30-18h30 (18h en hiver) - fermé mar., 1er janv., 1er Mai, 1er Nov. et 25 déc. - 4,60 € (enf. 2,50 €).

L'hôtel de Labenche *(voir « Se promener »)* affiche la même exubérance architecturale à l'intérieur qu'à l'extérieur : **grand escalier** « à la romaine », aux culs-de-lampe sculptés de bustes de femmes et de guerriers, cheminées massives parfois peintes. Les collections du musée, intéressantes et diversifiées, s'adressent à un public varié. Au sous-sol sont conservées les collections de géologie et de paléontologie. Au rez-de-chaussée, on peut admirer le mobilier Art nouveau dessiné par Pierre Selmersheim ainsi que le piano quart-de-queue de Debussy, un vitrail aux armes des Noailles et une tapisserie d'Aubusson fin 17e s. Les nombreuses salles du premier étage présentent des collections d'histoire, d'art et d'archéologie. Celle des comtes de Cosnac est décorée d'un superbe ensemble de **tapisseries** provenant de la manufacture royale de Mortlake, relatant l'histoire de Mars, Hero et Léandre, Mercure et Argus et des chasses (1645). Cette manufacture, fondée en 1620 à Mortlake, dans le Surrey,

L'hôtel de Labenche, l'édifice le plus remarquable de Brive.

disparut à la fin du 17e s. Ses tapissiers d'origine flamande travaillaient d'après des cartons de Rubens et Van Dyck.

Des salles présentent Brive et sa région à travers de nombreux objets, depuis la préhistoire jusqu'au Moyen Âge : les reconstitutions en fouilles ainsi que les maquettes sont particulièrement réussies. La salle de l'église St-Sernin de Brive est très intéressante. Cet édifice, détruit pendant la Révolution, a fait l'objet de fouilles de sauvetage. Les fondations et de nombreuses sépultures ont été mises au jour, en particulier celle d'un pèlerin de St-Jacques de Compostelle qui est ici entièrement reconstituée. Remarquez l'exceptionnelle **colombe eucharistique** en bronze argenté, du 11e s., suspendue au-dessus de l'autel, qui renfermait les hosties. La salle du maréchal Brune évoque l'histoire récente de Brive et de ses personnages illustres. Les 2e et 3e étages sont consacrés aux arts et traditions populaires. Des ateliers sont reconstitués, et des centaines d'outils et d'objets illustrent la vie au 19e s. et au début du 20e s.

Musée Edmond-Michelet A2

✆ 05 55 74 06 08 - www.centremichelet.org - 10h-12h, 14h-18h - possibilité de visite audioguidée (1h30-2h) - fermé j. fériés et dim. - gratuit.

Installé dans la maison d'Edmond Michelet, ce musée plein d'émotion retrace l'histoire de la Résistance et de la déportation à travers des peintures, photos, affiches, documents originaux ayant trait aux camps, spécialement à Dachau où fut interné Michelet. Arrêté en février 1943, libéré en 1945, celui-ci devint ensuite député de la Corrèze et ministre des Armées et de la Justice du gouvernement de Gaulle.

La salle à manger, au rez-de-chaussée, retrace la vie d'Edmond Michelet, père de sept enfants dont le dernier, Claude Michelet, devint un écrivain célèbre. Dans l'escalier, une impressionnante collection d'affiches de propagande en faveur de l'Allemagne date de l'époque du régime de Pétain. Les salles suivantes expliquent à travers d'émouvants documents ce que furent les camps de concentration comme Dachau et ceux d'extermination comme Auchwitz, puis racontent la vie sous l'occupation, le début de la résistance et la libération de Brive par les résistants locaux. La dernière salle évoque Anna-Maria Mayade, peintre élève de Renoir, déportée dans un camp. Ses toiles et ses dessins, qu'elle signait parfois de son numéro de matricule, sont un témoignage poignant de la souffrance humaine.

Circuits de découverte

BASSE VALLÉE DE LA CORRÈZE★ 1

Circuit de 45 km – environ 2h. Quittez Brive par le nord-est en empruntant la D 1089, en direction de Tulle.

Aubazines★ *(voir ce nom)*

Quittez Aubazines par l'est en empruntant la D 48.

Puy de Pauliac★

30mn AR. Alt. 520 m. Un sentier, tracé à travers les bruyères et les bois de châtaigniers, conduit au sommet d'où l'on découvre une large **vue★** : une table d'orientation permet de situer au sud-est la roche de Vic et au nord le massif des Monédières.

Lac du Coiroux

Ce plan d'eau aménagé (baignade, voile) comprend aussi un complexe sportif.

Revenez à Aubazines. Quittez le village vers le sud-est en empruntant la D 130, puis la D 175.

La D 921, qui ramène à Brive, est particulièrement jolie après **Lanteuil**.

SUR LES TERRES DE M. DE TURENNE★ 2

Circuit de 55 km au départ de Brive – environ 3h.

Cet itinéraire traverse la partie centrale de l'ancienne vicomté de Turenne, unie à la couronne de France en 1738 seulement. Au-delà de Turenne, les collines boisées du Limousin font place aux premiers plateaux du causse quercynois.

Quittez Brive par le sud-est en empruntant la D 38, en direction de Meyssac.

Château de Lacoste

Cette ancienne place forte, bâtie en grès de la région, se compose d'un corps de logis flanqué de trois tours rondes du 13e s. et complété au 15e s. par une élégante tourelle d'escalier polygonale.

À **Noailhac**, on pénètre dans le pays du grès rouge, matériau qui servit à construire ces villages aux si belles tonalités. On aperçoit bientôt le plus fameux d'entre eux, Collonges-la-Rouge, émergeant de son écrin de verdure.

Collonges-la-Rouge★★ *(voir ce nom)*

Meyssac

Au centre de cette région vallonnée où abondent noyers, peupliers, vignes et arbres fruitiers, Meyssac, comme Collonges, est bâtie en grès rouge. Cette terre, dite terre de Collonges, a donné naissance à un artisanat de la **poterie** qui s'est particulièrement développé à Meyssac. La ville propose un circuit du patrimoine *(RV au syndicat d'initiative - ✆ 05 55 25 32 25).*

L'**église St-Vincent** (12e s.), de style gothique rayonnant, est assez curieuse. Son clocher-porche du 12e s. possède des baies pour le tir et le guet. Le portail en calcaire de style roman limousin, à triple voussures, présente des chapiteaux sculptés de têtes d'homme ou de lion. L'église à nef unique comprend quatre chapelles au sud, trois au nord (15e s.). Au 16e s., les guerres de religion ont amené les habitants de Meyssac à fortifier l'édifice en ajoutant des hourds ou galeries de bois défensives au sommet du clocher ainsi qu'une tour de guet sur la façade nord de l'église.

La charpente de la **halle** repose sur des piliers et des colonnes intercalés. Construite au 18e s., elle s'élève au milieu d'une place bordée de belles demeures, certaines ornées de tours. Quelques maisons à encorbellements, à auvents et à pans de bois achèvent de conférer un cachet à ce village.

Quittez Meyssac par la D 14 (direction Martel). Après 2 km, prenez à droite la D 28.

Saillac

Le village apparaît au milieu des noyers et des maïs. Il a conservé son **moulin** qui produit de l'huile de noix tous les deux ans le 1er dimanche d'octobre, lors de la Fête de la noix. De style roman, l'**église St-Jean-Baptiste** (12e s.) a subi de nombreuses attaques au cours des guerres de religion et de la Révolution, d'où son aspect défensif : clocher-porche massif, baies pour le tir et le guet. De style languedocien, son portail à triples voussures a un très beau **tympan★** en pierre polychrome, relativement rare au 12e s., où figure l'Adoration des Mages. En-dessous, sculptés dans une frise, un monstre ailé dévore un enfant tandis que l'archange saint Michel tient en laisse un dragon. Le style des figures est très naïf. Un trumeau axial torsadé, orné de feuillages, d'animaux et d'êtres humains, divise le portail en deux. Dans le chœur, couvert d'une coupole sur pendentifs, se trouvent de beaux chapiteaux historiés.

Quittez Saillac par le nord-ouest pour rejoindre la D 19, puis, vers le nord, la D 8.

Turenne★ *(voir ce nom)*

Poursuivez sur la D 8. Après 3 km, prenez sur la gauche vers Lagleygeolles.

Gouffre de la Fage★

✆ 05 55 85 80 35 - www.gouffre-de-la-fage.com - juil.-août : visite guidée (1h, dernière entrée 45mn av. fermeture) 9h30-13h, 14h-19h ; avr.-juin : visite libre tlj sf merc. 14h-18h30 ; de déb. sept. à mi-oct. : visite libre tlj sf merc. 14h-18h ; vac. scol. Toussaint : visite guidée mar. et jeu. 15h - 6 € (enf. 3,50 €).

Le gouffre, d'une profondeur de 25 m, débouche à la croisée de deux galeries qui occupent le lit d'une ancienne rivière. L'escalier d'accès emprunte le grand aven qui résulte d'un effondrement de la voûte de pierre.

Dans la première galerie, stalactites et stalagmites ont pris avec le temps des formes étranges : piliers, orgues, draperies, dos de tortue, colonnettes et cascades. Les couleurs des concrétions - du orange au vert - varient selon les oxydes transportés par les eaux de pluie. La grotte est habitée par une importante colonie de plusieurs milliers de **chauves-souris** (près de 14 000 !), relevant de 14 espèces différentes. Avril est la meilleure période pour les observer. Dans la deuxième galerie, ce sont de véritables forêts d'aiguilles qui pendent des plafonds.

Bon à savoir – Le site, classé **Natura 2000**, fait l'objet d'une mise en valeur particulière avec la création d'un sentier d'interprétation qui aborde la géologie, la paléontologie et le thème des chauves-souris.

Revenez à Lagleygeolles pour prendre, sur la gauche, la route qui rejoint la D 73.

Jugeals-Nazareth

Le village de Nazareth fut fondé par Raymond Ier de Turenne au retour de la première croisade. Celui-ci y installa une maladrerie confiée à l'ordre des Templiers. Sous la mairie subsistent des salles voûtées, équipées de puits fermés par une grille, où séjournaient les lépreux.

À la sortie nord du village, sur la D 8, un point de vue se dégage sur la droite. Au carrefour de Montplaisir, prenez la D 38 qui ramène à Brive.

LE CAUSSE CORRÉZIEN★ 3

Circuit de 45 km au départ de Brive – environ 2h. Quittez Brive par le sud en empruntant la D 920, en direction de Cahors.

La route s'élève aussitôt au-dessus du bassin de Brive.

Grottes de St-Antoine

Creusées dans le grès, les grottes où saint Antoine de Padoue se retirait lorsqu'il séjournait à Brive forment un sanctuaire de plein air. Les franciscains assurent l'accueil du pèlerinage. En suivant le chemin de croix, on arrive au sommet de la colline d'où l'on découvre une belle vue sur Brive.

Grottes de Lamouroux

Utilisées par l'homme aux périodes d'insécurité, elles comptent un grand nombre de cavités superposées sur cinq étages et forment un ensemble pittoresque.

Noailles

Le village occupe un site agréable dans un paysage de collines verdoyantes. Il est dominé par le château et l'église perchés sur un coteau. Le **château** Renaissance, berceau de l'illustre famille, est décoré de fenêtres surmontées de pinacles dont le fronton s'orne de médaillons et d'anges portant les armes des Noailles.

À Lissac-sur-Couze, le manoir semble presque écraser l'église toute proche.

Coiffée d'un clocher à peigne de style limousin, l'**église** présente une abside et un chœur romans avec des colonnettes ornées de chapiteaux historiés très réalistes (estropiés soutenus par des béquilles). Remarquez un tableau de Claude Gillot, maître de Watteau.

Quittez Noailles par l'ouest en empruntant la D 158.

La route s'élève vers le **causse corrézien**, pays de calcaire blanc taraudé par d'innombrables « cloups » (terme local décrivant des dolines fertiles, dépressions circulaires tapissées d'argile rouge), et couvert de genévriers et de chênes malingres.

Lissac-sur-Couze

Dominant le lac du Causse, le village possède un beau manoir massif flanqué d'échauguettes, ancienne tour militaire des 13e et 14e s. À côté, l'église est surmontée d'un clocher à peigne.

Lac du Causse★

Appelé aussi lac de Chasteaux, cette superbe étendue d'eau de 100 ha, enchâssée dans la riante vallée de la Couze, a été aménagée en **base de loisirs** avec baignade, voile, ski nautique, planche à voile, etc. *(voir l'encadré pratique)*. Le site est réputé pour ses courses d'aviron.

7 km. Pour ceux qui aiment marcher, un sentier fait le tour du lac.

Quittez Lissac par le sud-ouest en empruntant la D 59.

L'itinéraire proposé longe en grande partie les berges du lac, vous permettant ainsi d'apprécier la beauté du site.

Quittez la D 19 pour emprunter, sur la droite, la D 154 vers Chartrier-Ferrière.

Le Maillet

Les moellons calcaires des maisons de ce hameau sont assemblés au mortier d'« hirondelle », simple motte d'argile pressée dont la couleur rouge vif donne à l'ensemble beaucoup de caractère.

Poursuivez sur la D 154.

Nadaillac

Beau village rustique, renommé pour la qualité de ses **truffes**. Ses maisons médiévales portent parfois des toits de lauzes.

L'église fortifiée s'ouvre par un porche profond précédé d'un passage voûté. L'avant-chœur est couvert d'une coupole sur pendentifs.

Quittez Nadaillac par le nord-ouest en empruntant la D 63.

Plus loin, la D 60 serpente entre les limites des départements de la Dordogne et de la Corrèze. À **Larche**, la D 1089 ramène à Brive.

Brive pratique

Voir aussi Aubazines, Collonges-la-Rouge, Turenne.

Adresse utile

Office du tourisme de Brive et son Pays – *Pl. du 14-Juillet - 19100 Brive-la-Gaillarde - 05 55 24 08 80 - www.ot-brive.com - juil.-août : 9h-19h, dim et j. fériés 15h-19h ; avr.-juin et sept. : tlj sf dim. 9h-12h30, 13h30-18h30 ; reste de l'année : tlj sf dim. : 9h-12h, 14h-18h.*

Visites

Outre les traditionnelles visites guidées, l'office de tourisme met à votre disposition trois moyens astucieux de visite : **« Cité & Patrimoine »** – Un pack audio pour découvrir la vieille ville à votre convenance et à votre rythme. **« Allo Visit »** – Une carte gratuite pour visiter la ville, guidé par votre téléphone portable.

« Visite de la ville aux flambeaux » – *Merc. en sais., se rens. pour les autres j.*

Se loger

Hôtel Le Collonges – *3 pl. Winston-Churchill - 05 55 74 09 58 - www.hotel-le-collonges.com - 24 ch. 52/59 € - 8,50 €.* Cet hôtel familial est situé en léger retrait du boulevard ceinturant le centre-ville. Salon-bar coquet et chambres sobrement modernes assurent le bien-être des voyageurs.

Le Coq d'Or – *16 bd Jules-Ferry - 05 55 17 12 92 - www.hotel-coqdor.com - 8 ch. 55 € - 8 €.* À deux pas du centre, cet hôtel rénové propose des chambres décorées de meubles anciens et de toile de jouy. Terrasse à l'ombre des platanes.

La Truffe Noire – *22 bd A.-France - 05 55 92 45 00 - www.la-truffe-noire.com - P - 27 ch. 100/125 € - 19 € - rest. 38/80 €.* Au seuil de la vieille ville, grande maison régionale du 19e s. s'étant tout récemment offert une seconde jeunesse. Accueillant salon-cheminée et chambres pimpantes. Truffes et spécialités corréziennes se dégustent dans une salle rafraîchie ou en plein air.

Se restaurer

Chez Francis – *61 av. de Paris - 05 55 74 41 72 - www.chezfrancis.fr - fermé 28 fév.-6 mars, 1er-14 août, dim. et lun. - réserv. obligatoire - 16/25 €.* Imaginez un vrai bistrot parisien décoré d'antiques affiches publicitaires, de bibelots chinés et de dédicaces laissées par les clients : c'est comme ça chez Francis ! Vous y apprécierez aussi la cuisine traditionnelle mise au goût du jour.

La Toupine – *27 av. Pasteur - 05 55 23 71 58 - fermé vac. de fév., 9-24 août, dim. et lun. - réserv. obligatoire - 25/28 €.* Situé dans la vieille ville, ce petit restaurant fait l'unanimité auprès des Brivistes. La cuisine traditionnelle est bien tournée et les prix restent raisonnables. Il ne vous reste plus qu'à passer à table !

Le Relais du Quercy – *Av du Quercy - 19500 Meyssac - 05 55 25 40 31 - www.relaisduquercy.com.fr - se renseigner pour les périodes de fermeture - formule déj. 13 € - 15/37 € - 12 ch. 52/66 € - 7 €.* Installez-vous côté jardin, plus plaisant, dans cette confortable salle à manger où vous savourerez une cuisine du terroir préparée avec des produits maison. Ou bien préférez la terrasse : vous y serez aux premières loges pour assister aux soirées piano-bar. Douze chambres rénovées.

La Table d'Olivier – *3 r. St-Ambroise - 05 55 18 95 95 - fermé dim. soir et lun. - réserv. conseillée - formule déj. 15 € - 21/34 €.* Dans une ruelle du vieux Brive, ce restaurant vous accueille dans une petite salle à manger sobre mais élégante. La cuisine, en partie du terroir, est soignée et raffinée, tout comme le service. Une vraie bonne adresse.

Que rapporter

Marché – Mar., jeu. et sam. sous la halle Georges-Brassens.

Foires grasses – Brive en compte quatre *(déb. déc., déb. et fin janv. et déb. fév.).*

Distillerie Denoix – *9 bd du Mar.-Lyautey - 05 55 74 34 27 - www.denoix.com - tlj sf dim. 9h-12h, 14h30-19h - fermé lun. sf juil.-août et j. fériés.* Dans cette distillerie fondée en 1839, on fabrique quatorze liqueurs différentes - dont la célèbre Suprême Denoix - et six apéritifs. La spécialité régionale, c'est aussi la moutarde violette de Brive. Ne manquez pas la visite des ateliers aménagés dans les bâtiments d'origine, tout en cuivre et bois de chêne.

La Boutique CA Brive - Corrèze – *21 r. Toulzac - 05 55 17 15 32 - www.boutique-cabrivelimousin.com - tlj sf dim. et lun. apr.-midi 9h30-12h, 14h30-19h, sam. 9h-12h, 14h-18h30 - fermé j. fériés sf sam.* Boutique du CA Brive, club de rugby vainqueur du Championnat d'Europe en 1997, et finaliste de la Coupe d'Europe en 1998.

Domaine de Lintillac – *19270 Ussac - 05 55 87 65 24 - 8h-13h, 14h-18h30, sam. 8h-12h - fermé dim. et j. fériés.* Cette conserverie artisanale propose la vente directe de produits fabriqués au domaine : foie gras, rillettes, confit, cassoulet et autres plats gourmands du Sud-Ouest.

Poterie des Grès Rouges – *Av. du Quercy - 19500 Meyssac - 05 55 84 07 57 - www.poterie-meyssac.com - tlj sf lun. hors sais. 9h-12h, 14h-19h, dim. 10h-12h.* Dernier gardien d'une tradition millénaire, cet artisan installé dans le bourg propose une visite de son atelier. Vaisselle et objets utilitaires ou décoratifs, fabriqués avec la terre rouge du pays. Dans l'enceinte de l'atelier, la boutique offre un large choix d'objets réalisés sur place.

Sports & Loisirs

Base nautique de Port Lissac – *Chasteaux - 19600 Lissac-sur-Couze - ✆ 05 55 85 14 63 - www.csnbrive.fr - fermé 2 sem. fin déc. et 2 sem. déb. janv.* Le club des sports nautiques au bord du lac de Causse *(à 10 km au sud-ouest de Brive)* propose de nombreuses activités propres à entretenir votre forme : planche à voile, aviron et ski nautique.

RANDONNÉES À PIED OU EN VTT

La collection *Guide Pays Côté Chemin* propose 22 circuits de **Petite Randonnée** pour vous permettre de découvrir, à pied ou à VTT, le Causse corrézien aux alentours du lac du Causse.

La Fédération française de randonnée pédestre propose quant à elle un itinéraire de **Grande Randonnée** de 53 km, à faire en 2, 3 ou 4 étapes, avec comme points d'intérêt Lissac-sur-Couze, Turenne, Jugeals-Nazareth, le gouffre de la Fage ou encore les dolmens du causse corrézien.

Retrouvez toutes les informations sur **http://randocorreze.com**

Événements

Foire du livre – *Rens. à l'office de tourisme.* Les amateurs de belles plumes se retrouveront à la Foire du livre qui a lieu déb. nov. sous la halle Georges-Brassens, et ce depuis 1982.

Brive-Plage – *Rens. à l'office de tourisme.* Fin juil., la place de la Guierle prend des hallures de station balnéaire, animée de jour comme de nuit !

Festival de la Vézère – *✆ 05 55 23 25 09 - www.festival-vezere.com.* En juil.-août, Brive ainsi que d'autres sites de la vallée de la Vézère accueillent une programmation musicale variée.

Les Orchestrades – *Rens. à l'office de tourisme - www.orchestrades.com.* En août, concerts classiques dans différents lieux.

Le Bugue

2 760 BUGUOIS
CARTE GÉNÉRALE B2 – CARTE MICHELIN DÉPARTEMENTS 329 G6 – DORDOGNE (24)

Contrôlant l'ultime courbe de la Vézère avant sa confluence avec la Dordogne, cette très ancienne localité remodelée au 19e s. est riche de sites touristiques et organise de nombreuses manifestations culturelles en saison. Son emplacement en fait par ailleurs un site idéal pour rayonner vers l'ensemble du Périgord noir, jusqu'aux bastides.

Se repérer – À 11 km au sud-ouest des Eyzies-de-Tayac-Sireuil, 16 km au nord de Cadouin et 7 km au sud de Périgueux, Le Bugue est au carrefour entre les Périgord noir, pourpre et le pays des bastides. La circulation y est donc dense en toute saison.

À ne pas manquer – Le marché du mardi, le village du Bournat ; les concrétions du gouffre de Proumeyssac ; le parc panoramique de Limeuil.

Organiser son temps – Comptez une demi-journée pour la ville, une autre pour les alentours.

Avec les enfants – Les animations estivales au village du Bournat, l'Aquarium du Périgord noir ; aux alentours, l'impressionnant gouffre de Proumeyssac ou les grottes de Maxange pour ses excentriques, une balade en canoë.

Pour poursuivre la visite – Voir aussi Belvès, Cadouin, Les Eyzies-de-Tayac-Sireuil.

Le saviez-vous ?

L'événement le plus important de l'histoire du Bugue serait la décision de fixer le jour du **marché** le mardi. Signé par le roi de France Philippe V en novembre 1319, cet acte, en lui reconnaissant son statut de ville, permit au Bugue de se libérer progressivement de la tutelle de Limeuil et, donc, de contrôler son territoire. Le développement économique de la cité, notamment les forges, en découle.

Qui se souvient de **Jean Rey**, né au Bugue en 1583 ? On doit pourtant à ce médecin l'invention du thermoscope, ancêtre du thermomètre, et la découverte de la pesanteur de l'air. Pascal prendra sa suite en supposant que cette pesanteur diminuait avec l'altitude et en inventant le baromètre.

Le village du Bournat… dans le village du Bugue.

Visiter

Le « Village du Bournat »★

05 53 08 41 99 - www.lebournat.fr - ♿ - juil.-août : 10h-19h, mar. 10h-23h ; mai-juin et sept. : 10h-18h ; reste de l'année : 10h-17h - 14 € en juil.-août (enf 10 €), 9,50 € reste de l'année (enf. 6 €) - soirée guinguette et promenade contée en soirée en juil.-août.

Il porte bien son nom (« bournat » signifie « la ruche » en patois périgourdin, autrefois les abeilles occupaient le site) car au bord de la Vézère, sur 7 ha, a été reconstituée une **ferme-village périgourdine** grandeur nature, évoquant l'atmosphère quotidienne à la fin du 19e s.

Il y a bien sûr l'école, la chapelle, la mairie, mais aussi un lavoir, un chai… Dans chaque bâtiment, des mannequins costumés renouent avec les faits et gestes du passé. À la forge, au fournil, au moulin à vent et au moulin à huile, ce sont de vrais **artisans** qui raniment les métiers d'autrefois, également mis à l'honneur par une riche collection d'outils et de machines agricoles. Le bon pain doré et croustillant tout droit sorti du four est garanti recette et cuisson à l'ancienne. Des semailles à la boulange, toutes les étapes sont faites au village. D'autres artisanats sont également présentés (potier, souffleur de verre…). En saison, le manège ancien fait la joie des enfants, bref, de quoi passer une journée instructive et ludique.

Aquarium du Périgord noir★

05 53 07 10 74 - www.aquariumperigordnoir.com - ♿ - juil.-août : 9h-19h ; juin : 10h-19h ; avr.-mai et sept. : 10h-18h ;de mi-fév. à fin mars et de déb. oct. à mi-nov. : 13h-17h, dim. et j. fériés 10h-18h - 9,90 € (4-15 ans 7,20 €).

Il a été conçu de telle manière que le visiteur ait l'impression d'évoluer au cœur des rivières. Les aquariums à ciel ouvert, éclairés en lumière naturelle et ouvrant sur de grandes vitrines, sont peuplés de poissons d'eau douce (plus de 6 000) de diverses régions d'Europe.

Il comprend **six espaces** : migrateur (anguilles, saumons), découverte (laboratoire d'observation), prédateur (le silure glane, originaire du centre et de l'est du continent, est impressionnant : les plus beaux spécimens dépassent 1,50 m), plongée (où se trouvent les plus grands poissons d'eau douce : esturgeons, carpes), insectes (abeilles et vers à soie, visibles l'été) et tropical (Iguana Parc). Enfin, vous pourrez nourrir les poissons en compagnie d'un biologiste ou assister à une animation reptile.

Maison de la Vie sauvage - Musée de Paléontologie

05 53 08 28 10 - juil.-août : 10h-12h30, 15h-18h30 ; avr.-juin et sept. : tlj sf dim. et lun. 15h-18h ; oct.-mars : vac. scol. 10h-12h, 15h-18h - 4 €.

Vie sauvage – Centré sur une très belle collection d'oiseaux naturalisés, ce musée se propose de faire découvrir les aspects de la vie et de la survie de la plupart des espèces d'Europe. Les vitrines abordent divers thèmes : le plumage, ses fonctions et les raisons de ses multiples colorations, le bec et son adaptation au régime alimentaire, les comportements, les chants, les parades, les techniques de vol, de pêche et de chasse. Sont également évoqués les grandes migrations, leurs itinéraires et les dangers qu'ils représentent pour les oiseaux. En complément, un passage évoque « la sortie des eaux », des poissons aux reptiles ; une salle est consacrée aux mammifères.

Paléontologie – Présentation sobre et efficace d'une collection de plus de 3 000 spécimens de fossiles groupés par grandes familles : ammonites, trilobites, gastéropodes, etc.

Découvrir

LES GROTTES

Grotte de Bara-Bahau

✆ 05 53 07 44 58 - juil.-août : 9h30-19h (dernière entrée 30mn av. fermeture) ; avr.-juin : 10h-12h, 14h-17h30 ; fév.-mars et sept.-déc. : 10h-12h, 14h-17h - 6,40 € (enf. 4,40 €).

Longue d'une centaine de mètres, elle se termine par une salle bouchée par un effondrement de rochers. Sur la voûte de cette salle au calcaire très tendre (« le fromage blanc ») se distinguent notamment des gravures réalisées à la pointe de silex sur des tracés digitaux qui semblent être des « brouillons ». Elles datent de la fin du magdalénien ancien et du début du magdalénien moyen (- 16 000 à - 14 000 ans). Les dessins représentent chevaux (dont l'un, la crinière au vent, est particulièrement réaliste), aurochs, bisons, cervidés, ours ainsi que des signes abstraits, des mains humaines et un phallus.

Grotte du Sorcier (St-Cirq)

6 km au nord-est par la D 31. ✆ 05 53 08 42 66 - www.grottedusorcier.com - visite guidée (30mn) - juil.-août : 10h-19h ; mai-juin : 10h-18h30 ; mars-avr. et sept.-oct : 10h-18h - 7 € (enf. 3,50 €) billet combiné avec le musée d'Archéologie.

Dans une petite grotte, sous une roche en léger surplomb, ont été découvertes sur les parois verticales et les plafonds quelques gravures attribuées au magdalénien moyen (entre - 16 000 et - 13 000 ans). Il s'agit de chevaux, de bisons et de bouquetins. Mais la grotte est surtout connue pour sa rare **gravure** d'un corps schématisé, doté d'un long phallus et d'une tête à l'expression étrange, qui lui vaut d'être appelée « le sorcier de St-Cirq ».

Gouffre de Proumeyssac★★

3 km au sud par la D 31^{E}. ✆ 05 53 07 27 47 ou 05 53 07 85 85 - www.perigord.com/proumeyssac - ♿ - visite guidée (45mn, dernière entrée 15mn av. la fermeture) - juil.-août : 9h-19h ; mai-juin : 9h30-18h30 ; mars-avr. et sept.-oct. : 9h30-12h, 14h-17h30 ; fév. et nov.-déc. : 14h-17h - fermé janv. et 25 déc. - se renseigner pour les tarifs - descente en nacelle sur réserv. - en été, des animations (concerts, spectacles) sont proposées dans le gouffre.

D'une plate-forme aménagée à mi-hauteur du gouffre, on embrasse d'un seul regard cette « cathédrale de cristal » de forme régulière, de 52 m de hauteur et de 60 m dans sa partie la plus large. À 40 m de hauteur, un important ruissellement continue à alimenter des stalactites très denses par endroits, formant quatre impressionnantes **fontaines pétrifiantes**, aux noms évocateurs de méduse, cascade, sirène et pieuvre. Un premier son et lumière met tour à tour sous le feu des projecteurs les différents niveaux de concrétions. On amorce la descente, passant devant des petits lacs. Avant d'observer à la base des parois les grandes orgues de stalactites, stalagmites et monolithes ocre ou blancs, un court film commenté par le guide retrace la formation du gouffre. Un deuxième son et lumière délivre un autre aperçu vu d'en bas. Ensuite, on traverse la **galerie des cierges**. Remarquez à l'entrée les cristallisations triangulaires au sol, pour rejoindre une seconde plate-forme et la sortie. On peut également faire comme les premiers touristes des années 1920 : descendre en nacelle. À l'époque, le public accédait au gouffre par une petite **nacelle** à quatre places actionnée par un treuil autour duquel tournait un cheval. Aujourd'hui, cette

Le gouffre de Proumeyssac : un spectacle enchanteur…

descente en douceur (et en toute sécurité) permet de découvrir le gouffre sous un autre angle *(8 pers. maxi, supplément de prix)*.

À l'extérieur, un espace paysagé ponctué de panneaux explicatifs présente de façon exhaustive les phénomènes géologiques.

En face du site a été aménagé un **parcours forestier** *(30mn AR)* menant à un panorama sur la Vézère. En chemin, à l'appui de panneaux explicatifs, vous observerez les principales essences d'arbres du Périgord.

Circuit de découverte

DE LA VÉZÈRE À LA DORDOGNE

Circuit de 80 km – environ une demi-journée. Quittez Le Bugue par la D 703 au sud-est.

Campagne

Au débouché d'un vallon, l'église romane est précédée d'un mur-clocher. Juste derrière elle, trône le **château** des seigneurs de Campagne, édifié au 15e s. et restauré au 19e s. Les tours avec créneaux et mâchicoulis qui flanquent le logis, ainsi que des éléments néogothiques lui confèrent une allure de manoir anglais. Le dernier marquis de Campagne fit don du château à l'État en 1970.

Quittez Campagne par l'est en empruntant la D 35.

St-Cyprien

Accroché au flanc d'un coteau proche de la rive droite de la Dordogne, dans un décor de collines et de forêts, St-Cyprien est dominé par la silhouette massive de son église autour de laquelle se groupent les maisons anciennes. Non loin du bourg, les ruines du **château de Fages** ont été patiemment restaurées.

Bâtie au 12e s. et remaniée à l'époque gothique, l'**église**, de dimensions imposantes, a conservé un clocher-donjon de style roman. Le vaisseau, de vastes proportions, est voûté d'ogives. Un riche mobilier du 17e s. comprend des retables, une chaire, des stalles, un buffet d'orgue et une balustrade en fer forgé. De là, les rues anciennes descendent franchement vers la Dordogne que la ville, fondée au 7e s. autour de son monastère, surveilla jusqu'au 18e s. Notez l'homogénéité architecturale de la rue de la Justice-de-Paix et de la place des Oies (**marché**, le dimanche matin).

Quittez St-Cyprien par le sud-ouest en empruntant la D 703E. La route longe la rive droite de la Dordogne. Tournez à gauche dans la D 703.

Siorac-en-Périgord

Construit sur des bases médiévales, le **château** de Siorac fut remanié au 18e s.
Il abrite aujourd'hui un **musée des Arts culinaires**, qui permet de découvrir ustensiles, vaisselle, objets d'art et mobilier (16e-19e s.) sur le thème de la cuisine et des arts de la table. *06 20 28 36 57 - ♿ - de mi-juin à mi-sept. : sur demande préalable ; des vac. de Pâques à mi-juin et de mi-sept. aux vac. de la Toussaint : 10h-12h, 14h-18h - possibilité de visite guidée (1h) - 5 € (enf. 4 €).*
Revenez sur la D 703E et continuez à longer la Dordogne.

Coux-et-Bigaroque

Petite pause dans ce gros bourg, né de la fusion des paroisses de Coux et de Bigaroque. Vous aimerez, dans le premier, le portail sculpté de l'église romane et, dans le second, le charme de ses rues.
Poursuivez le long de la Dordogne en empruntant la D 51, puis tournez à gauche dans la D 51E. Au Buisson-de-Cadouin, après la voie ferrée tournez à gauche, puis encore à gauche. Poursuivez sur 1,5 km.

Les grottes de Maxange★

05 53 23 42 80 - www.lesgrottesdemaxange.com - ♿ - juil.-août : 9h-19h ; avr.-juin et sept. : 10h-12h, 14h-18h ; oct. : 10h-12h, 14h-17h - 6,80 € (6-12 ans 4,50 €).
Ces grottes ont été découvertes en 2000 par Angel Caballero qui exploitait une carrière sur ce site. Les galeries se sont creusées dans le calcaire jaune quand la mer s'est retirée, puis ont été obstruées par des alluvions. Il a donc fallu procéder à un déblaiement. Après avoir suivi dans la galerie inférieure la présentation de ces différentes couches de sédimentation, où on lit facilement l'alternance des périodes sèches et humides, la visite se poursuit dans la galerie supérieure qui renferme les concrétions classiques (stalactites, stalagmites) et surtout une exceptionnelle densité d'**excentriques** (leurs formes défient la gravité et l'entendement des scientifiques) joliment mise en valeur par un **son et lumière★** tout en finesse. Certaines sont cristallines, d'autres orangées, teintes par l'oxyde de fer. À la sortie, un impressionnant plafond de microcristallisations de calcite pur affiche un blanc immaculé.
Revenez sur la D 51.

Limeuil★

Construit sur un promontoire escarpé, ce bourg dégringole vers le confluent de la Dordogne et de la Vézère. Les croquants firent de cet excellent lieu de défense une de leurs places de sûreté pendant leur révolte au 17e s. Au 19e s., Limeuil était un centre économique important grâce à son **artisanat** et à la **batellerie**. Le port, avec ses auberges, dont l'ancestrale *Ancre du Salut*, toujours là, accueillait au 19e s. les gabarres descendues du Limousin et d'Auvergne. D'ailleurs, dans l'église Ste-Catherine (14e-15e s.), vous trouverez une Vierge noire, la Vierge des bateliers.
Ce charmant village a conservé quelques vestiges de son passé de ville close dans les ruelles piétonnes qui grimpent vers l'église. Suivez le circuit ponctué de panneaux explicatifs adaptés au jeune public, mais qui instruisent également les grands ! Remarquez en particulier l'imposante maison aux fenêtres à meneaux qui jouxte la porte fortifiée du port (16e s.), autrefois siège des bateliers. Tout de suite à gauche, l'actuelle mairie occupe un ancien couvent de récollets. La Grand'Rue mène à la porte du Récluzou qui présente une voûte d'ogive à l'extérieur et un arc en plein cintre à l'intérieur.
Le **parc panoramique★** offre un beau point de vue sur le confluent Dordogne-Vézère après un parcours jardiné jalonné de panneaux explicatifs sur la batellerie, l'histoire du village ou la notion subjective de paysage. En été, des animations artisanales sont organisées (vanniers, aquarellistes, feuillandiers…) ainsi que des soirées contes et occitanie (*mar. de mi-juil. à mi-août*). Le parc a été aménagé autour de l'ancien château du 12e s (transformé au début du 20e s.) dont il ne reste que le donjon. *05 53 57 52 64 - juil.-août : 10h-20h ; de Pâques à fin juin et de déb. sept. à la Toussaint : tlj sf sam. 10h-12h30, 14h30-18h - 5 € (5-18 ans gratuit).*
La route en corniche dite du « Bac de Sors » *(D 31)* domine le **cingle de Limeuil**, peu visible à cause de la végétation.
Après 2 km, tournez à droite dans la D 2.

Paunat★

Blotti dans un vallon, ce bourg de pierre jaune a conservé une imposante église qui dépendait d'un monastère autrefois rattaché à la puissante abbaye St-Martial de Limoges. Construite en pierre ocre au 12e s., remaniée et fortifiée au 15e s. et de nos jours en très mauvais état, l'**église St-Martial** s'appuie sur un puissant clocher-porche de style roman. Celui-ci comporte deux étages voûtés de coupoles, cas exceptionnel en Périgord.

Faites demi-tour et reprenez la D 31 (à droite).

Trémolat

Édifié à l'entrée du cingle du même nom, ce charmant village est devenu célèbre grâce au film de Claude Chabrol, *Le Boucher*. Trémolat est aussi connu pour son **église** fortifiée (12e s.), qui offre un condensé des particularités de l'architecture religieuse périgourdine : elle associe d'imposantes fortifications, un voûtement supportant des coupoles et un intérieur sobre surmonté d'une vaste salle (350 m²) de défense qui pouvait servir de refuge à tous les habitants du village.

Quittez Trémolat par le nord-ouest et suivez la rivière.

Cingle de Trémolat★

Au pied d'un hémicycle de falaises blanches, la Dordogne décrit une vaste courbe au cœur de laquelle se love une mosaïque de prés et de champs. Au-delà s'étendent les premières frondaisons de la forêt de la Bessède. La vue, partielle (la végétation masque la partie externe du cingle), est particulièrement impressionnante au coucher du soleil.

Poursuivez la route qui offre de belles échappées sur la vallée, puis, avant Mauzac, prenez à droite une petite route qui débouche sur la D 703. À Pezuls, empruntez la D 30 vers Ste-Alvère, puis Cendrieux par la D 2.

Musée Napoléon à Cendrieux

℘ 05 53 03 22 39 - www.musee-napoleon.com - visite guidée (1h) - juil.-août : 10h30-12h30, 14h30-18h30 ; juin et 1er-15 sept. : 15h-18h - 6 € (-12 ans gratuit).

Le prince Victor, chef de la famille impériale et petit-fils du plus jeune frère de Napoléon Ier (Jérôme), a su préserver l'héritage de multiples objets ayant appartenu à l'empereur ou traitant de sa gloire. Descendant direct du prince, le comte Baudoin de Witt présente quelque 500 objets parfois émouvants (la longue-vue utilisée à Austerlitz, le bonnet de baptême de l'Aiglon, le bougeoir de l'Empereur à Ste-Hélène et les « objets du culte »), parfois anecdotiques, et fait revivre intelligemment ces pages de l'histoire.

Prenez la D 42 vers Mauzens-et-Miremont, puis la D 710 qui ramène au Bugue.

Le Bugue pratique

Voir aussi la vallée de la Dordogne.

Adresse utile

Office du tourisme Terre de Cro-Magnon – *R. du Jardin-Public - 24260 Le Bugue - ℘ 05 53 07 20 48 - www.tourisme-terredecromagnon.com - 9 juin-7 sept. : 9h30-12h, 14h-18h30, dim. et j. fériés 10h-13h, 14h-17h ; 17 mars-8 juin : 9h30-12h30, 14h-18h, dim. et j. fériés 10h-12h, 14h-17h ; 8 sept.-24 nov. : tlj sf dim. et j. fériés 9h30-12h30, 14h-18h ; 1er janv.-16 mars : tlj sf dim. et lun. 9h30-12h30, 14h-18h, sam. 10h-12h, 14h-17h ; 25 nov.-31 déc. : tlj sf dim., j. fériés et lun. 9h30-12h30, 14h-18h.*

Se loger

Camping St-Avit Loisirs – *24260 St-Avit-de-Vialard - 7 km au nord-ouest du Bugue par D 710 et rte secondaire - ℘ 05 53 02 64 00 - contact@saint-avit-loisirs.com - ouv. avr.-25 sept. - réserv. conseillée - 350 empl. 35 € - restauration.* Vastes emplacements, installations confortables, services multiples… Qu'il est beau, ce camping aménagé parmi les chênes et les châtaigniers, autour d'une ferme périgourdine centenaire ! Des bungalows et une formule de résidence hôtelière sont également proposés. Plusieurs piscines, dont une couverte.

Chambre d'hôte Maison Oléa – *La Combe de Leygue - 5 km à l'est du Bugue par D 703, dir. Sarlat et rte secondaire à gauche - ℘ 05 53 08 48 93 - www.olea-dordogne.com - fermé 19 fév.-4 mars et 22 déc.-7 janv. - P - 5 ch. 65/75 € - 5 €.* Calme garanti dans cette construction récente dont l'architecture s'inspire du style régional. Au rez-de-chaussée, touches mauresques et étonnante véranda aménagée en jardin d'hiver. Les chambres, vastes et séduisantes, sont exposées plein sud. Toutes dominent la piscine à débordement et la vallée de la Vézère.

Chambre d'hôte Le Moulin Neuf – *À Paunat - 24510 Ste-Alvère - à 9 km à l'est par D 703 et D 2 - ℘ 05 53 63 30 18 - www.the-moulin-neuf.com - fermé 1er-8 avr. et 15-31 oct. - 6 ch. 85/89 €.* Jadis moulin, cet édifice est aujourd'hui la maison d'habitation des propriétaires. L'ancienne grange, parfaitement restaurée, abrite désormais de jolies chambres un peu cosy. Les matins d'été, le petit-déjeuner se prend sous une agréable tonnelle.

Se restaurer

La Maison de Martine – *Pl. de l'Église - 24260 Campagne - 4 km à l'ouest du Bugue par D 703 - ✆ 05 53 03 51 88 - fermé oct.-Pâques et jeu. sf juil.-août - ⊠ - 13/22 €.* Dès l'entrée, vous tomberez sous le charme de cette adorable maison où vous attendent, dans une douce ambiance musicale, salades, tartines, assiettes gourmandes, crêpes et autres gourmandises. Le service continu vous permet de vous restaurer à toute heure.

Le Bistrot d'en Face – *24510 Trémolat - ✆ 05 53 22 80 69 - vieuxlogis@relaischateaux.com - 13,50/26 €.* Une adresse pour se régaler dans le village où Chabrol tourna *Le Boucher* (1970). Vieilles pierres, poutres et goûteuse cuisine du terroir : andouillette, confit de canard…

Le restaurant de l'Abbatiale - Julien – *Au bourg - 24510 Paunat - 8,5 km à l'ouest par D 703 et rte secondaire - ✆ 05 53 63 21 08 - sais. : sam. midi, dim. soir et merc. ; hors sais. : se renseigner - 13,50 € déj. - 20/34 €.* Une adresse comme on en voudrait tous les jours. Installé dans l'ancien presbytère (superbe maison périgourdine de surcroît), ce restaurant flatte les yeux avec sa décoration bistrot et son petit jardin à la française. Au menu, une cuisine régionale savoureuse et généreuse, accompagnée de bière locale : la Lutine.

Que rapporter

Marchés de St-Cyprien – Marché coloré et animé : dim. matin. En juillet et août : marchés gourmands, marchés du monde, foires aux vins, vide-greniers…

Sports & Loisirs

Base nautique de Trémolat la Pyramide – *24510 Trémolat - ✆ 05 53 22 81 18.* Elle propose de nombreuses activités.

Canoës Rivières Loisirs – *24510 Limeuil - ✆ 05 53 63 38 73 - www.canoes-rivieres-loisirs.com - 9h-18h30.* Base de location de canoës, kayaks, VTT et VTC. Promenades au fil de l'eau au départ de Limeuil (situé au confluent de la Dordogne et de la Vézère) pour découvrir, à votre rythme, les superbes paysages du Périgord Noir.

Canoës des Courrèges – *Rte du Buisson, lieu-dit les Courrèges - 24260 Le Bugue - ✆ 05 53 08 75 37 ou 06 89 95 15 18 - à partir de 8h30 - fermé oct.-mars.* Base de canoë sur la Dordogne et la Vézère.

Jacquou Parc – *Voir p. 328.*

Cadouin★

336 CADUNIENS
CARTE GÉNÉRALE B3 – CARTE MICHELIN DÉPARTEMENTS 329 G7 – SCHÉMA P. 144
DORDOGNE (24)

Un vallon étroit, une rivière et une abbaye cistercienne : le décor de Cadouin est posé. L'abbaye est une aubaine pour ce village qui bénéficia de l'intense fréquentation de ce lieu de pèlerinage. Les fidèles ont laissé place aux visiteurs, venus admirer la beauté du cloître magnifiquement conservé.

- **Se repérer** – À 16 km au sud du Bugue et 11 km à l'est de Beaumont-du-Périgord, Cadouin est accessible par la D 25.
- **À ne pas manquer** – Les ornementations du cloître ; la halle.
- **Organiser son temps** – Comptez 2h pour voir l'ensemble de l'abbaye.
- **Pour poursuivre la visite** – Voir aussi Beaumont-du-Périgord, Belvès, Le Bugue et le château de Biron.

Comprendre

Fondée en 1115 par Géraud de Sales aux portes de la forêt de la Bessède, l'abbaye de Cadouin s'affilie en 1119 à l'ordre de Cîteaux (son nom vient peut-être du latin *catinus*, lieu plat, ou du nom gallo-romain Catonius). Elle devient prospère, mais subit des dommages pendant la guerre de Cent Ans – destruction du cloître roman et de certains bâtiments –, au moment des guerres de Religion et de la Révolution.

La plus célèbre relique périgourdine – Un drap de lin, passant pour avoir enveloppé la tête du Christ, fut rapporté d'Antioche par un chanoine périgourdin après la première croisade. Le suaire devient un objet de culte, faisant de Cadouin un centre de pèlerinage fréquenté par les plus grands, comme Richard Cœur de Lion, Saint Louis et Charles V. Mais en 1934, le mythe s'effondre. Soumis à l'épreuve de la science, le suaire révèle ses véritables origines : il s'agit d'un tissu égyptien datant du 11e s. Les bandes brodées portent des caractères coufiques qui mentionnent un émir et un calife qui ont gouverné l'Égypte vers 1100. L'évêque de Périgueux supprime alors le pèlerinage.

L'église et le cloître de Cadouin, restaurés après la Révolution, forment un bel ensemble architectural autour duquel s'est développé le village.

Visiter

Bon à savoir – Dans les rues du village, des panneaux explicatifs ponctuent une « balade du patrimoine » qui relate l'histoire de Cadouin. En saison, l'association **Au Fil du temps** *(voir p. 107)* propose une visite guidée nocturne *(merc. 21h)*.

Abbaye

Consacrée en 1154, l'**église**★ présente une façade organisée en trois registres horizontaux : le registre médian, percé de trois baies en plein cintre éclairant le vaisseau, sépare deux niveaux d'arcatures. Le décor du bâtiment en pierre meulière, à l'architecture fort sobre, se limite presque au jeu de la lumière sur les ressauts du mur scandé de contreforts. L'édifice s'affranchit de la simplicité cistercienne par la disposition de son plan (chœur à abside entre deux absidioles) et par la présence d'une coupole à la croisée du transept, surmontée d'un clocher couvert de bardeaux de châtaignier *(voir ABC d'architecture p. 62)*. Autre entorse à la règle de Cîteaux : la richesse de la décoration intérieure qui comprend fenêtres moulurées et chapiteaux sculptés... Mais de l'équilibre des volumes et de la grandeur de l'ensemble émane cette atmosphère de spiritualité propre aux sanctuaires cisterciens.

Cloître★★ – *05 53 63 36 28 - ♿ - juil.-août : 10h-19h ; avr.-juin et 1er sept.-11 Nov. : tlj sf mar. 10h-12h30, 14h-18h ; 12 nov. au 20 déc. : tlj sf mar., vend. et sam. 10h-12h30, 14h-17h30 ; vac. scol. de Noël : tlj sf mar. 10h-12h30, 14h-17h30 - fermé janv. et 25 déc. - 5,80 €, billet jumelé avec Biron 9,50 € (6-12 ans 3,80 €, billet jumelé 6,50 €).* Édifié grâce aux libéralités de Louis XI, le cloître est bâti au 15e s. en style gothique flamboyant. Les travaux se poursuivent jusqu'au milieu du 16e s., comme en témoignent les chapiteaux Renaissance de certaines colonnes. Remarquez la beauté des proportions et la diversité des formes, en particulier dans les portes de style Renaissance ou gothique flamboyant, les clefs de voûte variées, les retombées de voûtes et chapiteaux historiés, la fresque figurant l'Annonciation. De chaque côté du siège de l'abbé, les hauts reliefs illustrent la montée du Christ au Calvaire et la Procession des moines (15e s.). À observer en détail, sur quatre colonnettes en forme de tour, des sujets empruntés à l'Ancien et au Nouveau Testament (Samson et Dalila, Job, Lazare et le mauvais riche...). La salle capitulaire a été aménagée en **musée du Suaire** : une exposition évoque huit siècles de ferveur religieuse et de pèlerinage.

Info pratique

Voir aussi Beaumont-du-Périgord.

Adresse utile

Office du tourisme du Buisson-de-Cadouin – *Pl. André-Boissière - 24480 Le Buisson-de-Cadouin - 05 53 22 06 09 - juil.-août : lun.-vend. 10h-13h, 14h30-18h, sam. 10h-12h30 ; avr., juin et sept. : 10h-13h, 14h-18h ; reste de l'année : lun.-vend. : 10h-12h30 - fermé dim.*

Événements

Fête médiévale – Mi-août.

Marché nocturne – De la fin juillet à la mi-août, on sort les étals et on dresse les tables !

Cahors★★

20 300 CADURCIENS
CARTE GÉNÉRALE C1 – CARTE MICHELIN DÉPARTEMENTS 337 E5 – LOT (46)

Cité en forme de presqu'île enserrée dans un méandre quasi refermé du Lot, l'antique Cahors se raconte au fil de ses monuments. Dominée par des collines qui l'abreuvent en eau, la préfecture du Lot a donné son nom à un vin fameux. L'été, il y fait une chaleur terrible, atténuée toutefois dans les vieux quartiers. Ruelles et maison hautes gardent un peu le frais pour conduire le visiteur, par un cheminement décoré de jardins clos, à l'une des plus impressionnantes cathédrales romanes de France.

Se repérer – Prolongeant la D 820, le boulevard Gambetta est le grand axe nord-sud de la ville. C'est un cours typiquement méridional avec ses platanes, ses cafés, ses commerces et son animation. Il coupe la ville en deux et mène à une sorte de périphérique au niveau du Lot.

Se garer – Deux parkings ont été aménagés aux extrémités nord et sud de Cahors. Un service de navettes gratuites les relie au centre-ville. Délai d'attente entre deux dessertes : de 11 à 22mn selon les tranches horaires.

À ne pas manquer – Le pont Valentré; le portail latéral nord de la cathédrale; le point de vue sur la ville depuis le Mont St-Cyr; les marchés des mercredis et samedis matin.

Organiser son temps – Comptez une demi-journée. Veillez à démarrer en début de matinée l'été car il fait chaud à Cahors!

Avec les enfants – La découverte des traces d'animaux à la « Plage aux ptérosaures » les fascine; le musée de plein air du Quercy est aussi dépaysant; un parcours dans les arbres les amusera *(voir l'encadré pratique)*.

Pour poursuivre la visite – Voir aussi Figeac, Gourdon, Lauzerte et St-Cirq-Lapopie.

Comprendre

La source divine – L'antique *Divona Cadurcorum* doit sa naissance à la fontaine des Chartreux, belle résurgence qui alimente encore la ville en eau potable. Les Gaulois, puis les Romains, lui vouèrent un culte, dévotion confirmée par la découverte en 1991 de nombreuses monnaies du début de l'ère chrétienne, jetées en offrande dans la fontaine. La ville s'épanouit : elle possède son forum, son théâtre, ses temples, ses thermes, ses remparts. La source aurait donné le nom de Cadurca, puis de Caurs, devenu Cahors en français.

L'âge d'or – Au 13e s., Cahors est l'une des plus grandes villes de France et connaît une période de prospérité économique, due en grande partie à l'arrivée de marchands et de banquiers lombards. Ces derniers ont le génie du négoce et de la banque, mais ils se livrent souvent à des opérations de « prêt à usure » assez peu recommandables. Les Templiers s'établissent à leur tour à Cahors; la fièvre de l'or s'empare des Cadurciens eux-mêmes et la cité devient l'une des grandes places bancaires d'Europe. Le mot

B. Kaufmann / MICHELIN

La ville est enserrée dans un méandre du Lot que dominent de hautes collines rocheuses.

Célèbres Cadurciens

Parmi leurs compatriotes ayant atteint la célébrité, au premier rang desquels se place le pape **Jean XXII**, on trouve le poète **Clément Marot** (1496-1544) et l'homme politique **Léon Gambetta** (1838-1882).

« cahorsin », qui désignait autrefois les habitants de Cahors, était alors synonyme d'usurier. L'enrichissement trop facile étant une insulte à Dieu, l'écrivain florentin Dante (1265-1321) a précipité Cahors, comme Sodome, dans l'enfer de sa fameuse *Divine comédie*. En 1316, le Cadurcien Jacques Duèze devient le deuxième pape d'Avignon sous le nom de **Jean XXII**. En 1332, il fonde dans sa ville natale une université qui est alors plus florissante que celle de Toulouse et qui fonctionnera jusqu'en 1751.

Ville fidèle, roi ingrat – Dès le début de la guerre de Cent Ans, les Anglais s'emparent de toutes les places du Quercy : seule Cahors demeure imprenable malgré la peste noire qui emporte la moitié de sa population. Le traité de Brétigny, en 1360, cède le Sud-Ouest de la France à Édouard III d'Angleterre, mais la ville invaincue refuse de se livrer. Elle se libère de l'Anglais en 1369, qui ne s'en emparera jamais plus. Malgré cela, le roi de France ordonne de remettre les clefs de la cité. En 1450, lorsque les Anglais quittent le Quercy, Cahors est ruinée.

Cahors et la Réforme – Après quelques décennies de paix, la Réforme pénètre, en 1540, dans les murs de la ville. Très rapidement, la population se trouve divisée. En 1560, des protestants sont massacrés rue des Soubirous. Vingt ans plus tard, la ville est assiégée par les huguenots conduits par Henri de Navarre. L'assaut dure trois jours et se termine par le pillage de Cahors.

Le diable et l'architecte

Avoir réussi une telle œuvre, extrêmement difficile à l'époque, était remarquable : la légende décida donc que l'architecte du **pont Valentré** avait livré son âme au diable, mais qu'il avait demandé en échange que le Malin portât de l'eau aux ouvriers... dans un seau troué. Pour se venger, celui-ci aurait fait tomber chaque jour sur le pont la même pierre de l'angle nord-est de la tour centrale. C'est à cet emplacement que les rénovateurs du 19e s. ont sculpté un diable.

Découvrir

Pont Valentré★★ (A2)

Voir ABC d'architecture p. 67. C'est de la rive droite du Lot, en amont de l'ouvrage, que l'on a la meilleure vue sur le pont. Cet ouvrage constitue une remarquable manifestation de l'art militaire du Moyen Âge. Ses trois tours à mâchicoulis, ses parapets crénelés et ses avant-becs aigus rompent la succession des sept arches ogivales créant ainsi une impression de grande harmonie. L'aspect initial du pont commencé en 1308 a été sensiblement modifié au cours des travaux de restauration entrepris en 1879 par Viollet-le-Duc : la barbacane, qui renforçait encore sa défense du côté de la ville, a été remplacée par la porte actuelle. Tel qu'il se présentait alors, il formait une sorte de forteresse isolée commandant le passage du fleuve ; tandis que la tour centrale servait de poste d'observation, les tours extrêmes étaient fermées de portes et de herses ; sur la rive gauche du Lot, un corps de garde et une demi-lune assuraient vers le sud une protection supplémentaire. Les tours s'élèvent à 40 m au-dessus de la rivière. Le pont impressionna les Anglais pendant la guerre de Cent Ans, ainsi qu'Henri de Navarre lors du siège de Cahors en 1580, à tel point qu'il ne fut jamais attaqué...

Une fois le pont traversé, vous pourrez vous rendre à **Cabazat : Espace d'interprétation**. Cette ancienne station de pompage abrite des expositions temporaires. *Juil.-août : 11h-13h, 15h-18h, juin et sept. : vend-lun. 11h-13h, 15h-18h.*

Se promener

QUARTIER DE LA CATHÉDRALE★

Cathédrale St-Étienne★ B2

Elle doit à ses évêques et à son chapitre son allure de forteresse qui, tout en assurant la sécurité des habitants en ces périodes troublées, renforçait leur prestige. Sur l'emplacement d'une église du 6e s., l'évêque Géraud de Cardaillac entreprend, à la fin du 11e s., la construction de l'édifice qui est consacré en 1119 par le pape Calixte II. La porte sud comprend un arc trilobé remontant à 1119. Le portail nord date du 12e s., la réfection du chevet primitif, du 13e s. Au début du 14e s., on élève la façade occidentale et, à l'initiative de l'évêque Guillaume de Labroue, cousin du pape Jean XXII, sont exécutées les peintures des coupoles. Au début du 16e s., l'évêque Antoine de Luzech construit le cloître flamboyant et certaines de ses dépendances.

Extérieur – La façade occidentale est formée de trois tours juxtaposées. Celle du centre, surmontée d'un beffroi, s'ouvre par un grand portail à deux baies. Au premier étage, une série d'arcatures encadre la rose. Des fenêtres à baies géminées complètent cette décoration qui ne parvient pas à atténuer le caractère militaire de cette façade.

Portail nord★★ – *Entrée.* Ancien portail roman de la façade principale, il a été accolé au côté nord de la cathédrale avant la reconstruction de la façade actuelle. Le tympan a pour sujet l'Ascension. Exécuté vers 1135, il s'apparente par son style et sa technique à l'école languedocienne. De part et d'autre du Christ et des anges, le sculpteur a figuré des épisodes de la vie de saint Étienne. On voit la Prédication, l'Arrestation par les juifs, la Lapidation et l'Apparition du ciel : la main divine protège le martyr. À l'archivolte (arc supérieur du porche), les personnages rampants illustrent le combat des Vices et des Vertus.

J. Damase / MICHELIN

Sur le portail nord, on voit la Prédication de saint Étienne, l'Arrestation par les juifs, la Lapidation et l'Apparition du ciel : la main divine protège le martyr.

Intérieur – Pénétrant dans la cathédrale par le portail occidental, on traverse le **narthex** surélevé par rapport à la nef coiffée de deux vastes coupoles sur pendentifs. L'opposition est frappante entre la nef, claire, et le chœur orné de vitraux et de peintures. En 1872 ont été découvertes les fresques de la première coupole représentant, dans le médaillon central, la lapidation de saint Étienne, sur la couronne, les bourreaux du saint, et, dans les compartiments inférieurs, huit figures géantes de prophètes. Le chœur et l'abside sont couverts de voûtes gothiques. Parmi les chapelles rayonnantes, édifiées au 15e s., celle de St-Antoine s'ouvre sur le chœur par une belle porte flamboyante.

Cloître★ – *Accès par une porte, à droite du chœur.* De style Renaissance (datant de 1509), il fait suite à ceux de Carennac et de Cadouin *(voir ces noms)* avec lesquels il présente de nombreuses ressemblances. En dépit de ses mutilations, il offre une riche décoration sculptée. Les galeries sont couvertes d'une voûte en étoile, dont les clefs étaient ornées de pendentifs : un seul subsiste au-dessus de la porte nord-ouest et représente Jésus aux cieux entouré d'anges. Près de la porte du chœur, remarquez un escalier à rampe hélicoïdale, et, sur le pilier d'angle du nord-ouest, une gracieuse Vierge de l'Annonciation, aux longs cheveux tombant sur les épaules, drapée dans un manteau.

Par le cloître, on accède à la chapelle St-Gausbert.

Chapelle St-Gausbert

Se visite uniquement dans le cadre des visites guidées de la ville.

Ancienne salle capitulaire dont les voûtains losangés sont décorés de peintures du 16e s. inspirées de la Renaissance italienne. Les peintures qui parent les murs datent du 15e s. et représentent le Jugement dernier. Cette chapelle abrite le trésor de la cathédrale. Par la porte de l'angle nord-est du cloître, on gagne la cour intérieure de l'ancien archidiaconé St-Jean, dont la décoration Renaissance est intéressante.

Partez de la cathédrale pour découvrir le périmètre sauvegardé.

Rue Nationale

C'était l'artère principale du quartier des Badernes (ou bas quartier), partie commerçante de la ville. Vous passerez devant la halle. Après avoir traversé la rue Clemenceau, au n° 116, une belle porte du 17e s. présente des panneaux décorés de fruits et de feuillages. Un peu plus loin, jetez un œil sur la gauche : l'étroite **rue St-Priest** a gardé l'aspect d'une venelle médiévale avec ses maisons en brique, à colombages et à encorbellements.

Tournez à droite.

Rue Docteur-Bergounioux

Au n° 40, une demeure du 16e s. montre une intéressante façade Renaissance percée de fenêtres aux croisées sculptées, d'inspiration italienne.

Rebroussez chemin et poursuivez en face.

Rue Lastié

Au n° 35, remarquez les fenêtres de style rayonnant. Place St-Priest, remarquez au n° 18 un très bel escalier extérieur en bois d'époque Louis XIII. Au n° 117, une maison des 14e et 16e s. a conservé son échoppe au rez-de-chaussée, surmontée au premier étage d'élégantes fenêtres géminées de style gothique. Cette rue se termine par de jolies maisons en brique et pans de bois.

Tournez à gauche.

Rue St-Urcisse

L'église St-Urcisse (fin du 12e s.) s'ouvre par un portail du 14e s. À l'intérieur, les deux piliers du chœur sont ornés de chapiteaux historiés. Au n° 68, une maison de la première moitié du 13e s. présente sous le toit une galerie ouverte, le *soleilho*, qui servait de séchoir à linge.

Tournez à droite.

Maison de Roaldès

Appelée aussi maison d'Henri IV (le roi de Navarre y aurait logé pendant le siège de Cahors en 1580), cette demeure de la fin du 15e s. a été restaurée en 1912. Elle appartint, à partir du 17e s., à une famille de notables du Quercy, dont elle porte le nom.

La façade nord, donnant sur la place, est décorée de roses, de soleils flamboyants et d'arbres écotés (réduits à leurs troncs) – éléments typiques de l'école Renaissance quercynoise au début du 16e s. La façade sud, à pans de bois, est surmontée d'un balcon et coiffée d'une grosse tour ronde.

Contournez la maison pour rejoindre à droite la rue de la Chantrerie. Au passage, vous appréciez le jardin à l'arrière de la cathédrale.

La Daurade

Riche ensemble de demeures anciennes bordant le square Olivier-de-Magny : maison dite du « Bourreau », à fenêtres à colonnettes (13e s.), maison Dolive (17e s.) et maison Heretié (14e-16e s.).

Prenez à droite, puis la rue Clément-Marot qui descend à droite. Depuis cette rue, vous pourrez apercevoir, sur votre droite, le pont Cabessut.

Pont Cabessut B1

De ce pont, la **vue★** sur le quartier haut de la ville ou quartier des Soubirous est intéressante. Au loin se dresse la tour des pendus ou tour St-Jean, puis le clocher de l'église St-Barthélemy, la tour Jean-XXII, plus près la tour du Château du Roi et enfin celle du collège Pélegry.

Tour du collège Pélegry

Créé en 1368, le collège reçut d'abord treize étudiants pauvres fréquentant l'université. Ce fut, jusqu'au 18e s., l'un des établissements les plus importants de la ville. Il est surmonté d'une belle tour hexagonale du 15e s.

Empruntez la venelle à gauche qui débouche sur la rue du Château-du-Roi. Tournez à droite. Prenez à droite après la maison d'arrêt.

Tour du Château du Roi

Des deux tours et des deux corps de bâtiments construits au 14e s. subsiste la puissante tour dite « du Château du Roi ». L'actuelle prison fut autrefois la résidence du gouverneur.

Revenez à la maison d'arrêt, prenez en face et tournez à droite.

Îlot Fouillac

Ce quartier, longtemps insalubre, a fait l'objet d'une vaste opération de réhabilitation. Les immeubles les plus dégradés ont été détruits et une place a été percée, décorée sur son pourtour de **peintures murales**.

Tournez à droite pour rejoindre la rue des Soubirous, à gauche juste avant l'église.

Tour Jean-XXII

Seul vestige du palais de Pierre Duèze, frère de Jean XXII. Haute de 34 m, cette tour (couverte de tuiles à l'origine) est percée de cinq étages de fenêtres géminées.

Église St-Barthélemy

Édifié dans le quartier le plus élevé de la ville, ce bâtiment s'appelait au 13e s. St-Étienne-de-Soubirous, *sancti Stephani de superioribus*, par opposition à la cathédrale, qui occupait le quartier bas : Soubirous vient du latin *superioribus*, qui signifie « plus haut ». Reconstruit en plusieurs étapes, il présente un beau clocher-porche rectangulaire à trois rangs de baies en tiers-point superposées ; ce clocher sans flèche,

SE LOGER

Clos des Dryades (Chambre d'hôte Le) ...... (3)
Deltour Hôtel ...... (6)
Domaine de Labarthe (Chambre d'hôte Le) ...... (8)
Escargot (Hôtel À l') ...... (11)
Poujades (Chambre d'hôte Les) ...... (15)
Vayssade (Chambre d'hôte La) ...... (19)

SE RESTAURER

Au Fil des Douceurs ...... (1)
Dousil (Le) ...... (4)
Garenne (La) ...... (6)
Ô à la Bouche (L') ...... (10)
Terrasse Romantique (La) ...... (14)
Vieux Douelle (Auberge du) ...... (16)

INDEX DES RUES

R. Dr-Bergougnioux 2
R. Lastié 5
R. St-Priest 8
R. St-Urcisse 9

« Au lieu que je déclaire/Le fleuve Lot coule son eau peu claire/Qui maints rochers traverse et environne/Pour aller joindre au droict fil de Garonne./A brief parler, c'est Cahors en Quercy. » Clément Marot.

dont la base est du 14e s., est presque entièrement en brique. La nef, voûtée d'ogives, est de style languedocien. Dans la chapelle la plus proche de l'entrée, à gauche, une plaque de marbre et un buste rappellent que Jean XXII fut baptisé ici. Les émaux cloisonnés qui ornent le couvercle des fonts baptismaux modernes ont pour thème les principaux événements de la vie du pape cadurcien. De la terrasse située à proximité de l'église, on bénéficie d'une jolie vue sur le faubourg de Cabessut et la vallée du Lot.

Rejoignez le boulevard Gambetta et poursuivez vers le nord.

Barbacane et tour St-Jean★ A1

La ligne des remparts, doublée vers 1340, barrait entièrement l'isthme du Lot. De ces fortifications subsistent quelques vestiges : une grosse tour, à l'ouest, abrite une poudrière et l'ancienne porte St-Michel sert d'entrée au cimetière. C'est à l'est, à l'endroit où la D 820 pénètre dans la ville, que s'élèvent les deux plus belles constructions fortifiées : la barbacane, élégant corps de garde qui protégeait la porte de la Barre, et la tour St-Jean (ou tour des pendus) bâtie sur un rocher dominant le Lot.

Sur la place, se trouve le « **Closelet des croisades** » : il compte parmi la vingtaine de jardins aménagés dans la ville.

Info pratique

VISITE THÉMATIQUE

Le parcours, **Les jardins secrets de Cahors★**, matérialisé au sol par des clous en cuivre frappés d'une feuille d'acanthe et ponctué de panneaux expliquant le rapport entre le thème du jardin et les lieux, commence au pont Valentré. Demandez la brochure à l'office de tourisme.

Visiter

Musée de la Résistance, de la Déportation et de la Libération A1

Pl. Bessières - ✆ 05 65 22 14 25 - ♿ - 14h-18h (dernière entrée 1h av. fermeture) - possibilité de visite guidée (1h30) sur demande préalable - fermé 1er janv., 1er Mai, 25 déc. - gratuit.

Ce musée présente la naissance et le développement de la très active Résistance dans le Lot, les déportations et persécutions qui en résultèrent, les combats de la Libération et enfin, l'épopée des Français libres de Brazzaville à Berlin. Sont exposées 18 maquettes d'avions de guerre, et des journaux de l'époque sont mis à la disposition des visiteurs.

Musée Henri-Martin (A1)

792 r. Émile-Zola - ✆ 05 65 20 88 66 - tlj sf mar. 11h-18h, dim. et j. fériés 14h-18h - fermé 1er janv., 1er Mai et 25 déc. - 3 € (6-18 ans 1,50 €), gratuit 1er dim. du mois.

Situé dans l'ancien palais épiscopal, il présente l'œuvre du peintre pointilliste **Henri Martin** (1860-1943) dans une salle, pour beaucoup consacrée au Lot, en particulier à St-Cirq-Lapopie. Par ailleurs, il propose des expositions temporaires de qualité (photographie contemporaine, peintres majeurs du 20e s. ou de nos jours). Enfin, ce musée ne manque pas de ressources : il conserve d'importantes collections archéologiques et historiques relatives au Quercy, présentées par roulement en attendant que l'ensemble des lieux soit aménagé.

Aux alentours

Point de vue de la croix de Magne★ A2

5 km par la sortie ouest. Du pont Valentré, prenez à droite et aussitôt à gauche, puis, juste après l'école d'agriculture, tournez à gauche, ainsi qu'en haut de la montée.

Des abords de la croix, une **vue★** s'offre sur le causse, le cingle du Lot, la ville de Cahors et le pont Valentré.

Point de vue du nord de la ville★

5 km par la rue du Dr-J.-Ségala qui rejoint à droite la D 820 après la tour St-Jean.

De belles vues sur la vallée du Lot et le site de Cahors se découvrent de cette route : la ville ancienne apparaît étagée en amphithéâtre, avec ses clochetons, ses tours crénelées et le pont Valentré.

Point de vue du mont St-Cyr★ B2

7 km par le pont Louis-Philippe, et la D 6 que l'on quitte 1,5 km plus loin pour gagner le mont, en obliquant toujours à gauche.

Du sommet (table d'orientation) se révèle une belle vue sur Cahors : l'opposition entre les quartiers neufs et anciens, que sépare le boulevard Gambetta, artère vitale de la ville, apparaît nettement, tandis que se profile à l'arrière-plan la silhouette du pont Valentré.

Château de Mercuès

6 km au nord-ouest par la D 811.

Autrefois propriété des comtes-évêques de Cahors, le château de Mercuès est aujourd'hui transformé en hôtel. Il occupe un site remarquable au-dessus de la rive droite du Lot. Château fort cité dès 1212, agrandi au 14e et au 15e s., assiégé à plusieurs reprises au cours de la guerre de Cent Ans et pendant les guerres de Religion, devenu demeure de plaisance au 16e s. avec la création de terrasses et de jardins, la résidence des évêques de Cahors a été restaurée au 19e s. Du château, la vue sur la vallée est remarquable.

À l'ouest de Mercuès, la route abandonne un instant la vallée pour traverser une région où abondent la vigne et les arbres fruitiers, puis elle suit les méandres de la rivière.

Plage aux ptérosaures de Crayssac★

11 km au nord-ouest par la D 811. ✆ 05 65 20 86 40.

Vous parcourrez une ancienne carrière, qui fait référence pour les traces d'animaux préhistoriques, notamment de reptiles volants. Il y a 150 millions d'années, ces derniers se posaient sur la plage. Les empreintes de leurs pas n'ont jamais été effacées par les marées. Depuis, le sédiment et la vase se sont faits calcaire. Fossilisées, les empreintes apparaissent dans la lumière rasante des fins d'après-midi. On en découvre tous les jours.

Château de Cieurac

12 km au sud, par la D 6. ✆ 05 65 31 64 28 - www.chateaudecieurac.com - visite guidée (45mn) de déb. juil. à mi-sept. : tlj sf lun. 14h-18h30 ; juin et de mi-sept à fin oct. : w.-end et j. fériés 14h-18h30 - 6 € (enf. 3 €).

Ce château Renaissance fut édifié à la fin du 15e s. sur les bases d'une forteresse du 13e s., par Raymond et Jacques de Cardaillac, seigneurs de St-Cirq-Lapopie. Sous Richelieu, son deuxième étage fut rasé, puis la division Das Reich l'incendia en 1944. Il a été alors complètement restauré et agrémenté de jardins à la française. Dans le parc, subsiste le moulin à vent, le colombier et le four à pain seigneuriaux.

Aujourd'hui, les pièces comportent de superbes **meubles★** de la fin du 15e au 17e s., des tapisseries 16e-17e s. et des tableaux du 17e s. On remarque l'**escalier à vis★** dont tout le dessous est sculpté de façon différente à chaque marche, comme au château de Montal, ainsi que la porte d'entrée très travaillée et refaite selon l'originale.

Circuit de découverte

À LA CONFLUENCE DU CÉLÉ ET DU LOT★★

Circuit de 125 km – comptez une journée. Quittez Cahors par le nord-est en empruntant la D 653, vers Figeac.

Laroque-des-Arcs

Son nom évoque l'aqueduc qui traversait le vallon de Francoulès et alimentait Cahors en eau. Un pont de trois étages supportait l'aqueduc qui transportait sur 20 km l'eau de Vers à Divona (l'antique Cahors). Les consuls de Cahors l'ont fait démolir en 1370. D'une tour perchée sur un rocher, en bordure du Lot, on surveillait le trafic et percevait les péages.

Poursuivez sur la D 653.

N.-D.-de-Vêles

Cette chapelle de pèlerinage, du 12e s., a un beau clocher carré et une abside romane. Son nom, qui signifie « N.-D.-des-Voiles », indique qu'elle était fréquentée autrefois par des mariniers du Lot.

À Vers, continuez à suivre le Lot sur la D 662.

Partant de Conduché, au confluent du Célé et du Lot, la D 41 remonte la vallée, resserrée entre la rivière et la falaise, qui surplombe parfois la route. Le paysage forme un camaïeu de cultures variées où le maïs tend à supplanter le tabac. Les rivières ont patiemment érodé le calcaire des causses pour offrir deux magnifiques vallées.

Cabrerets

Dans un cirque de rochers, Cabrerets occupe une situation privilégiée au confluent de la Sagne et du Célé. En franchissant le pont, se révèle, de la rive gauche du Célé, une belle **vue**★ d'ensemble sur le site du bourg.

En face, les ruines du **château du Diable** ou château des Anglais s'accrochent à la puissante falaise de Rochecourbe, en surplomb, et semblent vouloir écraser le vieux village. Ce nid d'aigle servit de repaire aux pillards des « grandes compagnies » pendant la guerre de Cent Ans.

En aval, en belles pierres blondes, le **château des Gontaut-Biron**★ *(voir Biron)*, des 14e et 15e s., domine la vallée. Une grosse tour d'angle flanque un corps de bâtiment entourant une cour intérieure.

Dans le bourg, rive droite, suivez la D 198.

Grotte du Pech-Merle★★★ *(voir ce nom)*

Peu après Cabrerets, la route D 41 en corniche passe au pied du hameau du Bout du Lieu pour s'accrocher au flanc de hautes falaises.

Fontaine de la Pescalerie

C'est l'un des sites les plus séduisants de la vallée du Célé. D'une paroi rocheuse, toute proche de la route, s'échappe une cascade, résurgence d'une rivière souterraine du causse de Gramat ; à côté, un moulin *(privé)* est blotti au milieu des saules et des peupliers qui protègent ce havre de paix des passages incessants des véhicules.

Poursuivez sur la D 41. 1,5 km après Liauzu, prenez une petite route sur la gauche.

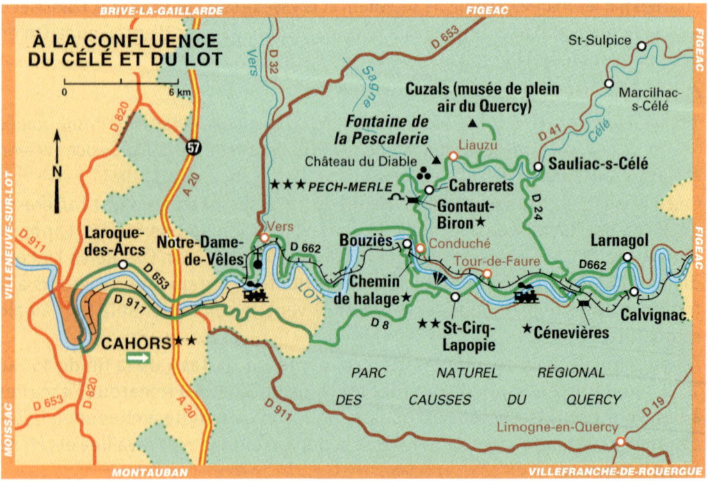

S. Sauvignier / MICHELIN

À hauteur de la première écluse du chemin de halage du Lot, un bas-relief de 15 m de long, œuvre contemporaine de D. Monnier, égaye de poissons et de coquillages la paroi calcaire.

Musée de plein air du Quercy (à Cuzals)

05 65 31 36 43 - visite guidée possible (1h30) - juil.-août : 10h-19h ; mai-juin et sept. : tlj sf lun. et mar. 14h-18h - 4 € (12 ans gratuit).

Sur 50 ha sont évoqués tous les aspects de la vie rurale en Quercy, de l'Ancien Régime à la Seconde Guerre mondiale. Deux **fermes** rassemblent, dans le moindre détail, le mobilier d'époque ; même souci dans l'inquiétant atelier de dentiste 1900 ou encore la chapellerie et la boulangerie d'autrefois. Les présentations d'architectures quercynoises, l'invraisemblable collection d'engins agricoles et les reconstitutions d'ateliers d'artisans forgerons, de tourneurs sur bois retiendront l'attention. L'été, tout ce matériel est remis en marche avec le concours de Lotois venus des communes voisines : la batteuse bat, le moulin moud, le pain cuit dans le four et les attelages de bœufs promènent inlassablement les enfants, le musée prend vie. Chaque dimanche un thème différent est proposé, accompagné d'animations.

Un **sentier d'interprétation** (3 km) a été aménagé pour vous faire découvrir les interventions successives de l'homme sur le milieu caussenard.

Revenez et poursuivez (à gauche) sur la D 41.

Sauliac-sur-Célé

Le vieux village s'accroche à une énorme et imposante falaise colorée. Dans la muraille, on aperçoit encore l'entrée des grottes fortifiées qui servaient, pendant les guerres, de refuge aux habitants de Sauliac. Les plus agiles grimpaient dans les grottes par des échelles, les invalides et les animaux étaient hissés à l'aide de cordes dans de vastes paniers. Le village s'est déplacé au fil des années pour aujourd'hui occuper une partie du méandre du Célé.

À la sortie de Sauliac, prenez à droite la D 24 qui franchit le Célé.

La vallée s'élargit, le fond alluvial se couvre de cultures et de prairies. La route grimpe sur le causse qu'elle traverse pour redescendre sur le Lot.

À St-Martin-Labouval, suivez la rive droite du Lot.

Larnagol

Ancienne possession des rivaux des seigneurs de Gourdon, ce bourg connaît une grande prospérité au 19e s. grâce à l'exploitation du phosphate de chaux, transporté par la rivière. Le village conserve quelques belles façades des 16e et 17e s. Dans le haut du village, le **château** a gardé son donjon à contreforts. Y sont exposées les œuvres de son propriétaire Raymond Subes, décédé en 1970, ferronnier d'art célèbre outre-Atlantique. *05 65 31 27 87 - juin-sept. : vend.-lun. 14h-18h - 4,50 €.*

Quittez Larnagol par le sud en traversant le Lot.

Calvignac

Bâti sur l'autre rive, le village s'accroche à un éperon de la rive gauche. Dès le Moyen Âge, Calvignac s'impose comme l'une des vicomtés du Quercy. Le bourg a conservé de cette importance politique d'alors les vestiges d'un château fort. **Point de vue★** sur la vallée depuis le rocher de la Baume.

Quittez Calvignac par l'ouest en empruntant la D 8.

Château de Cénevières★ *(voir ce nom)*

Traversez le Lot pour rejoindre la D 662 vers St-Cirq-Lapopie.

Du pont de Tour-de-Faure, vous pourrez admirer le site remarquable de St-Cirq-Lapopie qui apparaît, au détour d'une courbe, accroché à sa falaise.

St-Cirq-Lapopie★★ *(voir ce nom)*

Au-delà de St-Cirq, la D 40, taillée dans la falaise au milieu de boqueteaux de chênes, est aménagée en route touristique. Du petit **belvédère du Bancourel** *(voir St-Cirq-Lapopie)* se dégage une très belle **vue★** sur la confluence du Lot et du Célé.

Bouziès

Sur cette rive opposée au village, le **défilé des Anglais** est le plus fameux des « creux fortifiés », bâtis au cours de la guerre de Cent Ans et dont l'accès n'était envisageable qu'avec des échelles de corde. À deux pas, surplombant ce paysage de vallée encaissée, le château Renaissance de Conduché veille sur la confluence des deux rivières.

Chemin de halage du Lot★

6 km jusqu'à St-Cirq-Lapopie. Engagez-vous à droite du parking de la halte nautique. Au bout de 500 m apparaît le spectaculaire « chemin de tire », taillé dans le roc en raison de l'encorbellement de la falaise au-dessus de la rivière. À certains endroits, comme dans cette portion de chemin, le halage des gabarres remontant le Lot avec leur chargement de sel, poisson séché, épices ou plâtre, ne pouvait plus être effectué par les habituels attelages de bœufs ou de chevaux; il fallait faire appel à des tireurs de gré, hommes qui avaient, paraît-il, un tempérament querelleur et dont l'existence était à coup sûr fort âpre. La beauté de la promenade rend difficile à imaginer la souffrance de ces gens qui animaient de leurs cris les berges du Lot.

Revenez sur la D 8 (à droite) pour rejoindre la D 911, à Arcambal, qui ramène à Cahors.

Cahors pratique

Adresse utile

Office de tourisme – *Pl. François-Mitterrand - 46000 Cahors - ✆ 05 65 53 20 65 - www.tourisme-cahors.fr - de mi-juin à mi-sept. : 9h-18h30, sam. 9h-18h, dim. et j. fériés 10h-13h; de déb. mai à mi-juin et de mi-sept. à fin sept. : tlj sf dim. 9h-18h30, sam. 9h-18h; reste de l'année : tlj sf dim. 9h-12h30, 13h30-18h - fermé j. fériés (sf juil.-août, dim. et lun. de Pâques, 8 Mai et jeu. de l'Ascension).*

Visites

Visites guidées de Cahors – *Rens. à l'office de tourisme - 6,50 €(-12 ans gratuit).* Visites-découverte de la ville médiévale (2h) animées par des guides-conférenciers agréés par le ministère de la Culture et de la Communication.

Bateau « Le Valentré » – *Av. des Soupirs - espace les Terrasses-Valentré - quai Valentré - ✆ 05 65 35 98 88 - juil.-août : 11h, 13h30, 15h, 16h, 18h; avr.-juin : 11h, 15h, 16h30; sept.-oct. : 11h, 15h et 16h30 - 8,50 € (enf. 4,50 €).* Ce bateau de croisière propose au départ de Cahors une visite commentée de la ville depuis le Lot. Monuments et histoire sont au programme pendant environ 1h15. Un passage d'écluse ravira particulièrement les enfants. Possibilité de location de petites embarcations à l'heure ou à la journée.

Le Petit Train de Cahors – *✆ 05 65 30 16 55 - dép. du pont Valentré et de l'office de tourisme de Pâques à la Toussaint : ttes les h - 6 € (enf. 3 €).* Circuit commenté 45mn (1h juil.-août).

Se loger

Deltour Hôtel – *Regourd Sud - au nord de Cahors, dir. Paris - ✆ 05 65 30 93 68 - www.deltourhotel.com - fermé 19 déc.-5 janv. - P - 30 ch. 45/53 € - 6 €.* Cet établissement à la sortie de Cahors reste bien dans l'esprit des chaînes économiques telles qu'on les connaît : chambres fonctionnelles, équipements récents, sans trop de recherche en matière de décoration, mais de bonne tenue. On appréciera même la présence de la climatisation et d'une connexion wifi.

Chambre d'hôte Le Clos des Dryades – *46090 Vers - 15 km au nord-est de Cahors par D 653, dir. St-Cirq-Lapopie et D 49 rte de Cours - ✆ 05 65 31 44 50 - www.closdesdryades.com - - 6 ch. et 3 gîtes 46 € - repas 16 €.* Située au milieu des bois, cette maison basse coiffée de tuiles romaines bénéficie d'un calme extraordinaire. Les chambres sont confortables et la vaste piscine permet de se rafraîchir pendant les chaleurs estivales. Également sur place, trois gîtes, tir à l'arc et location de vélos.

Chambre d'hôte Les Poujades – *Flaynac - 46090 Pradines - 5 km au nord de Cahors par D 8 - ✆ 05 65 35 33 36 - - 2 ch. 46 €.* Cette demeure quercynoise, entourée d'un joli jardin très fleuri et arboré, jouit d'un panorama exceptionnel sur le château de Mercuès, le vignoble et les faubourgs de Cahors. Le décor intérieur est sobre mais l'accueil est chaleureux. Un gîte en location.

⊖⊖ **Hôtel À l'Escargot** – *5 bd Gambetta - ✆ 05 65 35 07 66 - www.hotel-escargot.com - fermé vac. de fév., 5-20 nov. et dim. de mi-oct. à mi-mai - 9 ch. 55 € - ☕ 7 €.* Cet hôtel situé à proximité de la tour Jean XXII (Jacques Duèze, originaire de Cahors et élu pape en 1322) occupe les murs de l'ancien palais édifié par la famille du pontife. Il abrite des chambres fonctionnelles au mobilier coloré et une salle des petits-déjeuners rénovée.

⊖⊖ **Chambre d'hôte La Vayssade** – *Au bourg, derrière l'école - 46230 Lalbenque - 15 km au sud de Cahors par D 920 - ✆ 05 65 24 31 51 - www.lavayssade.com - fermé mars, oct. et nov. - 5 ch. 72/83 € ☕ - repas 26 €.* La grange de ce domaine familial, situé à deux pas de la capitale du diamant noir, a été transformée en lieu d'habitation, combinant à merveille le moderne et l'ancien. Les 5 chambres offrent un grand confort, tout en conservant ce mélange agréable. Tonnelle et jolie piscine surplombant les arbres truffiers.

⊖⊖ **Chambre d'hôte Le Domaine de Labarthe** – *46090 Espère - 8 km au nord-ouest de Cahors par D 811 - ✆ 05 65 30 92 34 - www.guidesdecharme.com - ⊠ - réserv. obligatoire - 3 ch. 85/100 € ☕.* Vous serez accueilli en ami dans ce joli domaine agrémenté d'un pigeonnier. Les chambres sont calmes et coquettes ; bouquet de fleurs et biscuits y sont déposés le jour de votre arrivée. Toutes ouvrent sur le jardin et sa piscine : de quoi vous rendre la vie très douce.

Vin de Cahors.

S. Sauvignier / MICHELIN

Se restaurer

⊖ **Le Dousil** – *124 r. Nationale - ✆ 05 65 53 19 67 - dousil@club-internet.fr - fermé 10 j. en fév., 10 j. en oct., dim. et lun. - formule déj. 9,90 € - 6/20 €.* Plus d'une centaine de références s'affichent sur la carte de ce bar à vins situé près des halles. Comptoir en zinc, pierres apparentes, boiseries sculptées : le décor est planté. Dans l'assiette, vous aurez le choix entre des tartines garnies, des charcuteries ou le plat du jour.

⊖ **Au Fil des Douceurs** – *90 quai de la Verrerie - ✆ 05 65 22 13 04 - fermé 1er-21 janv., 26 juin-9 juil., dim. et lun. - 14/50 €.* Vous sentirez à peine le clapotis du Lot à bord de cette gabarre, embarcation qui autrefois transportait le bois jusqu'à Bordeaux. Aujourd'hui, transformée en restaurant et solidement amarrée à proximité du pont Cabessut, vous pourrez y déguster une cuisine traditionnelle.

⊖ **La Terrasse Romantique** – *Haut Bourg - 46160 Calvignac - ✆ 05 65 30 24 37 ou 06 99 72 45 69 - fermé oct. -avr. - 10,80/12,50 €.* Venez goûter le charme de cette demeure du 14e s. au cadre rustique soigné, égayé de tableaux peints par le patron. Par beau temps, la vue sur le Lot depuis la terrasse est saisissante. Salades, crêpes, plats régionaux et la spécialité maison : la cuisse de canard confite à la confiture d'oignons et fruits de la vallée.

⊖⊖ **La Garenne** – *Rte de Brive, à St-Henri - ✆ 05 65 35 40 67 - michel.carrendier@wanadoo.fr - fermé fév., 1er-15 mars, lun. soir et mar. soir et merc. - 20/48 €.* Ce bâtiment de facture typiquement quercynoise servait jadis d'écurie. Murs en pierre, charpente apparente, beaux meubles du pays et vieux objets paysans lui composent un agréable décor rustique. L'atout majeur de La Garenne est toutefois sa goûteuse cuisine qui visite en détail le répertoire régional.

⊖⊖ **L'Ô à la Bouche** – *134 r. Ste-Urcisse - ✆ 05 65 35 65 69 - fermé 10-25 avr., 1er-15 oct., dim. et lun. sf le soir en juil.-août - 25/28 €.* Vieilles pierres et briques procurent un cachet indéniable à ce restaurant où l'on s'abstient de fumer pour mieux savourer une cuisine traditionnelle qui met l'Ô à la Bouche.

⊖⊖ **Auberge du Vieux Douelle** – *46140 Douelle - 8 km à l'ouest de Cahors par D 8 - ✆ 05 65 20 02 03 - www.aubergeduvieuxdouelle.new.fr - fermé sem. de Noël - formule déj. 10 € - 20/45 € - 17 ch. 30/45 € - ☕ 6 €.* Également connue sous le nom « Chez Malique », cette auberge est une véritable institution. Des nappes rouges égayent la salle climatisée, installée dans une belle cave voûtée. Salades, omelette aux cèpes, grillades au feu de bois (d'octobre à avril) et une spécialité maison : la tête de veau. Chambres de bon confort.

Que rapporter

Marché des producteurs de pays du Lot – Merc. et sam., pl. Chapou.

Marché au gras – Sam. matin de nov. à mars, verrière de la halle.

Vin de Cahors – L'office de tourisme met à disposition une carte du vignoble où sont référencées les adresses de producteurs et négociants que vous trouverez également sur le site de l'Union interprofessionnelle des vins de Cahors : **www.vinsdecahors.fr**.

Sports & Loisirs

L'Archipel – *Quai Ludo-Rollès.Complexe Eau et Loisirs - ✆ 05 65 35 05 86/31 38 - www.paysdecahors.fr - 11h-20h - fermé de mi-sept. à mi-juin - 4 € (enf. 2,50 €).* Cette piscine d'été, aménagée sur un îlot, bénéficie de nombreux équipements.

Stade Nautique de Regourd – *Base nautique de Regourd - ✆ 05 65 30 08 02 - fabian.gouthier@free.fr - juil.-août : 15h-19h, w.-end 14h-20h ; juin, sept. : merc., w.-end 14h-19h ; oct.-mai : w.-end et j. fériés 15h-18h - fermé nov.-avr.* Ski nautique, monoski, biski, wake-board, knee-board.

Cap Nature-accrobranche – *Chemin de l'Île - à 3 km de Cahors à l'est par D 8 - 46090 Pradines - ✆ 05 65 22 25 12 ou 06 10 83 04 26 - www.capnature.eu - horaires variables selon calendrier, se renseigner - de 3 à 17 €.* Accessible à tous à partir de 3 ans, ce site propose plusieurs parcours sécurisés, d'une durée de 2 à 5h. Les plus petits pourront s'initier aux jeux d'équilibre à la forêt des lutins tandis que les aventuriers chevronnés partiront à l'assaut des plus hautes branches. Réservation obligatoire.

Événement

Festival de blues – *✆ 05 65 20 87 83 - www.cahorsbluesfestival.com.* Il se déroule à la mi-juil..

Capdenac

1 072 CAPDENACOIS

CARTE GÉNÉRALE C3 – CARTE MICHELIN DÉPARTEMENTS 337 I4 – SCHÉMA P. 215 – LOT (46)

Contrairement à ce que les Capdenacois ont longtemps voulu croire, ce n'est pas dans ce nid d'aigle que s'est réfugiée l'ultime résistance gauloise. À défaut donc de célébration historique, appréciez la vue étendue sur la frontière entre Lot, Cantal et Aveyron.

- **Se repérer** – Par la D 840, Capdenac est à 6 km au sud-est de Figeac. Accès unique au bourg planté à l'extrémité du promontoire.
- **Organiser son temps** – Comptez 1h.
- **Pour poursuivre la visite** – Voir aussi Assier, Figeac et les grottes de Foissac.

Fortifié au Moyen Âge, Capdenac conserve encore le témoignage d'âpres combats.

Comprendre

Controverse – Certains historiens ont voulu y voir l'emplacement de la place forte d'**Uxellodunum**, dernier bastion de la résistance à César. En fait, d'après des recherches récentes et concordantes, il semble qu'elle doive être située au puy d'Issolud *(voir ce nom)* près de Martel. Au début du 19e s., d'importants travaux, notamment ceux des frères Champollion, ont néanmoins prouvé que l'endroit était une cité gallo-romaine. La tradition locale a fait sienne l'explication, décrite dans une charte du 14e s., du nom de Capdenac : il viendrait de la configuration du bourg sur son promontoire en forme de navire. On l'appelle aussi **Capdenac-le-Haut** pour le différencier de son voisin Capdenac-Gare, situé à quelques kilomètres, dans la vallée du Lot.

Une succession de sièges – Capdenac supporta au moins onze sièges au cours de son histoire. Considérée comme l'une des positions clés du Quercy, elle joua un rôle de premier plan au Moyen Âge : dès le 8e s., le roi Pépin le Bref s'empare d'une forteresse située à cet emplacement ; lors de la croisade des Albigeois, Simon de Montfort occupe Capdenac en 1209 et en 1214 ; pendant la guerre de Cent Ans, les Anglais assiègent la ville, s'y installent et en sont délogés par le futur roi Louis XI. Au début du 16e s., l'orgueilleux Galiot de Genouillac *(voir Assier)* acquiert le château. Lors des guerres de Religion, Capdenac devient une place protestante importante.

En 1610, après sa disgrâce, **Sully** s'installe dans une maison du village pour y vivre quelques années.

Se promener

LE BOURG

Remparts

Ils sont les derniers vestiges de l'enceinte et de la citadelle des 13e et 14e s. La porte nord, dite « Comtale », par laquelle on pénètre dans le village, et la porte sud (appelée « Vigane ») subsistent.

Entrez dans le bourg, au milieu de la place Lucterius.

Donjon

Puissante tour carrée, flanquée d'échauguettes d'angle (13e-14e s.). Le donjon abrite le syndicat d'initiative et un petit **musée** évoquant le passé historique et préhistorique de Capdenac. *✆ 05 65 38 32 26 - juil.-août : 9h30-12h30, 14h30-18h30 ; avr.-juin et de déb. sept. à la fin des vac. de Toussaint : se renseigner - possibilité de visite guidée (1h30) de mi-juil. à mi-août - visite aux flambeaux fin juil. et déb. août, se renseigner - 2,50 € (-12 ans gratuit, 12-18 ans 2 €).*

Place Lucterius

De cette place partent les rues de la Peyrolerie et de la Commanderie bordées de maisons à encorbellement, à pans de bois et arcs en ogive. L'église St-Jean, brûlée par deux fois lors des guerres de Religion, a été remaniée au 17e s. À l'extrémité de la place s'ouvre un superbe **panorama★** : la vallée du Lot déploie ses méandres jusqu'à Cahors.

LES FONTAINES

Fontaine des Cent-Marches, dite des Anglais

Mêmes conditions de visite que le musée du Donjon - billet combiné avec le donjon.

Un escalier très en pente de 135 marches creusé dans la falaise au-dessus de Capdenac-Gare mène à deux bassins aménagés dans une grotte. « On dirait l'antre révéré d'un oracle où l'on va chercher sa destinée », s'émerveillait Champollion.

Fontaine romaine, dite de César

À l'entrée nord du village, suivez un sentier sur 50 m.

Une fontaine d'époque gallo-romaine côtoie une autre fontaine, plus ancienne, asséchée, qui passe pour être celle tarie par César.

Capdenac pratique

Voir aussi Figeac.

Adresse utile

Office municipal du tourisme de Capdenac – *Pl. Lucter - 46100 Capdenac-le-Haut - ✆ 05 65 38 32 26 - se renseigner pour les horaires.*

Se loger

Hôtel du Relais de la Tour – *Pl. Lucter - 46100 Capdenac-le-Haut - ✆ 05 65 11 06 99 - www.lerelaisdelatour.fr - 11 ch. 65/91 € - rest. 14/26 €.* Cette maison villageoise du 15e s. entièrement restaurée fait face à une tour carrée médiévale qui surplombe la vallée du lot. Chambres sobrement décorées. Au restaurant, cadre contemporain, murs peints en rouge et cuisine régionale.

Foires et marchés

Foire bio – Juin.

Marchés de nuit – Juil.-août.

Carennac★

386 CARENNACOIS
CARTE GÉNÉRALE C2 – CARTE MICHELIN DÉPARTEMENTS 329 G2 – SCHÉMA P. 190 – LOT (46)

Il semble que rien n'ait changé ici depuis le 18e s. : même architecture typique du nord du Quercy, mêmes murs de calcaire patiné, mêmes portes et fenêtres sculptées, mêmes sobres tuiles plates et brunes, comme grillées par le soleil, et même célébration du grand homme des lieux, Fénelon. La promenade dans les ruelles en surplomb de la Dordogne vous donnera peut-être l'illusion d'avoir échappé au temps.

- **Se repérer** – À 33 km à l'est de Souillac par la vallée de la Dordogne, Carennac se trouve à 22 km au nord de Rocamadour, par le causse.
- **À ne pas manquer** – La troublante mise au tombeau du cloître, l'impressionnant portail de l'église St-Pierre.
- **Organiser son temps** – Comptez 2h environ, sans arrêt pour déjeuner, ni promenade le long de la Dordogne, ni canoë...
- **Pour poursuivre la visite** – Voir aussi Beaulieu-sur-Dordogne, Castelnau-Bretenoux, Curemonte, la vallée de la Dordogne, les grottes de Lacave, le gouffre de Padirac et Rocamadour.

Comprendre

Fénelon à Carennac – Le prieuré-doyenné, fondé au 10e s. et rattaché au siècle suivant à l'abbaye de Cluny, doit sa célébrité aux longs séjours qu'y fit François de Salignac de La Mothe-Fénelon (1651-1715) avant de devenir archevêque de Cambrai. Encore étudiant à Cahors, Fénelon aime passer ses vacances chez son oncle, le prieur doyen. En 1681, ce dernier meurt, le jeune abbé lui succède et reste titulaire du prieuré pendant quinze ans. Il s'est plu à relater les festivités qui ont marqué son arrivée par bateau et son installation en tant que prieur. La tradition veut que Fénelon ait composé son *Télémaque* à Carennac. Cet ouvrage n'aurait été au départ qu'un exercice littéraire, avant de devenir un livre instructif à l'attention du duc de Bourgogne, petit-fils de Louis XIV, dont l'illustre prélat écrivain était devenu le précepteur.

Se promener

LE VILLAGE

Depuis Fénelon, le cadre a gardé tout son charme. Supprimé en 1788 par un arrêt du Conseil du roi, le prieuré fut mis aux enchères et vendu en 1791. Des anciens remparts, il ne reste qu'une porte fortifiée et, des bâtiments, le château et la tour du prieur.

Franchissez la porte fortifiée.

Château

Attenant à l'église St-Pierre, cet édifice du 16e s. est composé d'un corps de logis flanqué de tourelles d'angle et d'une galerie construite au-dessus des chapelles gothiques de l'église *(voir « Visiter »)*. L'austère façade domine la Dordogne et l'**île de Calypso**.

L'île Barrade a reçu ce nom en hommage à Fénelon et on montre une tour du village appelée « tour de Télémaque » dans laquelle aurait été écrit ce chef-d'œuvre.

Église St-Pierre

Cette église romane est précédée d'un porche orné d'un beau **portail★** sculpté du 12e s. dont le tympan s'apparente par sa facture à ceux de Beaulieu, de Moissac, de Collonges et de Cahors : au centre de

S. Sauvignier / MICHELIN

De sa mandorle, le beau Christ roman de l'église St-Pierre bénit.

la composition, le Christ en majesté, dans une mandorle symbolisant la gloire de Dieu, la main droite levée en signe de bénédiction, est encadré par les symboles des quatre évangélistes. De chaque côté, les apôtres sont disposés sur deux registres superposés, tandis que deux anges prosternés figurent au registre supérieur. Ce tympan est encadré de petits animaux. La suite de ce bestiaire se retrouvait autrefois sur un bandeau saillant qui doublait l'arc du porche : un chien et un ours subsistent à gauche.

À l'intérieur, les chapiteaux archaïques de la nef sont ornés d'animaux fantastiques, de feuillages ou de scènes historiées.

Longez le château qui surplombe la Dordogne et l'île Calypso. Prenez la première rue à gauche.

Un petit jardin public s'ouvre sur une ravissante **chapelle romane**. En face, une maison du 16e s. à fenêtre d'angle.

Prenez sur la droite pour contourner l'ancien prieuré et revenez devant le château.

Une bretèche domine encore le pont de Carennac. Elle aurait servi de tour de harangue. De l'autre côté du pont, une autre tour du 16e s. toise de ses quatre étages un embarcadère.

Visiter

Espace patrimoine – château des Doyens

Escalier à gauche du portail. ✆ 05 65 33 81 36 - juil.-sept. : tlj sf lun. 10h-12h, 14h-18h ; de Pâques à fin juin et de déb. oct. à la Toussaint : tlj sf lun. et w.-end 10h-12h, 14h-18h ; reste de l'année : tlj sf w.-end et lun. visite sur demande préalable, j. fériés se renseigner - gratuit.

Les trois étages du château accueillent un centre d'interprétation qui présente le Pays d'art et d'histoire de la vallée de la Dordogne dans son parcours lotois. Une **maquette**, animée par des jeux de lumière et une projection, couplés à du son, évoque la vallée de la Dordogne de Biards à Souillac. Les autres salles, équipées de moyens audiovisuels, abordent divers sujets : le patrimoine, la géologie, la faune et la flore, l'histoire de l'art et de la navigation, la préhistoire (projection en 3D).

Attenants au parc du château, le **musée des Alambics** et l'**Aromathèque** proposent outre une visite commentée, une démonstration de distillation de lavandin en saison. *✆ 05 65 10 91 16 - sur demande préalable 10h-18h, w.-end 10h-19h - gratuit.*

Cloître

En quittant l'église, engagez-vous au fond de la cour du prieuré. ✆ 05 65 10 97 01 - juil.-août : 10h-13h (dernière entrée 15mn av. la fermeture de l'office de tourisme), 14h-19h ; mai-juin et sept. : tlj sf dim. 10h-12h30, 14h-18h30 ; mars-avr. et oct. : tlj sf dim. 10h-12h, 14h-18h ; reste de l'année : tlj sf dim. et j. fériés 10h-12h, 14h-17h - fermé vac. scol. de Noël - 2,50 € (enf. 0,80 €).

Il comprend une galerie romane accolée à l'église et trois belles galeries de style flamboyant. Un escalier mène à la terrasse. Donnant sur le cloître, la salle capitulaire abrite une remarquable **Mise au tombeau★** du 15e s. Le Christ est étendu entre deux disciples, Joseph d'Arimathie, à ses pieds, qui a obtenu de décrocher son corps de la croix, et le pharisien Nicodème, à sa tête ; derrière, la Vierge est soutenue par l'apôtre Jean et Marie Cléophas ; Marie-Madeleine essuie ses larmes, Marie Salomé prie à sa gauche. Les attitudes sont sobres, le rendu réaliste.

Circuit de découverte

LA VALLÉE DE LA DORDOGNE LOTOISE★★★ 1

Ce circuit de 85 km au départ de Souillac (voir Vallée de la Dordogne) passe par Carennac.

Carennac pratique

Voir aussi vallée de la Dordogne.

Adresse utile

Office de tourisme – *Cour du Prieuré - 46110 Carennac - 05 65 10 97 01 - www.tourisme-carennac.com - juil.-août : 10h-13h, 14h-19h ; mai-juin et sept. : tlj sf dim. 10h-12h30, 14h-18h30 ; mars-avr. et oct. : tlj sf dim. 10h-12h, 14h-18h ; reste de l'année : tlj sf dim. et j. fériés 10h-12h, 14h-17h - fermé vac. scol. de Noël.*

Visite

Visite guidée de la ville – *Rens. à l'office de tourisme.* Carennac, au sein du **Pays d'art et d'histoire de la vallée de la Dordogne lotoise**, propose des visites découvertes (1h30) animées par des guides conférenciers agréés par le ministère de la Culture et de la Communication.

Se loger

Hostellerie Fénelon – *46110 Carennac - 05 65 10 96 46 - www.hotel-fenelon.com - fermé 6 janv.-20 mars, 17 nov.-20 déc., sam. midi, lun. midi sf juil-août et vend. - P - 15 ch. 54/66 € - 10 € - rest. 23/50 €.* Grande maison quercynoise à l'ambiance familiale, où vous préférerez les chambres offrant une vue sur le cours de la Dordogne. Poutres et pierres, cheminée et objets paysans font le cachet de la salle à manger largement ouverte sur la campagne ; on y sert des plats traditionnels et du terroir.

Que rapporter

Marché des producteurs de pays – Mar. à partir de 17h en juil.-août.

Marché de la reine-claude dorée de Carennac – Le 1er lun. d'août (fruits frais et confitures).

Château de Castelnau-Bretenoux★★

CARTE GÉNÉRALE C2 – CARTE MICHELIN DÉPARTEMENTS 337 G2 – SCHÉMA P. 336 – LOT (46)

« À plus d'une lieue à la ronde, c'est, écrit Pierre Loti, le point marquant… la chose qu'on regarde malgré soi de partout : cette dentelure de pierres de couleur sanguine, émergeant d'un fouillis d'arbres, cette ruine posée en couronne sur un piédestal garni d'une belle verdure de châtaigniers et de chênes. » À la lisière septentrionale du Quercy, la masse triangulaire du château s'élève sur un éperon qui domine le confluent de la Cère et de la Dordogne. L'importance de son système de défense en fait l'un des plus beaux exemples de l'architecture militaire du Moyen Âge.

- **Se repérer** – Situé à 3 km de Bretenoux par la D 14, dans le village de Prudhomat, le château se trouve à 41 km à l'est de Souillac et à 55 km au nord de Figeac.
- **Se garer** – Grand parking relativement ombragé au pied du village.
- **À ne pas manquer** – Les vues sur le château depuis la D 14, la D 43 et la route de Félines.
- **Organiser son temps** – Comptez 2h en saison, car il y a foule (salle d'attente agréablement fraîche).
- **Pour poursuivre la visite** – Voir aussi le château de Montal, Beaulieu-sur-Dordogne, Curemonte, Carennac, la vallée de la Dordogne, le gouffre de Padirac et St-Céré.

Info pratique

Voir aussi gouffre de Padirac.

Adresse utile

Office de tourisme – *Av. de la Libération - 46130 Bretenoux - www.ot-bretenoux.com - 05 65 38 59 53 - juil.-août : 9h30-12h30, 14h30-18h30, dim. et j. fériés 10h-13h ; reste de l'année : tlj sf dim. et j. fériés 10h-12h, 14h-18h.*

Comprendre

L'œuf de Turenne – Dès le 11e s., les barons de Castelnau sont les plus puissants seigneurs du Quercy ; ils ne prêtent hommage qu'aux comtes de Toulouse et s'appellent fièrement les « seconds barons de la chrétienté ». En 1184, Raymond de Toulouse donne au vicomte de Turenne la suzeraineté de Castelnau ; le baron n'accepte pas l'humiliation et fait hommage à Philippe Auguste. Une guerre sans merci éclate alors entre Turenne et Castelnau ; le roi Louis VIII intervient, et son arbitrage tranche en faveur de Turenne. Bon gré mal gré, le baron s'incline. Redevance toute symbolique, Castelnau devra apporter à son suzerain… un œuf. Aussi, tous les ans, en grande pompe, un attelage de quatre bœufs transportait-il à Turenne un œuf frais pondu.

Visiter

Château fort

✆ 05 65 10 98 00 - juil.-août : 9h30-19h ; mai-juin : 9h30-12h30, 14h-18h30 ; sept.-avr. : 10h-12h30, 14h-17h30 - fermé mar. (oct.-mars), 1er janv., 1er Mai, 1er et 11 Nov., 25 déc. - 6,50 € (-18 ans gratuit), 10 € billet combiné avec le château de Montal.

C'est autour d'un puissant donjon, élevé au 13e s., que se développe, au cours de la guerre de Cent Ans, le vaste château fort doté d'une enceinte fortifiée. Laissé à l'abandon au 18e s., il subit diverses déprédations lors de la Révolution. Incendié en 1851, il est habilement restauré de 1896 à 1932 grâce à la passion de **Jean Mouliérat** pour cet édifice. Cet enfant du pays, devenu un célèbre chanteur d'opéra-comique, acheta le château en 1896 et consacra sa fortune à sa restauration. Il en fit don à l'État en 1932.

Extérieur – Il se présente sous la forme d'un triangle irrégulier flanqué de trois tours rondes et de trois autres en demi-saillie sur les côtés. Trois enceintes concentriques en défendent les approches, tandis qu'une allée d'arbres remplace les anciens remparts. Les douves, larges et profondes, ne furent jamais remplies d'eau. Des remparts se développent une large **vue★** : au nord, les vallées de la Cère et de la Dordogne ; au nord-ouest, à l'horizon, le château de Turenne ; à l'ouest, le cirque de Montvalent ; au sud-ouest et au sud, le château de Loubressac et le vallon d'Autoire.

La cour d'honneur, où se dressent une haute tour carrée et le logis seigneurial, bâtiment rectangulaire encore appelé auditoire, permet de mesurer d'un coup d'œil les vastes proportions de cette forteresse qui pouvait abriter cent chevaux et une garnison de 1 500 hommes.

Intérieur – En plus d'un dépôt lapidaire, comprenant les chapiteaux romans de Ste-Croix-du-Mont en Gironde, les nombreuses pièces du château retiennent l'attention par leur décoration et leur ameublement néomédiévaux que l'on doit à Jean Mouliérat.

L'ancienne salle des états généraux du Quercy est éclairée de grandes fenêtres, la salle des Étains et des faïences ainsi que le grand salon sont ornés de tapisseries d'Aubusson et de Beauvais ; l'oratoire conserve des vitraux du 15e s. et un retable espagnol de la même époque figurant le martyre de saint Barthélemy.

Quittez le château, puis engagez-vous à gauche pour descendre sur la collégiale.

Collégiale St-Louis

Élevée par les seigneurs de Castelnau en 1460, bâtie aussi en belles pierres rouges ferrugineuses, elle se dresse en contrebas du château. À proximité subsistent quelques-uns des logis des chanoines. À l'intérieur, la chapelle des seigneurs présente une belle **voûte** quadripartite dont la clef porte les armes des Castelnau. Important mobilier dont les pièces maîtresses sont dans le chœur. Il s'agit de deux œuvres en pierre polychrome du 15e s. : une Vierge de majesté et un Baptême du Christ.

J. Damase / MICHELIN

Le château de Castelnau-Bretenoux domine le confluent de la Cère et de la Dordogne.

Château de Castelnaud★★

CARTE GÉNÉRALE B3 – CARTE MICHELIN DÉPARTEMENTS H7 – SCHÉMA P. 192
DORDOGNE (24)

Beynac côté français, Castelnaud côté anglais. Les deux châteaux qui se font face résument bien les interminables confrontations qui ont opposé ces deux solides forteresses. Le premier trône sur sa falaise, le second lui répond par une position particulièrement stratégique à la confluence des vallées du Céou et de la Dordogne. Si quelques rivalités peuvent subsister, le château de Castelnaud aujourd'hui restauré n'a plus d'assauts à repousser, et accueille bien volontiers les visiteurs pour leur conter le Moyen Âge.

- **Se repérer** – À 16 km au sud de Sarlat, 25 km à l'est de Belvès et 5 km au sud de Beynac, le village de Castelnaud est longé par la D 57.
- **Se garer** – Pour stationner, contournez le village et suivez les panneaux qui mènent à un parking payant situé en contre-haut du village.
- **À ne pas manquer** – Le point de vue ; la visite guidée par une actrice ; les animations estivales.
- **Organiser son temps** – Comptez 1h pour la visite guidée, ou la journée avec les animations et ateliers.
- **Avec les enfants** – Nombre d'animations leur sont dédiées.
- **Pour poursuivre la visite** – Voir aussi Belvès, Beynac-et-Cazenac, Domme, la vallée de la Dordogne, les jardins de Marqueyssac, La Roque-Gageac et Villefranche-du-Périgord.

J. Damase / MICHELIN

Voici toute la forteresse médiévale, avec son donjon à mâchicoulis, son enceinte, son corps de logis… et sa basse-cour.

Comprendre

Une litanie d'occupants – Ayant embrassé la foi cathare, les premiers occupants, Bertrand de Casnac et sa famille, sont chassés par Simon de Montfort en 1214. Un demi-siècle plus tard, le château passe entre les mains des Anglais : Saint Louis le cède au roi d'Angleterre Henri III. Pendant la guerre de Cent Ans, alors que le château de Beynac, tout proche, reste fidèle à la fleur de lys, celui de Castelnaud change de mains, tantôt anglais, par l'entremise de Nompar de Caumont, seigneur du lieu, tantôt français. Charles VII reprend la forteresse en 1442, chassant définitivement les Anglais. Transformé en carrière de pierre au 19e s., il sert encore d'abri à quelques résistants lors de la Seconde Guerre mondiale.

Visiter

Château - Musée de la Guerre au Moyen Âge

✆ 05 53 31 30 00 - www.castelnaud.com - juil.-août : 9h-20h ; avr.-juin et sept. : 10h-19h ; fév.-mars et du 1er oct. au 12 nov. : 10h-18h ; reste de l'année : 14h-17h, vac. scol. de Noël : 10h-17h - 7,60 € (10-17 ans 3,80 €), tarif réduit avant 13h en juil.-août ; 13 € (10-17 ans 6,50 €) billet combiné avec les jardins de Marqueyssac.

Gros donjon carré, mâchicoulis, enceintes aveugles : le château de Castelnaud est sans conteste fidèle aux représentations du château médiéval qui couvrent nos livres d'histoire. Il a évolué au cours des siècles : aux éléments défensifs du 13e s. se sont ajoutés une barbacane et un corps de logis au 15e s., une tour d'artillerie et un châtelet au 16e s. Une reconstitution des **hourds**, remplacés plus tard par les mâchicoulis, ainsi que des montages audiovisuels permettent de mieux imaginer les tactiques de combat de ce temps et, dans une petite salle, une **maquette** retrace le siège de Castelnaud en 1442 lorsque Charles VII, roi de France, entreprit de chasser définitivement les Anglais.

Le château est entièrement consacré à l'**art de la guerre au Moyen Âge**. Au fil de la visite est présentée une grande variété d'objets de guerre : canons des 15e et 16e s. dans la salle d'artillerie ; arcs, arbalètes et panoplie défensive de l'archer dans la salle basse du donjon ; catapulte, bélier, trébuchet... dans la salle des engins de siège ; épées du 15e au 17e s. dans la salle des épées. Dans une autre salle est reconstitué l'**atelier d'un batteur d'armures**, « l'homme à tout fer ». Une salle en libre accès permet de consulter des bandes dessinées et des ouvrages sur le thème du Moyen Âge.

Des reconstitutions de **machines de guerre** sont positionnées sur la plateforme du bastion qui domine la Dordogne. Lors des sièges, aux techniques de sape des enceintes s'ajoute l'emploi de plus en plus fréquent d'armes de jet. Le fonctionnement de ces éléments repose sur un système de tendeurs et de contrepoids. Ainsi, au début du 13e s., le **trébuchet** peut projeter des boulets de 100 kg par-dessus les murailles. La bricole (ou perrière) expédie des projectiles d'environ 5 kg à une quarantaine de mètres. Au 15e s., ces armes d'emploi précaire sont petit à petit remplacées par l'artillerie à feu.

Enfin, de la terrasse du château, la vue se porte sur la vallée du Céou : de son extrémité, à l'est, se développe un **panorama★★** remarquable sur l'un des plus beaux paysages de la vallée de la Dordogne.

Info pratique

Voir aussi vallée de la Dordogne.

Visites

Visite costumée du château – *Juil.-août : tlj sf w.-end - réserv. conseillée (accueil du château).* Une visite costumée est proposée à partir de 20h15. L'histoire des lieux est évoquée par un personnage historique tout au long d'un parcours à travers les salles du château.

Animations médiévales – *Juil.-août : tlj sf sam. 11h30-17h30 - s'adresser au château.* Le chevalier Bertrand d'Abzac et son fidèle valet vous apprennent à manier les armes offensives et défensives du Moyen Âge. Vous verrez que vêtu de la cotte de mailles, ça n'est pas si facile que ça !

Aux alentours

Maison terre-enjeux

À Castelnaud-la-Chapelle. Dans la montée vers le château. 05 53 29 27 43 - www.terre-enjeux.fr - de mi-mars à mi-nov. : 10h-19h - possibilité de visite guidée sur demande en juil.-août - gratuit, 5 € visite guidée (-6 ans gratuit).

Après une suite de panneaux et de maquettes consacrés à l'explication du fonctionnement de la Terre et à ses maux, la visite se poursuit par un chemin de découverte. Des maquettes extérieures illustrent des solutions concrètes pour diminuer notre impact sur la biosphère.

Écomusée de la Noix du Périgord

Ferme de Vielcroze - 24250 Castelnaud - 05 53 59 69 63 - de Pâques à la Toussaint : 10h-19h - fermé le reste de l'année - 4 € (10-17 ans 3 €).

Dans une ferme restaurée, expositions et parcours didactique aideront petits et grands à découvrir la culture du noyer et ses utilisations possibles. Boutique (noix, huile, gâteaux, etc.), sentier de promenade dans l'immense noiseraie entourant l'écomusée, aire de pique-nique. Pressage de l'huile de noix les mardis et jeudis en juillet et août.

Caussade

6 268 CAUSSADAIS
CARTE GÉNÉRALE C4 – CARTE MICHELIN DÉPARTEMENTS 337 F7 – TARN-ET-GARONNE (82)

Les bêtises sont de Cambrai, les parapluies de Cherbourg, la dentelle de Calais et les chapeaux de paille de… Caussade. Sont ici en effet produits près des deux tiers de ceux fabriqués en France, ce qui explique que tout, dans la ville, fasse référence à cette activité. Et Caussade elle-même ? À une position frontière entre les causses du Bas-Quercy et la riche plaine de la Garonne, elle combine une relative prospérité et une architecture sinistrée par les guerres anciennes.

- **Se repérer** – Caussade est à 50 km au sud de Cahors, à proximité de l'A 20, près de Caylus et de Montauban. Bien que la ville soit contournée par la nationale et l'autoroute, la circulation peut y être intense.
- **À ne pas manquer** – Les Estivales du chapeau, en juillet.
- **Organiser son temps** – Comptez 1h pour la ville et ses alentours.
- **Pour poursuivre la visite** – Voir aussi Montpezat-de-Quercy, St-Antonin-Noble-Val et Caylus.

P. Blot / MICHELIN

Au cours des siècles, Caussade a payé au prix fort sa position géographique. Les guerres de Cent Ans et de Religion ont eu raison de son patrimoine architectural.

Se promener

Place forte protestante lors des guerres de Religion, Caussade est reconquis par les catholiques qui y implantent un couvent de récollets en 1683. Les remparts sont rasés au 18e s. Au 19e s., et encore au milieu du 20e s., la ville est un centre important de l'industrie du chapeau de paille. Les fluctuations de la mode ont recadré son activité des canotiers d'antan aux casquettes de plage.

L'**église**, reconstruite à la fin du 19e s. par l'architecte toulousain Gabriel Bréfeil dans le style gothique, a conservé un clocher octogonal de style toulousain, en briques roses, dont les trois étages sont surmontés d'une flèche à crochets. En face se trouve la **tour d'Arles** du 13e s.

Près de l'église, le **quartier ancien** abrite quelques vieilles demeures des 17e et 18e s.

Aux alentours

N.-D.-des-Misères

13 km au sud-ouest par la D 820, puis la D 40.

Dominant la vallée de l'Aveyron, la chapelle, fondée en 1150, est coiffée d'un séduisant clocher octogonal à deux étages ajouré de baies géminées d'allure romane (16e s.).

Puylaroque

14 km au nord-est par la D 17.

Bastide du Bas-Quercy, Puylaroque groupe ses maisons aux toits très plats au sommet d'une colline dominant les vallées de la Candé et de la Lère. Près de l'église, dont le massif clocher carré est accolé au portail principal, les rues étroites du bourg ont conservé des maisons (13e-14e s.) à encorbellements et à pans de bois.

Des esplanades, notamment celle proche de l'église, on découvre des **vues** étendues sur les doux vallonnements de la campagne quercynoise, les plaines de Caussade et de Montauban.

Info pratique

Voir aussi Montpezat-de-Quercy.

Adresse utile

Office de tourisme – *11 r. de la République - 82300 Caussade - 05 63 26 04 04 - juil.-août : 9h30-12h30, 14h30-18h30, dim. et j. fériés 10h-12h30 ; reste de l'année : tlj sf. w.-end 9h30-12h30, 13h30-17h30, j. fériés (en sem.) 10h-12h30.*

Événement

Les **Estivales du chapeau** se déroulent pendant 5 jours à la mi-juillet.

Caylus

1 526 CAYLUSIENS

CARTE GÉNÉRALE C4 – CARTE MICHELIN DÉPARTEMENTS 337 G6 – TARN-ET-GARONNE (82)

Des maisons à colombages, un clocher en position dominante, un château fort en ruine, surtout un extraordinaire Christ sculpté par Zadkine, le tout accroché aux pentes de la vallée de la Bonnette, entre Tarn et Rouergue : voici Caylus. Aux alentours, les paysages arides du causse de Limogne, parsemés de dolmens, de champs de lavande ou d'une rare phosphatière, se prêtent à la randonnée.

Se repérer – Situé à 60 km au sud-est de Cahors et à 62 km au sud-ouest de Figeac, Caylus est accessible depuis Limogne-en-Quercy via de belles départementales (D 19, D 52 et D 33).

À ne pas manquer – Le Christ de Zadkine dans l'église ; l'imposante halle ; la vie animale préhistorique vue au travers des phosphatières du Cloup-d'Aural.

Organiser son temps – Comptez 2h pour la ville, une demi-journée pour le circuit de découverte.

Avec les enfants – Rendez-vous aux Escaliers du temps pour découvrir d'anciennes phosphatières.

Pour poursuivre la visite – Voir aussi l'abbaye de Beaulieu-en-Rouergue, Caussade, Najac et Montpezat-de-Quercy.

Le saviez-vous ?

Aussi loin que remonte la mémoire du bourg, Caylus est associé au mot latin *castrum*, le château, qui donna en occitan *cailar* ; la terminaison en « us » est une forme diminutive, péjorative pour certains. Caylus fut appelé aussi Caylus de Bonnette, du nom de la rivière qui coule à ses pieds.

Le bourg de Caylus accueillit quelque temps un hôte qui laissa son empreinte dans la région : le sculpteur **Ossip Zadkine** (1890-1967). L'artiste se réfugia au village pour échapper aux nazis avant de gagner les États-Unis où il demeura jusqu'en 1945 *(voir Les Arques)*.

Se promener

Halle

Elle siège au milieu de la place de la Mairie, témoignant, à l'image de ses imposantes dimensions, du rôle commercial qu'avait Caylus sous l'Ancien Régime. Elle a conservé ses vieilles mesures à grains taillées dans la pierre.

Rue Droite

Partant de la place de la Mairie, la rue Droite est bordée de belles maisons médiévales, en particulier la fameuse « maison des Loups » (13e s.) dont la façade est ornée de quatre gargouilles en forme de loups prêts à bondir sur le passant.

Au bout de la rue Droite, église St-Jean-Baptiste.

Église

Autrefois fortifiée, elle est épaulée de lourds contreforts surmontés de mâchicoulis. Au-delà de la nef unique du 14e s., près du chœur se dresse un gigantesque **Christ★** en bois d'ormeau exécuté en 1954 par **Ossip Zadkine**, une œuvre à la fois saisissante, pathétique et émouvante où l'absence de croix exacerbe la perception de la souffrance. L'artiste aurait offert ce Christ à la commune en témoignage de sa reconnaissance après son séjour caylusien. Les vitraux du chœur, qui datent du 15e s., ont été patiemment restaurés.

J. Damase / MICHELIN

C'est par le sud-ouest que vous bénéficierez de la meilleure vue sur Caylus.

Circuit de découverte

LE CAUSSE DE LIMOGNE

Circuit de 55 km – comptez une demi-journée. Quittez Caylus par la D 19 au nord.

Ce paysage doucement vallonné est assez sauvage. Sur un sol calcaire dur à cultiver, quelques champs, mais surtout de l'herbe rase et des genévriers, des bois de chênes et des prairies où paissent les moutons. Des murets de pierres séparent les parcelles et des « **gariottes** » (abris de berger) ou « **caselles** » (abris pour les animaux ou de remise à outils) surgissent ici ou là.

N.-D.-des-Grâces

Lieu de pèlerinage, cette chapelle de style gothique flamboyant, coiffée d'un toit de lauzes, s'ouvre par un beau portail sculpté et ciselé. Bâtie à l'extrémité d'un promontoire, la chapelle N.-D.-des-Grâces embrasse une vue étendue sur la vallée de la Bonnette et les collines boisées entrecoupées de prairies.

Poursuivez sur la D 19.

Lacapelle-Livron

Ce village aux maisons couvertes de lauzes a conservé les vestiges d'une **commanderie de Templiers** qui, après 1307, passa à l'ordre de Saint-Jean-de-Jérusalem (l'ordre de Malte) jusqu'à la Révolution. C'est actuellement un manoir fortifié dominant la Bonnette, avec une cour centrale conservant le plan original de la commanderie. Au sud, sa petite **église-forteresse** romane est veillée par un puissant clocher-donjon dont subsistent les consoles du chemin de ronde. Elle fait face au réfectoire devenu salle des gardes.

Poursuivez sur la D 19.

Château de St-Projet

✆ 05 63 65 74 85 ou 06 83 97 19 63 - www.saint-projet.com - visite guidée (45mn) - juil.-oct. : w.-end 14h-19h, sur demande préalable le mat. - 5 € (enf. 4 €).

Construit sur un tumulus gallo-romain à la fin du 13e s., il hébergea en 1595 la **reine Margot** et son amant recherchés par les armées d'Henri IV. Après leur départ, la chambre telle quelle fut murée et elle fut découverte par hasard en 1990. En 1622, Louis XIII y fit également étape.

À Beauregard, prenez à droite la D 55.

Prieuré de Laramière

✆ 06 80 88 13 13 - www.laramiere.new.fr - visite guidée (1h30) de déb. juil. à mi-sept. : 10h30, 14h30 et 16h - fermé mar. - 5 € (-15 ans gratuit).

Il fut fondé en 1148 par le moine itinérant Bertrand de Grifeuille, de l'ordre des Augustins, également fondateur, quelques années plus tard, du prieuré d'Espagnac-Ste-Eulalie. Les bâtiments élevés aux 12e et 13e s. formaient un quadrilatère, mais une partie d'entre eux fut démolie pendant les guerres de Religion. Au milieu du 17e s., les jésuites s'y installèrent et élevèrent la maison du régisseur. La visite des bâtiments restaurés permet de voir les voûtes de la chapelle, la salle romane qui accueillait les pèlerins de St-Jacques-de-Compostelle et surtout la **salle capitulaire** voûtée et peinte de décors géométriques, ainsi que des chapiteaux à l'effigie de Saint Louis et de Blanche de Castille. Sur le mur sud de l'église, des enfeus abritaient les tombeaux des donateurs Hugues de La Roche et sa femme. La rivière Rausel est absorbée par le causse, sous le prieuré. Elle ressort par le gouffre de Lantouy, près de Cajarc.

Revenez vers Beauregard, à 2,5 km.

Dolmen de la Peyre Levade

Bien dégagé, c'est l'un des plus beaux dolmens du Quercy (qui en compte près de 800) et sans doute l'un des plus lourds : on estime son poids à 25 tonnes ! Une cupule, sorte de bassin de 40 cm de diamètre, est creusée dans la table.

Beauregard

Cette bastide, édifiée sur un ancien bourg, a conservé le tracé d'origine de ses rues à angle droit. Sur la place centrale s'élève une **halle** du 14e s. dont les piliers trapus supportent une solide charpente et sa belle couverture de lauzes ; creusées dans la pierre, des **mesures à grains** témoignent de l'activité économique exercée jadis dans cette cité gouvernée par des consuls. Sur le parvis de l'église se dresse un beau **calvaire** qui daterait du 15e s.

Poursuivez sur la D 55, puis prenez à gauche la D 19 en direction de Varaire. Tournez à gauche avant Bach.

Les Escaliers du temps – Phosphatières du Cloup d'Aural★

✆ 06 03 93 45 91 - www.phosphatieres.com - visite guidée (50mn) accompagnée d'une visite libre (30mn) juil.-août : 11h-18h ; vac. Pâques et Toussaint : 15h et 16h30 ; mai-juin et sept.-oct. : merc., w.-end et j. fériés 15h et 16h30 (18h en juin) ; nov.-mars : sur demande - 6,50 € (6-14 ans 4 €).

Dans une cavité évidée, cet ancien site d'exploitation des phosphates présente un double intérêt. S'il conte en effet l'histoire de la découverte et de l'extraction industrielle du **phosphate** (résultat de la transformation du phosphore des cadavres d'animaux, utilisé comme engrais), il est aussi et surtout un véritable livre ouvert sur la « mégafaune » de l'ère tertiaire (hyènes et félins géants, rhinocéros, chevaux primitifs...). Sur le plateau calcaire à la végétation clairsemée, très fissuré et perméable à l'eau, des infiltrations avaient creusé des cavités où se sont accumulés des cadavres d'animaux. Les fossiles qu'ils sont devenus sont des instantanés des différentes époques de cette ère. Les silhouettes reconstituées de ces animaux ponctuent le site.

À Bach, tournez à gauche dans la D 22, poursuivez sur la D 85 qui ramène à Caylus.

Caylus pratique

Adresse utile

Office de tourisme – *R. Droite - 82160 Caylus - ✆ 05 63 67 00 28 - juil.-août : 9h30-12h30, 14h30-18h30, dim. et j. fériés 10h-12h30, 15h-17h30 ; avr.-juin et sept. : tlj sf dim. et lun. 9h30-12h30, 14h-18h ; janv.-mars et oct.-déc. : tlj sf dim. et lun. 9h30-12h30, 14h30-17h30, jeu. 9h30-12h30.*

Se restaurer

⊜⊜ **Au Rince Cochon** – *14 r. de Cénevières - 46260 Limogne-en-Quercy - au nord de Caylus, 20 km par D97 rte de Puylagarde et D 24 - ✆ 05 65 23 87 20 - www.rince-cochon.com - fermé lun., mar. en hiver et merc. - 18/23 €.* La pergola rafraîchit les repas aux beaux jours, mais on pourra aussi se laisser tenter par le charme simple de la salle à manger de ce restaurant, dans le plus pur style bistrot. Côté cuisine, en revanche, le chef signe une carte proche du gastronomique avec des plats mijotés. Une étape douce pour le palais.

⊜⊜ **Ferme-auberge des 4 gîtes** – *Château de Couanac - 46260 Varaire - 20 km au nord de Caylus - ✆ 05 65 31 52 32 - www.lotvalleyrentals.com - ⊭ - réserv. obligatoire - 21 € bc/32 € bc.* Une longue allée de buis mène jusqu'à ce château du 12e s. qui abrite une belle salle à manger d'époque. Au menu, agneau bio avec pommes de terre sarladaises, le tout arrosé de vin du Quercy. Produits du terroir et cabécou de la ferme. Sur réservation uniquement. Également 4 gîtes dans les anciennes écuries.

Que rapporter

Marchés – Le causse de Limogne compte 2 gros bourgs réputés pour leurs marchés :

Lalbenque – Marché aux truffes mar. à partir de 14h de déc. à mars.

Limogne-en-Quercy – Marché le dim. matin. Marché aux truffes vend. à 10h30 de déc. à mars. Marché aux truffes d'été dim. à 10h30 de juin à août.

Poterie et Savonnerie du Pont d'Auvergne – *Rte de Villefranche, pont d'Auvergne - ✆ 05 63 24 01 90 - http://membres.lycos.fr/jppuydebois/poteriejpp/ - 10h-19h - fermé lun. et mar., 30 sept.-15 mars.* Au lait d'ânesse, au vin de Cahors, à l'huile de noix de coco : cette savonnerie artisanale propose mille et un parfums à découvrir parmi une gamme très colorée. De nombreuses faïences tournées et décorées à la main complètent l'offre de cette boutique.

Sports & Loisirs

Centre équestre – *Mas de Bassoul - au nord de Caylus, 20 km par D97 rte de Puylagarde et D 24 - 46260 Limogne-en-Quercy - ✆ 05 65 31 67 91 - randonnées et promenades sur réserv.* Ce centre équestre un peu différent des autres a choisi de pratiquer le dressage éthologique, une technique tout en douceur, rare en France. Ici, donc, pas de cravache ni de manière forte. Initiation de cette approche particulière, promenades aux alentours.

Château de Cénevières★

CARTE GÉNÉRALE C4 – CARTE MICHELIN DÉPARTEMENTS 337 G5 – SCHÉMA P. 156 – LOT (46)

Surplombant la rivière d'une hauteur vertigineuse (70 m), le château de Cénevières additionne, depuis les fondations jusqu'aux toits, douze siècles d'architecture. L'ensemble compose un édifice de grande taille, composite, et riche de quelques éléments inattendus.

Se repérer – Situé à 7 km à l'est de St-Cirq-Lapopie, le château est à 42 km au sud-ouest de Figeac.

Pour poursuivre la visite – Voir aussi les grottes de Foissac, Marcilhac-sur-Célé, la grotte du Pech-Merle et St-Cirq-Lapopie.

Comprendre

Cénevières vient de l'ancien français *cheneve*, qui signifie « chanvre ». Une chènevière est un champ de chanvre. Ce sont les ducs d'Aquitaine qui, dès le 8e s., ont construit un fortin à cet emplacement, lieu retranché qu'ils opposèrent à Pépin le Bref. Au 13e s., les seigneurs de Gourdon font élever le donjon et prennent le titre de vicomtes de Gaiffier. À la Renaissance, Flottard de Gourdon, qui avait participé aux guerres d'Italie aux côtés de François Ier, remanie complètement le château. Son fils Antoine de Gourdon embrasse la religion protestante et participe à la prise de Cahors avec Henri de Navarre, en 1580. Il se livre à quelques pillages dans la cathédrale, charge l'**autel du St-Suaire** et le maître-autel sur des barques à destination de Cénevières. Celle du maître-autel chavire malheureusement à mi-parcours. Avant sa mort, Antoine de Gourdon fait construire le temple protestant qui se trouve dans la cour d'entrée. Il meurt sans descendant, mais sa veuve se remarie avec un La Tour du Pin : une nouvelle lignée occupe alors Cénevières. À la Révolution, le château est pillé et mutilé, mais échappe à l'incendie.

Visiter

05 65 31 27 33 - visite guidée (1h-1h30) avr.-sept. : 10h-12h, 14h-18h, dim. 14h-18h ; reste de l'année : sur demande préalable 14h-17h - 6 € (8-17 ans 3 €).

On distingue le donjon du 13e s. et les deux corps de bâtiments du 15e s. reliés par la **galerie Renaissance** du 16e s. Celle-ci est supportée par des colonnes toscanes et surmontée de lucarnes. Les fossés sur lesquels était jeté un pont-levis ont été comblés.

À l'intérieur, le rez-de-chaussée comprend plusieurs salles voûtées : la « salette », la cuisine et la salle du donjon où une trappe permet d'apercevoir les trois étages souterrains du cellier. À côté, la **chapelle**, toujours consacrée, où se trouve l'autel du St-Suaire.

Au premier étage du donjon, le **grand salon** présente un plafond peint de style Renaissance longtemps dissimulé par un plafond de plâtre. De même, les peintures représentant des vues d'Istanbul sur le haut des murs ont été découvertes récemment à la suite d'une infiltration d'eau. Il abrite également des tapisseries des Flandres des 15e et 16e s. et le reliquaire de la sainte coiffe rapporté de la prise de Cahors. La salle suivante rassemble différents objets : casque militaire espagnol, pétard, moule à boules à canon, lettres de personnalités retrouvées dans les archives familiales, arbres généalogiques… Mais le propriétaire des lieux vous en contera l'histoire.

La petite salle d'alchimie surprend par ses fresques naïves du 16e s. aux sujets puisés dans la mythologie grecque. Le four de l'alchimiste s'orne d'une représentation de la pierre philosophale.

APA POUX ALBI

De la terrasse, des vues plongeantes s'offrent sur la vallée du Lot et le village de Calvignac.

Abbaye de Chancelade★

CARTE GÉNÉRALE A2 – CARTE MICHELIN DÉPARTEMENTS 329 E4 – DORDOGNE (24)

Au nord-ouest de Périgueux, l'ensemble des bâtiments de l'abbaye augustinienne de Chancelade trône au pied des coteaux de la Beauronne. Bien que retouché aux 17e et 18e s., le style roman règne ici en maître. Dans la quiétude de ce havre de paix se blottit un centre spirituel très actif depuis le retour, en 1998, d'une communauté de chanoines réguliers.

- **Se repérer** – L'abbaye est située à l'écart de la D 2, à 5 km au nord-ouest de Périgueux.
- **À ne pas manquer** – Les beaux restes d'architecture romane de l'église ; le jardin et la vue de l'ensemble depuis la Beauronne.
- **Organiser son temps** – Comptez 1h30.
- **Pour poursuivre la visite** – Voir aussi Bergerac, Bourdeilles, Neuvic, Périgueux et Ribérac.

Comprendre

Une histoire mouvementée – Lorsque, en 1096, le moine Foucault décide la création d'une abbaye, un oratoire est déjà présent dans ce vallon, près d'une fontaine grillagée (le mot latin *cancellata*, « qui est fermé d'une grille », a donné Chancelade). Les travaux de construction ne commencent qu'au début du 12e s. et l'église est consacrée en 1147. Les moines adoptent la règle de saint Augustin. Bénéficiant de la protection des évêques de Périgueux, puis de celle du Saint-Siège, l'abbaye ne tarde pas à prospérer grâce à de substantiels privilèges : droit d'asile, de sauvegarde et de franchise. Mais elle périclite une première fois : les Anglais s'en emparent et la transforment en garnison lors de la guerre de Cent Ans. L'établissement subit un second déclin au 16e s. à la suite des destructions occasionnées par les protestants de Périgueux. Enfin, Chancelade connaît une nouvelle prospérité sous l'abbé Alain de Solminihac qui entreprend la réforme et la reconstruction des bâtiments. Le lieu, devenu un grand centre de recherche historique, connaît un siècle de prospérité jusqu'à la Révolution où l'abbaye devient bien national.

Le saviez-vous ?

En 1769, le chanoine Prunis de Chancelade a retrouvé le manuscrit du *Journal de voyage en Italie* de Michel Eyquem de Montaigne dans son château.

Visiter

L'ABBAYE★

Église

Seules les parties basses de l'église, avec leurs fenêtres en plein cintre, et le portail datent du 12e s. Une corniche à modillons souligne les voussures où se dessine une influence saintongeaise. Le reste de l'édifice date du 17e s. : sous le clocher carré roman composé de trois étages d'arcature, la nef et le chœur ont été voûtés d'ogives en 1633. Remarquez *Le Christ aux outrages*, qui fut longtemps attribué à Georges de La Tour, mais serait dû au peintre hollandais Gerrit von Honthorst.

Info pratique

Voir aussi Périgueux.

Événements

Sinfonia – *05 53 09 51 30 - www.francefestivals.com.* Festival de musique baroque en Périgord de fin août à début sept.

Bâtiments conventuels

Privés, ne se visitent pas, sf le parc du logis de l'abbé en été - 9h-19h - 05 53 04 10 46.

Jouxtant l'église, ils ont été ajoutés au 17e s. et regroupent, autour de la cour des communs, le cuvier du 15e s., les écuries, les ateliers et le moulin fortifié. Le logis de l'abbé (17e s.) est une élégante construction.

Chapelle St-Jean

De l'autre côté de la route, la chapelle St-Jean fait encore office d'église paroissiale. Sur la façade occidentale, un mouton « crucifère » (qui porte une croix) dévisage les paroissiens depuis huit siècles. Comme le reste de l'édifice, l'abside est ornée d'une corniche à modillons.

Collonges-la-Rouge★★

413 COLLONGEOIS
CARTE GÉNÉRALE C2 – CARTE MICHELIN DÉPARTEMENTS 329 K5 – SCHÉMA P. 137
CORRÈZE (19)

Collonges-la-Rouge vit des jours paisibles auprès du gisement de grès pourpre qui a donné leur couleur particulière à ses gentilhommières, ses vieux logis et son église romane. Venez goûter au charme et à la quiétude de ce village lumineux. Ici, le paysage, déjà quercynois, est composé de garennes parsemées de genévriers, de noiseraies et de vignobles.

- **Se repérer** – À 20 km au sud-est de Brive par la D 38.
- **Se garer** – La circulation automobile est interdite dans le village en été. Utilisez le parking de l'ancienne gare.
- **À ne pas manquer** – Le tympan et le clocher de l'église St-Pierre; les castels en grès rouge surmontés de tourelles en poivrière, comme celui de Vassinhac.
- **Organiser son temps** – Comptez une demi-journée pour la visite du village.
- **Avec les enfants** – La Grange aux Oies *(voir l'encadré pratique)*.
- **Pour poursuivre la visite** – Voir aussi Aubazines, Beaulieu-sur-Dordogne, Brive-la-Gaillarde, Curemonte, Martel et Turenne.

Le saviez-vous ?

Le nom de Collonges-la-Rouge viendrait de *Colonicas* (le *colonus* était un fermier « libre », mais attaché à la terre qu'il cultivait), puis *Colongas*. La couleur qui la désigne évoque le grès rouge que l'on trouve sur un escarpement au nord du village. Et pourtant, les maisons ont été édifiées sur un sol de calcaire... blanc!

Comprendre

Un lieu de villégiature – Collonges s'est développé au 8e s. autour de son église et de son prieuré qui dépendait de la puissante abbaye poitevine de Charroux. Au 13e s., elle obtient les franchises et les libertés de la vicomté de Turenne *(voir ce nom)* dont elle fait partie, puis devient au 16e s. le lieu de villégiature privilégié des grands fonctionnaires de la vicomté qui font construire les charmants manoirs, flanqués de tours et de tourelles, qui contribuent à l'originalité de Collonges.

Se promener

Partez de l'ancienne gare.

Une indéniable harmonie émane de la cité, sans doute liée à l'utilisation exclusive de matériaux traditionnels dans la construction et au jeu des proportions et correspondances entre les différentes catégories d'édifices.

JACASS / MICHELIN

Au gré de votre promenade, laissez-vous séduire par les teintes rouges des maisons de Collonges. Ici, la maison de la Sirène.

Maison de la Sirène

✆ 05 55 84 08 03 - de déb. juil. à mi-sept. : 10h30-12h30, 15h-18h ; vac. scol. de Pâques et de la Toussaint : 15h-17h ; reste de l'année : sur demande à Mme Faucher au ✆ 05 55 25 42 48 - possibilité de visite guidée (15mn) - 2 € (-10 ans gratuit), 3 € (-10 ans gratuit) billet combiné avec la visite guidée de la ville.

Coiffée d'un joli toit de lauzes, cette maison du 16e s. à encorbellements, précédée d'un porche, est ornée d'une sirène qui tient un miroir d'une main et un peigne de l'autre. Son intérieur abrite un intérieur collongeois d'autrefois reconstitué au sein du **musée des Arts et Traditions populaires**.

Plus loin, une **porte de style ogival** marque l'accès du prieuré bénédictin qui fut détruit à la Révolution.

Hôtel des Ramades de Friac

Cette gentilhommière, surmontée de deux tourelles, était la maison de ville de la puissante famille dont elle porte le nom. Au-delà du **relais de St-Jacques-de-Compostelle** (dont l'appellation rappelle que Collonges fut une étape du pèlerinage), franchissez un passage couvert peu après lequel, dans une ruelle, se dresse à droite une vieille demeure à tourelle.

Château de Benge

Se détachant sur un fond de peupliers et de noyers, ce fier manoir dresse une tour en poivrière qui s'orne d'une gracieuse fenêtre Renaissance. Les seigneurs de Benge régnèrent sur le vignoble réputé de Collonges, jusqu'à sa destruction par le phylloxéra.

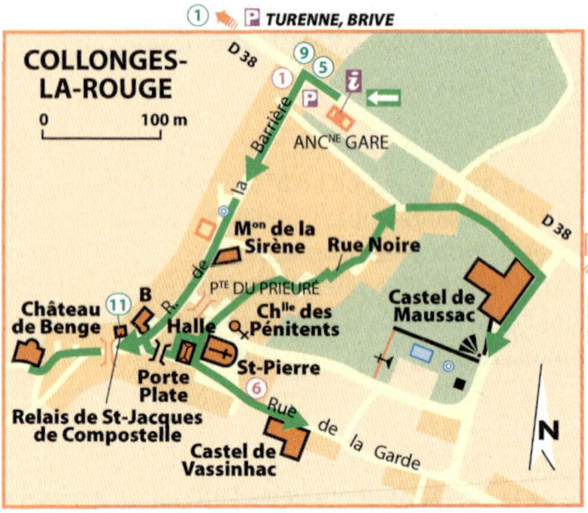

SE LOGER

Diligence (Chambre d'hôte La)........ 1
Jeanne (Maison d'hôtes)........ 5
Raze (Chambre d'hôte La)........ 9
Relais de St-Jacques de Compostelle (Le)........ 11

SE RESTAURER

Cantou (Le)........ 1
Prieuré (Le)........ 6

Hôtel des Ramades de Friac........ B

Porte Plate

Appelée ainsi parce qu'elle a perdu ses tours, cette porte faisait partie de l'enceinte fortifiée qui protégeait l'église, le cloître et les bâtiments du prieuré.

Halle

Présentant une charpente supportée par de robustes piliers, la halle aux grains abrite aussi le four banal.

Castel de Vassinhac★

Cette élégante demeure appartenait à Gédéon de Vassinhac, seigneur de Collonges, capitaine gouverneur de la vicomté de Turenne. Construit en 1583, le castel, hérissé de grosses tours et de tourelles en poivrière, est percé de fenêtres à meneaux. Échauguettes et meurtrières témoignent de la fonction défensive de l'édifice.

Église St-Pierre★

Elle date des 11e et 12e s., mais fut fortifiée au cours des guerres de Religion au 16e s. Le grand donjon carré fut alors pourvu d'une salle de défense communiquant avec un chemin de ronde, et le tympan mis hors d'atteinte dans le nouveau pignon de la façade. Il retrouva sa place d'origine en 1923.

Tympan★ – C'est probablement une œuvre des sculpteurs de l'école toulousaine qui ont voulu représenter ici l'Ascension (ou peut-être la parousie, le retour du Christ à la fin des temps). Au registre supérieur, le Christ parmi les anges apparaît nimbé, tenant d'une main la Bible et bénissant de l'autre ; au registre inférieur, la Vierge attristée est entourée des onze apôtres commentant ce prodige. Ce tympan est bordé par un arc brisé décoré d'un fin cordon d'animaux.

Clocher★ – Avec ses deux étages carrés ajourés de baies en plein cintre, surmontés de deux étages octogonaux flanqués de gâbles, ce clocher du 12e s. est un bel exemple de style roman limousin.

Intérieur – Au 12e s., l'église présentait un plan cruciforme autour de la croisée du transept surmontée d'une coupole elle-même emboîtée dans le clocher. Celui-ci repose sur des piliers du 11e s. Des chapelles latérales ont été ajoutées aux 14e et 15e s., ainsi qu'une seconde nef de style flamboyant.

Chapelle des Pénitents

Élevée au 13e s., elle a été aménagée au 17e s., lors de la Contre-Réforme, par la famille de Maussac.

Rue Noire

Elle traverse le quartier le plus ancien de Collonges dont les maisons, construites en retrait les unes des autres, s'ornent de tourelles et de tours et s'habillent de glycines et de treilles.

Castel de Maussac

Cet édifice à tourelle est précédé par un portail à auvent; une échauguette fait saillie sur une tour carrée dominée par une lucarne. Il abrita avant la Révolution le dernier membre de la famille des Maussac qui, émigré en Italie, devint l'aumônier de la princesse Pauline Borghèse.

En poursuivant un peu plus au sud dans la rue, on a une jolie **vue★** sur Collonges, le castel de Vassinhac et le clocher.

Circuit de découverte

SUR LES TERRES DE M. DE TURENNE★ 2

Ce circuit de 55 km au départ de Brive-la-Gaillarde (voir ce nom) passe par Collonges-la-Rouge.

Collonges-la-Rouge pratique

Adresse utile

Office du tourisme du pays de Collonges-la-Rouge – *Pl. de la Mairie - 19500 Collonges-la-Rouge - ✆ 05 55 25 47 57 - www.ot-collonges.fr - juil.-août : 10h-13h, 14h-19h ; reste de l'année : 10h-12h, 14h-17h - fermé dim. (de la Toussaint à Pâques), 1er janv. et 25 déc.*

Visites

Visite guidée de Collonges – ♿ - *rens. et réserv. à l'office de tourisme - juil.-août : dim.-merc. : 11h, 14h30, 15h45, 17h - 3,50 €.* **Visites nocturnes de Collonges** – *Rens. et réserv. à l'office de tourisme - juil.-août - 5 €.*

Se loger

⊖ **Chambre d'hôte La Raze** – *5,5 km au sud-ouest de Collonges par D 38 et D 19, suivre fléchage La Raze - ✆ 05 55 25 48 16 - http://chambrelaraze.free.fr - ⊭ - 5 ch. 48 € ☕.* Cette ferme du 18e s. est à 10mn à pied de Collonges. Chambres confortables, décorées avec soin au pochoir par la propriétaire. Tout autour, un grand jardin à l'anglaise avec des arbres fruitiers et des centaines de rosiers anciens.

⊖⊖ **Le Relais de St-Jacques de Compostelle** – *✆ 05 55 25 41 02 - sarlmanalese@orange.fr - fermé 16 nov.-19 mars, lun. et mar. sf du 1er juil. au 15 sept. - P - 11 ch. 51/64 € - ☕ 7,50 € - rest. 17/43 €.* Une adresse idéale pour profiter du lumineux village en grès rouge. Les chambres, pas très grandes mais bien tenues, donnent sur les castels ou sur la campagne. Au restaurant, cuisine du Sud-Ouest servie dans une salle d'esprit rustique ou sur l'agréable terrasse d'été.

⊖⊖ **Chambre d'hôte La Diligence** – *Le Peyratel - 19500 Noailhac - 3 km au nord-ouest de Collonges-la-Rouge par D 38 - ✆ 05 55 25 47 50 ou 06 70 53 36 16 - www.la-diligence-noailhac.fr - ⊭ - 3 ch. et 1 suite 70 € ☕ - repas 23 €.* Les propriétaires de cette ancienne auberge ont pris leur retraite récemment, mais ont souhaité continuer à accueillir des hôtes. Trois chambres, pas très grandes mais agréables et soignées, ont été créées dans la grange. La table d'hôte, essentiellement régionale, montre que le chef n'a pas perdu la main. Tant mieux.

⊖⊖⊖ **Jeanne Maison d'Hôtes** – *Au bourg - ✆ 05 55 25 42 31 - www.jeannemaisondhotes.com - P - 5 ch. 90 € ☕ - rest. 32 €.* Un haut mur dissimule cette demeure en pierres rouges flanquée d'une tour du 15e s. À l'intérieur, aucune chambre ne ressemble à une autre. La plus typique reste celle baptisée « Cheminée », d'une belle rusticité. Le soir, la table d'hôte propose un menu unique.

Se restaurer

Le Prieuré – *Pl. de l'Église - ✆ 05 55 25 41 00 - www.le-prieure.fr - fermé janv., merc. sf vac. scol. - 12,50/26,50 €.* Bâtie en grès rouge, comme l'ensemble du village, cette maison du 18e s. joue la carte du rustique : mobilier régional et cuisine du terroir. Pas de surprise : des menus typiquement périgourdins, avec les formule « casse-croûte » et les salades composées à midi mais plats plus élaborés le soir. Terrasse agréable place de l'Église.

Le Cantou – *Au bourg - ✆ 05 55 84 25 15 - www.lecantou.fr - fermé janv., le soir et lun. sf juil.-août - 19/25 €.* Sur l'agréable terrasse ombragée ou dans la salle en partie voûté, vous pourrez choisir menus, tartines, ou omelettes ! Cette maison propose une vraie cuisine du terroir, complétée par de vrais desserts maison. Également, boutique d'objets et de produits locaux.

Loisirs

La Grange aux Oies – *19500 Collonges-la-Rouge - ✆ 05 55 25 53 50 - Pâques-Toussaint et vac. de déc. : tlj sf merc. 9h-19h - fermé 1er-10 sept. et au moment de la chute des noix (courant oct.) Visite possible sur demande en dehors des périodes d'ouverture.* Un jeu de l'oie géant a été créé autour d'un vaste espace planté de noyers où les panneaux numérotés vous racontent l'oie depuis l'Antiquité, mais aussi ses amis (les canards, les dindons et les lapins), les arbres et Collonges-la-Rouge. À l'entrée, on vous donne un dé, du pain et à vous de jouer… Les animaux se font un plaisir de vous suivre durant votre parcours jusqu'à la case 63 qui n'est autre que la grange où de délicieux produits faits maison vous attendent. Un vrai moment de bonheur !

Événements

Fête du Pain – Début août, trois jours d'animations et marché d'antan.

Théâtrales – *✆ 05 55 25 41 19.* En juillet-août, représentations au théâtre de verdure.

Château de Commarque★

CARTE GÉNÉRALE B2 – CARTE MICHELIN DÉPARTEMENTS 329 H6 – SCHÉMA P. 206
DORDOGNE (24)

Ce n'est pas qu'un château mais un remarquable ensemble fortifié situé dans un environnement exceptionnel. Au milieu de nulle part peut-être, bien dissimulé sûrement, et c'est ce qui fait son charme. Dès le premier abord, le site surprend par sa base troglodytique surmontée de constructions romanes. La plate-forme du donjon réserve une vue superbe sur la vallée et sur le château de Laussel.

- **Se repérer** – À 13 km des Eyzies-de-Tayac-Sireuil par la D 47, Commarque ancre son donjon à 24 km à l'ouest de Sarlat.
- **Se garer** – Après 8 km, tournez à gauche en direction de Sireuil ; avant ce village, prenez une petite route sur la droite, vers Marquay. Du parking, descendez à pied *(10mn de marche)* à l'ombre des bois.
- **À ne pas manquer** – La balade dans la petite vallée de la Beune ; la vue depuis le site du Cap Blanc et celle du sommet du donjon.
- **Organiser son temps** – Comptez 1h.
- **Avec les enfants** – Le site est assez vaste pour eux et les guides savent les passionner avec la légende du fantôme de Jehan de Laussel...
- **Pour poursuivre la visite** – Voir aussi le jardin d'Eyrignac, Les Eyzies-de-Tayac-Sireuil, Montignac, le Périgord noir, St-Léon-sur-Vézère et Sarlat-la-Canéda.

Le saviez-vous ?

La famille de Commarque (« co-marquis »), qui a participé à la reconquête de l'Espagne contre les Maures, a donné son nom à ce lieu. Elle a aussi inspiré les trouvères, ces poètes qui, au Moyen Âge, chantaient les hauts faits des chevaliers : *Le Merveilleux de la geste de Commarque* relate les exploits d'un certain Bovon envoyé par Charlemagne pour conquérir un fief.

Perché sur une falaise dominant la vallée de la Beune, en face du château de Commarque, le **château de Laussel** (15e-16e s.), remanié au 19e s., est de dimensions modestes, mais d'allure très élégante.

Le fils du seigneur de Laussel, Jehan, aurait été noyé dans la Beune, entre les deux châteaux, sur ordre du seigneur de Commarque qui refusait de l'unir à sa fille Isabelle. Il est des soirs de pleine lune où l'on entendrait son fantôme sortir du marais...

Le combat final du film *Les Duellistes* (1977) de Ridley Scott a été filmé ici.

Comprendre

Commarque, le retour – Au 12e s., la famille de Commarque construit une forteresse destinée à défendre un passage entre Montignac et Sarlat, près d'une source abondante. Au retour des croisades, elle doit cohabiter avec une branche cadette des Beynac qui a acquis le château. Le château sera une coseigneurie de six familles ! Au 17e s., celui-ci est abandonné à cause de sa vétusté. Depuis 1968, Hubert de Commarque, descendant des premiers propriétaires, redonne vie à ce lieu. Quand il arriva sur le site, seuls le donjon et la chapelle émergeaient de la colline envahie par les arbres et la végétation. C'est donc au fil des ans qu'il a dégagé l'ensemble du site visible actuellement et le travail n'est pas terminé ! Pour préserver les lieux, les aménagements sont réversibles. Que ce soient les niveaux reconstruits à l'intérieur du donjon ou les escaliers à l'emplacement (ou en parallèle) de ceux d'origine taillés dans la pierre, tout est démontable en 48h.

Visiter

05 53 59 00 25 - www.commarque.com - juil.-août : 10h-20h (dernière entrée 1h av. la fermeture) ; mai-juin et sept. : 10h-19h ; avr. : 10h-18h - possibilité de visite guidée en sais. (45mn) - 6 € (10-17 ans 3 €).

Au pied du château se trouvent des **habitats troglodytiques**. Remarquez les larmiers creusés dans la roche afin d'empêcher les eaux de pluie de ruisseler le long des parois et de pénétrer dans les abris. À l'intérieur, vous verrez les aménagements traditionnels taillés dans la paroi dont des anneaux et des boulins dans lesquels s'encastraient des hourds.

La visite des vestiges du *castrum* (village fortifié) commence par la **chapelle,** qui présente des arcs doubleaux. Ensuite, le parcours traverse quatre **maisons nobles** (une cinquième est encore ensevelie). La « maison du four » abrite un four à pain. La « maison à contreforts » illustre la succession de constructions : une base troglodytique, un mur 10-11e s., une cheminée du 15e s. et des peintures du 16e s. Une **ruelle** a été dégagée laissant apparaître un départ de toit de lauzes. Les entrées indépendantes montrent que chaque habitation avait sa propre économie. « L'hôtel de Commarque », dans lequel la famille s'était retirée tandis que les Beynac tenaient le château, est précédé d'une **basse-cour**. Dans le double **donjon** (le rajout est visible sur la façade), on accède à la grande salle du 14e s. qui renferme une voûte à cinq branches : les culs-de-lampe sculptés de figures sont bien conservés, la clé de voûte représente un heaume (armes de Pons de Beynac) dont vous verrez une reproduction au sol. Remarquez également la fenêtre à colonnettes du 12e s. devant laquelle a été gravé un échiquier. Enfin, vous monterez à la plate-forme pour admirer la **vue** panoramique du haut de ses 34 m.

Reperant / © Château de Commarque

La chapelle, épargnée en temps de guerre, est bien conservée.

La dimension archéologique est intégrée à la visite : des **campagnes de fouilles** se déroulent régulièrement sur le site afin de mieux comprendre la vie et l'organisation d'une coseigneurie entre les 12e et 14e s., époque de construction des bâtiments.

Curemonte★

216 CUREMONTOIS
CARTE GÉNÉRALE C2 – CARTE MICHELIN DÉPARTEMENTS 329 L5 – CORRÈZE (19)

Aux confins de la Corrèze et de la Dordogne, ce joli village, petit joyau médiéval, impose de loin la silhouette de ses remparts, de ses fiers châteaux et de ses nobles maisons aux toits de tuiles plates. Il domine les vignobles vallonnés de Branceilles. C'est dans cette paisible cité que Colette écrivit, durant la Seconde Guerre mondiale, son « Journal à rebours ».

- **Se repérer** – À 31 km au sud-est de Brive-la-Gaillarde.
- **À ne pas manquer** – La promenade sur les remparts ; les trois châteaux des 14e et 16e s. ; la superbe vue depuis la table d'orientation.
- **Organiser son temps** – Comptez 1h.
- **Pour poursuivre la visite** – Voir aussi Aubazines, Beaulieu-sur-Dordogne, Brive-la-Gaillarde, Collonges-la-Rouge et Turenne.

Jean-François Amelot / © Les Amis de Curemonte

Trois châteaux et une église qui s'étirent sur un éperon rocheux...

Se promener

Partez de la halle, près de l'église, où se trouve exposé un plan.

Sous la **halle aux grains**, au-dessus d'un socle, remarquez le fût de calvaire sculpté de douze bas-reliefs du 16e s. ayant pour thème la vie de Jésus.

Au-delà de la halle, sur la droite, observez le petit **château de La Johannie**, demeure du 14e s., et la belle maison à tourelle bâtie un siècle plus tard.

L'**église** a gardé son clocher à peigne protégé par un auvent et renferme un maître-autel avec un retable peint daté de 1672, ainsi que deux autres autels des 17e et 18e s.

Prenez à droite derrière l'église. L'enceinte aux tons chauds flanquée de bastions couverts en poivrière protège le **château de Plas** (tours rondes du 16e s.) et le **château St-Hilaire** (tours carrées à mâchicoulis du 14e s.) qu'on longe successivement. Montez jusqu'à la **table d'orientation** d'où vous découvrirez une **vue** magnifique sur Curemonte et tous les alentours boisés et vallonnés. Redescendez place du Château où s'élèvent plusieurs « maisons nobles » à tourelles, des 16e et 17e s. Tournez à gauche en suivant les remparts ; cet itinéraire de retour dégage de belles vues vers le causse de Martel et le Périgord noir.

Aux alentours

À 1,5 km du bourg, à l'ouest, vous trouverez la **chapelle de La Combe** (11e s.) qui accueille des expositions *(juil.-août : 14h30-19h)*, et à l'est, la **chapelle St-Genest** (12e s.) qui abrite un musée religieux

Curemonte pratique

Voir aussi Beaulieu-sur-Dordogne et Collonges-la-Rouge.

Adresse utile

Association des Amis de Curemonte – *06 80 40 98 63 (M. Bouyssou).* Informations, visites et renseignements sur Curemonte.

Se restaurer

La Barbacane – *Pl. de la Barbacane - 05 55 25 43 29 - fermé de mi-sept. à mi-oct., 25 déc.-1er janv., le soir et sam. - 12/22 €.* Au cœur du village perché, à deux pas de la place du Château, salle à manger rustique ménageant une plaisante perspective sur les confins vallonnés de la Corrèze et de la Dordogne. Gaillarde cuisine familiale faite de pâtés, terrines, jambon de pays, spécialités régionales et pâtisseries maison.

Le Plaisance – *À 500 m du village, sur D 15 rte de Vayrac - 05 55 25 30 86 - fermé de mi-janv. à fin fév. - 13/24,50 €.* Parce qu'il sait allier finesse et simplicité, ce sympathique restaurant fait le bonheur des gens de passage et de la clientèle locale. Dans un décor très champêtre (murs lambrissés et chaises paillées), on déguste une cuisine du terroir élaborée à partir de produits frais. Desserts maison à découvrir à tout prix.

Ferme-auberge de la Grotte – *Au bourg - 05 55 25 35 01 - fermé janv.-fév. dim. soir et soir les j. fériés - réserv. obligatoire - 20 € - 3 ch. 58 €.* Ne manquez pas de réserver votre table dans cette belle ferme bâtie dans le village. Elle interprète avec entrain le répertoire culinaire régional : magrets et confits, génisse limousine, pâtisseries maison… Trois chambres mansardées.

Domme★★

1 008 DOMMOIS
CARTE GÉNÉRALE B3 – CARTE MICHELIN DÉPARTEMENTS 329 I7 – SCHÉMA P. 192
DORDOGNE (24)

Des rues qui dévalent la pente vers le sud, une falaise qui surplombe à 150 m la vallée de la Dordogne au nord : Domme, surnommée par les inconditionnels l'« Acropole du Périgord », se distingue parmi les autres bastides de la région. C'est la plus attirante, avec son site exceptionnel et ses ruelles qui, le printemps venu, fleurent bon la rose.

- **Se repérer** – Domme se trouve à 73 km au sud-ouest de Brive-la-Gaillarde et à 12 km au sud de Sarlat, sur la rive gauche de la Dordogne.
- **Se garer** – En pleine saison, n'espérez pas entrer dans la bastide en voiture : privilégiez le grand parking situé au pied du village *(2 €, service de navette en saison)*. Dans Domme, tous les parkings sont payants *(1h/1 €, 5h/3 €, jour/4 €)*.
- **À ne pas manquer** – Le point de vue depuis le belvédère ; le paisible jardin public du Jubilé.
- **Organiser son temps** – Comptez 3h environ pour faire tranquillement le tour de la bastide et prendre un verre sur le belvédère.
- **Pour poursuivre la visite** – Voir aussi Beynac-et-Cazenac, Gourdon, La Roque-Gageac, Sarlat-la-Canéda et Villefranche-du-Périgord.

Comprendre

Une bastide royale – Niché sur le rebord d'une falaise, percée de grottes, surplombant la Dordogne de quelque 150 m, le site de Domme semblait l'emplacement idéal pour contrecarrer les velléités d'expansion anglo-gasconnes. Aussi, Philippe le Hardi décide-t-il, en 1283, de fonder une nouvelle bastide royale pour surveiller la vallée de la Dordogne. La bastide se voit, dès sa création (1281), attribuer des privilèges considérables, comme celui de battre sa propre monnaie. Domme joue un rôle important lors des guerres franco-anglaises, devenant le siège de la sénéchaussée de Périgord-Quercy dès le 14e s. Au 17e s., la bastide connaît une grande prospérité grâce, notamment, à la qualité de son vignoble, à ses marchés et au commerce fluvial.

Ruse et varappe – Tandis que les troubles de la Réforme mettent la France à feu et à sang, Domme résiste vaillamment aux huguenots qui écument le Périgord. En 1588, la bastide tombe, par la ruse : Geoffroi de Vivans, fameux capitaine protestant, grimpe avec une trentaine d'hommes le long des rochers de la Barre, endroit si abrupt qu'il n'est pas fortifié. Les soldats pénètrent dans la ville et, par un concert assourdissant de trompes et tambours, réveillent la population qui, encore tout ensommeillée, laisse les assaillants ouvrir les portes au gros de la troupe. Installant sa garnison dans la ville, Geoffroi restera maître de Domme pendant quatre ans, au cours desquels il brûlera l'église et le prieuré des augustines pour établir le culte réformé. Mais les succès grandissants des catholiques l'obligeront à plier bagage et à vendre la bastide, non sans laisser quelques ruines, en 1592.

Se promener

LA BASTIDE★

Les fortifications qui enserrent le bourg s'adaptent au relief, tout comme les rues qui suivent, dans la mesure du possible (à défaut de rectangle, les rues s'insèrent ici dans un trapèze), un plan géométrique.

De l'office de tourisme, prenez la rue Mazet (parallèle à la Grand'Rue), puis la rue porte Delbos.

Porte del Bos – Porte de la Combe

Tracée en arc brisé, elle était autrefois fermée par une herse. La promenade à l'intérieur des remparts mène à la porte de la Combe (13e s.).

Remontez vers le bourg par la rue de la Porte-de-la-Combe.

De part et d'autre de la rue, les murs de pierres blondes surmontés de toits bruns sont égayés par des balcons et des terrasses fleuries. À gauche, jolie fontaine.

Par la rue de la Porte-des-Tours, sur la droite, rejoignez la porte du même nom.

Porte des Tours

Voir ABC d'architecture p. 66. De la fin du 13e s., c'est la plus imposante et la mieux conservée de l'enceinte de Domme. Elle s'ouvre sur la campagne environnante par deux demi-tours à bossages, élevées par Philippe le Bel et utilisées comme corps de garde. Mais elles sont surtout connues pour leurs **graffitis**. De 1307 à 1318, soixante-dix Templiers furent emprisonnés dans la porte des Tours. En témoignage de leur foi en la religion catholique, ils taillèrent des dessins dans la pierre. En 1970, le chanoine Le Tonellier fit un relevé par estompage de ces graffitis afin de les décrypter (ainsi il put lire des inscriptions indiscernables à l'œil). La visite guidée propose une lecture iconographique des sept tableaux gravés. *✆ 05 53 31 71 00 - ♿ - visite guidée (1h) sur demande (2 j. av. sf juil.-août).- juil.-août : 10h15, 14h, 16h ; avr.-juin et sept. : 14h30 ; janv. : sur demande préalable - 6,50 € (enf. 4 €).*

Prenez à gauche.

Rue Eugène-Le-Roy

Elle porte le nom de l'auteur de *Jacquou le Croquant* qui rédigea deux de ses œuvres lors de son séjour dans une de ces maisons (plaque commémorative) : *L'Ennemi de la mort* et *Le Moulin du Frau*.

Place de la Rode

La *rode*, c'est la « roue », et c'est en ce lieu qu'était infligé ce pénible supplice. Remarquez les fenêtres gothiques sur la façade de la **maison du Batteur de monnaie**.

Grand'Rue

Axe commerçant du village, il est bordé de magasins de produits régionaux et d'artisanat. Levez les yeux à l'angle de la rue Geoffroy-de-Vivans pour apprécier les délicats meneaux de la maison.

Gagnez la rue des Consuls par la rue Geoffroy-de-Vivans.

> **Le saviez-vous ?**
>
> 👁 Domme viendrait du mot gaulois *duma*, la « montagne » ou du mot latin *doma*, désignant un « toit en terrasses ». Quoi qu'il en soit, Domme évoque la hauteur !
>
> 👁 Le romancier américain **Henry Miller** (1891-1980) ne résida qu'un mois sur place, mais accorda à Domme le titre d'« approximation la plus voisine du paradis »

Rue des Consuls

L'**hôtel de ville** s'est installé dans une bâtisse du 13e s., ancienne maison de justice du sénéchal.

Gagnez le cœur du bourg par la Grand'Rue.

Place de la Halle

Elle s'organise autour d'une halle de pierres sèches du 17e s. En face, la **maison du Gouverneur** (15e s.), flanquée d'une petite échauguette, accueille l'office de tourisme.

Église

Détruite durant les guerres de Religion, elle fut reconstruite au 17e s. et le clocher-porche ajouté au 19e s.

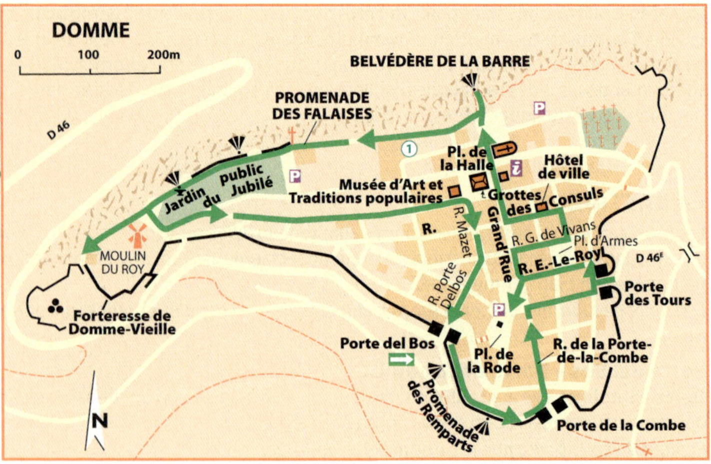

SE LOGER
- Esplanade (Hôtel de L') .... (1)
- Guérinière (Hôtel La) .... (4)
- Touille (Chambre d'hôte La) .... (8)

SE RESTAURER
- Colombier (Auberge Le) .... (1)
- Plume d'Oie (Auberge La) .... (3)
- Prés Gaillardous (Les) .... (5)

LE PANORAMA★★★

Du haut de la bastide, la vue embrasse la vallée de la Dordogne, du cingle de Montfort au château de Beynac. Voilée de brume aux premières heures du jour, bleue entre les haies de peupliers à midi, ruban argenté à l'heure où le soleil embrase de ses derniers rayons le château de Beynac, la rivière déroule ses méandres parmi les champs parsemés de villages et de fermes.

Belvédère de la Barre

C'est incontestablement le **lieu** où la vue embrasse le mieux la vallée de part et d'autre du bourg de Vitrac.

Suivez la promenade des Falaises.

Jardin public du Jubilé

Situé entre le bourg et l'extrémité du promontoire, ce jardin, qui possède une table d'orientation, a été aménagé sur l'emplacement du camp établi par Simon de Montfort en 1214. Celui-ci venait de vaincre les cathares et de raser leur forteresse de **Domme-Vieille**, dont il reste quelques vestiges (non accessibles), à l'extrémité de la corniche, au-delà de la rue Paul-Reclus. Sur le chemin qui y mène, le **moulin** dit « du Roy » toise la vallée de la Dordogne.

Visiter

Grottes

℘ 05 53 31 71 00 - visite guidée (40mn) juil.-août : 10h15-18h40 ; juin et sept. : 10h15-12h, 14h15-18h ; avr.-mai : 10h15-12h, 14h30-17h30 ; fév.-mars et de déb. oct. au 10 nov. : tlj sf sam. 11h, 14h30, 15h30, 16h30 ; reste de l'année : se renseigner - fermé w.-end (12 nov. à déb. fév. sf vac. scol. Noël), 1er janv. et 25 déc. - 6,50 € (5-14 ans 4 €) billet combiné musée d'Art et Traditions populaires.

Ancien refuge des habitants lors des différents conflits (guerre de Cent Ans, guerres de Religion…), les grottes de Domme présentent 450 m de galeries aménagées. Une succession de salles parfois entrecoupées de passages bas déroule ses drapés de roches et ses plafonds ornés de stalactites blanches. Remarquez particulièrement, dans la salle Rouge, les **excentriques**, lignes cristallines qui irradient et se jouent de la pesanteur. Des ossements d'animaux sauvages (bisons et rhinocéros) découverts lors des travaux d'aménagement sont exposés au début du parcours.

Pour donner accès à ce magnifique ensemble, la halle de la place a été reconvertie en vestibule. Plus controversé, l'ascenseur panoramique qui permet de remonter à l'issue de la visite. Car, autant il permet de profiter d'un des plus beaux points de vue sur la vallée de la Dordogne, autant il défigure la falaise…

Musée d'Art et Traditions populaires

✆ 05 53 31 71 00 - juil.-août : 10h30-19h ; avr.-juin et sept. : 10h30-12h30, 14h30-18h - 4 € (enf. 3 €).

Également appelé L'Oustal du Périgord, il retrace la vie dommoise à travers les âges. Des reconstitutions d'intérieurs, des collections de meubles, de vêtements ou d'outils agricoles font revivre le passé. Des documents d'archives racontent les heurs et malheurs de la bastide royale, telles ces lettres patentes confirmant les privilèges et exemptions de la ville accordés par les rois, de Philippe VI à Louis XV.

Aux alentours

Maison de la pierre sèche à Daglan

À 12 km par la D 46 (dir. Gourdon) puis la D 60 à gauche. ✆ 05 53 29 88 84 - www.maisonpierreseche.com - ♿ - juil.-août : 9h30-12h30, 15h-19h, dim. 10h-13h ; reste de l'année : sur demande - gratuit - randonnée guidée juil. - août : jeu. 9h.

La Maison de la pierre sèche promeut le petit patrimoine rural. En ses murs (syndicat d'initiative de la vallée du Céou) sont exposés histoire, technique et outils des cabanes de pierre sèche. Reconstitutions et ateliers à l'extérieur.

6 km - 3h. La randonnée proposée par la Maison de la pierre sèche a pour but la découverte de deux grandes cabanes, celle du **Combe du Rat** et celle du **Mazut**, dans un paysage vallonné d'une sécheresse insoupçonnée.

Circuit de découverte

De Domme, vous pourrez suivre le circuit de découverte Le Sud du Périgord noir 2 *(voir Vallée de la Dordogne).*

Domme pratique

Voir aussi Sarlat.

Adresse utile

Office de tourisme – *Pl. de la Halle - 24250 Domme - ✆ 05 53 31 71 00 - juil.-août : 10h-19h ; reste de l'année : tlj sf w.-end 10h-12h, 14h-18h - fermé 1er janv. et 25 déc.*

Se loger

Chambre d'hôte La Touille – *Rte de l'Église - 24250 Cénac-et-St-Julien - 2 km à l'est de Domme, sur D 50 - ✆ 05 53 28 35 25 ou 06 76 92 28 62 - http://www.chambres-hotes-sarlat.fr - 4 ch. 36/41 € - 4,50 €.* Un petit jardin entoure ce coquet pavillon situé dans une ruelle calme du village. Verte, bleue ou jaune, vous pourrez choisir la couleur de votre chambre en fonction des disponibilités bien sûr ! Confort simple, bonne literie, accès wifi. Propriétaires accueillants et prolixes en bons conseils sur la région.

Hôtel de L'Esplanade – *✆ 05 53 28 31 41 - www.esplanade-perigord.com - fermé 12 nov.-28 fév. - 15 ch. 77/148 € - 13 € - rest. 40/100 €.* Cette demeure périgourdine surplombant agréablement la vallée de la Dordogne propose des chambres calmes et bourgeoises, parfois avec vue ; certaines occupent des maisonnettes très proches. Belle salle à manger colorée où l'on déguste une cuisine classique soignée.

Hôtel La Guérinière – *24250 Cénac-et-St-Julien - ✆ 05 53 29 91 97 - www.la-gueriniere-dordogne.com - fermé 3 nov.-31 mars - P - 5 ch. 54/79 € - 8 € - rest. 23 €.* Cette chartreuse du 18e s., blottie dans un parc de 10 ha, offre une vue imprenable sur Domme, « l'Acropole du Périgord ». Jolies chambres personnalisées portant des noms de fleurs et chaleureuse table d'hôte (petits plats du terroir). Deux gîtes complètent ce havre de paix.

Se restaurer

Voir La Roque-Gageac pratique.

Que rapporter

Ferme de Turnac – *Par D 50 et rte à gauche - ✆ 05 53 28 10 84 - 3 €.* Bordant la Dordogne, au milieu de 54 ha de noyers, cette ferme propose une visite commentée sur l'élevage des oies, les secrets du foie gras et de la noix. Vous découvrirez, lors d'une dégustation conviviale, les différents produits de l'exploitation. Boutique de vente à emporter.

Sports et Loisirs

Canoë – Pour une descente libre sur la Dordogne, deux bases de location :

Canoës Le Sioux – *Port de Domme - ✆ 05 53 28 30 81 - www.canoes-le-sioux.com.*

Canoës Loisirs – *Pont de Vitrac - ✆ 05 53 28 23 43 - www.canoes-loisirs.com.*

Événement

Fête de la Saint-Clair – 1er week-end de juin, fêtes folkloriques et concerts.

Donzenac

2 310 DONZENACOIS
CARTE GÉNÉRALE C2 – CARTE MICHELIN DÉPARTEMENTS 329 K4 – CORRÈZE (19)

Bâti à flanc de coteau en bordure du bassin de Brive, cet ancien village ardoisier occupe une position stratégique qui lui valut d'être très disputé dans le passé, particulièrement pendant la guerre de Cent Ans. Ses vieilles maisons, son église dotée d'un clocher-tour du 14e s. et l'élégante façade Renaissance de sa chapelle des pénitents en font un village plein de charme. De Donzenac, partez à la découverte des magnifiques gorges de la Vézère et des trésors qu'elle recèle.

- **Se repérer** – Donzenac se trouve à 10 km au nord de Brive-la-Gaillarde.
- **À ne pas manquer** – Le passé ardoisier de Donzenac aux pans de Travassac; les vertigineuses gorges de la Vézère à partir du site de la Roche; les vitraux de Chagall dans la chapelle du Saillant.
- **Organiser son temps** – Comptez 1h pour Donzenac, 3h pour les environs.
- **Pour poursuivre la visite** – Voir aussi Aubazines, Brive-la-Gaillarde, St-Robert et Terrasson-Lavilledieu.

Visiter

Pans de Travassac★

✆ 05 55 85 66 33 - www.lespansdetravassac.com - visite guidée (1h30, dép. ttes les 30mn) juil.-août : 10h-11h30, 14h30-17h30 ; mai-juin et sept.-oct. : dim. et j. fériés 14h30-17h30 - 6,90 € (8-18 ans 4,30 €).

Avant la guerre de 1914-1918, les ardoisières de Donzenac et d'Allassac connurent une réelle prospérité : on remplaçait alors massivement la couverture de chaume des fermes par des toitures d'ardoises. Les dernières carrières ont fermé en 1982.

Filons et pans – La découverte du saut de la Girale (140 m), depuis le belvédère du parking, donne un avant-goût des sensations de vertige que vous éprouverez lors de la visite de ce site, entièrement façonné par la main de l'homme depuis plus de trois siècles. Passerelles, plates-formes, perces (cavité au creux d'un pan), puits : rien ne vous sera épargné pour que vous partagiez, l'espace d'un moment, les émotions d'un ardoisier !

Chantier ardoisier – Les outils et les gestes des ardoisiers sont immuables ; la reconstitution d'un chantier en activité permet d'observer avec quelle habileté les reparteurs et les cliveurs exécutent le rebillage (gros blocs d'ardoise débités en morceaux plus petits), le clivage (extraction des feuilles d'ardoise) et la taille (carrée ou ogivale). Sur une tonne de pierre, seuls 20 % de la matière sont exploitables.

Circuit de découverte

GORGES DE LA VÉZÈRE★

Circuit de 45 km – environ 3h. Quittez Donzenac par l'ouest en empruntant la D 25.

Allassac

Petite ville aux maisons bâties en schiste noir et coiffées d'ardoise, parfois agrémentées de chaînes d'angle en grès rouge. L'**église** fortifiée de la Décollation-de-St-Jean-Baptiste est également construite en schiste noir, à l'exception du gracieux **portail Sud★** en grès aux tonalités contrastées. À proximité de l'église, la **tour de César**, haute de 30 m, représente le dernier vestige de l'enceinte fortifiée médiévale. Tour

Pays d'art et d'histoire

Le **pays de la Vézère et de l'Ardoise** couvre un vaste territoire au nord-ouest de Brive-la-Gaillarde. Lieu de création artistique et artisanale depuis le Moyen Âge, riche de savoir-faire et de traditions qui lui sont propres, remarquable par la qualité de son environnement naturel, ce territoire présente une cohérence à la fois géographique, historique et culturelle. Ceci a valu aux 15 communes corréziennes suivantes le privilège d'obtenir le label « Pays d'Art et d'Histoire ». Il s'agit d'Allassac, **Donzenac**, Estivaux, Orgnac, Perpezac-Le-Noir, Sadroc, St-Bonnet-l'Enfantier, St-Pardoux-l'Ortigier, St-Solve, St-Viance, Ussac, Varetz, Vigeois, Vignols, Voutezac.

Consultez le site **http://www.vpah.culture.fr** pour plus de renseignements sur le réseau des Villes et Pays d'Art et d'Histoire.

de César. ✆ 05 55 24 08 80 - *juil.-août : 10h-12h30, 14h-18h ; juin et sept. : 10h-12h, 14h-17h - possibilité de visite guidée sur demande à l'office du tourisme d'Allassac - fermé lun. - 1 € visite libre, 3 € visite guidée.*

Quittez Allassac par le nord en empruntant la D 9.

Site de la Roche★

Une agréable petite route conduit à la bordure d'un précipice plongeant sur les gorges de la Vézère. À droite, un chemin jonché de roches mène sous les châtaigniers à une **table d'orientation** (391 m) bien mise en valeur. La vue s'étend des **gorges** boisées du **Saillant** au premier plan, jusqu'au village de St-Robert. À gauche, on accède au **panorama** qui permet une meilleure approche de la perspective des gorges.

Revenez sur la D 9, puis peu avant Le pilou, prenez à gauche la D 9^{E3}.

Belvédère de Comborn

Vue sur les ruines du château qui fut la propriété de la puissante et cruelle famille de Comborn. Le site occupe, au cœur des gorges, un méandre de la Vézère.

Poursuivez la D 9^{E3} jusqu'au château.

Château de Comborn

✆ 05 55 73 77 23 - *visite guidée sur demande préalable de déb. juil. à mi-sept. : 14h-18h - exposition sur l'histoire du château et la faïence - 5 €.*

Les vestiges du donjon (11e s.) surplombant la Vézère sont enchâssés dans des remaniements postérieurs. Le nouveau propriétaire s'est lancé en 2001 dans des travaux : il a commencé par le dégagement des remparts, puis la restauration intérieure de la partie 18e s. *(ne se visite pas)*. Trois vastes caves de la même époque sont bien conservées.

Rejoignez la D 3 et prenez à gauche.

Vertougit

Ce ravissant village domine les **gorges de la Vézère**, face au site de la Roche. N'hésitez pas à flâner parmi les maisons de pays. Descendez jusqu'à la **table d'orientation** pour profiter, chemin faisant, de la vue sur le village et du paysage où se côtoient arbres fruitiers et vignes.

Rejoignez la D 134 et prenez à droite.

Voutezac

Bâti à flanc de coteau, cet agréable village possède une belle église fortifiée à tour carrée du 15e s. À l'angle de la route menant à Objat (calvaire) se trouve un travail à bœufs, entouré de divers instruments de labour.

Reprenez la D 134 en direction d'Allassac.

Le Saillant

Ce petit village occupe un site agréable au débouché des gorges de la Vézère enjambée par un joli **pont médiéval**. Sur la rive droite, le **château du Saillant**, appartenant depuis le 14e s. aux Lasteyrie du Saillant, ouvre les portes de son **parc**. Le futur tribun révolutionnaire Mirabeau, frère de la marquise du Saillant, y séjourna. Réaménagé au 17e s., l'origine du château remonte au 12e s. De cette époque, il reste encore les douves toujours en eau où nagent maintenant des canards. Dans le parc, arbres géants : ginkgos bilobés, séquoias, chênes mais aussi rhododendrons et petit jardin à la française. Ne manquez pas les six **vitraux★** de **Marc Chagall** dans la chapelle qui faisait, à l'origine, partie intégrante du château. Élaborés de 1978 à 1982, à l'initiative de Guy de Lasteyrie, Marc Chagall voulut y exprimer les valeurs premières de l'homme dans la nature. Aujourd'hui, seulement quatre chapelles Chagall existent dans le monde : une dans le Kent en Grande-Bretagne, deux aux États-Unis et, enfin, celle du Saillant.

Franchissez la Vézère et prenez, à droite, la D 148. Après 2,5 km, tournez à droite dans la D 9, puis encore à droite une fois passé la Vézère.

Chapelle Ste-Marguerite

Sur un replat offrant une belle perspective sur la vallée de la Vézère est érigé ce gracieux monument en grès rouge, de style roman.

Faites demi-tour pour rejoindre la D 9 et prenez à droite. Après 3 km, tournez à gauche dans la D 9E2 qui bientôt enjambe la Vézère.

St-Viance

Séduisant village de grès rouge au bord de la Vézère. À l'intérieur de l'**église**, dans une niche du chœur, apparaît sous vos yeux l'une des plus belles pièces d'émaillerie limousine : une **châsse★** d'émail champlevé du 13e s.

Quittez St-Viance par l'est en empruntant la D 133. La D 25 ramène à Donzenac.

Donzenac pratique

Adresse utile

Office du tourisme du pays de Donzenac à Vigeois – *2 r. des Pénitents - 19270 Donzenac - ☎ 05 55 85 65 35 - www.tourisme-donzenac-vigeois.fr - juil.-août : 9h30-12h30, 14h30-18h30, sam. 9h30-12h30, 16h-19h, dim. 10h-12h ; reste de l'année : lun.-vend. 9h30-12h30, 14h30-18h30, sam. 9h30-12h30.*

Se loger

⊖ Chambre d'hôte Ferme de la Borde – *La Borde - 19410 St-Bonnet-l'Enfantier - 10 km au nord de Donzenac par D 920 puis D 156 jusqu'à St-Bonnet-l'Enfantier - ☎ 05 55 73 72 44 - www.fermedelaborde.fr - fermé 10 sept.-25 oct. - ⊭ - 5 ch. 50 € ☕ - repas 17 €.* À la sortie du village, belle maison en pierre agrémentée d'une petite pièce d'eau à l'entrée. Les chambres sur deux étages sont climatisées, meublées simplement, avec pour certaines quelques meubles anciens. Les propriétaires, agriculteurs, spécialisés dans l'oie, seront heureux de vous les servir à la table d'hôte. Vente à emporter possible, stages de cuisines et week-end gastronomiques.

⊖⊖ Relais du Bas Limousin – *6 km au nord de Donzenac dir. Limoges - ☎ 05 55 84 52 06 - www.relaisbaslimousin.fr - fermé 1er-16 janv., 31 oct.-14 nov., dim. soir de mi-sept. à fin juin et lun. midi - P - 22 ch. 61 € - ☕ 8,50 € - rest. 26/54 €.* Cette auberge est une étape idéale pour s'accorder un plaisant moment de détente : jardin, piscine et terrasse. Les chambres sont confortables et décorées avec soin. Côté restaurant, vous pourrez vous attabler dans une salle à manger rustique, sous la véranda ou à l'extérieur face à la verdure.

⊖⊖ L'Auberge sur Vézère – *Au bourg - 19240 St-Viance - 10 km à l'ouest de Donzenac par D 133 - ☎ 05 55 84 28 23 - www.aubergesurvezere.com - fermé 20 déc.-janv. - P - 10 ch. 62/65 € - ☕ 8 € - rest. 20/37 €.* Vous serez toujours chaleureusement accueillis dans cette auberge située aux portes du village. Les chambres, ouvertes sur la campagne, allient jolie décoration et confort douillet. Aux beaux jours, attablez-vous sous les érables centenaires pour déguster des petits plats maison comme la poêlée de ris de veau aux morilles.

Vallée de la Dordogne★★★

CARTE GÉNÉRALE BC-2,3 – CARTE MICHELIN DÉPARTEMENTS 329 I/L7
DORDOGNE (24) ET LOT (46)

Née au sommet du Massif Central, la Dordogne pénètre en Quercy enrichie des eaux de la Cère cantalienne. Rivière majestueuse, rapide et fantasque, elle s'affranchit des causses pour pénétrer dans le Périgord noir. Là, elle déroule ses méandres parmi les champs entrecoupés de peupliers, s'épanouissant dans une vallée opulente gardée par une armée de châteaux forts. Tout au long de son cours, la rivière imprévisible garde une allure rapide et un débit inégal.

Se repérer – La Dordogne, qui a pris sa source au puy de Sancy (Puy-de-Dôme), longe le Nord du Quercy et traverse le Périgord d'est en ouest, avant d'aller se jeter dans la Garonne. Souillac, qui marque la frontière entre les deux visages de la vallée, se trouve à 30 km à l'est de Sarlat et 35 km au sud de Brive.

À ne pas manquer – Les panoramas du cirque de Floirac, du belvédère de Copeyre et du cingle de Montfort; le souvenir de Joséphine Baker au château des Milandes; une descente en canoë...

Organiser son temps – Comptez 2 jours.

Avec les enfants – Outre les belvédères qui les raviront, une petite descente en canoë ou une initiation à l'escalade des arbres *(voir l'encadré pratique)*.

Pour poursuivre la visite – Voir aussi Bergerac, Beynac-et-Cazenac, Carennac, Castelnaud-la-Chapelle, Domme, les grottes de Lacave, Lanquais, les jardins de Marqueyssac, Martel, Montfort, La Roque-Gageac et Souillac.

Le saviez-vous ?

Une première hypothèse attribuait l'origine du nom de la Dordogne à l'union de la Dor et la Dogne. Elle a été remplacée par une seconde qui l'attribue au radical préceltique *dora* (source, cours d'eau), agrémenté du suffixe *onia* (qualifiant les rivières) pour donner « doronoma », « dordonia », puis « dordoigne » au 16e s.

Circuits de découverte

LA VALLÉE DE LA DORDOGNE LOTOISE★★★ 1

Circuit de 85 km – comptez environ une journée.

Souillac★ *(voir ce nom)*

Quittez Souillac par le nord-est en empruntant la D 703.

Martel★ *(voir ce nom)*

Continuez sur la D 703 jusqu'à Vayrac et prenez, vers le nord, la D 20 en direction de Brive. Avant la sortie du bourg, tournez à gauche dans la D 119.

Puy d'Issolud★

Culminant à 311 m, ce plateau est bordé de falaises abruptes surplombant de petits affluents de la Dordogne. Du sommet, vous bénéficierez d'une **vue★** étendue, bien que fragmentée, en direction de la vallée.

Entouré à l'époque gauloise de solides retranchements en terre et en pierres sèches qui en faisaient l'un des *oppida* les plus redoutables du Quercy, ce puy est l'ancien **Uxellodunum**, théâtre de l'ultime résistance gauloise à Jules César après Alésia. Certains auteurs situaient Uxellodunum à Capdenac, d'autres à Luzech, mais les dernières recherches archéologiques ont démontré qu'il est bien situé au puy d'Issolud. La lutte, menée par les légions romaines avec un acharnement inouï, se solda par une nouvelle défaite gauloise, à la suite du détournement d'une source, qui fit croire aux défenseurs d'Uxellodunum que leurs dieux les avaient abandonnés... et assoiffés.

Revenez à Vayrac.

Vayrac

Place Luctérius, l'annexe du **musée Uxellodunum** présente les vestiges préhistoriques et gallo-romains trouvés sur l'*oppidum* du puy d'Issolud. *✆ 05 65 37 30 03 - juil.-août : 10h-12h, 15h-18h - fermé dim., j. fériés et w.-end suivant 15 août - 1 € (enf. 0,50 €).*

Poursuivez sur la D 703, vers Puybrun. À Bétaille, prenez à droite la D 20.

Carennac★ *(voir ce nom)*

Quittez Carennac par le nord-ouest en empruntant la D 43 qui longe la rive gauche de la Dordogne.

Après Carennac, se frayant un passage entre causses de Martel et de Gramat, la Dordogne s'engage dans la magnifique trouée du cirque de Floirac.

Floirac

Plantée au milieu de la place du village, une tour-donjon constitue le dernier vestige d'une forteresse médiévale. Au nord du village, une chapelle du 15e s. mérite un coup d'œil.

Espace naturel sensible du Couasne de Floirac

Départ de la place la Mairie, à côté de la poste. ✆ 05 65 53 40 00 (réserv. animations) - 5,3 km ou 8,5 km, 2h ou 3h, balisage blanc et rouge, puis jaune - à parcourir impérativement avec les fiches didactiques du guide découverte disponibles dans les offices du tourisme de Carennac et de Martel.

La Couasne est un bras mort de la Dordogne. Son hydrologie très particulière lui confère une singularité écologique : ce sont des espèces animales et végétales spécifiques qui l'habitent. Ce long sentier, très facile, visite Floirac, le lit de la Dordogne, la forêt alluviale, des paysages agricoles, les prés sableux… et explique en quoi l'homme modifie, volontairement ou non, les paysages.

Cirque de Floirac★ (cirque de Montvalent)

La route longe souvent la rivière et s'élève parfois en corniche au-dessus d'elle. À chaque tournant se révèlent de belles **perspectives** sur la vallée et les falaises des causses.

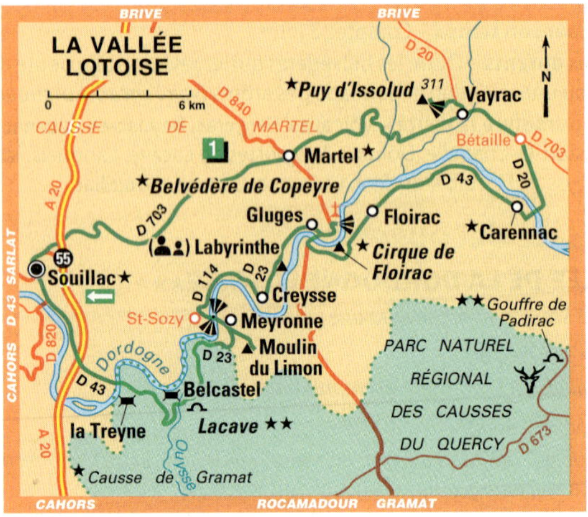

Prenez à droite la D 840, direction Gluges. Après avoir franchi la Dordogne, tournez à droite.

Belvédère de Copeyre★

Du petit calvaire planté au bord de la falaise, **vue** sur les sinuosités argentées de la Dordogne du cirque de Floirac, à droite, et sur le puy d'Issolud, à gauche.

Gluges

À l'entrée d'un méandre, le bourg se blottit au pied de la falaise autour de son église romane semi-troglodytique. Le village occupe un **site**★ pittoresque, dominé de 120 m par une falaise à la végétation clairsemée.

Quittez Gluges par le sud-ouest en empruntant la D 43 et poursuivez sur la D 23 creusée dans la falaise.

Creysse

Cette ancienne châtellenie des vicomtes de Turenne regroupe ses vieilles maisons aux toits de tuiles brunes au pied d'un petit éperon. À son sommet, au-delà d'une rampe pierreuse se dressent les vestiges du château (15e s.) et sa chapelle romane (12e s.), originale avec ses deux absides accolées. De la place ombragée de platanes, vue d'ensemble sur le bourg. En contrebas, le port de Creysse, très fréquenté, appartenait au roi.

Perché sur son nid d'aigle, le château de Belcastel domine la Dordogne dans un site enchanteur.

Creysse accueille la **station expérimentale de la noix**, chargée, en collaboration avec l'Inra et le CTIFL, de la création de la noiseraie du troisième millénaire. Une action qui concerne toute la filière nucicole française.

Quittez Creysse par le nord-ouest en empruntant la D 114. À St-Sozy, prenez à gauche la D 15.

Meyronne

Du pont, on découvre une jolie **vue★** sur la rivière et le village. Le cadre exquis de Meyronne plut aux évêques de Tulle qui en firent leur lieu de résidence. Si leur château a aujourd'hui disparu, l'église, restaurée à la fin du 19e s., porte encore des traces de leur passage.

Sortez de Meyronne par le sud-est en empruntant la D 15, puis tournez à droite après avoir parcouru 1 km.

Site du moulin du Limon

Il se compose d'un vieux moulin ruiné et d'un gouffre entouré d'une rafraîchissante verdure… très bucolique!

Revenez à Meyronne et prenez à gauche la D 23.

La route épouse alors le tracé de la rivière dans un très beau décor de rochers et de falaises jusqu'à Lacave.

Grottes de Lacave★ *(voir ce nom)*

Château de Belcastel

En face du village de Lacave, sur l'autre rive de l'Ouysse, le château de Belcastel domine la vallée depuis le Moyen Âge. Seuls le donjon et la partie est du corps de logis datent de cette époque, les autres éléments ayant été ultérieurement reconstruits.

La D 43 coupe le méandre de la vallée en direction de Pinsac. Prenez à gauche juste avant le pont.

Château de la Treyne

✆ 05 65 27 60 60 - visite guidée (45mn) juin-août : 9h-12h, 14h-18h - 5 € (-11 ans gratuit).

Construit au bord de la falaise, le château déploie un vaste parc côté plateau. Il fut incendié par les catholiques lors des guerres de Religion et reconstruit au 17e s. On peut visiter le parc et ses jardins à la française ainsi que la chapelle romane, cadre privilégié d'expositions.

La D 43 ramène directement à Souillac. Si vous souhaitez profiter encore de la Dordogne, tournez à gauche (D 43) au port de Souillac et rentrez à Souillac par Cieurac.

LE SUD DU PÉRIGORD NOIR★★★ 2

Circuit de 80 km – comptez environ une journée.

Sarlat-la-Canéda★★★ *(voir ce nom)*

Quittez Sarlat par le sud en empruntant la D 704. À Carsac-Aillac, prenez la D 703 à droite.

Cingle de Montfort★

Entre Carsac et Montfort, sur la D 703. Aire de stationnement.

De la route accrochée à la falaise, un superbe **panorama★** embrasse la presqu'île de Turnac et sa noiseraie, qu'enveloppe un méandre (cingle) de la Dordogne. À droite, le château de Montfort s'accroche au sommet de son promontoire.

> **Ne pas confondre**
>
> Le site n'a aucun lien avec le sire de sinistre mémoire, Simon de Montfort, qui parcourut la région pour en extirper le catharisme et organisa nombre de massacres. Son nom vient du latin *mons fortis*, « mont fortifié ».

Château de Montfort★

Le site de Montfort se découvre au détour d'un virage de la D 703, entre les bourgs de Vitrac, auquel se rattache le château, et de Carsac-Aillac. Une forteresse sur un tel site ne pouvait qu'attiser les convoitises de ceux qui prétendaient à la suzeraineté du Périgord. Du coup, l'histoire du château se résume à une longue litanie de sièges et de luttes pour sa possession : en 1214, il est pris par Simon de Montfort qui le fait raser ; reconstruit une première fois, il est détruit à trois autres reprises : lors de la guerre de Cent Ans, sous Louis XI et Henri IV, et chaque fois rebâti ! Ce sont les restaurations entreprises au 19e s., par l'adjonction d'une loggia et de lanternons, qui lui donnent cet aspect de château d'opérette.

Continuez sur la D 703 jusqu'à l'intersection de la D 46, que vous prenez à droite. Après avoir franchi la Dordogne, prenez à droite la D 50.

Domme★★ *(voir ce nom)*

Poursuivez sur la D 50.

Cénac

Isolée du village, l'**église de la Nativité** est un vestige d'un important prieuré bâti au 11e s. Le chevet de cet édifice roman, avec son beau toit de lauzes (vue imprenable depuis le cimetière), échappa aux destructions des protestants en 1589. À l'intérieur, le chœur et l'abside ont conservé d'intéressants chapiteaux historiés.

Poursuivez sur la D 50. À St-Cybranet, prenez la D 57, direction Sarlat. Avant le pont, tournez à gauche.

Château de Castelnaud★★ *(voir ce nom)*

Rejoignez la D 57 (à gauche), puis poursuivez tout droit sur la D 53 qui longe la rive gauche de la Dordogne.

Château de Fayrac

Face au bourg de Beynac-et-Cazenac, ce château, dont les fondations remontent au 13e s., a été restauré avec trop de zèle au 19e s. (donjon). Il n'en conserve pas moins un impressionnant gabarit et de beaux éléments de défense, comme une double enceinte et deux ponts-levis.

Poursuivez sur la D 53.

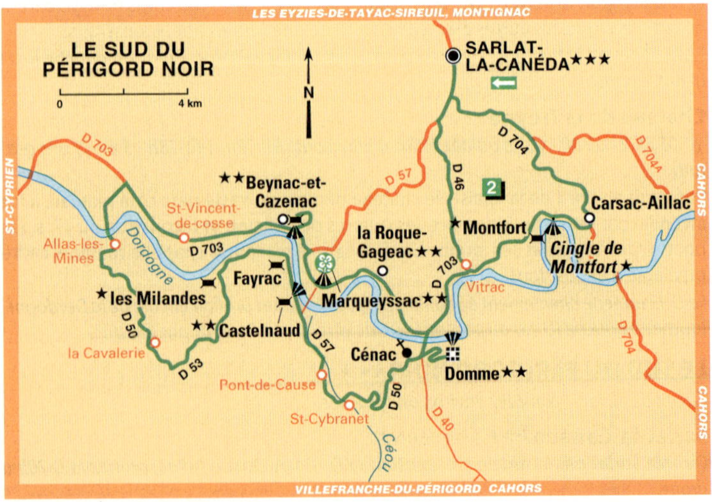

Château des Milandes★
℘ 05 53 59 31 21 - www.milandes.com - juil.-août : 9h30-19h30 (dernière entrée 1h av. fermeture ; mai-juin et sept. : tlj sf sam. 10h-18h30 ; avr. et oct. : tlj sf sam. 10h-18h15 - 8 € (5-17 ans 5,50 €) château, exposition, spectacle de rapaces et jardin.
L'histoire retiendra de François de Caumont le souvenir d'un homme poussé par une femme autoritaire à construire un somptueux château. Dans un site surplombant la Dordogne, il fait élever dès 1489 un édifice répondant aux nouveaux styles architecturaux italiens, mais qui sera largement remanié au 19e s. dans un style néogothique. Joséphine Baker (1906-1975) a repensé la décoration intérieure, comme vous le verrez en traversant des pièces où sont évoquées différentes périodes de sa vie. L'exposition, très bien documentée, est intelligemment mise en scène : photos inédites, costumes de scène (dont la célèbre ceinture de bananes), affiches et commentaires audio sur fond de chansons interprétées par l'artiste.

Le château des enfants

En 1949, **Joséphine Baker**, chanteuse et actrice au faîte de sa célébrité, réalise son rêve, celui du « village du monde ». Elle réunit au château des Milandes des enfants adoptés originaires de différents pays du monde. Cette charitable entreprise cessa en 1969 avec l'épuisement de sa fortune.

Un joli jardin, où se déroulent des **spectacles de fauconnerie** (les rapaces visibles dans les volières sont impressionnants), entoure le château. Au-delà, les 7 ha de parc sont accessibles au public. Également remaniés au 19e s., ils regroupent arbres et conifères parfois centenaires.
Rejoignez la D 53, puis prenez à droite la D 50. Roulez pendant 4,5 km, puis tournez à droite vers Allas-les-Mines. Après avoir franchi la Dordogne, prenez à droite la D 703 qui longe la rive droite de la rivière.

Beynac-et-Cazenac★★ *(voir ce nom)*
Poursuivez sur la D 703. Après la voie ferrée, prenez à gauche la D 49, direction Sarlat, puis à droite la D 57.

Jardins de Marqueyssac★★ *(voir ce nom)*
Rejoignez la D 703 (à gauche).
Observez, sur la gauche, le **château de la Malartrie**, édifice du 20e s., pastiche du style Renaissance.

La Roque-Gageac★★ *(voir ce nom)*
Poursuivez sur la D 703 pendant 2 km et tournez à gauche dans la D 46 qui ramène à Sarlat.

Vallée de la Dordogne pratique

Voir aussi Beynac-et-Cazenac, Carennac, Domme, Martel, Souillac, La Roque-Gageac et Sarlat-la-Canéda.

Se loger

Chambre d'hôte La Ferme du Port d'Enveaux – *Au port d'Enveaux - 24220 St-Vincent-de-Cosse - ℘ 05 53 29 52 15 - www.ferme-du-portdenveaux.com - fermé fêtes de fin d'année - 6 ch. 34/35 € - 4 € - repas 16/25 €.* Spécialisée dans l'élevage et le gavage des canards (au maïs grain uniquement) depuis quatre générations, cette ferme propose une vente directe de ses produits. Beaucoup de foie gras, mais aussi des conserves de cassoulet, rillettes et cou farci. Judicieux conseils de cuisine.

Chambre d'hôte Latouille – *Rte de l'Église - 24250 Cénac-St-Julien - par D 50 rte de St-Cybranet - ℘ 05 53 28 35 25 ou 06 76 92 28 62 - http://www.chambres-hotes-sarlat.fr - 3 ch. 36/41 € - 4,50 €.* Les chambres de ce pavillon niché dans une paisible ruelle du village ont toutes été refaites : celles du rez-de-chaussée arborent un décor simple et celle situé à l'étage est un peu plus cosy avec son mobilier rustique en bois. Selon la saison, le petit-déjeuner vous sera proposé dans la véranda ou sous la pergola. Jardin avec jeux d'enfants. Accueil chaleureux.

Hôtel du Relais du Touron – *Rte de Sarlat par la D 704 - 24200 Carsac-Aillac - ℘ 05 53 28 16 70 - www.lerelaisdutouron.com - fermé 13 nov.-28 mars - 18 ch. 54/66 € - 9,50 € - rest. 14,50/36 €.* Dans un joli parc arboré, séduisante maison périgourdine et son annexe où vous aurez le choix entre des chambres simples et rustiques ou d'autres, plus récentes, garnies de meubles d'inspiration mauresque. Sympathique véranda face à la piscine avec une belle terrasse couverte. Cuisine régionale.

⊖⊖ **Chambre d'hôte Domaine Lacoste** – *« Lacoste » - 24200 Carsac-Aillac - ✆ 05 53 59 58 81 - www.domainelacoste.com - ⊠ - 5 ch. 65/75 € ☕ - repas 28 €.* Vieille maison périgourdine restaurée, perchée sur les hauteurs du bourg de Carsac-Aillac. Décor intérieur réussi, avec un mobilier classique s'accordant bien à l'ensemble. Les chambres donnent sur la terrasse couverte et la piscine. Dans une aile aménagée, les propriétaires, restaurateurs de métier, mettent leur expérience au service des gourmets.

⊖⊖ **Chambre d'hôte La Désirade** – *D 704, rte de Gourdon - 24200 Carsac-Aillac - ✆ 05 53 29 52 47 - www.ladesirade-dordogne.com - ⊠ - 3 ch. + 1 suite 80 € ☕.* Au cœur d'un magnifique parc avec jardin à la française et piscine, cette grande demeure périgourdine abrite 3 chambres (dont une suite) décorées avec finesse. À l'étage, salle à manger pleine d'originalité, avec sa table en fer forgé et verre sur un sol en cailloux scellés. Très bonne tenue et accueil agréable.

Se restaurer

⊖⊖ **L'Auberge du Port d'Enveaux** – *Au port d'Enveaux - 24220 St-Vincent-de-Cosse - ✆ 05 53 28 55 18 - paulamolinier@aliceadsl.fr - fermé nov.-mars - ⊠ - 16/25 €.* Cette ancienne ferme-auberge, transformée en restaurant, garde un goût prononcé pour la cuisine du terroir et les saveurs locales. Salle à manger très correcte mais, aux beaux jours, on se laissera charmer par un repas en terrasse, avec en contrebas la pelouse qui descend jusqu'à la Dordogne.

⊖⊖ **La Ferme de Maraval** – *D 46 - 24250 Cénac-St-Julien - 4 km sud de Cénac, rte de Gourdon sur la D 46 - ✆ 05 53 30 26 95 - maraval@perigord.com - fermé mar. midi en juil.-août - réserv. obligatoire - 17/27 €.* Une ancienne grange habilement mise à profit sert de cadre à cet établissement dont la salle de restaurant, parée de poutres apparentes et de pierres du pays, abrite une belle collection d'outils agricoles. Préparations aux accents régionaux.

⊖⊖ **La Treille** – *Au port - 24200 Vitrac - ✆ 05 53 28 33 19 - www.latreille-perigord.com - fermé 11 nov.-31 mars, dim. soir et lun. - 18/38 € - 10 ch. 51/85 € - ☕ 7,50 €.* Cette hostellerie familiale fondée en 1866 possède une façade joliment tapissée de vigne vierge. Salle à manger prolongée d'une agréable véranda et terrasse dressée sous une treille ; on y sert une cuisine régionale à prix raisonnables. Chambres au décor rajeuni.

⊖⊖ **Ferme-auberge Montalieu-Haut** – *24250 St-Cybranet - 8 km au sud-ouest de Domme par D 50 puis D 57 (dir. Daglan) - ✆ 05 53 28 31 74 - www.montalieuhaut.com - fermé nov.-mai et lun. en juil.-août - ⊠ - réserv. obligatoire - 19/24 € - 4 ch. 46 € - ☕ 5 €.* Pour un agréable repas dans un décor campagnard, faisant la part belle aux spécialités régionales préparées avec les produits de la ferme. Chambres d'hôte et quatre gîtes fonctionnels offrant une vue splendide sur la vallée. Piscine, sentiers de randonnée pédestre, petit circuit botanique (orchidées sauvages).

Sports & Loisirs

Airparc – *Au port d'Enveaux - 24220 St-Vincent-de-Cosse - ✆ 05 53 29 18 43 - www.airparc-perigord.com - 10h-18h - fermé nov.-mars - 20 € (enf. 6 à 10 €).* On connaît bien les parcours acrobatiques d'arbre en arbre, avec la dose d'adrénaline qui accompagne chaque passage au dessus du vide. Mais cette fois-ci, ponts de singe et tyroliennes passent au dessus de la Dordogne ! 3 parcours différents, selon l'âge, et aussi des nocturnes sur réservation. Possibilité de nuitées dans les arbres sous des tentes transparentes.

Arcâne – *La ferme deu Clédou - Ravary, Cénac - 24250 Daglan - ✆ 05 53 59 63 79 ou 06 07 75 90 84 - www.arc-ane.com.* Randonnée à dos d'âne, ou pédestre accompagnée par un âne de bât, possibilité de gîte d'étape (accueil paysan). Le lieu est aussi une ferme biologique, spécialiste des plantes aromatiques et médicinales.

LOCATIONS DE CANOË

Aux Canoës Roquegeoffre du Port d'Enveaux – *Enveaux Rive Droite - 24220 St-Vincent-de-Cosse - ✆ 05 53 29 54 20 - www.canoe-roquegeoffre.com - 9h-19h.* Cette base de loisirs située sur une rive de la Dordogne propose des promenades au fil de l'eau, en canoë ou en kayak. Également, possibilité de louer des barques de pêche. Il est préférable de réserver la veille par téléphone.

Canoë-Détente – *24220 St-Vincent-de-Cosse - ✆ 05 53 29 52 15 - www.canoes-portdenveaux.com.* Offrez-vous une promenade au fil de l'eau, en toute tranquillité, à bord d'un canoë pour 1 à 4 pers. Un minibus vous conduit jusqu'au lieu de départ et, une fois équipés d'un gilet de sauvetage et d'une pagaie, vous descendez la Dordogne à votre rythme.

A Canoë Raid – *Campeyral - 24170 Siorac-en-Périgord - ✆ 05 53 31 64 11 ou 06 07 15 57 43 - www.a-canoe-raid.com - de Pâques à oct. : 9h-19h.* A Canoë Raid propose des randonnées en canoë-kayak sur la Dordogne et la Vézère, d'un à plusieurs jours, à partir de ses deux bases : Siorac ou Cénac/Domme.

Canoë Copeyre – *Gluges, 46600 Martel - ✆ 05 65 32 72 61 - www.copeyre.com - 9h-18h.* Cette société compte 13 bases entre Argentat et Beynac. *Voir aussi Souillac pratique.*

Port-Loisirs – *46600 Creysse - ✆ 05 65 32 27 59 - www.portloisirs.com.* Multiactivités, dont location de canoë à la 1/2 journée ou la journée.

Safaraid Dordogne – *46110 Vayrac - ✆ 05 65 37 44 87 - www.canoe-kayak-dordogne.com.* Location à la 1/2 journée ou plus.

Excideuil

1 318 EXCIDEUILLAIS
CARTE GÉNÉRALE B1 – CARTE MICHELIN DÉPARTEMENTS 329 H3 – DORDOGNE (24)

Non loin des gorges de l'Auvézère et de la Loue, le bourg d'Excideuil s'étire au pied de son imposante forteresse couronnant une colline. Ancienne sentinelle sur la route du Limousin, celle-ci domine toujours les confins du Périgord vert. La Corrèze et le Périgord noir ne sont pas loin. Dans ce pays placé entre schistes et calcaires, entre rivières torrentueuses et rivières souterraines, la randonnée permet de découvrir les vestiges cachés d'un riche passé industriel.

- **Se repérer** – Excideuil est situé à 35 km au nord-est de Périgueux, 17 km au nord-ouest de Hautefort et 19 km au sud-est de Thiviers, à l'intersection des routes D 76 et D 705.
- **À ne pas manquer** – La forteresse ; la papeterie de Vaux ; la forge de Savignac.
- **Organiser son temps** – Comptez 1h pour la ville, une demi-journée pour les environs.
- **Avec les enfants** – La fabrication de papier à la papeterie de Vaux.
- **Pour poursuivre la visite** – Voir aussi Hautefort, Jumilhac-le-Grand, Périgueux et l'abbaye de Tourtoirac.

Le saviez-vous ?

Deux théories expliquent l'origine du nom « Excideuil ». La plus savante évoque la ville des eaux, d'après une racine celtique. Une autre, plus poétique, explique cette toponymie par le tombeau d'Isis, *Isis dolium*.

Le **maréchal Bugeaud** vécut à La Duranty, près d'Excideuil. Général d'Empire, Bugeaud est l'artisan de la conquête de l'Algérie. Il a sa statue allée André-Maurois.

Charles Dufraisse est, lui aussi, un enfant du pays. Moins connu, il est pourtant coauteur de la découverte des antioxygènes, ces corps chimiques qui empêchent l'oxydation. Les antioxygènes de synthèse se repèrent dans l'alimentation sous les sigles E300 àE321.

Se promener

Château

Conscients de la valeur stratégique du site, les vicomtes de Limoges transfèrent leur cour à Excideuil et construisent une des plus puissantes forteresses de la région (aujourd'hui ruinée). Le troubadour **Girault de Borneilh** devient le poète attitré d'une cour raffinée mais malmenée par la guerre de Cent Ans. Dans la seule année 1346, le château subit quatre assauts de la part des troupes anglaises. À la fin du 16e s., le château échoit à la famille de Talleyrand, qui fait transporter mobilier, cheminées, statues dans son château de Chalais, et abandonne les lieux.

Deux donjons carrés reliés par une courtine constituent les seuls vestiges du 12e s. Le logis, comme le châtelet d'entrée de la forteresse, est plus tardif (16e-17e s.).

Du château, gagnez le vieux bourg par la rue des Cendres (nom qui rappelle l'incendie qui ravagea le village au 15e s.) pour arriver sur la place Bugeaud. Sur la gauche se trouve le consulat d'Excideuil, où siégeaient les magistrats municipaux, et non loin la halle de 1913, reconstruite avec des éléments de la halle de 1870.

Bancs

Au centre du village, 19 bancs portent autant de poèmes gravés. Ils retracent l'histoire des habitants du village, dans un style pastichant celui des troubadours.

Remontez sur la place, entre le quartier St-Antoine, à gauche, et le quartier St-Georges.

Église St-Thomas

Elle a été édifiée sur les vestiges d'un prieuré bénédictin autour duquel se constitua le bourg. Sur la façade ouest, remarquez une arcature aveugle, reste de l'église romane primitive. Au 15e s., l'église fit l'objet de remaniements dont celui du porche. À l'intérieur, dans la chapelle Ste-Constance, retable en bois doré du 17e s.

Circuit de découverte

VALLÉE DE L'AUVÉZÈRE★

Circuit de 55 km – comptez environ une demi-journée. Quittez Excideuil par le nord-est en empruntant la D 705, puis la D 4 qui coupe la D 704.

La vallée de l'Auvézère relie le bocage limousin aux vallées du Périgord blanc en un profond encaissement. Trois hypothèses s'opposent sur l'origine de son nom : la première s'appuie sur *alta* Visera, la « haute » Vézère, la deuxième invoque le radical préceltique *arva*, désignant l'eau, la dernière voit en *al* le mot « autre », l'autre Vézère.

Dans ce pays au parfum de fougère où s'égrènent forges et moulins, la rivière se découvre depuis peu de nouveaux admirateurs, kayakistes ou randonneurs passionnés. Découpant le causse périgourdin, les gorges de l'Auvézère s'élargissent en une ample vallée au-delà de Cherveix-Cubas.

Payzac

Aux abords des gorges de l'Auvézère, l'église de Payzac regarde se dérouler la rivière en contrebas. Cet édifice, au clocher carré roman, a été remanié au 17e s. À l'intérieur, une pietà du 16e s.

Papeterie de Vaux★ – *À 4 km. Sortez de Payzac, prenez à droite la D 80. ☏ 05 53 62 50 06 ou 05 53 52 75 59 - ♿ - de déb. mai à la Toussaint : tlj sf lun. 10h-12h30, 14h30-18h30, dim. 14h-18h ; reste de l'année : sur demande - 3,50 € (10-15 ans 2 €).* Située sur le ruisseau des Belles Dames, elle fut créée en 1861 à l'emplacement de forges. Jusqu'en 1968, elle produisait du papier de paille de seigle utilisé dans l'emballage et l'alimentation. Les bâtiments, en parfait état, abritent toujours les machines qui sont désormais des reliques. Elles ne fonctionnent pas, sauf dans le discours très clair et passionné des guides. Au cours de la visite, vous participerez à l'élaboration du papier et comprendrez qu'il se fabrique avec à peu près n'importe quoi (même de vieux jeans).

Revenez à Payzac et quittez le village par le sud en empruntant la D 75E.

Forge de Savignac-Lédrier

Possibilité de visite guidée, prendre contact avec la papeterie de Vaux. Dominées par le château où résidait le maître de forge, les installations industrielles de Savignac-Lédrier témoignent de la principale activité de la région. Créé en 1521, son haut fourneau fit sa dernière coulée de fonte en 1930 et la forge ferma définitivement en 1975, après avoir été requalifiée en tréfilerie (clous, clés, fils de fer). Durant le siècle de Louis XIV, la forge, comme les autres établissements périgourdins, a fourni les gueuses de fonte qui étaient transformées en canons de marine aux arsenaux de Rochefort. Un **chemin d'interprétation** composé de huit stations permet de faire le tour du site en cours de restauration, d'en admirer l'organisation et l'architecture.

Continuez de longer la rive gauche de la rivière.

J. Malburet / MICHELIN

L'Auvézère se découvre en kayak ou se dévoile par la route…

Jusqu'à St-Mesmin, la route domine la vallée de l'Auvézère laissant entrevoir par intermittence quelques échappées sur les gorges.

Le GR 646 serpente en sous-bois depuis St-Mesmin. **Vue** sur la rivière encaissée. Ne manquez pas la **cascatelle du Saut-Ruban** *(1h de St-Mesmin).*

Après St-Mesmin, la route descend *(avant Génis prenez à droite la D 72^E1)* jusqu'aux moulins du Pervendoux (17e s.) et du pont.

Prenez à gauche la D 4 et poursuivez sur la D 705 qui ramène à Excideuil.

Excideuil pratique

Voir aussi le château de Hautefort.

Adresse utile

Office du tourisme du Périgord vert – *Pl. du Château - 24160 Excideuil - ✆ 05 53 52 29 79 ou 08 72 68 95 56- www. hautperigord.fr - 9h30-12h30, 14h-18h - fermé w.-end et j. fériés.* L'office de tourisme propose un circuit de découverte de la cité, ponctué de panneaux informatifs *(livret 1,50 €).* Il assure également une visite commentée *(jeu. 15 h sur réverv. la veille).*

Que rapporter

Marché – Le jeu. matin.

Foire au gras et aux truffes – Jeu. matin de déc. à fév.

Lacoste Parapluies – *Les Bugets - 11 km au sud-est d'Excideuil par D 76 et D 704 - 24390 Cherveix-Cubas - ✆ 05 53 50 42 60 - jacques-lacoste@wanadoo.fr - tlj sf sam. 9h-12h, 14h-18h - fermé 2e quinzaine août et j. fériés.* Visites guidées du lun. au vend. à 11h et 15h. Magasin d'usine ouvert du lun. au sam. inclus. Groupes sur rendez-vous.

Sports & Loisirs

VTT – L'office de tourisme propose une brochure comprenant 8 circuits.

Vélo-rail du Périgord – *Voir Brantôme pratique.* La ligne relie Excideuil à Thiviers.

Base de loisirs de Rouffiac – *Sur la commune de Lanouaille (17 km au nord-est d'Excideuil) - ✆ 05 53 52 68 79.* Le plus grand plan d'eau du Périgord, encadré d'un parc boisé, offre toute une gamme d'activités nautiques (planche à voile, canoë, pédalo) et terrestres (accrobranche, escalade).

Eymet

2 552 EYMETOIS

CARTE GÉNÉRALE A3 – CARTE MICHELIN DÉPARTEMENTS 329 D8 – DORDOGNE (24)

C'est un séjour gourmet que propose Eymet, bastion franco-anglais depuis quelques années. Cette jolie bastide du 13e s. est réputée pour ses conserveries fines de foies gras, de galantines et de ballottines à déguster sans modération. Les voyageurs de mai en quête de romantisme s'attarderont dans la ville, le temps de la fête des Fleurs.

Se repérer – Porte sud du Périgord, Eymet se trouve à 25 km au sud de Bergerac. La ville est accessible par la D 933 qui longe le Dropt et de nombreux moulins.

À ne pas manquer – Une promenade sur les berges du Dropt ; les arcades de la place.

Organiser son temps – Comptez 30mn pour la ville.

Pour poursuivre la visite – Voir aussi Bergerac, Issigeac et Monbazillac.

Comprendre

Une ville disputée – Fondée en 1256 par **Alphonse de Poitiers**, frère de Saint Louis, la bastide d'Eymet obtient sa charte de franchise en 1271. Mais les libertés concédées n'empêchent guère quelques seigneurs, évoluant dans la mouvance tantôt des Français, tantôt des Anglais, de faire la pluie et le beau temps sur la ville et ce malgré la construction de remparts en 1320… Comme Bergerac, Eymet est un bastion du protestantisme dont les fortifications et le temple sont démolis sous Louis XIII. Un bastion qui ne change pas de confession comme de chemise : près d'un demi-siècle plus tard, l'autorité royale prend un nouvel arrêté pour détruire le temple, installé en d'autres lieux.

Retour des Anglais – Vidée de ses habitants par l'exode rural, la bastide retrouve des Eymetois… anglais, qui reviennent en nombre, cette fois au secours des vieilles maisons.

Delhaye / Office du tourisme d'Eymet

La fontaine de la place centrale d'Eymet, décor indissociable de cette bastide du 13e s.

Se promener

Place centrale

Elle a conservé ses arcades (ou « couverts ») et de belles maisons anciennes aux façades de pierres apparentes ou à pans de bois. Au centre de la place s'élève une fontaine du 17e s.

Une promenade dans les rues permet de retrouver le plan de construction initial, un damier.

Donjon

Cette tour carrée du 13e s. est le seul vestige du château. Elle donne accès à une cour intérieure où se trouve un manoir de style Renaissance périgourdine.

Église

Elle succéda à un premier édifice bénédictin dépendant de l'abbaye de Moissac.

Moulin

Les bases datent du 13e s. En aval se trouvaient les quais, avant que la navigation ne prît fin vers 1902.

Pont roman

À l'extérieur de la bastide, dans le cadre bucolique du quartier « Le Bretou », un ouvrage du 13e s. franchit le Dropt.

Eymet pratique

Adresse utile

Office de tourisme – *45 pl. Gambetta - 24500 Eymet - ✆ 05 53 23 74 95 - www. eymet-dordogne.fr - juil.-août : 10h-12h30, 14h-18h30, dim. 10h-12h30 (mar. nocturne) ; mai-juin et sept. : tlj sf dim. 10h-12h30, 14h-18h30 (mar. nocturne de fin juin à déb. sept.) ; reste de l'année : tlj sf dim. et lun. 10h-12h30, 14h-17h30 - fermé j. fériés.*

Visites

Bon à savoir – L'office de tourisme propose en juil.-août des visites aux flambeaux et des balades à thèmes, alors renseignez-vous !

Parcours d'interprétation – Eymet a mis en place deux circuits ponctués de panneaux explicatifs : l'un concerne la bastide, l'autre traite du vignoble et de l'eau dans les communes rattachées.

Que rapporter

Marchés – Marché hebdomadaire, le jeu. matin. Marché nocturne, le mar. soir en juil. et août (restauration sur place). Marché fermier, certains dimanches en juil. et août.

Événements

Fête des fleurs et des arts – En mai.

Fête médiévale – En août.

Si vous passez à Eymet le 15 août, vous pourrez participer à la **Fête du vin blanc et des huîtres**.

Jardins du manoir d'Eyrignac★★

CARTE GÉNÉRALE B2 – CARTE MICHELIN DÉPARTEMENTS 329 I6 – SCHÉMA P. 288
DORDOGNE (24)

Au cœur du Périgord noir, cette composition originale séduit les amateurs de jardins « à la française ». De verdure essentiellement, ceux-ci furent tracés au 18e s. pour être remaniés à de nombreuses reprises. Dans les années 1960, c'est Gilles Sermadiras qui imagina leur forme actuelle où, sous la rigueur, pointe l'allégresse.

- **Se repérer** – À 15 km au nord-est de Sarlat, sur la commune de Salignac. On y accède par une petite route sinueuse qui traverse un bois de chênes avant de s'arrêter devant les jardins. Grand parking.
- **À ne pas manquer** – La perspective de l'allée des charmes et le trompe-l'œil du jardin à la française pris par son endroit puis par son revers.
- **Organiser son temps** – Nombre d'allées du parc se contournent plus qu'elles ne se parcourent. Comptez 1h15 avec ou sans l'audioguide et 25mn pour le diaporama.
- **Pour poursuivre la visite** – Voir aussi le château de Commarque, la grotte de Lascaux, le Périgord noir, Sarlat-la-Canéda et Terrasson-Lavilledieu.

J. Damase / MICHELIN

Jardins d'Eyrignac en vue aérienne.

Comprendre

Un passé versatile – En 1653, Antoine de Costes de la Calprenède édifie le manoir sur les ruines du « repaire noble » appartenant à sa famille et incendié en représailles pour son engagement lors des batailles opposant le Grand Condé au pouvoir royal. De jardin, il n'est pas encore question. Il faut attendre le milieu du 18e s. pour que son petit-fils, le marquis de Costes, contrôleur général des Comptoirs et Monnaies de France, crée le premier jardin. Au 19e s., celui-ci est transformé en parc à l'anglaise.

Une renaissance harmonieuse – Dans les années 1960, Gilles Sermadiras de Pouzols de Lile, père de l'actuel propriétaire, décide de réorganiser complètement cet espace. Sans aucune expérience dans ce domaine, il crée des jardins selon son goût et son inspiration, projetant avec justesse le tracé de son architecture de verdure. Le caractère unique de ces jardins contemporains (au-delà de l'assimilation à une facture classique) a été rapidement reconnu puisqu'ils ont été inscrits à l'inventaire des Monuments historiques en 1986.

Visiter

℘ 05 53 28 99 71 - www.eyrignac.com - mai-sept. : visite libre ou audioguidée (1 €, 1h15) 9h30-19h ; avr. : 10h-19h ; oct.-mars : 10h30-12h30, 14h30 à la tombée de la nuit - 8,50 € (7-14 ans 4 €). Boutique, exposition et diaporama (25mn) à l'accueil.

Heureuse réinterprétation du style à la française, ce jardin, planté essentiellement de végétaux à feuilles persistantes, offre peu d'emprise aux saisons et se visite donc toute l'année. L'art topiaire, qui consiste à tailler des végétaux – arbres et arbustes – jusqu'à créer de véritables sculptures aux formes figuratives ou géométriques, y est dominant. Passé la plate-bande de pommiers en quinconces rappelant les dessins d'enfants (de gros ronds verts tachés de points rouges), s'étend en parallèle sur 100 m l'**allée des charmes★★**. Ceux-ci, en forme de contreforts, s'adossent à des cylindres d'ifs, la souplesse des uns contrebalançant la rigidité des autres. En miroir, un pavillon chinois, dans le goût du 18e s., orne le petit labyrinthe de buis anciens. Parcourez-le, puis gagnez à droite une charmille en rotonde, percée de fenêtres ouvrant sur la campagne alentour, les plantations de noyers en contrebas. De là, part l'allée bordée de conifères et de buis taillés en plateaux : vous la longerez par la pelouse (accessible ici). Le rond-point de repos borné de buis nains en spirales prend des airs de jardin intime. Le **manoir** en pierres blondes (habité par les propriétaires), avec sa cour de sable bien ratissée, sa fontaine, sa charmante chapelle où sont baptisés tous les descendants de la famille depuis des générations et son pigeonnier, donne une âme et une vie à ces jardins. Leur fait face le **jardin « à la française »** qui présente, au pied des courbes de buis, de discrets massifs de fleurs blanches. Montez les quelques marches qui en dévoileront la perspective, composée de bosquets de cyprès devant deux lignes fuyantes de charmes encadrant des cubes d'ifs. Faites-en aussi le tour pour comparer les points de vue : allongée d'abord, écrasée ensuite, la perspective joue sur le trompe-l'œil d'une allée plus étroite et plus basse en revers du manoir.

La toute dernière création de Gilles Sermadiras est la **roseraie★**. Des allées de buis nains qui encadrent des rosiers blancs mènent à cinq bassins illustrant les cinq sens. Au fond, un hémicycle de rosiers grimpants (blancs bien sûr…) ménage de superbes échappées sur la vallée.

Sur le chemin du retour, vous longez l'allée des charmes. À mi-parcours, là où l'orientation des contreforts s'inverse, une ouverture permet d'apercevoir le **grand bassin** et son pavillon.

Les jardins en chiffres

4 ha de superficie
7 sources, justifiant la racine *Ey*, l'« eau » en occitan, du nom Eyrignac.
5 jardiniers, qui désherbent, taillent et soignent.
4 spécialistes de la taille, en renfort au mois de juin.

Info pratique

Voir aussi le Périgord noir.

Se restaurer

Bon à savoir – Restaurant et salon de thé sur place. Aire de pique-nique à côté du parking.

Les Eyzies-de-Tayac-Sireuil★★

909 EYZICOIS OU TAYACIENS
CARTE GÉNÉRALE B2 – CARTE MICHELIN DÉPARTEMENTS 329 H6 – DORDOGNE (24)

Il y a deux lieux préhistoriques majeurs en Europe : la grotte de Lascaux et Les Eyzies. La préhistoire scientifique est en effet née dans ce village, bénéficiant des nombreux sites préservés dans lesquels l'homme ancien a laissé son empreinte. C'est l'occasion ou jamais de vous initier à ses mystères, ou de pousser plus avant vos connaissances, dans un environnement qui, découpé par la chaude lumière du soir, prend des allures de reconstitution.

Se repérer – Le bourg des Eyzies est un village carrefour à la croisée de la route qui mène du Bugue à Montignac, et surtout de l'axe Périgueux-Sarlat, la D 47. Il se trouve à 26 km au sud-ouest de Montignac, 48 km au sud-est de Périgueux et 21 km à l'ouest de Sarlat-la-Canéda.

Se garer – Places de stationnement le long des rues et parking au centre du village ne suffisent pas en été où la population est multipliée par dix. Mieux vaut donc arriver le matin…

Il est possible d'aller **à pied** du centre des Eyzies (gare SNCF) jusqu'aux Combarelles (50mn AR, en marchant au bord de la départementale) et jusqu'à la plupart des sites de la Vézère (1h AR jusqu'à Laugerie-Haute, par une voie piétonnière parallèle à la D 47).

À ne pas manquer – Les peintures de Font-de-Gaume, gravures des Combarelles et sculptures du Cap Blanc ; les collections du musée national de la Préhistoire ; les falaises au levant et au couchant ; l'arrivée en kayak sur les Eyzies après une descente de la Vézère.

Organiser son temps – L'idéal sera de réserver *(voir « Info pratique »)*. Comptez environ 1h par site et 2h pour le musée, qu'il est préférable de visiter en fin de parcours pour mieux en comprendre le contenu.

Avec les enfants – Fastidieuse pour eux, la visite de grottes est agréablement compensée par celle du Roc de Cazelle, ludique, et les ateliers préhistoriques proposés notamment par le musée de la Préhistoire. Belle visite également à la Maison forte de Reignac.

Pour poursuivre la visite – Voir aussi Le Bugue, Commarque, la grotte de Lascaux, le site de la Madeleine, Rouffignac, St-Léon-sur-Vézère et Sarlat-la-Canéda.

Comprendre

La « capitale de la préhistoire » – Des abris creusés à la base des masses calcaires ont tenu lieu d'habitations aux hommes de la préhistoire, tandis que des grottes s'ouvrant à mi-hauteur des falaises leur servaient de sanctuaires. La découverte de ces abris, depuis le 19e s., dans un rayon restreint autour des Eyzies, leur exploration méthodique et l'étude des gisements qu'ils recèlent ont permis à la préhistoire de s'ériger en science et ont fait des Eyzies la « capitale de la préhistoire ». Au point de modifier son nom ! En effet, avant 1905, la commune s'appelait Tayac. Elle fut ensuite rebaptisée en raison de l'attrait exercé par les sites : ce rajout, orthographié *Ayzies* ou *Eyzies*, évoque en occitan les résidences, « les demeures de Tayac ».

Info pratique

Bon à savoir – En toute saison, la température dans les grottes avoisine les 13 °C, prévoyez donc un chandail l'été !

Visite

Conseil – Les sites de Font-de-Gaume, les Combarelles, Laugerie-Haute, l'abri du Poisson, la Micoque, la Ferrassi, et Le Moustier se visitent sur réservation, dans un délai de 15 jours à 1 mois et demi pour les deux premiers (possibilité de réservation centralisée en circuit).

Si vous n'avez pas réservé – Présentez-vous à la billetterie de Font-de-Gaume ou des Combarelles à 9h30 pour vous glisser dans les visites du jour. Ce qui se fera plus facilement pour Font-de-Gaume et les Combarelles (nombreuses visites quotidiennes) que pour Laugerie-Haute, La Micoque, Le Moustier, l'abri du Poisson et La Ferrassie (3 visites conférences par semaine en juil. et août).

Loisirs

Initiations à la préhistoire – Le musée national de Préhistoire propose des ateliers d'art pariétal, de fouille archéologique ou de préhistoire (1 ou 2 j.) pour enfants et adultes, en partie accessibles aux handicapés moteurs et visuels.

Au paléolithique – La basse Vézère offrait une multitude de cavités que, pendant plusieurs dizaines de milliers d'années, les hommes ont fréquentées, y laissant des traces de leur passage et de leurs activités : ossements, cendres de foyers, outils, armes, ustensiles, représentations figuratives et abstraites. Cependant, il est faux de dire que l'homme préhistorique a vécu dans les cavernes : elles étaient trop humides ! Il se contentait de camper à l'entrée, à l'abri du vent, sur la pente exposée au soleil (si possible du matin, afin de se débarrasser de la fraîcheur nocturne).

Le domaine des chercheurs – L'étude méthodique des gisements de la région des Eyzies a permis aux archéologues de mieux connaître la préhistoire. Le département de la Dordogne offre en effet une fabuleuse richesse de vestiges : près de 200 gisements sont dénombrés, dont plus de la moitié se situent dans la basse vallée de la Vézère !

Voir la partie sur la préhistoire et l'art préhistorique *(p. 46)*.

La statue de l'homme de Neandertal semble défier cette forteresse encastrée sous un rocher. Derrière ces murs se cache l'histoire de nos lointains ancêtres

Visiter

Musée national de Préhistoire★★

05 53 06 45 65 - juil.-août : 9h30-18h30 ; juin et sept. : tlj sf mar. 9h30-18h ; oct.-mai : tlj sf mar. 9h30-12h30, 14h-17h30 - fermé 1er janv. et 25 déc. - 5 € (-18 ans gratuit), gratuit 1er dim. du mois - visites-conférences sur réserv.

Placé sous la protection de la forteresse bâtie par Jean-Guy de Beynac en 1585, en surplomb du village des Eyzies, le musée consacré au **paléolithique** abrite une collection exceptionnelle d'outils et d'objets d'art provenant des sites préhistoriques que vous pourrez visiter aux alentours, comme un extraordinaire bison en os du gisement de la Madeleine ou les objets issus des fouilles de la grotte de Lascaux. Pour vous représenter ces êtres qui ont façonné l'histoire humaine, vous verrez d'abord le moulage du squelette de Lucy (-3,5 millions d'années) et, au fil des étages, de très belles reconstitutions en « **dermoplastie** » : l'adolescent du lac Turkana (Kenya, -1,8 million d'années), un homme et un enfant de Neandertal, l'homme de l'abri de Cro-Magnon et son étrange lésion au front, l'énorme ancêtre du cerf (mégacéros).

L'escalier « puits du temps », décoré de moulages de stratigraphies (successions de couches géologiques), donne une idée du matériau brut des chercheurs en préhistoire. Vous pénétrez alors dans la salle du **1er étage** et découvrez à la fois les méthodes de datation et les techniques de tailles des silex et des os, des plus anciennes (-350 000 ans) aux plus récentes (-10 000 ans). Cette présentation est accessible pour les non spécialistes grâce à divers films (1 à 5mn chacun) et ceux qui voudraient davantage d'explications se reporteront aux fiches mises à disposition.

La salle du **second étage** s'intéresse aux diverses activités des hommes préhistoriques, en commençant par la recherche des matières premières. Suivent la chasse et la pêche (un intrus du 20e s. s'est glissé dans les vitrines : la copie d'éclats de verre et de porcelaine utilisés comme pointe de flèche par les Aborigènes d'Australie), puis les sépultures : remarquez la **parure** de 1296 coquillages de l'enfant de la Madeleine. Enfin, les activités religieuses comprennent l'art pariétal (vous verrez le matériel des peintres préhistoriques) et des blocs ornés.

De la terrasse, où se dresse la statue de l'homme de Neandertal (par Paul Dardé, 1931), **vue** sur le bourg et sur les vallées de la Vézère et de la Beune.

Grotte de Font-de-Gaume★★

À la sortie des Eyzies en direction de Sarlat. Parking ombragé. ☏ 05 53 06 86 00 - visite guidée (45mn) sur réserv. uniquement (1 mois av.), voir aussi « Info pratique » - visites adaptées pour déficients visuels - de mi-mai à mi-sept. : 9h30-17h30 ; de mi-sept. à mi-mai : 9h30-12h30, 14h-17h30 - fermé sam., 1er janv., 1er Mai, 1er et 11 Nov., 25 déc. - 6,50 € (enf. gratuit, 18-25 ans 4,50 €) + 1,50 € de frais de réserv., billet réduit si visite combinée de la grotte des Combarelles et l'abri du Cap Blanc (se renseigner).

Exceptionnel : voici le dernier site à figures polychromes ouvert au public. La partie visible de la grotte se présente sous la forme d'un couloir d'environ 120 m, sur lequel se greffent plusieurs ramifications. Les peintures pariétales furent pour la plupart attribuées au magdalénien moyen (entre - 16 000 et - 13 000 ans). Il est probable qu'une partie d'entre elles est contemporaine de **Lascaux** (magdalénien ancien).

Parmi 200 représentations réalisées sur des brouillons gravés ou à partir de dessins antérieurs, vous découvrirez une frise polychrome de **bisons★★** (dont un est classé au Patrimoine mondial de l'humanité), de chevaux et de mammouths. Vous verrez également une des très rares peintures presque animées de l'art paléolithique : **deux rennes★** se font face et l'un lèche les bois de l'autre. La scène, qui ne se déroule dans la nature que dans des conditions très particulières, touche tant par sa finesse d'observation que par la très ancienne émotion qu'elle suppose. Notez enfin la présence de signes en forme de toit, les tectiformes (signes évoquant des habitations), qu'on retrouve aussi à **Bernifal**, aux **Combarelles** et à **Rouffignac**. Certains préhistoriens voient dans ces similitudes l'œuvre d'un même groupe culturel.

Abri Pataud

☏ 05 53 06 92 46 - www.semitour.com - visite guidée (1h) juil.-août : 10h-19h ; avr.-juin et de déb. sept. à mi-nov. : tlj sf sam. 10h-12h30, 14h-18h ; fév.-mars et de mi-nov. à fin déc. : tlj sf w.-end et vend. 10h-12h30, 14h-17h30 ; reste de l'année : tlj sf sam. 10h-12h30, 14h-17h30 - fermé 25 déc et en janv. - 5,80 € (6-12 ans 3,80 €).

Il s'agit d'un gisement préhistorique de référence. On visite le chantier de fouilles et notamment deux coupes stratigraphiques de 9,25 m de haut et pas moins de 14 couches archéologiques (aurignacien, gravettien, solutréen) avec ossements, silex, foyers visibles in situ. Une statue, enterrée au fond de l'abri il y a environ 20 000 ans, représente une jeune femme de 16 ans.

Le **musée**, aménagé dans une partie non effondrée de l'abri, présente une sélection d'objets découverts au cours des fouilles (outils, objets de parure et d'art, ossements d'animaux et humains). On y contemple aussi un exceptionnel bouquetin sculpté en bas-relief, attribué au solutréen. Des tableaux et des maquettes permettent de comprendre comment les préhistoriens (dont H. de Lumley et H.-L. Movius) ont daté les campements et reconstitué les paysages et le mode de vie de ces chasseurs de rennes, qui vécurent ici à de multiples reprises entre - 35 000 et - 20 000 ans.

Abri de Cro-Magnon

Mise au jour en 1868, la sépulture aurignacienne (autour de - 35 000 ans) réunit, outre des outils et des pendeloques, cinq squelettes d'homme moderne, dont le fameux « vieillard », de 50 ans, et un enfant mort en bas âge (chose fréquente à l'époque). Il y a 35 000 ans, l'homme moderne, comme celui de Cro-Magnon, avait en effet une espérance de vie très courte. À 50 ans, il était considéré comme un grand vieillard.

Ce furent les premiers restes d'*Homo sapiens* découverts. Du site lui-même, il n'existe plus aujourd'hui qu'une plaque commémorative.

Église de Tayac

Cette église fortifiée du 12e s. séduit par les tons dorés de sa pierre. Deux tours crénelées, aménagées en réduits défensifs et coiffées de toits de lauzes, encadrent le vaisseau. Celle qui surmonte le portail fait office de clocher. La première voussure du portail confère à l'église de Tayac une note orientale : deux colonnettes de remploi en marbre bleu témoignent de l'art gallo-romain. À l'intérieur, le plan à trois nefs, séparées par de grandes arcades reposant sur des piles, et le plafond en charpente sont exceptionnels en Périgord.

Circuits de découverte

LA VÉZÈRE PRÉHISTORIQUE (le long de la D 47)★ 1

Circuit de 24 km. Avec la visite des sites, comptez 4h. Prenez la D 47 en direction de Périgueux. Les quatre premiers sites sont au bord de la D 47.

L'arrivée sur le **site★** est impressionnante : la falaise, longue de 500 m, domine la rivière de 60 m. Remarquez au long de l'itinéraire la largeur de la vallée : elle donne une idée de ce qu'était la Vézère quand les hommes préhistoriques vivaient sur sa rive.

Abri du Poisson

✆ 05 53 06 86 00 - sur réserv. uniquement, visite guidée (1h15), voir aussi « Info pratique » - visites adaptées pour déficients visuels - s'adresser à la grotte de Font-de-Gaume - fermé 1er janv., 1er Mai, 1er et 11 Nov., 25 déc. - 6 € (-12 ans gratuit) billet combiné avec le gisement de la Laugerie Haute.

Au plafond d'une petite cavité est sculpté un poisson long de 1,05 m, un saumon (précisément gravé au stade bécard qui le caractérise dans la période qui suit le frai), espèce qui abondait dans la Vézère jusqu'à une époque récente. Cette figuration en bas-relief, la plus ancienne et la plus grande connue à ce jour, indique une fois de plus l'intérêt que le paléolithique portait à la nature ; elle remonterait au gravettien (vers - 23 000 ans) et peut être comparée aux sculptures de Laussel. Non loin du poisson apparaît en blanc sur fond noir une main, qui semble soufflée sur la paroi, comme faite au pochoir.

Grotte du Grand Roc

Parmi les concrétions de la grotte du Grand Roc, reconnaîtrez-vous la « Victoire de Samothrace », excentrique en forme de statuette ailée ?

Grotte du Grand Roc★★

✆ 05 53 06 92 70 - www.grandroc.com - visite guidée (30mn) juil.-août : 9h30-19h ; de Pâques à fin juin, sept.-oct. et vac. scol. : 10h-18h - 7,50 € (enf. 3,50 €), 9,50 € billet combiné avec l'abri préhistorique de Laugerie Basse.

De la terrasse située à l'entrée de la grotte, on jouit d'une très belle **vue★** sur la vallée de la Vézère.

La grotte fut découverte en 1924 par J. Maury. Après quarante longs mètres de tunnels étroits, vous découvrez, dans des salles généralement exiguës, une extraordinaire floraison de stalactites et de stalagmites, des excentriques comparables à des coraux (remarquez la « Victoire de Samothrace »), des pendeloques et des cristallisations (triangles, boucles, spirales) d'une grande variété. Dommage que le regard se heurte à un nécessaire grillage de protection pratiquement en continu…

Abri préhistorique de Laugerie-Basse

✆ 05 53 06 92 70 - www.grandroc.com - ♿ - juil.-août : 9h30-19h ; de Pâques à fin juin, sept.-oct. et vac. scol. : 10h-18h - possibilité de visite guidée (45mn) - 7,50 € (6-12 ans 3,50 €), 9,50 € (enf. 4,50 €) billet combiné avec la grotte du Grand Roc.

Situé en aval de Laugerie-Haute *(voir ci-dessous)*, d'où son nom, ce site servit plusieurs fois d'habitat à l'homme préhistorique, depuis - 14 000 ans environ (magdalénien

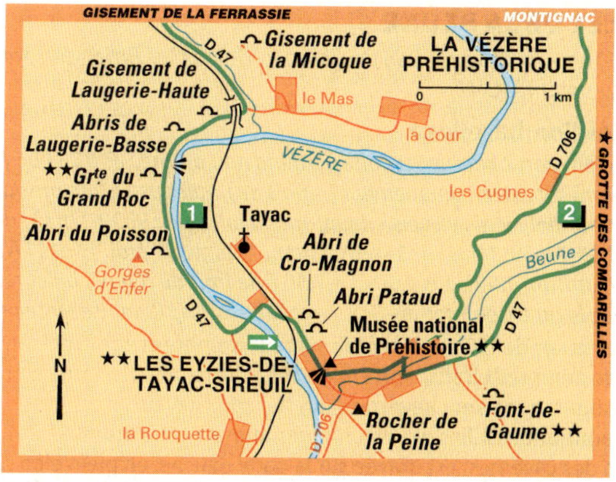

moyen), jusqu'à des époques plus récentes. On y découvrit un important rassemblement d'outils en pierre et en os, ainsi que des objets d'art sur supports osseux ou en bois de cervidés, conservés notamment au musée de Préhistoire (reproductions sur place). Outre une bonne vidéo (16mn), la visite se résume au commentaire d'une stratigraphie et à quelques animations en été.

Gisement de Laugerie-Haute

Mêmes conditions de visite que l'abri du Poisson (voir ci-contre) - 6 € (-12 ans gratuit) billet combiné avec l'abri du Poisson.

Le saviez-vous ? – Laugerie-Haute a inspiré l'écrivain américain Jean M. Auel pour le cinquième tome de sa saga préhistorique, *Les Refuges de pierres*.

Au pied des hautes falaises, des fouilles entreprises depuis près d'un siècle ont mis au jour d'importants spécimens de l'industrie et de l'art des hommes préhistoriques. La stratigraphie, une des plus complètes du Périgord, a permis de préciser la chronologie des sculptures paléolithiques dans la région. Elle se prolonge en 42 niveaux sous la maison, dans une partie encore peu explorée. Compte tenu de sa longueur (180 m), de la taille de son surplomb aujourd'hui effondré et de la proximité de la Vézère, Laugerie-Haute a sans doute abrité un grand nombre de familles, voire des réunions de groupes humains.

Quittez la D 47 juste après être passé sous le pont, en prenant à droite la direction de La Cour.

Gisement de la Micoque

Mêmes conditions de visite que le gisement de la Ferrassie.

Site majeur découvert fortuitement en 1895, la Micoque occupe une place importante dans la constitution de la science préhistorique : tous les pionniers s'y sont intéressés. En effet, c'est un des rares sites de plein air de la région. Installé sur une plage du Petit Manaurie, quand celui-ci était un torrent, il servait probablement d'aire de dépeçage du gibier. Les fouilles ont permis l'étude d'industries lithiques anciennes, de la fin du paléolithique inférieur et du paléolithique moyen : le tayacien, le micoquien et le moustérien (pièces au musée des Eyzies).

Revenez vers la D 47 que vous prenez à droite. Empruntez à gauche la D 32 et tournez de nouveau à gauche 1,1 km après la seconde intersection.

Gisement de la Ferrassie

✆ 05 53 06 86 00 - www.monum.fr - sur réserv. uniquement (le plus tôt possible), visite guidée (2h30 avec le gisement de la Micoque), voir aussi « Info pratique » - s'adresser à la grotte de Font-de-Gaume - fermé sam., 1er janv., 1er Mai, 1er et 11 Nov., 25 déc. - 6 € (-12 ans 5,50 €) + 3 € par gisement (-18 ans gratuit).

Découvert en 1896, le site se compose de trois abris : le petit, le grand et la grotte. Huit squelettes néandertaliens – un fœtus, deux nouveau-nés, trois enfants, deux adultes – ont été retrouvés dans le Petit Abri, attribué au moustérien, vers - 50 000 ans. L'homme était handicapé moteur, ce qui suppose qu'il avait été pris en charge. Ses dents, usées vers l'intérieur (comme le sont celles de certains Inuits), dénotent la pratique de mastication des peaux. Quant au Grand Abri, il présente un premier art sur blocs, assez fruste, composé de cupules, d'animaux schématiques et de symboles sexuels féminins.

LA VALLÉE DE LA BEUNE 2

Circuit de 50 km - comptez environ une journée. Quittez Les Eyzies-de-Tayac-Sireuil par l'est en empruntant la D 47.

Grotte des Combarelles★

Le site est à environ 2 km sur la droite. Parking non arboré. ☏ 05 53 06 86 00 - visite guidée (45mn) sur réserv. uniquement (1 mois av.), voir aussi « Info pratique » - visites adaptées pour déficients visuels - de mi-mai à mi-sept. : 9h30-17h30 ; de mi-sept. à mi-mai : 9h30-12h30, 14h-17h30 - fermé sam., 1er janv., 1er Mai, 1er et 11 Nov., 25 déc. - 6,50 € (enf. gratuit, 18-25 ans 4,50 €) + 1,50 € de frais de réserv., billet réduit si visite combinée de la grotte de Font-de-Gaume et l'abri du Cap Blanc (se renseigner).

Après un parcours de 120 m, un couloir sinueux, sombre et étroit, présente sur 250 m de parois de nombreux traits, souvent gravés, parfois rehaussés de peinture : près de sept cents figurations s'enchevêtrent (un tiers de chevaux, mais aussi bisons, ours, rennes, mammouths, félins et personnages humains caricaturaux). La **Lionne★**, en fait un lion des cavernes, est gravée sur la paroi gauche, en plein élan : il s'agit d'un des chefs-d'œuvre de l'art magdalénien. Remarquez les quatre signes tectiformes, comparables à ceux que l'on voit dans la grotte voisine de **Font-de-Gaume**, ainsi qu'à **Bernifal** et **Rouffignac**. On attribue les Combarelles au magdalénien moyen (entre - 16 000 et - 13 000 ans), mais il est possible que certaines gravures soient plus récentes (magdalénien supérieur). Un second couloir offrant des gravures analogues a été le théâtre de la vie des hommes ; on y a trouvé des restes de foyers et des témoignages de l'industrie magdalénienne.

Poursuivez sur la D 47 en direction de Sarlat.

Grottes du Roc de Cazelle

☏ 05 53 59 46 09 - www.rocdecazelle.com - visite guidée (45mn) juil.-août : 10h-20h ; mai-juin et sept. : 10h-19h ; mars-avr. et oct.-nov. : 10h-18h ; reste de l'année : 11h-17h - 5,60 € (5-13 ans 2,80 €) - en été, des ateliers préhistoire proposent d'apprendre tout en s'amusant : taille de silex, tir au propulseur, peinture.

Ce site de falaises, qui de tout temps a été occupé, fait découvrir la vie de nos ancêtres du paléolithique au milieu du 20e s. Un parcours fléché nous mène des scènes de la vie quotidienne de la préhistoire à la maison monolithique occupée par un couple d'agriculteurs jusqu'en 1966. Les scènes de chasse et reconstitutions ne sont pas toujours d'une grande fiabilité scientifique, mais les bruitages, les animaux cachés dans la forêt, ainsi que le parcours pour aventurier, font la joie des enfants.

Grotte de Bernifal

Accès : 10mn de marche. Prévoyez un chandail. ☏ 05 53 29 66 39 - 06 74 96 30 43 - visite guidée (1h) - juin.-sept. : 10h-18h ; reste de l'année : sur demande préalable - 6 € (enf. 4 €).

La décoration de cette grotte majeure est attribuée au magdalénien moyen (entre - 16 000 et - 13 000 ans). Cent dix figures y sont recensées parmi lesquelles 2 figures

humaines, 24 mammouths, 8 chevaux (dont un splendide cheval de Przewalski grandeur nature), 7 bovidés, 23 cervidés, 1 ours et 1 curieux mammouth en plein galop. Treize signes tectiformes (signes évoquant des habitations) permettent de rapprocher Bernifal d'autres sites déjà évoqués pour la présence de signes identiques : Combarelles, Rouffignac et Font-de-Gaume. La proximité stylistique des mammouths avec ceux de Rouffignac laisse supposer qu'ils proviennent des mêmes artistes.

Poursuivez la D 47 qui longe la petite Beune, puis après 2 km, tournez à gauche. Après Sireuil, rejoignez la D 48 (à droite).

Vous traversez la Beune et montez par une petite route ombragée en lacets. Remarquez à droite, juste avant d'arriver au Cap Blanc, la **vue★** sur le château de Commarque.

Abri du Cap Blanc

☏ 05 53 59 60 30 - visite guidée (45mn) sur réserv. uniquement (1 mois av.), voir aussi « Info pratique » - visites adaptées pour déficients visuels - de mi-mai à mi-sept. : 9h30-17h30 ; de mi-sept. à mi-mai : 9h30-12h30, 14h-17h30 - fermé sam., 1er janv., 1er Mai, 1er et 11 Nov., 25 déc. - 6,50 € (enf. gratuit, 18-25 ans 4,50 €) + 1,50 € de frais de réserv., billet réduit si visite combinée de la grotte de Font-de-Gaume et la grotte des Combarelles (se renseigner).

Ce qui rend cet abri unique, c'est d'y trouver de l'art pariétal alors qu'il servit d'habitat préhistorique. Figurent en effet ici 14 véritables **sculptures★** en haut-relief, de chevaux grandeur nature (l'un d'entre eux fait même plus de 2 m de long), de bisons, de cerfs et peut-être d'un ours. Elles sont traditionnellement attribuées au magdalénien moyen, mais les sondages récents ont mis au jour des outils solutréens. Au pied de cette frise a été découverte une **sépulture humaine**.

Poursuivez sur la D 48. Après 1,5 km, prenez à gauche la D 6, direction Le Moustier.

Vous quittez la vallée de la Beune. Éloignée de la rivière, la végétation du plateau se fait plus chétive. De **Bel-Air**, vue sur la vallée de la Vézère.

9 km plus loin, tournez à gauche dans la D 706 en direction des Eyzies-de-Tayac-Sireuil.

Maison forte de Reignac★

☏ 05 53 50 69 54 - www.maison-forte-reignac.com - juil.-août : 10h-20h ; mai-juin et sept. : 10h-19h ; mars-avr., de déb. oct. à mi-nov. : 10h-18h - 6,50 € (5-13 ans 3,20 €).

Cette maison forte (ou château des Anglais) s'avère être un château-falaise, comme les Eyzies : sa façade (14e s.) ferme un abri-sous-roche. Elle fut percée de fenêtres au 16e s. Après un demi-siècle de fouilles préhistoriques (vestiges du solutréen et du magdalénien moyen), le site ouvre au public.

La succession et la variété des salles, parfaitement meublées, est impressionnante : grande salle d'honneur, salle d'armes et de torture, salle à manger, salon, cuisine, chambres, chapelle mais aussi cachot et oubliettes s'échelonnent sur trois niveaux. Les escaliers mènent à un belvédère naturel d'où la **vue★** embrasse la Vézère.

Poursuivez de quelques mètres sur la D 706 (parking commun possible).

PréhistoParc

☏ 05 53 50 73 19 - www.prehistoparc.fr - ♿ - juil.-août : 10h-19h30 ; avr.-juin et sept. : 10h-18h30 ; fév.-mars et oct.-nov. : 10h-17h30 - 6,50 € (6-10 ans 3,20 €, 10-18 ans 4,90 €) ; 1,50 € en sup. pour les animations paléolithiques (taille de silex, confection du feu, lancer de sagaie...).

Dans un vallon en sous-bois bordé de falaises, le long d'un sentier de découverte, sont reconstituées une vingtaine de scènes de la vie quotidienne des hommes du paléolithique, qu'ils soient de Neandertal ou de Cro-Magnon : chasse au mammouth et au mégacéros, dépeçage du renne, pêche, peinture pariétale, habitat, première sépulture...).

Poursuivez sur la D 706. Après 500 m, tournez à droite dans une petite route qui franchit la Vézère. À Lespinasse, prenez à gauche.

Site de la Madeleine★ *(voir ce nom)*

Revenez et poursuivez (à droite) sur la D 706.

Tursac

Dominée par un énorme clocher-tour d'aspect sévère, l'**église** de Tursac offre une suite de coupoles caractéristiques du style roman périgourdin.

La route grimpe sur la falaise ; de belles perspectives s'ouvrent sur le village de Tursac et la Vézère.

Poursuivez sur la D 706 qui ramène aux Eyzies-de-Tayac-Sireuil.

Les Eyzies-de-Tayac pratique

Adresse utile

Office du tourisme Terre de Cro-Magnon – *19 r. de la Préhistoire - 24620 Les Eyzies-de-Tayac-Sireuil - ✆ 05 53 06 97 05 - www.tourisme-terredecromagnon.com - 10 juin-7 sept. : 9h-19h, dim. et j. fériés 10h-12h, 14h-18h ; 18 mars-9 juin : 9h-12h, 14h-18h, dim. et j. fériés 10h-12h, 14h-18h ; 8 sept.- 21 sept. : 9h-12h, 14h-18h, dim. et j. fériés 10h-12h, 14h-17h ; 1er janv.- 17 mars et 22 sept.-31 déc. : tlj sf dim. et j. fériés 9h-12h, 14h-18h, sam. 10h-12h, 14h-17h.*

Se loger

⊖ **Chambre d'hôte Le Panoramique** – *Beune - à 3,9 km au sud-est des Eyzies-de-Tayac par D 47 dir. Sarlat, puis D 48 rte de St-Cyprien - ✆ 05 53 06 98 82 - ⌧ - 4 ch. 30/38 € - ☕ 6 €.* Un agréable parc arboré isole ces trois maisons de style régional. Le décor des chambres joue la sobriété ; deux d'entre elles disposent d'une terrasse surplombant le site des Eyzies. Petits-déjeuners servis sous une véranda agrémentée de moulins à café et à poivre. Délicieux accueil. Deux gîtes, piscine.

⊖⊖ **Hôtel Le Moulin de la Beune** – *✆ 05 53 06 94 33 - www.moulindelabeune.com - fermé 2 nov.-31 mars - 🅿 - 20 ch. 59/68 € - ☕ 7 €.* Cet ancien moulin situé en contrebas de la route est niché dans un jardin traversé par la Beune. Les chambres, spacieuses, meublées d'ancien et décorées avec goût, s'avèrent plaisantes. Mécanisme de la roue à aubes visible depuis la salle à manger rustique, terrasse au bord de l'eau et cuisine régionale.

⊖⊖ **Hôtel de l'Auberge du Pêche-Lune** – *24620 Tursac - 6 km au nord-est des Eyzies-de-Tayac par D 706, rte de St-Léon-sur-Vézère - ✆ 05 53 06 85 85 - www.peche-lune.com - fermé 8 janv.- 15 fév. - 🅿 - 40 ch. 54/81 € - ☕ 10 € - rest. 18/24 €.* Surplombant la vallée de la Vézère, cet ancien corps de ferme entièrement rénové associe les traditionnelles pierres et poutres régionales à un surprenant décor intérieur tropical, donnant une salle à manger aux couleurs exotiques. Dans un bâtiment récent revêtant l'aspect d'un séchoir à tabac, les chambres, tout confort, ouvrent sur un patio et une piscine couverte.

Se restaurer

⊖⊖ **La Métairie** – *Sur D 47 - 7 km à l'est des Eyzies-de-Tayac - ✆ 05 53 29 65 32 - bourgeade@wanadoo.fr - fermé de déb. nov. à déb. fév., merc. midi du 15 juin au 15 sept. et lun. - 16/31 €.* Au pied du château de Beyssac dont elle dépendait, ancienne ferme bâtie autour d'une cour-terrasse. Les mangeoires ornant la salle à manger rappellent le passé des lieux. On y sert une cuisine au goût du jour soignée.

⊖⊖ **Hostellerie du Passeur** – *Pl. de la Mairie - ✆ 05 53 06 97 13 - www.hostellerie-du-passeur.com - ouv. de déb. avr. à déb. nov. - 19/46 €.* Au cœur du bourg, bordant une petite place, demeure ancienne de caractère dont le hall, le bar et la plupart des chambres ont été refaits. Tables dressées avec soin dans deux salles avenantes ou sur la quiète terrasse ombragée ; plats aux accents du terroir.

⊖⊖ **Auberge de l'Étang Joli** – *4 km au sud des Eyzies-de-Tayac par D 706 et rte secondaire - ✆ 05 53 35 29 87 - réserv. obligatoire en hiver - 20/28 € - 5 ch. 52 € ☕.* Loin de l'agitation touristique, paisible auberge périgourdine et son joli jardin fleuri où l'on dresse la terrasse. Recettes régionales mitonnées par la patronne, personnage haut en couleur qui ne manquera pas de venir vous saluer lors de votre repas. Stages de cuisine en hiver.

Que rapporter

👁 **Bon à savoir** – La halle paysanne des Eyzies accueille quotidiennement, en haute saison, artisans et agriculteurs locaux.

Marché – Lun. matin.

Élevage des Granges – *À Tursac - ✆ 05 56 06 94 51 - juil.-août : 11h-18h, juin et sept. : 8h-10h, 16h-18h30.* Vente de produits et démonstration de gavage.

Sports et loisirs

CANOË

Les Eyzies sont une base idéale pour la descente de la Vézère. **Canoës AVCK** – *✆ 05 53 06 92 92 - www.vezre-canoe.com.*

Canoës Vallée Vézère – *✆ 05 53 05 10 11 - www.canoesvalleevezere.com.*

Loisirs Évasion Canoës Kayak – *✆ 05 53 06 92 64 - www.canoe-loisirsevasion-vezere-dordogne.com.*

Les Trois Drapeaux – *✆ 05 53 06 91 89 - www.les3drapeaux.com.*

Événement

Musique en Périgord – *Rens. et réserv. office du tourisme de St-Cyprien - ✆ 05 53 30 36 09.* Début août, concerts donnés dans des villages du Périgord noir (Audrix, Les Eyzies, Le Bugue…).

Figeac★★

9 963 FIGEACOIS
CARTE GÉNÉRALE C3 – CARTE MICHELIN DÉPARTEMENTS 337 I4 – LOT (46)

Blottie contre la rive droite du Célé, Figeac s'est développée au débouché de l'Auvergne et du Haut-Quercy. Ville d'échanges, elle a connu un passé prestigieux dont témoigne aujourd'hui l'architecture de ses hautes maisons de grès. Vous ferez donc un beau voyage au cœur de l'histoire d'une ville, que vous retrouverez à l'Espace Patrimoine, et de la naissance de l'égyptologie ainsi que des écritures du monde, exposées au musée Champollion.

- **Se repérer** – À 70 km à l'est de Cahors et 34 km au sud-est de Gramat, Figeac est le carrefour des routes partant vers la vallée du Célé, la vallée du Lot, les causses, le Ségala, le Limargue, le Quercy blanc, le Cantal et l'Aveyron.
- **Se garer** – D'où que l'on vienne, les accès de Figeac peinent à ventiler une circulation importante. Sur les boulevards, avenues et quais qui enserrent le vieux bourg sont aménagés de nombreux parkings.
- **À ne pas manquer** – Le musée Champollion, les rues de nuit, la vallée du Célé.
- **Organiser son temps** – Comptez une journée pour la ville avec la visite du musée Champollion et l'Espace Patrimoine, de même pour le circuit dans les environs.
- **Avec les enfants** – Figeac affiche le label Station kid : l'office de tourisme comme les prestataires de loisirs proposent une foule d'activités nature et patrimoniales aux enfants.
- **Pour poursuivre la visite** – Voir aussi Assier, Capdenac, les grottes de Foissac et Marcilhac-sur-Célé.

Comprendre

De la tutelle des abbés à celle des rois – Figeac, dont le nom existait déjà, se développe autour d'un monastère établi au 9e s. Celui-ci atteint son apogée au 13e s. L'abbé, seigneur ecclésiastique, dirige la ville. Les artisans et les commerçants aisés de Figeac bénéficient de sa situation géographique au carrefour de l'Auvergne, du Quercy et du Rouergue. En 1302, à la suite d'un conflit entre l'abbé et les consuls, Philippe le Bel étend son autorité sur la ville. Représenté par un viguier, il se concilie les habitants en leur accordant le privilège rare de battre monnaie royale (d'où l'invention postérieure d'un « hôtel de la Monnaie »). La guerre de Cent Ans et les guerres de Religion ralentissent le développement de la ville. En 1576, les calvinistes s'emparent de la cité dont ils font, jusqu'en 1622, une de leurs places de sûreté avant qu'elle ne soit démantelée par Richelieu. Aux 18e et 19e s., les activités de la ville continuent sous l'action de la bourgeoisie ; le long du canal, moulins et tanneries s'activent. D'autre part, l'architecture des vieux quartiers évolue : les îlots insalubres disparaissent et laissent place à des espaces plus lumineux grâce à des destructions d'habitations menées au 20e s.

J. Damase / MICHELIN

L'été, profitez du calme dans les rues de Figeac tôt le matin.

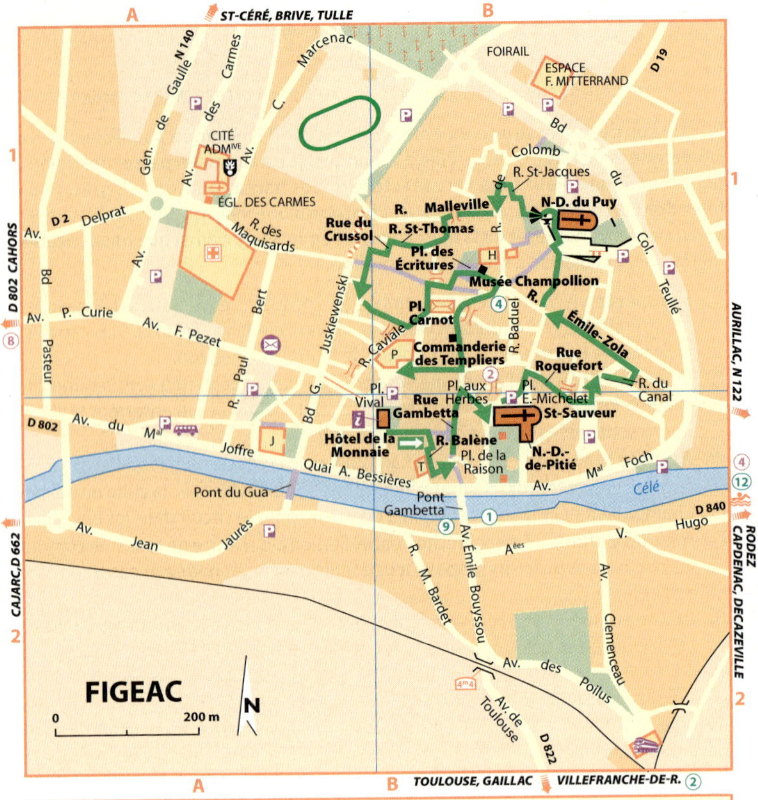

SE LOGER

- Bains (Hôtel des)............ ①
- Bastie d'Urfé (Hôtel la)............ ②
- Champollion (Hôtel)............ ④
- Pont d'Or (Hôtel Le)............ ⑨
- Relais de la Tour (Hôtel du)............ ⑫

SE RESTAURER

- Cuisine du Marché (La)............ ②
- Diège(Auberge de la)............ ④
- Domaine des Villedieu (Auberge du)............ ⑧

Se promener

LE VIEUX FIGEAC★★

Il a conservé son plan du Moyen Âge, avec son entrelacs de rues étroites et tortueuses, circonscrit par une ligne de boulevards qui occupent l'emplacement des fossés. Vous remarquerez que la vieille ville s'orne de nombreuses coquilles : Figeac est en effet sur la route du pèlerinage de St-Jacques-de-Compostelle. Les nombreux bâtiments des 12e, 13e et 14e s., construits dans un beau grès beige, s'ouvrent au rez-de-chaussée par de grandes arcades surmontées au 1er étage de deux baies sculptées. Sous le toit plat, le **soleilho** (grenier ouvert) servait à faire sécher la nourriture, les produits d'artisanat ou le linge… Ses ouvertures sont séparées par des piliers en bois, en pierre, ou encore en brique, qui supportent la toiture. À cela s'ajoutent des tours en encorbellement, des portes ouvragées caractéristiques de cette époque, dont la plus ancienne date du 15e s. Les escaliers à vis annoncent la Renaissance.

Hôtel de la Monnaie★ B2

Voir ABC d'architecture p. 67. Cet édifice a été construit au 13e s. à l'emplacement des jardins de l'abbaye. Caractéristique de l'architecture civile figeacoise, il déploie ses arcades au rez-de-chaussée. Les fenêtres, doubles et surmontées d'oculi, percent la façade. La belle cheminée en pierre octogonale était un modèle fréquent à Figeac. Le nom « Oustal dé lo Mounédo » évoque la fabrique royale de monnaie créée par Philippe le Bel, mais il est établi aujourd'hui que l'atelier de frappe se trouvait dans un autre bâtiment et que cet immeuble n'était que la maison d'un riche Figeacois. L'hôtel de la Monnaie abrite à présent l'office de tourisme et le musée du Vieux Figeac.

Musée du Vieux Figeac

☎ 05 65 34 06 25 - juil.-août : 10h-19h ; mai-juin et sept. : 10h-12h30, 14h30-18h, dim. 10h-13h ; reste de l'année : tlj sf dim. 10h-12h30, 14h30-18h - 2 € (-12 ans gratuit).

Il présente des fragments de sculptures provenant d'édifices de la ville (porte de l'hôtel de Sully), des monnaies anciennes, le sceau de la ville au temps des sept consuls, du mobilier…

Engagez-vous dans la rue Ortabadial jusqu'à la rue Balène, à droite.

Rue Balène

Au nº 7, le palais Balène dresse sa façade 14e s. percée d'une porte monumentale. Derrière l'enfilade de ses fenêtres rayonnantes s'ouvre une vaste salle, lieu de vie de la maisonnée. Le rez-de-chaussée est actuellement une salle des fêtes. Au nº 1, l'hôtel de Viguier d'Auglanat, du 14e s., fut la demeure d'une famille importante et riche. Il s'orne d'une belle porte décorée en arc surbaissé et d'une tourelle d'angle.

Rue Gambetta

Tracée sur la voie romaine, cette rue restera longtemps l'artère principale de la cité. Elle est aujourd'hui piétonne *(10h-19h)*. Aux nos 25 et 28, maisons à colombages garnis de briques, très bien restaurées.

Remontez la rue Gambetta jusqu'à la place aux Herbes, engagez-vous à droite, vers la place de la Raison.

Église St-Sauveur

Cette ancienne église abbatiale, dont les parties les plus antiques remontent au 11e s., a conservé dans l'ensemble son plan primitif en forme de croix latine. Des chapelles construites au 14e s. s'ouvrent sur une haute nef à collatéraux. Cette nef frappe par sa dissymétrie, le côté nord ayant été reconstruit au 17e s. Le côté sud comprend, au-dessus des arcades en plein cintre, une tribune aux baies géminées inscrites dans un grand arc, surmontée elle-même de fenêtres du 13e s. À la suite des guerres de Religion, la tribune a disparu. Quatre chapiteaux romans provenant du portail disparu supportent les bénitiers. L'aménagement, à la Révolution, de la place de la Raison à l'emplacement des bâtiments conventuels, isole l'église de son contexte initial.

Chapelle N.-D.-de-Pitié★

À droite de l'église St-Sauveur, cette chapelle, qui servait autrefois de salle capitulaire, devient un lieu de culte après le départ des protestants en 1622, et reçoit alors un somptueux décor de bois sculpté et peint, œuvre, semble-t-il, d'une famille de maîtres sculpteurs figeacois, les Delclaux. À droite de l'autel, un surprenant panneau montre Jésus enfant endormi sur la croix, rêvant de sa passion future.

Quittez la place par le nord, engagez-vous dans la rue Tomfort pour bifurquer à droite.

Rue Roquefort

La maison à tourelle en encorbellement au cul-de-lampe sculpté appartenait à Galiot de Genouillac, grand maître de l'artillerie de François Ier et sénéchal du Quercy, qui fit construire le château d'Assier *(voir ce nom)*.

Gagnez la rue Émile-Zola par la rue du Canal.

Rue Émile-Zola B1

Elle conserve des arcades médiévales et, aux nos 35-37, une intéressante succession de portails du 17e s.

Prenez à droite.

Rue Delzhens

Au nº 3, l'**hôtel du Viguier du Roy** n'a conservé de son architecture d'origine qu'une tour carrée et une tourelle d'escalier du 14e s. Restauré, il a été transformé en hôtel de luxe.

Remontez la rue.

Église N.-D.-du-Puy

Elle est située sur une hauteur d'où l'on a une belle vue sur la ville et ses environs. Les protestants l'intégrèrent dans une citadelle, confortant la façade d'une chambre de veille. Cet édifice gothique, très remanié au 17e s., marque l'emplacement d'un des deux premiers noyaux de la ville. À l'intérieur, un vaste **retable** en noyer sculpté, de la fin du 17e s., encadre deux toiles représentant l'Assomption et le Couronnement de la Vierge.

Redescendez la colline par la rue St-Jacques. Prenez à gauche la rue de Colomb, puis la première rue à droite

Jean-François Champollion

Le 23 décembre 1790 naquit à Figeac cet orientaliste dont le génie permit à l'égyptologie de faire des pas de géant. Au début du 19e s., la civilisation égyptienne demeurait en effet une énigme, les hiéroglyphes (mot qui signifie « graver sacré ») n'ayant pas été déchiffrés. Ayant rejoint Grenoble à 11 ans, c'est là qu'il parfait son apprentissage du grec et du latin, puis se lance à 14 ans dans l'hébreu et l'éthiopien. Plus tard, il suit à Paris les cours de l'École des langues orientales et ceux du Collège de France, tout en étudiant les manuscrits coptes et en préparant un dictionnaire et une grammaire de cette langue. Nommé à 19 ans professeur d'histoire à la faculté des lettres de Grenoble, il s'efforce de déchiffrer une stèle à la face polie, trouvée lors de l'expédition d'Égypte dans le delta du Nil près de Rosette, la « pierre de Rosette » (conservée au British Museum à Londres). Travaillant sur des copies de la pierre (aux mains des Anglais !), il perce progressivement le secret des hiéroglyphes. En 1826, Champollion fonde le musée égyptien du Louvre, dont il devient le conservateur, et part deux ans après en mission en Égypte. En 1831, il se voit confier une chaire d'archéologie égyptienne au Collège de France, mais n'y dispense que quatre cours, et meurt l'année suivante de la phtisie, épuisé par son énorme labeur.

B. Kaufmann / MICHELIN

Rues Maleville et St-Thomas

Elles passent sous le passage couvert blasonné de l'hôtel de Laporte (17e s.).

Descendez l'escalier sur la gauche et prenez à droite.

Rue de Crussol

Au n° 5, la cour de l'hôtel de Crussol (17e s.) présente une galerie au-dessus de l'escalier sur cour.

Traversez la rue d'Aujou pour rejoindre la rue Bonhore.

Sur la **rue Caviale**, en face, au n° 30, l'hôtel dit Louis XI (le roi y aurait simplement passé un moment en 1463...) est un rare exemple de demeure construite intégralement en pierres au 15e s.

Remontez la rue Caviale.

Place Carnot

Autrefois place Basse, elle était le siège de la halle au froment, détruite en 1888. Dans l'angle nord-ouest, la **maison de pierre de Cisteron**, armurier de Louis XIV, est flanquée d'une tourelle.

De la place Carnot, on accède par un porche à la place des Écritures, après avoir traversé l'étroite rue Séguier.

Place des Écritures★

Enchâssée dans un ensemble architectural du 13e s., son sol est couvert d'une immense **reproduction de la pierre de Rosette** (14 x 7 m), sculptée dans du granit noir du Zimbabwe par l'artiste américain Joseph Kossuth. Dans une courette attenante, la traduction en français des inscriptions est gravée sur une plaque de verre.

Place Champollion

Ici se font face une grande demeure privée (14e s.) et la plus vieille maison de la ville (milieu du 12e s.), dite du Griffon.

Gagnez la place Carnot, puis la rue Gambetta.

Hôtel médiéval

Ce vaste ensemble à la belle façade gothique date du milieu du 14e s. Le premier corps de bâtiment est constitué de deux tours couvertes, le second corps présente une structure à colombages.

Revenez à la place Vival par la rue du 11-Novembre.

Visiter

Musée Champollion - Les Écritures du Monde★★ B1

Pl. Champollion - ✆ 05 53 50 31 08 - ♿ - juil.-août : 10h-20h (visite commentée mar. 10h, atelier pédagogique jeu. 10h) ; mai-juin et sept. : 10h-19h ; mars-avr. et de déb. oct. à mi-nov. : 10h-18h - fermé 1er janv., 1er Mai et 25 déc. - 6,50 € (5-13 ans 3,20 €), gratuit 1er merc. du mois (sf juil.-août).

La maison natale de Champollion, où se trouvait un musée qui lui était consacré, s'est vu adjoindre un bâtiment attenant permettant de tripler la surface du lieu et d'élargir la thématique de l'exposition. Ce nouvel espace, dont la partie la plus remarquable est la façade de cuivre et de verre dans laquelle se découpent mille lettres de vingt-huit écritures différentes, a été sobrement aménagé par l'architecte **Alain Moatti**. Désormais, au-delà de la personnalité de Champollion, de ses travaux et de l'égyptologie (sarcophages, momies, tablettes...) présentés au rez-de-chaussée, se déploient, dans les étages, l'histoire des graphies du monde. Naissance de l'écriture, invention de l'alphabet, le livre du parchemin à l'informatique, et usages de l'écrit, ce musée invite à un voyage dans tous les sens des signes liés à des civilisations (Chine, Mexique, pays méditerranéens). L'ensemble s'appuie sur un fonds documentaire varié (objets, manuscrits) et des outils multimédia (bornes interactives, vidéos et espace Internet).

Espace Patrimoine

5 r. de Colomb (non loin du musée Champollion) - ✆ 05 65 50 05 40 - de mi-juil. à mi-sept. : 10h-12h, 15h-19h ; de déb. avr. à mi-juil. et de mi sept. à fin oct. : tlj sf lun. 14h-18h - gratuit.

Une frise retrace 1 000 ans d'histoire et des maquettes reproduisent l'évolution de l'architecture, le tout fait le « Portrait d'une ville » complété de focus thématiques et d'expositions temporaires. Une présentation synthétique à voir de préférence avant de parcourir les rues du secteur sauvegardé de Figeac.

Aux alentours

Les aiguilles de Figeac

Ce sont deux monuments de forme octogonale qui se dressent l'un au sud, l'autre à l'ouest de la ville et mesurent respectivement 14,50 m et 11,50 m, socle compris. Certains ont voulu y voir les limites du monastère. Elles dateraient du 13e s.

L'**aiguille du Cingle** (ou du pressoir) est visible de la D 822 au sud de Figeac. L'**aiguille de Lissac**, plus isolée, se trouve dans une zone boisée proche du quartier de Nayrac *(sentier pédestre à côté de l'IUT).*

Cardaillac★

11 km au nord par la D 840, puis la D 15. Se garer sur le parking du fort et suivre le fléchage du circuit historique.

Ce village est le berceau de la grande famille quercynoise dont il porte le nom. En haut du bourg se dresse le **quartier du fort** bâti sur un éperon rocheux. De cette construction du 12e s., de forme triangulaire, subsistent deux tours carrées, la tour de l'Horloge ou tour des Barons, et la **tour de Sagnes**. Cette dernière se visite : elle possède deux hautes salles voûtées desservies par un escalier à vis. De la plate-forme, **vue★** sur la vallée du Drauzou.

Musée éclaté – *✆ 05 65 40 10 63/15 65 - http://membres.lycos.fr/musee_eclate/intro.htm - visite guidée (1h45) de mi-juil. à fin août : tlj sf sam. 15h et 16h30 ; de déb. juil. à mi-juil. et de déb. sept. à mi-sept. : tlj sf sam. 15h ; oct.-juin : sur demande préalable (1 j. av.) - tarif non communiqué.* Plusieurs sites de visite sont disséminés dans le bourg, évoquant de façon dynamique la vie au siècle dernier : l'école du village, l'artisanat local et la condition paysanne. Vous repartirez incollables sur la fabrication des « comportes » (hottes de vignerons), spécialité de Cardaillac.

Circuit de découverte

D'une Vallée à l'autre★

Circuit de 95 km – une journée. Quittez Figeac par la D 41 à l'ouest, vers Cahors.

Le circuit emprunte une bonne part de la vallée du Célé. Né sur les granits de la châtaigneraie cantalienne, le Célé (de celer, rapide) doit son nom à la vivacité de ses eaux. Il fait vite son entrée en Quercy et court vers la vallée du Lot. Lorsque la colline de Capdenac lui barre la route, il n'en est plus qu'à 5 km ! Mais le Célé oblique vers l'ouest et perce un bloc calcaire long de 40 km. Cette percée héroïque est une suite de défilés où le Célé serpente entre de hautes murailles colorées dont il vient miner la base : c'est le **Val-Paradis**.

L'église d'Espagnac est flanquée d'un curieux clocher à colombages de bois et brique.

La route longe le hameau de **Ste-Eulalie**, dont la grotte *(ne se visite pas)* est réputée dans le milieu scientifique pour ses fresques pariétales préhistoriques. Le GR 65, qui suit la vallée, emprunte le chemin principal de St-Jacques-de-Compostelle.

Espagnac-Ste-Eulalie

Établi à l'extrémité d'un méandre, le village groupe ses maisons coiffées de clochetons et de toits pointus autour de l'**ancien prieuré N.-D.-du-Val-Paradis**.

Fondé en 1145 par le moine Bertrand de Grifeuille de l'ordre augustinien, le prieuré Notre-Dame accueille en 1211 une communauté de chanoinesses. Il prend une grande extension sous l'impulsion d'Aymeric Hébrard de St-Sulpice, fondateur de l'université de Coïmbra et évêque de cette cité. Soumis aux caprices de la rivière, le prieuré est déplacé en 1283, à l'abri des inondations du Célé. Mais la guerre de Cent Ans voit le cloître et l'église en partie démolis. Ils sont reconstruits au 15e s., et une nouvelle vie religieuse s'y déroule jusqu'à la Révolution. Les bâtiments conventuels subsistants abritent foyer rural et gîtes communaux, ouverts aux pèlerins de St-Jacques.

De style flamboyant, l'**église** remplace un édifice du 13e s. dont il ne reste que les murs de la nef, un portail et, en prolongement, les ruines des travées détruites au 15e s., lors d'incendies. L'extérieur offre la particularité d'un chevet pentagonal s'élevant au-dessus de la nef et flanqué, au sud, d'une tour-clocher.

Revenez sur la rive droite et poursuivez sur la D 41.

Brengues

Ce modeste village, qui fut possession des seigneurs de Cardaillac, comme une bonne partie des environs, occupe un site agréable accroché à une plate-forme que domine un à-pic vertigineux.

St-Sulpice

Les maisons et les jardins du vieux bourg s'accrochent sous un magnifique encorbellement de la falaise. Un château du 12e s., remanié aux 14e et 15e s., garde le passage. Il appartient à la famille Hébrard de St-Sulpice, dont c'est le fief d'origine.

Marcilhac-sur-Célé *(voir ce nom)*

La D 17 contourne la falaise du **Bout du Rocher**. Dolmens, ruines et grottes se succèdent sur ce causse parsemé de fermes. La route, agréablement ombragée, redescend à flanc de combe pour rejoindre la vallée du Lot, offrant de belles échappées.

L'Hébrardie

Tout au long du Moyen Âge, la majeure partie de la vallée du Célé est contrôlée par la famille des **Hébrard de St-Sulpice** et constitue pour eux un fief. Elle forme une sorte d'unité historique et a pu être appelée « l'Hébrardie » tant l'influence de cette maison y a été prépondérante. Établis à St-Sulpice, les Hébrard agrandissent ou reconstruisent les prieurés d'Espagnac et de Marcilhac, protégeant les habitants contre les conflits, notamment au cours de la guerre de Cent Ans.

Cajarc

Village rendu célèbre par le président Pompidou qui y avait une propriété, et par l'enfant du pays, la romancière **Françoise Sagan**, révélée à l'âge de 19 ans par un premier roman, *Bonjour tristesse*. Près de l'église, la maison de l'« Hébrardie » aux fenêtres gothiques est un vestige du château du 13e s.

Le **Centre d'art contemporain Georges-Pompidou** organise d'importantes rétrospectives d'artistes européens. Les expositions Hartung, Bissière et Soulages ont hissé Cajarc parmi les principales places régionales de l'art contemporain. *05 65 40 78 19 ou 05 65 14 12 83 - - juil.-sept. : 10h-13h, 15h-19h ; oct.-déc. et de mi-mars à fin juin : 14h-18h - possibilité de visite guidée - fermé lun. (sf juil.-août) - gratuit.*

Vingt-huit petites **safranières** ont été recensées sur le canton de Cajarc, relançant une production tombée un temps en désuétude. À noter la Fête du Safran la 2e quinzaine d'octobre.

Quittez Cajarc par le sud en empruntant la D 24, direction Villefranche-de-Rouergue. Juste après avoir franchi le Lot, tournez à gauche dans la D 127.

La route, qui remonte la rive gauche du Lot, passe en encorbellement au-dessus de la rivière et, aussitôt après Saujac, s'élève, sinueuse, dominant une gorge boisée avant d'atteindre le sommet du causse.

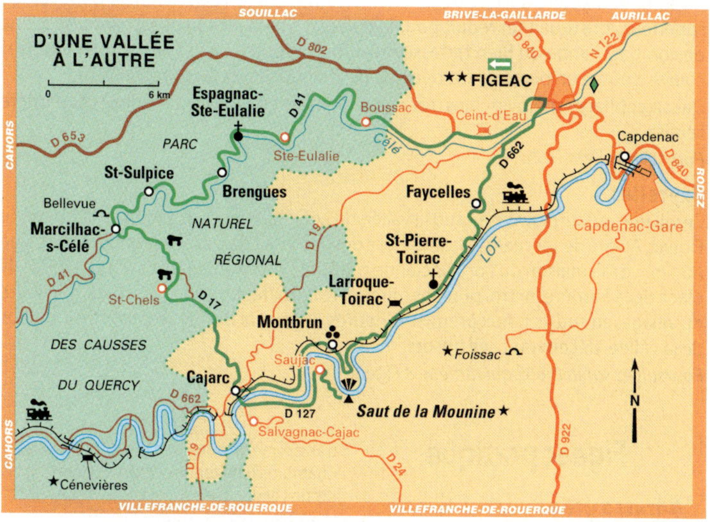

Saut de la Mounine★

Le point de **vue★** se situe à 323 m, et la rivière en contrebas à 155 m. Périlleux, donc, de jouer sur le bord de la falaise. Mais le large méandre du Lot qui enserre un damier de cultures et qui découvre, à gauche, les ruines de Montbrun, mérite qu'on s'y attarde. Ce vocable de « saut de la Mounine » évoque une curieuse légende : voulant punir sa fille pour l'amour qu'elle portait au fils du châtelain de Salvagnac, le sire de Montbrun donna l'ordre de la précipiter du haut de la falaise ; ému par cette cruauté, un ermite déguisa avec des vêtements de femme une petite guenon (*mounine* en langue d'oc) aveugle et la jeta dans le vide. À ce spectacle, le père regretta son acte criminel, et sa joie de revoir sa fille saine et sauve fut telle qu'il en oublia ses réticences envers le prétendant.

Revenez à Cajarc et prenez vers l'est sur l'autre rive la D 662 en direction de Figeac.

Montbrun

Enserré de falaises abruptes, le village de Montbrun s'étage sur un promontoire rocheux dominant la rivière. Au sommet de cette éminence se dressent les **ruines** d'un château fort qui appartint à l'un des frères du pape Jean XXII, Pierre Duèze, puis à la puissante famille des Cardaillac.

Poursuivez sur la D 662.

Château de Larroque-Toirac

06 12 37 48 39 ou 06 60 08 80 10 - www.chateautoirac.com - visite guidée (45mn) juil.-sept. : 10h-12h, 14h-18h - 6 € (-12 ans 2 €).

À flanc de falaise, le château dresse sa haute silhouette au-dessus du village et de la vallée du Lot. Bâti au 12e s., il appartient à la famille de Cardaillac qui, au cours de la guerre de Cent Ans, s'illustra dans la résistance quercynoise à la domination anglaise. De la place de l'église *(petit parc de stationnement)*, un chemin revêtu mène au château, bel exemple de conception défensive. On accède d'abord à une première tour ronde construite au début de la guerre de Cent Ans pour résister à l'artillerie, alors à ses débuts. Remarquez sa charmante ouverture en forme de cœur. Après deux cours successives, on pénètre dans la demeure seigneuriale (15e s.). Un escalier à vis, situé dans une tour accolée au bâtiment principal, en dessert les différents étages. Pour les amateurs de cheminées : la salle des gardes a conservé une belle cheminée romane (remarquez les latrines, aux murs peints) et la salle d'honneur une cheminée gothique. À noter également, la cuisine d'origine et la chambre des enfants. À l'est du site, l'énorme donjon (fin 12e s.), autrefois haut de 38 m, a été rasé sur 22 m en 1793 sur l'ordre des commissaires de la Convention. Sa forme pentagonale avait été choisie pour mieux supporter le choc des rochers précipités sur lui du sommet de la falaise.

La falaise située derrière le château comprend plusieurs grottes qui abritent les restes d'un important habitat troglodytique.

St-Pierre-Toirac

Édifiée aux 11e et 12e s., l'**église** fut fortifiée au 14e s. L'abside romane vient seule rompre le caractère austère de l'édifice, énorme donjon carré crénelé dont l'étage supérieur constituait un réduit pour la défense. Sur la façade ouest, curieuse scène de combat : l'ange du Bien terrasse un animal hybride. La nef nécessairement très courte, voûtée en berceau, est décorée de chapiteaux de facture primitive.

Des sarcophages mérovingiens mis au jour dans les environs ont été disposés derrière l'église.

Poursuivez sur la D 662.

Faycelles

Ce village, qui surplombe au sud la vallée du Lot, était une possession de l'abbaye de Figeac. Au gré de ses rues silencieuses, se dessine la vie de cette bourgade : la fontaine non loin de la maison du Fort, ancienne propriété du seigneur de Larroque-Toirac, la place de la Barrière, octroi pour les foires et le barri (faubourg) des Carbes, à la limite du village, au sud-est. Aux premières heures du jour, la brume se déchire au-dessus de la vallée, découvrant ses trésors.

Poursuivez sur la D 662 qui ramène à Figeac.

Figeac pratique

Adresse utile

Office du tourisme du pays de Figeac-Cajarc – *Pl. Vival - 46102 Figeac - ✆ 05 65 34 06 25 - www. tourisme-figeac. com - juil.-août : 10h-19h ; mai-juin et sept. : 10h-12h30, 14h30-18h, dim. 10h-13h ; reste de l'année : tlj sf dim. 10h-12h30, 14h30-18h.*

Visites

Vieille ville – *Rens. à l'office de tourisme - avr.-sept. - 5,50 € (-12 ans gratuit, 12-18 ans 3 €).* Visites-découvertes générales et thématiques animées par des guides-conférenciers agréés par le ministère de la Culture et de la Communication.

Visite au flambeaux – *Rens. à l'office de tourisme.* En saison le merc. à 21h30.

Se loger

⊖ **Hôtel des Bains** – *1 r. Griffoul - ✆ 05 65 34 10 89 - www.hoteldesbains.fr - fermé 22 déc.-8 janv., vend. soir, sam. et dim. de nov. à mars - 19 ch. 45/70 € - ☕ 7,50 €.* Sur la rive gauche du Célé, l'ancien établissement de bains publics fut transformé en hôtel dans les années 1970. Chambres bien tenues et terrasse-bar au ras de l'eau.

⊖⊖ **Hôtel Champollion** – *3 pl. Champollion - ✆ 05 65 34 04 37 - 10 ch. 50 € - ☕ 6,50 €.* Maison natale, place des Écritures… et hôtel à l'enseigne de « l'Égyptien » : le souvenir de Champollion est également présent dans ce logis médiéval (anciennes halles aux viandes) qui propose des petites chambres actuelles et bien tenues.

⊖⊖ **Hôtel Le Pont d'Or** – *2 av. Jean-Jaurès - ✆ 05 65 50 95 00 - www. hotelpontdor.com - P - 35 ch. 55/102 € - ☕ 12 €.* L'hôtel, rénové, est situé dans le quartier historique. Chambres élégantes, équipements dernier cri, piscine sur le toit et jolie terrasse (petit-déjeuner) longeant le Célé.

⊖⊖ **Hôtel la Bastie d'Urfé** – *Bez de Naussac - 12700 Naussac - 18 km au sud de Figeac - ✆ 05 65 64 13 77 - www.hotel-labastiedurfe.fr - fermé déc.-fév. - P - 9 ch. et 1 suite 59/64 € - ☕ 7,50 € - rest. 26 €.* En pleine campagne aveyronnaise mais à quelques kilomètres du département du Lot, cette ancienne maison de maître à l'architecture périgourdine abrite un hôtel de charme au mobilier très contemporain. Salon, salle à manger et chambres sont décorés de matériaux sobres, parfois bruts mais toujours agréables et judicieusement choisis ! Pour la détente, terrasse, piscine et jacuzzi !

⊖⊖ **Hôtel du Relais de la Tour** – *Voir Capdenac pratique.*

Se restaurer

⊖⊖ **La Cuisine du Marché** – *15 r. de Clermont - ✆ 05 65 50 18 55 - cuisinedumarche@wanadoo.fr - fermé dim. - 18/45 €.* Cuisines visibles de la salle et discrète décoration contemporaine en surimpression : une transparence qui respecte l'âme de cette ex-cave à vins du vieux Figeac.

⊖⊖ **Auberge de la Diège** – *12700 Capdenac-Gare - ✆ 05 65 64 70 54 - www.diege.com - fermé 16 déc.-7 janv., rest. : dim. soir, vend. soir et sam. du 1er oct. au 1er avr. - 19/35 €.* Alliance audacieuse d'un bâtiment résolument contemporain (chambres fonctionnelles, sobres et bien tenues) et d'une vieille ferme en grès beige accueillant le restaurant. Cuisine régionale dans un cadre rustique agrémenté de poutres, pierres et cheminée.

⊖⊖⊖ **Auberge du Domaine des Villedieu** – *46100 Boussac - 8 km au sud-ouest de Figeac par D 13 puis D 41 - ✆ 05 65 40 06 63 - www.villedieu.com - réserv. obligatoire - 27/40 € - 5 ch. 64/118 €* ☕. Cette grande ferme du 18e s. isolée en pleine nature vous enchantera. Agriculteurs dans l'âme, les hôtes vous feront goûter leurs produits dans la salle à manger au beau plancher de noyer ou sur la terrasse. Belles chambres aménagées dans des bâtiments agricoles restaurés.

Que rapporter

Marchés et foires – Marché le sam. matin. Foires le 2e et le dernier dim. de chaque mois. Marchés fermiers nocturnes 3 jeudis en juil.-août.

Sports & Loisirs

Domaine de loisirs du Surgié – *Chemin Moulin-Surgié - ✆ 05 61 64 88 54 - www.domainedusurgie.com - juil.-août : 11h-20h ; merc., w.-end et j. fériés hors vac. scol. 14h-18h - fermé janv.-1er Mai et 30 sept.-31 déc.* Importante base de loisirs de 14 ha située au bord du Célé, au nord-est de Figeac : plan d'eau, centre nautique, base VTT et parc de jeux.

Événements

Africajarc – *Rens. à l'office de tourisme - www.africajarc.com.* Festival pluridisciplinaire, sur scène et dans les rues, réunissant des artistes de tout le continent africain pendant 4 jours, fin juil.

Festival de théâtre des Tréteaux de France – *✆ 05 65 34 24 78.* De fin juil. à début août.

Grottes de Foissac★

CARTE GÉNÉRALE C3
CARTE MICHELIN DÉPARTEMENTS 338 D3 – AVEYRON (12)

Dans les entrailles de la terre se dissimulait un véritable trésor que l'on a découvert en 1959 : 8 km de galeries, encore drainées par un ruisseau souterrain. Il est possible de visiter ce magnifique site où les concrétions et les traces d'une présence humaine forment un ensemble de premier ordre.

Se repérer – À une quinzaine de kilomètres au sud de Figeac, les grottes se situent à l'écart du village de Foissac, en direction du sud.

À ne pas manquer – Les traces de pied d'enfants ; les stalactites fistuleuses ; le beau panorama depuis la place de Montsalès (sur la D 87).

Organiser son temps – Comptez 1h45 avec l'attente et le tour du petit parc préhistorique.

Avec les enfants – Dites-leur qu'il y a des squelettes à l'intérieur... Le parc préhistorique est un joli lieu de promenade.

Pour poursuivre la visite – Voir aussi Capdenac, Caylus, Cénevières, Figeac et Marcilhac-sur-Célé.

Visiter

05 65 64 77 04 - www.grotte-de-foissac.com - visite guidée (1h15, dép. ttes les 30mn) - juil.-août : 10h-18h ; juin et sept. : 10h-11h30, 14h-18h ; avr.-mai et oct. : tlj sf sam. 14h-18h ; reste de l'année : sur demande (2 j. av.) - dernière entrée 1h av. fermeture - 7,50 € (enf. 5,60 €).

Bon à savoir – Les grottes sont à température constante (13°C). L'été, pensez à vous munir d'un chandail.

Si le site de Foissac fut mis au jour en 1959, ce n'est qu'en 1965 que le club spéléologique de Capdenac réussit à accéder à la grande salle où sommeillaient les vestiges d'une occupation humaine vieille de 4 000 ans.

Entre autres merveilles minérales parmi les 8 km de galeries, la salle de l'Obélisque et la salle Michel-Roques recèlent des fistuleuses étincelantes de blancheur, ainsi que quelques tours d'ivoire. Dans la salle de l'Éboulement, vous verrez un curieux plafond à champignons. Ces derniers témoignent de l'existence de stalagmites antérieures aux séismes qui bouleversèrent la physionomie de la grotte. Enfin, d'originales stalactites bulbeuses ont été surnommées les « Oignons ».

J. Damase / MICHELIN

Grottes de Foissac.

Ces grottes conservent aussi des signes de l'occupation humaine à l'âge du cuivre (2700-1900 av. J.-C.) ; elles auraient été utilisées comme carrières de cuivre, caves et, cas plus rare, comme cimetière. On a découvert des foyers de charbon de bois, des ustensiles de cuivre, des poteries galbées de grandes dimensions, et surtout des squelettes humains, certains accompagnés d'offrandes attestant une inhumation. Trace émouvante : une empreinte de pied d'enfant est fixée dans l'argile depuis quarante siècles !

Un **parc préhistorique** présente la vie quotidienne de l'homme à l'âge de cuivre.

Gourdon★

4 882 GOURDONNAIS
CARTE GÉNÉRALE B3 – CARTE MICHELIN DÉPARTEMENTS 337 E3 – LOT (46)

Capitale d'un frais pays vallonné appelé la Bouriane, à la limite du Périgord et du Quercy, Gourdon s'étage au flanc d'une butte rocheuse autrefois surmontée d'un château. Outre un décor médiéval et une animation estivale, cette cité vous réserve de bons produits du terroir : foie gras, truffes et châtaignes.

Se repérer – Gourdon est à 21 km au sud-est de Sarlat-la-Canéda et 47 km au nord de Cahors.

Se garer – La circulation est déconseillée dans le vieux bourg, stationnez sur les deux boulevards extérieurs.

À ne pas manquer – La rue du Majou ; le panorama depuis l'esplanade ; les panneaux du chœur de l'église.

Organiser son temps – Comptez 3h pour la visite de la ville et ses environs immédiats, une demi-journée avec la grotte de Cougnac.

Avec les enfants – Le sentier des landes du Frau ; les plans d'eau Écoute s'il pleut, à 1,5 km au nord vers Sarlat *(voir l'encadré pratique)*.

Pour poursuivre la visite – Voir aussi Les Arques, Domme, Labastide-Murat, Montfort, Rocamadour et Souillac.

J. Damase / MICHELIN

Gourdon présente un plan circulaire, les boulevards ayant été tracés à l'emplacement des remparts rasés au 18e s.

Se promener

Partez de la place de la Libération où se trouve un point info avec un plan.

Rue du Majou★

Passé la porte fortifiée du 13e s., vous remontez l'ancienne artère principale de Gourdon. Étroite et pittoresque, la rue du Majou est bordée de maisons à encorbellements dont les rez-de-chaussée s'ouvrent par de grands arcs en ogive. Au no 17, la maison d'Anglars a conservé de jolies fenêtres à meneaux. Au passage, vous pourrez faire un arrêt à l'office de tourisme.

Cette rue débouche sur l'esplanade de l'hôtel de ville (à droite) et l'église St-Pierre.

Hôtel de ville

Cet ancien consulat du 13e s., agrandi au 17e s., présente des couverts qui servent de halles.

Église St-Pierre

Autrefois dépendance de l'abbaye du Vigan, elle fut édifiée au 14e s. Elle présente un portail orné d'élégantes archivoltes qu'encadrent deux hautes tours asymétriques. La grande rosace est protégée par une ligne de mâchicoulis, témoins des anciennes fortifications.

La nef, voûtée d'ogives, est remarquable par son ampleur ; des panneaux de bois sculptés du 17e s.,, peints et dorés, décorent le chœur et le croisillon droit.

En contournant l'église par la gauche, un escalier permet d'accéder à l'esplanade où s'élevait jadis le château féodal.

> **Le saviez-vous ?**
> Vengeance ! Une légende attribue à Bertrand, seigneur de Gourdon, la mort au combat de **Richard Cœur de Lion**, lors de la bataille de Châlus, en Haute-Vienne. Bertrand était le dernier survivant de sa famille, massacrée par Richard lors du siège de la ville dix ans plus tôt.

Esplanade

En lieu et place du château médiéval, une **table d'orientation** a été aménagée. Au-delà des toits de la ville, **panorama**★ sur les plateaux qui bordent les vallées de la Dordogne et du Céou et, au premier plan, le cimetière, véritable forêt de cyprès.

Revenez sur la place de l'Hôtel-de-Ville et contournez l'église par la droite.

Face au chevet de l'église s'élèvent de vieilles maisons, parmi lesquelles celle du conventionnel Cavaignac avec un beau portail du début du 17e s.

Empruntez face au portail latéral droit de l'église la **rue du Card.-Farinié** en descente, ancienne rue habitée par les marchands de la ville.

En contrebas se trouve l'église des Cordeliers.

Église des Cordeliers

Église désaffectée, utilisée pour des concerts et des expositions en juil.-août - visite liée à celles de la cité médiévale, sur demande préalable à l'office de tourisme au ✆ 05 65 27 52 50.

Une belle abside à sept pans est éclairée par des vitraux du 19e s. Au milieu de la nef gothique trône une magnifique **cuve baptismale**★ du 14e s., sur le pourtour de laquelle s'inscrivent des arcatures trilobées.

Aux alentours

Grottes de Cougnac★

3 km au nord par la D 704. ✆ 05 65 41 47 54 - www.grottesdecougnac.com - visite guidée (1h) juil.-août : 10h-18h ; des vac. scol. de Pâques à fin juin et sept. : 10h-11h30, 14h30-17h ; oct. : tlj sf dim. 14h-16h ; reste de l'année : sur demande préalable - 6 € (5-12 ans 4 €).

Ces grottes présentent un double intérêt : d'une part, elles sont riches en concrétions, d'autre part, certaines parties ont été ornées de dessins qui semblent contemporains de ceux de **Pech-Merle** (gravettien, de - 29 000 à - 22 000 ans et peut-être pour partie solutréen entre - 22 000 et - 18 000 ans).

Les grottes comprennent deux cavités distantes de 200 m environ et développent leur réseau sous un plateau calcaire boisé de chênes. La première comprend trois salles de petites dimensions dont les voûtes présentent une pluie de stalactites extrêmement serrées et souvent très fines. La seconde grotte, plus spacieuse, compte surtout deux salles remarquables : la **salle des Colonnes** et la **salle des Peintures préhistoriques**, où l'on contemple un grand panneau orné de dessins noirs ou ocre rouge : sept bouquetins, trois mammouths, trois mégacéros, un cheval réduit à son encolure. Notez la présence de signes en forme d'oiseau, datés du solutréen, un peu à l'écart et du dessin d'un « homme blessé », au corps hérissé de lances : est-ce l'expression d'un mythe ? On trouve aussi ce motif à Pech-Merle *(voir ce nom)*.

Les Prades

7 km au nord-est.

Le **musée Henri-Giron** renferme une quarantaine d'œuvres du peintre bruxellois. Héritier des primitifs flamands, Henri Giron colore de cette lumière si particulière des sujets et des ambiances très modernes. Singulières et troublantes figures féminines. *✆ 05 65 41 33 78 - ♿ - juil.-août : 10h-18h ; juin et sept. : 10h-12h, 15h-18h, w.-end 10h-18h ; oct.-mai : sur demande préalable à M. Hoving tlj sf dim. 10h-18h - possibilité de visite guidée (20mn) - fermé lun. - 2,30 € (enf. 1,20 €).*

Le Vigan

5 km à l'est par la D 1.

D'une abbaye fondée au 11e s. par l'évêque de Cahors, Géraud II, et qui devint au 14e s. un chapitre régulier de chanoines, subsiste l'**église** gothique. Elle possède un spectaculaire chevet, dominé par une tour coiffant le carré du transept, intercalant des tourelles défensives dans les absidioles. À l'intérieur, remarquez de belles voûtes d'ogives dans la nef.

Chapelle de N.-D.-des-Neiges

1,5 km au sud-est.

Cette petite chapelle, lieu de pèlerinage pour sa source miraculeuse depuis le 12e s., date du 14e s. Elle abrite un beau retable polychrome (17e s.), chef-d'œuvre d'art populaire sculpté par les frères Tournié. La « source miraculeuse » s'écoule dans le chœur même de la chapelle.

Circuit de découverte

LA BOURIANE

Circuit de 85 km – comptez environ une demi-journée. Quittez Gourdon par l'ouest en empruntant la D 673.

De Gourdon à la vallée du Lot et à l'ouest de la D 820 s'étend la Bouriane, région couverte de plantations de châtaigniers, de pins et de noyers. La vigne occupe les versants bien exposés. Une multitude de rivières sillonnent le plateau, créant des paysages vallonnés et boisés à l'habitat très dispersé : riche en surface, la Bouriane est un sol pauvre, caillouteux, que les hommes cultivent à la sueur de leur front. Ils ont pu tout de même exploiter les oxydes de fer, utilisés pendant des siècles par les débuts de la sidérurgie et ses moulins à eau.

Poursuivez sur la D 673.

Salviac

De style gothique, l'**église** possède de beaux vitraux du 16e s. contant la vie de saint Eutrope.

Cazals

Cette bastide, fondée en 1319 pour le roi d'Angleterre, s'organise autour de sa grand-place carrée. L'ancien château domine un plan d'eau aménagé au bord de la Masse.

Quittez Cazals par le sud et poursuivez sur la D 673.

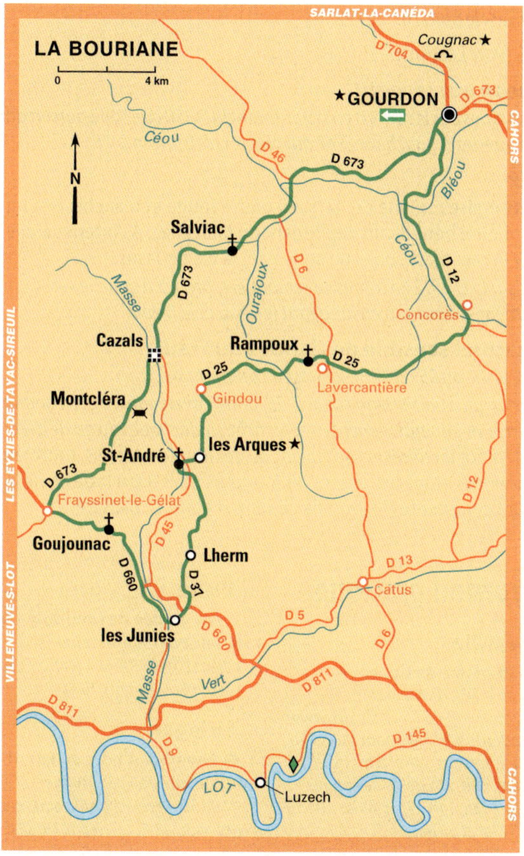

Château de Montcléra

De la fin du 15e s., il présente une porte d'entrée fortifiée derrière laquelle se profilent le donjon carré et un corps de logis flanqué de tours rondes couronnées de mâchicoulis.

Poursuivez sur la D 673. À Frayssinet-le-Gélat, prenez à gauche la D 660.

Goujounac

Les pierres roses des maisons de ce village lui donnent un charme et une douceur bien agréables. Autour de l'église se trouvait autrefois un prieuré roman dont il reste quelques vestiges. Sur le mur sud, un **tympan** roman, représentant un Christ en majesté entouré des symboles des quatre évangélistes, est l'œuvre d'un artiste quercynois probablement influencé par le tympan de Beaulieu-sur-Dordogne.

Poursuivez sur la D 660 et tournez à droite sur la D 45.

Les Junies

Le château du 15e s. flanqué de tours rondes s'orne d'élégantes fenêtres Renaissance. À l'écart du village, l'église Ste-Madeleine du 14e s., édifice sobre et puissant, impressionne par ses proportions. Elle faisait partie d'un prieuré rattaché aux dominicains en 1345, qui avait été fondé par l'un des seigneurs du lieu, Gaucelin des Junies, cardinal d'Albano.

Quittez Les Junies par le nord en empruntant la D 37.

Lherm

Lherm fut la capitale de la sidérurgie en Bouriane. Le clocher, une tourelle et des pigeonniers dominent les solides constructions de calcaire blanc aux toits très pentus et couverts de tuiles brunes.

Ancien siège d'un prieuré perdu dans ce vallon boisé, l'**église N.-D.-de-l'Assomption** présente une abside romane et une sobre nef voûtée d'un berceau de moellons. Le chœur abrite un **retable** à trois panneaux débordant d'or et de sculptures sur un fond bleuté, savoureuse interprétation locale du style baroque. L'édifice a été remanié au 16e s. : porte soignée de style Renaissance.

Poursuivez vers le nord sur la D 37.

St-André *(voir Les Arques)*

Les Arques★ *(voir ce nom)*

Quittez Les Arques par le sud-est en empruntant la D 150 que l'on poursuit après Maussac. Après 2 km, prenez à gauche la D 47 qui bientôt rattrape la D 25.

Rampoux

Intéressante église romane du 12e s. en pierre rouge et blanche, restaurée au 19e s., qui fut un prieuré bénédictin dépendant de Marcilhac. À l'intérieur, des fresques de la fin du 15e s. racontent, dans un style naïf, la vie de Jésus.

Poursuivez sur la D 25. 2 km après Lavercantière, prenez à gauche vers Concorès, puis la D 12 qui ramène à Gourdon en longeant le Céou et le Bléou.

Espace naturel sensible des landes du Frau

✆ 05 65 41 57 27 ou 05 65 37 37 27 (réserv. animations).

Départ depuis un parking sur la D 25, entre Lavercantière et Degagnazes - 2,5 km, 45mn. À parcourir impérativement avec les fiches didactiques du guide découverte disponibles dans l'office du tourisme de Salviac ou de Gourdon. Marais, tourbières, bocages, prairies humides ; bruyères, ajoncs ou fougères mais aussi loge et vie des forestiers au 19e s. sont commentés le long de ce sentier court et plaisant.

Gourdon pratique

Adresse utile

Office du tourisme de Gourdon-St-Germain – *24 r. du Majou - 46300 Gourdon - ✆ 05 65 27 52 50 - www.tourisme-gourdon.fr - juil.-août : 10h-19h ; mars-juin et sept.-oct. : tlj sf dim. 10h-12h, 14h-18h, dim. 10h-12h ; reste de l'année : tlj sf dim. 10h-12h, 14h-17h, j. fériés - fermé 1er janv., 1er Mai et 25 déc.*

Visite

Visite guidée de Gourdon – *Rens. à l'office de tourisme - juil.-août : mar. et jeu. 17h (1h30) - 4 € (enf. 2 €), tarif famille (1 couple + enfants 10 €).*

Se loger

Chambre d'hôte du Paradis – *Rte de Salviac, La Peyrugue - ✆ 05 65 41 09 73 - www.chambresduparadis.com - - 4 ch. 48 € - repas 18/28 €.*

Cette maison de style quercynois abrite quatre chambres, simples, claires parfois mansardées. Accueil des plus sympathique, et pour les amateurs une table d'hôte aux couleurs régionales !

⊖ Chambre d'hôte du Syndic – *Le Syndic - 46300 Payrignac - 6 km au nord-ouest de Gourdon par D 704, dir. Sarlat et rte secondaire à gauche - ✆ 05 65 41 15 70 - www.fermedusyndic.com - fermé 1er oct.-Pâques - ⊭ - réserv. obligatoire hors sais. - 5 ch. 55/60 € ☕.* Cette maison bourgeoise de style régional domine la campagne et la vallée de la Germaine. Chambres confortables, spacieuses et calmes ; elles sont climatisées et mansardées au deuxième étage. Une cheminée réchauffe le salon et la salle à manger. Excellent accueil.

⊖⊖ Hostellerie de la Bouriane – *Pl. du Foirail - ✆ 05 65 41 16 37 - www.hotellabouriane.fr - fermé 15 janv.-10 mars, dim. soir et lun. du 15 oct. au 30 avr. - P - 20 ch. 72/109 € - ☕ 12 € - rest. 25/49 €.* En retrait du centre-ville, cet hôtel est tranquille avec sa petite terrasse abritée. Les chambres sont classiques, claires, mansardées au 2e étage. Des reproductions de tableaux et des tapisseries d'Aubusson ornent la salle à manger. Bonne cuisine classique à prix doux.

⊖⊖ Chambre d'hôte Le Moulin des Fumades – *46300 Payrignac - 6 km au nord-ouest de Gourdon par D 704, rte de Sarlat - ✆ 05 65 41 04 70 ou 06 79 66 75 06 - www.lemoulindesfumades.com - ⊭ - 3 ch. 65/75 € ☕.* Cette ancienne ferme périgourdine vient d'être en partie transformée pour accueillir des hôtes. Si la maison de maître est le lieu des petits-déjeuners, c'est dans l'ancienne grange que l'on a aménagé et joliment décoré dans des tons pastel les trois chambres. Pour le repos, on aura le choix entre le salon, le parc ou l'agréable piscine.

Se restaurer

⊖ Le Croque-Notte – *12 r. Jean-Jaurès - ✆ 05 65 41 25 49 - casarinmartine@orange.fr - fermé lun. - 12,50/40 €.* Derrière cette grosse porte en bois se cache un petit restaurant tout simple, décoré dans le style bistrot. Des formules pour tous les budgets, parmi lesquelles les « Express du Croque-Notte », copieuses et bon marché, ou encore un menu terroir qui donnera une saveur particulière à votre visite du vieux Gourdon

⊖⊖ Auberge Chez Louise – *46300 Le Vigan - ✆ 05 65 32 64 88 - fermé 15 déc.-15 fév., dim. soir, vend. soir et sam. soir - 19/34 €.* Vénérable comptoir, poutres et vieilles pierres : cette auberge de village a su conserver son cachet rustique originel. On y sert une cuisine traditionnelle dans une ambiance très conviviale.

Que rapporter

Marchés – Marché traditionnel, le sam. matin place du Général-de-Gaulle. Marché des producteurs de pays du Lot jeu. matin en juil.-août place des Marronniers.

« Ar Gwasked » – *Pl. de l'Église - 46300 Le Vigan - ✆ 02 98 48 88 42.* Des babioles de toutes sortes en laine de mouton : mobiles, boucles d'oreille, chaussons, carte postale… C'est, avec les rideaux « brise-bise », la spécialité de ce magasin unique en son genre créé par Isabelle Patard.

Sports & Loisirs

Plans d'eau Écoute s'il pleut – *À 1,5 km au nord, dir. Sarlat - Lieu-dit Ravary.* Deux plans d'eau sur un terrain de 40 ha. Baignade surveillée, activités nautiques, pêche, restauration…

Événements

Les Médiévales – *Rens. à l'office de tourisme.* Fête médiévale dans le vieux Gourdon (1er w.-end et lun. d'août). Animations de rues.

Festival de musique de chambre – *✆ 05 65 41 20 06.* Mi-juillet.

Château de Hautefort★★

CARTE GÉNÉRALE B2 – CARTE MICHELIN DÉPARTEMENTS 329 H4 – DORDOGNE (24)

Massif et élégant, le château de Hautefort est une figure emblématique du Périgord. Juché sur un éperon rocheux jardiné à la française, il s'impose aux regards à 15 km à la ronde. Cet archétype des châteaux d'agrément a sans cesse été embelli au fil des siècles et des styles. Restauré récemment, il est le décor d'un nombre croissant d'animations.

- **Se repérer** – À 41 km à l'est de Périgueux et à 26 km au nord de Montignac.
- **Se garer** – Parking à demi ombragé au pied du château.
- **À ne pas manquer** – Les nombreuses animations estivales *(voir Info pratique)*.
- **Organiser son temps** – Si vous le pouvez, profitez des nocturnes, les merc. de juillet et août, pour visiter le parc et apprécier le site. Comptez 1h30 pour le château, le parc et un rapide tour dans le village.
- **Pour poursuivre la visite** – Voir aussi Excideuil, St-Robert, Terrasson-Lavilledieu et l'abbaye de Tourtoirac.

Comprendre

Une architecture composite – Dès le 9e s., une forteresse des vicomtes de Limoges occupe le site. Plusieurs édifices se succèdent au Moyen Âge. La capacité défensive du château, renforcée au 16e s. pendant les guerres de Religion avec l'ajout d'échauguettes et d'un pont-levis, est allégée dès le 17e s. : Hautefort devient alors une résidence d'agrément où se mêlent styles Renaissance et classique, conférant au bâtiment une élégance originale.

En 1929, le baron et la baronne Henri de Bastard rachètent le château qu'ils décident de remettre en état et créent les jardins à la française. En 1968, un tragique incendie dévaste le grand corps de logis, seules les deux ailes sont épargnées. Depuis, un travail de reconstitution à l'identique a permis de restituer le bel intérieur.

Le saviez-vous ?

Bertran de Born, célèbre troubadour du 12e s., cité dans *La Divine Comédie* de Dante, fut coseigneur du château de Hautefort avec son frère Constantin. Mais le « semeur de discorde » Bertran prend les armes contre son frère et réussit à mettre Henri II Plantagenêt dans son camp. Il devient donc seul possesseur du château. Dès l'année suivante, Constantin revient et ravage Hautefort. Bertran se retire alors sous l'habit monastique.

Eugène Le Roy (1836-1907), auteur, entre autres, du célèbre roman *Jacquou le Croquant* est né à Hautefort.

Visiter

Château

05 53 50 51 23 - www.chateau-hautefort.com - juin-sept. : 9h30-19h (nocturnes merc. en juil.-août, dernière entrée 1h av. la fermeture) ; avr.-mai : 10h-12h30, 14h-18h30 ; mars et 1re quinz. de nov. : w.-end et j. fériés 14h-18h - fermé janv., fév. et de mi-nov. à fin déc. - possibilité de visite guidée (1h) - 8,50 € (7-14 ans 4 €).

Extérieur – L'effet à l'approche du château est saisissant. Le site, surélevé, est protégé par un fossé et cerclé de murs de terrassement. Il subsiste quelques traces médiévales, comme la tour d'angle nord-ouest, dite tour de Bretagne, à droite de l'entrée. Les bâtiments formant un U gardent une forte empreinte défensive, ils sont pourtant ornés presque aux quatre coins de gracieux lanternons (17e s.) et l'intérieur de la cour dévoile une élégante **galerie basse**★.

Intérieur – La tour de Bretagne, dont les fondations remontent au 14e s., est couverte d'une magnifique **charpente** de châtaignier, œuvre des compagnons du Tour de France. Elle donnait accès au départ du chemin de ronde, en grande partie démantelé au 17e s. Clôturant symétriquement la cour, une tour construite au 17e s. abrite la **chapelle**.

La galerie fleurie du corps de logis mène à un escalier d'honneur. À l'étage, les différentes pièces avec vues sur les jardins retrouvent progressivement un mobilier approprié, comme la chambre dite de Marie de Hautefort (époque

J. Damase / MICHELIN

Le château de Hautefort rappelle, par sa fière silhouette, les demeures royales du Val de Loire plus que les forteresses périgourdines.

Louis XV), le vestibule, la chambre de Monsieur avec son beau lit à la polonaise, la chambre de Madame, mais aussi la tisanerie, le grand salon et le cabinet de travail.

Deux **cheminées monumentales** en noyer (répliques d'après photographie de celles du 17e s.) se font face dans la salle de réception. Les quatre **tapisseries** (16e s., trois proviennent d'Enghien et une de Bruxelles) de la salle qui porte leur nom ont été sauvées de l'incendie : un membre du personnel les jeta par la fenêtre.

Les **souterrains**, superbement voûtés, menaient aux cuisines en sous-sol. Durant la Seconde Guerre mondiale, ils servirent d'abri pour les vitraux des cathédrales de Colmar, Strasbourg, Mulhouse et Nancy.

Parc – Les terrasses du château aménagées en **jardins à la française★** forment un écrin. Motifs géométriques et arabesques de buis plantés de fleurs sont entretenus par une équipe dirigée par un paysagiste décorateur. En outre, 40 ha de **parc à l'anglaise**, à l'abord duquel se dresse un superbe cèdre du Liban (le plus vieil arbre des lieux, qui a résisté à la tempête de 1999), réservent une agréable promenade.

Se promener

Bourg

Peu étendu, discret, il forme un charmant écrin pour le château qui le domine. Les ruelles, pentues et étroites, sont agréables à parcourir.

Ancien hospice

Édifiée sur la place du village au sud du château, l'ancienne chapelle dépendait d'un hospice fondé par les Hautefort en 1669. Le bâtiment couvert d'un beau dôme, surmonté d'un haut lanternon, déploie un plan en croix grecque.

Il abrite le **musée de la Médecine** comprenant une reconstitution d'une salle de malades, une exposition sur les progrès de la médecine au 19e s. et une salle consacrée à l'art dentaire de 1870 à nos jours. *☏ 05 53 50 40 27 - www.musee-medecine-hautefort.fr - juin-sept. : 10h-19h ; avr.-mai et oct.-nov. : 10h-12h, 14h-18h - possibilité de visite guidée (1h-1h30) - 5 € (10-14 ans 3,50 €).*

Circuit de découverte

LE PAYS D'ANS★

Circuit de 40 km – comptez 2h30. Quittez Hautefort par le nord-est en empruntant la D 72.

S'étendant aux confins du Limousin et du Périgord, il tient son nom d'une châtellenie qui était la plus importante de la vicomté de Limoges. Les paysages vallonnés dessinent des damiers de bois et de cultures piquetés de nombreux noyers.

Boisseuilh

Au cœur du village se trouve l'église romane, au clocher-mur à 2 baies, remaniée au 17e s.

Quittez Boisseuilh par l'ouest, suivant la D 77.

Cherveix-Cubas

Dans le cimetière à l'écart de l'église se dresse une **lanterne des morts** du 13e s. Au fond de l'église (pas ouverte au public) de Cherveix, du 17e s., vous verrez un bas-relief représentant saint Roch. *Dim. matin pdt l'office ou sur demande à la mairie, ✆ 05 53 50 41 44.*

Quittez Cherveix par le sud-ouest (D 5).

Abbaye de Tourtoirac

✆ 05 53 51 12 17 - juil.-août : 10h30-12h30, 14h30-18h ; reste de l'année : sur demande - possibilité de visite guidée (30mn) - 3 € (-12 ans gratuit).

L'église romane fut remaniée au cours des siècles, remarquez néanmoins le portail du 12e s. et l'enfeu du 13e s.

Derrière le chevet, les **vestiges de l'abbaye** fondée au 11e s. se dressent dans le jardin ouvert au public. À droite, une chapelle romane voûtée en berceau, dotée d'amphores acoustiques, le four à pain, et le chemin de ronde. À gauche, l'ancienne abbatiale de plan tréflé dont le chœur et la croisée du transept sont décorés de fresques murales.

Dans les **caves du presbytère** situé à côté de l'église, la salle capitulaire a été mise au jour. Elle est ornée de remarquables chapiteaux romans.

Quittez Tourtoirac par le sud en empruntant la D 67.

Un roi périgourdin chez les Patagons

Orélie-Antoine de Tounens, né en 1825, exerce en 1858 la profession d'avoué à Périgueux quand le désir d'un destin hors mesure s'empare de lui. Persuadé qu'un individu audacieux s'imposerait facilement aux tribus d'Amérique du Sud et parviendrait à créer un royaume puissant, il débarque dans les contrées reculées du Chili et d'Argentine. Accueilli par les Indiens comme un libérateur, il est proclamé roi d'Araucanie en 1860, sous le nom d'Orélie-Antoine Ier. Il lève une armée et promulgue une Constitution. Les autorités chiliennes en prennent ombrage et le font rapatrier en France. Le monarque ne perd pas courage, rassemble les fonds nécessaires pour une seconde expédition et débarque secrètement en Patagonie. Après une extraordinaire équipée, il est de nouveau rapatrié.

Il s'éteint en 1878 à Tourtoirac, où il s'était retiré.

Ste-Orse

Quelques maisons aux murs lumineux enserrent l'église romane du village. Derrière un portail à triple voussure, l'édifice recèle une crypte polygonale *(souvent fermée au public).*

Quittez Ste-Orse par l'est et suivez la D 70.

Granges-d'Ans

Ce petit village possède une église romane remaniée au 13e s.

Badefols-d'Ans

La seigneurie de Badefols fut propriété de la famille de Bertran de Born. Un donjon carré constitue la partie la plus ancienne du château qui domine la vallée. L'église du 12e s. a été remaniée aux 15e et 16e s.

Revenez par la D 70, puis prenez à droite la D 71 qui ramène à Hautefort à travers des sous-bois et ménage un beau point de vue sur le château.

Info pratique

Adresse utile

Office du tourisme du pays de Hautefort – *Pl. du-Marquis-Jacques-François-de-Hautefort- 24390 Hautefort - ✆ 05 53 50 40 27 - www.ot-hautefort.com - juin-sept. : 10h-19h ; avr.-mai et oct. : 10h-12h, 14h-18h ; reste de l'année : tlj sf w.-end 10h-12h, 13h30-17h30 - fermé déc.*

Se loger

Chambre d'hôte La Razoire Haute – *Rte de Nailhac, à la Razoire - 24390 Nailhac - 6 km au sud d'Hautefort par D 704 et rte à gauche - ✆ 05 53 51 51 74 - fermé oct. et fêtes de fin d'année - - 5 ch. 40 € - 5 € - repas 15 €.* Les propriétaires ont mis un terme aux activités de l'exploitation agricole pour profiter de leur retraite, mais ont gardé le goût de l'accueil. De dimensions modestes, les chambres, très simples, restent bien tenues. Table d'hôte sur réservation, servie dans la salle à manger familiale.

Village de gîtes Les Sources – *24390 Hautefort - 4 km au sud d'Hautefort par D 704 et rte à gauche - ✆ 05 53 51 96 56 - www.hautefortvacances.com - ouv. mars-déc. - 18 chalets 40/50 €.* De conception assez récente, ce petit village de gîtes et de chalets confortables accueille toute la famille dans un domaine de 30 ha, face au château de Hautefort. Ensemble aquatique comprenant piscine multi bains et « balnéo » à disposition. Une structure agréable et calme, en plein cœur du Périgord noir.

Chambre d'hôte L'Enclos – *Lieu-dit Pragelier - 24390 Tourtoirac - 0,8 km au nord par D 67, rte d'Excideuil et rte secondaire à gauche - ✆ 05 53 51 11 40 - www.hotellenclos.com - fermé oct.-avr. - - 5 ch. 100 € - 9 €.* Cette ancienne ferme périgourdine et ses dépendances, réparties autour d'un joli jardin, forment un petit hameau. Dans la maison de maître, magnifiquement restaurée, ou à l'extérieur, où chaque bâtiment a été aménagé pour proposer des chambres indépendantes, avec accès direct sur le verger ou la piscine, vous goûterez le charme d'une décoration raffinée, mêlant meubles anciens et tissus provençaux.

Se restaurer

Ferme-auberge Le Grand Coderc – *Le Grand Coderc - 24210 St-Rabier - 10 km au sud d'Hautefort par D 704 et chemin à gauche - ✆ 05 53 50 64 61 - www.legrandcoderc.com - fermé fin juin à déb. juil., mi-sept. à mi-oct., dim. soir et lun. - - réserv. obligatoire - 18/27 € - 5 ch. 65 € - 5 €.* N'attendez ni grand confort, ni fioritures dans cette vieille maison au caractère rustique. En revanche, grâce au talent du chef, le bonheur est dans le plat, avec entre autres : embeurré de chou au foie gras, lièvre à la royale et glaces maison. À savourer en compagnie du propriétaire, à la bonne humeur contagieuse.

Que rapporter

Les abeilles du Périgord – *A 89 sortie Thenon dir. Lascaux II et Sarlat - 24210La Bachellerie - ✆ 05 53 51 00 91 ou 06 86 65 70 52 - juil.-août : 10h-12h, 14h30-19h ; de mars à fin déc. : tlj sf mar. 10h.* Venez découvrir la miellerie et l'élevage d'abeilles : une visite guidée vous dira tout de la vie des abeilles et de la fabrication du miel. En juil.-août, vous aurez la chance d'assister à l'extraction du miel les mar. et jeu. Vente des produits de la ruche.

Sports & Loisirs

Étang du Coucou – *24390 Hautefort - ✆ 05 53 51 96 14 - www.etangducoucou. com.* Au pied du château de Hautefort, un bel étang proposant parcours de santé, pêche, attractions nautiques, baignades, location de VTT… mais aussi des possibilités de restauration « rapide ». En été, soirées avec groupe musical ; en hiver, soirées à thème.

Événements

Festival du pays d'Ans – *✆ 05 53 51 13 63.* De mi-juil. à début août : musique classique, jazz, théâtre dans différents lieux, dont le château de Hautefort.

Cinéma de plein air – Dans la cour d'honneur du château, une projection à en juil. et en août.

Nocturnes de Hautefort – Visites en costume le merc. en juil.-août.

Issigeac

665 ISSIGEACOIS
CARTE GÉNÉRALE A3 – CARTE MICHELIN DÉPARTEMENTS 329 E7 – DORDOGNE (24)

Une vallée largement évasée où ruisselle la Banège, un paysage bigarré où alternent cultures fruitières et pâturages : c'est dans ce petit coin de paradis, non loin de Bergerac, que se love depuis le Moyen Âge Issigeac. Une cité en arrondi où les évêques de Sarlat venaient respirer le bon air d'été loin des agitations de leur capitale, et on prend plaisir à suivre leur exemple.

- **Se repérer** – Issigeac se trouve à 18 km au sud-est de Bergerac, par la N 21 puis la D 14.
- **Se garer** – Parking possible sur la place de l'église.
- **À ne pas manquer** – La maison des Têtes.
- **Organiser son temps** – Comptez 1h.
- **Pour poursuivre la visite** – Voir aussi Beaumont-du-Périgord, Eymet, le château de Lanquais, le château de Monbazillac et Monpazier.

J. Damase / MICHELIN

Bâtie dans la vallée de la Banège, la petite cité d'Issigeac a conservé une église et un château intéressants.

Se promener

Vieux village

Dédale de rues et de venelles que surplombent quelques échoppes étagées, le centre d'Issigeac s'oppose à la rigueur des bastides de la région. Vu d'en haut, le vieux bourg ecclésiastique présente une forme ronde, les maisons sont pressées les unes contre les autres. En son cœur, la place centrale est dominée par l'**église** gothique, construite par Armand de Gontaut-Biron, évêque de Sarlat. Sous le clocher-porche, le tympan du portail est orné de voussures torsadées.

De l'autre côté de la place, le **château des Évêques** fut édifié par François de Salignac – oncle de Fénelon – dans la seconde moitié du 17e s. Fénelon, alors abbé de Carennac, y aurait d'ailleurs séjourné.

À deux pas se dresse l'ancienne maison des Dîmes, à la haute toiture de lauzes. Mais le lieu le plus remarquable reste la **maison aux Têtes** dont les faciès semblent ricaner au passage des visiteurs.

Info pratique

Office du tourisme d'Issigeac – *Place du Château* - ✆ *05 53 58 79 62.* En été, il propose une visite guidée *(jeu. 11h, sur réserv.).*

Jumilhac-le-Grand

1 233 JUMILHACOIS
CARTE GÉNÉRALE B1 – CARTE MICHELIN DÉPARTEMENTS 329 H3 – DORDOGNE (24)

Tels les châteaux de conte de nos livres d'enfant, Jumilhac est accroché au ciel par un toit exceptionnellement pentu. Ce « ramage » orné de beaux épis de faîtage brave les siècles, les frimas et les tempêtes, et donne une légèreté inattendue à l'ensemble du bâtiment. S'attendrait-on à trouver ici quelque princesse, ou quelque trésor ? Eh bien, justement…

- **Se repérer** – À 56 km au nord-est de Périgueux, en passant par Thiviers, et 33 km au nord de Hautefort. Jumilhac est isolé au bout de belles routes sinueuses.
- **À ne pas manquer** – La perspective depuis le sommet de l'allée jardinée, en face du château ; la vue depuis le jardin et la D 78.
- **Organiser son temps** – Demandez la visite du chemin de ronde (si vous ne craignez ni les escaliers, ni les passages un peu vertigineux) et celle du jardin. Comptez 1h.
- **Pour poursuivre la visite** – Voir aussi Excideuil, le château de Hautefort, Nontron, St-Jean-de-Côle et Thiviers.

Comprendre

Forges et alchimie – Juché sur son éperon rocheux, le château de Jumilhac est mentionné dans les archives dès le 12e s. Rien de visible ne subsiste pourtant de ce premier édifice, remanié à plusieurs reprises. La dernière grande mutation du château date de la Renaissance, alors qu'Antoine Chapelle en est propriétaire. Celui-ci exerce un des rares métiers accessibles à la noblesse : il est maître des forges. Mais encore ? Il possède une douzaine de forges et connaît suffisamment la chimie pour savoir de laquelle il fera sortir les meilleurs canons. On le qualifierait aujourd'hui de sidérurgiste, mais avec un fort penchant pour un rêve bien de son époque : l'alchimie. Son métier, son savoir et ce rêve de fabriquer un jour de l'or influent fortement sur le décor du château.

Visiter

Château

05 53 52 42 97 - visite guidée (55mn, dernière entrée 30mn av. la fermeture) juin-sept. : 10h-19h, mar. 21h30-23h30 (juil.-août : nocturne sup. jeu. 21h30-23h30) ; des vac. de Pâques à fin mai et de déb. oct. aux vac. de la Toussaint. : w.-end et j. fériés 14h-18h ; reste de l'année : dim. 14h-17h - fermé 1er janv. et 25 déc - 6 € (5-11 ans 4 €, 12-18 ans : 5 €), + 1 € nocturne - visite des jardins, libre ou guidée - 4 € (5-11 ans 2,50 €, 12-18 ans 3,50 €) - visite des toitures sur demande - 1 € sup. ; 8,50 € (5-11 ans 4,50 €, 12-18 ans 7,50 €) billet combiné château + jardins.

A. Cassaigne / MICHELIN

Le bâtiment principal du château de Jumilhac-le-Grand est couronné d'une multitude de toits d'ardoises en poivrière ornés d'échauguettes, de lucarnes, de cheminées et de lanternons.

Le saviez-vous ?

L'écrivain **Eugène Le Roy** (1836-1907), auteur du roman *Jacquou le Croquant*, se maria à Jumilhac-le-Grand où il occupait un poste de percepteur.

Louise de Hautefort aurait été séquestrée pendant 20 ans dans une des pièces du château. Mari jaloux pour certains, épouse volage pour d'autres…

Extérieur – La structure médiévale et le site défensif du château se reconnaissent aisément. Son originalité réside dans sa transformation : outre le percement de quelques fenêtres et le relèvement d'un étage en ruine, les tours et chemins de ronde (13e-15e s.) furent simplement couverts de vertigineuses toitures. Par cette habile innovation, Antoine Chapelle se pourvoit à relativement moindres frais d'une demeure au goût du jour, et à sa ressemblance. Il orne en effet les toitures d'intéressants **épis de faîtage** en plomb (les forges) décorés de figurines humaines et fantastiques selon une symbolique alchimique complexe.

Intérieur – Les deux larges ailes qui ferment la cour ont été construites au 17e s. dans les mêmes matériaux que le corps de logis central. Celle de droite renferme un large escalier qui conduit à quelques pièces ouvertes à la visite. Un immense **salon** lambrissé et parqueté abrite une cheminée Louis XIII en bois sculpté rehaussée de statues allégoriques. Également intéressante, la **chambre** dite « de la Fileuse », aux murs épais, naïvement décorés de peintures où apparaissent animaux, anges et feuillages, serait l'œuvre de Louise de Hautefort. Le chemin de ronde *(attention, risques de chute pour les enfants)*, que l'on parcourt sous les **toits★**, donne la meilleure vue sur les épis de faîtage.

Les **jardins en terrasse** à la française ont été aménagés sur le thème de l'or et de l'alchimie.

Dominant le château de son clocher octogonal, l'**église** située à gauche n'est autre que l'ancienne chapelle. Elle renferme la relique de saint Eusice.

Galerie de l'Or

Pl. du Château. ✆ 05 53 52 55 43 - se renseigner pour les horaires.

À défaut de proposer la recette de la pierre philosophale, ce musée présente des pièces provenant de la campagne de sauvegarde des mines gallo-romaines du Fouilloux. Il retrace l'évolution au cours des siècles de la prospection de l'or. En outre, il décrit les étapes de l'extraction du métal, de son traitement et présente certaines applications comme la dorure, la bijouterie ou la monnaie.

Bon à savoir – En saison, une initiation à l'orpaillage au bord de l'Isle est proposée 2 fois par semaine.

Jumilhac pratique

Adresse utile

Office du tourisme du pays de Jumilhac-le-Grand – *Pl. du Château, 24630 Jumilhac-le-Grand - ✆ 05 53 52 55 43 - www.pays-jumilhac.fr - juil.-août : 10h-13h, 14h30-18h30, juin et sept. : tlj sf lun.-mar. 10h-12h30, 14h-18h ; avr.-mai et oct. : lun. 14h-18h, mar.-sam. : 10h-12h30, 14h-18h ; nov. : lun. 14h-17h, mar.-sam. : 10h-12h30, 14h-17h ; déc.-mars : merc.-sam. : 14h-17h.*

Sports & Loisirs

Randonnée – Jumilhac-le-Grand se trouvant sur le territoire du Parc naturel régional Périgord-Limousin *(voir Nontron)*, des sorties animées sont proposées le week-end de mars à nov.

Centre équestre Élevage du Riol – *La Faye - ✆ 05 53 52 23 53 ou 06 86 78 50 19.* Diplômée d'État, la monitrice qui encadre les activités de ce centre a une devise : « Votre plaisir est ma passion. » Ainsi, que l'on opte pour une leçon ou une promenade à cheval, d'une heure à une journée, on passe à coup sûr un moment agréable. Gîte sur place.

Labastide-Murat

660 BASTIDOIS
CARTE GÉNÉRALE C3 – CARTE MICHELIN DÉPARTEMENTS 337 F4 – LOT (46)

Le village, sur une jolie hauteur du causse de Gramat, se souvient encore du plus glorieux de ses fils, Joachim Murat. Sa maison natale et, au sud-ouest de la localité, le château qu'il fit bâtir pour son frère André perpétuent la mémoire de l'un des plus vaillants soldats de l'Empire. Labastide-Murat, qui accueille le siège du Parc naturel régional des causses du Quercy, est une ville-étape idéale pour découvrir le causse.

- **Se repérer** – Labastide-Murat est relié à la nouvelle autoroute A 20 par une bretelle de raccordement. Le bourg se trouve 45 km au nord de Cahors et 33 km au sud de Souillac.
- **À ne pas manquer** – Le musée Murat; l'ambiance générale du village; les animations et informations proposées par le parc naturel.
- **Organiser son temps** – Comptez 1h pour le village, une demi-journée pour les environs.
- **Avec les enfants** – Les animations du Parc régional et les balades faciles dans la Braunhie.
- **Pour poursuivre la visite** – Voir aussi Les Arques, Assier, Cahors, Gourdon, Luzech, Marcilhac-sur-Célé, la grotte du Pech-Merle et Rocamadour.

Comprendre

Le prodigieux destin de Joachim Murat – Né en 1767 de parents aubergistes et voué à l'état ecclésiastique, Murat se sent attiré, à l'âge de 21 ans, par la carrière des armes. Les campagnes d'Italie et d'Égypte lui permettent de gravir rapidement tous les grades dans l'ombre de Bonaparte dont il devient le beau-frère en se mariant avec Caroline, sœur du premier consul. Désormais, il cumule les honneurs, remporte la victoire de Marengo, devient maréchal puis prince d'Empire, grand-duc de Berg et de Clèves et... roi de Naples. La folle bravoure dont il fait preuve sur tous les champs de bataille de l'Europe, son ascendant sur ses cavaliers à la tête desquels il n'hésite pas à charger, font de lui un héros de légende. Son étoile pâlit avec celle de son maître, qu'il abandonne aux jours sombres de l'Empire. Sa fin misérable illustre cette vie toute de contrastes : après le retour des Bourbons à Naples, il tente de reconquérir son royaume, mais il est fait prisonnier et fusillé en 1815.

E. Larribère / MICHELIN

Portrait de Joachim Murat.

Bastide royale fondée vers 1200 par Fortanier de Gourdon, le bourg portait le nom de Labastide-Fortanière, puis celui de Labastide-Fortunière avant de choisir, sur délibération du conseil municipal en 1836, le nom de Murat, en souvenir de l'illustre enfant de la commune.

Visiter

Musée Murat

05 65 21 11 39 - visite guidée (1h) - juil.-mi-sept. : tlj sf mar. 10h-12h, 15h-18h - 3 € (enf. 1,50 €).

Il est installé dans la maison natale de Murat *(petite rue à gauche de l'église)*. On y voit la cuisine du 18e s., la salle d'auberge et un grand tableau généalogique où sont représentées plus de dix nations européennes et de nombreuses familles royales. Au 1er étage, différents souvenirs du roi de Naples et de sa mère. Le musée a fait l'acquisition d'un portrait d'Antoinette Murat, épouse du prince de Hohenzollern-Sigmaringen. La descendance du flamboyant maréchal était alliée avec la plupart des trônes d'Europe.

Découvrir

Parc naturel régional des causses du Quercy

11 r. Travresière - BP 10 - 46240 Labastide-Murat - ☏ 05 65 24 20 50 - www.parc-causses-du-quercy.fr - tlj sf w.-end 8h30-12h30, 14h-18h (17h vend.).

Créé en 1999, le parc s'étend sur près de 176 000 ha, entre Figeac, Souillac et Cahors. Il comprend 97 communes rassemblant une population de plus de 26 000 habitants, couvrant les causses compris entre la rive sud de la Dordogne, les contreforts du bassin garonnais, l'Auvergne, la Dordogne et l'Agenais. Son but est avant tout de protéger ce territoire rural menacé de désertification et de lui permettre un développement durable. Il a pour objectifs prioritaires : la protection et la mise en valeur de la richesse de ses milieux naturels ; la protection de ses patrimoines bâtis (conseils aux propriétaires, aide à la reconstruction de murets de pierre sèche, restauration des réservoirs creusés dans la pierre comme ceux de St-Namphaise) et archéologiques (grottes, mégalithes, vestiges romains...) ; le soutien et la promotion du pastoralisme, garant de l'entretien et du maintien d'espaces ouverts, et des pratiques agricoles et artisanales de qualité ; l'encouragement d'un tourisme respectueux de l'environnement (labels d'hébergements, plaquettes d'information, organisation de manifestations en saison) et qui ne se contente pas de survoler les sites les plus connus, tels Rocamadour ou la grotte du Pech-Merle.

Pour connaître les animations proposées par le Parc (veillées, sorties nature, atelier de construction en pierres sèches, etc.), demandez *Les Causseries*, que vous pouvez également télécharger sur le site Internet, tout comme différentes publications dont *Purelaine*, magazine à destination des enfants.

Pour les randonneurs, un topoguide est en vente *(6 €)* dans les offices de tourisme des communes du Parc.

Le triangle noir

L'un des cieux les plus noirs d'Europe se trouve en France, sur le **causse de Gramat**. La grande sécheresse de l'air, alliée à la très faible densité de population explique l'exceptionnelle pureté du ciel, peu turbulent et peu pollué par la lumière des réverbères. Assier est une porte idéale pour pénétrer ce « triangle noir », que le Parc régional des causses du Quercy tente de défendre. Entre Carlucet, Livernon, Sauliac-sur-Célé et Labastide-Murat, les étoiles semblent plus nombreuses qu'ailleurs.

Circuit de découverte

LE SUD DU CAUSSE DE GRAMAT★

Circuit de 60 km – une demi-journée. Quittez Labastide-Murat par la D 32 au sud.

St-Martin-de-Vers

Ce village aux charmantes maisons à toits de tuiles brunes s'est formé autour d'un ancien prieuré dépendant de Marcilhac. Le clocher-tour barlong et crénelé témoigne encore du sentiment d'insécurité ressenti par la population d'autrefois.

Quittez St-Martin par l'est en empruntant la D 13. Après 3 km, prenez à gauche la D 10, puis la D 17.

J. Damase / MICHELIN

Causse de Gramat.

Soulomès

Au 12e s., les Templiers aménagent une commanderie dans ce village du causse de Gramat. Dans le chœur de l'**église**, admirez d'intéressantes **fresques** des 15e et 16e s. représentant divers épisodes de la vie du Christ. On reconnaît, entre autres, le Christ et Marie-Madeleine, l'Incrédulité de saint Thomas, la Mise au tombeau, l'Apparition de Jésus ressuscité à un chevalier de Malte. ☏ *05 65 21 17 58 - de Pâques à la Toussaint, 9h-18h.*

Quittez Soulomès par le sud en empruntant la D 17, puis après 1 km, tournez à gauche dans la D 71.

« Désert » de la Braunhie

La portion la plus âpre du causse qui déroule à perte de vue ses murets de pierres sèches et sa maigre végétation : chênes, érables, noyers rabougris, genévriers et épineux. Note : la Braunhie se prononce Brogne !

Caniac-du-Causse

La **crypte de l'église** fut construite au 12e s. par les moines de Marcilhac-sur-Célé, pour abriter les reliques de saint Namphaise. Cet officier de l'armée de Charlemagne devenu ermite est tenu en grande vénération par les populations de la Braunhie ; il passait, en effet, pour avoir creusé dans le roc les petits « lacs de St-Namphaise » que l'on aperçoit encore sur le causse et qui en atténuent l'aridité. Minuscule, cette crypte présente une voûte inhabituelle et une attrayante colonnade centrale. *Pour mieux la découvrir, pressez l'interrupteur qui se trouve au pied de l'escalier à droite du chœur.*

Prenez la D 42 depuis Caniac-du-Causse, direction Fontanes-du-Causse.

Espace naturel sensible de la forêt de la Braunhie

Boucles de 6 km (2h30) et 7 km (3h). Un sentier d'interprétation entre les deux villages (au niveau de l'igue de Planagrèze), un autre près de Fontanes. Attention à rester sur les cheminements, car les gouffres sont aussi nombreux qu'invisibles. Départs en pleine nature, suivre le fléchage et les indications des fiches guides (disponibles à la Maison de la Braunhie, sous la mairie de Caniac-du-Causse et à l'office de tourisme de Labastide-Murat. Au cœur du causse de Gramat, la Braunhie (prononcez « brogne ») est la partie la plus élevée d'un plateau calcaire à l'intérieur duquel l'eau a façonné une multitude de gouffres et cavités. Deux circuits d'interprétation permettent de découvrir la faune, la flore (chênes pubescents, érables de Montpellier, cornouillers, genévriers), la géologie et l'histoire du site. Les traces de l'occupation humaine sont nombreuses : murets, compte-moutons, passages à gibier ou à berger, caselles et bassins de rétention pour l'eau de pluie (les « lacs » de St-Namphaise).

Revenez à Caniac-du-Causse. Poursuivez sur la D 71.

Cette route traverse les terres les plus arides de la Braunhie.

Quissac

À voir : de belles fermes-manoirs, un « travail » à bœufs, autrefois présent dans toutes les localités du causse.

Pour apprécier pleinement cette contrée, partez à la découverte des cloups, igues ou cuzouls (noms du pays qui désignent des formations calcaires) dans les anciens chemins de troupeaux réhabilités.

Quittez Quissac par la D 146 à l'ouest. À Fontanes-du-Causse, prenez à gauche la D 2 et franchissez l'A 20. 4,5 km après Montfaucon, tournez à gauche dans la D 17.

Château de Vaillac

Du haut de son coteau, la silhouette d'un puissant château féodal domine ce modeste village du causse, réputé dès le 18e s. pour sa fabrique de draps. Construit aux 15e et 16e s., il se compose d'un vaste corps de logis flanqué de cinq tours et d'un donjon. Une seconde campagne de travaux permit d'agrandir les écuries afin d'abriter quelque 200 chevaux et de construire un nouveau corps de logis pour accueillir la nombreuse descendance du seigneur de Vaillac. Cette bâtisse offre l'un des meilleurs exemples d'architecture militaire du Quercy à la fin de la guerre de Cent Ans.

Rejoignez à l'est la D 10 vers Labastide-Murat.

Labastide-Murat pratique

Adresse utile

Office de tourisme – *Grande-Rue - 46240 Labastide-Murat - ✆ 05 65 21 11 39 - juil.-août : mar.-sam. 9h30-12h30, 15h30-19h lun. et dim. 9h30-12h30 ; sept.-juin : mar.-vend. et 2e et 4e lun. du mois 9h-12h, 14h-18h.*

Se restaurer

Relais du Roy de Naples – *Pl. Daniel-Roques - ✆ 05 65 30 19 56 - relaisduroydenaples@free.fr - fermé le soir hors sais. - 13 € déj. - 17/25 € - 4 ch. 40 € - ☕ 5 €.* Sans atteindre des sommets en matière de gastronomie, cette adresse toute simple, à la bonne franquette, rendra service à ceux qui cherchent un repas rapide et pas cher.

Que rapporter

Foires et marchés – En plus du marché des producteurs de pays du dim. matin, la foire de Labastide-Murat a lieu les 2e et 4e lundis du mois.

Grottes de Lacave★★

CARTE GÉNÉRALE C3 – CARTE MICHELIN DÉPARTEMENTS 337 F2 – SCHÉMA P. 190 – LOT (46)

Ces faiseurs de merveilles sont lents et discrets, mais quelques aventuriers ont révélé leur secret : sous terre, la rencontre de l'eau et du calcaire donne naissance à des concrétions de toute beauté. Dans le causse de Gramat, entre Dordogne et Ouysse, les salles et gours sont exceptionnellement grands, et magnifiquement mis en lumière.

J. Damase / MICHELIN

La salle des Merveilles des grottes de Lacave qui, vous le verrez, est digne de son nom, s'étend sur au moins 2 000 m^2.

- **Se repérer** – Situées à la sortie sud de Lacave, les grottes se trouvent à 20 km au nord-ouest de Rocamadour et à 12 km à l'est de Souillac.
- **Se garer** – Parking gratuit. Accès aux grottes en train électrique, puis ascenseur.
- **Organiser son temps** – Comptez 1h30.
- **Avec les enfants** – Train, ascenseur et vastes salles des grottes les mettent en confiance ; Préhistologia les impressionnera.
- **Pour poursuivre la visite** – Voir aussi Carennac, Gourdon, Martel, le gouffre de Padirac, Rocamadour, Souillac.

Visiter

Grottes

05 65 37 87 03 - www.grottes-de-lacave.com - visite guidée (1h30) juil.-août : 9h30-12h30, 13h30-18h ; avr.-juin : 9h30-12h, 14h-18h (sept. 17h30) ; oct. : 10h-12h, 14h-17h - fermé de la fin vac. scol. Toussaint à mi-mars. - 8 € (5-14 ans 5 €).

Le saviez-vous ? – Le site a été découvert en 1902 par Armand Viré, disciple de E.-A. Martel et fondateur de la biospéléologie, discipline qui étudie les animaux des cavernes et souterrains.

Le circuit aménagé pour le public représente un trajet à pied de 1,6 km et se divise en deux galeries que l'on parcourt successivement en aller-retour.

La première galerie est riche en stalactites et stalagmites en formes de personnages, d'animaux, de végétaux, voire de monuments ou de cités englouties. Vous verrez de superbes cascades, de fines draperies, la plus ancienne concrétion de la grotte de 100 m de hauteur et de belles orgues. L'ensemble offrant des teintes contrastées, entre les parties blanches et ocre des concrétions.

La seconde galerie comprend des salles très différentes. D'abord celle du **grand dôme** à l'aspect chaotique lié à des éboulements provoqués par des secousses sismiques. Haute de 60 m, elle compte en son centre une stalactite qui paraît petite mais n'en mesure pas moins 3 m ! Suit une belle colonne isolée sur laquelle sont accolées des **excentriques** (parmi les plus grandes d'Europe) semblables à des pattes d'araignée et des draperies en forme de cigarettes russes. Puis vous pénétrerez dans le domaine des eaux souterraines : un **lac** de 2 m de profondeur cascade de gour en gour (barrage naturel) pour terminer en filet d'eau. Dans la **salle des Merveilles★** (au moins 2 000 m²), un jeu de lumière noire qui permet de mieux voir les concrétions rend luminescente la partie vivante des stalactites. Enfin, vous traverserez une salle d'excentriques. De retour dans la salle des Merveilles, quand l'éclairage revient, la magie se fait jour : c'est à un jeu de miroir que vous assisterez, l'eau reflétant les concrétions.

Aux alentours

Préhistologia

5 km au nord-ouest par la D 247. ✆ 05 65 32 28 28 - www.prehistologia.com - visite guidée (1h30) juil.-août : 10h-18h30 ; avr.-mai : 14h-18h, dim., j. fériés et vac. scol. 10h-12h, 14h-18h ; juin : 10h-12h, 14h-18h ; de fin août à mi-sept. : 10h-12h, 14h-17h30 ; de mi-sept. à fin sept. : 14h-17h, oct. : dim. 14h-17h ; vac. de la Toussaint : 14h-17h 5- fermé de fin des vac. de la Toussaint à déb. avr. et si mauvais temps (pendant vac. de la Toussaint) - 8 € (4-9 ans 4,60 €).

Parcourez quelque 4,6 milliards d'années qui séparent l'apparition des premiers animaux de celle de l'homme. Des reconstitutions scientifiques et grandeur nature de dinosaures (autour d'un volcan en activité), d'oiseaux et de reptiles primitifs, de mammifères préhistoriques et des premiers hommes illustrent l'évolution de la vie sur Terre.

Info pratique

Voir aussi Rocamadour.

Se loger

Hôtel Le Petit Relais – *46350 Calès - 5,5 km au sud de Lacave, par D 23 - ✆ 05 65 37 96 09 - www.le-petit-relais.fr - fermé 20 déc.-10 janv., dim. soir hors sais. et sam. midi - 13 ch. 55/60 € - ☕ 8 € - rest. 17/36 €.* Depuis trois générations, la même famille vous accueille dans cette vieille maison quercynoise, au cœur d'un pittoresque village. Chambres bien rénovées et insonorisées. Restaurant rustique (poutres, cheminée, cuivres), terrasse ombragée et plats du terroir.

Se restaurer

La Terrasse – *46200 Meyronne - 7 km au nord-est de Lacave par D 23 - ✆ 05 65 32 21 60 - www.hotel-la-terrasse.com - fermé 2 nov.-14 mars et mar. midi - 20/50 €.* Régalez-vous d'une cuisine savoureuse sur la belle terrasse de cette demeure du 11ᵉ s. qui domine la Dordogne. Dès les premiers froids, vous serez servi dans une magnifique salle voûtée. Décor épuré et élégant. Jolies chambres et vue splendide. Piscine.

Château de Lanquais★

CARTE GÉNÉRALE A3 - CARTE MICHELIN DÉPARTEMENTS 329 F7 - SCHÉMA P. 105
DORDOGNE (24)

Vous voici devant le « Louvre inachevé du Périgord ». Bien sûr, il n'a jamais eu l'ambition de rivaliser de puissance et de lustre avec le palais royal, et bien peu d'amoureux des vieilles pierres identifient spontanément ce cousin de province. C'est pourtant bien le même architecte qui conçut la façade de Lanquais et celle de la cour carrée du Louvre. Comme par un fait exprès, les mêmes intrigues ont envahi ici chambres et couloirs…

Se repérer – Le château est situé à 23 km à l'est de Bergerac, 14 km au nord de Beaumont-du-Périgord et 23 km à l'ouest de Cadouin.

À ne pas manquer – La façade, superbement Renaissance ; le portail gothique du donjon ; la simple contemplation du château depuis le jardin.

Organiser son temps – Comptez 1h.

Pour poursuivre la visite – Voir aussi Beaumont-du-Périgord, Bergerac, Cadouin, Issigeac.

L'espionne et l'enfant

Isabeau de Limeuil, née au château de Lanquais, faisait partie des séductrices espionnes de Catherine de Médicis. Chargées de recueillir sur l'oreiller les confidences, elles ne devaient en aucune façon connaître « l'enflure du ventre ». Isabeau s'éprit du duc de Condé qu'elle devait épier et engendra un enfant, mettant ainsi fin à sa « carrière » à la Cour.

Visiter

✆ 05 53 61 24 24 - juil.-août : 10h-19h, nocturnes les vend. 21h30 ; mai-juin et sept. : tlj sf mar. 10h30-12h, 14h30-18h30 ; avr. et oct. : tlj sf mar. 14h30-18h - possibilité de visite guidée (1h) - 8 € (6-16 ans 4 €).

À l'approche de la demeure se dessinent les impacts des premiers boulets qui criblèrent les murs de l'édifice lors d'une escarmouche en 1577. Sur un corps des 14e et 15e s. *(à droite)*, conservant les caractères défensifs d'un château fort, se greffe un bâtiment Renaissance édifié pendant les guerres de Religion *(à gauche)* : travées, moulures et frontons de fenêtres rythment les **façades★** côté cour. Le pavillon d'angle est dû à Pierre Lescot qui reprit les plans de la cour carrée du Louvre.

Dans l'intérieur meublé, vous verrez les chambres de Madame et de Monsieur, la salle à manger aménagée au 19e s. au plafond peint de fleurs de lys et hermines de Bretagne, le salon de jeu et de musique à la mode au 18e s., le salon bleu renfermant une remarquable **cheminée-portique★**, avant de descendre à la cuisine Renaissance reconstituée au sol en pisé, puis de voir la salle des armes.

Bon à savoir – Au pied du château, la **grange aux dîmes** accueille concerts et animations lors des Estivales de Lanquais la première quinzaine d'août.

Info pratique

Voir aussi Beaumont-du-Périgord.

Se loger

Chambre d'hôte Domaine de la Marmette – *« Le Crabe », 200 m après le bourg - 24150 Lanquais - ✆ 05 53 24 99 13 - www.lamarmette.com - fermé nov.-mars - ⊭ - 5 ch. 69 € ☕ - repas 18/23 €.* Noyée dans la verdure et les fleurs, cette ferme d'un autre âge (16e s.) entourée de dépendances produit l'effet d'un hameau. Tout a été réhabilité : l'écurie est devenue un salon-bibliothèque et les boxes à chevaux se sont métamorphosés en chambres !

Chambre d'hôte Le Relais de Lavergne – *« La Vergne » - 24150 Bayac - 10 km au sud-est de Lanquais rte de Beaumont - ✆ 05 53 57 83 16 - relaisdelavergne@wanadoo.fr - fermé 15 nov.-Pâques - ⊭ - 5 ch. 65/70 € ☕ - repas 25 €.* Vous dénicherez cette belle maison de maître (17e s.) au cœur du Périgord pourpre. L'intérieur associe avec art charme d'antan et confort moderne. Agréables chambres à l'étage et une suite au rez-de-chaussée, garnies de meubles anciens.

Grotte de Lascaux★★

CARTE GÉNÉRALE B2 – CARTE MICHELIN DÉPARTEMENTS 329 I5 – DORDOGNE (24)

Voici la « chapelle Sixtine » de la préhistoire, l'un des sites les mieux ornés du monde pour cette période, une œuvre d'art à part entière. Trop fragile, l'original est inaccessible et il faut donc préconiser l'usage de copie, ici de grande qualité ! Car la découverte de l'art magdalénien apporte beaucoup, ne serait-ce que la conviction que l'homme n'a attendu ni l'Antiquité ni le monde moderne pour exprimer cette spiritualité qui le distingue au sein du monde animal.

- **Se repérer** – La grotte se trouve à 40 km à l'est de Brive, 30 km au nord-est des Eyzies-de-Tayac, 30 km au nord de Sarlat et 2 km au sud-est de Montignac.
- **À ne pas manquer** – La librairie du site, très fournie ; les ours de Regourdou.
- **Organiser son temps** – Comptez 2h en tout pour Lascaux II, une bonne demi-journée pour l'ensemble des sites.
- **Pour poursuivre la visite** – Voir aussi Les Eyzies-de-Tayac-Sireuil, Montignac, Rouffignac et Terrasson-Lavilledieu.

Comprendre

Le hasard de la découverte – En septembre 1940, à la suite d'un violent orage, le trou béant d'un chêne déraciné attire Robot. Ce petit chien est celui de Marcel Ravidat, 17 ans, apprenti dans un garage voisin, en balade ce jour-là avec ses copains. Parti le rechercher, le jeune Marcel s'aperçoit que dans ce trou s'ouvre un autre orifice, qui semble beaucoup plus profond. Il décide de l'explorer, pensant qu'il s'agit de l'entrée secrète du manoir de Montignac. Le 12 septembre, avec Jacques Marsal, Simon Coencas et Georges Agnel, ils creusent pour agrandir le trou et pénètrent le sanctuaire inviolé de la grotte de Lascaux. À l'aide d'un éclairage de fortune, ils découvrent une fabuleuse série de peintures polychromes.

La rançon de la gloire – Malheureusement, la cavité, aménagée pour la visite en 1949, souffre rapidement de l'affluence des visiteurs : le gaz carbonique des respirations, la pénétration de l'humidité et l'introduction de spores accrochées aux semelles entraînent le développement de deux maladies : la « verte » qui se traduit par la poussée de mousses et d'algues, et la « blanche » qui engendre un dépôt de calcite. En 1963, la décision est prise : pour préserver ce chef-d'œuvre de l'art paléolithique, il faut se résoudre à fermer la grotte au public. En 1983, ouvre enfin un fac-similé, **Lascaux II★★**.

Un ensemble exceptionnel – La grotte, creusée dans le calcaire du Périgord noir, est une cavité modeste qui s'étend seulement sur 250 m. Elle comprend plusieurs secteurs, dont la Rotonde et le Diverticule axial, qui recèlent 90 % des peintures ; les parois sont couvertes de plus de 1 500 représentations. Une fermeture naturellement hermétique et l'imperméabilité du plafond expliquent l'absence de concrétions et la parfaite conservation des peintures fixées et authentifiées par une légère imprégnation naturelle de calcite. Ces œuvres sont traditionnellement attribuées au magdalénien ancien (vers - 17 000 ans, mais certains préhistoriens penchent pour une utilisation prolongée, du solutréen au magdalénien moyen), époque où le climat était relativement clément, comme en témoigne la présence de cerfs sur les parois. Certains animaux ne sont représentés qu'une seule fois : l'oiseau, le rhinocéros, et surtout l'homme, ici affublé d'une tête d'oiseau (fac-similé visible au musée du Thot). Cette représentation est l'une des rares scènes narratives de l'art paléolithique : le thème du « chasseur en difficulté », que l'on voit aussi dans la **grotte de Villars**, sans doute contemporaine. Une partie des figures de **Font-de-Gaume** appartient peut-être à la même époque.

Le style de Lascaux – Les animaux de Lascaux ont un aspect très reconnaissable : des chevaux à gros ventre et à tête effilée, des aurochs et des bouquetins aux cornes et aux sabots vus de trois quarts – voire en « perspective tordue » – et des cerfs à la ramure fantastique. Mais le critère le plus important est sans doute l'animation des gestes de ces bêtes, qui semblent prendre plaisir à gambader tout autour du visiteur et à l'encercler. Un des dessins, un cheval ocre situé au fond du Diverticule axial, semble tomber dans les entrailles de la Terre. Notez, dans bien des cas, une savante utilisation des reliefs et des volumes de la paroi.

Des saisons superposées ? – Viennent d'abord les chevaux, puis les bovidés (aurochs, bison), enfin les cerfs : à Lascaux, les animaux ne s'enchevêtrent pas seulement, ils se superposent. Et cette superposition pourrait avoir la même signification que les signes du zodiaque et les travaux des champs des cathédrales ! En effet, c'est le cheval qui aborde en premier la saison des amours, à la fin de l'hiver. Il est représenté sur les parois avec son pelage hivernal et, bien souvent, dans l'attitude agressive des mâles qui entrent en compétition pour l'accès aux femelles. Les taureaux sont, eux, représentés en pelage d'été, période où chez eux le rut commence. Enfin, le grand développement des bois des cerfs et la présence d'un individu en train de bramer indiquent la période du rut, à la fin de l'automne. Par ces animaux, les Magdaléniens ont peut-être fixé sur la pierre le rythme des saisons.

Visiter

Lascaux II★★

✆ 05 53 51 95 03 - visite guidée (40mn) - juil.-août : 9h-19h ; avr.-juin et sept. : 9h30-18h30 ; de déb. oct. à mi-nov. : 10h-12h30, 14h-18h ; de mi-nov. à fin avr. : 10h-12h, 14h-17h30 - fermé lun. (nov.-mars), 1er janv. et 25 déc. - 8.30 € (6-12 ans 5.30 €) - billet combiné avec l'atelier et le Thot (voir Montignac) 12 € (6-12 ans 8 €) - Attention ! D'avr. à sept., la billetterie se trouve à Montignac (sur la place du cinéma). La vente des billets commence à 9h et se termine aussitôt la barre des 2 000 entrées atteinte (ce qui, en haute sais., se produit rapidement) - possibilité d'achat de billets pour un autre jour.

SEMITOUR/APPI / LASCAUX II/fax-simile de la grotte de Lascaux

Chevaux chinois (site ouvert au public - www.semitour.com).

À 200 m de la grotte originale, ce fac-similé reconstitue la Rotonde et le Diverticule axial de manière très fidèle. Des « sas » muséographiques présentent l'archéologie de la grotte (sagaies, silex des graveurs, poudres colorées ayant servi aux peintures, lampe à suif pour l'éclairage, reconstitution d'un échafaudage…), expliquent les différentes techniques utilisées par l'artiste magdalénien et retracent l'histoire de la découverte. Une véritable prouesse technologique doublée d'une grande rigueur scientifique a permis de recréer l'atmosphère incomparable de la cavité originale. Dès 1966, l'Institut géographique national avait effectué des relevés stéréophotogrammétriques au millimètre près de la grotte de Lascaux afin de reconstituer son relief de façon précise. Ce travail permit de réaliser, dans une ancienne carrière à ciel ouvert, une coque en ferro-ciment bâtie à l'image des constructions navales. Sur la paroi artificielle, Monique Peytral a recopié les peintures murales en s'aidant des relevés qu'elle avait effectués et de diapositives. Elle a utilisé les mêmes pigments et les mêmes procédés que ceux des artistes magdaléniens.

On peut donc admirer, comme dans l'original, les cinq grands taureaux noirs de la Rotonde, dont le quatrième, long de 5,50 m, demeure la plus grande figure paléolithique connue, ainsi que, harmonieusement placés, des vaches rouges, des chevaux noirs, rouges, jaunes et bruns, et deux petits bouquetins jaune et rouge, affrontés dans le Diverticule axial. Sur la paroi gauche de la Rotonde, voir l'étrange « licorne », animal fabuleux composé, semble-t-il, de plusieurs espèces. L'ensemble, apparemment désordonné, présente cependant de nombreuses compositions, dont certaines sont en rapport avec le relief des parois.

Aux alentours

Regourdou

À 500 m. Laisser de préférence la voiture au parking de Lascaux car la route montant au site est agréablement boisée avant d'ouvrir le panorama sur la vallée. ✆ 05 53 51 81 23 - ♿ - visite guidée (45mn) juil.-août : 10h-19h ; fév.-juin et sept.-nov. : 11h-18h - fermé de fin nov. à déb. fév. - 4,80 € (enf. 3 €).

À la différence de Lascaux qui date de Cro-Magnon, Regourdou est un **site néandertalien**. Il fut découvert en 1954 par le fermier Roger Constant, propriétaire des lieux. Il a permis de mettre au jour sur différents niveaux de nombreux ossements (ours, sanglier, cerf...) et outils (silex taillés, racloirs...). Mais la découverte majeure fut celle de la plus ancienne **sépulture organisée** (70 000, voire 90 000 ans) contenant le squelette d'un homme de Neandertal (exposé au musée du Périgord de Périgueux) et des ossements d'ours, qui a donné naissance à l'hypothèse d'un « culte de l'ours ». En effet, celui-ci avait été mangé. Son squelette fut reconstitué, placé à côté de celui de l'homme, puis recouvert d'une dalle équivalente et orné d'objets similaires. Un **musée** présente les différents éléments trouvés sur le site et d'autres qui permettent de retracer l'évolution de l'homme, de l'âge de pierre à l'âge de fer. Quant aux **ours**, vous en verrez six bien vivants, car Roger Constant en a acquis trois en 1988 qui depuis ont fait des petits !

C'est sur ce site qu'a été tourné en 2001 *Le Vieil Ours et l'Enfant*, avec Jacques Dufilho et Marie-Christine Barrault.

Luzech

1 737 LUZECHOIS
CARTE GÉNÉRALE B3 – CARTE MICHELIN DÉPARTEMENTS 337 D5 – LOT (46)

Couronné par le donjon de son château, Luzech occupe un site magnifique au cœur d'un méandre presque refermé du Lot. Dans sa partie la plus resserrée, l'isthme atteint à peine 90 m. Bordée au nord par l'oppidum de l'Impernal et au sud par le promontoire de la Pistoule, la bourgade s'est équipée d'un vaste plan d'eau sur lequel une base nautique a été aménagée.

- **Se repérer** – À 20 km à l'ouest de Cahors par la D 8, Luzech n'occupe pas seulement la boucle du méandre, mais aussi la rive gauche du Lot.
- **À ne pas manquer** – La route vers Bonaguil ; la vue sur le Lot depuis Bélaye.
- **Organiser son temps** – Comptez 1h30 pour le village et le musée, une journée pour les alentours.
- **Avec les enfants** – Une promenade en bateau *(voir l'encadré pratique)*.
- **Pour poursuivre la visite** – Voir aussi Les Arques, Bonaguil, Cahors, Lauzerte et le Quercy blanc.

Comprendre

Le Pech de l'Impernal – Habité dès les temps préhistoriques, l'Impernal constitue une défense naturelle appréciée par les Gaulois qui font du plateau une puissante place forte. En contrebas est édifiée au Moyen Âge une citadelle dont il subsiste le donjon carré. En 1118, Richard Cœur de Lion se rend maître de Luzech. Siège de l'une des quatre baronnies du Quercy, la ville est convoitée par les Anglais au cours de la guerre de Cent Ans, mais elle résiste à tous leurs assauts et devient un important centre fortifié. Pendant les guerres de Religion, elle demeure un fidèle bastion du catholicisme en restant aux mains des évêques de Cahors.

Des fouilles pratiquées sur la colline de l'Impernal ont permis de mettre au jour des murailles et des vestiges de constructions des époques gauloise et romaine.

Se promener

Laissez votre véhicule sur le parking le long du Lot et rejoignez à pied la place du Canal (centrale).

Ville ancienne

Dans l'ancien faubourg du Barry, des ruelles relient la rue du Barry-del-Valat aux quais.

De l'autre côté de la place du Canal, le quartier de la place des Consuls conserve son aspect médiéval où se mêlent briques et pierres : chapelle des pénitents (13e s.), porte du Capsol avec son ogive de brique, ou encore **maison des Consuls** ornée de belles fenêtres géminées. Elle abrite désormais l'office de tourisme et le musée.

E. Larribère / MICHELIN

C'est dans la boucle d'un méandre du Lot dont l'isthme, dans sa partie la plus resserrée, atteint à peine 100 m, que s'est développé Luzech.

Musée archéologique Armand-Viré

✆ 05 65 20 17 27 - juil.-août : 10h-13h, 14h-18h ; reste de l'année : se renseigner - fermé de Noël à déb. janv. et j. fériés - 3 € (-12 ans gratuit).

Aménagé dans la belle cave voûtée de la maison des Consuls du 13e s. *(office de tourisme)*, ce musée retrace l'histoire du riche site de Luzech, du paléolithique à la période gallo-romaine. Les objets de la collection proviennent des fouilles du plateau de l'Impernal et de la grotte creusée dans ses flancs. Certains sont exceptionnels, comme le modèle réduit de la **colonne Trajane★**, diffusé dans l'Empire romain au début du 2e s. apr. J.-C., d'autres, insolites, comme la **cuiller articulée** gallo-romaine en bronze et fer.

Le saviez-vous ?

La ville était le siège de l'une des quatre baronnies du Quercy. En 1286, elle fut parmi les villes achetées par Philippe le Bel en échange de l'évacuation du Quercy par le roi d'Angleterre.

Un canal, creusé en 1840, traversait Luzech pour couper la boucle du Lot particulièrement périlleuse pour les bateaux, ce qui permettait de gagner presque une journée de navigation. Cet ouvrage, comblé, se trouve sous la place centrale bâtie dans les années 1940.

Suivez le sentier balisé GR 36.

Donjon

On y pénétrait à l'origine par la petite porte ogivale du premier étage.

Point de vue★

Du haut de l'Impernal (150 m), la vue embrasse Luzech ramassée au pied de son pech, puis le promontoire de la Pistoule, comme une proue de navire fendant la plaine alluviale où le Lot serpente parmi d'opulentes cultures.

Aux alentours

Notre-Dame-de-l'Île

1,2 km au sud par la D 23.

Dans un cadre paisible de vignes et de vergers, sur la toile de fond des coteaux abrupts enserrant le Lot, cette chapelle de style gothique flamboyant (début 16e s.) s'élève à l'extrême pointe de l'isthme. Ce lieu de pèlerinage remontant au 13e s. est encore très fréquenté comme l'attestent plusieurs ex-voto.

Église de Cambayrac

8 km au sud par la D 23 et la D 67.

Elle se signale par son clocher-mur en forme de chapeau de gendarme. À l'intérieur, l'abside romane fut revêtue au 17e s. d'un rare décor de marbres et de stucs dans le goût classique.

Circuit de découverte

LES « CINGLES » DU BAS PAYS

Circuit de 85 km – comptez environ une journée. Quittez Luzech par l'ouest en empruntant la D 8.

C'est à travers les causses du Quercy que le Lot déroule ses plus beaux atours, au pied d'escarpements couverts de châtaigneraies et de villages-promontoires. Depuis la route qui suit la rive gauche de la rivière, vous découvrirez d'agréables perspectives sur la vallée.

Albas

Cette bourgade, ancienne résidence des évêques de Cahors, a conservé les vestiges du château épiscopal et des rues étroites bordées de maisons anciennes. Belle vue depuis l'esplanade de la mairie.

Anglars-Juillac

Le portail de l'église romane a été orné à la Renaissance d'une Crucifixion quelque peu malmenée par les années.

Poursuivez sur la D 8. Après 2,5 km, tournez à gauche dans la D 50.

Bélaye

Ce village occupe le sommet d'une de ces hautes falaises qui bordent le Lot et que l'on appelle dans la région une « cévenne ». De la place supérieure, où une petite terrasse ombragée accueille les visiteurs, se révèle une **vue★** étendue sur la vallée (130 m de

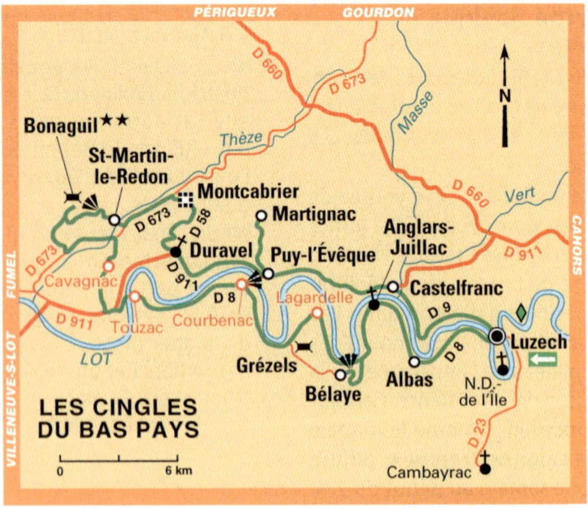

hauteur). Qui prend le temps de parcourir le bourg découvre nombre de souvenirs de ce fastueux passé où Bélaye était intégré au fief des évêques de Cahors : les vestiges du château du coseigneur, qui se dresse à l'extrémité de la « montagne » et que l'on découvre déjà du fond de la vallée ; le château de l'évêque, dont il ne reste d'intact que le mur méridional ; ou encore l'église de l'hôpital, du 14e s.

Rejoignez et poursuivez sur la D 8 (à gauche).

Grézels

Les évêques de Cahors possédaient la vallée du Lot de Cahors à Puy-l'Évêque, et Grézels marquait une des limites de leur fief. Ils avaient donc construit au 12e s. le **château de La Coste** pour défendre l'entrée de leur territoire. Transformé pendant la guerre de Cent Ans par les Guiscard en château fort et restauré au 14e et au 16e s., il tomba à l'abandon après la Révolution. ✆ 05 65 21 34 18/38 28 - *mi-juil.-fin août : visite conférence (1h30) merc.-dim. 16h30 ; musée du Vin : visite libre 15h-18h - 4 € (-12 ans gratuit), musée seulement 2 € - abords du château et parc en accès libre.*

Poursuivez sur la D 8.

Arrivé à proximité du **pont de Courbenac**, découvrez la meilleure vue d'ensemble sur la ville de Puy-l'Évêque *(voir plus loin).*

Continuez sur la D 8 jusqu'à Touzac. Après avoir franchi le Lot, prenez à gauche la D 811, puis à droite vers Cavagnac. Dès l'entrée du village, tournez à gauche vers Boussac.

Avant Boussac, remarquez sur la gauche la **maison forte de Séguadènes** (13e-15e s.) qui protégeait un moulin sur la Thèze.

À Boussac, empruntez à gauche la D 673, puis la première à droite (D 158).

Château de Bonaguil★★ *(voir ce nom)*

Revenez vers Couvert (D 158). Après 500 m, prenez à gauche en direction de St-Martin-le-Redon.

Sur la gauche, une très belle **vue★** (possibilité de parking) s'offre sur le château de Bonaguil dressant sa fantastique silhouette dans son écrin de verdure.

St-Martin-le-Redon

Ce joli village, qui conserve encore de belles bâtisses anciennes, est connu pour les eaux de la source St-Martial qui avaient la réputation de soigner les maladies de peau. C'est en effet saint Martial, premier évêque de Limoges (3e s.), qui les aurait fait jaillir pour guérir les lépreux. L'église du 16e s. garde dans sa façade des vestiges du bâtiment roman préexistant.

Quittez St-Martin en empruntant la D 673 vers Gourdon.

Montcabrier

Cette bastide fut fondée en 1297 par Guy de Cabrier, sénéchal de son état, qui lui donna son nom, puis elle fut dotée en 1304 d'une charte de franchise par Philippe le Bel. Autour de la place, quelques maisons anciennes, dont la maison de la Cour royale (16e s.), occupent encore le tracé régulier du plan d'origine.

Reconstruite en partie au 14e s., l'**église** présente un portail flamboyant restauré, surmonté d'un joli clocher ajouré. À l'intérieur, objet d'un pèlerinage local, une statue d'un style plutôt rustique (14e s.) représentant Saint Louis, le saint patron de la paroisse, est entourée d'ex-voto.

Quittez Montcabrier par le sud-est en empruntant la D 68, puis, après 1 km, tournez à droite dans la D 58.

Duravel

Rattachée à un prieuré dépendant de l'abbaye de Moissac, l'**église** fut édifiée au 11e s. ; elle possède un chœur décoré de chapiteaux historiés de style auvergnat ; des colonnes ornées de chapiteaux plus anciens rythment une intéressante **crypte préromane**. Le bourg et l'église furent cédés à l'abbaye de Moissac qui y transféra les corps des saints Hilarion, Poémon et Agathon, encore conservés au fond de l'abside. L'exposition solennelle de leurs reliques, appelée « ostension », a lieu tous les cinq ans en octobre (si l'église est fermée, clé à l'office de tourisme).

Quittez Duravel par le sud en empruntant la D 911.

Puy-l'Évêque

Étagée sur la rive droite du Lot, la petite ville regroupe ses vieilles maisons aux belles pierres ocre jaune autour de son donjon et de son église. Passé sous la suzeraineté des évêques de Cahors, Puy-l'Évêque garde gravées dans sa toponymie les traces de la domination épiscopale.

Église St-Sauveur – Au nord-est de la ville, elle était située à l'extrémité du système défensif dont elle faisait partie. Précédé d'un puissant clocher-porche flanqué d'une tourelle, l'édifice s'ouvre sur un magnifique portail couronné d'un fronton en accolade et décoré de statues. La nef surélevée date des 14e et 15e s.

Redescendez vers la place du Rampeau pour rejoindre la place du Mercadiel. Au-delà de la Grande-Rue, le bourg s'accroche au promontoire dans un entrelacs de rues et ruelles.

Donjon – Seul vestige du château épiscopal, il remonte au 13e s. Haut de 23 m, il domine les anciennes dépendances du palais épiscopal, comme la Lychairie, vaste salle capitulaire.

Esplanade de la Truffière – Contre le donjon, découvrez une **vue** étendue sur la vallée. Puy-l'Évêque marque la limite des amples méandres du Lot. Le fond alluvial s'élargit considérablement, terrasses et collines sont couvertes de vignes, tandis que la plaine est tapissée de cultures.

Quittez Puy-l'Évêque par le nord en empruntant la D 28.

Martignac

Ce village possède une belle **église** rustique. Bâtie en pierre jaune et surmontée d'un haut clocher barlong à pans de bois, elle présente une nef et un chœur presque entièrement décorés de **fresques** du 15e s. L'expression des physionomies et la composition des scènes donnent à cet ensemble un intérêt certain. Dans la nef, un personnage monté sur un homme figure la paresse, un autre, un jambon sous le bras, la Gourmandise, tandis qu'une femme chevauchant un bouc symbolise la Luxure. Face à cette fresque se déroulent le Couronnement de la Vierge et l'Entrée des élus

S. Sauvignier / MICHELIN

Les tons jaune et ocre dominent dans les fresques de l'église de Martignac.

au paradis, conduits par saint Michel et accueillis par saint Pierre. Dans le chœur, on distingue un superbe Christ en majesté, une Mise au tombeau et des anges.

Regagnez Puy-l'Évêque, puis prenez la D 911 vers Castelfranc.

Le Jardin des sens de Castelfranc★

✆ 05 65 36 22 93 - gratuit (visite guidée 2 €) - spectacles en été.

Derrière la halle de cette paisible bastide, ce petit (760 m^2) jardin des sens est une réussite. Rafraîchies par le Vert (rivière), plantes tinctoriales, variétés potagères, simples et fleurs renouvellent la mode du jardin médiéval, en bousculant sa conception et sa traditionnelle séparation des usages. Ici, les plantes sont mélangées par formes, saisons et couleurs, tout en respectant l'architecture générale des jardins médiévaux. Tout cela est frais et réjouissant.

Regagnez Luzech par la D 9.

Luzech pratique

Adresse utile

Office de tourisme – *Maison des Consuls - r. de la Ville - 46140 Luzech - ✆ 05 65 20 17 27 - www.ville-luzech.fr - juil.-août : 10h-13h, 14h-18h ; reste de l'année : se renseigner.*

Visite

Promenades en bateau sur le Lot – *✆ 05 65 20 18 19 - ♿ - juil.-août : dép. de la base nautique de Caix 16h15 - 7,50 € (enf. 5 €). Croisière (1h30).*

Se loger

Hôtel Bellevue – *Pl. Truffière - 46700 Puy-l'Évêque - 14 km à l'ouest de Luzech par D 9 et D 811 - ✆ 05 65 36 06 60 - www.lothotel-bellevue.com - fermé 10 janv.-6 fév. et 13-28 nov. - 11 ch. 65/90 € - ☕ 10 €.* L'hôtel, bâti sur un éperon dominant le Lot, mérite bien son nom. Les chambres, spacieuses, sont contemporaines et personnalisées. Cuisine inventive et vue imprenable sur la vallée au restaurant Côté Lot. Véranda en métal et plats du terroir à l'Aganit.

Hôtel Source Bleue – *Au bourg - 46700 Touzac - 8 km à l'ouest de Puy-l'Évêque par D 811 - ✆ 05 65 36 52 01 - www.sourcebleue.com - fermé de mi-nov. à mi-avr. - P - 12 ch. 79/125 € - ☕ 10 € - rest. 29 €.* La « source bleue », qui surgissait sur la rive gauche du Lot, a mystérieusement migré vers 1950 sur la rive droite, au milieu de ces anciens moulins à papier devenus depuis un hôtel-restaurant. Élégantes chambres personnalisées. Cuisine classique servie dans une dépendance du 17e s. transformée en salle à manger.

Hostellerie le Vert – *46700 Mauroux - ✆ 05 65 36 51 36 - www.hotellevert.com - fermé 31 oct.-31 mars - P - 7 ch. 85/130 € - ☕ 9 € - rest. 38/45 €.* Ambiance chaleureuse dans cette ferme quercynoise du 14e s. perdue en pleine nature. Dans les chambres, personnalisées, cohabitent mobilier de style et meubles campagnard.

Chambre d'hôte Château de la Coste – *46700 Grézels - 16 km à l'ouest de Luzech par D 8 - ✆ 05 65 21 38 28 ou 06 83 53 21 41 - gervais.coppe@wanadoo.fr - fermé sept.-juin - 🚭 - réserv. obligatoire - 4 ch. 100/130 € ☕.* Authentique château médiéval superbement érigé au-dessus de la vallée du Lot. Petite ou grande, chaque chambre, splendide, est personnalisée, et le panorama qui se déroule au pied de la forteresse est somptueux.

Se restaurer

Auberge Imhotep – *La Rivière Haute - 46140 Albas - 4 km à l'ouest de Luzech par D 8 - ✆ 05 65 30 70 91 - fermé dim. soir et lun. - réserv. conseillée - 15/43 €.* Architecte de l'Égypte ancienne, Imhotep a aussi institué la méthode de gavage des oies. D'où le nom donné à cette charmante auberge qui confectionne ses foies gras et autres plats régionaux dans le respect de la tradition. Prix très raisonnables. Un menu pour les végétariens. Ambiance musicale jazz.

Le Gindreau – *46150 St-Médard - 8,5 km au nord-est de Castelfranc par D 911 et D 5 - ✆ 05 65 36 22 27 - le.gindreau@wanadoo.fr - fermé 1er-17 mars, 18 oct.-18 nov., lun. et mar. - réserv. obligatoire dim. et fêtes - 38/105 €.* Imaginez les temps anciens où ce restaurant était encore l'école du village, à l'ombre des marronniers de la jolie terrasse sur les hauteurs. Salle à manger cossue avec ses boiseries et ses murs décorés de tableaux. Table soignée et réputée au goût du jour.

Que rapporter

Marchés – À Duravel : le 13 juillet, marché nocturne. Foire aux vins et produits régionaux : 14 et 15 août. À Montcabrier : marché des producteurs de pays du Lot, vend. soir en juil. et août.

Château de Chambert – *Marc et Joël Delgoulet, les Hauts-Coteaux - 15 km à l'ouest de Luzech - 46700 Floressas - ✆ 05 65 31 95 75 - www.chambert.com - 8h30-12h30, 14h-18h30 - fermé dim., 1er janv., 1er Mai et 25 déc.* De nombreuses médailles remportées dans plusieurs concours viticoles ont récompensé ce vin de Cahors élaboré sur un domaine de 57 ha cultivé en « production intégrée ». La maison commercialise également Le Rogomme, boisson apéritive à base de raisin Malbec chauffé en marmite et d'eau de vie de raisin. Visite des chais; caveau de dégustation.

Clos Triguedina – *Jean-Luc Baldès - 14 km à l'ouest de Luzech par D 9 et D 811 - 46700 Puy-l'Évêque - ✆ 05 65 21 30 81 - www.jlbaldes.com - 9h-12h, 14h-18h, dim. sur RV - fermé 1er janv. et 25 déc.* La famille Baldès, où l'on est vigneron depuis huit générations, cultive avec passion et savoir-faire ce domaine viticole de plus de 60 ha. Le Clos Triguedina est l'un des fleurons de l'appellation cahors et l'un des crus les plus primés du Quercy. Visite des caves, du chai et du musée familial.

Site de la Madeleine★

CARTE GÉNÉRALE B2 – CARTE MICHELIN DÉPARTEMENTS 329 H6 – DORDOGNE (24)

En vous promenant le long de la Vézère, vous admirez la largeur de la vallée et la hauteur des falaises, témoins de ce que fut la rivière en des temps plus anciens. Soudain, dans une discrète trouée dans les bois, vous distinguez, au loin, quelque chose comme… des portes et des fenêtres. Pas de panique, vous n'êtes pas victime d'hallucinations; vous venez de trouver la Madeleine, étonnant village troglodytique de onze siècles d'âge.

- **Se repérer** – À 55 km au sud-est de Périgueux et 8,5 km au nord est des Eyzies-de-Tayac-Sireuil.
- **Se garer** – Vaste parking ombragé.
- **Organiser son temps** – Comptez 45mn pour visiter le village.
- **Pour poursuivre la visite** – Voir aussi Les Eyzies-de-Tayac-Sireuil, Rouffignac et St-Léon-sur-Vézère.

J. Damase / MICHELIN

Une vingtaine d'habitations, aménagées sous le rocher, à proximité d'une source, et protégées par une étroite entrée fortifiée, permettaient à une centaine de personnes de séjourner en période troublée, voire de façon continue.

Visiter

Village troglodytique

✆ 05 53 46 36 88 - www.village-la-madeleine.com - visite guidée (1h) - juil.-août : 9h30-19h ; reste de l'année : possibilité de visite guidée sur demande 10h-18h - 5,50 € (enf. 3,50 €).

Le paysage est façonné par le méandre le mieux dessiné et le plus étroit de la rivière. À mi-hauteur de la falaise, le village troglodytique fut occupé probablement de la fin du 9e s. (invasions normandes) jusqu'en 1920. L'aspect défensif de la falaise retint l'attention puisqu'un château fut élevé autour du 13e s. avant d'être abandonné au 17e s. Les vestiges du village médiéval (maisons, chapelle…) dans cet abri-sous-roche permettent de mieux comprendre la vie des paysans dans cette région.

Au pied de la falaise s'étend le **gisement paléolithique** qui permit de définir la culture du magdalénien. Fouillé dès 1863 par Lartet, puis Peyrony, il livra, en 1864, une plaque d'ivoire comportant la gravure d'un mammouth, espèce dont on a retrouvé des cadavres congelés en Sibérie. L'homme qui a figuré ce mammouth en avait vu : preuve était faite d'un art très ancien, plus vieux que les menhirs de Bretagne. Certaines des nombreuses pièces (dont des parures) trouvées ici sont visibles au musée national de Préhistoire des **Eyzies**.

Marie Madeleine et la préhistoire

Le site de la Madeleine doit son nom à une chapelle. Agrandie et voûtée d'ogives au 15e s., elle fut dédiée à sainte Marie Madeleine, Marie de Magdala. Ce site donnera ensuite son nom (universel) à une période de la préhistoire, la dernière du paléolithique, le **magdalénien**.

Bon à savoir – Ombragé par de grands arbres, le charmant site qui entoure le village troglodytique se prête aux pique-niques estivaux.

Marcilhac-sur-Célé

200 MARCILHACOIS
CARTE GÉNÉRALE C3 – CARTE MICHELIN DÉPARTEMENTS 337 G4 – SCHÉMA P. 215 – LOT (46)

Marcilhac est tout entier bâti autour des ruines de son abbaye. Des ruines impressionnantes, démultipliées par leur reflet dans le Célé, qui donnent une idée de son prestige passé. Étape importante du chemin de St-Jacques-de-Compostelle, l'abbaye possédait en effet de vastes territoires incluant même Rocamadour jusqu'au 11e s. Le village offre un bon point de départ pour la découverte des causses, mais aussi des vallées du Lot et du Célé.

- **Se repérer** – À 50 km au nord-est de Cahors (par la voie rapide, la D 653), 35 km à l'ouest de Figeac par la même route et 52 km au sud de Rocamadour, Marcilhac est traversé par la route de la vallée du Célé (D 4) et la D 17 qui mène à celle de la vallée du Lot.
- **Se garer** – Dans le village, privilégiez le parking situé en face de la mairie (aire de repos aménagée).
- **À ne pas manquer** – Les sculptures romanes de la salle capitulaire et du tympan de la porte sud ; la vue depuis la D 17.
- **Organiser son temps** – Comptez 1h30, une demi-journée avec les activités nautiques en été et les nombreuses possibilités de randonnée.
- **Pour poursuivre la visite** – Voir aussi Assier, Cahors, Cénevières, Figeac, Labastide-Murat, la grotte du Pech-Merle, les grottes de Foissac et St-Cirq-Lapopie.

Comprendre

Dans le maquis de la procédure – Au 11e s., l'abbaye de Marcilhac possède l'humble sanctuaire de Rocamadour, mais le laisse à l'abandon. Profitant de cette négligence, des moines de Tulle s'y installent. En 1166, la découverte du corps de saint Amadour *(voir Rocamadour)* en fait un riche et célèbre lieu de pèlerinage. Marcilhac se souvient alors de son droit et fait chasser les moines. Peu après, l'abbé de Tulle s'empare de nouveau de Rocamadour ; les procès succèdent aux procès. L'affaire est épineuse, l'évêque de Cahors, le légat, l'archevêque de Bourges, le pape lui-même, appelés à se prononcer, évitent de trancher ; enfin, après un siècle de chicanes, Marcilhac accepte une indemnité de 3 000 sols et abandonne Rocamadour. Jusqu'au 14e s., l'abbaye jouit d'une remarquable prospérité, mais, pendant la guerre de Cent Ans, les bandes anglaises et les

Info pratique

Voir aussi St-Cirq-Lapopie.

Adresse utile

Office de tourisme – *Maison du Roy - 46160 Marcilhac-sur-Célé - ✆ 05 65 40 68 44 - juil.-août : 10h-12h30, 14h30-18h30, dim. 14h-18h ; juin : 10h-12h, 14h-18h, dim. 14h-17h ; avr.-mai : tlj sf dim. 10h-12h, 14h-17h.* Au 1er étage, il abrite un petit musée d'art sacré.

Sports & Loisirs

Passion Aventure – *✆ 06 10 73 73 12 - de mi-juin à mi-sept.* Location de canoës.

Grandes Compagnies l'anéantissent. Après les troubles de la Réforme, Marcilhac passe aux mains des Hébrard de St-Sulpice qui délaissent l'établissement. Faute d'entretien et de moyens, les religieux doivent renoncer à la vie conventuelle et loger chez… l'habitant.
Située au nord-ouest du village, la chapelle N.-D.-de-Pailhès, dite aussi du Bon-Rencontre, fait encore l'objet d'un pèlerinage le jeudi de l'Ascension.

Visiter

Ancienne abbaye

L'église abbatiale se compose de deux parties bien distinctes.
Partie romane – Le porche, à l'ouest, et les trois premières travées de la nef sont à ciel ouvert et flanqués d'une haute tour carrée. Au sud, une porte en plein cintre est surmontée d'un **tympan** sculpté représentant le Jugement dernier : le Christ en majesté, entouré de deux emblèmes figurant le Soleil et la Lune, est placé au-dessus de deux anges trapus aux ailes déployées et de saint Pierre et saint Paul. Ces sculptures, d'un style archaïque, semblent remonter au 10e s. Remarquez dans la partie romane de l'abbatiale une haute tour carrée, vraisemblablement fortifiée au 14e s.
Franchissez cette porte et pénétrez à droite dans l'église.
Partie gothique – Fermée à l'ouest au-delà de la 4e travée, la partie de l'église relevée au 15e s. est de style gothique flamboyant. Reprenant des éléments de l'église primitive, le chœur, voûté en étoile, est entouré d'un déambulatoire. Une stalle baroque aux armes des Hébrard recèle une somptueuse **miséricorde** sculptée d'une tête d'ange.
Une chapelle à gauche du chœur conserve des fresques du 15e s. : le Christ bénissant est entouré des douze apôtres ; sous chaque apôtre, on peut lire son nom et une phrase qui le caractérise. Le blason au centre de chaque triade est celui des Hébrard de St-Sulpice.
En sortant de l'église, prenez sur la droite, dans la 2e travée romane, un sentier qui conduit à l'ancienne salle capitulaire.
Salle capitulaire – Elle date du 12e s. Ses baies sont décorées de chapiteaux romans d'une grande finesse, alternativement exécutés en calcaire gris bleu et pierre de stalagmite rosée.
Gagnez une esplanade ombragée de platanes : une tour ronde indique l'emplacement de la maison de l'abbé. Au bord du Célé, à droite, une poterne perce les anciens remparts. Revenez au pied des vestiges romans.

Château de **Mareuil**

CARTE GÉNÉRALE A1 – CARTE MICHELIN DÉPARTEMENTS 329 D3 – DORDOGNE (24)

Douves, créneaux, larges tours, mais aussi pont de pierre, grandes ouvertures et chapelle gothique : ici sont réunies les manifestations hétéroclites d'époques diverses, du Moyen Âge à la Renaissance. Avec, en toile de fond, le rôle défensif de cette forteresse de plaine qui surveilla longtemps les allées et venues entre Périgueux et Angoulême.

- **Se repérer** – À l'intersection de la D 708 et de la D 939, sur l'axe Périgueux-Angoulême, Mareuil se trouve à 43 km au nord-ouest de Périgueux.
- **À ne pas manquer** – Le tour complet du château ; la salle du conseil.
- **Organiser son temps** – Comptez 1h15.
- **Pour poursuivre la visite** – Voir aussi Bourdeilles, Brantôme, Nontron, le château de Puyguilhem et Vendoire.

Le saviez-vous ?

Le mot de Mareuil serait d'origine gauloise, composé à la fois de *maro*, « grand », et de *-ialo*, qui désigne un lieu découvert et aurait donné la finale en *-euil*.

Visiter

✆ 05 53 60 99 85 - visite guidée juil.-août : tlj sf dim. mat. 10h-12h15, 14h-18h15 ; avr.-juin : tlj sf mar. et dim. mat. 10h15-12h, 14h-17h15 ; de déb. sept. à mi-oct. : tlj sf mar. et dim. mat. 10h15-12h, 14h-17h15 ; de mi-oct. à mi-nov. : tlj sf mar. et dim. matin 14h-17h - 5 € (-8 ans gratuit).

Au 15e s., Geoffroi de Mareuil fait reconstruire le château de ses ancêtres pour le rendre plus conforme aux aspirations du moment. La forteresse n'en garde pas moins nombre d'éléments de défense : douves, mur d'enceinte et deux tours cylindriques, tout en intégrant des éléments Renaissance. Mareuil fut en effet le siège de l'une des quatre baronnies du Périgord, ce qui explique le caractère très défensif de la forteresse.

Dans la tour de gauche se niche une **chapelle** de style gothique flamboyant. Au-delà du châtelet qui surveillait l'accès au château, un corps de logis s'articule en équerre autour d'un ancien donjon. En gravissant l'escalier à vis de ce dernier, l'on accède aux appartements comme la **salle du Conseil** (beau dallage du 15e s.). Dans une autre pièce consacrée au premier Empire, mobilier et documents racontent l'histoire du **maréchal Lannes**, duc de Montebello, ancêtre des actuels propriétaires.

Info pratique

Voir aussi Vendoire.

Adresse utile

Syndicat d'initiative – *12 r. Pierre-Degail - 24340 Mareuil - ✆ 05 53 60 99 85 - juil-août : lun.-sam 10h-13h30 et 15h30-18h ; reste de l'année : lun.-vend. 10h-12h et 14h-16h ; fermé 14 Juil. et 15 août.*

Se loger

€€ Auberge de l'Étang Bleu – *Rte de St-Sulpice - 24340 Vieux-Mareuil - à 8 km au sud-est par D 939 et D 93 à gauche - ✆ 05 53 60 92 63 - www.perigord-hotel.com - fermé déb. janv. à mi-mars, dim. soir et lun. du 15 oct. à fin avr., le midi tte l'année sf dim. - P - 11 ch. 66/76 € - ☕ 8,50 € - rest. 30/45 €.* Très bien située dans un grand parc verdoyant et boisé, l'auberge dispose d'une terrasse qui domine l'étang, particulièrement agréable aux beaux jours. L'intérieur, plus chargé, bénéficie néanmoins d'une belle mise en place. Côté cuisine, on appréciera les incontournables saveurs du terroir.

Se restaurer

€€ Chez Mia – *11 r. du Château - 24340 Mareuil - ✆ 05 53 60 90 86 - fermé mar. soir, jeu. soir et dim. soir - 10,50 € déj. - 18/26 €.* Rassurez-vous, vous n'avez pas traversé la Manche, mais juste passé le seuil d'un restaurant *so british* tenu par des français. Néanmoins, cette influence britannique ne s'étend pas à la cuisine, qui reste dans la tradition régionale et les saveurs qu'on lui connaît. Ensemble rustique.

Jardins de Marqueyssac★★

CARTE GÉNÉRALE B3 – CARTE MICHELIN DÉPARTEMENTS 329 H7 – SCHÉMA P. 192
DORDOGNE (24)

À la pointe d'un éperon rocheux surplombant la vallée de la Dordogne, les jardins suspendus de Marqueyssac offrent un paysage varié selon l'exposition, changeant selon les saisons, nuancé selon l'heure : une pluie d'orage ranimant la senteur des buis omniprésents, une brume matinale s'éfaufilant sur les topiaires, l'ombre des chênes verts abritant du soleil d'été… L'enchantement est de tous les instants.

Se repérer – Au sud du Périgord noir, à 68 km au sud-est de Périgueux et 9 km au sud-ouest de Sarlat, entre Beynac-et-Cazenac et La Roque-Gageac, se trouve Marqueyssac. En venant de Sarlat, restez du même côté de la Dordogne et ne manquez pas le dernier tournant fléché à droite, presque en épingle à cheveu.

Se garer – Vaste parking ombragé à l'entrée.

À ne pas manquer – La vue spectaculaire de l'ensemble du parc, et particulièrement celle sur les buis taillés du bastion du petit bosquet qui les surplombe.

Organiser son temps – Comptez au minimum 1h (3 chemins alternent durée et difficultés de parcours). En été, préférez la fraîcheur du matin, même si une bonne partie du parc est ombragée. Vous pouvez revenir du fond du parc en véhicule électrique.

Avec les enfants – Le site est destiné aux familles : on vous signale les parcours accessibles aux poussettes ; deux aires de jeux attendent les plus petits, les autres pourront s'initier à l'escalade en saison ; la vue, la variété du parcours et les explications qui l'accompagnent sont accessibles à tous.

Pour poursuivre la visite – Voir aussi Beynac-et-Cazenac, la vallée de la Dordogne, le Périgord noir, La Roque-Gageac et Sarlat-la-Canéda.

J. Damase / MICHELIN

Réinterprétation contemporaine d'un jardin de buis du 19e s., le jardin de Marqueyssac opte alternativement pour des formes rondes et souples, raides et chaotiques ou simplement naturelles et romantiques…

Comprendre

Un Marqueyssac parmi d'autres – Comme tous les noms en « ac », celui de Marqueyssac a été donné à un domaine gallo-romain qui appartenait à Marcassius. Au Moyen Âge, une famille noble prit ce nom et le redonna aux propriétés qu'elle acquérait, c'est pourquoi il existe plusieurs lieux-dits homonymes en Périgord.

Le jardin – Bertrand Vernet de Marqueyssac acquiert le domaine en 1692, fait élever les murailles de quatre terrasses ornées de tours carrées aux toitures de lauze et décide d'embellir les lieux. Il aurait confié le dessin du jardin à Porcher, élève du célèbre jardinier Le Nôtre. Mais c'est **Julien de Cerval** qui, au 19e s., s'appuyant sur une connaissance approfondie des jardins italiens, va donner une autre dimension à l'ordonnancement classique. À l'abondante plantation de **buis** s'ajoutent des bosquets de cyprès, des rocailles d'inspiration romantique, des cabanes en pierres sèches et une chapelle de style gothique dédiée à saint Julien. Après la Seconde Guerre mondiale, les buis se développent en toute liberté et le tracé des jardins disparaît. En 1996, Kléber Rossillon reprend les choses en main, décidé à rendre sa magnificence d'antan à Marqueyssac.

Le jardin en chiffres

22 ha de superficie
6 km d'allées
4 jardiniers pour entretenir le parc (comportant au moins 150 000 pieds de buis).
3 bonnes raisons pour avoir choisi ici le buis comme espèce dominante : sa tolérance au calcaire, sa résistance à la sécheresse et son aptitude à supporter la taille.
1 tourneur sur buis

Visiter

✆ 05 53 31 36 36 - www.marqueyssac.com - juil.-août : 9h-20h (dernière entrée 1h av. fermeture) ; avr.-juin et sept. : 10h-19h ; fév.-mars et de déb. oct. au 11 Nov. : 10h-18h ; du 12 nov. à fin janv. : 14h-17h - possibilité de visite guidée (45mn) - 7 € (enf. 5 €) - 13 € (enf. 6,50 €) billet combiné avec le château de Castelnaud.

Le parc de Marqueyssac couvre 22 ha où serpentent allées et sentiers bordés de buis taillés à la main ou laissés à leur croissance naturelle. À l'entrée, les dépendances rappellent le passé d'exploitation agricole du domaine. Devant le château (quelques pièces ouvertes à la visite), qui est une résidence d'agrément de la fin du 18e s., la terrasse d'honneur présente un agencement géométrique (le seul) évoquant la symétrie des deux corps du bâtiment. La **terrasse du bastion★★** est plantée de buis soigneusement taillés aux formes ornementales variées (taillés selon l'art topiaire), tandis que les cyprès structurent le paysage. Ensuite s'ouvrent à vous **trois promenades** qui mènent au belvédère ; quelques petits chemins de traverse permettent de passer de l'une à l'autre. Dans cette partie boisée de chênes verts, les buis se déploient plus librement, certains sont arqués en tonnelles. Les sentiers sont jalonnés de panneaux renseignant sur la faune, la flore et l'histoire. Ainsi on apprend tout en se promenant, s'arrêtant pour admirer les points de vue. Les petits pourront se détendre dans les aires de jeux et les grands méditer sous les frondaisons.

Aménagé par Julien de Cerval, le belvédère est à présent doté d'une passerelle qui surplombe un vide de 130 m. De là, le **panorama★★** est superbe sur les villages et châteaux environnants : La Roque-Gageac, Castelnaud, Fayrac, Beynac, et sur les cingles de la Dordogne animée en été par le ballet des canoës et des gabarres.

Avant de partir, les curieux se rendront au pavillon de nature, à côté de la volière, qui abrite une collection de dioramas réalisés entre 1848 et 1864.

Enfin, en saison, l'**artisan tourneur** officie près de l'entrée. Le bois du buis est dur et compact, sans veines et d'une couleur jaune qui acquiert un beau poli. Il vous en parlera très bien.

Marqueyssac pratique

Voir aussi la vallée de la Dordogne.

Se restaurer

Bon à savoir – Dans le parc, le salon de thé avec terrasse (vue superbe) propose aussi quelques plats et menus.

Nocturnes

Marqueyssac aux chandelles – *Juil.-août : jeu. de 19h à minuit (dernière entrée 23h). 10 € (-10 ans gratuit). Pour la visite complète des jardins, il est impératif d'arriver 1h av. le coucher du soleil. Risque d'annulation en cas de pluie.* Chaque soirée, deux mille bougies sont mises en place dans les jardins et une centaine de sources lumineuses jalonnent la promenade des falaises jusqu'aux cascades. Animations musicales : pianiste et quatuor de saxophonistes.

Animations pour les enfants

Curieux de nature – *Tlj en juil.-août.* Ateliers d'activités manuelles.

Escalade – *Juil.-août : tlj sf sam. 9h30-12h30.* Initiation pour les plus de 6 ans.

Martel★

1 513 MARTELAIS
CARTE GÉNÉRALE C2 – CARTE MICHELIN DÉPARTEMENTS 337 F2 – SCHÉMA P. 190 – LOT (46)

Le clocher de St-Maur, le beffroi, les tours de Tournemire, de Mirandol, des Cordeliers, de l'hôtel Vergnes de Ferron et de la maison d'Henri Court-Mantel : par ces éminences visibles de loin, Martel mérite bien son surnom de « ville aux sept tours ». Bâtie sur un causse du Haut-Quercy éponyme, elle est une étape agréable pour découvrir le causse de Gramat et la vallée de la Dordogne.

- **Se repérer** – Martel se trouve à 15 km à l'est de Souillac, 58 km au nord-est de Figeac et 77 km au nord de Cahors.
- **À ne pas manquer** – Le décor en façade de l'hôtel de la Raymondie ; la place des Consuls, surtout les jours de marché ; la nef et la baie de l'église St-Maur.
- **Organiser son temps** – Comptez une demi-journée.
- **Avec les enfants** – Les serpents de Reptiland.
- **Pour poursuivre la visite** – Voir aussi Carennac, Curemonte, la vallée de la Dordogne, les grottes de Lacave, Souillac et Turenne.

J. Damase / MICHELIN

Martel : un village hérissé de tours.

Comprendre

Les trois marteaux – Après avoir arrêté les Arabes à Poitiers en 732, **Charles Martel** les poursuivit en Aquitaine. Quelques années plus tard, il leur livre un nouveau combat et les anéantit. Pour commémorer cette victoire sur les « infidèles » et remercier Dieu, il fait édifier en ce lieu une église, près de laquelle s'élève bientôt une ville qui reçoit alors le nom de Martel et qui place sur son blason trois marteaux, en souvenir de son fondateur. Charles Martel préférait en effet le marteau à toute autre arme. Il faut dire qu'à l'époque sa forme était très différente de l'outil que l'on connaît et beaucoup plus dangereuse !

Martel et la vicomté de Turenne – Si la fondation de Martel par le vainqueur de la bataille de Poitiers relève plus du conte que de l'histoire, on sait en revanche que les très puissants vicomtes de Turenne en firent une communauté urbaine importante dès le 12e s. En 1219, le vicomte Raymond IV octroie à Martel une charte la reconnaissant comme ville libre et lui accorde l'exemption d'impôts vis-à-vis du roi et le droit de frapper monnaie. Très vite, la cité s'organise avec un conseil communal et un consulat ; elle devient le siège du bailliage royal et de la sénéchaussée. Véritable cour d'appel où se traitaient toutes les affaires juridiques de la région, la sénéchaussée occupait plus de cinquante magistrats, juges et avocats. L'apogée de Martel se situe à la fin du 13e s. et au début du 14e s. ; ensuite, elle connaît les vicissitudes de la guerre de Cent Ans : jamais prise, la ville tombe aux mains des Anglais par le traité de Brétigny. Elle connaît aussi les ravages des guerres de Religion, pendant lesquelles elle est saccagée par les bandes huguenotes. En 1738, la vente de la vicomté de Turenne au roi fait perdre ses privilèges à Martel qui devient une simple châtellenie.

Le fils rebelle – À la fin du 12e s., Martel est le théâtre d'un épisode des tragiques discordes qui mettent aux prises le roi d'Angleterre **Henri Plantagenêt**, sa femme, Aliénor d'Aquitaine, et leurs quatre fils. Le ménage royal va mal. Henri ne peut plus supporter Aliénor : il l'enferme dans une tour. Les fils prennent alors les armes contre le père et l'aîné, **Henri Court-Mantel**, ravage la vicomté de Turenne et le Quercy. Pour le punir, Henri Plantagenêt donne ses terres à son troisième fils, Richard Cœur de Lion, et suspend sa pension. Henri Court-Mantel, désormais sans ressources, pille les trésors des abbayes. À Rocamadour *(voir ce nom)*, il enlève la châsse et les pierreries de saint Amadour et aurait vendu Durandal, l'épée de Roland. Mais, comme il quitte la ville, la cloche miraculeuse tinte : c'est un avertissement de Dieu. Henri s'enfuit alors jusqu'à Martel où il arrive malade et confesse ses crimes. Son père lui envoie son pardon par messager. Henri Court-Mantel agonise sur un lit de cendres, une lourde croix de bois sur la poitrine. Bientôt il expire, adressant à sa mère Aliénor un suprême adieu.

Se promener

Ancienne enceinte

Des boulevards – fossés des Cordeliers, fossés du Capitani – ont été aménagés à l'emplacement des remparts des 12e et 13e s. La **tour de Tournemire (A1)**, qui servit à la fois de tour de guet et de prison, la porte de Souillac et la porte de Brive évoquent l'époque où Martel était une ville forte, protégée par une double enceinte. La seconde muraille englobait alors les faubourgs de la ville.

Laissez la voiture au parking aménagé à l'emplacement des anciens remparts nord. Passez entre la poste et la tour de Tournemire pour pénétrer dans la vieille ville.

Rue du Four-Bas B1

Traversée par une archivolte ogivale, elle conserve quelques maisons Renaissance.

Suivez cette rue en direction de la place de la Rode.

Église St-Maur

Cet édifice gothique (14e-16e s.) était inclus dans le dispositif défensif de la ville, d'où son caractère massif : contreforts aménagés en tours de défense, mâchicoulis protégeant le chevet plat, et une tour-clocher de 40 m de haut qui prend des allures de donjon. Sous le porche s'ouvre un beau **tympan** historié, d'époque romane, représentant le Jugement dernier : le Christ assis, la tête entourée du nimbe crucifère, écarte les bras et montre ses plaies ; deux anges tiennent les instruments de la passion, deux autres sonnent les trompettes de la Résurrection. La nef ne manque pas d'ampleur ; le chœur, couvert d'une savante voûte en étoile, est éclairé par une grande **verrière** du 16e s. représentant Dieu le père, les quatre évangélistes et diverses scènes de la Passion.

Revenez vers le centre par la rue Droite.

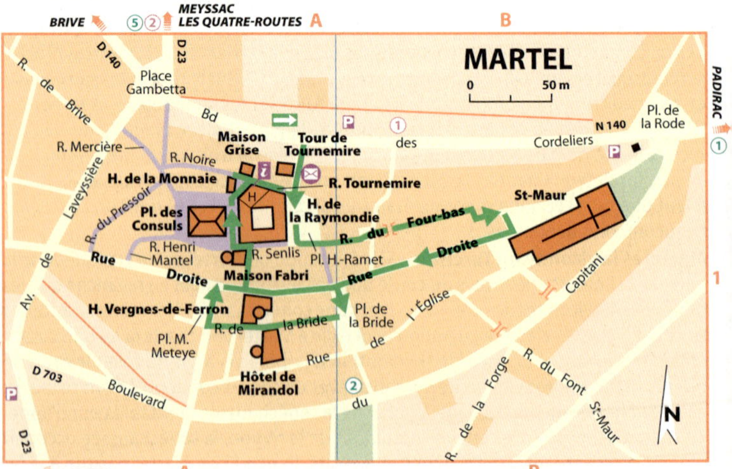

SE LOGER
Cabrejou (Chambre d'hôte)............ ①
Cour au Tilleul (Chambre d'hôte La)............ ②
7 Tours (Auberge des)............ ⑤

SE RESTAURER
Moulin à Huile de Noix (Ferme-auberge Le)............ ①
Vieux Four (Au)............ ②

Rue Droite

Elle est bordée de vieux hôtels dont celui de **Vergnes-de-Ferron**, qui s'orne d'une belle porte Renaissance, et que l'on aperçoit également de la rue de la Bride.

Place de la Bride, engagez-vous dans la rue du même nom.

Hôtel de Mirandol A1

Édifié au 15e s. par François de Mirandol, il possède une grosse tour carrée avec escalier à vis.

Quittez la rue de la Bride par la place M.-Meteye, prenez à droite, puis engagez-vous à gauche.

Maison Fabri

La petite tour qui barre la façade en son milieu montre sur cinq niveaux des baies ornées de frontons à boules. Cette tour porte aussi le nom d'**Henri Court-Mantel** car celui-ci y mourut en 1183.

Place des Consuls★

Le centre est occupé par la **halle**, qui date du 18e s. La charpente repose sur de gros piliers de pierre. On remarque sur l'un des côtés les anciennes mesures de Martel.

Hôtel de la Raymondie★

La forteresse des vicomtes de Turenne, commencée vers 1280, a été transformée en palais gothique au 14e s. La **façade★** donnant sur la rue Senlis est remarquable par ses ouvertures : la file d'arcades en ogive du rez-de-chaussée est surmontée de sept fenêtres à roses quadrilobées, dominée par un beffroi et couronné de tourelles d'angle. Le portail de l'entrée principale, situé place des Consuls, s'orne d'un écusson sculpté de trois marteaux. Dans les salles du 1er étage, remarquez les deux cheminées en bois sculpté et le bas-relief Renaissance.

Le **musée d'Uxellodunum** est consacré à l'archéologie préhistorique et gallo-romaine, aux objets de l'époque médiévale, mais possède également une collection de pots à pharmacie (17e-18e s.). *☏ 05 65 37 30 03 - juil.-août : tlj sf dim. et lun. 10h-12h, 15h-18h - fermé j. fériés et w.-end suivant 15 août - 1 € (-10 ans 0,50 €).*

Rue Tournemire

La rue s'ouvre à gauche de l'hôtel de la Raymondie. C'est à l'hôtel Condamine, aussi appelé **hôtel de la Monnaie** (13e s.), qu'étaient frappés écus et deniers pour la vicomté de Turenne. La **maison Grise**, du 16e s., s'orne d'un buste sculpté et d'un écusson aux trois marteaux.

Visiter

Reptiland★

Sur la D 840, à environ 2 km à la sortie de Martel en direction de Figeac. ☏ 05 65 37 41 00 - www.reptiland.fr - ♿ - juil.-août : 10h-18h ; sept.-juin : tlj sf lun. 10h-12h, 14h-18h - fermé des vac. scol. de Noël à mi-fév. - 7,50 € (enf. 5 €).

Dans plus d'une quarantaine de terrariums éclairés par la lumière du jour vivent quatre-vingt-douze espèces de serpents mais aussi de lézards, crocodiles, tortues et autres scorpions. Des panneaux vous permettent de connaître leur lieu de vie, leur alimentation, leur mode de reproduction... Le propriétaire, Pancho Gouygou, a pris le parti de plutôt mettre en avant la beauté et le caractère calme des serpents vivant chez lui que leur côté dangereux ou spectaculaire. Les phobiques peuvent même venir et se faire connaître à l'accueil, il s'engage à les guérir de leur peur des serpents. S'il y a des amateurs...

Circuit de découverte

LA VALLÉE DE LA DORDOGNE LOTOISE★★★ 1

Ce circuit de 85 km au départ de Souillac (voir Vallée de la Dordogne) passe par Martel.

Martel pratique

Adresse utile

Office de tourisme – *Pl. des-Consuls - 46600 Martel - ✆ 05 65 37 43 44 - www.martel.fr - juil.-août : 9h-19h, dim. 10h-12h, 15h-17h ; juin et sept. : tlj sf dim. 9h-12h30, 14h-18h30 ; mars-mai et oct. : tlj sf dim. 9h-12h, 14h-18h ; nov.-fév. : tlj sf sam. et dim. 9h-12h, 14h-17h.*

Visites

Chemin de fer touristique du Haut-Quercy « Le Truffadou » – *✆ 05 65 37 35 81 - www.trainduhautquercy.info - durée 1h env.* Un sifflement, un gros panache de fumée à l'odeur familière, et vous voici transportés 50 ans en arrière à bord d'un vrai train à vapeur ou diesel, de Martel à St-Denis-lès-Martel. Circulant sur les falaises à plus de 80 m de haut en corniche, il vous fera découvrir la vallée de la Dordogne et ses châteaux, ainsi que la riche histoire de cette ligne, devenue concurrente des gabarres de la rivière Espérance en 1889.

Train à vapeur – *1re quinz. juil. : merc., dim. et j. fériés 11h, 14h30, 16h ; de mi-juil. à fin août : tlj sf vend. et sam. 11h, 14h30, 16h ; avr.-juin et sept. : dim. et j. fériés 11h, 14h30, 16h - 9,50 € (4-11 ans 5,50 €).*

Train diesel – *1re quinz. juil. : lun., mar., jeu., vend. 11h, 14h30, 16h, sam. 14h30 ; de mi-juil. à fin août : vend. 11h, 14h30, 16h, sam. 14h30 ; avr.-juin et sept. : mar. et jeu. 14h30 - 7 € (4-11 ans 4 €).*

Se loger

⊖ Chambre d'hôte Cabrejou – *46600 St-Denis-lès-Martel - 3 km à l'est de Martel par D 703 - ✆ 05 65 37 31 89 - www.ferme-cabrejou.com - fermé 1er nov.-Pâques - ⊭ - 7 ch. 40 € ☕.* Cette exploitation agricole (production de noix) vous accueille dans une très jolie maison en pierre. Les chambres, simples, vastes et confortables, sont pour quatre d'entre elles aménagées dans une ancienne granges rénovée. Pour agrémenter le séjour, agréable jardin, cuisinette à disposition et table d'hôte !

⊖⊖ Auberge des 7 Tours – *Av. de Turenne - ✆ 05 65 37 30 16 - auberge7tours@wanadoo.fr - fermé vac. de fév. - P - réserv. conseillée en été - 8 ch. 49 € - ☕ 7,50 € - rest. 13,50/32 €.* Belle salle à manger-véranda tournée vers la campagne. Cuisine traditionnelle, spécialités de canard et sélection de vins axés sur la région. Chambres simples, rustiques et fonctionnelles.

⊖⊖ Chambre d'hôte La Cour au Tilleul – *Av. du Capitani - ✆ 05 65 37 34 08 - www.lacourautilleul.com - ⊭ - 2 ch. et une familiale 70 € ☕.* Voici une adorable maison, dont la façade date du 12e s. ! Ses chambres, simples et coquettes, sont toutes personnalisées. Aux beaux jours, les petits-déjeuners sont servis dans la ravissante cour intérieure, à l'ombre d'un tilleul. Et n'hésitez pas à demander à Myriam de vous ouvrir la porte de son atelier !

Se restaurer

⊖⊖ Ferme-auberge Le Moulin à Huile de Noix – *Rte de Bretenoux - 3 km à l'est de Martel par D 803, rte de Vayrac - ✆ 05 65 37 40 69 - fermé 11 nov.-25 mars, dim. soir et lun. - ⊭ - réserv. obligatoire - 14,50 € déj. - 18/28 €.* Dans la très belle salle de ce moulin datant du 17e s., vous goûterez une savoureuse cuisine du terroir. En été, les mardis et jeudis après-midi, vous pourrez aussi y découvrir la fabrication de l'huile, effectuée dans la tradition. Petite boutique de produits maison dans l'ancienne cave.

⊖⊖⊖ Au Vieux Four – *Av. Augustin-Garcia - 46110 Les Quatre-Routes - 8 km au nord-est de Martel par D 96 - ✆ 05 65 32 01 98 - fermé lun. - réserv. obligatoire le w.-end - 12 € déj. - 26/35 € - 5 ch. 49 € - ☕ 7 €.* Vous serez bien accueilli dans ce petit restaurant au décor simple. La carte est soignée et la cuisine élaborée à partir de produits frais. L'hiver, on cuit le pain maison dans l'imposant four de l'arrière-salle. Depuis peu, on propose également cinq chambres rénovées.

Que rapporter

Marchés – Marché merc. et sam. matin sous la halle. Marché aux truffes merc. et sam. en déc. et janv.

Château de Monbazillac★

CARTE GÉNÉRALE A3 – CARTE MICHELIN DÉPARTEMENTS 329 B7 – DORDOGNE (24)

Monbazillac : nom évocateur d'un breuvage divin, liqueur de soleil dont on exhume le flacon pour accompagner le foie gras. Monbazillac, c'est aussi un village et un château du 16e s., étonnamment épargné par les guerres, qui émergent d'un océan de vigne.

S. Sauvignier / MICHELIN

Château de Monbazillac

- **Se repérer** – Monbazillac se trouve à 50 km au sud-ouest de Périgueux et 7 km au sud de Bergerac, par la D 13.
- **À ne pas manquer** – Le point de vue depuis la terrasse.
- **Organiser son temps** – Comptez 1h, plus si vous dégustez.
- **Pour poursuivre la visite** – Voir aussi Bergerac, Eymet, Issigeac et le château de Lanquais.

Visiter

Château

05 53 63 65 00 et 05 53 61 52 52 (w.-end) - juil.-août : 10h-19h30 ; juin et sept. : 10h-19h ; mai et oct. : 10h-12h30, 14h-18h ; avr. : 10h-12h, 14h-18h (nov. 17h) ; fév.-mars et 2e quinz. déc. : tlj sf lun., 10h-12h, 14h-17h - fermé janv. et 1re quinz. déc. - 6,20 € (13-18 ans 4,20 €, 6-12 ans 2,80 €).

Le saviez-vous ?

S. Sauvignier / MICHELIN

Son nom provient de la combinaison de *mons*, « mont » en occitan, et de Basilius, personnage gallo-romain : le tout donne Monbazillac, le mont de Basile.

Monbazillac, à l'égal de Bergerac, soutint la Réforme avec ardeur. Les exportateurs de la ville fournissaient d'ailleurs en vin les protestants réfugiés aux Pays-Bas.

En 1985, alors qu'il fouille une épave dans la Manche, un archéologue néerlandais découvre quatorze bouteilles de Monbazillac millésime… 1747. À en croire les spécialistes, le vin est semblable à un cru de 1960 !

L'architecture de l'édifice construit vers 1550 hésite entre une composition toute militaire et l'élégante fantaisie du style Renaissance : ses douves sèches et son chemin de ronde crénelé se conjuguent avec une façade percée de fenêtres à croisillons et surmontée de lucarnes ouvragées. À l'intérieur, vous remarquerez surtout la **Grande Salle**, ornée d'une cheminée monumentale Renaissance, de meubles et de tapisseries des Flandres du 17e s. À l'étage, reconstitution de la chambre de la vicomtesse de Monbazillac, meublée en style Louis XIII. Le château de Monbazillac est la propriété de la cave coopérative de Monbazillac qui l'a restauré et aménagé.

Situés dans la cour d'honneur, les **chais** ont été transformés en restaurant. Quant au **magasin**, il propose du vin mais aussi des produits du terroir.

Info pratique

Voir aussi Bergerac.

Se restaurer

La Tour des Vents – *24240 Moulin-de-Malfourat - 3 km à l'ouest de Monbazillac par D 14E - 05 53 58 30 10 - www.tourdesvents.com - fermé de déb. janv. à déb. fév., dim. soir et mar. midi sf juil.-août et lun. - 25/58 €.* Ce havre de paix, bâti au pied d'un moulin à vent ruiné, fleure bon la tradition et la douceur de vivre. Salle à manger et terrasse offrent une plaisante perspective sur le vignoble bergeracois. La goûteuse et généreuse cuisine du chef, arrosée le cas échéant d'un gouleyant monbazillac, constitue l'autre atout de la maison.

Monpazier★

533 MONPAZIÉROIS
CARTE GÉNÉRALE B3 – CARTE MICHELIN DÉPARTEMENTS 329 G7 – SCHÉMA P. 105
DORDOGNE (24)

Véritable ville de guet médiévale, Monpazier est la bastide la mieux conservée du Périgord en même temps que l'une des plus petites communes de France (53 ha). Bastide archétypique, elle constitue un séduisant décor de vie, à découvrir en fin d'après-midi pour profiter pleinement de la lumière chaude qui fait chatoyer les pierres.

- **Se repérer** – À 45 km au sud-est de Bergerac, Monpazier se situe à 17 km au sud-ouest de Belvès, à la pointe du triangle formé par la D 660 et la D 53.
- **Se garer** – De Belvès ou de Beaumont-du-Périgord, on accède aux deux portes fortifiées au nord du bourg d'où l'on gagne sans encombre le parking de l'église. En haute saison, prévoir un stationnement à l'extérieur, au sud ou au nord.
- **À ne pas manquer** – Le jardin des Franciscains et son panorama.
- **Organiser son temps** – Comptez 2h.
- **Pour poursuivre la visite** – Voir aussi Beaumont-du-Périgord, Belvès, le château de Biron, Cadouin et Issigeac.

Comprendre

Des débuts difficiles – Monpazier est une des bastides créées pour commander les routes allant de l'Agenais aux rives de la Dordogne. Elle est fondée en 1284 par Édouard Ier en association avec Pierre de Gontaut, seigneur de Biron, qui apporte les terrains. Désireux de compléter la zone de défense déjà entreprise avec la fondation des bastides de Lalinde, Beaumont, Molières et Roquépine, le souverain se trouve vite confronté à de nombreux problèmes : conflit avec le seigneur de Biron et les habitants, reprise des hostilités avec les Français, retards dans les constructions… pour accélérer la colonisation de Monpazier, le roi Édouard menaça d'amendes les bâtisseurs trop lents à son goût.

Le temps de la Réforme – En 1574, la bastide est livrée par trahison au chef huguenot Geoffroi de Vivans qui s'illustrera plus tard par la prise de Domme *(voir ce nom)*.

Le saviez-vous ?

Son nom pourrait venir de *montipasseri* ou de *mont paciarus*, le « mont de la paix ».

La ville de Monpazier, tout comme les bourgs de Biron et de Hautefort, servit de décor au cinéaste André Hunebelle pour son film *Le Capitan* (1960), avec l'inoubliable duo Bourvil-Jean Marais.

Les croquants à Monpazier – Le bourg, une des « paroisses unies » de la révolte, est le lieu d'une grande assemblée en 1594. L'insurrection se rallume en 1637 sous la conduite de Buffarot, un tisserand du bourg voisin qui subira, après la répression des troubles par les troupes du duc d'Épernon, le supplice de la roue. On promènera sa tête sur une pique jusqu'aux portes de Belvès.

Se promener

LA BASTIDE

De la bastide subsistent le plan d'ensemble et trois des six portes fortifiées. Plusieurs maisons ont conservé leur caractère original. La ville forme un quadrilatère de 400 m sur 220 m, le grand axe étant orienté nord-sud. Des rues courent d'une extrémité à l'autre, parallèlement aux grands côtés. Quatre rues transversales les croisent, décomposant ainsi la cité en compartiments rectangulaires. Toutes les habitations présentaient à l'origine la particularité d'être d'égales dimensions et séparées les unes des autres par d'étroits intervalles ou *andrones*, prévus pour éviter la propagation des incendies. **Vue★** panoramique sur la vallée de la Dropt depuis le **jardin des Franciscains** situé au sud-est de la bastide.

S. Sauvignier / MICHELIN

Après avoir fait le tour de la bastide, venez prendre un rafraîchissement place des Cornières, à l'ombre des galeries.

Place des Cornières★

Voir ABC d'architecture p. 66. Agréablement encadrée de galeries couvertes à cornières, elle présente des maisons construites entre le Moyen Âge et le 17e s. Cette place possède toujours son ancienne halle à charpente de châtaignier, soutenue par des piliers de bois, et abrite encore de vieux récipients de mesures à grain.

Quittez la place par un pan de mur coupé sur la gauche.

Église St-Dominique

Intéressant édifice construit au 13e s. et remanié à plusieurs reprises : portail (14e s.), rose et pignon (16e s.). La nef unique, très large, est voûtée d'ogives et se prolonge par un chevet polygonal. Le tympan du portail porte l'inscription révolutionnaire « Le peuple français reconnaît l'existence de l'Être suprême ».

Prenez à droite en sortant de l'église.

Maison dite « du Chapitre »

Datant du 13e s., cette ancienne maison de trois étages située à deux pas de l'église servait d'entrepôt aux récoltes réquisitionnées pour l'impôt. On l'appelle encore la « grange aux dîmes ».

À droite derrière l'église.

Atelier des bastides

✆ 05 53 22 68 59 - juil.-août : 10h-12h30, 15h-18h30 ; juin et sept. : 10h-12h30, 15h-18h30, dim. 15h-18h30 - gratuit.

Pour tout savoir sur les bastides : photos, maquettes, archéologie. Il accueille également des expositions temporaires en été.

Circuit de découverte

BASTIDES ET MOULINS★

Circuit de 110 km – comptez une journée. Voir Beaumont-du-Périgord, suivre le circuit en sens inverse.

Monpazier pratique

Adresse utile

Office de tourisme – *Pl. des Cornières - 24540 Monpazier - ✆ 05 53 22 68 59 - www.pays-des-bastides.com - juil.-août : 10h-12h30, 14h-19h, juin et sept. : 10h-12h30, 14h-18h30 ; reste de l'année : 10h-12h30, 14h30-18h - fermé lun. (sf juin-sept.).*

Visite

Visite guidée de la bastide – *Rens. à l'office de tourisme - juil.-oct. : mar. et vend. 14h30 - 4,60 €.*

Se loger

⊖ Chambre d'hôte La Ferme Tandou – *2 km au sud par D 2 - ✆ 05 53 22 62 28 - fermedetandou@wanadoo.fr - 💳̸ - 4 ch. 38 € - ☕ 4 € - repas 19/32 €.* Si les 4 chambres au cœur de cette ferme en activité restent très simples c'est parce qu'on attache plus d'importance aux questions pratiques. D'autant qu'il faut se lever tôt pour s'occuper des vaches, des lapins, des poulets et des canards. Table d'hôte paysanne aux légumes du jardin.

⊖ Camping Le Moulin de David – *3 km au sud-ouest de Monpazier par D 2 - ✆ 05 53 22 65 25 - info@moulin-de-david.com - ouv. 20 mai-9 sept. - réserv. conseillée - 160 empl. 27 € - restauration.* Camping aménagé autour d'un ancien moulin agréablement situé dans un vallon traversé par un ruisseau. Accueil aimable, calme, confort, tenue rigoureuse, équipements sportifs complets et nombreux services en font un lieu prisé. Possibilité de location de mobile homes et de tentes.

⊖⊖ Hôtel Edward 1er – *5 r. St-Pierre - ✆ 05 53 22 44 00 - www.hoteledward1er.com - fermé 13 déc.-26 fév. - 🅿 - 12 ch. 64/178 € - ☕ 12 € - rest. 28/36 €.* Avec ses tourelles, cette gentilhommière du 19e s. a des allures de castel. À l'intérieur, le style cosy à l'anglaise a bien du charme. Ajoutez à cet agréable tableau la quiétude des chambres, une piscine et un petit jardin, difficile de résister à la tentation…

Se restaurer

⊖⊖ Privilège du Périgord – *58 r. Notre-Dame - ✆ 05 53 22 43 98 - www.privilegeperigord.com - fermé déc.-fév. et mar. - réserv. conseillée - 14,50 € déj. - 19,50/34,50 €.* Ce charmant relais de poste du 18e s. tapissé de vigne vierge abrite une coquette salle à manger rustique. Dès les premiers rayons de soleil, on dresse les tables dans la cour verdoyante pour le plus grand bonheur des convives. Cuisine traditionnelle au bel accent du Sud-Ouest.

Que rapporter

Marchés et foires – Marché traditionnel jeu. matin, pl. des Cornières. Grande foire le troisième jeu. du mois ainsi que le 8 juillet et le 6 août. Marché aux cèpes en oct. (selon la pousse) sous la halle à partir de 15h.

Verrerie d'Art de Monpazier – *13 r. St-André - ✆ 05 53 74 30 82 - www.artisans-d-art.com/guernic - de mi-sept. à mi-juin : 10h-12h30, 14h30-18h30 ; dim. et j. fériés 15h-19h) ; de mi-juin à mi-sept. : 10h-12h30, 14h30-19h – fermé lun., 3 sem. en janv., 1 sem. vac. de fév., 1er janv. et 25 déc.* Cet artisan souffleur de verre expose ses créations originales dans l'espace boutique de son atelier. Certaines pièces seront même réalisées sous vos yeux.

Château de Montaigne

CARTE GÉNÉRALE A2 – CARTE MICHELIN DÉPARTEMENTS 329 B6 – DORDOGNE (24)

Le souvenir du philosophe Michel Eyquem, seigneur de Montaigne (1533-1592), s'était arrêté aux livres de classe. Le voici qui ressurgit au détour d'un château rescapé de justesse d'un incendie. Point n'est besoin d'avoir lu les « Essais » en entier pour lui rendre visite. Il vous attend dans la tour-bibliothèque où il aimait à écrire.

- **Se repérer** – À 76 km au sud-ouest de Périgueux et 48 km à l'ouest de Bergerac, Montaigne se trouve à la frontière occidentale du Périgord.
- **Se garer** – Parking restreint au bout de l'allée ombragée.
- **Organiser son temps** – Comptez 1h15.
- **Pour poursuivre la visite** – Voir aussi Bergerac et Villefranche-de-Lonchat.

Comprendre

Michel Eyquem naît en 1533 dans les murs du château, acquis par son arrière-grand-père du temps de la guerre de Cent Ans. La terre porte déjà ce nom qui dérive du bas latin *montanea*, la montagne. Conseiller au parlement et maire de Bordeaux, gentilhomme de la Chambre du roi Henri III, il se lie d'amitié avec Étienne de La Boétie. À l'âge de 38 ans, après la mort de son père, il préfère délaisser la Cour, où il ne fait plus que de brèves apparitions, pour vivre sur ses terres et écrire. Son œuvre exprime la tolérance, la sagesse, la maîtrise des passions, la compréhension et un amour lucide à l'égard de son prochain : « Chaque homme porte en soi la forme entière de son humaine condition. » Son cœur serait scellé dans l'un des piliers de l'église du village de St-Michel-de-Montaigne.

Visiter

Tour historique de Montaigne

05 53 58 63 93 - www.chateau-montaigne.com - visite guidée de la tour (45mn) - juil.-août : 10h-18h30 (22h30 les soirs de spectacle) ; mai-juin et sept.-oct. : tlj sf lun. et mar. 10h-12h30, 14h-18h30 ; fév.-avr. et nov.-déc. : tlj sf lun. et mar. 10h-12h30, 14h-17h30 ; vac. scol. (sf Noël et hiver) : 10h-12h30, 14h-17h30 - dernière visite 1h av. fermeture - visite libre du parc - fermé janv. et 25 déc. - 6 € (10-15 ans 4,50 €, -10 ans gratuit), parc uniquement 3 €.

Seuls les communs ainsi que la **tour** de la librairie, où Montaigne avait coutume de se retirer, ont été épargnés par l'incendie de 1885. De sa chambre, située au-dessus de la chapelle, le philosophe pouvait écouter la messe par une ouverture pratiquée dans le mur. À l'étage supérieur se situe la bibliothèque, où l'écrivain aurait rédigé ses fameux *Essais*. En contournant le château, on découvre un paysage harmonieux : coteaux boisés et vignobles produisant un vin blanc apprécié, tandis que se profile, à l'horizon, la silhouette féodale du donjon de Gurson.

J. Damase / MICHELIN

Les solives de la bibliothèque sont ornées d'une cinquantaine de sentences grecques et latines.

Château de Montal★★

CARTE GÉNÉRALE C3 – CARTE MICHELIN DÉPARTEMENTS 337 H2 – SCHÉMA P. 336 – LOT (46)

Protégé par deux tours cylindriques et un repli anguleux de son plan médiéval, couronné de toits de lauzes à forte pente, le château se découvre avec deux visages : d'un côté, une défense austère, de l'autre, une cour ouverte dans laquelle sa plus charmante façade, ornée à la Renaissance, expose aux rayons du soleil ses frises de pierre dorée.

- **Se repérer** – Le château de Montal se trouve à 44 km au nord de Figeac, 26 km à l'est de Rocamadour, par le causse, et 3 km à l'ouest de St-Céré.
- **À ne pas manquer** – Les médaillons mémoriels de la façade ; le grand escalier, les tapisseries.
- **Organiser son temps** – Comptez 1h15.
- **Pour poursuivre la visite** – Voir aussi le château de Castelnau-Bretenoux, Assier, Carennac, le gouffre de Padirac, Rocamadour et St-Céré.

Comprendre

Un miracle d'amour maternel – Pour son fils aîné Robert, qui guerroie en Italie au service de François Ier, **Jeanne de Balsac d'Entraygues**, veuve d'Amaury de Montal, gouverneur de Haute-Auvergne, fait construire en 1523 un manoir de « plaisance » à l'emplacement d'un château féodal. Des rives de la Loire, la châtelaine fait venir les meilleurs artistes et, en 1534, s'élève un véritable chef-d'œuvre. Mais les jours passent et la mère attend toujours le retour du fils aîné ; seul son cadavre reviendra au castel. Jeanne fait sceller la lucarne à laquelle elle s'accoudait pour guetter l'arrivée de son fils et, sous celle-ci, fait graver ce cri déchirant : « Plus d'espoir. » Son second fils, Dordé de Montal, dignitaire de l'Église, reçoit alors l'autorisation du pape de se démettre de ses fonctions afin de perpétuer le nom de sa lignée.

Initiales

« I » « R » et « D » : ces lettres, situées en écusson sur la frise de la cour intérieure du château, sont les initiales de la fondatrice et de ses fils : Jeanne, Robert et Dordé.

Agonie et résurrection – Proclamé bien national et devenu inhabitable à la suite des déprédations commises au cours de la Révolution, Montal échoit en 1879 à un certain Macaire qui, à court d'argent, met le château en pièces : cent vingt tonnes de pierres sculptées sont débitées et expédiées à Paris. Vendus aux enchères, les chefs-d'œuvre de Montal sont dispersés dans les musées et les collections privées du monde entier. En 1908, Montal renaît grâce à l'initiative de son nouvel acquéreur, M. Fenaille. Avec un acharnement admirable, celui-ci rend au château tous ses joyaux, rachetés à prix d'or, et, après l'avoir entièrement meublé, en fait don à l'État en 1913.

Visiter

✆ 05 65 38 13 72 - mai-août : tlj sf lun. 10h-12h30, 14h-18h30 ; reste de l'année : tlj sf lun. et mar. 10h-12h30, 14h-17h30 : (dernière entrée 1h av. fermeture) - fermé 1er janv., 1er Mai, 1er et 11 Nov., 25 déc. - 6,50 € (-18 ans gratuit), 10 € billet combiné avec le château de Castelnau-Bretenoux.

Info pratique

Voir aussi St-Céré.

Sports & Loisirs

Golf de Montal – *Château de Montal, Marot Bas - 46400 St-Jean-Lespinasse - ✆ 05 65 10 83 09 - golf.montal@wanadoo.fr - juil.-août : 8h-20h ; avr.-juin : 9h-19h ; oct.-mars. : tlj sf mar. 10h-17h30 - fermé 1er janv. et 25 déc.* Un superbe parcours de golf de neuf trous forme un écrin de verdure.

Extérieur

Voir ABC d'architecture p. 65. Par ses toits à forte pente couverts de lauzes et ses grosses tours rondes à meurtrières, le château présente l'aspect d'une forteresse. Cette sévérité fait mieux ressortir, par contraste, le charme de la cour intérieure, parée des sourires de la Renaissance. Montal se compose de deux corps de logis en équerre reliés par la tour carrée qui abrite l'escalier commandant la distribution des pièces. Au-dessus des ouvertures du rez-de-chaussée court une **frise** de 32 m de longueur. C'est une merveille d'ornementation aux sujets les plus divers : amours, oiseaux et chimères voisinent avec des écussons et une énorme tête humaine.

Au 1er étage, les fenêtres à meneaux alternent avec de fausses lucarnes à frontons très ouvragés, encadrant **sept bustes** en haut-relief, chefs-d'œuvre d'un réalisme parfait. On reconnaît les effigies des membres de la famille de Montal, de gauche à droite : Amaury, l'air hautain, coiffé d'un bonnet ; Jeanne, sa femme, la fondatrice du château, dont le visage, presque monacal, semble figé dans un deuil éternel ; Robert, le fils aîné, tué en Italie, qui porte un chapeau à panache à la mode de François Ier ; Dordé, le second fils, au visage de jeune page ; puis Robert, le père de Jeanne, Antoinette de Castelnau sa mère et enfin l'abbé de Vézelay Dordet de Béduer (Béduer est un gros château près de Figeac). Au nombre de quatre, les **lucarnes** rappellent par leur décoration celles de Chambord : de part et d'autre des pignons sont accolés de petits personnages et leurs niches abritent des figures.

Intérieur

On y accède par une porte placée à l'angle des deux corps de bâtiments. Flanquée de pilastres, celle-ci est surmontée d'un linteau supportant plusieurs niches. Admirez l'**escalier Renaissance★★**, chef-d'œuvre de proportions et d'ornementation, construit en belle pierre blonde de Carennac : l'évidement du mur central permet d'admirer le dessous des marches, très finement sculpté : rinceaux, coquillages, oiseaux fantastiques, initiales et petits personnages forment un plafond dont la décoration complète celle des voûtes à clef des vestibules (*voir aussi à Cahors, le château de Cieurac, avec une décoration d'escalier du même type*). Dans la **salle des gardes**, voûtée d'arcs surbaissés et ornée d'une magnifique cheminée, et dans la **salle du Cerf**, comme dans le reste des appartements, se côtoient meubles anciens (surtout Renaissance et Louis XIII), retables, tableaux, plats attribués à Bernard Palissy et tapisseries des Flandres et de Tours.

J. Damase / MICHELIN

L'escalier Renaissance.

Montignac

3 023 MONTIGNACOIS
CARTE GÉNÉRALE B2 – CARTE MICHELIN DÉPARTEMENTS 329 H5 – DORDOGNE (24)

Montignac est l'entrée discrète de la vallée de la Vézère. Quand Les Eyzies sont bondés, retrouvez-y le calme. Vous vous prendrez même à croire que la rivière naît ici. Entre la forêt des Croquants et les plaines qui annoncent les causses du Quercy, Montignac est l'étape idéale pour rayonner dans la partie nord du Périgord noir.

S. Sauvignier / MICHELIN

Profitez du charme de Montignac en bordure de la Vézère avant de partir à l'assaut des sites prestigieux qui l'entourent.

- **Se repérer** – À 26 km au nord des Eyzies-de-Tayac-Sireuil et 12 km au sud-ouest de Terrasson-Lavilledieu.
- **Se garer** – Quatre parkings : devant la poste, face à l'église, place d'Armes et au cinéma.
- **À ne pas manquer** – L'église fortifiée de St-Amand-de-Coly ; les reconstitutions didactiques du Thot ; le village troglodytique de La Roque St-Christophe.
- **Organiser son temps** – Comptez 1h pour la ville, une demi-journée avec le Thot, une journée pour les environs. Pour les sites préhistoriques, l'idéal sera de réserver vos visites à l'avance.
- **Avec les enfants** – Comparez avec eux les animaux du Thot à ceux peints à Lascaux, partez en balade sur la Vézère, au moins jusqu'au château de Losse, ou offrez-leur une petite marche dans l'étrange forêt Barade.
- **Pour poursuivre la visite** – Voir aussi Lascaux, Rouffignac, St-Léon-sur-Vézère, Terrasson-Lavilledieu.

Comprendre

Montignac fut occupé dès le paléolithique puis colonisé par les Romains. Au début du Moyen Âge et jusqu'au 10e s. est attestée l'existence d'une forteresse qui passe par mariage au comte du Périgord au 11e s. et devient une place forte. Les derniers comtes, Archambaud V et VI, voient leur bien confisqué en raison de leur conduite déloyale. Montignac revient alors à Louis d'Orléans qui, fait prisonnier à Azincourt, vend la ville à Jean de Blois pour payer sa rançon. La châtellenie reste à la famille d'Albret jusqu'en 1603, date à laquelle Henri IV la cède à François de Hautefort. Plusieurs fois démantelé pendant les guerres, le château est détruit en 1825.

Le saviez-vous ?

Montignac compte parmi ses hommes d'esprit **Eugène Le Roy** (1836-1907), l'auteur de *Jacquou le Croquant*, qui se retira dans le bourg à la fin de sa vie.

Lors de la Seconde Guerre mondiale, Montignac avait un maquis qui s'appelait « Jacquou le Croquant ». Les résistants reçurent leurs parachutages sur les hauteurs de la Vézère abritant les sites moustériens.

Autrefois, l'enceinte reliée à celle de la forteresse aboutissait à un **Pont** à tablier de bois qui franchissait la Vézère (face à l'actuelle rue de la Pégerie). Brûlé par les protestants en 1580, il fut reconstruit puis emporté par la crue de 1620. Le pont en pierre fut bâti à la fin du 18e s., remplaçant le bac utilisé pendant 150 ans.
La petite ville est formée de deux noyaux de vie situés de part et d'autre de la **Vézère**. Rive droite, le « bourg féodal » s'ouvre sur des ruelles médiévales étroites ; rive gauche, le « faubourg », avec ses couvents et son prieuré, rappelle que sous l'Ancien Régime Montignac était un port terminus, haut lieu marchand et artisanal.

Se promener

Partez de l'office de tourisme (rive gauche).
L'office de tourisme est installé dans l'ancien hôpital St-Jean du 14e s. dont vous remarquerez la galerie. À côté, l'ancienne église de St-Georges, extension de la chapelle de l'hôpital, accueille des ventes de produits artisanaux ou des expositions temporaires. Prenez en face la **rue de la Pègerie★** qui compte des habitations du Moyen Âge, notamment à son terme une belle maison à colombages (13e s.). Poursuivez jusqu'à la Vézère pour admirer sur l'autre rive les maisons sur pilotis à galeries de bois. Remontez vers le **vieux pont** de pierre que vous traversez pour rejoindre le square Pautauberge où se trouve le buste d'Eugène Le Roy. Sortez face à l'**hôtel de Bouillac★** (17e s.), prenez à droite, puis deux fois à gauche pour trouver la rue des Jardins d'où vous apprécierez la vue sur Montignac.
Poursuivez en face dans la rue de la Tour qui longe le château (11e s.), dont il ne reste que la tour et le rempart, et descendez vers l'église. Belle maison à galerie de bois sur la gauche. Rejoignez l'ancien pont par les quais. Remarquez dans la rue du 4-Septembre le style néoclassique de la **maison Duchêne** (19e s.).

Aux alentours

Fanlac

7 km à l'ouest.
Eugène Le Roy y avait ancré en partie l'action de *Jacquou le Croquant* et la série télévisée fut tournée ici. La production permit de financer le réseau d'eau de ce village aux maisonnettes de pierre blonde presque intact depuis le 17e s. Église du 12e s. et croix lobée du 17e s.
Prenez la rue des époux-Aubarbier vers la forêt.
Forêt Barade – *Promenades d'1h ou 2 AR.* Vous trouvez le GR 36 (balise blanc et rouge) qui s'enfonce dans cette forêt typique des boisements périgourdins (chênes, châtaigniers, genêts, ajoncs...). Il conduit jusqu'au château de l'Herm et à Angoulême. La partie qui va de Fanlac à la côte menant à Auberoche est facile et permet de belles promenades en famille. La forêt Barade a, de tout temps, abrité marginaux, révoltés, résistants et ermites. Elle est célèbre au point qu'**Eugène Le Roy** donna son nom à l'un de ses romans (1899).

Le martyre des époux Aubardier

Pauvre, ce couple de Fanlac s'était taillé ses vêtements dans des toiles de parachutes en 1944. Lorsque les soldats de la division Das Reich, au cours de leur montée vers la Normandie, les trouvèrent ainsi fagotés, ils estimèrent avoir affaire à de dangereux terroristes. Aussi les brûlèrent-ils vifs devant leur maison. Les anciens du village s'en souviennent encore.

La Grande Filolie

5 km à l'est par la D 704. Ne se visite pas.
Désordonnée pour les uns, savante pour les autres, l'imbrication de bâtiments et de tours du château de la Grande Filolie ne manque pas d'intérêt ni même de beauté. Mi-château, mi-ferme, il présente une forme quadrangulaire flanquée à chaque extrémité de tours carrées couronnées de mâchicoulis. Recouverts de toits de lauzes, ses murs des 14e et 15e s. paraissent immergés dans un océan de verdure. Une architecture rigoureuse est animée par un logis Renaissance, un pavillon d'entrée et, sous le toit le plus pointu, une petite chapelle.

Abbaye de St-Amand-de-Coly★

11 km à l'est par la D 704, puis l'intersection fléchée à gauche. ✆ 05 53 51 60 49 ou 05 53 51 04 56 - www.saint-amand-de-coly.org - visite libre - possibilité de visite guidée et d'une projection-vidéo juil.-août : 10h30-12h30, 15h30-19h ; sept. et vac. scol. : 15h-18h30 ; reste de l'année : sur demande - 3 € (-12 ans gratuit), vidéo-projection 2 €, 4 € billet combiné.
Le saviez-vous ? – Un premier sanctuaire a été construit au 6e s. sur le lieu de vie et le tombeau de **saint Amand**, venu évangéliser le pays avec ses deux acolytes, saint

S. d'Oiron / MICHELIN

L'abbaye fortifiée s'insère dans un hameau restauré.

Cyprien et saint Sour. Au cœur de cette petite vallée s'écoule le Coly, issu d'une résurgence d'une source vauclusienne très profonde. Certains voient dans ce vocable un mot occitan à rattacher à *colinar*, « couler ».

Bâtie en 1124 devant l'entrée de la grotte où vécut saint Amand au 6e s., l'abbaye augustinienne dont fait partie l'église connaît au cours des guerres anglaises un déclin de son activité spirituelle, puis se transforme en forteresse. Elle devient alors le « fort St-Amand ». Par son système défensif très élaboré et ses remparts, l'abbaye réussit à maintenir l'ennemi à distance mais aussi à le déloger en cas d'incursion. Les huguenots installés ici en 1575 pourront ainsi résister six jours aux soldats du sénéchal du Périgord équipés d'une artillerie efficace.

Extérieur – Une impression de puissance se dégage de la **tour-donjon** percée d'un immense porche en arc brisé, supportant une chambre de défense *(voir ABC d'architecture p. 64)*. Le chemin de l'abbé Carrier permet de faire le tour du bâtiment et d'apercevoir les traces de fortification. À la base des toits de lauzes, un chemin de ronde court autour de l'édifice.

Intérieur – La pureté des lignes et la simplicité de la **décoration** concourent à la beauté de la nef. Le sol, de dalles inégales, grimpe sensiblement vers le chœur et l'impression d'appel est renforcée par le plan légèrement trapézoïdal de la nef, plus étroite vers le chœur qu'à l'entrée. Le souci défensif apparaît dans la coursière qui cerne le chœur, les logettes de guet placées dans les piliers du carré du transept et les trous de tir percés à la base de la coupole. Remarquez dans le bras gauche du transept la percée (rebouchée) ménagée dans le mur lors des guerres de Religion. Elle donne une idée de la violence des attaques.

Circuit de découverte

VALLÉE DE LA VÉZÈRE★

Circuit de 55 km – comptez une journée.

Cette partie, entre Montignac et la région des Eyzies, est sans conteste la plus charmante de la vallée de la Vézère, tour à tour enserrée de falaises et de peupliers.

Quittez Montignac par le sud-ouest en empruntant la D 706, direction Les Eyzies-de-Tayac-Sireuil.

Le Thot, espace Cro-Magnon★

✆ 05 53 50 70 44 - www.semitour.com - juil.-août : 10h-19h ; avr.-juin et sept. : 10h-18h ; de déb. oct. à mi-nov. : 10h-12h30, 14h-18h ; de mi-nov. à fin mars : 10h-12h30, 14h-17h30 - fermé lun. (nov.-mars), 3 sem. en janv. et 25 déc. - 5,80 € (6-12 ans 3,80 €). Billet combiné avec Lascaux II 11,50 € (6-12 ans 7,80 €). Ateliers d'art pariétal sur réservation pendant les vac. scol. 3 €.

Le **musée** présente un large panorama des moyens d'expression de l'homme préhistorique : la peinture, la sculpture, les graffitis ; leur place dans l'histoire de l'humanité, leur évolution, les motivations de leurs auteurs. Ces différents thèmes sont abordés à l'aide de techniques modernes : fac-similés, diapositives géantes, montage audiovisuel, film, etc. Plusieurs reconstitutions de campements, souvent spectaculaires, et de scènes de la vie quotidienne au paléolithique supérieur contribuent à rendre la visite attrayante.

Implanté dans un site privilégié, le **parc** permet d'avoir un aperçu de la faune que l'homme de Cro-Magnon côtoyait et représentait sur les parois des grottes : animaux vivants tels qu'aurochs, bisons d'Europe, chevaux de Przewalski – ou reproductions grandeur nature et animées d'espèces disparues comme le mammouth et le rhinocéros « laineux ».

Poursuivez sur la D 706.

Château de Losse★

✆ 05 53 50 80 08 - www.chateaudelosse.com - visite guidée (45mn) du grand logis - juil.-août : 12h-19h ; mai-juin et sept. : 12h-18h - visite libre parc et remparts - fermé sam. (sf w.-end fériés) - 7,50 € (enf. 3 €).

Sur une falaise rocheuse, ce château du 16e s., édifié sur les bases d'une ancienne forteresse, est composé d'un corps de logis Renaissance flanqué d'une grosse tour ronde et d'une élégante **terrasse** en surplomb de la Vézère. On accède à la cour d'honneur par un pont dormant, qui a remplacé le pont-levis, et un châtelet défensif.

Extérieur – Une visite libre (à l'aide d'une plaquette descriptive) ou guidée permet de cheminer dans les douves pour découvrir l'enceinte, avant de gagner les remparts. Dans la **tour Sainte-Marguerite**, transformée en pigeonnier, est projetée une vidéo sur les costumes. En suivant l'allée bordée de créneaux de buis tandis que des rosiers serpentent sur le mur, on arrive à la **tour de l'éperon** qui renferme une étuve et sa chambre de repos. Un regard sur le **jardin bas** s'impose car il a été conçu pour être regardé d'en haut : deux parterres symétriques de boules de lavande entourés de banquettes de romarins sont séparés par un canal où ruisselle l'eau d'une fontaine construite avec des pierres du site. De là, on peut gagner un commun où sont diffusées des vidéos (sur les châteaux en Périgord et la technique de couverture en lauze). Ensuite, on rejoint les **jardins en terrasse** inspirés des chambres de verdure du 17e s. Ici, entre les couloirs de charmilles se dessinent des bandes de buis rehaussés de lavande et de spirées roses.

Intérieur – Le grand logis Renaissance entièrement **meublé d'époque** (16e-17e s.) présente le cadre de vie de Jean II de Losse, précepteur du roi Henri IV et gouverneur de Guyenne, maître des lieux. Dans la **salle voûtée**, au plafond, a été mise au jour l'inscription 1576, qui atteste de la fin des travaux de construction du château. Le décor mobilier des salles a été disposé selon l'inventaire de 1602. Les nombreux objets en laiton rappellent qu'à une époque où la bougie était chère, tout ce qui reflétait la lumière était recherché. Parmi les remarquables **tapisseries**, deux retiennent l'attention : l'une flamande représente la préparation au tournoi, l'autre florentine, aux couleurs d'une étonnante vivacité, est intitulée *Le Retour de la courtisane*. Dans le **salon vert** lambrissé, restauré selon le coloris d'origine retrouvé sous le brou de noix, est exposé un beau portrait d'Henri IV en cire, *modello* pour les grandes médailles de bronze de Guillaume Dupré exposées au Louvre.

Continuez jusqu'à Thonac, puis prenez à droite la D 45.

Plazac

Perchée sur une butte dominant le village, l'**église** romane est entourée d'un cimetière planté de cyprès. Le clocher-donjon du 12e s. est une récupération de l'ancienne tour du château des évêques de Périgueux. Couvert de lauzes, il est orné d'arcatures aveugles retombant sur des bandes lombardes.

Quittez Plazac par le sud en empruntant la D 6.

A. Cassaigne / MICHELIN

C'est en venant par la D 65 que vous aurez un magnifique point de vue sur le château de Losse en surplomb de la Vézère.

Le Moustier

De même que le site de la Madeleine a donné son nom au magdalénien, Le Moustier a donné son nom à une culture du paléolithique moyen, le moustérien. Bâti au pied d'une colline, ce petit village possède un **abri préhistorique** célèbre. Les gisements paléolithiques du Moustier ont révélé un squelette d'homme de Neandertal et de nombreux outils de silex (entre - 100 000 et - 40 000 ans environ). *✆ 05 53 06 86 00 - sur réserv. uniquement, visite guidée (1h15) - visites adaptées pour déficients visuels - s'adresser à la grotte de Font-de-Gaume - fermé 1er janv., 1er Mai, 1er et 11 Nov., 25 déc. - 3 €.*

Un confessionnal (17e s.) très original se trouve dans la petite **église** du village.

Dans le village, prenez la direction de Chabans, côte de Jor.

La **côte de Jor**, qui domine de 150 m la vallée, ouvre un remarquable **panorama** sur la Vézère et St-Léon-sur-Vézère.

La Roque-St-Christophe★

✆ 05 53 50 70 45 - www.roque-st-christophe.com - visite guidée (1h) juil.-août : 10h-20h ; avr.-juin et sept. : 10h-18h30 ; fév.-mars et d'oct. au 11 Nov. : 10h-18h ; du 12 nov. au 31 janv. : 14h-17h (dernière entrée 45mn av. fermeture) - fermé 1er janv. et 25 déc. - 7 € (-5 ans gratuit) - tarif groupe sur présentation d'un tarif plein réglé à la Grotte de St-Cirq ou au Roc de Cazelle.

Cette falaise surplombe sur 900 m de long et 80 m de haut la vallée de la Vézère. Énormes balafres dans la roche, ses **cinq terrasses** recèlent une centaine de cavités, constituant le plus grand ensemble troglodytique d'Europe. Occupées à la préhistoire (on a trouvé des traces de vie humaine remontant au paléolithique supérieur), ces cavités naturelles ont servi de fondations à un fort aménagé contre les raids normands au 10e s., avant de devenir une cité. Elle a hébergé jusqu'à 1 500 personnes à son plus fort au 14e s. avant d'être rasée pendant les guerres de Religion.

L'incroyable entrelacs de canalisations, escaliers, passages, mais aussi les citernes, les éviers et les foyers montrent l'importance de la vie humaine sur ce site. Une **maison** en appui de la falaise a été reconstruite selon les méthodes des 10e et 13e s., et dans la **cuisine de l'an mil** sont présentées des répliques de pièces archéologiques. Sur la grande terrasse (300 m de long), une reconstitution d'un **chantier médiéval** restitue toute la dimension de telles constructions et une maquette permet de visualiser l'ensemble du site. De cette plate-forme, très belle **vue★** plongeante sur la vallée.

Les stations du parcours sont ponctuées d'illustrations extraites de la bande dessinée *La Roque-St-Christophe*, de Felix & Bigotto.

Poursuivez sur la D 66.

St-Léon-sur-Vézère★ *(voir ce nom)*

Revenez à Peyzac, prenez à gauche et rejoignez la D 65.

Sergeac

Une croix du 15e s. salue le visiteur à l'entrée du village. Ce dernier s'est organisé autour de l'implantation des Templiers qui décident, à la fin du 13e s., d'y établir une commanderie. L'église date du 12e s. Sa belle couleur ocre adoucit des traits guerriers : chambres à meurtrières, mâchicoulis et clocher-mur. À l'intérieur, au-delà du porche creusé de voussures, un arc triomphal en plein cintre s'ouvre sur un chevet plat orné de chapiteaux décorés.

Castel-Merle

Le site, longtemps fermé au public, a vu nombre de ses découvertes dispersées aux Eyzies, Périgueux et St-Germain-en-Laye. Un petit **musée★** aménagé non loin des fouilles présente de nombreuses pièces. Vous garderez le souvenir tant des reconstitutions de colliers de perles, d'os et de coquillages retrouvés sur le site, que de la verve du guide, à la fois préhistorien et agriculteur. *✆ 05 53 50 77 45 - ♿ - visite guidée (1h) sur demande préalable - gratuit.*

Bien connus des spécialistes, les **abris** permettent de découvrir quelques restes de sculptures magdaléniennes. Coupe stratigraphique pour visualiser la superposition des périodes. *✆ 05 53 50 79 70 - visite guidée (1h) - avr.-sept. : 14h-18h - 5 € (enf. 3,80 €).*

Regagnez Montignac par la D 65 qui borde la rive gauche de la Vézère (jolie vue sur le château de Losse).

Montignac pratique

Voir aussi Terrasson-Lavilledieu.

Adresse utile

Office de tourisme – *Pl. Bertrand-de-Born - 24290 Montignac - 05 53 51 82 60 - www.bienvenue-montignac.com ou www.perigordnoir.com - juil.-août : 9h-19h ; mars-juin et sept.-oct. : 9h-12h, 14h-18h ; nov.-fév. : 10h-12h, 14h-17h - fermé dim. (sf juil.-août).*

Se loger

Hôtel Le P'tit Monde – *52 et 54 r. du 4-Septembre - 05 53 51 32 76 ou 06 15 72 42 25 - www.hotellepetitmonde.com - 17 ch. dont 5 sans sanitaires complets 45/55 € - 8 € - rest. 12/22 €.* Réparties dans deux bâtiments situés côte à côte au centre du bourg, les chambres de cet hôtel se veulent avant tout fonctionnelles et équipées de wifi. Le strict nécessaire en matière de confort, néanmoins convenable, et des prix vraiment bas. La terrasse et son bouquet d'arbres exotiques offrent une note agréable au petit-déjeuner. À disposition spa et sauna accessibles gratuitement.

Camping Le Moulin du Bleufond – *Av. Aristide-Briand – 500 m au sud par D 65 rte de Sergeac, près de la Vézère - www.bleufond.com - ouv. avr.-oct. - 84 empl. 18,70 €.* Cadre agréable, autour d'un ancien moulin du 17e s. pour ce camping idéalement installé au cœur du Périgord noir et de la vallée de la Vézère. Pour la détente, grande piscine et pataugeoire chauffées, sauna, terrasse au bord du ruisseau…

Hôtel du Château de la Fleunie – *11 km au nord-est de St-Amand par D 62, D 704 et rte secondaire - 05 53 51 32 74 - www.lafleunie.com - fermé janv.-fév. - P - 33 ch. 70/190 € - 15 € - rest. 30/60 €.* Ce château des 12e et 15e s. trône au milieu d'un parc de 100 ha avec enclos animalier. Chambres meublées à l'ancienne, parfois coiffées de superbes poutres, ou décor plus actuel dans une maison récente. Une belle cheminée réchauffe l'élégante salle à manger.

Hôtel du Parc – *Le bourg, sur D 706 - 24290 Thonac - 6 km au sud-ouest de Montignac par D 706, rte des Eyzies - 05 53 50 70 20 - www.hotel-du-parc.net - fermé nov.-mars - P - 25 ch. 49 € - 7 €.* Flanqué de son restaurant, joliment mis en valeur par des murs en pierre du pays, cet hôtel dispose de chambres aux dimensions modestes, au style un peu désuet. On préférera celles qui, au rez-de-chaussée, ouvrent directement sur le parc qui descend jusqu'à la Vézère.

Auberge de Castel Merle – *24290 Sergeac - 10 km au sud de Montignac par D 65 - 05 53 50 70 08 - www.hotelcastelmerle.com - fermé de mi-oct. à fin mars - 7 ch. 50/58 € - 8 € - juil.-août demi-pension seul. 96/104 € - rest. pour résident seul. 18,50/26 €.* Cette paisible et charmante auberge juchée sur les falaises surplombant la Vézère offre une vue magnifique sur la vallée. Chambres douillettes, dont une panoramique, de style rustique. Grande terrasse ombragée pour prendre les repas.

Chambre d'hôte La Licorne – *24290 Valojoulx - 8 km au sud de Montignac - 05 53 50 77 77 - www.licorne-lascaux.com - fermé nov.-mars - 4 ch. + 1 suite 65/85 € - repas 22 €.* Au cœur du petit bourg, face à l'église, cette authentique maison périgourdine du 17e et 18e s. abrite 5 chambres décorées avec soin. Vieilles pierres et poutres apparentes confèrent aux pièces un cachet unique tandis que dehors la végétation omniprésente offre senteurs et couleurs. Découverte des plantes médicinales.

Hostellerie La Commanderie – *24570 Condat-sur-Vézère - 11 km au nord-ouest de St-Amand par D 62 et D 704 - 05 53 51 26 49 - www.best-of-perigord.tm.fr - fermé août - P - 7 ch. 85 € - 10 € - rest. 20/45 €.* Au cœur du bourg, charmante demeure ancienne, jadis poste de garde sur la route de Compostelle. Jolies chambres « king size » aménagées sous les grandes voûtes de l'étage. Meubles choisis par la sympathique propriétaire, qui fut antiquaire. Jardin reposant.

Que rapporter

Marché – Marché aux noix et châtaignes le merc. en oct. et nov.

Sports & Loisirs

Randonnée – *Rens. au 05 53 51 47 85 (mairie) ou au 05 53 51 04 56 (Maison du Patrimoine).* En vente au point accueil près de l'église, un topoguide regroupant les 8 chemins de randonnée sur le patrimoine et les paysages traditionnels du Périgord noir.

L'Appel de la Forêt – *D 6089 - Sortie Thenon dir. Périgueux - 24210 Thenon - 05 53 46 35 06 - www.appel-de-la-foret.com - juil.-août : 9h-20h (19h en mai, juin et sept.); 15-30 avr. et oct.-nov. : 13h-18h - fermé de mi-nov. à mi-avr - de 8 à 19 €.* Ouvert d'avr. à nov., ce parcours aventure, réputé pour être le plus grand de Dordogne, accueille toute la famille pour un joyeux moment de sport et d'émotions. Ponts himalayens, sauts de Tarzan et les incontournables tyroliennes vous attendent dans une magnifique forêt. Répondez à l'appel !

Événement

Bon à savoir – Pendant la période estivale, l'abbaye de St-Amand-de-Coly accueille de nombreux concerts dont certains organisés par **Festival musical du Périgord noir** (*05 53 51 61 61 - www.francefestivals.com*).

Montpezat-de-Quercy★

1 407 MONTPEZATAIS
CARTE GÉNÉRALE C4 – CARTE MICHELIN DÉPARTEMENTS 337 E6 – TARN-ET-GARONNE (82)

Castrum puis bastide, Montpezat-de-Quercy a conservé de son riche passé médiéval un plan en quadrilatère, une dénomination des rues rappelant les corporations anciennes et un grand nombre de maisons à pans de bois. Mais c'est surtout la collégiale St-Martin et ses innombrables trésors qui font le renom de ce bourg du Quercy blanc.

- **Se repérer** – Montpezat est au bord de la D 820, à 26 km au sud de Cahors, et 15 km au nord de Caussade.
- **Se garer** – Sur les places Reduch et de la Résistance, ou boulevard des Fossés.
- **À ne pas manquer** – La collégiale St-Martin et ses tapisseries.
- **Organiser son temps** – Comptez 2h pour la vieille ville et la collégiale.
- **Pour poursuivre la visite** – Voir aussi Cahors, Caussade, Caylus, le Quercy blanc et St-Antonin-Noble-Val.

Comprendre

La famille Des Prés - Originaire de Montpezat (« Montpezat » désigne la localisation du bourg : *mons Pedatus* signifiant le mont fortifié, palissadé), cette famille a donné à l'Église cinq éminents prélats. Pierre Des Prés, cardinal de Préneste (actuelle Palestrina en Italie) est le fondateur de la collégiale St-Martin qu'il consacra en 1344. Son neveu Jean Des Prés fut tour à tour évêque de Coïmbra, ancienne capitale du Portugal, et de Castres. Trois autres membres de la famille montent successivement sur le siège épiscopal de la ville de Montauban, toute proche : Jean Des Prés (1517-1539), qui offre à la collégiale de Montpezat ses célèbres tapisseries flamandes, Jean de Lettes (1539-1556) et Jacques Des Prés (1556-1589), grand pourfendeur de huguenots, au sein de son diocèse, alors l'un des plus ardents foyers du protestantisme.

Se promener

La bastide

L'entrée dans la ville se fait par l'ancienne porte fortifiée du 14e s. ; la bastide s'étageant au-dessus des remparts. La place de la Résistance, centrale, s'entoure de couverts et de maisons à colombages. La mairie (19e s.) a été construite à l'emplacement de l'ancien hôtel de ville. Au nord, le cloître de l'ancien couvent des Ursulines du 12e s. a été remanié au 20e s. pour abriter l'école. Derrière la collégiale se trouvent les habitations des chanoines du 15e s. : une galerie au premier étage reliait ces maisons à pans de bois.

À gauche en sortant de la collégiale, le **Chemin des remparts** offre une vue d'un côté sur le village et de l'autre sur les coteaux.

Visiter

Collégiale St-Martin

✆ 05 63 02 05 55 - possibilité de visite guidée.

Dédiée à saint Martin de Tours, elle est construite en 1337 par un architecte de la cour papale d'Avignon. Elle seule fut épargnée lors du saccage de la ville en représailles aux actes de la Résistance, pendant de la Seconde Guerre mondiale.

Elle présente les caractéristiques des édifices du Languedoc : une nef unique et des chapelles latérales séparées par les contreforts intérieurs de la nef. Voûté d'ogives dont les clefs de voûte sont peintes aux armes de la famille Des Prés, le **vaisseau** frappe par son unité, sa simplicité et l'harmonie de ses proportions. Les pièces qu'il renferme ne sont qu'une partie de l'extraordinaire trésor accumulé en ces lieux : dans la première chapelle à droite, belle Vierge de piété, en grès polychrome du 15e s., dans la chapelle opposée, une Vierge aux colombes du 14e s., en albâtre. Dans la 2e chapelle à droite, trois éléments de retable en albâtre provenant de Nottingham ont pour thème la Nativité, la Résurrection et l'Ascension ; enfin, dans la 4e chapelle à gauche, coffrets en bois du 15e s. avec application de pâtes dorées.

Tapisseries des Flandres★★ – Cinq panneaux de trois tableaux, spécialement adaptés au plan du sanctuaire, longs de près de 25 m et hauts de 2 m environ, retracent en seize scènes les principaux épisodes historiques et légendaires de la vie de saint Martin : figurent, entre autres, le partage du manteau, diverses guérisons obtenues par le saint et sa lutte victorieuse contre le diable. Chaque scène est commentée par un quatrain en ancien français, placé sur la partie supérieure de chaque panneau. L'excellent état de conservation de ces tapisseries du 16e s., l'éclat et la richesse de leurs coloris, l'existence d'une telle série placée dans le cadre même pour lequel elle a été conçue leur confèrent un intérêt exceptionnel.

Gisants★ – Si le corps du cardinal Pierre Des Prés repose sous le pavement situé en avant du chœur, le mausolée en marbre de Carrare qui le représente fut placé en 1778 à l'entrée du chœur, à droite. De l'autre côté, à gauche, le gisant en pierre de son neveu Jean Des Prés est un chef-d'œuvre de la statuaire funéraire.

E. Larribère / MICHELIN

Si saint Martin n'offre au pauvre que la moitié de son manteau, c'est parce que l'autre moitié appartient à l'armée romaine qu'il sert.

Aux alentours

Église de Saux

À 5 km au nord. Quittez Montpezat-de-Quercy par la D 20 en direction de Cahors, tournez à gauche après avoir parcouru 2 km.

Cet édifice dédié à saint André est situé au bout d'une route étroite qui serpente à travers bois et débouche dans un cadre bucolique. L'intérieur composé de trois travées à coupoles est décoré de belles **fresques** des 14e et 15e s. Les mieux conservées se trouvent dans le chœur : Christ en majesté entouré des attributs des quatre évangélistes, Crucifixion et scènes de l'enfance de Jésus. Dans la chapelle de droite, fresques représentant la légende de sainte Catherine ; dans celle de gauche, saint Georges.

Molières

À 13 km à l'ouest de Montpezat-de-Quercy par la D 20.

Le village se développa au 13e s. quand Alphonse de Poitiers lui donna le statut de bastide. Si elle n'a plus sa halle, elle conserve son plan urbanistique. Il reste seulement des pans de remparts, détruits pendant la Révolution. De la promenade, point de vue sur l'**étang de Malivert**. Vous verrez deux passerelles en fer forgé du 19e s. qui relient les remparts à des habitations, attestant de la prospérité passée. Outre deux maisons à colombages après la mairie, au nord se trouvait la tour de l'horloge dont témoigne la cloche accrochée à un arc en brique. Au sud, le clocher du 13e s. a été remanié au 17e s.

Montpezat-de-Quercy pratique

Voir aussi le Quercy blanc.

Adresse utile

Office de tourisme – *Bd des Fossés - 82270 Montpezat-de-Quercy - ✆ 05 63 02 05 55 - juil.-août : tlj sf. lun. 10h-13h, 14h-19h, lun. 14h-18h ; mai-juin et sept. : mar., jeu, sam.-dim. : 9h-13h, 14h-18h ; avr. et oct. : mar., jeu, sam.-dim. 10h30-12h30, 13h30-17h30 ; nov.-fév. : mar., jeu. et dim. : 11h-17h.*

Se loger

Chambre d'hôte Domaine de Lafon – *2 km par D 20 dir. Molières, puis 2 km à gauche dir. Mirabel - ✆ 05 63 02 05 09 - www.domainedelafon.com - fermé 22 fév.-19 mars et 16 nov.-4 déc. - P - 3 ch. 73/81 € - rest. 25 €.* Juchée sur une colline verdoyante, cette maison de maître du 19e s. offre un joli panorama sur la campagne environnante.
Les chambres, immenses et décorées par le propriétaire, artiste peintre et ancien décorateur de théâtre, sont superbes.

Que rapporter

Les Vignerons de Quercy – *82270 Montpezat-de-Quercy - ✆ 05 63 02 03 50 - tlj sf dim. 9h-12h, 14h-19h (18h le sam. et lun. apr.-midi seul.).* Vente et dégustation.

Château de Montréal

CARTE GÉNÉRALE A2
CARTE MICHELIN DÉPARTEMENTS 329 D5 – DORDOGNE (24)

Au sommet d'un éperon rocheux dominant une forêt, ce château est posé sur les fondations d'un ancien castel totalement rasé au cours de la guerre de Cent Ans. Son plan en équerre, bordé de murailles, garde une cour étagée et cache des galeries et des souterrains pleins de mystères.

- **Se repérer** – Le château se situe à 7 km au sud-est de Mussidan, par la D 38, soit à 33 km au nord de Bergerac.
- **À ne pas manquer** – La chapelle ; les tapisseries du salon ; la bibliothèque et l'escalier du 12e s.
- **Organiser son temps** – Comptez 45mn (visite guidée).
- **Pour poursuivre la visite** – Voir aussi Bergerac, Neuvic et Villefranche-de-Lonchat.

Comprendre

Et la ville du Québec ? – Sans faire l'unanimité, la formule *mons real*, le « mont royal », est assez répandue pour expliquer l'origine de Montréal, un nom qui s'est exporté jusqu'aux États-Unis et au Canada. **Claude de Pontbriant,** seigneur de Montréal, serait en effet à l'origine du nom de la deuxième agglomération francophone du monde après Paris : en octobre de l'an 1535, il se trouve aux côtés de Jacques Cartier sur les bords du St-Laurent lorsque celui-ci fonde un établissement français sur l'emplacement d'une bourgade indienne, Hochelaga.

Info pratique

Voir aussi Neuvic.

Se loger

Chambre d'hôte Maison de la Forêt – *Pas de l'Eyraud - 24130 Laveyssière - 9 km au sud-ouest du château de Montréal rte de Bergerac sur D 709 - ✆ 05 53 82 84 50 - www.aubergerac.com/fr.html - fermé 24-26 déc. - ⊠ - 5 ch. 59/69 € - ☕ 6 €.* Cette petite adresse tenue par une famille originaire d'outre-Manche vous réserve un accueil logiquement très « british ». Elle propose cinq chambres de diverses catégories. Celles tournant le dos à la route procurent plus de tranquillité.

Événements

Expositions – Les jardins en terrasse offrent un cadre idéal aux expositions, ponctuelles.

Visiter

✆ 05 53 81 11 03 - juil.-sept. : 10h-12h, 14h30-18h30 - 5,20 € (8-12 ans 4,20 €).

Entouré par une double enceinte médiévale rasée, comme l'ancien château, par les Anglais dans les années 1430, le corps de logis actuel fut construit au 16e s. À l'intérieur, parmi le mobilier présenté, essentiellement daté du 18e s. et de l'Empire, on retiendra un ensemble de sièges à médaillon situé dans le salon de réception. D'époque Louis XVI, celui-ci a conservé ses **tapisseries d'Aubusson** tissées sur différents thèmes des fables de La Fontaine. Une charmante bibliothèque épouse les murs de la tour d'angle de l'édifice, mettant en valeur un ensemble de beaux livres reliés. Dans les communs, un escalier du 12e s. voûté de berceaux successifs conduit aux **caves** que prolonge une grotte parée de petites concrétions.

Une **chapelle** fut construite au 16e s. dans la partie ouest de l'enceinte pour abriter le reliquaire de la sainte épine, prise sur le corps du maréchal anglais Talbot à la bataille de Castillon qui mit fin à la guerre de Cent Ans.

Najac★

744 NAJACOIS
CARTE GÉNÉRALE C4 – CARTE MICHELIN DÉPARTEMENTS 338 D5 – AVEYRON (12)

Campé tout en longueur sur son promontoire, le vieux bourg semble assoupi sous ses toits d'ardoises que dominent encore les tours du château fort. Devenu « site remarquable du goût », il s'anime pourtant autour de la Fête de la fouace, et se réjouit toute l'année de la proximité rafraîchissante des gorges de l'Aveyron.

- **Se repérer** – À 60 km au sud de Figeac et 82 km à l'est de Cahors, Najac est accessible par deux voies, l'une dans la vallée, l'autre par le plateau, à l'ouest.
- **Se garer** – En haute saison, les voies du Barriou et du Bourguet, situées au cœur du village, sont interdites à la circulation. Privilégiez les trois parkings situés à l'entrée du bourg, côté ouest et côté nord.
- **À ne pas manquer** – La vue d'ensemble depuis le plateau ; celle sur le village et la forteresse depuis la plate-forme du donjon ; la forteresse elle-même.
- **Organiser son temps** – Si vous ne redoutez pas la foule, essayez de venir pour la Fête de la fouace. En dehors de cette date, comptez 2h pour l'ensemble du site.
- **Pour poursuivre la visite** – Voir aussi l'abbaye de Beaulieu-en-Rouergue, Caylus et St-Antonin-Noble-Val.

Se promener

Bourg

Il s'étend jusqu'au pied de la forteresse. La place du Faubourg est déjà très développée au 14e s., époque où se dissocient le côté sud, appelé l'adret, et le côté nord, l'hiversenc. Au-delà, la rue du Bourguet, voie principale du village, est bordée de quelques maisons à encorbellements construites pour la plupart entre le 13e et le 16e s.

À deux pas de la mairie *(rue du Bourguet)*, une **fontaine** à vasque monolithe porte la date de 1344 et les armes de Blanche de Castille, mère de Saint Louis (13e s.).

Prenez à droite sur la même rue du Bourguet et délaissez la rue des Comtes-de-Toulouse sur la gauche.

Bordant la rue Médiévale à hauteur d'une ancienne porte fortifiée, le **château des Gouverneurs** fut la résidence de quelques seigneurs, tout comme la **maison du Sénéchal** (13e-15e s.), située sur la gauche, un peu plus haut en direction de la forteresse.

Forteresse★

05 65 29 71 65 - www.seigneurs-du-rouergue.com - possibilité de visite guidée (1h) mi-juin-fin août : 10h-13h30, 14h30-19h ; avr.-mai et sept. : 10h-12h30, 15h-17h30 ; déb. juin : 10h-12h30, 15h-18h30 - 4 € (enf. 2,80 €).

Chef-d'œuvre de l'art militaire du 13e s., la forteresse de Najac, qui surveille la vallée de l'Aveyron, était dotée d'une importante garnison, et le village comptait alors plus

S. Sauvignier / MICHELIN

La forteresse du 13e s. occupe un site stratégique.

de 2 000 habitants ! Des trois enceintes primitives subsiste un important système fortifié flanqué de grosses tours rondes. En forme de trapèze, le château proprement dit, bâti en partie en grès clair, est défendu par d'épaisses murailles. La plus puissante des tours, au sud-est, constituait le donjon. Les parties ruinées que vous découvrez sont essentiellement dues à la transformation de l'édifice en carrière au 19e s. Une maquette de la forteresse dans son état d'origine est installée dans une salle spécialement aménagée.

Le saviez-vous ?

Les Najacois comptaient parmi leurs concitoyens celui qui fut maire de Provins (Seine-et-Marne), député, ministre, académicien et auteur de *Quand la Chine s'éveillera...* : **Alain Peyrefitte** (1925-1999).

Après avoir franchi, par des poternes, les enceintes successives, on atteint la plateforme du donjon. De là, magnifique **vue★** sur la forteresse, le village en enfilade, la pittoresque vallée de l'Aveyron, et l'église, bâtie entre le château et la rivière, au cœur de la bourgade primitive.

Descendez du château vers la rue de l'Église.

La **porte de la Pique** (13e s.), munie d'un assommoir, reste le dernier vestige des dix portes qui autrefois protégeaient le bourg.

Église

Malgré des ajouts, c'est un intéressant édifice de style gothique. La façade ouest est surmontée d'une rosace et la nef unique, terminée par un chevet plat. À l'intérieur, remarquez dans le chœur l'autel primitif (14e s.) constitué par une vaste dalle de grès fin, un Christ de l'école espagnole du 15e s., deux statues (la Vierge et saint Jean), du 15e s., ainsi qu'une belle statue de saint Pierre assis, en bois polychrome, du 16e s. La cage en fer forgé conservée dans la nef *(à gauche)* était destinée à recevoir la « chandelle Notre-Dame » ou cierge pascal.

Regagnez la place du Faubourg par la rue des Comtes-de-Toulouse, bordée de maisons médiévales.

Najac pratique

Adresse utile

Office de tourisme – *Pl. du Faubourg - 12270 Najac - ✆ 05 65 29 72 05 - juil.-août : tlj sf dim. apr.-midi 9h-12h30, 14h-18h30 ; avr.-juin et sept. : tlj sf dim. et j. fériés 9h-12h, 14h-18h ; oct.-mars : lun.-vend. 9h-12h, 14h-17h, sam. 9h-12h.*

Se loger

⊖ Chambre d'hôte Cambayrac – *Castanet - 82160 Cambayrac - 12 km au nord-ouest de Najac par D 39, D 84 puis rte secondaire - ✆ 05 63 24 02 03 - dvidal@wanadoo.fr - fermé 15 nov.-1er avr. - - 4 ch. 40 €* . Accueil chaleureux dans cette maison bien tenue. Les chambres au mobilier rustique et confortable ont été aménagées sous les combles de l'ancienne grange. Bon rapport qualité/prix. Piscine.

⊖⊖ Hôtel Belle Rive – *3 km au nord-ouest de Najac par D 39 - ✆ 05 65 29 73 90 - www.lebellerive.com - fermé nov.-mars, dim. soir et lun. midi en oct. - P - 22 ch. 54/58 € - 9 € - rest. 20/39 €.* Au bord de l'Aveyron, dominé par le château, cet hôtel est idéal pour une halte paisible. Les chambres sont fonctionnelles et bien tenues. Salle à manger avec grande terrasse ombragée. Cuisine traditionnelle. Piscine.

Se restaurer

⊖⊖ L'Oustal del Barry – *Pl. du Faubourg - ✆ 05 65 29 74 32 - www.oustaldelbarry.com - fermé 16 nov.-31 mars, lun. midi, mar. midi d'avr. à juin et de sept. à nov. - 19/49 € - 18 ch. 54/75 € - 9 €.* Faites une halte dans cet établissement bordant la place centrale. Son chef-patron, enfant du pays, concocte une fine cuisine aux accents régionaux, que vous pourrez savourer dans la coquette salle à manger de style « rustique chic ». Belle terrasse d'été et chambres confortables pour prolonger l'étape.

Que rapporter

Jacky Carles « Ferme Carles » – *Au bourg - 9 km au nord de Najac par D 149 et D 47 - 12200 Monteils - ✆ 05 65 29 62 39 - à partir de 9h sur RV.* Depuis 20 ans, cet ambassadeur du terroir aveyronnais élève et gave ses canards à l'ancienne, les cuit au feu de bois dans des chaudrons en cuivre et les met en conserve selon les recettes traditionnelles. Visite du laboratoire et repas à la table paysanne.

Événement

La **Fête de la fouace** a lieu le week-end suivant le 15 août. Des fouaces de 80 kg sont portées dans les rues du village le dim. après-midi.

Neuvic

3 545 NEUVICOIS
CARTE GÉNÉRALE A2 – CARTE MICHELIN DÉPARTEMENTS 329 D5 – DORDOGNE (24)

Village calme aux abords de la forêt du Landais, Neuvic est idéal pour un séjour placé sous le signe de la nature. En effet, vous pouvez alterner balades en forêt, promenades dans le parc du château transformé en jardin botanique et navigation sur l'Isle.

J. Malburet / MICHELIN

Nature et base de loisirs se combinent à l'étang de la Jemaye.

- **Se repérer** – Neuvic se love dans la vallée de l'Isle, entre les bourgs de Mussidan et de St-Astier. Le village se trouve à 24 km au sud-ouest de Périgueux sur la route de Bordeaux.
- **À ne pas manquer** – Les belles proportions du château ; le parc botanique.
- **Organiser son temps** – Comptez 2h30 pour les visites, une demi-journée avec les promenades.
- **Avec les enfants** – Le parc botanique et le Grand étang de la Jemaye.
- **Pour poursuivre la visite** – Voir aussi Bergerac, l'abbaye de Chancelade, le château de Montréal, Périgueux et Ribérac.

Visiter

Château

05 53 80 86 65 - www.chateau-parc-neuvic.com - ♿ (sf fauteuils électriques pour l'ascenseur)- visite guidée (1h, dernière entrée 30mn av. fermeture) - juil.-août : 15h et 17h - fermé jeu. - 5,50 € (enf. 3 €) château et parc botanique.

Une allée bordée d'arbres précède ce bel édifice en équerre, très simple, érigé sur la rive gauche de l'Isle, qui abrite actuellement un centre médico-pédagogique. Bâti en 1530, ce château possède un chemin de ronde à mâchicoulis plus décoratif que défensif ; deux corps de logis s'articulent autour d'une tour carrée construite au début du 16e s. À l'intérieur, certaines pièces sont décorées de fresques des 16e et 18e s. La terrasse domine l'Isle.

Le saviez-vous ?

La forme ancienne Neuf-Vic, utilisée au 17e s., donne les éléments de la formation de Neuvic : le « nouveau », *novus* en latin, et « hameau », *vicus*. Le village aurait bougé de son site originel : après les invasions normandes, il quitte la confluence de la Verne et de l'Isle pour remonter de quelques centaines de mètres dans la vallée.

Parc botanique

05 53 80 86 65 - ♿ - www.chateau-parc-neuvic.com - juil.-août : 10h-12h, 14h-19h ; reste de l'année : 10h-12h, 14h-18h - possibilité de visite guidée sur demande préalable juil.-août (avec château) - fermé jeu. - 3,80 € (enf. 2 €) juil.-août ; gratuit (hors sais) ; 5,50 € (8-16 ans. 2 €) billet combiné parc et château.

Les espaces verts du château ont été aménagés en parc botanique. Six hectares plantés de quelque 1 500 espèces végétales (chênes, cornouillers, fusains, lilas, roses, etc.) gardées par des épouvantails.

Classé refuge par la Ligue de protection des oiseaux pour la diversité de ses biotopes artificiels, le parc va être agrémenté d'un parcours et d'une cabane d'observation, en cours d'aménagement.

Aux alentours

Château de Grignols

6 km à l'est par la D 44.

Planté sur une crête rocheuse qui surplombe la vallée, ce château, berceau de la prestigieuse famille des Talleyrand-Périgord, fut édifié à l'époque où le village de Grignols, en contrebas, comptait 10 paroisses et… 5 000 habitants ! Aménagée sur une terrasse triangulaire entre deux douves, la forteresse défendait la route entre Périgueux et Bordeaux. Édifiés du 13e au 17e s., les logis, que domine un donjon carré, s'imbriquent les uns dans les autres. La plupart des bâtiments furent démantelés pendant la Fronde.

Circuit de découverte

FORÊT DE LA DOUBLE

Circuit de 95 km – comptez environ une journée.

La région de la Double présente des paysages sauvages de forêts parsemées d'étangs et un habitat dispersé de maisons à pans de bois et torchis. Chênes et châtaigniers constituent la majorité du peuplement forestier. La forêt, recouvrant 600 km², abrita de nombreux refuges de maquisards durant la Seconde Guerre mondiale. Les petites fermes dans les clairières simplifiaient le problème du ravitaillement des maquis.

Quittez Neuvic par le nord en traversant l'Isle, puis en empruntant la D 3 (à droite).

St-Astier

Sur les rives de l'Isle, St-Astier s'est développé aux portes de la forêt de la Double et de ses fraîches frondaisons. Dans la partie ancienne du bourg, vous verrez quelques maisons Renaissance autour de l'église. Le bourg a longtemps vécu de la cimenterie et de l'extraction des pierres. Des pierres blanches illuminent ainsi l'église magistrale, dominée par une très haute **tour-clocher** carrée du 16e s.

Quittez St-Astier par le nord en empruntant la D 43.

St-Aquilin

L'église romano-gothique de ce petit bourg recèle un retable en bois doré.

Suivez la D 43 sur 700 m et bifurquez à droite.

Château du Bellet

À proximité de l'étang des Garennes, cet édifice des 15e et 17e s. exhibe sans complexe tours, corps de logis, échauguettes et, à l'écart, un pigeonnier.

Poursuivez sur la D 43. Après 3 km, tournez à droite dans la D 104.

Segonzac

À l'entrée du village, remarquez le **château de la Martinie**, bâtisse du 15e s. plusieurs fois remaniée, pour être finalement reconvertie en ferme. L'**église** romane vaut surtout pour son abside en cul-de-four nervé et ses chapiteaux richement décorés.

Depuis la route de crête qui rejoint Siorac-de-Ribérac, belles vues sur la vallée de la Dronne et le Ribéracois.

Revenez sur la D 43 (à droite).

Siorac-de-Ribérac

Une nef unique couverte d'une coupole sur le faux carré du transept : voilà la particularité de l'**église** fortifiée de Siorac, intégrée au parcours balisé « Églises romanes ».

Quittez Siorac par l'ouest et rejoignez la D 13 (à gauche). Après avoir traversé la Rissonne, prenez à droite la D 44 en direction de St-Aulaye.

Creyssac

Non loin d'un château privé, un élégant pigeonnier se reflète dans les eaux d'un petit étang.

Grand étang de la Jemaye

Au milieu de la forêt de la Double, les projets d'aménagement se multiplient afin de développer la **base de loisirs** qui propose déjà plage, pêche, planche à voile, VTT, randonnée…

Non loin, à l'intersection de la D 108 et de la D 708, un **enclos à sangliers** a été aménagé à proximité de la route.

Revenez sur la route et prenez à droite.

Échourgnac

À deux pas de l'ancienne capitale de la Double, les moines de la Trappe de Port-Salut en Mayenne ont fondé au 19e s. un nouvel établissement : la **Trappe de Bonne-Espérance**. Venus assainir les marécages de la région, certains payèrent de leur vie cet effort. Toujours en activité, la fromagerie propose encore sa production, le trappe, qui ressemble au port-salut.

À la sortie de la ville, la **ferme du Parcot** initie les curieux à l'architecture locale et à la vie à la campagne au 19e s. *05 53 81 99 28 - www.parcot.net - - juil.-août : tlj sf lun. 14h30-19h ; mai-juin et sept. : dim. et j. fériés 14h30-19h - fermé vac. scol. Noël. Possibilité de visite guidée sur demande 14h30, 16h, 17h30 - gratuit - sentier de découverte libre d'accès.*

Quittez Échourgnac par le sud-est en empruntant la D 38. À St-Michel-de-Double, prenez la D 13.

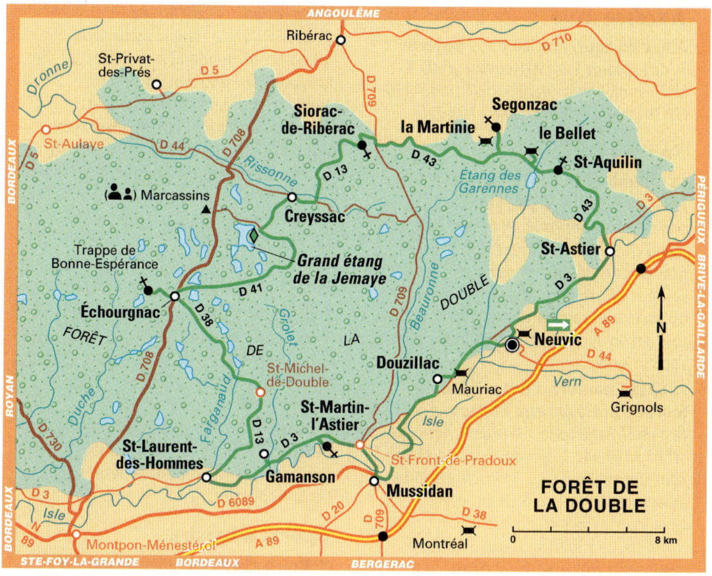

St-Laurent-des-Hommes

Dans ce village, comme à Gamans, on peut découvrir quelques superbes maisons traditionnelles de la Double.

Quittez St-Laurent par l'est en empruntant la D 3.

Gamanson

À quelques pas de la route, ce hameau en cours de restauration forme le plus riche ensemble d'habitations traditionnelles de la Double, en colombages et torchis.

Revenez et poursuivez sur la D 3 (à gauche).

St-Martin-l'Astier

Dressée au milieu du cimetière, l'église de St-Martin a été construite sous le signe du huit : le clocher-tour et le chœur sont octogonaux, et ce dernier est soutenu par huit colonnes. Un nouveau nombre d'or ?

Poursuivez sur la D 3 et traversez l'Isle.

Mussidan

Le marché de Mussidan (samedi matin) existe depuis le 15e s., époque où Charles VIII fit du bourg une cité commerçante.

Au bord de l'Isle, cette ancienne cité huguenote fut assiégée à plusieurs reprises pendant les guerres de Religion. Le siège de la ville en 1569 inspira à Montaigne son essai *L'Heure des parlements dangereuse*.

Le **musée des Arts et Traditions populaires du Périgord André-Voulgre**, niché dans une ancienne chartreuse périgourdine où vivait le docteur Voulgre, réunit patiemment des éléments de la vie locale. Des vaisseliers aux alambics, d'une locomotive à vapeur aux animaux naturalisés, les différentes salles d'exposition retracent les grandes lignes du bon vieux temps ! *05 53 81 23 55 - www.museevoulgre.fr - ♿ - de déb. juin à mi-sept. : 9h30-12h, 14h-18h ; mai : w.-end et j. fériés 14h-18h - fermé 1er Mai - 3 € (-13 ans gratuit).*

Quittez Mussidan par le nord-est en empruntant la D 6089. Après 3 km, tournez à gauche dans la D 3^E5.

Douzillac

L'actuel bâtiment de la mairie, maison à poivrière avec un balcon de bois, mérite un coup d'œil.

En direction de Neuvic, aux abords de la D 3, le **château de Mauriac**, édifié au 16e s., se mire dans les eaux de l'Isle.

Poursuivez sur la D 3 qui ramène à Neuvic.

Neuvic pratique

Adresse utile

Office du tourisme du pays de Neuvic – *Pl. de la Mairie - 24190 Neuvic - 05 53 81 52 11 -mar. -vend. 9h30-17h30, sam. 9h30-12h30 (mi-juil.-mi août, dim. 10h-12h).*

Se loger

Chambre d'hôte Pré Laminon – *19310 Ségonzac - 05 55 84 17 39 - www.prelaminon.com - ouv. 1er avr.-30 sept. - P - 3 ch. 52/60 € - rest. 18 €.* Ancienne grange corrézienne dans un paysage de collines. L'intérieur est aussi chaleureux qu'un chalet savoyard : cadre artisanal tout en bois, chambres douillettes. Piscine. Table d'hôte.

Chambre d'hôte Château de Siorac – *24430 Annesse-et-Beaulieu - 7 km à l'est de St-Astier, par D 3 rte de Périgueux - 05 53 07 64 53 - www.chateaudesiorac.com - fermé janv.-fév. - 6 ch. 90/150 € - restauration (soir seulement) 40 €.* Dominant la vallée de l'Isle sur un domaine de 16 ha, ce superbe château de 1550 dispose de très grands espaces agréablement restaurés. Un immense salon et une salle à manger tout en bois. Chambres ornées de mobilier ancien et salles de bains spacieuses installées dans les tours. Tables d'hôte locale et espagnole.

Se restaurer

Le Relais de Gabillou – *Rte de Périgueux - 24400 Mussidan - 05 53 81 01 42 - relaisdegabillou@hotmail.com - fermé 13 nov.-11 déc., le soir du 7 janv. au 4 fév., dim. soir et lun. - 15/40 €.* Oubliez la modeste façade de cette auberge bordant la N 89 et laissez-vous plutôt charmer par sa plaisante salle à manger rustique et sa paisible terrasse ombragée. L'alléchante cuisine régionale préparée par le chef finira de vous séduire : vous pourrez reprendre la route l'esprit tranquille… et l'estomac repu.

Ferme-auberge de la Catie – *La Catie - 24400 St-Géry - 9 km au sud de Mussidan, rte de Ste-Foy - 05 53 58 67 85 - réserv. obligatoire - 16/28 €.* Une excellente adresse privilégiant l'assiette. Cuisine copieuse à base des produits de la ferme, servie dans un décor sans prétention. Tout y est « fait maison », y compris les conserves, que l'on peut acheter sur place. Accueil souriant.

Sports & Loisirs

Bon à savoir – L'office de tourisme vend un guide de randonnées *Pays de Neuvic (2,30 €).* Ceux qui préfèrent les activités nautiques pourront louer, en été, un bateau électrique ou un canoë pour se balader sur L'Isle.

Nontron

3 458 NONTRONNAIS
CARTE GÉNÉRALE A1 – CARTE MICHELIN DÉPARTEMENTS 329 E2 – DORDOGNE (24)

Ville productrice du couteau et du carré Hermès, ce gros bourg du Haut-Périgord a su préserver sa qualité de vie et son environnement. Avec la création du Parc naturel régional Périgord-Limousin, la région joue désormais la carte du développement durable et de la conservation du patrimoine rural : forges et moulins « vivants »…

- **Se repérer** – À l'extrémité nord du département de la Dordogne, Nontron est situé sur la D 675, à 48 km au nord de Périgueux.
- **À ne pas manquer** – Le pôle expérimental et sa boutique à Nontron ; l'ambiance très franco-anglaise d'Abjat-sur-Bandiat ; la grotte de Teyjat.
- **Organiser son temps** – Profitez à la Pentecôte du dernier marché des Tisserands. Comptez 2h pour la coutellerie et le pôle expérimental, la journée pour les environs.
- **Avec les enfants** – Où est le roc branlant ? Une question pour une belle balade autour de St-Estèphe, où l'on peut se baigner et canoter. Le CPIE de Varaignes organise nombre de promenades et d'ateliers-découvertes.
- **Pour poursuivre la visite** – Voir aussi Brantôme, le château de Mareuil, le château de Puyguilhem et St-Jean-de-Côle.

Le saviez-vous ?
Au moment du carnaval réapparaissent les **soufflaculs**. Selon la légende, les femmes de Nontron seraient volages et il serait donc nécessaire que ces hommes glissent un soufflet sous leur robe, pour en chasser le mauvais esprit (la même tradition existe à St-Claude, dans le Jura). Illustration sur les murs d'un passage donnant rue du Dr-André-Picaud, à proximité de l'église.

Visiter

Atelier de Coutellerie Nontronnaise

Dans la ville haute. ✆ 05 53 56 01 55 - ♿ - 9h-12h, 13h30-18h - fermé w.-end et j. fériés - gratuit.

Les couteaux avec un manche en buis sont une des grandes spécialités de Nontron et leur fabrication remonte au 15e s. À l'origine, leur création est due à la présence de minerai et de forges dans la région. Dans cet atelier, de grandes baies vitrées permettent d'observer les ouvriers au travail. Des panneaux au mur expliquent les diverses étapes de la fabrication. Une autre spécialité de la ville, fabriquée dans l'atelier, est le couteau miniature : douze par noix ou noisette, qui dit mieux !

Découvrir

Parc naturel régional Périgord-Limousin

Créé en mars 1998, le parc s'étend sur 180 000 ha entre Périgueux, Limoges et Angoulême. Il a trois objectifs principaux : faire connaître, protéger et valoriser le patrimoine ; contribuer au développement économique et à l'action culturelle ; rendre plus accueillant le Périgord-Limousin, pour de nouvelles activités et de nouveaux habitants.

Centre d'information – *24300 Abjat-sur-Bandiat - ✆ 05 53 60 34 65 - lun.-vend. 8h30-18h.* Des dépliants permettent de connaître les diverses richesses du parc, tant au niveau de l'artisanat (couteau, pantoufles, artisanat du châtaignier…), du patrimoine bâti (châteaux, moulins…), des randonnées à pied, en VTT ou à cheval, des hébergements touristiques, etc. En outre, du printemps à l'automne, le parc organise des sorties animées gratuites et accessibles à tous.

Circuit de découverte

AUX PORTES DE L'ANGOUMOIS

Circuit de 80 km – comptez environ une journée.

Le parcours se fait à l'intérieur du **Parc naturel régional Périgord-Limousin** et permet de le découvrir en partie.

Quittez Nontron par l'est en empruntant la D 707 jusqu'à St-Pardoux-la-Rivière.

St-Pardoux-la-Rivière

À l'entrée du village, belle église (17e-18e s.). Sur l'ancienne voie ferrée reliant Nontron à Thiviers, une **voie verte** a été aménagée. Vous pourrez parcourir ces 16 km à pied, à vélo ou à cheval et vous arrêter dans les villages, dont St-Jean-de-Côle *(voir ce nom).*

De St-Pardoux-la-Rivière, prenez au nord la D 83 jusqu'à Champs-Romain. Garez-vous près du cimetière.

Saut du Chalard

45mn à pied AR. Se procurer le livret du visiteur au syndicat d'initiative de canton de St-Pardoux-la-Rivière : ☎ 05 53 56 79 30. Sous les sapins, un sentier balisé en surplomb conduit jusqu'à une petite plate-forme dominant la Dronne. En contrebas, les bouillonnements de la rivière écument entre les versants escarpés et boisés.

Revenez et poursuivez sur la D 83 (à droite). Après 2,5 km, prenez à droite la D 79, puis à gauche la D 96 vers Abjat-sur-Bandiat. À Fargeas, tournez à gauche.

Augignac

À la limite du village, chez Pey, intéressant **moulin à eau**, remis en état.

Prenez vers l'ouest.

Étang de St-Estèphe

Cet étang de 30 ha de superficie constitue pour les Nontronnais une agréable base de loisirs *(baignade surveillée en juil.-août).*

Poursuivez sur la même route jusqu'au parking.

Roc Branlant

Pour écouter les bornes audio, se procurer la carte Pass à l'office de tourisme de Piégut-Pluviers : ☎ 05 53 60 74 75 - www.perigordverttourisme.com. La rive gauche du ruisseau s'anime entre les rochers jusqu'à l'entablement du roc. Ce dernier oscille d'une simple poussée, selon un axe nord-sud. Pour les curieux et les amoureux de verdure, poursuivre jusqu'à un amoncellement de rochers appelé « **Chapelet du Diable** ». Le chemin voisin conduit à un bief où vous pourrez suivre un sentier ethnobotanique.

À St-Estèphe, prenez à gauche la D 88, vers Nontron.

E. Larribère / MICHELIN

Roc Branlant.

Roc Poperdu

Non loin de l'intersection des D 3 et D 675, étrange chaos de blocs de granit, difficile à voir en été à cause de la végétation.

Faites demi-tour et suivez la D 3.

Le Bourdeix

L'**église** recèle d'étonnantes **fresques** : des têtes de morts blanches sur un drapé noir, censées repousser les épidémies de peste et autres malédictions (15e-16e s.). Tour du 12e s. devant l'église. On pourrez également visiter le **moulin Pinard**, encore en fonctionnement (farine et d'huile de noix). *☎ 05 53 60 56 13 - juin.-sept. 15h-18h.*

Quittez Le Bourdeix par la D 3 au nord.

Forges d'Étouars

1h30. Site privé, ne pas quitter le sentier. Au bas du hameau, un chapelet d'étangs ponctué d'intéressants panneaux conduit aux anciennes forges. Celles-ci ont produit pendant deux siècles les gueuses de fonte nécessaires à la fabrication des canons de marine aux arsenaux de Rochefort (Charente-Maritime).

Reprenez la direction du Bourdeix et, avant le village, prenez à gauche la direction du Verger, puis dans le prolongement la D 91E3.

Piégut-Pluviers

Le bourg est dominé par la haute silhouette d'un donjon circulaire (23 m), unique vestige d'un château détruit en 1199 par Richard Cœur de Lion. Le petit bourg de Piégut-Pluviers s'anime tous les mercredis matin lors du **marché**. Créé en 1642, il reste l'un des plus importants du Périgord.

Quittez Piégut par le nord-ouest en empruntant la D 91. Tournez à droite dans la D 91E2 qui se prolonge en D 3.

Bussière-Badil

Aux portes de l'Angoumois, ce bourg est assez isolé. Bien sûr, les amoureux des vieilles pierres ne sont pas découragés pour si peu et viennent nombreux admirer l'**église Notre-Dame★**, ancienne abbatiale du 11ᵉ s.

Cet édifice roman rappelle par bien des aspects l'église cistercienne de Cadouin, dans le Périgord noir. La couleur rose de la pierre égaie une façade sobre et imposante qui s'ouvre par un portail à triple voussure sculptée. Certains évoqueront l'influence du Limousin à travers son clocher octogonal, d'autres les traits saintongeais de sa façade ouest. Du système de défense du 15ᵉ s. ne subsistent que deux échauguettes. À l'intérieur de l'église, vingt-huit chapiteaux historiés animent la triple nef : l'histoire biblique se lit aussi dans la pierre.

Quittez Bussière-Badil par l'ouest et rejoignez la D 91.

Varaignes

Atelier-musée des Tisserands et de la Charentaise du Haut-Périgord Limousin – *✆ 05 53 56 35 76 - juil.-août : 10h-12h, 14h30-18h30, dim. 14h30-18h30 ; de déb. avr. à fin juin et de déb. sept. à fin oct. : 14h-17h ; vac. Pâques et Toussaint : 10h-12h, 14h-16h (dernière visite 1h av.).* Installé dans l'ancien **château des ducs des Cars** (13ᵉ-15ᵉ s. et Renaissance), il retrace l'activité textile du pays à travers 5 ateliers : tricot, filage, cardage chanvre et corde, tissage et feutre, pantoufles. Après avoir découvert un intérieur paysan d'autrefois, vous parcourrez les salles du château qui se succèdent avec leur décor d'origine (cheminées, fenêtres, escaliers à vis...) ; remarquez une collection de métiers à tisser.

Sortir du château par la cour intérieure ornée d'une galerie Renaissance.

Dans un local a été reconstruit un **moulin à huile** auquel se joignent de nombreux outils agricoles. *✆ 05 53 56 35 76 - visite guidée (1h, dernier dép. 1h av. fermeture) juil.-août : tlj sf dim. mat. 10h-12h, 14h30-18h30 ; avr.-juin et sept.-oct. : tlj sf mar. 14h-17h ; nov.-mars : sur demande - fermé 25 déc. - 3,80 € (enf. 2,30 €).*

Lud'eau vive – *✆ 05 53 56 35 76 - juil.-août : 14h30-18h30.* Venez découvrir les secrets de la force hydraulique dans ce site unique, sur les rives du Crochet. Roues, engrenages et maquettes animées décrivent en détail l'utilisation de l'énergie de l'eau à travers les siècles. Une visite éducative, pour petits et grands, au milieu de 200 espèces végétales.

Quittez Varaignes par le sud-est. Traversez la D 75 et poursuivez sur la D 92.

Info pratique

Centre permanent d'initiative pour l'environnement (CPIE) – *Château de Varaignes - ✆ 05 53 56 23 66 - www.cpie-perigordlimousin.org.* Il propose un foisonnant catalogue d'activités pédagogiques déclinées en 8 thèmes (les savoir-faire, le fer et les forges à canons, le patrimoine et l'expression artistique...).

La Chapelle-St-Robert

Vers 1050, Robert de Turlande, fondateur et premier abbé de la Chaise-Dieu envoie son disciple Raoul Passeron fonder un prieuré sur ce lieu. Si les bâtiments conventuels n'existent plus, l'**église** se dresse toujours, édifiée dans le calcaire coquiller du pays à la belle couleur grise. Le portail est orné de chapiteaux primitifs. À l'intérieur, fresques (11ᵉ s.) au-dessus des fonts baptismaux.

Quittez La Chapelle-St-Robert par le sud-est et rejoignez la D 93 (à gauche).

Javerlhac

Édifiée aux 12ᵉ et 15ᵉ s., l'**église** est composée de deux nefs dissymétriques voûtées en berceau brisé. Dans le mur sud se trouve un enfeu dans lequel repose un couple de gisants assez abîmés.

À côté de l'église, joli **château** du 15ᵉ s., ancienne possession d'Aymeric Vigier et de Louis de Rochechouart.

Quittez Javerlhac par le nord-est en empruntant la D 93.

Teyjat

Découverte en 1880, la **grotte de la mairie** recelait un important gisement du magdalénien supérieur (entre - 13 000 et - 10 000 ans). Ce n'est qu'en 1903 que D. Peyrony et P. Bourrinet découvrirent de remarquables **gravures** sur de grandes dalles stalagmitiques (remarquez les **aurochs★**, saisissants de précision et de vigueur). Un mélange d'une faune « froide » (renne, cheval, bison) avec une faune plus tempérée (cerf) traduit bien le radoucissement du climat à cette époque. *La découverte de cet* *ensemble pariétal a été une étape importante de la préhistoire : les dalles gravées étaient accompagnées d'outils de silex et d'ossements d'animaux faciles à dater, apportant la preuve que les œuvres précédemment retrouvées à Font-de-Gaume et aux Combarelles dataient du paléolithique. ✆ 05 53 06 86 00 - visite guidée sur demande (av. 1 mois, dép. ttes les h) sur demande auprès de Font-de-Gaume - de mi-mai à mi-sept. : 9h30-16h30 - fermé sam. - 2,50 €.*

Aménagée dans l'ancienne mairie du village, la **salle muséographique de la préhistoire** explique et remet dans son contexte les divers éléments trouvés dans la grotte toute proche et dans l'abri Mège *(en sortant, petit chemin à gauche de l'église)*. Trois vidéos complètent les vitrines et les panneaux explicatifs. Les armes et objets gravés sont particulièrement intéressants. *✆ 05 53 56 35 76 - ♿ - visite guidée sur demande (45mn) - juil.-août : 14h30-18h30, sam. 10h-12h, 14h-18h ; juin et sept. : sam. 10h-12h, 14h-17h ; oct.-mai : sur demande - 3,80 € (-10 ans gratuit, 10-18 ans 2,30 €).*

Revenez à Javerlhac et prenez à gauche la D 75 qui ramène à Nontron.

Nontron pratique

Adresses utiles

Office du tourisme de Nontron – *3 av. du Gén.-Leclerc - 24300 Nontron - ✆ 05 53 56 25 50 - juin-sept. : 9h-18h ; oct.-mai : tlj sf dim. 9h-12h, 13h30-17h, sam. 9h-12h.*

Office du tourisme de Varaignes - *Château - 24360 Varaignes - ✆ 05 53 56 35 76 - juil.-août : 10h-12h, 14h30-18h30, dim. 14h30-18h30 ; reste de l'année : tlj sf mar. 10h-12h, 14h-17h, dim. 14h-17h - fermé dim. (nov.-mars), 1er janv., 1er Mai, 1er nov. et 25 déc.*

Se loger

⊖ **Chambre d'hôte du Domaine de Leymeronnie** – *À Leymeronnie - 24360 Busserolles - 10 km au nord-est de Bussière-Badil - ✆ 05 53 56 89 08 - http://www.domainedeleymeronnie.com - ⊭ - 5 ch. 51/61 € ☕ - repas 19/25 €.* En ruines il y a encore quelques années, cette ancienne ferme a été patiemment restaurée afin de faire revivre son charme d'antan, tout en y intégrant le confort d'un équipement moderne. Gîtes et chambres d'hôte ouvrent sur 9 ha de nature. Piscine et terrain multisports. Table d'hôte régionale sur réservation.

⊖⊖ **Chambre d'hôte La Maison des Beaux Arts** – *7 av. du Général-Leclerc - ✆ 05 53 56 39 77 ou 06 71 09 64 72 - www.la-maison-des-beaux-arts.com - ⊭ - 5 ch. 65/79 € ☕.* Cette grande maison aux volets bleus abrite un atelier-salle d'exposition, dans laquelle se déroulent les stages de peinture encadrés par la propriétaire. Les chambres, couleurs vives et meubles chinés, offrent pour la plupart une jolie vue sur la vallée. Petits-déjeuners servis sous la superbe véranda.

⊖⊖ **Chambre d'hôte Domaine de Montagenet** – *Lieu-dit Montagenet-Haut - 24300 St-Martial-de-Valette - 3 km à l'ouest de Nontron par D 75 rte d'Angoulême - ✆ 05 53 60 35 98 - www.domaine-de-montagenet.com - 5 ch. 65/75 € ☕.* Dominant 76 ha de parcs, prés et forêts, ce hameau compte une dizaine de bâtiments datant, pour les plus anciens, du 15e s. L'ensemble a été fraîchement rénové, en respectant le caractère d'origine, tout en y ajoutant confort et équipement modernes. Salle de musculation, massage avec kiné et salon de détente.

Se restaurer

⊖⊖ **Ferme-auberge de Hautefaye** – *Jaubertin - 24300 Hautefaye - 18 km au sud-ouest de Nontron par D 75 et D 92 - ✆ 05 53 56 04 50 - www.lesjaubertins.com - fermé 20 déc.-15 fév. - réserv. obligatoire - formule déj. 23 € - 21/28 €.* Connue « comme le loup blanc » dans la région, cette ferme-auberge continue à élever moutons et volailles et à récolter ses céréales, autant de produits maison qui, associés à divers ingrédients du terroir, feront le bonheur des gourmands !

Que rapporter

Atelier Coutellerie Nontronnaise – *Pl. Paul-Bert - ✆ 05 53 56 01 55 - coutellerie.nontron@wanadoo.fr - tlj sf w.-end 9h-12h, 13h30-18h - fermé j. fériés.* Le couteau de Nontron est connu pour être l'un des plus vieux de France. Les artisans fabriquent toujours les couteaux artisanalement (acier, laiton et buis pour le manche). Visite de l'atelier et de la boutique.

Pôle Expérimental Métiers d'Art de Nontron et du Périgord Vert – *Pl. Paul-Bert, Espace Paul-Bert - ✆ 05 53 60 74 17 - www.poleexperimentalmetiersda.typepad.com - 10h-13h, 14h-18h - fermé dim., lun., j. fériés et janv.* Le pôle expérimental métiers d'art offre de nombreuses expositions thématiques autour des métiers d'arts. Vous pourrez découvrir les créations d'excellence au savoir-faire rare du travail de la matière.

Gouffre de Padirac★★

CARTE GÉNÉRALE C3 – CARTE MICHELIN DÉPARTEMENTS 337 G2 – LOT (46)

Plongez dans un monde à part, celui des « réseaux noyés » parmi les plus longs du monde après ceux du Yucatán (40 km !), au Mexique. La visite de ce gouffre vertigineux, de sa mystérieuse rivière et des vastes cavernes ornées de concrétions calcaires gigantesques reste un incontournable rendez-vous pour qui découvre le causse de Gramat.

- **Se repérer** – À 83 km au nord de Cahors, 54 km au nord-ouest de Figeac et 13 km au nord-est de Rocamadour. Du petit village de Padirac, prenez la D 90.
- **À ne pas manquer** – Le gouffre, vu de l'extérieur, qui fume en hiver ; la balade en barque ; la salle du Grand Dôme.
- **Organiser son temps** – Avec l'attente, comptez 2h30 en saison.
- **Pour poursuivre la visite** – Voir aussi Carennac, le château de Castelnau-Bretenoux, les grottes de Lacave, Martel, Rocamadour et St-Céré.

Comprendre

La légende du diable à Padirac – Saint Martin, à la recherche d'âmes à sauver et n'en ayant pas trouvé, vit brusquement sa mule stopper : Satan surgit portant un grand sac plein d'âmes. Se moquant du saint, il lui propose un marché : il lui donnera les âmes qu'il emporte en enfer, à condition que saint Martin fasse franchir à sa mule un obstacle qu'il crée sur-le-champ. Il frappe le sol du pied et aussitôt apparaît un gouffre béant. L'animal fit un tel bond de l'autre côté de l'abîme que les empreintes de ses sabots y sont encore visibles ; dépité, Satan regagna l'enfer par le trou qu'il avait créé, laissant à saint Martin les âmes !

De la légende à l'exploration – Malgré la légende et leur peur du gouffre, les gens du lieu y descendaient pour y chercher du salpêtre. Le gouffre servit de refuge aux habitants du causse pendant la guerre de Cent Ans et au cours des guerres de Religion, mais il semble que ce soit seulement vers la fin du 19e s., à la suite d'une violente crue de la rivière, qu'une communication praticable se soit ouverte entre le fond du puits et les galeries souterraines.

Le spéléologue **Édouard Alfred Martel** découvre ce passage en 1892. En onze ans, il entreprend neuf expéditions. En 1898, Padirac est inauguré. Depuis, de nombreuses expéditions spéléologiques ont porté la longueur du réseau reconnu à 22 km.

L'expédition de 1947 a permis de déterminer, par une expérience de coloration à la fluorescéine, que les eaux de Padirac réapparaissent à l'air libre à 11 km de là, à la source du Lombard et à la fontaine de St-Georges, **au cirque de Montvalent**, près de la Dordogne.

Au cours des expéditions de 1984 et 1985, les spéléologues accompagnés de paléontologues, de préhistoriens et de géologues, ont mis au jour, à 9 km de l'orifice sur l'affluent de Joly, un gisement qui renferme de nombreux ossements de mammouths, de rhinocéros, de bisons, d'ours, de lions des cavernes et de cerfs... vieux de 150 000 à 200 000 ans. Parmi les ossements ont aussi été découverts des silex taillés datant de - 30 à - 50 000 ans.

D. Donzel / Padirac

La salle du Grand Dôme, vue du Lac Supérieur.

Visiter

N'oubliez pas de vous munir de vêtements imperméables pour visiter le gouffre, surtout s'il a plu les jours précédents ! En saison, l'affluence allonge les files d'attente et rend la visite très bruyante. *✆ 05 65 33 64 56. www.gouffre-de-padirac.com - visite guidée (1h30) du 22 mars au 6 juil. : 9h30-17h30 ; du 7 juil.-3 août : 9h30-18h ; du 4 au 29 août : 8h30-18h30 ; du 30 août au 11 Nov. 10h-17h - 8,70 € (4-12 ans 5,50 €).*

TROGLOPHOT. Padirac

Lumière lunaire sur le gouffre.

À la descente, deux ascenseurs doublés d'escaliers conduisent à l'intérieur du gouffre de 32 m de diamètre jusqu'au cône d'éboulis formé par l'effondrement de la voûte primitive. Du fond du cône, à 75 m de profondeur, la vue est saisissante sur les parois couvertes de coulées de stalagmites et de végétation, et sur le coin de ciel qui se détache au-dessus. Ensuite, des escaliers mènent, jusqu'au niveau de la rivière souterraine, à 103 m au-dessous du sol. Après la descente au fond du gouffre, on parcourt 500 m en barque puis 400 m à pied.

Galerie de la Source

Elle est aménagée au fond d'un canyon souterrain dont la voûte s'élève peu à peu. Longue de 300 m, elle emprunte le tracé de la rivière qui l'a creusée et conduit à l'embarcadère.

Rivière Plane

Une flottille de bateaux plats permet d'effectuer une féerique promenade sur la « rivière plane » aux eaux étonnamment limpides. Les guides se transforment alors en gondoliers le temps de cette « traversée » souterraine. La profondeur de la rivière varie de 50 cm à 4 m, la température de l'eau est constante à 11 °C, comme celle de la grotte à 13 °C. Au cours de cette navigation, remarquez les niveaux d'érosion correspondant aux cours successifs de la rivière. En fin de parcours, on admire la **Grande Pendeloque du lac de la Pluie**. Cette gigantesque stalactite dont la pointe atteint presque la surface de l'eau n'est que le pendentif final d'un chapelet de concrétions de 78 m de hauteur.

Pas du Crocodile

Un passage resserré entre de hautes parois sépare le lac souterrain des salles vers lesquelles se poursuit la visite. Sur la gauche du pas du Crocodile trône le **Grand Pilier**, haut de 40 m.

Salle des Grands Gours

Une série de bassins séparés par des gours, barrages naturels de calcaire, partagent la rivière et le lac en superbes vasques au-delà desquelles une cascade haute de 6 m marque l'extrémité du parcours aménagé pour les visiteurs.

Lac Supérieur

Alimenté seulement par les eaux d'infiltration tombant de la voûte, il est situé à 20 m au-dessus de la rivière plane et limité par une série de gours aux formes arrondies. Ses eaux sont d'un beau vert émeraude. La forme plate des concrétions s'explique par la hauteur de plafond.

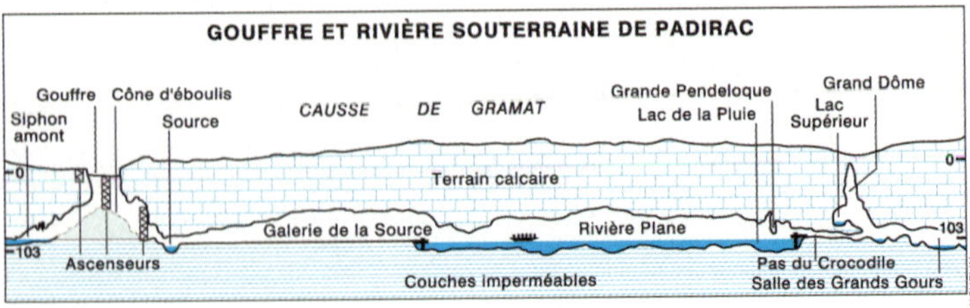

MICHELIN

Salle du Grand Dôme

Cette **salle impressionnante** par sa hauteur (91 m) est la plus belle et la plus vaste du gouffre. Le belvédère établi à mi-hauteur permet d'observer les formations rocheuses et les coulées de calcite qui décorent ses parois. Au cours de la descente vers l'embarcadère, vues intéressantes sur le Grand Pilier et la Grande Pendeloque.

De l'extrémité de la galerie de la Source, près du gouffre, 4 ascenseurs ramènent au pavillon d'entrée, évitant ainsi la montée de 455 marches.

Info pratique

Adresse utile

Office de tourisme – *Pl. de l'Église - 46500 Padirac - ✆ 05 65 33 22 00 - du 12 juil. au 30 août : 10h-12h30, 14h-19h ; du 30 juin au 11 juil. : 10h-12h30, 13h30-18h ; du 2 juin au 29 juin et du 31 août au 28 sept. : tlj sf w.-end 10h-12h30 - fermé dim.*

Se loger

Hôtel du Château – *46500 Alvignac - 9 km au sud-ouest par D 90 et D 673 - ✆ 0565 33 60 14 - www.hotel-chateau-alvignac.com - ouv. avr.-oct., fermé dim. soir et merc. sf juil.-août - 20 ch. 38/42 € - petit-déj. 7 € - rest. 12/24 €.* Adossée à l'église, bâtisse séculaire à la façade en pierre tapissée de vigne vierge. Chambres fonctionnelles et bien tenues, progressivement rajeunies. Agréable jardin. Salle à manger simple et chaleureuse en accord avec la cuisine du terroir.

Hôtel du Casino – *Rte de Padirac - 46500 Alvignac - 6 km à l'ouest de Padirac par la D 673 - ✆ 05 65 33 77 70 - P - réserv. conseillée - 13 ch. 42 € - petit-déj. 6,50 € - rest. 18,50/35 €.* Cet ancien hôtel vient de se transformer ! À l'ancien bâtiment qui abrite toujours des chambres simples, quelquefois même un peu désuètes mais fonctionnelles, on a rajouté une façade ronde tout en verre pour le casino et le restaurant au mobilier contemporain.

Se restaurer

Le Limargue – *Au bourg - 46500 Lavergne - 10 km au sud par D 11, route de Gramat - ✆ 05 65 38 76 02 - lelimargue@wanadoo.fr - fermé 10-21 oct., 12 nov.-25 mars, mar. et merc. hors sais. - 15/25 € - 3 ch. 44 € - petit-déj. 5,50 €.* En parcourant le causse de Gramat, faites une halte dans cette sympathique maison en pierres de taille pour y goûter la cuisine du Quercy. Chambres joliment personnalisées.

Auberge de Mathieu – *À 300 m de l'entrée du gouffre - 46500 Padirac - ✆ 05 65 33 64 68 - perso.wanadoo.fr/auberge.mathieu - fermé 16 nov.-14 mars, sam. en mars et nov. - 26/37 €.* Entre spécialités régionales et cuisine traditionnelle, vous trouverez de quoi vous rassasier dans cette auberge située près du gouffre. Quelques chambres simples et fort bien tenues permettent de prolonger l'étape.

Grotte du Pech-Merle★★★

CARTE GÉNÉRALE C3
CARTE MICHELIN DÉPARTEMENTS 337 F4 – SCHÉMA P. 156 – LOT (46)

À l'écart des grands axes routiers, dans un environnement boisé, ce site exceptionnel remporte un vif succès, séduisant aussi bien petits et grands ! Le long des couloirs et des galeries se succèdent gravures et peintures, une fabuleuse vitrine de l'art pariétal qui fait forte impression. Quant aux formes minérales insolites et colorées, elles suscitent également l'émerveillement.

Se repérer – La grotte se trouve à 52 km à l'ouest de Figeac par la vallée du Lot, 35 km à l'est de Cahors et 3 km de Cabrerets. Elle est accessible par une seule route étroite qui serpente et se termine en cul-de-sac. Restez prudent !

Organiser son temps – Prévoyez 1h45, compte tenu de l'attente, du musée et du film. En été, mieux vaut réserver votre billet 3 jours avant. Une aire de pique-nique est aménagée dans ce cadre verdoyant, pensez à emporter votre casse-croûte, sinon, sachez que la buvette propose aussi une restauration rapide.

Pour poursuivre la visite – Cahors, Cénevières, Labastide-Murat, Marcilhac-sur-Célé et St-Cirq-Lapopie.

Comprendre

Colline de marne – Le latin désigne sous le terme *Podium* toute éminence de petite taille. En langue d'oc, il donne *Puèg*, *Puog* ou encore *Pech*. Quant aux lieux nommés *merle*, ils n'ont rien à voir avec l'oiseau, mais proviennent d'une déformation de *marla*, « marne », terre argilo-calcaire. Pech-Merle ou la petite colline de marne.

Histoire d'une découverte – Deux jeunes Cabreretsiens de 15 et 16 ans, André David et Henri Dutertre, ont été les héros de la découverte de la grotte du Pech-Merle. Fascinés par les recherches menées par l'**abbé Lemozi**, curé de Cabrerets, préhistorien et spéléologue, ils explorent une petite faille connue seulement pour avoir servi de refuge pendant la Révolution et découvrent après de nombreux efforts les merveilleuses peintures pariétales.

En 1949, la découverte d'une nouvelle salle a permis de retrouver l'**accès primitif**, celui qu'utilisaient les hommes il y a environ 16 000 à 20 000 ans pour pénétrer dans cette caverne.

Visiter

Grotte

05 65 31 27 05 - www.pechmerle.com - visite guidée (1h) - ouverture de la billetterie 9h30-12h, 13h30-17h - fermé nov.-mars - visite limitée à 700 visiteurs par j. (il est conseillé de réserver 3 j. av. en juil.-août) - 7,50 € (enf. 4,50 €) haute sais., 6 € (enf. 3,80 €) basse sais. - billet combiné avec le musée Amédée-Lemozi.

En visitant la grotte du Pech-Merle, vous pouvez à la fois admirer de vastes salles décorées de très belles concrétions et vous émerveiller devant la série de gravures et de peintures pariétales témoignant d'une technique déjà éprouvée.

Encore appelée « frise noire », la **chapelle des Mammouths** est ornée dans son niveau supérieur de dessins de bisons et de mammouths, exécutés il y a 15 000 à 16 000 ans au trait noir (oxyde de manganèse), formant une frise longue de 7 m et haute de 3 m.

La **salle des Disques** est décorée de nombreuses et curieuses concrétions de calcite, évoquant des disques dont la formation serait due au dépôt très lent de calcite sur les lèvres de fentes de la roche. L'aspect arrondi est expliqué par

P. Cabrol / © Centre de Préhistoire du Pech-Merle

L'art préhistorique use des volumes de la roche.

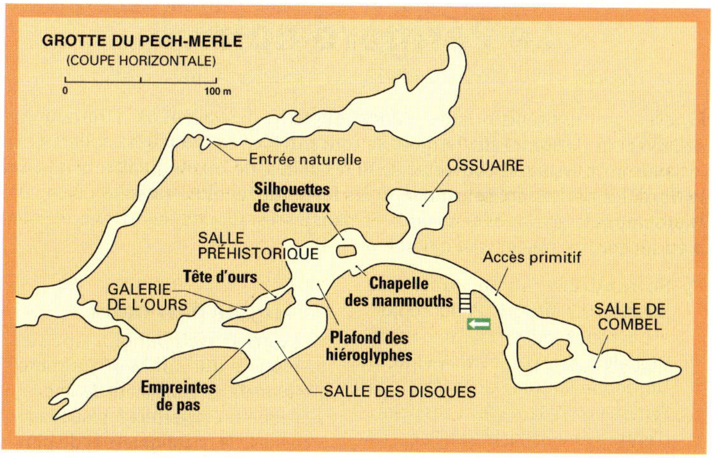

une théorie physique de cristallisation : les cristaux s'organiseraient naturellement en lignes concentriques. Des traces de pas semblent mener à la salle suivante. Elles ont été imprimées par des adolescents il y a 12 000 ans environ. La **galerie de l'Ours** est intéressante pour ses concrétions naturelles : colonnes aux dimensions impressionnantes, excentriques, fistuleuses, ainsi que de rarissimes **perles des cavernes** qui retiennent l'attention par leurs couleurs allant du blanc étincelant de la calcite pure à l'ocre rouge dû à la présence dans le calcaire d'argile et d'oxyde de fer. Ces perles se seraient formées d'une façon semblable à celle… des huîtres, par recouvrement d'un gravier.

Après la salle Rouge, on redescend par un boyau, où fut gravée une tête d'ours.

Dans la partie inférieure de la **salle préhistorique**, un panneau est décoré de **deux grandes silhouettes de chevaux** (1,2 m de long sur 0,9 m de haut). Surchargées, ces silhouettes sont entourées de points, de signes mystérieux et d'empreintes de mains, dites « mains négatives » obtenues en projetant des pigments avec la bouche sur la main, selon le principe du pochoir. Comme à Lascaux, les chevaux ont des silhouettes déformées avec un corps énorme et une tête minuscule. Ces peintures et **le plafond des hiéroglyphes** décoraient un sanctuaire plus ancien que celui de la chapelle des Mammouths (il y a 20 000 ans environ). Derrière le cheval de droite est dessiné un probable poisson, peut-être un brochet. C'est l'une des très rares représentations préhistoriques de poisson connues au monde *(voir également l'abri du Poisson, aux Eyzies)*.

Dans la dernière salle visitée, la **salle de Combel**, ont été découverts des **ossements d'ours** des cavernes, toujours en place. Au centre de la salle, des racines particulièrement développées d'un chêne rouvre viennent chercher l'humidité. Étonnant !

Musée Amédée-Lemozi

✆ 05 65 31 23 33 - www.pechmerle.com - ♿ - mêmes conditions de visite que la grotte du Pech-Merle (billet combiné).

Dédié à l'art pariétal et à la préhistoire en Quercy, il complète la visite de la grotte, en présentant, de façon attrayante et didactique, les ossements, les outils, les armes, les ustensiles et les œuvres d'art trouvés dans quelque 160 gisements préhistoriques différents. Ces objets couvrent toute la période allant du paléolithique ancien à l'âge du fer. Une série de photos permet également de se promener dans les grottes ornées de la région et un film documentaire sur l'art paléolithique en Quercy complète la visite.

Le Périgord noir★★

CARTE GÉNÉRALE B2 – CARTE MICHELIN DÉPARTEMENTS 329 G/I 6/7 – DORDOGNE (24)

Falaises, grottes préhistoriques, châteaux perchés des vallées de la Dordogne et de la Vézère : l'essence du Périgord se concentre ici. La campagne collectionne les maisons paysannes couvertes de tuiles plates, de lauzes ou d'ardoises dans le Nord, les petites églises romanes, les forêts de feuillus envahies de cèpes à l'automne et les élevages de canards. Et, dans les restaurants, les cartes proposent bien sûr confits, foie gras et magrets.

Se repérer – Au sud-ouest de Brive-la-Gaillarde, le Périgord noir est compris au sens large dans le triangle formé par les vallées de la Dordogne (au sud), de la Vézère (à l'ouest) et la D 820 (à l'est). Les points d'entrée sont Sarlat et Souillac.

À ne pas manquer – L'inévitable dégustation de foie gras.

Organiser son temps – Outre la vallée de la Vézère *(voir Les Eyzies)* et la vallée de la Dordogne *(voir ce nom)*, comptez une journée pour le centre du Périgord noir.

Avec les enfants – Le château de Fénelon ; le moulin de la Tour.

Pour poursuivre la visite – Voir aussi Le Bugue, Cadouin, le château de Commarque, la vallée de la Dordogne, Les Eyzies-de-Tayac-Sireuil, la grotte de Lascaux, Montignac, St-Léon-sur-Vézère, Sarlat-la-Canéda, Souillac et Rocamadour.

Périgourdins noirs

Les noms renseignent tant sur l'histoire que sur la géographie régionale. Le qualificatif de « noir » évoque sa couverture forestière de chênes, de châtaigniers et de pins maritimes, tandis que le Périgord provient des Pétrocores, la tribu celte qui vivait dans la région. Aujourd'hui, les habitant sont appelés Périgourdins, plutôt que le « Périgordins » initial. L'auteur de *Jacquou le Croquant* trouvait pourtant que ce « u » alourdissait, assourdissait le véritable nom…

Circuits de découverte

DE LA DORDOGNE AU PAYS D'ARTABAN★★

Circuit de 75 km au départ de Sarlat-la-Canéda (voir ce nom) – comptez environ une journée.

Au long de ce parcours, vous remarquerez que l'architecture des maisons, châteaux, manoirs et églises du Périgord noir, dont les murs construits dans le beau calcaire doré de la région sont couverts de toits pentus en lauzes ou en petites tuiles plates au coloris brun, est en parfaite harmonie avec les paysages vallonnés et boisés.

Quittez Sarlat par le sud-est en empruntant la D 704, direction Gourdon. À la sortie de la ville, prenez à droite vers La Canéda.

Site de Montfort★ *(voir vallée de la Dordogne)*

Quittez Montfort par le nord-est en empruntant la D 703.

Carsac-Aillac

Dans un site champêtre s'élève la modeste mais charmante **église de Carsac★** bâtie en belle pierre jaune *(voir ABC d'architecture p. 62)*. Sa façade s'ouvre sur un porche à cinq voussures retombant sur des colonnettes ; le massif clocher roman et l'abside sont couverts de lauzes. La nef et les bas-côtés ont reçu au 16e s. des voûtes étoilées dotées d'élégantes clefs en disques. Une petite coupole à pendentifs surmonte la croisée du transept. Le chœur se prolonge par une abside romane, voûtée en cul-de-four et ornée d'intéressants chapiteaux de style archaïque d'inspiration orientale. Les **vitraux** et le **chemin de croix**, réalisés par l'artiste russe Léon Zack (autres vitraux à Strasbourg, Brest, Issy-les-Moulineaux),

Info pratique

VÉLO AU DÉPART DE SARLAT

Suivant le tracé d'une voie ferrée désaffectée, une piste cyclable conduit à **Cazoulès** *(25 km à l'est)*. Facile à parcourir, cet itinéraire est idéal pour une journée en famille, avec pique-nique le long de la Dordogne.

À St-Rome, vous pouvez opter pour la variante qui mène à **Groléjac** *(12 km au sud)*, où une base de loisirs est aménagée autour du lac.

réfugié là durant la Seconde Guerre mondiale, complète l'ornementation : l'œuvre frappe par la rudesse de son style et l'austérité de sa conception ; les textes sont de Paul Claudel.

Quittez Carsac par le sud en empruntant la D 704. Au lieu-dit St-Rome, suivez le fléchage « Jardins d'eau ».

Les Jardins d'eau★ – *✆ 05 53 28 91 96 ou 06 08 92 37 82 - www.jardinsdeau.com - mai-août. : 9h-20h ; sept.-oct. : 10h-19h (dernière entrée 1h av. fermeture) - 5 € (10-16 ans 2,50 €, - 10 ans gratuit).* C'est sur un terrain de 3 ha en pente douce au pied de la Dordogne que Claude et Didier Bernard ont décidé de créer leur jardin aquatique s'appuyant sur une expérience passée (en Normandie) en matière de lotus et nénuphars.

Déjà, la maisonnette d'accueil vitrée est entourée d'un bassin de nénuphars exotiques. Un concert de croassements accompagne le visiteur ; outre les grenouilles, cinq espèces de libellules ont élu domicile ici. Mais nul moustique car les *gambusis*, véritables petits poissons nettoyeurs, se chargent de les manger.

Le **grand bassin des nymphéas** traversé d'un pont japonais évoque une toile de Monet, tandis que les cinq variétés d'iris rappellent Van Gogh. En descendant, remarquez sur le bas-côté une partie de l'aqueduc construit par les Romains sur 4 km, permettant l'écoulement du trop-plein d'une source dans la Dordogne. Arrivé au pied de la **fontaine**, vous verrez les plus grands lotus : les fleurs atteignent 2 m de haut et les feuilles 70 cm de diamètre. Ils côtoient six variétés de nénuphars blancs. Ensuite, vous emprunterez la passerelle serpentant sur le **long bassin des lotus** (dont une variété naine). Leurs feuilles hydrophobes scintillent parfois de gouttelettes. Les **bassins en terrasses**, aménagés dans la montée, permettent de toucher et de sentir les nénuphars. Y dérivent également des petites plantes flottantes.

Ici, pas de filtre UV pour maintenir la clarté de l'eau mais cinq variétés de plantes oxygénantes. Dans ces jardins, vous apprécierez également les divers végétaux entre les pièces d'eau. Ceux qui voudraient s'approvisionner en plantes aquatiques trouveront à la **Pépinière** toutes les variétés présentes sur les lieux.

Revenez sur la D 704 ; après avoir franchi la Dordogne, prenez à gauche la D 50.

Château de Fénelon★

✆ 05 53 29 81 45 - juil.-août : 10h-19h ; avr.-juin et sept. : tlj sf mar. 10h30-12h30, 14h30-18h ; mars et oct. : tlj sf mar. 14h-17h ; fév. et nov. : w.-end 14h-17h - 7,50 € (6-12 ans 5 €).

Bâti auprès du village de Ste-Mondane, sur une éminence dominant la Dordogne et les bois de la Bouriane, le château de Fénelon, dont les fondations datent du 14e s., joua un rôle important durant la guerre de Cent Ans. Forteresse anglaise, elle redevint française en 1375. Il subit d'importantes transformations au 17e s., puis comme beaucoup de châteaux en Périgord, il fut laissé à l'abandon à la Révolution mais resta intact. Les actuels propriétaires ont redonné au lieu son lustre d'antan.

Extérieur – Sa **triple enceinte** lui confère une allure de très puissante forteresse. Les logis et les tours ont conservé leur **couverture de lauzes**. Un bel escalier à

J. Damase c/ MICHELIN

François de Salignac de La Mothe-Fénelon, auteur des « Aventures de Télémaque », naquit au château de Fénelon.

double révolution donne accès à la cour d'honneur. À droite, sous la galerie, se trouve un puits de 96 m taillé dans le roc. De la terrasse, belle **vue** sur le vallonnement environnant.

Intérieur – La visite libre retrace l'**histoire du mobilier★** du Moyen Âge à l'Empire, à travers différentes pièces : cuisine médiévale, chambre Louis XVI, chambre Empire…, en passant par la reconstitution d'un cabinet de curiosités. À noter également, une belle collection d'armes du 15e au 18e s. et des tapisseries faisant référence à l'œuvre de Fénelon. François de Salignac de La Mothe-Fénelon naquit en effet au château le 6 août 1651 et y passa son enfance. Sa famille possédait le fief depuis le 14e s., et le conserva jusqu'en 1780. Bien sûr, vous verrez la chambre où serait né le futur archevêque de Cambrai, avec son lit à colonnes torses.

Suivez la D 50 jusqu'à St-Julien-de-Lampon, puis rejoignez la rive droite de la Dordogne par la D 61.

Le franchissement de la Dordogne est gardé par le **château de Rouffillac**, dont la silhouette émerge des chênes verts.

Carlux

Campée sur une position dominante, cette bourgade a conservé de vieilles maisons et sa petite halle. Une lanterne des morts, surgissant d'un mur-pignon, donne à l'ensemble une note insolite. Du château subsistent encore une tour d'entrée, le donjon et d'imposantes courtines. De la terrasse du château, jolie **vue** sur la vallée et les falaises servant de fondations à la forteresse.

Prenez la route derrière le château, près de la mairie, et suivez les panneaux « Jardins de Cadiot » (1 km à parcourir).

Jardins de Cadiot – *✆ 05 53 29 81 05 - mai-oct. : 10h-19h - 6 € (-18 ans gratuit).* Ce jardin privé de 2 ha, partagé par une petite route, se niche au creux d'une combe, au milieu d'un bois de chênes. Dix tableaux se répartissent sur trois terrasses. Sur la première se succèdent le **potager** et le **verger-cloître**, où les pommiers en espalier s'alignent autour d'un bassin tandis que des cyprès tracent un déambulatoire. Une antichambre de charmes ouvre sur la **pivoineraie** (collection de 100 variétés) en éventail, suivie du labyrinthe de charmes et de la **roseraie** (rosiers anciens). Des poèmes sont inscrits sur des morceaux de pots du **jardin de poésie**. La deuxième terrasse offre un **jardin à l'anglaise**, savant mélange aux couleurs vives, suivi d'un **jardin sauvage**, sous-bois d'érables ponctué de palmiers, de fougères arborescentes et de sculptures. La dernière terrasse présente un jardin d'inspiration toscane où le buis taillé encadre des fleurs blanches, suivi de trois petits patios (des concerts s'y déroulent en été).

Poursuivez sur la D 61 en direction de Salignac. Après 3 km, tournez à gauche dans la D 47. À Ste-Nathalène, prenez à droite et suivez la direction de Proissans.

Moulin de la Tour

05 53 59 22 08 - www.moulindelatour.com - ♿ - visite guidée (30mn, dernière entrée 1h av. la fermeture) juil.-août : lun., merc., vend. 9h-12h, 14h-19h, sam. 14h-19h ; juin et sept. : merc., vend. 9h-12h, 14h-19h, sam. 14h-19h ; avr.-mai : merc., vend. 9h-12h, 14h-19h ; oct.-mars : vend. 9h-12h, 14h-18h - fermé 1 sem. de nov. et en mars (se renseigner), dim., 1er janv., 1er nov., 25 déc. - 4,20 € (6-12 ans 2,70 €).

Actionné par les eaux de l'Enéa, ce moulin du 16e s. perpétue la fabrication traditionnelle d'**huile de noix** et de noisette. Nombreux étaient autrefois en Périgord les moulins céréaliers équipés pour une production complémentaire, en hiver, d'huile de noix ; le mécanisme de celui-ci a 150 ans. La visite fait découvrir les diverses étapes de la fabrication de l'huile. Vente de la production.

Revenez sur Ste-Nathalène. Peu avant le village, prenez à gauche vers le hameau de La Tour.

Jardins d'Eyrignac★★ *(voir ce nom)*

Rejoignez la D 61 et prenez à gauche.

Salignac-Eyvigues

La place de la Halle, sur laquelle donne la façade du couvent des Croisiers (13e s.), et les ruelles avoisinantes, en particulier la rue Ste-Croix avec ses beaux toits de lauzes, forment un joli tableau, à quelques pas de l'entrée du château.

Bâti du 12e au 17e s., le **château** est encore flanqué de ses remparts *(ne se visite pas)*. Cette forteresse médiévale appartient toujours à la famille dont était issu François de Salignac de La Mothe-Fénelon. Le corps de logis, égayé de fenêtres à meneaux, est encadré de tours rondes et carrées.

Quittez Salignac par l'ouest en empruntant la D 60, direction Sarlat. À la sortie du village, tournez à gauche.

Carlucet

L'église de Carlucet est accompagnée d'un curieux **cimetière** du 17e s. dont une partie des tombes se trouvent dans des enfeus creusés dans le mur d'enceinte.

Quittez Carlucet par le sud-ouest en empruntant une petite route qui serpente dans le vallon.

St-Crépin-et-Carlucet

Le **château de Lacypierre** est une charmante gentilhommière bâtie à la fin du 16e s. à l'emplacement d'une ancienne demeure fortifiée. Le logis rectangulaire est conforté de deux tourelles. L'ensemble est recouvert de lauzes. *05 53 29 39 28 - possibilité de visite guidée du château (1h30) sur demande préalable (2 j. av.) de Pâques à la Toussaint : apr.-midi - 5 € (- 10 ans gratuit) - visite libre de l'exposition sur la restauration du château et du parc de Pâques à la Toussaint : 8h-20h.*

Quittez St-Crépin par le nord en empruntant la D 60, direction Salignac. Après 2 km, tournez à gauche dans la D 61.

St-Geniès★

C'est l'un des beaux villages du Périgord noir, avec des maisons de calcaire doré couvertes de lauzes, les ruines d'un donjon roman et un château du 15e s. accolé à l'église. On pénètre dans celle-ci par un clocher-porche fortifié, rajouté au 16e s. La **chapelle du Cheylard**, petite construction gothique au sommet d'une butte, derrière la poste, est ornée de belles **fresques**★ du 14e s. relatant la vie du Christ et de saints populaires. Remarquez à la frange du toit la corniche à arceaux reposant sur des modillons sculptés de têtes.

Quittez St-Geniès par le sud en empruntant la D 64 et rejoignez la D 704, direction Sarlat. Aux Presses, prenez à gauche.

Artaban, héros romanesque

Gauthier de Costes, dit La Calprenède, est né au manoir du Toulgou, près de Salignac-Eyvigues (1610-1663). Il inventa Artaban, qui a laissé son nom à la postérité sous la forme d'une simple expression : « fier comme Artaban ». Lequel Artaban est un des personnages du roman-fleuve *Cléopâtre* de 12 volumes publié en 1662, inspiré de rois Parthes antiques du même nom.

Le Mai, qu'est ce donc ?

Cet **arbre ébranché** ne conservant qu'un toupet, enrubanné de la mi-hauteur au sommet, décoré de drapeaux tricolores et d'une pancarte, que vous verrez certainement lors de votre périple en Périgord, est la survivance d'une tradition païenne. Pour fêter l'arrivée du **printemps**, un arbre (symbole de jeunesse et de fécondité) était planté sur la place du village le 1er Mai. Cette coutume s'étendit ensuite aux moments importants de la vie familiale comme le mariage. Aujourd'hui, on dresse un arbre en l'honneur du nouvel élu, du patron ou à la fin des travaux de construction d'une maison. Toutes les occasions sont bonnes car la personne qui est honorée doit une tournée ou un repas. Vous aurez compris que le Mai prétexte à la convivialité !

Temniac

Située sur une colline au-dessus de Sarlat d'où s'offre un beau **point de vue★** sur la ville, la **chapelle Notre-Dame** est toujours le but d'un pèlerinage important. L'enceinte du château, aujourd'hui en cours de restauration, fut une commanderie des Templiers avant de devenir la résidence des évêques de Sarlat. La chapelle du 12e s. présente les caractéristiques du style roman périgourdin avec sa nef voûtée de deux coupoles et son chœur à cinq pans. Une Vierge noire, objet de la dévotion du pèlerinage, se trouve dans la crypte voûtée d'ogives archaïques.

La D 57 ramène à Sarlat.

LE SUD DU PÉRIGORD NOIR★★★ 2

Circuit de 80 km au départ de Sarlat-la-Canéda – comptez environ une journée. Voir Vallée de la Dordogne.

Le Périgord noir pratique

Voir aussi Sarlat-la-Canéda, les Eyzies-de-Tayac-Sireuil, Le Bugue, Montignac, Souillac et Terrasson-Lavilledieu.

Se loger

Chambre d'hôte La Noyeraie – *24590 Paulin - 22 km au nord de Sarlat - 05 53 28 81 88 ou 05 53 29 25 09 - www.pleinefage.com - fermé vac. de Noël - - 4 ch. + 1 suite 45/89 € - 5 € - repas 17 €.* Toute récente et déjà célèbre, cette maison d'hôte au cœur d'un parc fermier de 40 ha compte 5 belles chambres aménagées dans l'ancienne grange en pierre de pays. L'immense terrasse et la piscine offrent une vue superbe sur la noyeraie en contrebas. Table d'hôte aux produits de la ferme, principalement au canard.

Camping La Bouquerie – *24590 St-Geniès - 12 km au nord-ouest de Salignac par D 60 et D 61 - 05 53 28 98 22 - labouquerie@wanadoo.fr - ouv. 15 avr.-23 sept. - réserv. indispensable - 183 empl. 27 € - restauration.* Bien entretenu, ce terrain est plaisant : les propriétaires qui l'ont conçu autour de bâtiments anciens l'améliorent régulièrement, multipliant notamment les piscines... Emplacements ombragés. Location de mobile homes.

Chambre d'hôte Les Granges Hautes – *Le Poujol - 24590 St-Crépin-et-Carlucet - 12 km au nord-est de Sarlat dir. Brive puis Salignac - 05 53 29 35 60 - www.les-granges-hautes.fr - fermé 13 nov.-15 mars - 5 ch. 64/78 € - 8 €.* Joli parc arboré invitant à la paresse, piscine d'eau salée agrémentée d'une belle mosaïque, chambres (non-fumeurs) meublées et décorées avec élégance : cette séduisante maison en pierre a un charme fou ! Deux dépendances abritent des gîtes au cadre raffiné. Possibilité de table d'hôte.

Chambre d'hôte Les Charmes de Carlucet – *À Carlucet - 24590 St-Crépin-et-Carlucet - 13 km au nord de Sarlat par D 704, rte de Montignac et à droite par D 60 - 05 53 31 22 60 - www.carlucet.com - 4 ch. et 1 appartement 74/119 €.* Grand confort et attentions délicates vous attendent dans le calme de cette superbe propriété périgourdine. Situées en étage, 4 chambres spacieuses, au décor chaleureux, allient confort et simplicité. Un agréable gîte, totalement indépendant, avec terrasse et piscine privative, a été aménagé dans le pigeonnier. Accueil discret.

Gîte de la Mouynarie – *Rte de Tamniès - 24590 St-Geniès - 7 km à l'ouest de St-Geniès par D 48, rte de Tamniès - 05 53 59 68 85 ou 06 72 70 86 32 - www.lamouynarie.com - - réserv. obligatoire - 3 gîtes 70 €.* Votre séjour dans cette ancienne ferme périgourdine sera bercé par le calme : les 4 ha de forêt et de prairie qui entourent la propriété vous le garantissent. Aménagés dans les anciennes écuries, les 3 gîtes indépendants offrent le charme des pierres apparentes et un confort agréable. Belle piscine entourée de verdure.

Se restaurer

La Meynardie – *24590 Salignac-Eyvigues - 2,5 km au nord-ouest de Salignac par D 62 puis rte secondaire - ✆ 05 53 28 85 98 - lameynardie24@wanadoo.fr - fermé de fin nov. à mi-fév., mar. sf juil.-août et merc. - 13/42 €.* Ce restaurant dans une ancienne ferme périgourdine est perdu dans la campagne. La salle à manger est dans le ton : poutres, sol de galets, murs de pierre et cheminée. Ou bien choisirez-vous la terrasse si le temps le permet. Cuisine bien tournée à prix raisonnables.

The Black Duck – *24590 St-Crépin-et-Carlucet - 4 km au nord-est de St-Crépin-et-Carlucet, par rte de Salignac et à droite, à Carlucet - ✆ 05 53 28 80 51 - fermé janv.-fév. et lun. sf j. fériés - réserv. obligatoire - 17/23 €.* Ne cherchez pas le menu, il n'y en a pas ! Attablez-vous dans cette charmante auberge avec ses poutres et sa vaste cheminée de pierre et laissez-vous porter par les saveurs des produits régionaux. Vous serez récompensé de votre détour pour arriver jusqu'ici.

Que rapporter

Domaine de Béquignol – *Béquignolles - 18 km à l'ouest de Sarlat, route de Souillac - 24370 Carlux - ✆ 05 53 29 73 41 - www.bequignol.fr - 9h-12h, 13h30-17h - fermé w.-end, fin août-déb.sept., 25 déc.-1er janv. et j. fériés.* Confiseries : Arlequines de Carlux (cerneaux de noix enrobés de chocolat et poudrés de cacao), bouchées aux noix, Nogaillous du Périgord (cerneaux de noix

S. Sauvignier / MICHELIN

Gâteau aux noix.

enrobés de chocolat), Noir et noix (barre de chocolat noir fourrée à la pâte de noix et de caramel). Boissons alcoolisées : Béquinoix (apéritif) et vieille eau-de-vie de prune. Ces gourmandises sont distribuées dans les principales boutiques du Périgord et du Quercy ainsi qu'à l'écomusée de la Noix à Castelnaud.

Foie Gras Crouzel – *Le Temple - 17 km au nord-est de Sarlat - 24590 Salignac-Eyvigues - ✆ 05 53 28 80 83 - www.crouzel.com - 8h-12h (sam. 8h30), 14h-18h30 - fermé dim. et j. fériés.* Des produits locaux sélectionnés pour leur qualité, un savoir-faire culinaire dans la plus pure tradition, transmis de génération en génération : voilà le secret du foie gras de la famille Crouzel. De plus, l'accueil sympa doit être aussi héréditaire.

Périgueux★★

29 600 PÉRIGOURDINS
CARTE GÉNÉRALE A2 – CARTE MICHELIN DÉPARTEMENTS 329 F4 – DORDOGNE (24)

Périgueux se parcourt comme un livre d'histoire : d'un côté la cité antique avec sa villa gallo-romaine abritée sous un préau de verre dû à Jean Nouvel, de l'autre la ville médiévale et Renaissance où s'élève la cathédrale St-Front aux airs byzantins donnés par Paul Abadie et entre, la place de Francheville à l'aménagement contemporain avec son jardin fermé par un complexe de cinéma. Vous pourrez aussi rallier ces deux quartiers distincts en suivant la Voie Verte le long de l'Isle, l'occasion d'une agréable promenade offrant un coup d'œil différent sur la ville. Enfin, vous ne manquerez pas d'apprécier les produits du terroir les jours de marché et de goûter à la gastronomie à l'honneur toute l'année !

Se repérer – Préfecture de la Dordogne, Périgueux est à 43 km au nord de Bergerac et 45 km au nord-ouest des Eyzies-de-Tayac-Sireuil.

Se garer – Parkings gratuits sur les quais, une partie des allées Tourny et pl. Mauvard. Trois grands parkings souterrains payants *(35mn gratuites)* : bd Montaigne, pl. Francheville, espl. du Théâtre.

À ne pas manquer – Les façades médiévales et Renaissance du quartier St-Front et la cathédrale ; Vesunna dans le quartier de la Cité et le retable de St-Étienne-de-la-Cité.

Organiser son temps – Comptez 1 journée, plus une demie pour les environs.

Avec les enfants – L'office de tourisme assure des ateliers de découverte pour les 6-12 ans, en été ; Vesunna, le musée d'Art et d'Archéologie du Périgord.

Pour poursuivre la visite – Voir aussi Bergerac, Bourdeilles, Brantôme, l'abbaye de Chancelade, Neuvic, Ribérac, Rouffignac.

Comprendre

Vésone la romaine – La source sacrée de Vésone est à l'origine de Périgueux. C'est près d'elle que les Gaulois **Pétrocores** établissent, sur la rive gauche de l'Isle, leur principal *oppidum*. Après avoir pris fait et cause pour la résistance de Vercingétorix contre César, les Pétrocores doivent accepter la domination romaine, mais profitent largement de la *Pax romana* qui fait de la ville l'une des plus belles cités de la province d'Aquitaine. Vésone s'étend au-delà de la boucle de l'Isle, tandis que s'élèvent temples, forums, basiliques et arènes. Cette prospérité est brusquement ruinée au 3e s. par les Alamans qui détruisent la ville, ainsi que soixante-dix autres bourgades de la Gaule.

La malheureuse cité – Pour éviter un nouveau désastre, les Vésoniens s'enferment dans une étroite enceinte ; les pierres des temples servent à élever un rempart, les arènes sont transformées en donjon. Malgré ces précautions, la ville subit les assauts des envahisseurs barbares : Wisigoths, Francs et Normands la pillent et la brûlent tour à tour. Dans cette cascade de malheurs, Vésone perd jusqu'à son nom. On ne l'appelle

B. Kaufmann / MICHELIN

Quartier St-Front en bordure de l'Isle.

plus que la cité des Pétrocores. Au 10e s., siège d'un évêché fondé par saint Front, la Cité (nouveau nom de Vésone) devient la modeste capitale du comté de Périgord.

L'ambitieux Puy-St-Front – Non loin de la Cité s'élevait un petit sanctuaire abritant le tombeau de saint Front, apôtre du Périgord. Objet d'un pèlerinage, ce lieu saint devient un centre monastique autour duquel se groupe un bourg actif : Puy-St-Front, dont l'importance éclipse bientôt celle de la Cité. Ses bourgeois participent aux ligues féodales contre les rois anglais, établissent le régime émancipateur du consulat, puis prennent parti pour Philippe Auguste contre Jean sans Terre. Peu à peu, l'envahissant St-Front s'adjuge les prérogatives de la Cité, les escarmouches se multiplient entre les deux rivales. Isolée sur l'échiquier politique, la Cité doit accepter de composer avec sa voisine. Le 16 septembre 1240, les deux entités scellent leur union : une seule communauté gouvernée par un maire et douze consuls sous le vocable de Périgueux. Les deux anciennes villes devenues quartiers gardent leur personnalité : dans la Cité, clercs et aristocrates, à Puy-St-Front, commerçants et artisans.

Périgueux, préfecture – En 1790, lors de la création du département de la Dordogne, Périgueux est choisie comme préfecture, plutôt que Bergerac, et connaît alors un nouvel essor. Des avenues et des places sont aménagées entre les quartiers anciens. Le transfert de l'Imprimerie des timbres-poste de Paris à Périgueux eut lieu en 1970. La production de figurines postales, pour la France et une vingtaine de pays étrangers, avoisine les 5 milliards par an !

Découvrir

LE QUARTIER SAINT-FRONT★★★ 1 BC1-2

L'ancien quartier des artisans et des commerçants, classé secteur sauvegardé, fait l'objet d'importantes restaurations. Ses façades Renaissance, ses maisons médiévales, ses cours, ses escaliers et ses échoppes sont au fil du temps sauvés de la ruine et mis en valeur. Les rues piétonnes ont retrouvé leur fonction d'artères commerçantes : les places du Coderc et de l'Hôtel-de-Ville s'animent le matin avec le marché aux fruits et aux légumes, tandis que la place de la Clautre sert de cadre aux grands marchés du mercredi et du samedi. En hiver, les prestigieuses ventes de truffes et de foie gras attirent des foules de connaisseurs place St-Louis. En été, les tables des restaurants débordent sur le pavé et l'on peut savourer la prestigieuse cuisine périgourdine dans un cadre d'une autre époque.

Partez de la tour Mataguerre, face à l'office de tourisme.

Tour Mataguerre B2

Dans le cadre des visites guidées de la ville (voir Périgueux pratique).

Cette tour ronde (dont le nom viendrait d'un Anglais emprisonné dix-sept ans entre ses murs), couronnée d'un parapet à mâchicoulis et percée d'archères, date de la fin du 15e s. C'est la dernière des 28 tours qui constituaient le système de fortifications de Puy-St-Front au Moyen Âge. Du sommet, **vue★** intéressante (table d'orientation) sur les toits de tuiles du vieux quartier de Périgueux, les tours des maisons nobles, les dômes de St-Front et les collines environnantes dont la fameuse colline d'Écornebœuf qui était si raide que les bêtes s'y rompaient le coup... et y perdaient leurs cornes !

Prenez la rue de la Bride.

Rue des Farges (des Forgerons)

Elle fait suite à la rue de la Bride. Aux nos 4 et 6, la maison des **Dames de la foi** dresse sa façade dont on lit encore l'ordonnance médiévale (12e s.) : arcs brisés au rez-de-chaussée, plein cintre au niveau supérieur, loggia sous la toiture. Un clocheton à un angle rappelle que l'édifice abritait au 17e s. une congrégation.

Jetez un œil au passage Taillefer avant de prendre à droite la ruelle des Farges qui mène à l'agréable place de Navarre. Montez les escaliers.

Rue Aubergerie

Au no 16, l'**hôtel d'Abzac de Ladouze** comprend une grande arche soudée à une tour octogonale et à une tourelle en encorbellement, caractéristique du 15e s. Aux nos 4 et 8, l'**hôtel de Sallegourde**, également du 15e s., présente une tour polygonale couronnée d'un chemin de ronde à mâchicoulis.

Tournez à gauche.

Rue St-Roch

Au no 4, petite loggia à arcature décorée de pointes de diamant. Plus loin, remarquez la maison à pans de bois qui débute la rue de Sully, joliment restaurée.

Prenez sur la gauche.

SE LOGER

Bristol (Hôtel).. 1
Calmade (Chambre d'hôte La)........ 3
Comfort Hôtel Régina....................... 4
Étap'Hôtel.. 6
Mercure.. 8
Village (Chambre d'hôte Au).......... 10

SE RESTAURER

Au Bien Bon... 8
Au Petit Chef... 9
Clos Saint-Front (Le)........................... 11
Espace du Sixième Sens (L')............. 12
Essentiel (L')... 13
Grande Maison
(Ferme -auberge).............................. 15
Hercule Poireau.................................... 17
Table du Pouyaud (La)....................... 18
Taula (La)... 20
Truffe (Auberge de la)........................ 23

INDEX DES RUES

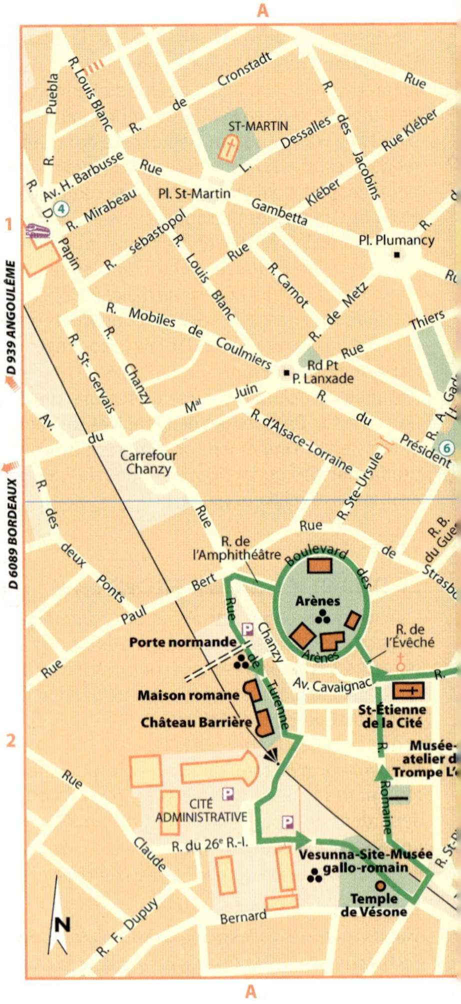

Rue du Calvaire

Les condamnés qui étaient exécutés place de la Clautre gravissaient cette rue qui était leur « calvaire ». On y voit au n° 3 une belle porte cloutée sous un portail Renaissance. La place de la Clautre offre une perspective intéressante sur l'imposante cathédrale St-Front, à laquelle vous serez peut-être moins sensible les jours de marché davantage attiré par les étals appétissants.

Cathédrale St-Front★★

Sur le chemin de St-Jacques-de-Compostelle, St-Front est à ce titre inscrite au patrimoine mondial de l'Humanité. C'est la première des églises à coupoles élevée au Moyen Âge le long de la voie romaine allant de Rodez à Cahors et à Saintes.

Dès le 6e s., une chapelle avait été édifiée à l'emplacement du tombeau de saint Front, bientôt rejointe par une abbaye dont on ne sait si elle était à l'origine augustinienne ou bénédictine. En 1047, une église plus vaste était consacrée. Ce deuxième édifice fut ravagé par un incendie en 1120, et l'on décida alors la construction d'une église encore plus grande, dans le prolongement de l'église endommagée. Achevée vers 1173, cette troisième basilique, de type byzantin, rappelle par ses coupoles et son plan en croix grecque, rare en France, St-Marc de Venise et les Sts-Apôtres de Constantinople. En 1575, au cours des guerres de Religion, St-Front est pillée par les protestants, le trésor dispersé, le tombeau du saint détruit. Plusieurs restaurations sont menées sans tenir compte du plan original. Elle a été en grande partie reconstruite par **Abadie** à partir de 1852, dans le goût des pastiches du second Empire *(voir p. 296)*.

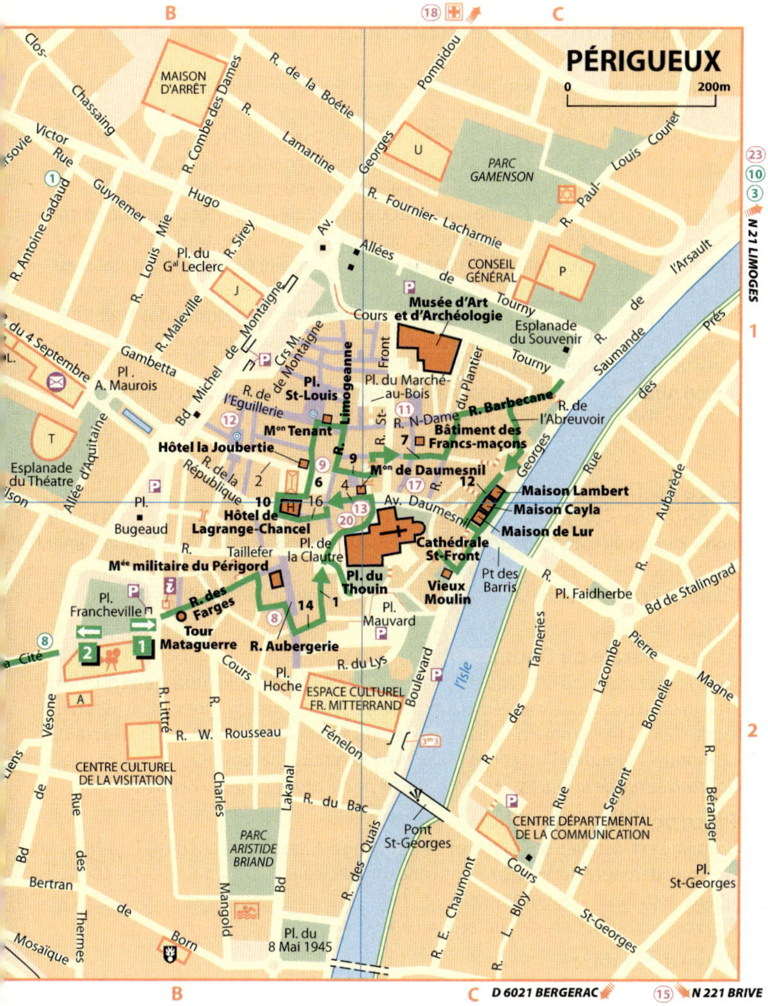

Depuis la place de la Clautre, vous avez une vue d'ensemble de la cathédrale. La façade donnant sur la place et les travées dévoûtées appartiennent à l'église du 11e s. Le beau clocher à étages est le seul élément de l'église du 12e s. à peu près conservé tel quel. Abadie s'est inspiré de sa lanterne pour concevoir les gros clochetons qui coiffent les nouvelles coupoles.

Pénétrez dans la cathédrale par le porche latéral nord.

Pour respecter l'ordre chronologique de la construction de l'édifice, on voit d'abord, tenant lieu de base au clocher, les vestiges de l'église du 11e s. : deux travées couvertes de coupoles juchées sur de hauts tambours. De son prestigieux modèle roman, l'église réinventée par Abadie a repris les dimensions, la hardiesse des coupoles sur pendentifs et la puissance des curieux piliers creusés de passages en forme de croix.

Un **retable★★** en chêne et noyer meuble le fond de l'abside. Ce chef-d'œuvre de sculpture baroque magnifie la Dormition et l'Assomption de la Vierge. Bel exemple d'ébénisterie du 17e s., la **chaire★** est entourée notamment d'Hercule soutenant la cuve auquel font écho les deux atlantes portant l'abat-son. Les cinq **lustres** de cuivre monumentaux, éclairant chacun une travée de l'édifice, furent dessinés par Abadie ; ils servirent pour le mariage de Napoléon III à Notre-Dame de Paris.

Dans le cadre des visites guidées de la ville médiévale-Renaissance (voir Périgueux pratique). Le **cloître** date des 12e, 13e et 16e s. et présente une architecture mi-romane, mi-gothique. Dans les galeries sont exposés des sarcophages. L'énorme « pomme de pin » au centre du cloître coiffait autrefois le sommet du clocher. Un coq, également présenté, la remplaça à la Révolution, avant l'ange actuel.

Prenez à droite de l'imposant édifice.

Restauration ou reconstruction ?

Une ruine menaçante, à la charpente branlante, au toit dénudé : c'est ainsi que Paul Abadie trouve la cathédrale en 1852. C'est que le bâtiment a traversé les guerres de Religion, la Fronde et la Révolution. L'ampleur de la tâche explique le choix d'une réfection si radicale que beaucoup parlent de reconstruction, voire de « pastiche savant ». Seul le clocher est en grande partie sauvegardé et, si Abadie choisit de conserver le plan en croix grecque, il n'hésite pas à surmonter les coupoles de clochetons romano-byzantins au goût de l'époque, ni à opter pour une pierre blanche découpée mécaniquement, qui tranche avec celle, grisâtre et taillée à la main, de l'église primitive (voyez le clocher). La salle capitulaire gothique est remplacée par un ensemble néoroman, certaines cryptes et le réfectoire roman sont supprimés, les arcs brisés passent en plein cintre et l'ensemble des sculptures est refondu, reléguant les artistes romans au musée du Périgord. Et pourtant, il a ressuscité une œuvre grandiose.

Paul Abadie (1812-1884) a restauré de nombreux monuments à Périgueux et en France. Il s'est inspiré de St-Front pour ses plans du Sacré-Cœur à Paris.

Place du Thouin

Les deux canons de bronze plantés sur cette petite esplanade arborée portent l'inscription « Périgueux 1588 ». Ils furent exhumés place du Coderc en 1979, à l'emplacement de l'ancien consulat où était établie l'armurerie.

Contournez la cathédrale St-Front, pour rejoindre la place Daumesnil puis sur la gauche la rue de la Clarté.

Maison natale de Daumesnil BC1

Derrière la façade du 18e s. du no 7 naquit, le 27 juillet 1776, le futur **général Pierre Daumesnil** qui suivit Napoléon à Arcole, en Égypte, puis à Wagram, où il perdit une jambe. En 1814, sommé par les alliés de quitter la place de Vincennes, Daumesnil répondit « Je rendrai Vincennes quand on me rendra ma jambe. »

Poursuivez rue de la Clarté, prenez à gauche puis à droite la rue du Serment.

Place de l'Hôtel-de-Ville

La mairie est installée dans l'**hôtel de Lagrange-Chancel** datant des 17e et 18e s. Au no 7, une demeure du 15e s. présente une tour d'escalier polygonale. Ses mâchicoulis, quant à eux, sont néogothiques.

Engagez-vous à gauche de l'hôtel de ville.

Place du Coderc B1-2

À l'origine pré à parquer les cochons (*couderc* signifie « pré » en périgourdin), elle devint par la suite le cœur administratif de Puy-St-Front. Au début du 19e s., le consulat, centre de la vie municipale et siège du tribunal, y dressait encore son haut beffroi carré vieux de 600 ans. Il fut remplacé par des halles vers 1830.

Prenez en face la rue de la Sagesse.

Hôtel la Joubertie

Dans le cadre des visites guidées de la ville (voir l'encadré pratique).

Situé au no 1, il abrite un très bel **escalier Renaissance★** de plan carré, décoré de caissons au plafond, représentant des scènes de la mythologie, dont Vénus déposant les armes, symbole de la jeune mariée entrant dans la maison. Le H et le S entremêlés au centre des caissons sont les initiales des Hautefort et des Solminihac.

Place St-Louis B1

Elle est connue localement comme la « place du marché au gras ». Elle s'orne d'une fontaine moderne décorée d'un bronze de Ramon : *La Source*.

Sur la droite, la **maison Tenant** ou **maison du Pâtissier** est l'ancien hôtel

A. Cassaigne / MICHELIN

L'imposante maison Tenant place St-Louis.

des Talleyrand, constitué d'un logis en équerre accolé d'une tourelle en encorbellement. La porte d'angle est curieusement surmontée d'une double trompe. Un parapet à mâchicoulis délimite la petite cour intérieure. Belle fenêtre gothique sur la façade de la rue Éguillerie. Au n° 5 de la rue Lammary, qui lui fait suite, remarquez une rare superposition de fenêtres à meneaux d'angle.

Prenez à droite.

Rue Limogeanne★

Cette rue menait autrefois à la porte Limogeanne qui s'ouvrait au nord, sur la route de Limoges. Elle est bordée de nombreux magasins et de quelques beaux hôtels Renaissance. Au n° 12, l'**hôtel de Méredieu** possède dans sa cour intérieure une porte sculptée du 15e s., ornée d'un blason rajouté au 17e s. Au n° 7, au centre de l'imposte en fer forgé, remarquez les initiales. Ce sont celles d'Antoine Courtois, traiteur célèbre au 18e s., connu jusqu'à la cour de Prusse pour ses pâtés de perdrix. C'est ici qu'il officiait. Au n° 5, la **maison Estignard** présente une élégante façade Renaissance très ouvragée. Au n° 3, derrière la lourde balustrade surmontant le portail, la cour intérieure se pare d'une belle porte ornée de grotesques sur le linteau, et de la salamandre de François Ier au tympan. L'escalier monumental vaut le coup d'œil. Au n° 1, la **maison Lapeyre**, qui fait l'angle avec la place de Coderc, présente une tourelle d'angle en encorbellement.

Revenez sur vos pas et tournez à droite dans l'impasse Limogeanne.

Galerie Daumesnil★

C'est un ensemble de cours et de petites places reliées par des passages. Les demeures parasites qui s'étaient construites au fil des siècles ont été rasées, laissant des dégagements permettant d'admirer de belles façades des 15e, 16e et 17e s.

Sortez rue de la Miséricorde et traversez la rue St-Front.

Dans la rue St-Front, percée au 19e s., vous verrez à gauche le curieux **bâtiment des francs-maçons**, dont la façade reprend les attributs.

Rue de la Constitution

Au n° 3, la **porte de l'hôtel de Crémoux** est décorée d'un arc à choux frisés encadré de hauts pinacles.

Au n° 7, l'**hôtel de Gamanson** (ou logis de St-Front) comprend deux corps de logis du 15e s. en retour d'équerre réunis par une tour d'escalier avec tourelle en encorbellement et fenêtres à meneaux. Un puits du 17e s. s'abrite sous une coupole !

Prenez à gauche la rue du Plantier, puis tournez à droite.

Rue Barbecane C1

Son nom provient d'une ancienne tour à présent détruite, seul subsiste un reste de rempart. Avant de vous engager à droite dans l'escalier de la rue de l'Abreuvoir, remarquez la façade 19e s. de l'**hôtel de Fayolle**. Une fois descendue la rue, retournez-vous pour voir le côté 17e s. de cet hôtel donnant sur la rivière.

Prenez à droite.

Rue du Port-de-Graule

Elle a gardé son aspect moyenâgeux, avec ses galets inégaux, ses portes basses et ses départs de venelles-escaliers, tout comme la rue Ste-Marthe dans son prolongement. En 1967, plusieurs scènes du film *Jacquou le Croquant* y furent tournées.

Rejoignez le boulevard Georges-Saumande sur la gauche.

Quais C2

Le long de l'Isle, quelques belles maisons se côtoient. À gauche du pont des Barris, la **maison Lambert**, dite maison aux colonnes à cause de sa galerie, est un bel hôtel Renaissance avec deux logis en équerre éclairés par des baies à meneaux. À côté, la **maison Cayla**, dite « maison des Consuls », fut construite au 15e s. sur le rempart. La toiture est décorée de lucarnes de style flamboyant. Faisant l'angle avec l'avenue Daumesnil, la **maison de Lur** date du 16e s.

Sur les quais se poursuivant de l'autre côté de l'avenue Daumesnil, l'édicule à pans de bois, en encorbellement sur le mur d'enceinte, est un vestige du grenier du chapitre, nommé le **Vieux Moulin**, qui autrefois surplombait la rivière.

Prenez à droite la rue de Tourville qui ramène à la cathédrale St-Front.

Si ce circuit dans la ville médiévale-Renaissance vous a enchanté, prolongez la flânerie au gré de vos envies car le dédale de ruelles saura toujours vous surprendre. Autrement, vous pouvez aussi passer de l'autre côté de la rive pour vous balader sur la Voie verte *(voir Périgueux pratique)*.

LE QUARTIER DE LA CITÉ★ 2 A1-2

Situé à l'emplacement de l'antique Vésone, ce quartier possède encore quelques vestiges témoignant de l'importance de la ville à l'époque gallo-romaine.

Partez de l'office de tourisme, prenez la rue de la Cité puis à droite la rue de l'Évêché.

Arènes A2

Un **jardin public** occupe aujourd'hui l'espace des arènes. Construit au 1er s., cet amphithéâtre, l'un des plus vastes de la Gaule, pouvait contenir jusqu'à 20 000 personnes. D'énormes blocs de maçonnerie font encore apparaître des cages d'escalier, des vomitoires (larges sorties) et des voûtes, mais toute la partie inférieure reste enfouie dans le sol. La démolition des arènes commença dès le 3e s., lorsqu'elles furent aménagées en bastions et incorporées aux remparts de la cité. Transformées ensuite en carrières, les arènes servirent à l'édification de certains immeubles de la ville.

Sortez rue de l'Amphithéâtre et prenez à gauche la rue de Turenne.

Porte normande

C'est l'une des ouvertures de l'enceinte construite avec des pierres de diverses provenances, au 3e s., suite aux invasions barbares. Son nom de « normande » vient de ce que cette porte aurait joué un rôle dans la défense de la ville contre les Vikings qui, au 9e s., remontaient l'Isle. La muraille a été détruite au cours des guerres de Religion.

Maison romane

Bâtiment rectangulaire du 12e s., voisinant avec les vestiges d'une tour de l'enceinte gallo-romaine, où s'enchevêtrent éléments de chapiteaux et tambours de colonnes. C'est ici que fut découvert l'autel taurobolique exposé au Site-musée gallo-romain Vesunna *(voir ci-après)*.

Château Barrière

Du nom de la famille qui l'occupa, ce château présente un donjon du 12e s. qui surmonte l'une des tours des remparts. Remanié à la Renaissance, il a gardé la belle porte d'honneur de sa tour d'escalier. Incendié lors des guerres de Religion, il ne fut pas reconstruit.

Traversez le pont sur la droite.

Vesunna – Site-musée gallo-romain de Périgueux★★★

✆ 05 53 53 00 92 - ♿ - juil.-août : 10h-19h ; avr.-juin et sept. : 9h30-17h30, w.-end. 10h-12h30, 14h30-18h ; oct.-mars : 9h30-12h30, 13h30-17h, w.-end 10h-12h, 14h30-18h - possibilité visite audioguidée (1h15) - fermé lun. (fév.-juin et sept.-déc.), janv., 1er janv. et 25 déc. - 5,50 € (6-12 ans 3,50 €), audioguides (adulte et enf.) 1 €.

En arrivant dans le jardin de la tour de Vésone *(voir ci-dessous)*, vous serez captivé par l'effet de miroir des grandes parois vitrées qui abritent les vestiges d'une riche **maison gallo-romaine** (4 000 m^2), mis au jour lors d'un projet de construction urbaine. Jean Nouvel *(voir Sarlat)* a imaginé cette architecture sobre, qui joue sur la transparence, pour préserver les lieux et mettre en valeur cet héritage du passé.

OT Périgueux

Vesunna - Site-musée gallo-romain de Périgueux.

À l'entrée, une maquette permet de mesurer l'étendue de la cité de Vésone au 2e s. et de situer la demeure, près du sanctuaire et du double forum, dont vous avez d'emblée une vue plongeante depuis la mezzanine. Les fouilles ont révélé la présence d'une première *domus* (1er s.) remblayée sur un mètre environ et considérablement agrandie au milieu du 2e s. (attardez-vous devant la maquette de reconstitution de cette maison). Les sols ainsi surélevés ont préservé sur la base des murs de la maison primitive de riches **peintures murales**. Sur le terre-plein du bassin agrémentant le jardin central, la frise aux poissons date en revanche de la deuxième *domus* (peinture très fragmentaire, mais de belle facture). Le cheminement à travers ces vestiges est ponctué de vitrines thématiques présentant des objets de la vie quotidienne. Dans la mezzanine est exposée la **collection lapidaire** qui compte de beaux décors architecturaux et un autel taurobolique provenant du temple.

Temple de Vésone

Dans le cadre des visites guidées de la ville (voir Périgueux pratique). La **tour** de 27 m de haut et de 17 m de diamètre est le seul vestige d'un grand temple dédié à la déesse tutélaire de Vésone. Élevé au cœur de la cité antique au 2e s. après J.-C., ce temple était entouré à l'origine de portiques et encadré par deux basiliques. La tour qui abritait le sanctuaire (*cella*) reste imposante malgré la brèche qui la déchire.

Traversez le pont et prenez à gauche la rue Romaine où se trouve un reste de la muraille du Bas-Empire.

St-Étienne-de-la-Cité★

Construite au 11e s. à l'emplacement du temple antique de Mars, cette église est le premier sanctuaire chrétien de la cité, très pur exemple du style roman périgourdin. Consacrée par saint Front au martyr saint Étienne, elle demeure la cathédrale de Périgueux jusqu'en 1669, date à laquelle elle est remplacée par St-Front.

Après l'occupation de la ville en 1577, les protestants ne laissèrent de l'édifice d'origine que deux travées des quatre qui constituaient la nef et détruisirent le clocher. Le palais épiscopal tout proche fut aussi démoli. Restaurée au 17e s., mutilée à nouveau pendant la Fronde, St-Étienne fut désaffectée à la Révolution et rendue au culte sous le premier Empire.

À l'**intérieur**, deux travées construites à un demi-siècle d'intervalle : la première, élevée au 11e s., est archaïque, fruste, trapue et obscure. Les grands arcs jouent le rôle de formerets, et la coupole, la plus vaste du Périgord avec ses 15 m de diamètre, est éclairée par de petites fenêtres. La seconde est plus élancée avec sa coupole cursive qui repose sur des arcs brisés à rouleau retombant sur des piliers carrés. Contre le mur sud de la première travée se trouve un imposant **retable** du 17e s. en chêne et noyer exécuté pour le grand séminaire. En face, l'arcade sculptée qui faisait partie du tombeau de Jean d'Asside, évêque de Périgueux de 1160 à 1169, encadre aujourd'hui des fonts baptismaux du 12e s. Un chemin de croix contemporain a été réalisé par le peintre J.-J. Giraud.

Visiter

Musée d'Art et d'Archéologie du Périgord★★ C1

✆ 05 53 06 40 70 - avr.-sept. : 10h30-17h30, w.-end 13h-18h ; oct.-mars : 10h-17h, w.-end 13h-18h - fermé mar. et j. fériés - 4 € (-18 ans gratuit).

Bon à savoir – D'octobre à juin, l'entrée du musée est gratuite en semaine entre 12h et 14h. De surcroît le jeudi de 12h30 à 13h, on vous explique une œuvre.

Ne vous fiez pas au nom de ce musée situé sur les allées de Tourny, dans l'ancien couvent des Augustins. Les collections que vous découvrirez franchissent les siècles comme les frontières et dépoussièrent les idées reçues. Ici, l'esprit d'ouverture est communicatif ! Du squelette de l'homme du Regourdou *(voir Grottes de Lascaux)* à la *Grande Demoiselle*, sculpture féminine abstraite d'**Étienne Hajdu** (1907-1996), en passant par la statuette de Bouddha (Cambodge) ou les statues de grades (Vanuatu), vous n'êtes pas au bout de vos surprises.

L'aile est rassemble, d'une part, une des plus importantes **collections de préhistoire** en France, comprenant notamment un remarquable ensemble d'objets gravés magdaléniens (15-12 000 av. J.-C.) issus des sites de Dordogne. D'autre part, la **section ethnographique non européenne** présente des objets de la vie quotidienne ainsi que des sculptures d'Afrique, d'Océanie et d'Amérique. Le cloître abrite la collection lapidaire provenant de Périgueux (comme les chapiteau de la cathédrale romane de St-Front) et de la Dordogne. Dans l'aile ouest, les **Beaux-Arts** et **arts décoratifs** suivent l'ordre chronologique (16e-20e s.) : dans chaque salle, autour des œuvres émanant du Périgord sont présentées des œuvres contemporaines de France, d'Europe et d'Asie. Vous verrez entre autres les portraits de hauts personnages originaires du Périgord comme Fénelon par Bailleul (18ᵉ s.) ou Sem par François Flameng (20ᵉ s.).

Musée militaire du Périgord B2

✆ 05 53 53 47 36 - avr.-déc. : tlj sf dim. et j. fériés 13h-18h (17h oct.-déc.) ; janv.-mars : merc. et sam. 14h-18h - 4 € (-10 ans gratuit).

Une multitude d'armes, de drapeaux et d'uniformes évoquent le passé militaire du Périgord du Moyen Âge à la guerre d'Algérie et ses grands hommes de guerre. Ce musée conserve plus d'un millier d'objets présentés sur 2 étages. Parmi eux, un drapeau du 50ᵉ régiment d'infanterie dans lequel le colonel Ardouin s'enroula lors de la capitulation de Sedan pour ne pas le livrer à l'ennemi.

Musée-atelier du Trompe-L'œil A2

✆ 05 53 09 84 40 - www.museedutrompeloeil.com - ♿ - visite guidée (1h, réserv. conseillée) mai-sept. : 10h30-12h30, 14h30-18h30 (dernière entrée 45mn av. la fermeture), dim. et j. fériés 15h-18h ; oct.-avr. : 14h-17h30, dim. et j. fériés 15h-17h30 (sur demande) - fermé lun. - 5 € (5-16 ans 3,50 €).

La propriétaire des lieux, passionnée et désireuse de partager son savoir-faire, vous commentera l'histoire du trompe-l'œil à travers une exposition permanente de réalisation d'artistes contemporains. L'espace expo-vente permet de voir ce qui se fait de nos jours et si cela vous donne envie de vous initier, des stages sont animés par des professionnels.

Circuit de découverte

LE PÉRIGORD CENTRAL

Circuit de 80 km – comptez environ une demi-journée. Quittez Périgueux par le nord-ouest en empruntant la D 939, direction Brantôme.

Abbaye de Chancelade★ *(voir ce nom)*

Quittez Chancelade par le nord en empruntant la D 2.

La route s'élève parmi la forêt de châtaigniers et de chênes. Le prieuré de Merlande se niche dans un vallon solitaire de la forêt de Feytaud, près d'une fontaine.

Prieuré de Merlande

Du prieuré fondé au 12ᵉ s. par les moines de Chancelade, seules subsistent la chapelle fortifiée et la maison du prieur, toutes deux fort bien restaurées. La chapelle évoque, par son plan quadrangulaire et son chevet gardé par un véritable châtelet, une forteresse. À l'intérieur, le chœur (partie la plus ancienne) est légèrement surélevé et voûté en berceau. Il s'ouvre sur un arc triomphal en plein cintre et se termine par un chevet plat. Il est entouré par une arcature dont les **chapiteaux★** sont d'une grande finesse : des monstres enchevêtrés et des lions dans des rinceaux à palmettes composent une faune extraordinaire du plus saisissant effet.

Revenez et poursuivez sur la D 2 (à gauche). Après 2,5 km, prenez à droite.

Château-l'Évêque

Le village doit son nom à la présence d'un château épiscopal. Modifié à de nombreuses reprises depuis le 14ᵉ s., cet édifice se compose d'un corps de logis dissymétrique. Ses façades sur la vallée de la Beauronne sont percées de baies à croisillons de pierre et surmontées d'un chemin de ronde à mâchicoulis. L'église paroissiale servit de cadre à l'ordination de **saint Vincent de Paul** par Mᵍʳ François de Bourdeille, le 23 septembre 1600.

Quittez Château-l'Évêque par le nord-est en empruntant la D 3ᴱ.

Agonac

Ce bourg du Périgord blanc est agréablement situé au milieu d'une couronne de collines boisées.

L'**église St-Martin** dresse sa silhouette trapue à l'écart du village, dans la vallée de Beauronne, en bordure de la D 3ᴱ. Le gros clocher carré et les contreforts (16ᵉ s.) qui l'épaulent sont postérieurs aux dévastations commises par les protestants lors des guerres de Religion. L'intérieur réunit tous les caractères d'un type roman fréquent en Périgord : nef en plein cintre, coupoles sur l'avant-chœur et le sanctuaire, chevet plat. La grande coupole sur pendentifs, supportant le clocher, date du 12ᵉ s. ; le système de chambres de défense, à deux étages, qui fait le tour de cette coupole rappelle les époques troublées où les églises étaient transformées en bastions. Le chœur est orné de chapiteaux sculptés de monstres vomissant du feuillage, de facture archaïque.

Quittez Agonac par l'est en empruntant la D 106.

Sorges

Sorges n'est pas la capitale de la truffe, mais une ville qui lui est tout entière dévouée. Si vous voulez goûter à la passion qu'inspire le diamant noir du sud-ouest…

Musée de la Truffe – *05 53 05 90 11 - www.truffe-sorges.org - - de mi-juin à fin sept. : 9h30-12h30, 14h30-18h30 (dernière entrée 45mn av. la fermeture) ; oct.-fév. : tlj sf lun. 14h-17h ; mars à mi-juin : tlj sf lun. 10h-12h, 14h-17h (dernière entrée 30mn av. la fermeture) - possibilité de visite guidée mar. et jeu. 14h30 en juil.-août - fermé 1er janv., 1er Mai, 1er nov., 25 déc. - 4 € (10-15 ans 2 €).* Ce musée didactique, fort bien installé dans les locaux de l'office de tourisme (ancienne grange réaménagée), a été inauguré en 1982. Il illustre la récolte de la truffe au moyen de tableaux, de cartes, de photos, de films et même de textes littéraires : à l'étage, vous pouvez ainsi consulter les références de quelque 700 auteurs ayant un jour évoqué ce champignon envoûtant. Il apprend aussi au visiteur l'histoire de la truffe, décrit les différentes espèces, les terrains d'élection, les arbres-hôtes, les méthodes de recherche, et donne un aperçu de la place de ce champignon dans l'économie et la gastronomie. Des informations sont aussi disponibles sur les trufficulteurs locaux et la Fédération nationale.

Un parcours pédestre de 3 km intitulé « À la découverte de la truffe » a été aménagé à 2 km de Sorges. *05 53 05 90 11 - www.truffe-sorges. org. Visite libre avec dépliant explicatif sur demande à l'office de tourisme ou au musée. Juil.-août : visite guidée à partir de 10 ans (2h, dép. Maison de la truffe) mar. et jeu. 15h30 - 4 €.*

D'autre part, l'**église** mérite votre attention. Cet édifice roman à dôme possède encore un puissant clocher carré à baies jumelées. Elle présente également un beau portail Renaissance.

Quittez Sorges par le sud-est en empruntant la D 68. À Savignac-les-Églises, prenez à droite la D 705 qui longe la rive droite de l'Isle, direction Périgueux.

A. Cassaigne / MICHELIN

Le château des Bories se compose d'un corps de logis flanqué de deux tours rondes et d'une grosse tour carrée à mâchicoulis.

Château des Bories

05 53 06 00 01 - visite guidée juil.-août : tlj sf dim. 13h-19h - 4 € (enf. 1,50 €, étudiants 3 €).

Situé au bord de l'Isle, il fut construit aux 15e-16e s. par la famille de St-Astier. Au début du 20e s., le baron de Nervaux-Loÿs, propriétaire du château, crée des aménagements extérieurs : balustrade Renaissance sur la rivière, terrasses et douves. Ses descendants, le comte et la comtesse Christian de Lary de Latour, ont poursuivi l'œuvre entreprise ; actuellement, le parc anéanti par la tempête de décembre 1999 est en reconstruction.

Son **architecture intérieure★** est remarquable. La porte d'entrée, dite « porte à clous », ouvre sur un **escalier monumental**, dont les vitraux Renaissance ont été restaurés, qui occupe toute la tour carrée. La belle **cuisine**, aux voûtes gothiques ornées de clefs en disque, comporte deux vastes cheminées sous arcs surbaissés et présente une collection d'ustensiles. La **salle des gardes** offre un curieux voûtement reposant sur des trompes portées par des ogives partant d'une colonne centrale. La

grande galerie, qui conserve quelques tableaux, une chaise à porteur du 18e s. et une tapisserie des Flandres, accueille des expositions temporaires.

Poursuivez sur la N 21. À Antonne-et-Trigonant, prenez à droite et rejoignez la D 8 par la forêt de Lanmary.

Château de Caussade

Niché dans une clairière de la forêt de Lanmary, ce noble édifice possède toutes les caractéristiques d'une maison forte du 15e s. Son enceinte polygonale, entourée de douves à demi comblées, est flanquée de tours carrées.

Revenez et poursuivez sur la D 8 qui ramène à Périgueux.

Périgueux pratique

Adresses utiles

Office du tourisme de Périgueux – *26 pl. Francheville -24000 Périgueux - ✆ 05 53 53 10 63 - www.tourisme-perigueux.fr - juin-sept. : 9h-18h, dim. et j. fériés 10h-13h, 14h-18h ; reste de l'année : 9h-13h, 14h-18h, dim. et j.fériés 10-13h, 14h-18h - fermé 1er janv. et 25 déc.* Il propose 8 séjours thématiques (patrimoine, festival, gastronomie, nature et sports...) de 3 jours, comprenant tous 2 nuits d'hôtel, la visite de la ville, un dîner périgourdin.

Office du tourisme de Sorges – *24420 Sorges - ✆ 05 53 46 71 43 - www.sorges-perigord.com - de mi-juin à fin sept. : 9h30-12h30, 14h30-18h30 ; oct.-fév. : tlj sf lun. 14h-17h ; de déb. mars à mi-juin : tlj sf lun. 10h-12h, 14h-17h - fermé 1er janv., 1er Mai, 1er nov. et 25 déc.*

Visites guidées

Périgueux, qui porte le label **Ville d'art et d'histoire**, propose des visites découvertes (2h) animées par des guides conférenciers agréés par le ministère de la Culture et de la Communication.

En été, des animations particulières sont proposées aux 6-12 ans.

Rens à l'office de tourisme ou sur www.vpah.culture.com - 5 €, 8 € nocturnes (enf. 3,80 €, 6,50 € nocturnes).

VISITES DIURNES

Cité gallo-romaine – *Juin-sept. : tlj sf dim. 10h30 ; reste de l'année : lun., merc. et vend. 15h.*

Ville médiévale-Renaissance – *Juin-sept. : 15h ; reste de l'année : mar., jeu. et sam. 15h.* Comprend la visite de l'hôtel La Joubertie et de la tour Mataguerre, non accessible en dehors de la visite.

Balade gourmande sur le marché – *Avr. -juin et sept.-fév. : merc. et sam. 10h.*

Jardins à vélo – *Juil.-août : mar. 10h.*

VISITES NOCTURNES

Balade aux flambeaux – *Août : lun. 21h30.* Visite théâtralisée.

Rondes de nuit – *Juil. : lun. 21h.* Parcours à travers le labyrinthe des ruelles.

Secrets de ville – *Juil. -août : sam. 21h.* Balade musicale.

Se loger

Bon à savoir – Si tous les établissements de Périgueux ont été pris d'assaut, une dizaine de solutions de rechange s'offrent à vous dans la commune de Boulazac, bordant l'axe qui rejoint l'autoroute. Des hôtels de chaîne, souvent économiques et qui parfois même proposent une formule restauration correcte.

Étap'Hôtel – *33 r. du Prés.-Wilson - à côté de la Maison du Tourisme du Périgord - ✆ 08 92 68 32 37 - www.etaphotel.com - P - 47 ch. 43/49 € - 5 €.* Situé en plein centre-ville, à côté de la Maison du tourisme, cet hôtel de chaîne mérite que l'on s'y intéresse car il offre un hébergement correct à prix raisonnable. Chambres convenables, sans surprise, avec salle d'eau complète. Très bien pour une étape, avant tout pratique, dans la région.

Comfort Hôtel Régina – *14 r. Denis-Papin (face gare SNCF) - ✆ 05 53 08 40 44 - www.choicehotels.fr - P - 45 ch. 59/80 € - 7,50 €.* En sortant de la gare, les voyageurs ne peuvent manquer la façade jaune de cet hôtel rénové depuis peu. Petites chambres fonctionnelles, confortables et colorées, petits-déjeuners servis sous forme de buffet et accueil courtois en font une adresse pratique.

Hôtel Bristol – *37 r. Antoine-Gabaud - ✆ 05 53 08 75 90 - www.bristolfrance.com - fermé vac. de Noël - P - 29 ch. 66/76 € - 8 €.* Cet hôtel proche du centre-ville et des curiosités touristiques abrite des chambres assez bien insonorisées et dotées d'un mobilier rustique et de style Empire.

Mercure – *7 pl. Francheville - ✆ 05 53 06 65 00 - h6237@accor.com - 66 ch. 100/112 € - 13 €.* Adossé à une façade en pierre de taille classé, cet hôtel flambant neuf bénéficie d'une situation privilégiée, donnant sur le jardin de la place de Francheville. L'office de tourisme est donc à deux pas. Agréables chambres contemporaines tendance zen.

AUX ALENTOURS

Chambre d'hôte Au Village – *Au bourg - 24420 Sorges - ✆ 05 53 05 05 08 - valentini.camille@wanadoo.fr - fermé oct. - - 3 ch. 34 € - 5 €.* Cette maisonnette attenante au musée de la Truffe abrite trois petites chambres sobres mais coquettes : plancher, vieux meubles et murs de pierres procurant une fraîcheur bienvenue en été. Les matins radieux, petit-déjeuner servi à l'ombre du tilleul.

Chambre d'hôte La Calmade – *Au bourg - 24420 St-Vincent-sur-l'Isle - 15 km au nord de Périgueux par D 6021 dir. Limoges et à dr. par D 75 - ☎ 05 53 07 87 83 - www.lacalmade.com - réserv. obligatoire - 5 ch. 70 € - repas 30 €.* La construction de cette ferme remonterait aux alentours de 1750. Réparties entre le corps principal et une grange entièrement restaurée, jolies chambres associant meubles récents et anciens (chinés ou familiaux). Agréable jardin ombragé d'un vénérable marronnier.

Se restaurer

SUR LE POUCE

L'Espace du Sixième Sens – *6 pl. St-Silain - ☎ 05 53 09 24 29 - saison : 10h-24h ; hors saison : tlj sf lun. 10h-19h.* Ici vous pourrez faire une pause à toute heure de la journée, que ce soit pour boire un jus de fruits frais ou manger une salade ou un plat du jour simplement élaboré avec des produits de saison et du terroir ! Si vos papilles en redemandent, l'épicerie fine et la cave à vin vous contenteront. Accueil sympathique et agréable terrasse à l'ombre des tilleuls.

RESTAURANTS

Au Bien Bon – *15 r. des Places - ☎ 05 53 09 69 91 - juin-sept. : tlj sf dim ; hors sais. fermé le soir sf vend. et sam. - fermé vac. de fév. et de Toussaint - 11/23 €.* Voilà une adresse dont le nom laisse présager de bons moments ! Elle est en effet bien bonne, la cuisine traditionnelle imprégnée des saveurs du terroir et des saisons d'Éric Becard. Confortablement installé sur la terrasse d'été ou dans la salle à manger rustique, goûtez sans modération à l'art de vivre à la périgourdine…

Au Petit Chef – *5 pl. Coderc - ☎ 05 53 53 16 03 - aupetitchef@wanadoo.fr - formule déj. 13,50 € - 20/35 €.* Restaurant établi en face de la grande halle, position stratégique pour s'approvisionner en produits frais. Goûteuse cuisine du marché et tête de veau ravigote préparées par la patronne. Repas à la bonne franquette, avec des formules variées pour toutes les bourses.

Hercule Poireau – *2 r. de la Nation - ☎ 05 53 08 90 76 - fermé 24-27 déc., 31 déc.-3 janv. et w.-end - 20/36 €.* C'est dans une belle cave voûtée du 16e s. que vous dégusterez la savoureuse cuisine d'Hercule Poireau et non à bord de l'Orient-Express ! Les Périgourdins ne s'y trompent pas et fréquentent assidûment la maison. Menu basses calories pour les irréductibles du régime.

L'Essentiel – *8 r. de la Clarté - ☎ 05 53 35 15 15 - fermé 18-26 fév., 17-24 avr., 27 août-4 sept., 29 oct.-6 nov., 24-27 déc., lun. sf juil.-août et dim. - 31/48 € - déj. en sem. 21 €.* Nouvelle vie pour ce sympathique restaurant (qui a obtenu une étoile au *Guide Michelin*, en 2008) situé au pied de la cathédrale. Petite salle à manger ouverte sur une cour-terrasse et registre culinaire au goût du jour raffiné.

Le Clos Saint-Front – *5 r. de la Vertu - ☎ 05 53 46 78 58 - www.leclossaintfront.com - fermé vac. de Toussaint - 26/60 €.* Cette vieille maison abrite une salle à manger confortable et cossue avec ses poutres apparentes, cheminée et meubles Louis XVI. L'été, vous pourrez préférer la jolie terrasse ombragée (tilleul, bananiers et liquidambars). La cuisine, bien ancrée dans le terroir périgourdin, sait aussi se montrer inventive.

La Taula – *3 r. Denfert-Rochereau - ☎ 05 53 35 40 02 - lataula@laposte.net - fermé 2e sem. de mars et 1re sem. de juil. - 16 € déj. - 27,50/30 €.* Parmi les maisons Renaissance qui bordent la cathédrale Saint-Front, il en est une qui mérite toute votre attention… gourmande. Le décor plaisant et l'accueil souriant vous mettront en bonne condition pour apprécier la goûteuse cuisine régionale de la chef, qui fabrique ses produits aussi bien qu'elle les met en valeur.

AUX ALENTOURS

Ferme-auberge Grande Maison – *Vieux bourg - 24750 Boulazac - 7 km à l'est de Périgueux - ☎ 05 53 09 63 78 - fermé le soir et lun. hors sais. - réserv. obligatoire - 11/25 € - 4 ch. 45 €.* Travaillant les produits de la ferme, exploitée en famille de génération en génération, cette auberge propose une savoureuse sélection de spécialités régionales. À déguster sur place, dans la salle au cadre campagnard, ouverte midi et soir en saison, ou à emporter. Service impeccable et rapport qualité-prix excellent.

Auberge de la Truffe – *D 6021 - 24420 Sorges - ☎ 05 53 05 02 05 - www.auberge-de-la-truffe.com - fermé dim. soir du 1er nov. au 9 avr., lun. midi et mar. midi - 18/100 €.* À proximité de la Maison de la Truffe, accueillante adresse villageoise disposant de chambres assez grandes et bien meublées, parfois en rez-de-jardin. Pimpante salle à manger et cuisine du terroir où « diamant noir » et foie gras tiennent le haut de l'affiche.

La Table du Pouyaud – *Rte de Paris - 24750 Champcevinel - 4 km au nord de Périgueux - ☎ 05 53 09 53 32 - www.pouyaud.com - fermé 27 oct.-12 nov., 6-18 août, lun. et mar. - 30/70 €.* Murs jaunes égayés de tableaux, jolies chaises en rotin et tables rondes bien dressées : l'ex-ferme abrite désormais un confortable restaurant. Cuisine dans l'air du temps.

Faire une pause

Tea for Tous – *28 r. Eguillerie - ☎ 05 53 53 92 86 - 9h30-19h - fermé dim. et lun.* Installé dans une petite bâtisse du 16e s., ce salon cosy - tendu de tissus bordeaux et safran - propose les fameux thés Mariage et des pâtisseries maison. Sur la place Saint-Louis, la terrasse avance ses sièges aux coussins moelleux. Accueil simple et charmant.

En soirée

Café de la Place – *7 pl. du Marché-au-Bois - ✆ 05 53 08 21 11 - 8h-2h (hiver : 1h) - fermé 1er janv. et 25 déc.* D'aucuns l'appellent le « café des intellos », mais ces derniers se fondent parfaitement à la population hétéroclite qui aime à s'attarder sur la terrasse ou dans le décor début de siècle de cet établissement très connu à Périgueux. Des concerts y sont organisés certains soirs.

S. Sauvignier / MICHELIN

Truffes noires du Périgord.

Que rapporter

Bon à savoir – Autour de la place de Coderc, les rues sont bordées de petites boutiques élégantes (prêt-à-porter, décoration, produits de bouche...).

Spécialités – Le fameux **pâté de Périgueux**, pâté de foie truffé, se trouve en conserve *(notamment à l'*Espace du Sixième Sens*, voir « Se restaurer »)*, mais si vous désirez goûter la recette originelle, en croûte, plus coûteuse, voici deux adresses : Daniel Mazières, charcuterie La Cathédrale, 9 r. des Chaînes ; Serge Mesnard, pâtissier, 58 r. Louis-Blanc.

Marchés traditionnels – Merc. et sam. matin pl. de la Clautre et pl. de l'Hôtel-de-Ville, tous les matins pl. du Coderc.

Marché au gras – Nov. à mars : merc. et sam. matin pl. St-Louis.

Le Relais des Caves – *44 r. du Prés.-Wilson - ✆ 05 53 09 75 00 - relais.aupert@wanadoo.fr - 9h-12h30, 14h30-19h30 (j. fériés : 9h-12h30) - fermé dim. et lun.* Cet aimable caviste présente un large choix de vins hexagonaux, en bouteilles, en vrac et en fontaine, ainsi que plus de 500 variétés de bières (100 variétés de verres à bière) dont la Lutine brassée en Dordogne et plusieurs fois primée.

À SORGES

Marché aux truffes – Le marché traditionnel aux truffes se tient le dim. matin de déc. à janv.

Loisirs

Bon à savoir – Les berges de l'Isle ont été aménagées en **Voie verte** sur 15 km. À pied, en vélo ou en roller : une belle promenade en perspective. Parallèlement, la **Voie bleue** s'étend sur 21 km, pour les amateurs de canoë.

STAGES DE CUISINE

La Maurinie – *Famille Alard - Eyliac - 24330 St-Pierre-de-Chignac (17 km au nord-est de Périgueux) - ✆ 05 53 07 57 18 - www.lamaurinie.com.* D'octobre à avr., vous pourrez apprendre la préparation du foie gras de canard (formule 2 nuits et 4 repas gastronomiques).

Événements

Mimos – *✆ 05 53 53 18 71 - www.mimos.fr.* Ce festival international du mime, réputé, se déroule la 1re semaine d'août. Réservez vos places pour le *In* ou profitez du *Off*, qui assure l'animation dans les rues.

Sinfonia – *✆ 05 53 09 51 30 - www.francefestivals.com.* Festival de musique baroque en Périgord de fin août à début sept. Concerts dans différents sites prestigieux (abbayes de Chancelade et de Brantôme), dont l'église de la Cité, Vesunna, le musée du Périgord et la préfecture à Périgueux.

Festival des musiques de la Nouvelle-Orléans – *✆ 05 53 53 66 11 - www.mnop-festival.com.* Chaque année du début à la mi-août, concerts de jazz au parc Gamenson.

Salon international du livre gourmand – *10h-19h - 2 € - www.livre-gourmand.fr.* Les années paires, courant nov., 3 jours de conférences, d'expositions autour des arts de la table, de rencontres entre éditeurs, écrivains et grands chefs.

Château de **Puyguilhem**★

CARTE GÉNÉRALE B1
CARTE MICHELIN DÉPARTEMENTS 329 F3 – SCHÉMA P. 130 – DORDOGNE (24)

Une vieille allée de tilleuls découvre en son extrémité… le Val de Loire en Périgord Vert ! La grosse tour ronde et la petite, hexagonale, les fenêtres à meneaux et les souches de cheminée, tout, dès le premier regard, rappelle les châteaux de la Loire. Puyguilhem, comme Montal et Lanquais, est la preuve que l'air du temps, au début du 16e s., soufflant depuis la lointaine Italie, balaya jusqu'au Périgord.

- **Se repérer** – À 40 km au nord de Périgueux, le château se trouve à 23 km au sud-est de Nontron.
- **À ne pas manquer** – Les cheminées ; la décoration des toits ; le pigeonnier.
- **Organiser son temps** – Comptez 1h.
- **Pour poursuivre la visite** – Voir aussi Brantôme, Nontron, St-Jean-de-Côle.

J.-P. Clapham / MICHELIN

Le château de Puyguilhem présente les caractères des châteaux du Val de Loire au temps de François Ier.

Visiter

05 53 54 82 18 - juil.-août : 10h-19h ; avr.-juin, de déb. sept. à mi-nov. et vac. scol. Noël : 10h-12h30, 14h-18h ; de mi-nov. à fin mars : tlj sf lun., vend. et sam. 10h-12h30, 14h-17h30 - possibilité de visite guidée (1h) - fermé lun. (sf juil.-août), vend. et sam. (fév.-mars et de mi-nov. à mi-déc.), janv. et 25 déc. - 5,50 € (6-12 ans 3,50 €).

Une certaine harmonie se dégage de la décoration du château édifié par le premier président aux parlements de Bordeaux et de Paris : lucarnes et cheminées finement sculptées, fenêtres à meneaux et mâchicoulis délicatement décorés contribuent à l'élégance de cet édifice de style première Renaissance. Son dispositif apparaît moins homogène : un corps de logis sépare une grosse tour ronde, accolée à une petite tour octogonale, d'une tour barlongue (octogonale) renfermant l'escalier d'honneur. À l'intérieur, d'admirables **cheminées**★ sculptées agrémentent de belles pièces sur les trois étages de la bâtisse. À signaler également : les sculptures du grand escalier, la charpente de châtaignier de la grande salle du 2e étage et le chemin de ronde, qui offre de belles vues sur l'appareillage du toit.

Le Quercy blanc★

CARTE GÉNÉRALE B4
CARTE MICHELIN DÉPARTEMENTS 337 C/E 6/7 – TARN-ET-GARONNE (82)

Situé entre les vallées du Lot et du Tarn, le Quercy blanc doit son nom à la tribu gauloise des Cadourques, et sa couleur à celle de son sol crayeux, formé de calcaires lacustres. D'innombrables ruisseaux entaillent les bas plateaux, les maisons sont bâties en moellons de calcaire, les toitures presque plates sont couvertes de tuiles romaines rose pâle : le Quercy blanc s'imagine aux bords de la Garonne. Au gré de la polyculture, moulins, églises romanes et châteaux s'élèvent, ponctuant ces terres fertiles de lignes verticales.

- **Se repérer** – Le Quercy blanc englobe le Sud du département du Lot et le Nord du Tarn-et-Garonne. On y pénètre par Castelnau-Montratier, situé à 30 km au sud-ouest de Cahors.
- **À ne pas manquer** – Les places de Castelnau-Montratier et de Lauzerte ; les innombrables églises et chapelles romanes ; le changement subtil du paysage qui, du nord au sud, devient de plus en plus agricole ; la grande diversité de l'architecture des maisons.
- **Organiser son temps** – Comptez deux jours. En saison, la chaleur invite à quelques pauses rafraîchissantes.
- **Avec les enfants** – Les offices de tourisme éditent des programmes pour les enfants, sortes de quiz à l'échelle du pays *(voir l'encadré pratique)*.
- **Pour poursuivre la visite** – Voir aussi Cahors, Luzech et Montpezat-de-Quercy.

Circuits de découverte

Les vallées prises entre les plateaux calcaires offrent toute une palette de couleurs : bois de chênes pubescents, champs de lavande et de tournesols, vergers (cerisiers et pruniers). Ce paysage est parsemé de fermes isolées ou de hameaux.

ÉGLISES ET MOULINS DU QUERCY BLANC 1

Circuit de 60 km – comptez environ une journée.

Au 19e s., le Quercy totalisait quelque 170 moulins à vent. Aujourd'hui, on n'en compte plus qu'une petite poignée.

Des fientes en or

Dans cette région agricole, pas une ferme sans son **pigeonnier**, la colombine (fientes de pigeon) constituant un engrais très fertile. La construction d'un colombier relevait autrefois d'un droit seigneurial ; devenus un signe extérieur de richesse, au 19e s, les colombiers se multiplient, mais de nos jours la plupart sont délaissés.

Castelnau-Montratier

Un plan commenté de la ville est disponible à l'office de tourisme (voir l'encadré pratique).

À Castelnau-de-Vaux, établi en contrebas de la colline et totalement détruit par les troupes de Simon de Montfort en 1214, succède vers 1250 Castelnau-Montratier, **bastide** édifiée au sommet du promontoire par Ratier, seigneur de Castelnau, qui lui donne son nom. Elle connaît alors une période de prospérité : ses foires réputées attirent marchands de laine et d'étoffes. De nombreux visiteurs campent sous les couverts de sa place triangulaire. Mais les conflits successifs ternissent définitivement cet éclat.

Ombragée de tilleuls et de marronniers, l'ancienne **place du Mercadial**, aujourd'hui place Gambetta, conserve encore couverts et vieilles maisons (remarquez la maison Périé, au bout de la rue Clemenceau). Plantée à l'extrémité du promontoire, l'**église St-Martin** a des airs de Sacré-Cœur.

Au nord s'élèvent trois **moulins** à vent dont l'un est mentionné dans des écrits de 1400 (les autres sont postérieurs).

Quittez Castelnau par le sud (D 659), puis après 3 km, tournez à gauche.

Église de Russac

Elle a conservé une abside romane en cul-de-four décorée de modillons sculptés, mais l'ancien portail sur le côté nord a été muré. L'abside recèle une **fresque** du 16e s. qui s'articule autour d'un panneau central représentant saint Georges terrassant le dragon.

Revenez sur la D 659 en direction de Castelnau, après 1 km tournez à droite dans la D 26. Après 6 km tournez à gauche dans la D 214.

Flaugnac

Cet ancien bourg fortifié occupe un charmant **site** qui surplombe la vallée de la Lupte. Au 13e s., un château se dressait à l'extrémité du promontoire et sur les pentes de l'éminence s'étiraient les faubourgs, autrement appelés *barris*. Les guerres successives ont ruiné Flaugnac et seules deux maisons anciennes demeurent (dont l'une remaniée).

Quittez Flaugnac par la crête. Après 2 km empruntez à gauche la D 19, 6 km plus loin prenez à droite la D 64 en direction de Ste-Alauzie.

Moulin de Boisse

Rens. et visite sur réserv. à l'office de tourisme - ✆ 05 65 21 84 39 - ouverture du moulin : aux environs de Pâques, Journée nationale des moulins le 15 août.

Ce moulin à vent construit en 1699, en très bon état de conservation, est une référence en Quercy. Il fait l'objet d'une démonstration 5 fois dans l'année.

Poursuivez sur la D 64 puis la D 55.

E. Larribère / MICHELIN

Le haut donjon de Montcuq, vestige des fortifications.

Montcuq

Montcuq (prononcez le « q » final !) provient de la racine prélatine *kuk* qui a donné en latin *mons acutus* : mont arrondi. Chef-lieu d'une **châtellenie** à qui Raymond VI, comte de Toulouse, octroie une charte de coutumes au 12e s., la ville fait l'objet de luttes sanglantes lors de la croisade des Albigeois, puis pendant la guerre de Cent Ans et encore durant des guerres de Religion.

De ses puissantes fortifications, il ne reste que le haut **donjon** (24 m de hauteur) du 12e s. campé au sommet d'une butte dominant le cours de la petite Barguelonne.

Entre la place des Consuls (près de la mairie) et celle de la Halle-aux-Grains, l'ancien quartier recèle encore de vieilles bâtisses à pans de bois et aux nombreuses ouvertures en arc brisé.

Quittez Montcuq par le nord-ouest sur la D 4, puis la D 55.

Château de Lastours

✆ 05 65 31 83 23 - ♿ - de déb. juil. à mi-août : 14h-18h - sur demande préalable pour accès handicapé - gratuit.

Les deux tours de son enceinte dominent la vallée de la Séoune. Le logis a été reconstruit au 16e s. Visite extérieure du château : tour et remparts.

Revenez sur vos pas. Après 1 km, tournez à droite dans la D 228.

Ste-Croix

Le bourg a conservé nombre de ses vieilles maisons, regroupées autour de son imposante **église**. Celle-ci avait un joli portail roman, aujourd'hui muré, qui s'ouvrait sur le cimetière.

Poursuivez sur la D 228, puis tournez à gauche sur la D 953 pour rejoindre Montcuq. Quittez Montcuq par le sud (D 28). Après 2 km, tournez à droite dans la D 45.

Église de Rouillac

Du 12e s., elle fut remaniée au 15e s. et complétée par des chapelles et un clocher au 19e s. L'abside à chevet plat renferme des vestiges de **fresques** romanes illustrant la Passion.

Poursuivez sur la D 45, puis tournez à gauche vers St-Laurent-de-Lolmie. Après 2 km tournez à gauche dans la D 28 puis à gauche dans la D 57, poursuivez sur la D 104.

Moulin de Brousse

Moulin à eau du 13e s. en activité toute l'année. *Rens. M. Moles ou à l'office de tourisme - ✆ 05 65 21 95 81 ou 05 65 21 84 39 - fabrication du pain : merc. et sam. mat.*

Tournez à droite pour rejoindre Castelnau-Montratier.

LE PAYS DE SERRES 2

Circuit de 70 km – environ 1 journée.

Ici les vallées verdoyantes sont entrecoupées de plateaux calcaires aux bordures ondulées qui forment de longues lanières ou « serres ».

Lauzerte

Surnommée la « Tolède du Quercy », Lauzerte est une bastide fondée en 1241 par le comte de Toulouse. Perchée sur son promontoire d'où elle s'épanche doucement, la **ville haute** presse ses maisons d'un gris clair et couvertes de toits presque plats autour de l'église St-Barthélemy et de la place des Cornières.

La **promenade de l'Éveillé** était autrefois le quartier des riches bourgeois et des officiers de justice. S'y élèvent encore de belles demeures, parfois à pans de bois, certaines de style gothique, d'autres d'époque Renaissance. Bordant les rues de la Garrigue et de la Gendarmerie, les rez-de-chaussée de quelques maisons des 13e et 14e s. s'ouvraient sur des boutiques animées. À l'est, au-delà des anciens remparts, se dresse l'église des Carmes, remaniée aux 17e et 19e s.

La *via podiensis*, au départ du Puy-en-Velay, passe par Lauzerte qui constitue donc une halte sur le chemin de St-Jacques-de-Compostelle. Sous la barbacane, s'étage le **jardin du Pèlerin** : ce jeu de l'oie grandeur nature paysagé retrace les péripéties rencontrées sur le parcours du pèlerin *(demander les dés à l'office de tourisme).*

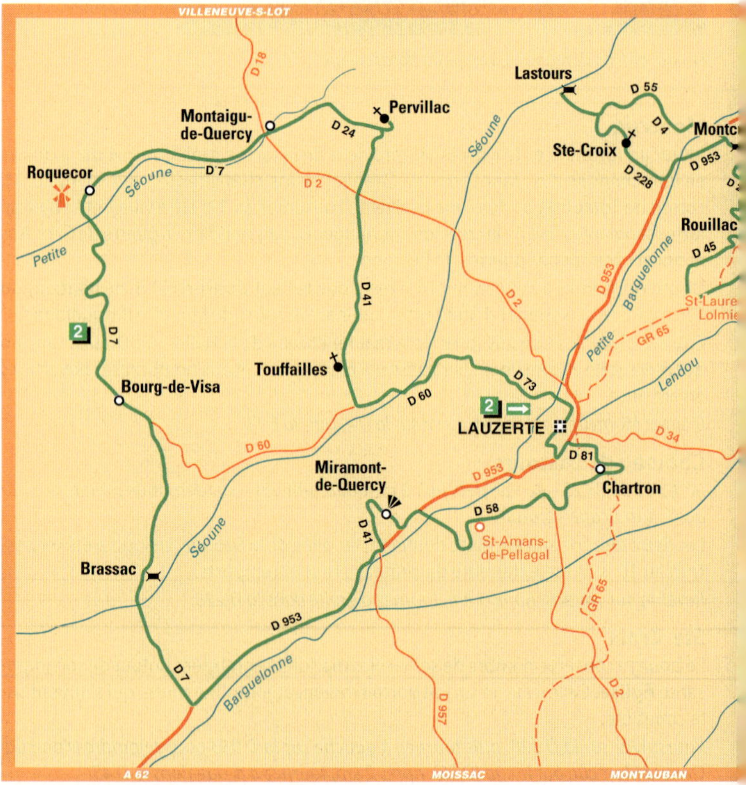

Quittez Lauzerte par le sud en empruntant la D 2, tournez à gauche dans le D 953, puis à droite dans la D 81. Après 2 km, tournez à droite en direction de Ste-Amans-de-Pellagal.

Chartron

Ce lieu-dit possède un beau **pigeonnier** quadrangulaire sur piliers. Ces derniers sont surmontés d'une « capel », sorte de chapeau, pour empêcher les rongeurs ou rapaces de rentrer. La volière à colombages présente un toit de tuiles plates et un lanternon.

Poursuivez durant 1 km, prenez à gauche puis tout de suite à droite. Passé Ste-Amans, suivez la direction Miramont.

Miramont-de-Quercy

Ce petit village offre un **point de vue** sur la vallée de son chemin de ronde.

À la sortie de Miramont, prenez à gauche dans la D 41 puis à droite dans la D 953. Après 8 km, tournez à droite dans la D 7.

Château de Brassac

✆ 05 63 94 59 67 - visite guidée possible (1h) - juil.-août : 10h-19h ; avr.-juin et sept.-oct. : 10h-12h, 14h-19h (dernière entrée 1h av. fermeture) - fermé lun. - visite guidée 5 €, visite libre 4 €.

Dominant la vallée de la Séoune, cette forteresse du 12e s. modifiée successivement jusqu'au 16e s. présente une forme quadrangulaire flanquée de quatre tours rondes. Les tours et les courtines ont été arasées au niveau de la cour. Propriété des comtes de Toulouse, elle passa alternativement aux mains des Anglais et des Français pendant la guerre de Cent Ans. Assiégée par les protestants lors des guerres des Religions, incendiée durant la Révolution, elle fut laissée à l'abandon au 19e s.

Après une motte féodale, on pénètre dans la cour d'honneur par un pont de pierre en remplacement du pont-levis. Dans la partie haute, au corps de logis du 14e s. fut ajouté, au 15e s., une tour polygonale renfermant un escalier à vis *(ne se visite pas)*. Dans la partie basse se situe la forteresse (16e s.) édifiée sur le tracé de l'ancienne enceinte et sous la cour vous verrez les salles des gardes.

Poursuivez sur la D 7 en direction de Bourg-de-Visa.

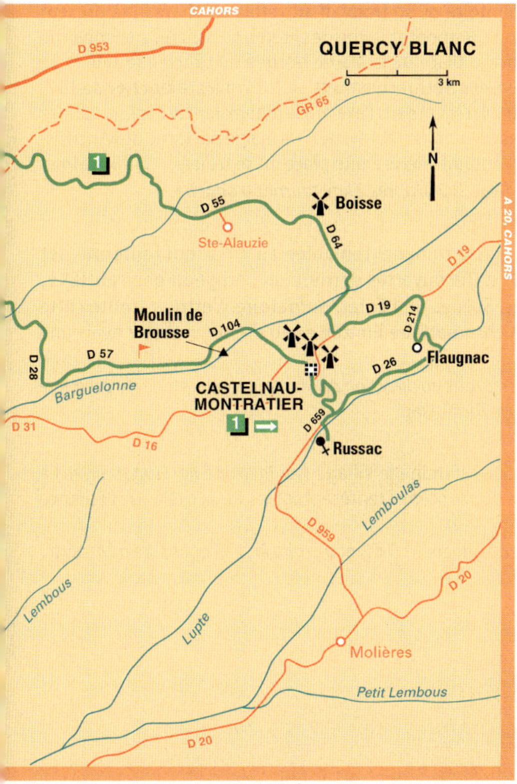

G. Targat / MICHELIN

Jolie maison à colombages, place des Cornières, à Lauzerte.

Bourg-de-Visa

Sur la place de la Mairie se trouve une halle en fer, de style Baltard, entourée de maison à arcades. De l'ancien château, ne reste que quelques vestiges. Près de l'église, remarquez le pigeonnier-tour.

Poursuivez sur la D 7 ; après 10 km, tournez à gauche.

Roquecor

Perché sur un piton rocheux, le village surplombe la Petite Séoune. Face à la mairie, prenez à droite la rue des Coutelets, bordée de maisons anciennes, puis la rue du Barry. Sur la gauche, vous descendrez au **lavoir**, passant devant les vestiges des remparts de la vieille ville, et arriverez au **roc de Nobis**, site troglodytique.

Quittez Roquecor par le nord et tournez à droite dans la D 7.

Montaigu-de-Quercy

Le bourg entoure un promontoire où se trouvait autrefois un château (à présent s'y élève une propriété privée). Remontez la rue des Frères-Quémeré, ancienne rue commerçante, pour rejoindre la place de la Mairie bordée de l'ancien **lavoir** et de l'église. De style néogothique, elle a été reconstruite au 19e s. mais le **clocher** de 1855 a été conservé : remarquez qu'il n'est ni dans l'axe ni à la dimension de l'église. Longez ensuite les **remparts** (rue des Colombiers) et revenez à la mairie par la rue des Anciens-Fours. À droite, la rue de la Fontaine mène à une place où se trouve… la **fontaine**.

Quittez Montaigu par le nord-est (D 24), après 2 km, tournez à gauche.

Pervillac

Ce hameau possède une église romane, remaniée au 19e s. qui renferme des **peintures murales** du 15e s. Découvertes derrière un badigeon posé au 18e s., elles sont bien conservées. Scènes de l'Enfer, purgatoire, Vertus… toute cette iconographie à la gamme chromatique limitée et au dessin grossier avait une vocation didactique.

Revenez sur vos pas, tournez à droite en direction de Montaigu, puis prenez la première à gauche (D 41) en direction de Touffailles.

Touffailles

L'**église St-Georges** (fin 15e s.) domine le village *(sur la droite après la mairie)*. La voûte de la nef est ornée de douze scènes représentant les deux cycles de l'enfance et de la passion du Christ.

Restez sur la D 41, puis prenez à gauche la D 60, et à droite la D 73 qui mène à Lauzerte.

Le Quercy blanc pratique

Adresses utiles

Office du tourisme de Lauzerte – *Pl. de Cornières - 82110 Lauzerte - ✆ 05 63 94 61 94 - www.lauzerte-tourisme.fr - juil.-août : 9-19h ; sept.-juin : tlj sf dim. 9h-12h, 14h-18h.*

Office du tourisme de Castelnau-Montratier – ✆ 05 65 21 84 39 - *www. cc-castelnau-montratier.fr - juil.-août : 10h30-12h30, 15h-18h30, dim. 10h-12h ; reste de l'année : mar. et jeu. 10h-12h, 15h-17h30, vend. 10h-12h.*

Office du tourisme de Montcuq – *8 r. de la Promenade - 46800 Montcuq - ✆ 05 65 22 94 04 - www.tourisme-montcuq.com - juil.-août : 9h-12h30, 15h-19h, dim. 10h30-13h ; reste de l'année : tlj sf w.-end 9h-12h.*

Visites

Les offices du tourisme de **Castelnau-Montratier** et de **Montcuq** ont mis en place une démarche d'accueil des familles avec enfants, « Viens jouer en Quercy blanc » : une manière ludique de découvrir le patrimoine en famille, à l'aide de fiches jeux.

Visite commentée des moulins – *Rens. à l'office du tourisme de Castelnau-Montratier.* Moulin de Boisse *(2 €)* et moulin de de Brousse *(gratuit).*

Se loger

Chambre d'hôte La Grange de Marcillac – *À Marcillac - 46800 St-Cyprien - ✆ 05 65 22 90 73 - www. lagrangedemarcillac.com - 6 ch. 44/58 € - 5,80 € - repas 18/35 €.* Idéale pour qui souhaite séjourner au calme, cette ancienne ferme isolée dans le Quercy blanc a été transformée en auberge faisant maison d'hôte et restaurant. Recherchées par les randonneurs, les chambres de confort inégal associent néanmoins bonne tenue et prix légers. Séjours culinaires, vente de produits locaux.

Gîte Le Souleillou – *22 r. du Soleillou - 46800 Montcuq - ✆ 05 65 22 48 95 - www. gite-etape-souleillou.com - fermé 2 sem. en janv. - 10 ch. (30 pl.) 13,50 € - 4 € - repas 11,50 €.* Ce gîte de création récente satisfera ceux qui, jusqu'à présent, déploraient le manque d'hébergement dans les environs. De tenue rigoureuse, les 10 chambres oscillent entre la grande simplicité, dans un style proche du dortoir, et le confort presque cosy avec tête de lit en tissu et douche privative. Bon accueil.

Se restaurer

Le Quercy – *Fg d'Auriac - 82110 Lauzerte - ✆ 05 63 94 66 36 - hotel. du.quercy@wanadoo.fr - fermé dim. soir et lun. sf juil.-août - 11/36 € - 10 ch. 42/50 € - 7 €.* Venez donc ici plutôt pour déjeuner ou dîner dans ce restaurant bien connu dans les environs. La salle à manger est claire avec son parquet et ses murs orange. Une table de produits régionaux frais avec un menu surprise. Quelques chambres.

Chez Bernadette – *Au bourg - 82190 Miramont-de-Quercy - 7 km au sud de Lauzerte par D 953 - ✆ 05 63 94 65 57 - stblanchet@wanadoo.fr - fermé 10 j. de fin fév. à déb. mars, 2 sem. en nov., dim. soir et lun. soir hors sais., mar. soir, sam. midi et merc. - réserv. conseillée - formule déj. 12 € - 16/25 € - 5 ch. 35/40 € - 5 €.* Véritable auberge de campagne, voilà une adresse idéale pour faire bombance sur sa terrasse fleurie à l'ombre des catalpas. Vous pourrez goûter à une savoureuse cuisine du terroir. Quelques chambres rénovées pour vous dépanner.

Que rapporter

Bon à savoir – Vous trouverez une palette de produits locaux divers et savoureux : vin de Cahors, des coteaux du Quercy, miel, foie gras, cabécous…

Marchés – Marché dominical, marché des producteurs de pays le merc. à Castelnau-Montratier et le jeu. à Montcuq en saison, marché gourmand nocturne de mi-juillet à mi-août à Lauzerte.

Sports & Loisirs

Plan d'eau du Chêne – *Montaigu-de-Quercy - ✆ 05 63 94 48 50 (office de tourisme).* Base de loisirs.

Plan d'eau de St-Sernin – *Montcuq - 2,50 € en saison.*

Événements

Nuits de Lauzerte – *Rens. à l'office de tourisme - 10 € (6-12 ans 5 €).* Début août, la ville se pare de lumière (grâce à des bougies), des comédiens animent les rues et des performances artistiques assurent le spectacle.

Festival du Quercy blanc – *Rens. dans les offices de tourisme.* De fin juil. à mi-août, concerts de musique classique à Lauzerte, Montcuq et Montpezat.

Ribérac

4 123 RIBÉRACOIS
CARTE GÉNÉRALE A2 – CARTE MICHELIN DÉPARTEMENTS 329 D4 – DORDOGNE (24)

Près des Charentes, Ribérac est un carrefour agricole où les produits de la terre sont échangés tout au long de l'année lors d'importants marchés. La ville millénaire s'enorgueillit de ses nombreux festivals et expositions. Au cœur d'une campagne fertile et boisée ponctuée de somptueuses églises romanes, elle offre surtout une halte reposante aux visiteurs.

Se repérer – À 38 km au sud-ouest de Brantôme, 24 km au nord de Mussidan et 17 km à l'est d'Aubeterre-sur-Dronne, Ribérac se trouve à l'extrémité ouest de la D 710.

À ne pas manquer – L'architecture de la collégiale ; les églises romanes à coupoles ; les fresques de St-Méard.

Organiser son temps – Si vous ne craignez pas la foule, venez pour l'animation du marché le vendredi matin. Hormis ce jour, comptez 1h pour la ville.

Avec les enfants – Les animations du moulin de la Pauze ; le parc de loisirs du Paradou *(voir l'encadré pratique)*.

Pour poursuivre la visite – Voir aussi Aubeterre-sur-Dronne, Bourdeilles, Brantôme, Mareuil.

Le saviez-vous ?

Virtuose de la poésie lyrique, **Arnaut Daniel** vit le jour au château de Ribérac vers 1150, et c'est à peu près tout ce que l'on sait de lui. Il fut tenu par Dante et Pétrarque pour le meilleur artiste de langue d'oc. La ville est aussi le lieu de naissance de **François d'Aydie**, vicomte de Ribérac et « mignon » d'Henri III tué en duel.

Se promener

Collégiale N.-D. de Ribérac

Ancienne chapelle du château de Ribérac disparu à la Révolution, la collégiale Notre-Dame fut le lieu de sépulture des seigneurs locaux avant d'être gravement endommagée lors des guerres de Religion. Les travaux entrepris au 19e s. lui ont rendu sa superbe.

Après avoir bénéficié d'une complète restauration, elle est devenue une salle d'exposition et de concerts.

Église de Faye

2 km au nord-ouest par la D 20.

Consacrée à saint Pierre, elle renferme un autel de bois sculpté. Tout aussi admirable et unique en Périgord, le **tympan** sculpté d'un Christ en majesté qu'encensent deux anges.

Circuit de découverte

LE VAL DE DRONNE

Circuit de 65 km – comptez une demi-journée. Quittez Ribérac par le sud-est en empruntant la D 709.

Dernière terre d'Occitanie avant les pays de langues d'oïl angoumois et charentais, le Ribéracois se distingue au sein de l'ensemble périgourdin par ses paysages largement ouverts, mettant à nu les moutonnements de collines blanchâtres vouées aux labours. À l'originalité de ses aspects naturels s'ajoute le charme des bourgs ruraux et, dans la vallée de la Dronne, une exceptionnelle densité d'**églises romanes à coupoles**.

St-Martin-de-Ribérac

Édifiée au 12e s., l'**église** romane est couverte de deux dômes dont les calottes ont été remontées au 19e s.

Quittez St-Martin par le nord-est et rejoignez la D 710 aux Bigoussies (à droite).

St-Méard-de-Dronne

Dans l'**église romane** ont été mises au jour des fresques du 15e s. Il semblerait que toute l'église soit décorée sous son enduit de chaux du 19e s. Depuis la balustrade (prenez le petit escalier), remarquez les représentations naïves du Diable, une pécheresse en feu, Adam et Ève.

Moulin de la Pauze★ - *℘ 05 53 90 30 01 (répondeur) ou 06 08 74 24 00 - sur demande - 5 € (-16 ans 3 €) ; billet combiné 8 €.* Cette minoterie multicentenaire, récemment reconvertie… en microcentrale électrique, est un musée vivant de la farine et du pain. Le commentaire rend familier le travail complexe du meunier, les ateliers (fabrication de farine ou de pain) permettent d'en saisir la beauté. Petite **exposition** d'outils anciens, près de l'église.

Prenez la D 104 qui bientôt franchit la Dronne.

Villetoureix

Sur les berges de la Dronne, le **manoir de la Rigale** incorpore une **tour** d'époque gallo-romaine, ancienne *cella* d'un temple. Dans le village, l'**église** romane est consacrée à saint Martin de Tours.

Poursuivez sur la D 709 que coupe la D 708.

Allemans

Derrière un manoir du 15e s., l'**église St-Pierre** est un bel édifice roman remanié qui possède une nef unique surmontée de deux coupoles. Admirez son chevet.

Quittez Allemans par le sud-ouest en empruntant une petite route qui offre de belles vues sur la vallée de la Dronne. Traversez la rivière à hauteur de Bourg-du-Bost.

Aubeterre-sur-Dronne★ *(voir ce nom)*

Quittez Aubeterre par le sud-ouest en empruntant la D 17.

St-Aulaye

Ste-Eulalie donne au masculin le nom de St-Aulaye. Du coup, on ne sait plus très bien qui est qui, hormis le fait que le culte de cette jeune pucelle espagnole fut introduit au 11e s. à la suite des croisades contre les Maures d'Espagne.

L'**église Ste-Eulalie**, à la façade de style saintongeais, a perdu la coupole qui coiffait sa croisée du transept pour une croisée d'ogives.

Le **château** de cette ancienne bastide, reconverti en mairie, a appartenu à **Guy Chabot de Jarnac**. L'homme est resté dans les chroniques comme le vainqueur, en 1547, d'un duel avec l'un des favoris d'Henri II, François de Vivonne, grâce à la célèbre botte dite **coup de Jarnac**.

Quittez St-Aulaye par la D 5 en direction de Ribérac.

St-Privat-des-Prés

La belle **église★** romane dépendait au 12e s. d'un prieuré bénédictin rattaché à l'abbaye d'Aurillac. Ce qui explique que sa façade occidentale soit très influencée par le style saintongeais : un élégant portail déploie neuf voussures en plein cintre et une archivolte sculptée de dessins géométriques. Fortifiée, elle dissimule dans le mur ouest un couloir de défense et conserve sur le haut des murs des vestiges de merlons (partie supérieure des créneaux). À l'intérieur de l'église, outre un beau baptistère roman, on découvre deux retables en bois sculpté du 17e s.

Des ateliers d'artisans, une épicerie ancienne, une école du début du siècle : voilà quelques exemples de ce que vous trouverez au **musée de l'Outil et de la Vie au village**. Intéressante collection de **maquettes★** de monuments français. *℘ 05 53 91 22 87 - juil.-août : tlj sf lun. 15h-18h ; reste de l'année : sur demande - 2,50 € (enf. 1 €).*

Quittez St-Privat par le nord-est.

Cumond

Dans ce joli hameau, à deux pas d'un imposant pigeonnier, se trouve une **église** à coupole du 12e s. consacrée à saint Antoine. Son portail est décoré de neuf voussures.
Poursuivez la route vers le nord-est qui longe le cimetière, puis prenez à droite la D 43.

Vanxains

Le village conserve encore quelques belles maisons des 16e et 18e s. De style roman, l'**église Notre-Dame** a été remaniée au 16e s. : les maçonneries furent épaissies pour autoriser l'élévation du clocher. Dans l'avant-chœur, sous une coupole, un curieux bestiaire et des personnages décorent les chapiteaux. Les plus courageux admireront la salle de défense placée au-dessus des voûtes.
Rejoignez la D 708 (à droite) qui ramène à Ribérac.

Ribérac pratique

Adresse utile

Office du tourisme du Pays ribéracois – *Pl. du Gén.-de-Gaulle - 24600 Ribérac - ✆ 05 53 90 03 10 - www.valdedronne.com - juil.-août : 9h-19h, sam. 10h-13h, 14h-19h, dim. 10h-13h ; reste de l'année : tlj sf dim. 9h-12h, 14h-18h, sam. 9h-12h, 14h-17h - fermé j. fériés.*

Visites

Bon à savoir – L'office de tourisme propose un circuit guidée avec goûter à la ferme en fin de visite *(juil.-août : mar. apr.-midi)*. Il organise aussi des randonnées pédestres accompagnées *(juin à sept. : dim. et certains sam. en matinée)*.

Se loger

Rêv'Hôtel – *Rte de Périgueux - ✆ 05 53 91 62 62 - www.rev-hotel.fr - P - 29 ch. 45/65 € - 6 €.* Construction récente implantée dans une petite ZAC. Les chambres, fonctionnelles et bien tenues, sont toutes en rez-de-chaussée.

Chambre d'hôte La Côte – *Rte de St-Aulaye - 4 km à l'ouest de Ribérac par D 708, rte de Ste-Foy-la-Grande et D 5 et à droite - ✆ 05 53 90 68 63 ou 06 74 84 89 74 - www.perigordlacote.com - - 4 ch. + 1 suite 55 € - repas 25/40 €.* Calme garanti dans l'enceinte de cette ancienne ferme en Périgord Vert. L'ancienne étable, décorée de vieux outils agricoles, fait office de hall d'accueil. À l'étage, les 3 chambres et la suite familiale bénéficient de la tranquillité du grand jardin arboré et fleuri. Piscine privée. Table d'hôte tous les soirs sur réservation.

Se restaurer

Le Commensal – *54 bis r. du 26-Mars-1944 - ✆ 05 53 90 46 28 - fermé sam. midi, dim. soir et lun. - 13 € déj. - 20/26 €.* Les nouveaux propriétaires ont apporté quelques modifications dans la décoration, plus soignée et contemporaine, mais ont conservé l'esprit de leurs prédécesseurs côté cuisine. La carte privilégie la fabrication maison tout en gardant des prix attractifs. Une adresse souvent conseillée par les gens des environs.

Que rapporter

Marchés – Grand marché le vend. matin. Petit marché fermier le mar. matin. Marché aux noix le vend. en oct.-novembre. Importants marchés au gras de nov. à mars.

Sports & Loisirs

Bon à savoir – Vous pourrez louer des embarcations (canoë, kayak, barques) au camping de Ribérac de mi-juin à mi sept. *(réserv. conseillée : ✆ 05 53 90 54 42)* et louer un vélo au Café du Palais *(✆ 05 53 90 90 35)*.

Parc de loisirs du Paradou – *24410 Parcoul - 38 km au sud-ouest de Ribérac - ✆ 05 53 91 42 78 - www.leparadou24.fr - tlj de mi-juin à mi-sept. ; w.-end hors sais - fermé de fin oct. à mi-janv. - entrée et parking gratuits.* Une véritable halte de détente pour toute la famille ! Sur 20 ha autour d'un plan d'eau, le parc offre de nombreux divertissements : minigolf, petit train du Far West, tennis, trampolines, pétanque, pêche, baignade, toboggan aquatique et pédalos. Camping, cafétéria et bar-glacier.

Événements

Festival musique et paroles en Ribéracois – *Rens. au centre culturel : ✆ 05 53 92 52 30.* Fin juil.

St-Aulaye – *www.saint-aulaye.com.* Festival des musiques épicées le 1er w.-end d'août.

Rocamadour★★★

633 AMADOURIENS
CARTE GÉNÉRALE C3 – CARTE MICHELIN DÉPARTEMENTS 337 F3 – LOT (46)

Rocher miraculeux, recueil d'histoire, de croyances et de légendes, sanctuaire de la Vierge noire, lieu de pèlerinage : Rocamadour est tout cela. C'est aussi l'un des sites les plus extraordinaires qui soient. Les vieux logis, les tours et les oratoires dégringolent le long de la falaise escarpée dominant de 150 m le canyon de l'Alzou, sous l'égide du fin donjon du château et des sept sanctuaires.

- **Se repérer** – À 50 km au nord-ouest de Figeac, 70 km au nord-est de Cahors et 71 km à l'est de Sarlat.
- **Se garer** – Le bourg et la cité religieuse sont piétonniers. On y accède soit depuis le plateau (parking) à pied ou en ascenseurs (payants), soit depuis la vallée de l'Alzou (parkings), à pied, ou en petit train (payant) jusqu'au bourg ; de celui-ci à la cité religieuse, on a le choix entre les escaliers de la Via Sancta et l'ascenseur.
- **À ne pas manquer** – Le point de vue depuis L'Hospitalet ; le système défensif du moulin de Cougnaguet et une balade dans les vallées de l'Ouysse et de l'Alzou.
- **Organiser son temps** – Comptez une journée et profitez d'une nuit sur place pour voir la cité, le soir, sans la foule.
- **Avec les enfants** – La promenade des vallées de l'Ouysse et de l'Alzou, la Forêt des singes, le Rocher des Aigles, la Féerie autour du rail et le parc animalier de Gramat.
- **Pour poursuivre la visite** – Voir aussi Assier, Gourdon, les grottes de Lacave, le gouffre de Padirac, Labastide-Murat, Martel et Souillac.

Comprendre

LE ROC AMADOUR, HAUT LIEU DE LA CHRÉTIENTÉ MÉDIÉVALE

L'énigmatique saint Amadour – Son identité n'a pu être établie d'une façon formelle. Un chroniqueur rapporte qu'en 1166 « un habitant de la localité ayant manifesté le désir d'être enterré sous le seuil de la chapelle élevée à la Vierge, on trouva en creusant la terre un corps intact, que l'on déposa auprès de l'autel pour l'exposer à la vénération des fidèles et que de nombreux miracles se produisirent depuis lors en ce lieu ». Quel était ce personnage mystérieux dont la sépulture semblait très ancienne ? On a soutenu sur ce point les thèses les plus contradictoires. Certains auteurs en font un ermite égyptien, d'autres l'identifient à saint Sylvain. La légende la plus répandue (à partir du 15e s.) est qu'il s'agit de Zachée, le collecteur d'impôts de petite taille qui, grimpé dans un sycomore pour apercevoir le Christ, le vit s'arrêter pour lui demander l'hospitalité. Dans l'évangile, l'homme, bouleversé de n'être pas tenu à l'écart par son métier et l'usage qu'il en a fait, se convertit. La tradition locale

E. Larribère / MICHELIN

Rocamadour accroche un extraordinaire entassement de vieux logis, d'oratoires, de tours et de rocs en surplomb aux flancs escarpés d'une falaise dominant de 150 m le canyon de l'Alzou.

ajoute qu'il était le mari de sainte Véronique. Tous deux seraient venus s'établir en Limousin et, à la mort de Véronique, Zachée se serait retiré dans cette vallée de l'Alzou, alors désertique et sauvage.

La renommée de Rocamadour – Dès les premiers miracles et jusqu'à la Réforme, le pèlerinage de Rocamadour est l'un des plus célèbres de la chrétienté. Les foules y accourent. Avec plus de 120 miracles déjà recensés dans ses pages, le *Livre des miracles de Notre-Dame* assoit la réputation de Rocamadour dès sa parution en… 1172. Les jours de « grand pardon » où l'indulgence plénière est accordée, 30 000 personnes se pressent à Rocamadour. Comme le village est trop exigu, la vallée de l'Alzou est transformée en un vaste campement. Henri Plantagenêt, roi d'Angleterre, miraculeusement guéri, est l'un des premiers à s'agenouiller devant la Vierge et son exemple est suivi, au cours du Moyen Âge, par les plus illustres personnages : saint Bernard, saint Dominique, Saint Louis et Blanche de Castille, Philippe IV le Bel, Philippe VI et Louis XI. Le culte de N.-D.-de-Rocamadour s'établit à Lisbonne, à Porto, en Sicile et en Andalousie où l'étendard de Rocamadour, déployé à la bataille de Las Navas de Tolosa, contribue à mettre en déroute les musulmans et donne la victoire aux rois d'Aragon, de Castille et de Navarre.

Le pèlerinage et les pénitents – Les tribunaux ecclésiastiques, et parfois les tribunaux civils, ont fréquemment imposé le pèlerinage de Rocamadour. C'était une grande pénitence. Le jour de son départ, le pénitent entendait la messe et, vêtu d'un costume orné de grandes croix, coiffé d'un large chapeau, il partait bourdon en main et besace au dos. Arrivé au terme de son voyage, le pèlerin se dépouillait de ses vêtements et, en chemise, gravissait à genoux les fameux degrés. On lui attachait alors des chaînes aux bras et au cou. Conduit devant l'autel de la Vierge noire, il prononçait l'amende honorable dans cette posture humiliante. Le prêtre récitait les prières purificatrices et enlevait ses fers au pénitent qui, désormais sanctifié, recevait une attestation du recteur et une **« sportelle »**, sorte de médaille de plomb à l'image de la Vierge miraculeuse.

E. Larribère / MICHELIN

Vierge noire de Rocamadour.

Mais les pèlerinages n'étaient pas toujours un but d'expiation : les seigneurs et les consuls des villes aimaient à se placer sous la protection de Notre-Dame pour conclure un traité ou signer une charte. On venait aussi au pèlerinage de Rocamadour par curiosité, pour rencontrer nombre de gens ou éventuellement traiter des affaires.

Déclin et renaissance – Au 13e s., Rocamadour atteint son apogée. On y obtient des grâces refusées à Jérusalem ; les donations affluent sans cesse. Mais les richesses accumulées suscitent de nombreuses convoitises. Pendant un siècle, les abbayes de Marcilhac et de Tulle se disputent la possession de l'église de Rocamadour. Après arbitrage, Tulle l'emporte. Au cours du Moyen Âge, la ville est plus d'une fois saccagée : Henri Court-Mantel, révolté contre son père Henri Plantagenêt, dévaste l'oratoire en 1183 ; pendant la guerre de Cent Ans, les bandes anglaises et les routiers pillent à plusieurs reprises le trésor ; au cours des guerres de Religion, les capitaines protestants Bessonies et Marchastels s'emparent de Rocamadour qu'ils profanent et dévastent. Les reliques sont déterrées. La tradition veut que le corps, étonnement préservé, ait été livré aux flammes mais n'ait pas brûlé si bien que, de rage, le capitaine protestant Bessonies le brisa à coups de marteau. Seules la Vierge et la cloche miraculeuse échappent à la destruction. Rocamadour ne se relève pas vite de ses ruines, le sanctuaire végète jusqu'à la Révolution qui lui porte le coup de grâce. Au 19e s., les évêques de Cahors essaient de faire renaître le pèlerinage : les sanctuaires sont restaurés. Avec une partie de sa splendeur passée, Rocamadour a retrouvé la ferveur des pèlerins et c'est aujourd'hui le but d'un pèlerinage suivi, ainsi qu'une étape du pèlerinage en pleine résurgence vers St-Jacques-de-Compostelle.

Découvrir

LA CITÉ RELIGIEUSE

S'adresser au Relais des Remparts - Le Château - 46500 Rocamadour - ✆ 05 65 33 23 23 - visite guidée - gratuit.

Par la **porte du Figuier**, qui existait déjà au 13e s., vous pénétrerez dans la rue principale du village, encombrée de magasins de souvenirs.

Il vous reste à gravir les 223 marches du **Grand Escalier** dont les pèlerins font souvent l'ascension en s'agenouillant à chaque degré. Cinq paliers conduisent à une plate-forme où s'élèvent les habitations des chanoines, aujourd'hui converties en magasins et en hôtels.

La **plate-forme du Fort** est également appelée **place des Senhals** parce que c'est là qu'étaient fabriqués les insignes de pèlerinage : *senhals* ou *sportelles*.

La **porte du Fort**, percée sous le mur d'enceinte du palais des évêques, permet d'accéder à l'enceinte sacrée.

Parvis des églises

Également appelé place St-Amadour, c'est un espace assez restreint autour duquel s'élèvent **sept sanctuaires** : la basilique St-Sauveur en face de l'escalier ; en dessous, l'église St-Amadour ; à sa gauche la chapelle Notre-Dame ou chapelle miraculeuse. À droite se trouvent les trois chapelles St-Jean-Baptiste, St-Blaise et Ste-Anne *(dans le cadre des visites guidées de la cité religieuse)*, tandis que la chapelle St-Michel se dresse à gauche sur une terrasse.

Basilique St-Sauveur

De style romano-ogival (11e-13e s.), elle appuie ses deux nefs sur la paroi de la falaise. La mezzanine en bois a été rajoutée au siècle dernier pour pallier la petitesse de la basilique lors des grands pèlerinages. Au-dessus de l'autel se dresse un beau **Christ** en bois polychrome du 16e s. dont la croix représente un arbre privé de ses rameaux.

Église St-Amadour

✆ 05 65 33 23 23 - dans le cadre des visites guidées de la cité religieuse.

Cette petite église inférieure, édifiée au 12e s., s'étend sous les deux travées sud de la basilique St-Sauveur. Elle comporte un chevet plat et deux travées sous voûtes quadripartites. Elle servait autrefois de lieu de culte : on venait y vénérer le corps de saint Amadour.

Chapelle Notre-Dame

Du parvis, un escalier de 25 marches s'élève jusqu'à la chapelle miraculeuse, considérée comme le « saint des saints » de Rocamadour. C'est là en effet que l'ermite aurait aménagé un oratoire dans le roc. Écrasée en 1476 par la chute d'un rocher, elle fut reconstruite en gothique flamboyant par l'évêque de Tulle, Denys de Bar. Cette nouvelle chapelle, saccagée pendant les guerres de Religion et sous la Révolution, a fait l'objet d'autres travaux au 19e s.

Dans la pénombre de la chapelle noircie par la fumée des cierges, on découvre sur l'autel la Vierge miraculeuse appelée aussi **Vierge noire★** : elle est assise, hiératique, portant sur son genou gauche, sans le tenir, un étonnant Enfant Jésus au visage d'adulte. Cette statue reliquaire de petite taille (69 cm), en bois, de facture rustique, date du 12e s. Tout autour ont été accrochés de nombreux témoignages de reconnaissance : ex-voto, fers qu'on mettait jadis aux pèlerins pendant certaines cérémonies de pénitence *(voir plus haut)*. Suspendue à la voûte, une très vieille **cloche**, faite de plaques de fer assemblées et datant sans doute du 9e s., sonnait d'elle-même pour annoncer les miracles, par exemple lorsque des marins perdus en mer invoquaient N.-D.-de-Rocamadour.

Qui est Roland ?

En 778, Roland, neveu de Charlemagne et préfet des marches de Bretagne s'en revenait de guerroyer aux côtés de l'empereur dans la péninsule ibérique. Il commandait l'arrière-garde de l'armée lorsqu'il fut pris en embuscade au fond d'un défilé pyrénéen, à Roncevaux. Attaqués par les Vascons, lui et tous ses hommes perdirent la vie. De cette défaite, la *Chanson de Roland*, dont l'auteur demeure inconnu, fait une victoire : l'empereur reviendra se venger de cette traîtrise. La chanson de geste vante l'idéal monarchique, le courage, la loyauté et la victoire militaire de Charlemagne sur l'Islam conquérant.

En sortant de la chapelle Notre-Dame, on peut voir au-dessus de la porte une grossière épée de fer enfoncée dans la paroi rocheuse. La légende l'identifie à **Durandal**, la célèbre épée de Roland : cerné par les Sarrasins et ne pouvant la briser, Roland implora l'archange saint Michel et lança son épée qui d'un seul jet vint se planter dans le rocher de Rocamadour, loin des infidèles.
À droite, creusé dans le roc, le **tombeau de saint Amadour**, à l'emplacement présumé où fut découvert le corps.

J. Damase / MICHELIN

Sur la façade extérieure de la chapelle St-Michel subsiste une partie de la fresque illustrant l'Annonciation et la Visitation.

Chapelle St-Michel

Dans le cadre des visites guidées de la cité religieuse.

Surélevée de quelques marches, cette chapelle de style roman est abritée par un encorbellement rocheux. Son abside, dans laquelle s'inscrit un petit oratoire, fait saillie du côté du parvis. Elle servait pour les offices des moines du prieuré qui y avaient aussi aménagé leur bibliothèque.

Sur le mur **extérieur** deux fresques représentent l'Annonciation et la Visitation : l'habileté de la composition, la richesse des tons (ocre, jaune, brun-rouge, fond bleu roi), l'élégance des mouvements datent l'œuvre, qui s'inspire à la fois des châsses limousines et des mosaïques byzantines du 12e s. Au-dessous, une autre fresque du 14e s. montre un immense saint Christophe, patron des voyageurs et par extension des pèlerins. À l'**intérieur**, le chœur est orné de peintures : le Christ en majesté est entouré des évangélistes, tandis qu'au-dessous un séraphin et l'archange saint Michel, devisant avec le démon, pèsent les âmes.

Musée d'Art sacré Francis-Poulenc★

✆ 05 65 33 23 23 - ♿ - juil.-août : 9h-18h ; mars-juin et de déb. sept. à mi-nov. : tlj sf mar. 10h-12h, 14h-17h - 4 € (-18 ans gratuit).

Il est situé dans l'ancien **palais des évêques** de Tulle. Ce vaste bâtiment d'aspect militaire, qui surplombe l'énorme rocher de la falaise, abritait les pèlerins illustres. Construit au 14e s., il a été restauré au 19e s. par un élève de Viollet-le-Duc. Le musée est dédié à **Francis Poulenc** qui, après avoir reçu le « coup de poignard de la grâce » lors d'une visite à Rocamadour en 1936, composa les *Litanies à la Vierge noire de Rocamadour*.

Dans le hall, des cartes, une statue de saint Jacques en pèlerin et des documents divers évoquent l'histoire de Rocamadour et de son pèlerinage.

Le vestibule présente des objets provenant du sanctuaire : un vitrail du 13e s. montrant la mort de saint Martin, seul vestige des verrières de St-Sauveur, et le reliquaire de saint Amadour (17e s.) qui contenait les reliques du corps du saint détruit pendant les guerres de Religion. La première galerie rassemble des ex-voto, toiles et bois sculptés, la plupart du 17e s. Un panneau naïf daté de 1648 montre saint Amadour saluant la Vierge. À côté, une statue baroque d'origine flamande représente le prophète Jonas sous l'aspect d'un vieillard écrivant.

La **salle du Trésor** rassemble quelques très belles pièces provenant du trésor, jadis fabuleux, du sanctuaire, comme un chef reliquaire en argent doré de saint Agapit

(14e s.). Les châsses de Lunegarde (12e s.), de Laverhne (12e s.) et de Soulomès (13e s.) décorées d'émaux montrent la virtuosité des artistes limousins. La galerie suivante est consacrée aux peintures religieuses des 17e, 18e et 19e s.

En sortant du musée, empruntez la galerie dite « le tunnel » qui passe sous la basilique St-Sauveur et descendez à droite sur le chemin de ronde.

LE BOURG B2

À la sortie du chemin de ronde, regagnez la place des Senhals et prenez à gauche.

Rue de la Mercerie

Cette ancienne rue marchande est bordée de jardins en terrasses. Remarquez à droite la maison de la Pommette, ancienne boutique à arcades du 15e s., et un peu plus loin à gauche, la maison romane médiévale. Vous arrivez à la porte de Cabiliert, du 13e s., que flanquait autrefois une tour de défense.

Revenez place des Senhals, descendez le Grand Escalier et tournez à droite.

Le Coustalou

Passé la porte Hugon du 13e s, vous pénétrez dans ce charmant quartier médiéval. La maison de la Louve à colombages est la mieux préservée. Au-delà de la porte Basse, au bord de l'Alzou, se dresse le vieux moulin fortifié dit « de Roquefrège ».

Retournez sur vos pas pour rejoindre la porte du Figuier.

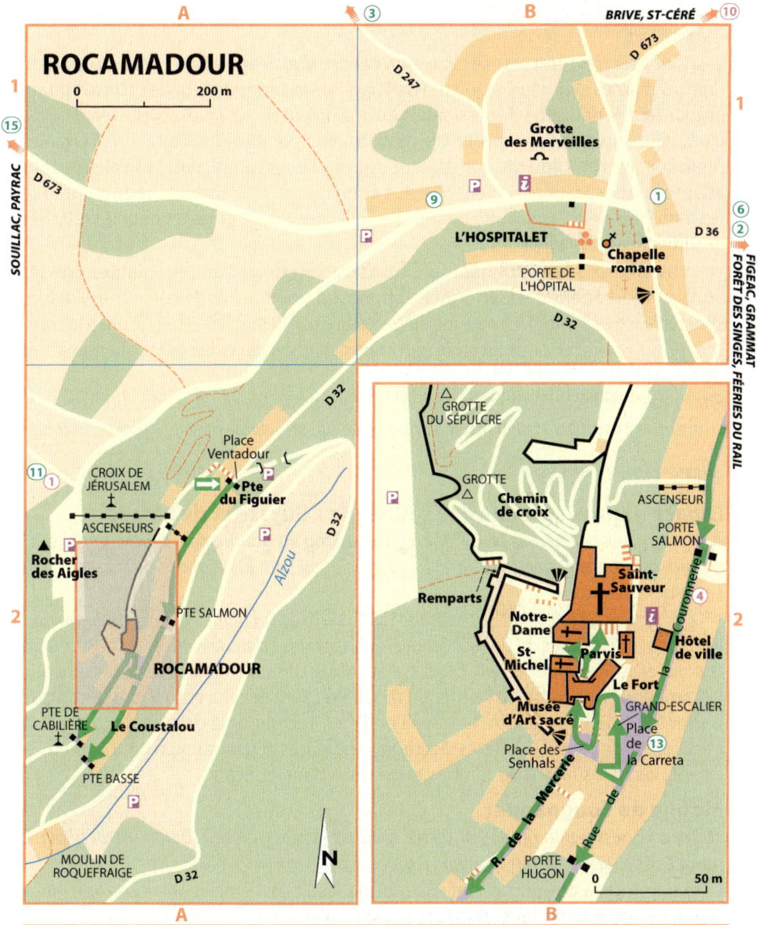

SE LOGER
- Camp'Hostel ... 1
- Centre (Hôtel du) ... 2
- Domaine de Lagardelle (Chambre d'hôte du) ... 3
- Moulin de Fresquet (Chambre d'hôte du) ... 6
- Panoramic (Hôtel Le) ... 9
- Relais Amadourien (Hôtel du) ... 11
- Terminus des Pélerins (Hôtel Le) ... 13
- Vieilles Tours (Hôtel Les) ... 15

SE RESTAURER
- Château (Le) ... 1
- Jehan de Valon ... 4
- Roc du Berger (Le) ... 10

Hôtel de ville

☏ 05 65 33 22 00 - www.rocamadour.com - de mi-juil. à fin août : 10h-19h ; de mi-mai à mi-juil. et sept. : 10h-12h30, 13h30-18h ; de déb. oct. à mi-mai : 14h-17h - fermé 1er janv. et 25 déc. - 2 €.

Il est installé dans une maison du 15e s. restaurée et appelée « la Couronnerie » ou maison des Frères. Dans la salle du Conseil sont exposées deux belles **tapisseries★** de Jean Lurçat *(voir St-Céré).*

Poursuivez un peu après la porte de Figuier.

SUR LE PLATEAU

Chemin de croix B2

Aménagé au 19e s., il monte en lacets à travers un sous-bois jusqu'aux remparts. Après les grottes de la Nativité et du Sépulcre, on aperçoit la grande croix de Jérusalem, rapportée des Lieux saints par les pèlerins de la pénitence.

Remparts B2

☏ 05 65 33 23 23 - 8h-20h - 2 €. Ultimes vestiges d'un fort du 14e s. destiné à barrer l'éperon rocheux et à protéger le sanctuaire. Adossée à ce fort, la demeure des chapelains de Rocamadour a été construite au 19e s.

Rocher des Aigles★ A2

☏ 05 65 33 65 45 - www.rocherdesaigles.com - ♿ - des Rameaux à la fin des vac. scol. de Toussaint : spectacles (1h30) à 13h30, 15h, 16h30 et 17h45 (selon les saisons : vérifier) - 8 € (5-13 ans 5 €).

Tout près des remparts se trouve un **centre d'élevage et de reproduction** de rapaces diurnes et nocturnes, où œuvre Raphaël Arnaud, initiateur de cette aventure, entouré d'une douzaine de passionnés qui travaillent sur les lieux à plein-temps. Près d'une centaine d'oisillons naissent ici chaque année (vidéo de présentation). Certaines reproductions en captivité constituent des premières mondiales. Les volières sont adaptées pour assurer le bien-être des animaux, d'où la visibilité réduite pour le visiteur. Par ailleurs, une unité de soin accueille des oiseaux blessés pour les relâcher ensuite dans leur milieu naturel.

Vous assisterez à une étonnante **démonstration de vol** de ces volatiles dressés auxquels succèdent des perroquets, apportant une touche de couleur finale à ce spectacle exceptionnel. Le commentaire assuré par des spécialistes ajoute à la compréhension de ces oiseaux de proie méconnus, dont certaines espèces sont menacées de disparition.

Pour redescendre au bourg, revenez à l'esplanade au niveau de l'enceinte sacrée et empruntez l'ascenseur qui permet de gagner la rue principale près de la porte Salmon.

Aux alentours

Espace naturel sensible des vallées de l'Ouysse et de l'Alzou

À 4 km à l'ouest et 8 km à l'est. Départs du parking du gouffre de Cabouy (par la D 32 au sud de Cahors) et depuis le parking du moulin du Saut (dir. Cahors, par Gramat puis Les Aspes et Lauzou).

4,5 km et 7,2 km, 2h et 3h, balisage jaune ou rouge et blanc - à parcourir impérativement avec les fiches du guide découverte disponibles dans les offices du tourisme de Gramat et de Rocamadour. L'Ouysse et l'Alzou ont tellement taillé le calcaire que Rocamadour vit perché. Le sentier du moulin du Saut et celui entre Ouysse et Alzou permettent de comprendre le travail de l'eau. Technologie des moulins, régimes particuliers de ces deux rivières, écologie des berges et d'un canyon pour le premier circuit ; karst, résurgences, combes et gouffres pour le second.

Moulin de Cougnaguet

10 km à l'ouest par la D 673. ☏ 05 65 32 63 09 - visite guidée (30mn) - de déb. avr. à mi-oct. : 10h-12h, 14h-18h - 4 € (enf. 2 €).

Le moulin fortifié de Cougnaguet enjambe de ses arches en plein cintre une dérivation de l'Ouysse. Il date du 15e s. mais fut précédé par un autre moulin auquel le « droit des eaux » fut concédé en 1279. Au Moyen Âge, le grain et la farine, denrées précieuses très convoitées, devaient être particulièrement protégés. Le système défensif du moulin est impressionnant : l'ouverture des vannes précipitait les assaillants vers une conduite forcée où, engloutis, ils connaissaient une mort atroce. Le moulin abrite quatre meules qui pouvaient produire 3 tonnes de farine par jour ; l'une d'elles fonctionne et moud le grain sous vos yeux.

S. Sauvignier / MICHELIN

Le moulin fortifié de Cougnaguet enjambe de ses arches en plein cintre une dérivation de l'Ouysse dans un site tout à fait charmant d'eaux vives.

Circuit de découverte

LE NORD DU CAUSSE DE GRAMAT

Circuit de 70 km – comptez environ une demi-journée. Quittez Rocamadour par le nord en empruntant la D 32.

Le causse de Gramat s'étend entre la vallée de la Dordogne, au nord, et celles du Lot et du Célé, au sud.

Vaste plateau calcaire, haut de 350 m, il est le plus important et le plus sauvage des causses du Quercy. C'est en automne qu'il faut le parcourir, lorsque les arbres hésitent entre le jaune et le rouge et illuminent de leurs teintes dorées le gris des pierres et des rochers.

L'Hospitalet B1

Le nom de ce village, sur le rebord de la falaise de Rocamadour, lui vient d'un petit hôpital fondé au 11e s. par Hélène de Castelnau, pour soigner les pèlerins sur la route du Puy à Compostelle. Seule la **chapelle romane**, remaniée au 15e s., a été conservée. Passé le parvis, vous verrez les vestiges de cet hôpital et au-delà, le Champ aux pauvres (ancien cimetière des pèlerins modestes) aménagé en jardin.

Grotte des Merveilles – *✆ 05 65 33 67 92 - www.grotte-des-merveilles.com - visite guidée (40mn) - juil.-août : 9h30-19h ; avr.-juin et de déb. sept. à déb. nov. : 10h-12h, 14h-18h (oct. 17h) - 6 € (enf. 4 €).* Découverte en 1920, cette petite grotte située sous seulement 8 m de roche présente quelques belles formations minérales : stalactites, stalagmites, gours où se reflètent la voûte et ses concrétions... Sur ses parois, quelques peintures rupestres dateraient d'environ - 20 000 ans. Elles représentent des mains « négatives », des ponctuations, quelques chevaux, un félin et un cervidé schématique.

Point de vue

En arrivant par la route de l'Hospitalet, on découvre une **vue★★** remarquable sur le site : au fond d'une gorge, l'Alzou serpente au milieu des prairies, et à 500 m environ, agrippé à la falaise du causse, se détache l'extraordinaire profil du village dont l'élévation est un défi à la pesanteur. Au-dessus du bourg, s'étage la cité religieuse couronnée par les remparts du château.

Quittez L'Hospitalet par l'est en empruntant la D 36.

Féerie autour du rail – *✆ 05 65 33 71 06 - www.la-feerie.com - ♿ - spectacle (1h) de mi-juil. à fin août : 10h30, 11h30, 13h, 14h, 15h, 16h, 17h et 18h (dernière sem. d'août : 11h, 13h30, 14h30, 15h30, 16h30 et 17h30) ; de mi-juin à mi-juil. : 11h-17h ; de déb. avr. à mi-juin et sept. : 11h, 14h45, 15h45, 16h45 ; oct. : 15h et 16h30 ; vac. scol. Toussaint : 11h, 14h45, 15h45, 16h45 - en sais. réserv. conseillée le jour même - 8 € (4-12 ans 5 €).* À bord d'une tribune mobile permettant de longer une maquette géante de 100 m^2, le visiteur est transporté dans l'univers féerique de la **miniature animée**. Un fabuleux **décor★** évoquant tout à la fois la ville, la campagne et la montagne, est sillonné par un réseau de trains et de voitures. Par des effets sonores et lumineux, l'attention est guidée sur des groupes de petits automates reconstituant des scènes très réalistes (mariage, descente à skis). Certaines animations fourmillant de détails (cirque, fête foraine) ou se signalant par leur singularité (envol de montgolfières) sont restituées sur un moniteur vidéo.

Forêt des singes

Rte de Figeac. ✆ 05 65 33 62 72 - www.la-foret-des-singes.com - ♿ - juil.-août : 9h30-18h30 ; avr. et de déb. à mi-sept. : 10h-12h, 13h-17h30 ; de mi à fin sept. : 13h-17h30, w.-end 10h-12h, 13h-17h30 ; mai-juin : 10h-12h, 13h-18h ; oct. : 13h-17h, w.-end, j. fériés et vac. scol. 10h-12h, 13h-17h ; de déb. nov. au 11 Nov. : vac. scol., w.-end et j. fériés : 10h-12h, 13h-17h - 7,50 € (5-14 ans 4,50 €) - les chiens ne sont pas admis sur le site.

Sur 10 ha boisés, 150 singes vivent en liberté dans ce cadre qui rappelle les hauts plateaux d'Afrique du Nord, dont ils sont originaires. En effet, ce sont des magots – ou macaques – de Barbarie (en fait, de Berbérie), primates en voie de disparition, qui s'ébattent dans la forêt.

Poursuivez sur la D 36. À Rignac, tournez à gauche sur la D 20.

Source Salmière

Les premières études sur l'eau de source de Miers datent de 1624. Très riche en magnésium, elle séduit rapidement les spécialistes pour son efficacité contre les maladies de foie, des voies biliaires et urinaires, mais surtout pour son action laxative. L'eau minérale de Miers-Alvignac est vendue en pharmacie et dans les boutiques diététiques.

Gouffre de Padirac★★ *(voir ce nom)*

Rejoignez Padirac (au sud) et prenez à droite la D 673. Après 2 km, tournez à gauche dans la D 11.

Gramat

Capitale du causse qui porte son nom, Gramat est un centre de **foires** (ovins notamment) très importantes qui la rendent conviviale, les 2e et 4e jeudis matin du mois. Vous y verrez bien sûr la halle, vous y goûterez les bons produits du terroir (marché mardi et vendredi matin), mais un tour dans les ruelles vous fera découvrir une autre facette. C'est à Gramat qu'est installé, depuis 1945, le Centre de formation des maîtres-chiens de la gendarmerie (*démonstration de dressage de mi-juin à mi-sept. : jeu. 15h-17h30 - ✆ 05 65 10 14 30*), bien que ce soit une ville dédiée au cheval ! Des haras y sont installés et des courses se déroulent au mois d'août. Enfin Gramat est un excellent point de départ pour la visite de Padirac, de Rocamadour et de la région comprise entre le Lot et la Dordogne.

Quittez Gramat par le sud-ouest en empruntant la D 677. Après la voie ferrée, tournez à gauche dans la D 14.

Parc animalier de Gramat

✆ 05 65 38 81 22 - www.gramat-parc-animalier.com - ♿ - de Pâques à fin sept. : 9h30-19h ; de déb. oct. à Pâques : 14h-18h - fermé 25 déc. - 8,50 € (5-14 ans 5 €).

Cet espace a été acquis par la municipalité de Gramat pour que les visiteurs découvrent la réalité animale et végétale dans un cadre isolé de 40 ha.

Les spécimens de la flore locale – chênes pubescents, cornouillers, frênes du causse – côtoient des espèces animales en grande partie européennes qui vivent là en semi-liberté. Certains des animaux présentés (aurochs, cheval de Przewalski, bouquetin, bison d'Europe) vivaient sur ces terres à l'époque préhistorique. Un conservatoire de races de basse-cour présente des espèces très variées de gallinacés, de porcs, etc. Un parcours balisé de 3 km permet de découvrir ces animaux tout en faisant une agréable promenade.

Faites demi-tour et rejoignez la D 677 (à gauche). Au Bastit prenez à droite la D 50, puis à Carlucet tournez à droite dans la D 32 qui ramène à Rocamadour.

Rocamadour pratique

Adresse utile

Office de tourisme – *L'Hospitalet - 46500 Rocamadour - ✆ 05 65 33 22 00 - de mi-juil. à fin août : 10h-19h ; de mai à mi-juil. et sept. : 10h-12h30, 13h30-18h, dim. 13h30-18h ; de mi-mars à fin avr. : tlj sf sam. 10h-12h30, 14h-18h, dim. 14h-18h ; de déb. oct. à mi-mars : tlj sf w.-end 10h-12h, 14h-17h.*

Transports

Se déplacer en voiture – Rues piétonnes de la cité et du bourg. Accès autorisé en voiture uniquement pour les clients des hôtels et restaurants.

Ascenseur de Rocamadour – *✆ 05 65 33 62 44 - ♿ - juil.-août : 8h-22h ; mai-juin et sept.-oct. : 8h-20h ; fév.-avr. : 9h-18h - 3 € AR, 2 € aller (-8 ans gratuit).* Relie la porte Salmon au sanctuaire.

Ascenseur incliné – *✆ 05 65 33 67 79 - ♿ - juil.-août : 8h-22h ; mai-juin et sept. : 9h-19h ; avr. et oct. : 9h-18h ; de déb. nov. à fin vac. scol. Noël et fév. : 10h-12h30, 14h-17h30 - 4 € AR, 2,50 € aller (-9 ans gratuit).* Relie le sanctuaire aux remparts.

Visites

Petit train de nuit – *Dép. porte du Figuier. ✆ 05 65 33 67 84 ou 06 08 26 25 56 - avr.-sept. : visite guidée (30mn) 21h30 et 22h - commentaire en 7 langues - 5 € (5-12 ans 2,50 €).*

Balades nature – Quatre circuits de randonnées autour de Rocamadour (de 8 à 16 km). Fiches en vente à l'office de tourisme.

Se loger

⊖ **Camp'Hostel** – *L'Hospitalet - ✆ 05 65 33 73 50 - www.hotelcompostelle.fr - fermé déc.-fév. - P - 15 ch. 42/49 € - ☕ 7 €.* Construction récente proche des ruines de l'hôpital qui soignait les pèlerins de Compostelle. Petites chambres pratiques. Piscine commune à l'hôtel et au camping attenant.

⊖ **Chambre d'hôte du Domaine de Lagardelle** – *6 km de Rocamadour l'Hospitalet par D 247 - ✆ 05 65 33 44 03 - www.lagardelle.com - fermé de mi-nov. à mi-mars - 🚭 - 3 ch. 47 € ☕.* L'ancienne ferme équestre, idéalement située en plein causse du Quercy, accueille dans ses 3 chambres d'hôte indépendantes et son gîte les cavaliers et les simples amateurs de détente. Sur place, vous aurez l'embarras du choix en matière de randonnées pédestres. Savourez les petits-déjeuners dans la douceur du soleil levant.

⊖⊖ **Hôtel du Relais Amadourien** – *Rte du Château - www.hotelchateaurocamadour.com - fermé 6 nov.-19 mars - P - 19 ch. 48/49 € - ☕ 7,50 € - rest. 15/44 €.* Loin de l'agitation touristique, l'annexe de l'hôtel du Château, de style motel à la toiture pentue, accueille en saison principalement les groupes. Chambres simples, bien tenues. Piscine, tennis et jardin à l'hôtel du Château sont fort appréciés.

⊖⊖ **Hôtel Le Terminus des Pélerins** – *Pl. de la Carretta, cité médiévale - ✆ 05 65 33 62 14 - www.terminus-des-pelerins.com - fermé 5 nov.-7 avr. - 12 ch. 49/67 € - ☕ 7 € - rest. 16/30 €.* Au pied de la falaise escarpée, petit hôtel familial à l'accueil chaleureux. Chambres nettes, bien équipées. De la terrasse, profitez du « spectacle » de la vallée. La salle à manger, aérée, invite à s'attabler autour de consistants plats du terroir.

⊖⊖ **Hôtel Le Panoramic** – *L'Hospitalet - ✆ 05 65 33 63 06 - www.hotelrocamadour.com - P - 12 ch. 54/64 € - ☕ 8,50 € - rest 18/30 €.* Jolie perspective sur Rocamadour depuis cet hôtel perché sur une falaise. Chambres fonctionnelles, agréable espace jardin-piscine, bar ouvert à la clientèle de passage.

⊖⊖ **Hôtel du Centre** – *Pl. de la République - 46500 Gramat - ✆ 05 65 38 73 37 - le.centre@wanadoo.fr - 18 ch. 55 € - ☕ 7,50 € – rest. 13/32 €.* Vous serez charmé par l'accueil chaleureux dans ce petit hôtel familial simple en centre-ville. Les chambres aux murs crépis blancs sont fonctionnelles. Cuisine classique. Menu enfants.

⊖⊖⊖⊖ **Hôtel Les Vieilles Tours** – *Rte de Payrac - 4 km à l'ouest de Rocamadour par D 673 - ✆ 05 65 33 68 01 - www.vieillestours-rocamadour.com - fermé 16 nov.-26 mars - P - 17 ch. 101/106 € - ☕ 12 € - rest. 39 €.* Une maison du 16e s. et un fauconnier du 13e s. en pleine campagne… Si la chambre de la tour est libre, n'hésitez pas, c'est la plus belle. Les autres ne manquent pas de charme non plus. Jolie vue du jardin sur la vallée. Piscine. Le repas n'est assuré que le soir.

⊖⊖⊖⊖ **Chambre d'hôte du Moulin de Fresquet** – *46500 Gramat - 1 km de Gramat par rte de Figeac - ✆ 05 65 38 70 60 - www.moulindefresquet.com - fermé nov.-mars - 🚭 P - 5 ch. 110 € ☕ - rest. 25 €.* Qu'il fait bon vivre, ici ! Dans un cadre bucolique, ce très joli moulin n'est qu'à 800 m du centre-ville. Ses chambres élégantes et confortables (non-fumeurs) s'ouvrent sur le ravissant jardin. L'accueil y est délicieux et la table d'hôte succulente.

Se restaurer

⊖ **Le Roc du Berger** – *Rte de Padirac - au bois de Belveyre - ✆ 05 65 33 19 99 - www.rocduberger.com - ouv. de fin mars à fin sept. et w.-end en oct. - 12/26 €.* Terrasse sous les chênes truffiers, ambiance animée, service à la bonne franquette et, sur la table, des produits fermiers exclusivement régionaux et préparés au feu de bois.

⊖⊖ **Le Château** – *Rte du Château - ✆ 05 65 33 62 22 - www.hotelchateaurocamadour.com - fermé 8 nov.-21 mars - 15/44 €.* Cette maison régionale est tranquille, à proximité du château. Grande terrasse sous les chênes pour un repas gourmand en plein air ou dans la grande salle sous l'œil attentif d'un berger sculpté dans le bois. Chambres très confortables à l'hôtel ou plus simples à l'annexe. Belle piscine été-hiver.

⊖⊖ **Jehan de Valon** – *www.bestwestern-beausite.com - fermé 16 nov.-7 fév. - 19/55 €.* Salle à manger avec vue sur la vallée ou terrasse délicieusement rafraîchie par les tilleuls : ce restaurant ne manque pas d'arguments. Carte traditionnelle axée sur la région.

Faire une pause

Les Jardins de la Louve – *Pl. Hugon - ✆ 05 65 33 62 93 - gilles.forey@club-internet.fr - restauration : tlj sf mar. soir (sf vac. scol.) 12h-14h, 19h-21h ; bar : tlj sf mar. soir (sf vac. scol.) 10h-2h - fermé 3 nov.-3 avr.* Élégante adresse installée dans une superbe demeure bâtie au 13e s. et remaniée au 15e s. Grande cheminée, pierres et poutres apparentes et agréable terrasse arborée pour les beaux jours. Cuisine régionale et pizzas ; formule « salon de thé » l'après-midi et pub-bar à cocktails le soir du 1er juin au 30 septembre et week-ends en basse saison.

L'Esplanade – *L'Hospitalet - dir. Rocamadour cité par D 32 - ✆ 05 65 33 18 45 - lesplanade.roc@wanadoo.fr - été : 10h-0h30 ; fév. -mars et oct.-nov. sf vac. scol. : fermé le soir - fermé du 5 nov. à mi-fév.* Ce café bénéficie d'un point de vue exceptionnel sur la cité médiévale et les montagnes qui l'entourent. Sa terrasse ombragée est un lieu idéal pour admirer le « deuxième » site de France. Mais quel est donc le premier ?

Pâtisserie Quercynoise – *Pl. St-Louis - ✆ 05 65 33 63 09 - michel.lemozy@club-internet.fr - 8h-23h - fermé 15 nov. à déb. fév.* Prendre un peu de repos sur la terrasse ombragée de cette pâtisserie-brasserie en méditant les mystères de la Providence divine devant les montagnes, voilà sans doute un plaisir que les pénitents de Rocamadour n'auraient pas refusé après leur long pèlerinage « rédempteur ».

Que rapporter

Marché des producteurs de pays du Lot – *46500 Miers (11 km au nord-est de Rocamadour).* Productions agricoles et artisanales de qualité : le vend. 17h-20h en juil. et août pl. de la Mairie.

S. Sauvignier / MICHELIN

Fameux fromage de Rocamadour.

Ferme Lacoste – *Les Alix - Au nord de Rocamadour par D 247 dir. Mayrinhac-Le-Francal - ✆ 05 65 33 62 66 - lun. -jeu. 10h-12h, 14h30-17h ; vend.-sam. 10h-12h, 14h30-17h ; parfois dim.* Cette belle ferme abrite une centaine de chèvres qui broutent courageusement pour préserver la réputation de leur délicieux fromage : le fameux cabécou de Rocamadour, rebaptisé avec une robuste simplicité rocamadour.

La Maison de la Noix – *R. de la Couronnerie - ✆ 05 65 33 67 90 - été : 10h-23h (hiver : 19h).* Cette boutique propose apéritifs, liqueurs, confitures, huiles, biscuits, confiseries, moutardes et vinaigres de noix.

Sports & Loisirs

Association Rocamadour Aérostat – *Hôtel-de-Ville - ✆ 06 79 24 28 21 - sur réserv. par téléphone.* Rocamadour est le lieu rêvé pour découvrir le plus poétique des transports aériens : la montgolfière. Après avoir assisté à la préparation du ballon, on s'élève du fond de la vallée pour un vol de 45mn environ autour de la cité miraculeuse… Attention aux annulations de dernière minute en raison de mauvaises conditions météorologiques.

Événements

Foire aux fromages – À l'Hospitalet le week-end de Pentecôte.

Les Éclectiques – *✆ 06 43 97 59 93 - www.leseclectiques.org.* Festival de musique, humour et danse qui se déroule à Rocamadour à la mi-juillet.

Festival Country Gramat 46 – *✆ 05 65 38 73 60 - www.gramatcountryfestival46.* Trois jours fin juil.

Canta-Sacra – *✆ 05 65 33 23 35 - www.canta-sacra.fr.* Festival de musique sacrée à Rocamadour, mi-août.

La Roque-Gageac★★

449 LAROQUOIS
CARTE GÉNÉRALE B3 – CARTE MICHELIN DÉPARTEMENTS 329 I7 – SCHÉMA P. 192
DORDOGNE (24)

C'est en abordant La Roque-Gageac par l'ouest qu'on en a la meilleure vue d'ensemble. En fin d'après-midi, le soleil éclaire la haute falaise bistre frangée de chênes verts. Avec leurs petits jardins aux essences exotiques, les maisons aux toits de lauzes ou de tuiles se blottissent sous la muraille de calcaire, suivant le miroir scintillant de la rivière.

- **Se repérer** – À 63 km à l'est de Bergerac et 13 km au sud de Sarlat par la D 703.
- **À ne pas manquer** – Les plantes exotiques du village ; le panorama du fort.
- **Organiser son temps** – Comptez 1h.
- **Avec les enfants** – La découverte du site en canoë ou en gabarre.
- **Pour poursuivre la visite** – Voir aussi le château de Castelnaud, Domme, Les Eyzies-de-Tayac-Sireuil, les jardins de Marqueyssac et Sarlat-la-Canéda.

J. Damase / MICHELIN

Qui pourrait penser, en admirant ce superbe site, que La Roque-Gageac vécut une tragédie en 1957 ? À 11h, un énorme bloc se détacha de la paroi de la falaise, faisant 3 morts.

Se promener

Le bourg

Dans ce site exceptionnel, vous déambulerez avec plaisir de ruelle en ruelle : les habitations de paysans et d'artisans côtoient de nobles demeures, toutes agrippées à la falaise. Le village, fortifié de remparts au Moyen Âge, était le lieu de villégiature des évêques de Sarlat.

Une de ces petites rues aussi charmantes qu'escarpées débute à droite de l'hôtel Carrier et grimpe à travers une végétation luxuriante composée de figuier, néflier du Japon, laurier-rose… pour aboutir à une véritable oasis adossée à la falaise. Gérard Dorin, passionné de botanique, travaille depuis trente ans à l'élaboration de ce **jardin exotique★**. Les conditions climatiques (la situation en plein midi, l'absence de vent) favorisent le développement d'une végétation de type méditerranéen. Ainsi, oliviers, citronniers, bananiers et palmiers (20 variétés) font désormais partie du décor. À côté, la petite **église** présente une architecture du roman tardif, cependant que la façade a été reprise au 17e s.

Redescendez la rue pour rejoindre en face le fort troglodytique. Au passage, arrêtez-vous devant le **manoir de Tarde**. Deux logis à pignons aigus, percés de fenêtres à meneaux, accostent une tour cylindrique. À ce manoir est attaché le nom de la famille Tarde ; le plus célèbre reste le chanoine Jean Tarde (1561-1636), historien, cartographe astronome et mathématicien !

Le **fort troglodytique** imprenable fut construit au 12e s. et renforcé au 17e s. avant d'être démantelé au 18e s. Au terme des 140 marches (dont 32 monolithes), vous verrez les vestiges du système défensif et bénéficierez d'un beau point de vue. Sur la droite, vous apercevrez le château de la Malatrie (autrefois maladrerie). Ainsi l'effort sera largement récompensé ! *℘ 05 53 31 61 94 - d'avr. à déb. oct. : tlj sf sam. 10h30-18h - 5 € (6-10 ans : 2 €).*

Circuit de découverte

LE SUD DU PÉRIGORD NOIR★★★ 2

Ce circuit de 80 km au départ de Sarlat passe par La Roque-Gageac. Voir Vallée de la Dordogne.

La Roque-Gageac pratique

Voir aussi Beynac, Domme et Sarlat.

Visite

Visite guidée du village – *Sur réserv. à l'office du tourisme de Beynac - merc. 21h30 (1h) - gratuit.*

Se restaurer

Auberge Le Colombier – *24250 La Roque-Gageac - ℘ 05 53 28 33 97 - lecolombier@neuf.fr - fermé de mi-oct. à Pâques - réserv. obligatoire - 16,50/34 € - 11 ch. 48/55 € - ☕ 6,50 €.* Au royaume du canard, les gourmands sont rois ! Dans une ambiance conviviale, vous dégusterez les produits de la ferme : foies, magrets, confits, légumes… sans oublier, bien sûr, les savoureuses pâtisseries maison.

Les Prés Gaillardou – *Rte de Vitrac, D 46 - 24250 La Roque-Gageac - ℘ 05 53 59 67 89 - www.lespresgaillardou.com - 21/29 €.* Les années passent, mais cette petite maison sur le bord de la route reste toujours une bonne adresse. Région oblige, on y sert des recettes à base de canard, comme le magret rôti accompagné de pommes de terre nouvelles de la formule « Périgord ». Au dessert, pâtisseries maison, tout aussi délicieuses.

Auberge La Plume d'Oie – *24250 La Roque-Gageac - ℘ 05 53 29 57 05 - www.hotels-restau-dordogne.org - fermé du 10 janv. à fin fév., de fin nov. au 20 déc., mar. midi et lun. hors sais. et le midi en août et sept. - réserv. obligatoire - 28/65 € - 4 ch. 80/90 € - ☕ 14 €.* Petite auberge de village aménagée dans une maison ancienne joliment rénovée, face à la Dordogne. Poutres claires, pierres apparentes et baies vitrées agrémentent la lumineuse salle à manger (non-fumeurs). Les chambres, confortables et bien tenues, offrent aussi une vue sur le cours d'eau.

Que rapporter

Marché des producteurs de pays – Tous les vend. matin de fin mai à mi-septembre, sous la halle paysanne.

Sports & Loisirs

DÉCOUVERTE DE LA DORDOGNE

Gabares Les Caminades – *24250 La Roque-Gageac - ℘ 05 53 29 40 95 - de Pâques à Toussaint : 10h-18h - 8 € (-12 ans 5 €).* Promenade commentée (1h).

Gabares Norbert – *24250 La Roque-Gageac - ℘ 05 53 29 40 44 - www.norbert.fr - avr.-sept. : 10h-18h ; oct. : apr.-midi - 8 € (-12 ans 5 €).* Promenade commentée (1h).

CANOË

Pour une descente libre ou accompagnée sur la Dordogne, deux bases de location :

Canoë Dordogne – *Le Bourg - ℘ 05 53 29 58 50 - www.canoes-dordogne.fr.*

Canoë Vacances – *La Peyssière - ℘ 05 53 29 56 58 - www.canoevacances.com.*

Rouffignac★

1 503 ROUFFIGNACOIS
CARTE GÉNÉRALE B2 – CARTE MICHELIN DÉPARTEMENTS 329 G5 – DORDOGNE (24)

Ce village doit sa renommée à la richesse des sites qui l'entourent (Lascaux, Les Eyzies-de-Tayac) et à la magnifique grotte du même nom. Rouffignac a été détruit lors de la Seconde Guerre mondiale et complètement reconstruit entre 1946 et 1950. Le village est spacieux, aéré et constitue, avec ses commerces et ses campings alentour, une base de départ privilégiée d'excursions dans la région.

Se repérer – Rouffignac se trouve à 40 km au sud-est de Périgueux et 15 km au nord-ouest des Eyzies-de-Tayac.

Organiser son temps – Prévoyez 2h, compte tenu de la route d'accès et de l'attente.

Avec les enfants – La grotte pour la culture ; le Jacquou Parc pour la détente *(voir l'encadré pratique)*.

Pour poursuivre la visite – Voir aussi Le Bugue, Les Eyzies-de-Tayac-Sireuil, Montignac, Périgueux, Tourtoirac et St-Léon-sur-Vézère.

Visiter

Église

Elle s'ouvre par un intéressant clocher-porche dont le portail est de la première Renaissance. Exécuté vers 1530, il est orné de chapiteaux corinthiens et surmonté d'un linteau finement sculpté. La décoration profane des chapiteaux (sirènes, bustes de femmes) surprend un peu en pareil lieu ! La nef se compose de deux travées à collatéraux de style flamboyant voûtées d'ogives et renforcées par des colonnes engagées moulurées en hélice.

Aux alentours

Grotte de Rouffignac★

5 km au sud de Rouffignac par la D 32. Prévoyez un chandail : la température avoisine les 13 °C. ✆ 05 53 05 41 71 - www.grottederouffignac.fr - visite guidée (1h) juil.-août : 9h-11h30, 14h-18h ; des Rameaux à fin juin et sept.-oct. : 10h-11h30, 14h-17h - nombre d'entrées limité - 6,20 € (6-12 ans 3,80 €).

Cette grotte sèche, appelée aussi « Cro de Granville », était déjà connue au 15e s. Ses galeries de plus de 8 km de longueur sont aujourd'hui parcourues par un chemin de fer électrique qui vous transporte vers les galeries principales. Vous remarquez au passage non seulement les traces de griffes des ours des cavernes, mais surtout les bauges qu'ils ont creusées pour hiberner ici, et qui donnent une idée de leur taille : environ trois fois celle des ours bruns.

En 1956, le professeur L.-R. Nougier signala un remarquable ensemble de dessins au trait noir et de **gravures★**, exécuté au magdalénien moyen (vers - 13 000 ans). En

Cliché Grotte de Rouffignac

Au plafond, les dessins enchevêtrés n'en sont pas moins précis.

avançant en profondeur, « la grotte des cent mammouths » se révèle en effet bien nommée. Ce sont en réalité 158 représentations de mammouth que comptent les parois et plafond. Leur présence est une double énigme : elles s'avèrent rares ailleurs et, chose plus étonnante encore, on ne trouve que peu d'ossements de ce grand pachyderme dans le Sud-Ouest.

Parmi ces dessins, remarquez le « patriarche » et une étonnante frise de deux hardes s'affrontant. Les représentations s'emmêlent avec celles d'autres animaux : chevaux, bouquetins, rhinocéros laineux, bisons. Au bout du parcours ferré, le **Grand Plafond★**, avec ses 66 figures, présente des peintures ou des gravures dans la marne habilement croquées, chefs-d'œuvre de l'art paléolithique. Remarquez les bouquetins, rhinocéros, bisons, chevaux et le dessin précis des mammouths. On aperçoit également des signes tectiformes (en forme de toit) que l'on trouve aussi à Bernifal, Combarelles et Font-de-Gaume. Ces quatre cavités appartenaient sans doute au même ensemble cultuel.

Château de l'Herm

4,5 km au nord-ouest de Rouffignac par la D 6. ✆ 05 53 05 46 61 - www.chateaudelherm.com - du 1er avr. au 11 Nov. : 10h-19h - 6 € (-16 ans gratuit, 16-25 ans 3,50 €).

L'histoire de cette forteresse médiévale, embellie par une campagne de travaux de 1485 à 1512, est marquée par une longue série de crimes. Mais, de ce noir passé, seules subsistent d'imposantes ruines, rendues célèbres par Eugène Le Roy, qui y situe la demeure du sinistre comte de Nansac de *Jacquou le Croquant*. Les grosses tours de défense émergent de la forêt. Le corps de logis a été recouvert d'un toit translucide afin de le mettre hors d'eau et d'arrêter la dégradation des ruines. En outre, des passerelles ont été aménagées sur trois niveaux.

La tourelle hexagonale de l'escalier s'ouvre par un portail de style flamboyant déjà influencé par la Renaissance. La deuxième archivolte décorée de choux frisés lance très haut son pinacle. Cette porte donne accès à un remarquable **escalier à vis★** dont le noyau central dessine une torsade moulurée. Sans palier, d'un seul élan, il s'achève par une voûte en étoile, croisée d'ogives avec liernes et tiercerons, formant un véritable palmier de pierre. Des fenêtres de cette tour, la vue plonge sur les cheminées monumentales qui décoraient les trois étages. Elles portent les armoiries de la famille de Calvimont. Vue sur la forêt de Barade.

Rouffignac pratique

Adresse utile

Office du tourisme Terre de Cro-Magnon – *Pl. de la Mairie - 24580 Rouffignac - ✆ 05 53 05 39 03 - www.tourisme-terredecromagnon.com - 16 juin-7 sept. : tlj sf vend. 9h30-12h, 14h-17h30, dim. et j. fériés 9h30-12h30 ; 4 avr.-15 juin : vend. et sam. 10h-12h, 14h-17h30, dim. et j. fériés 9h30-12h30 ; w.-end de Pâques : 9h30-12h30.*

Se loger

⊖ Chambre d'hôte Le Logis de la Mouchardie – *La Mouchardie - 24580 Plazac - 3 km au sud-est de Rouffignac par D 31 et rte secondaire à gauche - ✆ 05 53 50 45 12 - www.giteperigord.com/le_logis - ⊭ - 5 ch. 49 €* ⊒. Difficile de trouver plus calme que cette ancienne ferme dans ses collines boisées. Entièrement rénovée, la bâtisse compte 5 chambres bien tenues et un petit gîte charmant. Une agréable terrasse, idéale pour les petits-déjeuners, et une jolie cour avec piscine comme invitation au farniente.

Se restaurer

⊖ Le Dénicheur – *42 av. de la Libération - 24210 Thenon - ✆ 05 53 06 37 60 - 11,50 € déj. - formule déj. 9,50 € - 10/35 €.* Facile à trouver au centre du bourg, cette petite maison périgourdine abrite un restaurant fort sympathique. En dehors des menus, assez classiques, on s'intéressera aux grandes assiettes de salade, garnies de gésiers, magret ou foie gras.

⊖⊖ Ferme-auberge Le Puits Fleuri – *Boujou - 2 km au sud-est de Rouffignac par D 31, rte de Fleurac et chemin à gauche - ✆ 05 53 05 42 95 - fermé dim. soir en sais. - réserv. obligatoire hors sais. - 20/32 €.* Vous aurez à peine le temps de remarquer la décoration de la salle, très dépouillée. Aussitôt les plats servis, ils accaparent l'attention. Une cuisine régionale de qualité (essayez le magret aux pommes de terre sarladaises, un délice) et des portions presque trop copieuses. Parviendrez-vous à finir votre assiette ?

Sports & Loisirs

Jacquou Parc – *Mortemart, la Ménuse - au nord-ouest du Bugue par D 710 - 24260 Le Bugue - www.jacquouparc.com - ouv. avr.-sept - de 9,50 à 10,50 €.* Située en pleine nature, cette structure comprend 3 types d'activités différentes. Un parc animalier rassemblant des spécimens des fermes du monde entier, un espace aquatique avec toboggans et pataugeoire, et enfin un parc d'attractions pour vibrer en famille au rythme des manèges. Restauration rapide sur place.

Saint-Antonin-Noble-Val★

1 797 ST-ANTONINOIS
CARTE GÉNÉRALE C4 – CARTE MICHELIN DÉPARTEMENTS 337 G7 – TARN-ET-GARONNE (82)

Les rayons du petit matin, dans la vertigineuse vallée de l'Aveyron, rosissent un peu plus les tuiles rondes qui couvrent les toits de cette cité ancienne à la limite du Quercy, de l'Albigeois et du Rouergue. Organisée autour d'une rare mairie médiévale, St-Antonin est l'avant-poste idéal pour rayonner dans le Sud du Quercy.

Se repérer – À 60 km au sud-est de Cahors, St-Antonin se trouve à 12 km au sud de Caylus et 18 km à l'est de Caussade.

Se garer – La circulation peut s'avérer particulièrement délicate dans le centre aux rues et ruelles étroites, autant ne pas s'y aventurer en voiture. D'où que vous veniez, le vieux bourg est ceint de parkings plus ou moins ombragés : sur la route de Caussade, en direction de Caylus, place des Tilleuls, ou en direction du Bosc, vers la salle polyvalente.

À ne pas manquer – La façade de l'ancien hôtel de ville ; les ruelles lors du marché dominical ; le style roman très pur de l'église de Varen.

Organiser son temps – Comptez une demi-journée pour la ville, une complète pour les environs.

Pour poursuivre la visite – Voir aussi Cahors, Caussade, Caylus et Najac.

Se promener

Au Moyen Âge, la présence d'un point de passage assure à la bourgade d'importantes sources de revenus (octroi), ainsi qu'une grande circulation commerciale ! St-Antonin est fréquenté par de riches marchands de draps, de fourrures et de cuirs qui s'installent dans de belles demeures aux 13e, 14e et 15e s., dont certaines subsistent.

Le saviez-vous ?

Son site agréable a valu à la station gallo-romaine, ancêtre de la ville actuelle, le nom de Noble-Val. La première partie du nom a été donnée en souvenir d'**Antonin**, saint martyrisé à Pamiers qui, selon la tradition, serait venu évangéliser les confins du Rouergue. Ses reliques auraient été placées par les anges dans une barque. Guidée par des aigles blancs, celle-ci aurait descendu l'Ariège et la Garonne jusqu'ici.

Ancien hôtel de ville★

Bâti en 1125 pour un riche bourgeois anobli, Pons de Granolhet, ce bâtiment est l'un des plus anciens spécimens d'architecture civile en France. Au 14e s., il fut utilisé comme maison des consuls. Viollet-le-Duc le restaura au siècle dernier et lui accola un beffroi carré, couronné d'une loggia à mâchicoulis dans le style toscan, selon le projet qu'il présenta en 1845. La façade se compose de deux étages. La galerie de colonnettes du 1er étage de l'ancien hôtel de ville est ornée de deux piliers portant les statues de l'empereur Justinien, d'Adam et Ève. Au rez-de-chaussée, des arcades en arc brisé s'ouvrent sur un musée.

Musée – *05 63 30 63 47 (office de tourisme) - juil.-août : tlj sf mar. 10h-13h, 15h-18h ; reste de l'année : sur demande - 1 € (-12 ans 0,50 €).* Il abrite des collections de préhistoire, parmi lesquelles la période magdalénienne est particulièrement bien représentée. Une salle est réservée au folklore.

Rue Guilhem-Peyre

Débutant sous le beffroi de l'ancien hôtel de ville, c'était la voie noble qu'empruntaient tous les cortèges. À droite s'élève l'ancienne caserne royale dite « caserne des Anglais », et dans le coude de la rue, une splendide demeure du 12e s.

Descendez la rue vers la place de Payrols, puis engagez-vous à droite à la hauteur de la Perception.

Rue des Grandes-Boucheries

À l'angle de la rue de l'Église, la maison du Roy présente au rez-de-chaussée cinq arcades ogivales, et au 1er étage, autant de baies géminées, aux chapiteaux ornés de têtes juvéniles.

Remontez la rue de l'Église vers la mairie.

Sur la rive droite de l'Aveyron, St-Antonin-Noble-Val étage ses maisons aux toits coiffés de tuiles rondes décolorées par le soleil.

Ancien couvent des Génovéfains

Construit en 1751, il accueille la mairie et l'office de tourisme. Un panneau placé à l'entrée de la galerie sud permet d'en connaître l'historique.

Gagnez la place de la Halle par la rue St-Angel et la place du Buoc.

Croix de la halle

Devant la halle aux robustes piliers se dresse une curieuse croix du 15e s. « à raquette », sculptée sur ses deux faces. Cet ouvrage original et rare, offert par la confrérie des Orfèvres, aurait figuré primitivement à l'entrée ou au centre de l'ancien cimetière, alors situé aux abords de l'Aveyron. L'actuelle **promenade des Moines** a été aménagée sur l'ancien cimetière.

Rue de la Pélisserie

Elle est bordée des riches maisons des maîtres tanneurs et fourreurs (13e-14e s.).

Tournez à gauche dans la rue des Banhs.

Rue Rive-Valat

Longée par un petit canal enjambé par des ponts, c'est une des nombreuses dérivations de la rivière Bonnette creusées au Moyen Âge pour servir de tout-à-l'égout et alimenter les tanneries; celles-ci possèdent un dernier étage à claire-voie, à usage d'entrepôt et de séchoir, semblable à un *soleilho*.

La rue Rive-Valat débouche sur la rue Droite qui regagne, sur la droite, la place de la Halle.

Rue Droite

Dans cette rue, deux habitations se distinguent par la qualité de leurs clefs de voûtes figurées, la maison de l'Amour (fin 15e s.) orné d'un baiser amoureux et la maison du Repentir où, à l'inverse, deux visages se détournent l'un de l'autre. Vers le milieu de la rue, très belle façade à double encorbellement, colombage garni de travertin et croisillons de bois.

Par la gauche, on débouche sur la place des Capucins d'où s'étire la rue du Pont-des-Vierges.

Rue du Pont-des-Vierges

Au niveau de la place du Bessarel, un ancien **pressoir à huile de noix**. *✆ 05 63 30 63 47 - visite guidée (20mn) sur demande à l'office de tourisme - 0,50 € billet combiné avec la visite guidée de la ville ou du musée.*

Aux alentours

Grotte du Bosc

4 km au nord-est par la D 75. ✆ 05 63 30 62 91 (sais.) ou 05 63 56 03 12 (hors sais.) - visite guidée (45mn, dernière visite à 17h30) - juil.-août : 10h-12h, 14h-18h - 5,50 € (4-12 ans 3,30 €).

Ancien lit asséché d'une rivière souterraine, ce boyau long de 200 m s'étend sous le plateau entre les vallées de l'Aveyron et de la Bonnette. Nombreuses stalactites et excentriques. Un **musée** minéralogique et préhistorique a été aménagé dans le hall de réception.

Circuit de découverte

DE LA VALLÉE DE LA BONNETTE AUX GORGES DE L'AVEYRON

Circuit de 80 km – comptez environ une journée. Quittez St-Antonin par le nord en empruntant la D 19.

Château de Cas

✆ 05 63 67 07 40 - visite guidée (1h) - mai-sept. : 13h30-18h ; reste de l'année sur RV - 5 € (enf. 3 €).

Élevé au 12e s. pour garder la vallée de la Bonnette, ce château fut remanié au 14e et au 16e s. Il abrita une commanderie de Templiers, où Philippe le Bel crut trouver le fameux trésor des Templiers. Démantelé à trois reprises, le château actuel a été reconstruit et rénové à partir de 1979. Vous visiterez 15 pièces agréablement meublées, la chapelle, le jardin et les communs.

Revenez sur la D 19 (à droite).

Caylus *(voir ce nom)*

Quittez Caylus par l'est en empruntant la D 926.

Parisot

Dans un site vallonné, à l'est du village, apparaît le **lac de Parisot** bordé de peupliers *(baignade, pédalos, camping, accès payant).*

Au sud par la D 33.

Château de Cornusson

Cette demeure en majeure partie reconstruite au 16e s., bien située sur une colline boisée dominant la Seye, est flanquée de nombreuses tours.

Poursuivez sur la D 33.

Abbaye de Beaulieu-en-Rouergue★ *(voir ce nom)*

Peu après la bifurcation qui mène au village de St-Igne *(ne pas la prendre, continuer tout droit)*, remarquez, à droite de la route, une curieuse et imposante **croix du Phylloxéra** qui a été sculptée en 1882 à la suite de la catastrophique destruction du vignoble et qui énonce : « C'est la main de Dieu qui nous frappe. »

Poursuivez sur la D 33, puis tournez à gauche sur la D 75. À Mazerolles, continuez sur la D 39.

Najac★ *(voir ce nom)*

Quittez Najac par l'ouest en empruntant la D 594 et la D 958 (à droite).

Varen

Blotti autour de son église romane que protège un important système défensif, le bourg de Varen est installé sur la rive droite de l'Aveyron.

Pénétrez dans la partie ancienne de la localité, par le sud. La **porte El-Faoure**, ancienne porte fortifiée, illustre la fidélité du doyenné de Varen au roi Louis XIII par l'inscription « IHS MA un diev une foy ». Cette porte s'ouvre sur la rue dite « Carrera del Fabre » et sur d'autres ruelles étroites. Ces dernières sont bordées de maisons à pans de bois et garnies de torchis dont les étages en encorbellement et les toits plats coiffés de tuiles rondes composent un vrai tableau.

Le **château** a été entièrement fortifié lors de sa construction. C'est dans ce bâtiment que le « seigneur-prieur » de Varen s'enfermait pour braver les décisions de l'évêque de Rodez et faire preuve de la plus complète indépendance. Cette situation prit fin lorsque, en 1553, le concile de Trente remplaça les moines du prieuré bénédictin par un collège de douze chanoines, plus dociles.

Construite à la fin du 11e s., l'**église St-Pierre★** jouxte le château du prieur. Dès sa construction, elle est conçue comme partie intégrante du système défensif de la ville, sa façade servant de mur d'enceinte. De l'ancien portail, muré au 16e s., il reste encore deux chapiteaux de facture archaïque représentant saint Michel terrassant le dragon *(à gauche)* et Samson ouvrant la gueule du lion *(à droite)*. Un sobre clocher sur plan carré surmonte le chœur plat entre deux absidioles semi-circulaires. Le vaisseau, de style roman très pur, comprend une longue nef aveugle à neuf travées séparées des bas-côtés par des piles carrées. Le chœur et les absidioles sont ornés de chapiteaux à motifs végétaux, entrelacs, animaux affrontés et chérubins.

Quittez Varen par le nord.

Verfeil

Ce petit bastion de la vallée de la Seye vous charmera par ses vieilles demeures aux façades fleuries qui entourent une halle refaite en pierre. Dans l'**église**, on peut voir un maître-autel en bois doré historié et un Christ en bois du 17e s. Provenant de l'abbaye de Beaulieu.

Quittez Verfeil par le sud-ouest en empruntant la D 33. Après Arnac, prenez à droite la D 958 qui ramène à St-Antonin en longeant la rive droite de l'Aveyron.

St-Antonin-Noble-Val pratique

Adresse utile

Office de tourisme – *23 pl. de la Mairie - 82140 St-Antonin-Noble-Val - ✆ 05 63 30 63 47 - www.saint-antonin-noble-val.com - juil.-août : 9h-13h, 14h-19h ; avr.-juin et sept. : 9h30-12h30, 14h-18h ; mars et oct. : lun. 14h-17h, mar.-dim. 9h30-12h30, 14h-18h ; janv.-fév. et nov.-déc. : lun. et sam. 14h-17h, mar.-vend. 10h-12h30, 14h-17h.*

Visites

Visite guidée de St-Antonin – *Rens. à l'office de tourisme - juil.-août : merc. et vend. 10h - 3 €.* Un circuit commenté (2h) permet de faire connaissance avec les principaux monuments de St-Antonin.

Visite de Varen – La mairie de Varen met à la disposition des curieux un petit fascicule retraçant les principaux lieux à voir dans le bourg. Disponible sous le porche, à droite de l'entrée de la mairie et à l'office de tourisme *(pl. de l'Église).*

Se loger

Camping Les Trois Cantons – *8 km au nord-ouest de St-Antonin par D 19 (rte de Caylus) puis à gauche vers lieu-dit Tarau - ✆ 05 63 31 98 57 - info@3cantons.fr - ouv. 15 avr.-sept. - réserv. conseillée - 99 empl. 27 €.* Pour ceux qui veulent se détendre dans un cadre verdoyant tout en s'offrant la possibilité de visiter les alentours, ce terrain boisé conviendra. À 6 km des gorges de l'Aveyron, il combine piscine, tennis et VTT.

Hostellerie Les Jardins des Thermes – *Le Bourg - 82140 Feneyrols - ✆ 05 63 30 65 49 - www.jardinsdesthermes.com - ouv. 1er mars-15 nov. - P - 5 ch. 42/46 € - 7,50 € - rest. 14,50/46 €.* Cet ancien hôtel thermal est blotti dans un parc (vestiges de thermes romains) au bord de l'Aveyron. Chambres actuelles et restaurant joliment coloré.

Chambre d'hôte La Résidence – *37 r. Droite - ✆ 05 63 67 37 56 - www.laresidence-france.com - fermé 2 sem. en fév. et 2 sem. en nov. - - 5 ch. 75/90 €.* Charme « british » et couleurs du Sud se conjuguent avec bonheur dans cette maison de maître du 18e s. tenue par un couple germano-hollandais. La plupart de ses chambres ouvrent sur le jardin et celle qui a une terrasse a un succès fou !

Se restaurer

La Corniche – *Brousses - 9 km au sud-ouest de St-Antonin par D 115 - ✆ 05 63 68 26 95 - fermé 15 déc.-1er mars - - réserv. conseillée - 18/28 €.* Sur la route des gorges de l'Aveyron, cette coquette maison de village, à l'ambiance chaleureuse, sert une cuisine authentique. En saison, dégustez cailles et agneaux du terroir. Agréable terrasse surplombant la vallée.

L'Auberge Côté Pont – *6 bd des Thermes - ✆ 05 63 30 63 75 - www.aubergecotepont.com - fermé dim. soir et jeu. - 22/35 €.* Située à la sortie du bourg, à deux pas du pont qui enjambe l'Aveyron, cette auberge nouvellement restaurée abrite un restaurant agrémenté d'une jolie terrasse. La salle à manger est décorée simplement, style bistrot, confortable, avec divers bibelots, grands miroirs sur murs en pierre. Côté cuisine, le chef propose des plats aux couleurs souvent régionales.

Que rapporter

Bon à savoir – La ville compte une dizaine d'artisans d'art (poterie, céramique, bijoux…).

Marché – En été, marché de nuit le jeu.

Sports & Loisirs

Bon à savoir – Activités sur l'eau, sur terre, dans le ciel, vous n'aurez que l'embarras du choix. Pour les randonnées pédestres, équestres ou VTT, sachez que les sentiers sont bien balisés et que l'office de tourisme vend des topoguides. Vous pourrez aussi louer un canoë pour descendre l'Aveyron ou vous rendre sur le site d'escalade.

Variation – *Au Bourg - ✆ 05 63 68 25 25 - www.variation82.eu - hors sais. : sur réserv.* Encadrés par des moniteurs diplômés, les amateurs de sensations fortes trouveront leur bonheur ici : canoë-kayak, vtt, via ferrata, escalade, spéléo, randos… pour une durée d'une heure à 4 jours !

Événements

Fêtes traditionnelles – Fête des moissons en juil. et Fête des battages en août.

Saint-Céré★

3 540 SAINT-CÉRÉENS
CARTE GÉNÉRALE C3 – CARTE MICHELIN DÉPARTEMENTS 337 H2 – LOT (46)

Le Festival de musique de St-Céré attire de nombreux amateurs mais la qualité de la programmation musicale n'explique pas, à elle seule, cette affluence. L'atmosphère de la ville, ses couleurs chaudes et harmonieuses, sa situation stratégique dans le Haut-Quercy, la beauté du site et sa relation privilégiée avec le grand tapissier Jean Lurçat participent à sa notoriété.

- **Se repérer** – À 45 km au nord-ouest de Figeac, St-Céré est à 28 km à l'est de Rocamadour et 17 km à l'ouest du gouffre de Padirac.
- **À ne pas manquer** – Le marché place du Mercadial ; le cirque d'Autoire ; le point de vue de Loubressac.
- **Organiser son temps** – Comptez une demi-journée pour la cité, une journée complète avec les alentours.
- **Pour poursuivre la visite** – Voir aussi Assier, Beaulieu-sur-Dordogne, le château de Castelnau-Bretenoux, Figeac, la vallée de la Dordogne, le château de Montal et Rocamadour.

Comprendre

Une ville prospère – Au 13e s., les vicomtes de Turenne, suzerains de St-Céré, accordent aux habitants franchises et libertés. D'autres chartes libérales permettent bientôt à la ville de s'enrichir par l'établissement de foires et le développement d'échanges commerciaux. Des consuls et des syndics administrent la cité dont la protection est assurée par le château de St-Laurent et par une puissante ligne de remparts. La guerre de Cent Ans ne cause pas de graves préjudices à la ville qui connaît à partir du 16e s. une nouvelle période de prospérité. De nombreuses demeures des 15e, 16e et 17e s. témoignent de l'intense activité commerciale qui régnait à St-Céré sous l'Ancien Régime.

Personnalités – Vingt ans avant l'Américain Graham Bell, **Charles Bourseul** (1822-1912) avait déjà découvert le téléphone, en mettant au point, dans le caveau familial, à St-Céré, un instrument permettant la transmission de la parole grâce au courant électrique. **Jean Lurçat**, le fameux tapissier moderne, a terminé sa vie à St-Céré. Le flamboiement de ses dernières œuvres doit beaucoup à la lumière si particulière de la région. Né en 1892 dans les Vosges, il abandonna vite la médecine pour la tapisserie, et c'est comme peintre-cartonnier qu'il acquit une notoriété mondiale. Après un séjour à Aubusson, il participe au maquis comme résistant et découvre le Lot. Il se fixe à partir de 1945 à St-Céré, dans les tours de St-Laurent, où il a installé son atelier et dont il fera sa résidence jusqu'à sa mort en 1966.

Le saviez-vous ?

Le nom de St-Céré est lié à la légende de Spérie : le seigneur Serenus avait une fille, Spérie, et un fils. Ce dernier n'hésita pas à décapiter sa sœur qui, voulant se consacrer à Dieu, avait refusé le mari qui lui était promis. Pour la laver, Spérie aurait alors porté sa propre tête jusqu'à la fontaine qui coule dans la crypte de l'église. La ville porta longtemps le nom de la sainte avant de lui préférer celui de son père. Les vitraux du chœur racontent la vie et la fin de Spérie.

Se promener

LA VILLE ANCIENNE

Place de l'Église

Près du chevet de l'église, l'**hôtel de Puymule** (15e s.) est un édifice à tourelles dont les portes et les fenêtres sont décorées d'arcs en accolade.

Quittez la place de l'Église par la rue Notre-Dame et traversez la rue de la République.

Rue du Mazel

Plusieurs maisons anciennes et de beaux portails s'ouvrent sur cette belle rue. À l'angle de la rue St-Cyr, remarquez l'**hôtel Ambert** (15e s.) avec ses deux tourelles terminées en cul-de-lampe et sa porte Renaissance.

Plus loin s'ouvre, à droite, le **passage Lagarouste**, pavé de galets, dont l'étroitesse fait ressortir les maisons à encorbellement.

Continuez sur la rue du Mazel.

Place du Mercadial

Cette place accueille encore le marché, comme autrefois. Les pêcheurs venaient alors y déposer leurs prises sur le « taoulié », étal de pierre qui flanque la **maison de Jean de Séguirier** (15e s.) à l'angle de la rue Pasteur. Celle-ci a conservé sa façade à pans de bois en encorbellement et son beau toit de petites tuiles brunes. Sur la même place, la **maison des Consuls** à la façade Renaissance donne sur la rue de l'Hôtel-de-Ville.

Prenez la rue des Tourelles.

Rue St-Cyr

À l'angle qu'elle partage avec la rue de l'Olie, belle maison du Moyen Âge à encorbellement sur ses trois façades. Au 19e s., elle fut transformée en auberge pour accueillir les notables de la ville. Quelques mètres plus loin dans la rue de l'Olie, se dresse à gauche, l'**hôtel de Miramon**, du 15e s., flanqué d'une tourelle d'angle.

Au bout de la rue de l'Olie, engagez-vous à droite sur le boulevard Carnot.

Maison Louis XIII

Ce bel hôtel présente une élégante façade ornée d'une loggia.

Regagnez la place de l'Église en poursuivant le long des boulevards extérieurs.

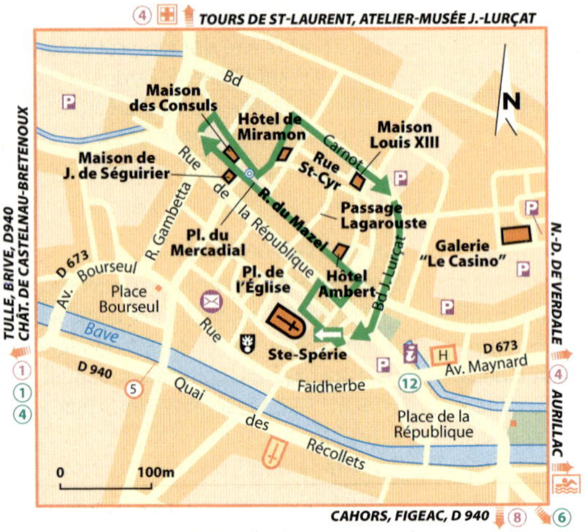

ST-CÉRÉ

SE LOGER

- Château de Gamot (Chambre d'hôte) 1
- Relais de Castelnau (Hôtel Le) 4
- Villa Ric 6

SE RESTAURER

- Crêperie de Py 1
- De France 4
- Victor Hugo (Le) 8

Découvrir

L'ŒUVRE DE LURÇAT

Atelier-musée Jean-Lurçat★

✆ 05 65 38 28 21 - Pâques et de mi-juil. à fin sept. : 9h30-12h, 14h30-18h30 - 3 € (6-12 ans 2 €).

Au rez-de-chaussée d'une maison bâtie vers 1900 *(voir plus loin tours de St-Laurent)*, plusieurs pièces (ateliers, salon et salle à manger) accueillent les différentes œuvres de Jean Lurçat (1892-1966) : tapisseries et cartons qui ont fait sa renommée, mais aussi peintures, céramiques, lithographies, gouaches et papiers peints.

Galerie d'art « Le Casino »

✆ 05 65 38 19 60 - www.le-casino.fr - mai-sept. : 9h30-12h, 14h30-18h30, dim. 10h-19h ; reste de l'année : tlj sf dim. 9h30-12h, 14h30-18h30 - fermé mar., 1er janv., 1er et 11 Nov., 25 déc. - gratuit.

Outre des expositions temporaires, on y trouve en permanence une collection de **tapisseries de Jean Lurçat★**. Sur les murs, matière, formes et couleurs se déploient chaleureusement à travers un bestiaire fabuleux ou des visions cosmiques. « Feu du ciel, feu des laines, feu du cœur, c'est toujours la même chaleur qui rayonne des murailles tissées qu'invente Jean Lurçat. »

Aux alentours

Site de N.-D.-de-Verdale★

Quittez St-Céré à l'est, en empruntant la D 673. Après 2 km, prenez la D 30 à droite. 1 km après Latouille-Lentillac, prenez sur la gauche une petite route qui longe le Tolerme. Laissez la voiture sur le parking bordant le cours d'eau et continuez à pied.

Environ 1h AR. Un sentier borde le cours impétueux du Tolerme, qui coule en cascade au milieu des rochers. Franchir à deux reprises le ruisseau par de rudimentaires ponts de bois ; le sentier s'élève alors rapidement, dans un cadre vallonné. Bientôt, on découvre la chapelle de pèlerinage N.-D.-de-Verdale (15e s.) accrochée à un piton rocheux. De la chapelle s'étend une jolie **vue★** sur les gorges du Tolerme et sur les collines couvertes de châtaigniers.

Lac du Tolerme

23 km à l'est de St-Céré par la D 673, puis la D 30.

Situé à 530 m d'altitude dans un agréable cadre de verdure, ce vaste plan d'eau de 38 ha accueille une **base de loisirs** (baignade surveillée, centre nautique, aviron, parcours de santé, pêche, aires de jeux, pique-nique, buvette, snack). *05 65 40 31 26 - parking payant en saison - 5 €/voiture.*

Un sentier de 4 km longeant les rives du lac permet une agréable promenade.

Circuit de découverte

VALLÉE DE LA BAVE

Circuit de 45 km – environ 3h. Quittez St-Céré par l'ouest.

Château de Montal★★ *(voir ce nom)*

La route, en direction de Gramat, s'élève au-dessus de la vallée de la Bave : vues sur les tours de St-Laurent.

Par St-Jean-Lespinasse, rejoignez la D 673.

Grotte de Presque★

05 65 38 31 04 ou 06 88 04 47 04 - www.grottesdepresque.com - visite guidée (40mn) juil.-août : 9h30-18h ; avr.-juin et sept. : 9h30-12h, 14h-18h ; fév.-mars : 10h-12h, 14h-17h - 7 € (7-11 ans 3,50 €).

Une succession de salles et de galeries s'étire sur 350 m pour nous faire découvrir un ensemble de **concrétions** : de superbes coulées murales aux mille facettes dans la salle des Draperies ; les piliers stalagmitiques de 8 à 10 m de haut, d'une grande finesse, dans la salle de la Grande Cuve ; mais aussi la salle des Merveilles où s'élèvent des colonnes d'une blancheur surprenante…

Poursuivez sur la D 673 en direction de Padirac, puis bifurquez à droite dans la D 38.

Cirque d'Autoire★

Parking sur la droite ; il est interdit de se garer au-delà du virage. Traversez la route et engagez-vous à gauche de la route sur un chemin. Après le petit pont, un sentier rocailleux, en forte montée, court à flanc de rocher (zone sécurisée). Très rapidement, se développe une **vue★★** magnifique sur le cirque, le vallon et le village d'Autoire.

M.-H. Carcanague / MICHELIN

Le site d'Autoire.

Autoire★
Le bourg était autrefois un lieu de villégiature très apprécié des notables de St-Céré. On les comprend quand on découvre ce **site★** magnifique, à l'entrée d'un cirque. Au hasard de ses rues, se dévoile, intact, le caractère quercynois d'Autoire : fontaine entourée de maisons à colombages, vieilles demeures à encorbellement coiffées de tuiles brunes, élégantes gentilhommières flanquées de tourelles comme le manoir Laroque-Delprat, le château de la Roque-Maynard ou le château de Busquelles, haut manoir du 15e s. De la terrasse proche de l'église St-Pierre, au beau chevet roman, jolie **vue** sur le moulin de Limargue et le cirque rocheux qui se dessine au sud-ouest.
Quittez Autoire par le nord en empruntant la D 135.

Loubressac★
Le bourg fortifié de Loubressac, situé au sommet d'un piton rocheux, découvre l'un des plus **harmonieux paysages** de la vallée de la Dordogne embrassant la vallée de la Bave, St-Céré qu'on reconnaît à ses tours, les châteaux de Castelnau et de Montal, ainsi que les premiers contreforts du Massif Central.
En empruntant des ruelles aux maisons coiffées de tuiles brunes, on gagne la poterne du château. Ce manoir *(ne se visite pas)* du 15e s., remanié au 17e s., occupe un **site★** remarquable à l'extrémité de l'éperon qui porte le village. À voir également, la porte fortifiée et la maison des gardes.

Poursuivez sur la D 118. Puis, au hameau de La Poujade, tournez à droite dans la D 14. La route descend vers la vallée de la Bave en offrant des **vues★** remarquables sur la vallée de la Dordogne.

Château de Castelnau-Bretenoux★★ *(voir ce nom)*
Quittez Castelnau par la D 14 au nord.

Bretenoux
Baignée d'eau et de verdure, cette bastide, fondée en 1277 par un puissant seigneur de Castelnau, a conservé son plan en damier, sa place centrale entourée de couverts et des restes de remparts.
Ne manquez pas la pittoresque **place des Consuls** avec sa maison du 15e s. à tourelle, dite « château fort », et de là, par un passage voûté, le vieux manoir qui occupe un coin au bout de la jolie rue du Manoir-de-Cère. Tournez deux fois à droite et revenez par le quai plein de charme qui longe la Cère.
Prenez la D 940 vers St-Céré. Après 4 km, tournez à gauche dans la D 43. 5 km après Belmont-Bretenoux, tournez à droite dans la D 40.

Tours de St-Laurent
Route privée à droite. Circulation tolérée. 1h à pied AR. Perchées sur la colline abrupte qui domine la ville, les deux hautes tours médiévales et leur enceinte sont inséparables du site et de l'histoire de St-Céré. En 1945, **Jean Lurçat** acquiert les

tours de St-Laurent qui deviendront le terrain de ses expérimentations de plasticien *(voir Atelier-musée p. 334)*.

On accède à un chemin qui fait le tour des remparts, offrant des vues très agréables sur la ville, les vallées de la Bave et de la Dordogne, et tous les plateaux environnants. *Revenez sur la D 48 (à gauche) qui ramène à St-Céré.*

St-Céré pratique

Adresse utile

Office du tourisme du pays de St-Céré – *13 av. François-de-Maynard - 46400 St-Céré - ✆ 05 65 38 11 85 - de mi-juin à mi-sept. : 9h-19h sf dim. 10h-12h30; d'avr. à mi-juin : tlj sf dim. 9h-12h, 14h-18h30; de mi-sept. à déb. mars : tlj sf dim. 10h-12h, 14h-18h; j. fériés : 10h30-12h30; fermé 1er et 11 Nov., 25 déc. et 1er janv.*

Se loger

⊖ **Chambre d'hôte Château de Gamot** – *46130 Loubressac - 5 km à l'ouest de St-Céré par D 673 et D 30 - ✆ 05 65 10 92 03 - www.domaine-de-gamot.com - fermé oct.-mai - ⊭ - 7 ch. 50/70 € ☕.* Vous serez séduit par le charme de cette grande demeure familiale du 17e s. nichée dans un cadre pastoral. Certaines chambres n'ont pas de salle de bains privée, mais elles sont si spacieuses et si confortables… Les deux gîtes sont aussi agréables.

⊖⊖ **Villa Ric** – *Rte de Leyme - 2,5 km par D 48 - ✆ 05 65 38 04 08 - www.jpric.com - ouvert 6 avr.-11 nov. - P - 5 ch. 75/105 € - ☕ 10 € - rest. 34/58 €.* Maison accrochée à flanc de colline proposant des chambres d'esprit cosy aux tons pastel. On apprécie son cadre reposant et son ambiance « guesthouse ». Cuisine au goût du jour servie dans une salle à manger lumineuse. Terrasse avec vue panoramique sur la vallée.

⊖⊖ **Hôtel Le Relais de Castelnau** – *46130 Loubressac - ✆ 05 65 10 80 90 - www.relaisdecastelnau.com - ouv. avr.-oct. et fermé dim. soir et lun. sf du 25 avr. au 1er oct. - P - 40 ch. 55/150 € - ☕ 9 € - rest. 18/45 €.* Cette construction moderne est tournée vers l'imposant château de Castelnau-Bretenoux, qui domine la campagne. Chambres colorées et pratiques. La salle de restaurant et la terrasse offrent une vue panoramique sur les vallées de la Bave et de la Dordogne.

Se restaurer

⊖⊖ **Le Victor Hugo** – *7 av. du Maquis - ✆ 05 65 38 16 15 - www.hotel-victor-hugo.fr - fermé dim. soir hors. sais. et lun. - réserv. conseillée - formule déj. 12,5 € - 15/38 € - 16 ch. 43/55 € - ☕ 8 €.* Cette jolie maison à colombages du 17e s., ancrée sur les bords de la Bave, abrite un accueillant restaurant. Salle à manger rustique où l'on sert une cuisine traditionnelle sans fioriture. Petites chambres coquettes, pour la plupart climatisées; certaines offrent une vue sur la rivière.

⊖⊖ **De France** – *Rte d'Aurillac - ✆ 05 65 38 02 16 - www.lefrance-hotel.com - fermé 18 déc.-29 janv. et le midi sf dim. - 23/38 €.* Proche de la galerie du « Casino » (œuvres de J. Lurçat). Restaurant aménagé à la façon d'un salon de maison particulière. Terrasse ombragée. Plats traditionnels et saveurs du Quercy. Sobres chambres d'esprit rustique; préférez celles donnant sur le jardin.

⊖⊖ **Crêperie de Py** – 👪 - *46130 Loubressac - ✆ 05 65 38 52 09 - fermé dim. soir et lun. - réserv. conseillée en hiver - 15/28 €.* Situé dans le petit hameau de Py, cette adresse fera le bonheur des enfants! Crêpes salées et sucrées, mais aussi salades et grillades pour les parents et sur un grand terre plein face au château de Castelnau, une grande aire de jeux!

Sports & Loisirs

👪 **Base du lac de Tolerme** – *25 km au sud-est de St-Céré – 46210 Sénaillac-Latronquière - ✆ 05 65 40 31 26 - www.lac-tolerme.com - parking payant en juil.-août.* Baignade surveillée, centre nautique, école d'aviron, toboggan aquatique, sentier botanique, parcours santé, pêche, etc. Aires de pique-nique avec barbecue.

Événement

Festival de St-Céré Haut-Quercy – *✆ 05 65 38 28 08 - www.festival-saint-cere.com.* De mi-juil. à mi-août, opéra, théâtre musical, concerts… sont donnés à St-Céré mais aussi dans d'autres lieux : abbatiale de Souillac, église de Martel, cathédrale de Cahors, château de Montal, etc.

Saint-Cirq-Lapopie★★

215 ST-CIRQUOIS
CARTE GÉNÉRALE C4 – CARTE MICHELIN DÉPARTEMENTS 337 G5 – SCHÉMA P. 156 – LOT (46)

C'est l'un des sites majeurs de la vallée du Lot : perché sur un escarpement rocheux, St-Cirq (prononcez St-Cyr) occupe en effet une position remarquable, surplombant de 80 m la rive gauche du Lot, face à un cirque de hautes falaises blanches. Partagé par quatre grandes familles féodales, ce nid d'aigle a connu une longue période de prospérité, lisible dans ses maisons médiévales, qui lui a valu la faveur de quelques artistes au 20e s.

- **Se repérer** – À 36 km à l'est de Cahors, St-Cirq est en retrait de la rive gauche du Lot. On y accède par deux ponts, l'un très étroit à Bouziès, l'autre à Tour-de-Faure.
- **Se garer** – Le site n'est guère favorable au stationnement dans la rue. Privilégiez les parkings payants *(forfaits à la journée)* situés au sommet du bourg. Sans oublier de garder des forces pour remonter à votre véhicule après avoir déambulé dans les rues et venelles.
- **À ne pas manquer** – La vue depuis le rocher de La Popie ; pour les amateurs de marche : les Chemins qui parlent *(voir l'encadré pratique)*.
- **Organiser son temps** – Comptez une demi-journée.
- **Avec les enfants** – La plage de St-Cirq est surveillée en été et des locations de canoës sont proposées en été *(voir l'encadré pratique)*.
- **Pour poursuivre la visite** – Voir aussi Cahors, Caylus, Cénevières, Marcilhac-sur-Célé, la grotte du Pech-Merle et le Quercy blanc.

S. Sauvignier / MICHELIN

St-Cirq-Lapopie fièrement perché sur un escarpement rocheux.

Comprendre

Un site défensif recherché – Il est vraisemblable que l'occupation de cet escarpement commandant la vallée a tenté les hommes dès l'époque gallo-romaine. L'histoire de la forteresse est une longue suite de sièges et de batailles obscures. Les derniers pans de murs de la vaillante forteresse furent abattus en 1580, sur ordre d'Henri de Navarre, futur Henri IV.

La fin d'un artisanat – Depuis le Moyen Âge était établie ici une puissante corporation de **tourneurs sur bois**. Ces artisans, encore nombreux au 19e s., animaient du roulis de leurs tours les ruelles et venelles du bourg. Les « roubinetaïres », comme on les appelait alors, fabriquaient des robinets de barriques ; les boisseleurs, des chandeliers, des grains de rosaire ou des barreaux de chaises. Les noms de rues (peaussiers de la rue Pélissaria, chaudronniers de la rue Peyrolerie – le peyrols étant un chaudron) et les façades des échoppes conservent, derrière leurs ouvertures en ogive ou à meneaux, le souvenir de ces métiers. Il ne reste plus qu'un tourneur sur bois à St-Cirq.

Se promener

Le saviez-vous ?

Le nom actuel de la localité rappelle le martyre du jeune **saint Cyr**, tué avec sa mère en Asie Mineure sous le règne de Dioclétien et dont les reliques auraient été, croit-on, rapportées par saint Amadour. Les La Popie, seigneurs du lieu au Moyen Âge, donnèrent leur nom au château établi au plus haut de la falaise et par extension au bourg qui se développa à son pied.

LE BOURG

Glissant de la falaise, le village égrène ses vieilles maisons qui s'animent, le soir venu, sous la lumière dorée. Il faut flâner au hasard des rues étroites et en pente, bordées de maisons à colombages aux toits de tuiles brunes. Au hasard des façades en encorbellement, s'ouvrent quelques boutiques où s'expriment des artistes (peintres, graveurs, céramistes...) qui doivent beaucoup à leurs prédécesseurs. En effet, la plupart de ces demeures ont été restaurées par des peintres et des artisans séduits par St-Cirq et la vallée du Lot. Parmi les plus célèbres, citons le photographe Man Ray, le poète surréaliste André Breton, les peintres Henri Martin, Foujita et Pierre Daura ; ce dernier habitait dans la ruelle de la Fourdonne la maison (13e-14e s.) qui porte désormais son nom, dont il sculpta les poutres et qui accueille désormais une **résidence d'artistes**.

La **Maison de la Fourdonne** abrite le musée de la Mémoire du village et un théâtre de plein air. Elle organise également des visites guidées. *✆ 05 65 31 21 51 - de Pâques au 11 Nov. : 10h30-12h30, 14h30-18h30 - 1,50 € (-15 ans 1 €).*

Dans la rue principale qui descend des parkings, notez les portes en arc brisé des 13e et 14e s. La place du Sombral accueillait les foires, elle compte encore une maison à arcades et pans de bois (14e s.). **Rue Droite**, les habitations bâties entre le 16e et le 17e s. s'élargissent d'un double encorbellement. La dernière à gauche, une maison forte du 16e s., s'ouvre en saison pour des expositions. En contrebas, la **maison Rignault** abrite un petit musée d'art ; de sa terrasse, **vue★** sur la vallée. Plus bas, l'**Auberge des mariniers**, flanquée de sa tour, fut habitée par André Breton.

En face de ce dernier logis, la place du Carol donne accès à la **rue de la Pélissaria** où se succèdent des constructions à pans de bois et bancs d'échoppes (15e, 16e et 17e s.).

La Popie

À droite de l'office de tourisme, un sentier conduit aux vestiges du château et au point le plus élevé de la falaise. De ce rocher, où se dressait autrefois le donjon de la forteresse de La Popie, on embrasse une **vue★★** remarquable sur le village de St-Cirq et son église accrochée au flanc de la falaise. Derrière le bourg, un méandre du Lot souligné d'une rangée de peupliers enserre un damier de cultures et de prairies. Au-delà s'étendent les reliefs boisés de la bordure du causse de Gramat.

M.-H. Carcanague / MICHELIN

« J'ai cessé de me désirer ailleurs » A. Breton.

Église fortifiée

Bâti sur une terrasse rocheuse dominant le Lot, cet édifice du début du 16e s. a absorbé la chapelle romane primitive. Précédé d'un clocher-tour trapu, flanqué d'une tourelle ronde, le vaisseau voûté d'ogives abrite des statues de l'époque baroque. Au pied du clocher, il reste une mesure qui régulait la vente des grains du marché. De la terrasse à droite de l'église, belle vue sur la vallée.

Descendez vers la place du Carrol et bifurquez à gauche (écriteau).

Château de la Gardette

✆ 05 65 31 23 22 - juil.-août : 10h-12h30, 14h30-19h ; avr.-juin et sept. : 10h-12h30, 14h30-18h - fermé oct.-mars. - 3 €.

Les deux corps de logis flanqués d'une belle échauguette abritent le **musée Rignault** qui accueille des expositions temporaires.

Aux alentours

Belvédère du Bancourel

Pour atteindre ce promontoire rocheux dominant le Lot, suivez pendant 300 m la D 40 en direction de Bouziès. À l'embranchement de la D 8 à gauche, au départ de la route touristique tracée en corniche dans la falaise, a été aménagée une esplanade (parc de stationnement).

Du Bancourel se développe un très beau **panorama★** sur la vallée du Lot et St-Cirq d'où surgit le rocher de La Popie.

St-Cirq-Lapopie pratique

Adresse utile

Office de tourisme – *Pl. du Sombral - 46330 St-Cirq-Lapopie - ✆ 05 65 31 29 06 - www.saint-cirqlapopie.com - avr.-juil. et sept. : 10h-13h, 14h-18h ; août : 10h-13h, 14h-19h (dim. 18h) ; oct. : tlj sf dim. 10h-13h, 14h-18h ; reste de l'année : tlj sf dim. et lun. 10h-13h, 14h-17h - fermé 1er janv. et 25 déc.*

Visites

Visites guidées – Renseignez-vous à l'office de tourisme ou à la Maison de la Fourdonne.

Les Chemins qui parlent – *Boucles de 1 à 4h de difficultés variables - fiches en vente à l'office de tourisme.* Une vingtaine de balades entre causses et vallées du Lot et du Célé. Le promeneur est accompagné par des commentaires enregistrés, correspondant à des bornes réparties sur chaque chemin. Sont mis en évidence des points d'intérêt divers : architecture et vie rurale, histoire, flore…

Se loger

Auberge du Sombral « Aux Bonnes Choses » – *✆ 05 65 31 26 08 - www.lesombral.com - fermé 12 nov.-31 mars et jeu. de sept. à juin - 8 ch. 70/78 € - 8 € - rest. midi, vend. et sam. soir 19/27 €.* Cette charmante maison ancienne située au cœur du village propose des chambres, certes sans ampleur, mais coquettes et fort bien tenues. Autre atout de l'auberge : ses petits-déjeuners particulièrement soignés servis dans une jolie salle rustique.

Se restaurer

L'Oustal – *Le Bourg - ✆ 05 65 31 20 17 - poisson.loustal@free.fr - fermé mars et 15 nov.-15 déc. - réserv. obligatoire - formule déj. 16 € - 11,50/29 €.* Un petit restaurant où le patron en cuisine tient à la qualité. C'est simple et régional et les prix sont tout à fait convenables. L'après-midi, avant le service du dîner, l'agréable petite terrasse tient lieu de buvette.

Le Gourmet Quercynois – *✆ 05 65 31 21 20 - www.restaurant-legourmetquercynois.com - fermé janv. et de mi-nov. à mi-déc. - 20/36 €.* Plaisant restaurant et intéressant petit musée viticole aménagé dans une maison de village tenue par un œnophile passionné. Salle à manger à la fois moderne et rustique ouverte sur une jolie terrasse dressée sous une tonnelle. Belle carte des vins et cuisine mettant à l'honneur les produits du terroir.

Sports & Loisirs

Kalapca – *✆ 05 65 30 29 51 ou 05 65 24 21 01 - www.kalapca.net - avr.-oct. : 9h-19h ; reste de l'année sur réserv.* Base multiactivités sur le Lot et le Célé. Descente de la rivière en canoë libre ou accompagnée, escalade, spéléologie, canyoning, etc.

Saint-Jean-de-Côle★

335 JEAN-CÔLOIS
CARTE GÉNÉRALE B1 – CARTE MICHELIN DÉPARTEMENTS 329 G3 – SCHÉMA P. 130
DORDOGNE (24)

Quelques commerces et l'exploitation d'une mine de quartz d'une rare pureté font vivre sans le dénaturer ce village médiéval préservé. Les rues bordées de maisons à colombages ont pour beaucoup conservé leurs galets ronds, les toits s'enchevêtrent harmonieusement et la grande place s'enorgueillit d'une ravissante église, d'une halle, d'un château, et de quelques maisons de pierre dont l'ocre se marie au brun des tuiles.

- **Se repérer** – À 40 km au nord-est de Périgueux, St-Jean-de-Côle est en léger retrait de la D 78. Le village est traversé par la rivière Côle.
- **À ne pas manquer** – Les Floralies en mai.
- **Organiser son temps** – Comptez 1h.
- **Pour poursuivre la visite** – Voir aussi Brantôme, Excideuil, Jumilhac-le-Grand, Nontron, le château de Puyguilhem, Sorges et Thiviers.

Le cubitus de Jean Baptiste

Le village tient son nom de saint Jean. Lequel ? Mais le baptiste, le cousin de Jésus qui l'ondoya dans le Jourdain, rien de moins ! L'église possédait une précieuse relique, tenue en grande vénération durant de nombreux siècles. Il s'agissait d'un os du bras du saint décapité : le cubitus.

Se promener

Église

Commencée au 11e s., cette chapelle de l'ancien prieuré est remarquable par la forme curieuse de son clocher percé de baies, par sa nef, carrée à une seule travée, très haute par rapport à sa longueur et par ses chapiteaux **sculptés★** dans la chapelle droite et le chœur. À l'intérieur, remarquez dans le chœur les boiseries du 17e s., en chêne et les stalles. La nef est couverte par un plafond de bois remplaçant une coupole effondrée dont subsistent les pendentifs ; sur le côté droit, une chapelle contient un enfeu à gisant où repose peut-être Geoffroy de la Marthonie, évêque d'Amiens.

Le **prieuré** *(privé, ouvert pour les Journées du patrimoine)* comprenait un cloître du 16e s., dont les vestiges sont visibles entre l'église et la Côle.

Château de la Marthonie

☎ 05 53 62 14 15 - www.ville-jean-de-cole.fr - visite guidée (1h30) dans le cadre de la visite du village, s'adresser à l'office du tourisme - juil.-sept. : lun.-vend. à 11h ; reste de l'année w.-end sur demande 4 j. av. - fermé de fin mai à mi-juin, de déb. oct. à mi-oct., et 1er Mai - 3 €.

B. Kaufmann / MICHELIN

La halle accolée à l'église de St-Jean-de-Côle.

Édifié au 12e s., il a été en grande partie détruit, puis reconstruit aux 15e et 16e s.; quelques fenêtres à meneaux subsistent encore de cette époque. Du 17e s. datent la galerie aux arcades surbaissées et l'escalier intérieur à rampes droites et aux arcs excentrés ou en anse de panier.

Pont

Recouvert de galets ronds, il enjambe de ses arches à avant-becs (15e s.) la Côle et mène à l'ancien moulin du prieuré. Suivez la rivière sur quelques dizaines de mètres pour apprécier la vue sur le cloître.

St-Jean-de-Côle pratique

Adresse utile

Office de tourisme – *R. du Château - 24800 St-Jean-de-Côle - ✆ 05 53 62 14 15 - www.ville-saint-jean-de-cole.fr - juil.-sept. : 9h-13h, 14h-19h, w.-end. 14h-19h ; reste de l'année : tlj 14h-17h.*

Se loger

⊖⊖ **Hôtel de France et de Russie** – *51 r. du Gén.-Lamy - 24800 Thiviers - ✆ 05 53 55 17 80 - www.thiviers-hotel.com - fermé nov. - 10 ch. 60/70 € - ☕ 7 €.* L'enseigne de cette demeure du 18e s. évoque la russophilie de Thiviers dont le fameux foie gras était fort apprécié à la cour du tsar. Chambres sobrement aménagées.

Se restaurer

⊖ **Le St-Jean** – *Rte de Nontron - ✆ 05 53 52 23 30 - www.ville-saint-jean-de-cole.fr/hotels-restos/formul.htm - fermé dim. soir et merc. - formule déj. 15 € - 12/33 € - 5 ch. 36,80/44,80 € - ☕ 5 €.* Facile à trouver au centre du bourg, cet établissement compte 5 chambres spacieuses avec parquet flottant et double vitrage, assez simples. Côté restauration, on reste dans le très classique, avec bien sûr un fort penchant pour la cuisine régionale, à commander de préférence dans la petite salle fraîchement rénovée.

⊖ **L'Auberge Périgourdine - La Sobronade** – *Au bourg - 24800 Vaunac - 8 km au sud de Thiviers par D 6021 - ✆ 05 53 52 39 29 - lasobronade@yahoo.fr - fermé vend. soir et sam. midi sf en juil.-août - réserv. conseillée le soir et w.-end - 10/32 € - 8 ch. 29/39 € - ☕ 5 €.* Aux portes du village, auberge restaurée dans l'esprit néorustique. On s'attable sous les belles poutres apparentes d'une grande salle à manger égayée de nappages colorés.

Sports & Loisirs

Bon à savoir – Aménagée en **voie verte**, l'ancienne voie ferrée reliant Nontron à Thiviers passe par St-Jean-de-Côle. Ses 16 km se prêtent bien aux promenades à pied ou à vélo.

Événement

Floralies – *Restauration, buvettes, parkings, accès handicapés.* Le week-end le plus proche du 8 Mai, les fleurs sont en fête ! Une centaine d'exposants présentent à près de 10 000 visiteurs, plantes, arbustes et objets en rapport avec le jardinage et les fleurs. L'escalier du château, l'église, la maison à colonnes ainsi que la place et les petites rues sont mis en valeur par des décors floraux.

Saint-Léon-sur-Vézère★

434 ST-LÉONNAIS
CARTE GÉNÉRALE B2 – CARTE MICHELIN DÉPARTEMENTS 329 H5 – DORDOGNE (24)

Ne manquez pas de visiter ici l'une des plus belles églises romanes du Périgord, que la Vézère reflète à plaisir. Et si vous venez en dehors des quatre semaines du Festival musical, le calme et la qualité de silence de ce ravissant village vous donneront sans doute envie d'y rester longtemps, pour souffler.

- **Se repérer** – À 45 km au sud-est de Périgueux, 10 km au sud de Montignac et 15 km au nord des Eyzies-de-Tayac-Sireuil, le bourg est traversé par la D 66.
- **Organiser son temps** – Comptez 1h.
- **Pour poursuivre la visite** – Voir aussi le château de Commarque, Les Eyzies-de-Tayac-Sireuil, Montignac, le Périgord noir et Rouffignac.

Se promener

Église★

Élevée sur les restes d'une villa gallo-romaine, elle faisait partie d'un prieuré bénédictin fondé au 12e s. qui dépendait de l'abbaye de Sarlat. De la place, l'abside, les absidioles et le beau clocher carré à deux étages d'arcatures forment un ensemble parfaitement équilibré. Le tout est coiffé de lauzes calcaires du Périgord noir.

À l'intérieur, la croisée du transept est voûtée d'une coupole, tandis que les absidioles communiquent avec l'abside par d'étroites ouvertures dites « passages berrichons ». Cette dernière et l'absidiole sud sont décorées de fresques romanes à dominante rouge.

Suivez les berges sur la gauche.

Château de Clérans

Cette élégante construction des 15e et 16e s., flanquée de tours et de tourelles à mâchicoulis couronnées de girouettes, se dresse au bord de la Vézère.

Engagez-vous dans les rues du bourg.

Château de la Salle

Sur la place centrale du village, ce petit château en pierres sèches présente un beau donjon carré du 14e s.

Chapelle du cimetière

Cette chapelle gothique date du 14e s. Surmontant la porte, une inscription en langue d'oc évoque un événement extraordinaire : en 1233, un domestique, ayant décoché une flèche sur le crucifix qui gardait l'entrée du cimetière, tomba raide mort « ayant son visage tourné derrière-devant ». En 1890, la tombe du profanateur fut fouillée par la Société historique et archéologique du Périgord qui découvrit un squelette au crâne retourné… Le cimetière s'orne toujours d'un haut crucifix, et six enfeus de forme ogivale prennent place dans le mur d'enceinte.

St-Léon-sur-Vézère pratique

Voir aussi les Eyzies-de-Tayac-Sireuil et Montignac.

Se loger

Camping Le Paradis – *4 km au sud-ouest de St-Léon-sur-Vézère par D 706 - 05 53 50 72 64 - le-paradis@perigord.com - ouv. avr.-25 oct. - réserv. indispensable - 200 empl. 28 € - restauration.* Voilà un camping bien nommé ! Très bon accueil organisé autour des bâtiments d'une ferme du pays. Les plantations autour des emplacements sont agréables, les infrastructures sont modernes et très confortables. Piscine, tennis et terrains de jeux.

Se restaurer

Le Petit Léon – *05 53 51 18 04 - ouv. juil.-août - 14,50/22,50 €.* Qu'il est mignon le jardin du Petit Léon ! Gourmands, installez-vous autour d'une table de bois sous les pommiers ou les parasols blancs de ce restaurant de village et régalez-vous des saveurs inédites du menu.

Événement

Festival musical du Périgord noir – *05 53 51 61 61 - www.france-festivals.com.* En août dans l'église.

Saint-Robert★

341 ST-ROBERTOIS
CARTE GÉNÉRALE B2 – CARTE MICHELIN DÉPARTEMENTS 329 I4 – CORRÈZE (19)

St-Robert couronne un puy, aux confins de la Corrèze et de la Dordogne. Sa grand-place, ses robustes maisons de pierre blanche couvertes d'ardoise et son église servirent de cadre au feuilleton télévisé « Des grives aux loups », tiré du roman de Claude Michelet, qui, lui-même, vit dans la région…

- **Se repérer** – À 25 km au nord-ouest de Brive-la-Gaillarde. La terrasse de la mairie offre une vue sur le chevet de l'église et les environs.
- **À ne pas manquer** – Les sites du mont d'Ayen et du puy d'Yssandon.
- **Organiser son temps** – Comptez 30mn pour la ville, une demi-journée pour les alentours.
- **Pour poursuivre la visite** – Voir aussi Brive-la-Gaillarde, Donzenac, le château de Hautefort et Terrasson-Lavilledieu.

Se promener

Le nom de ce village, qui a conservé son hallure médiévale, vient de Robertus, alias Robert de Turlande, fondateur en 1044 du monastère de La Chaise-Dieu, en Haute-Loire.

Église

De l'édifice construit au 12e s. ne subsistent que le transept, dont la croisée supporte un clocher octogonal, et le chœur, de belles proportions. Le chœur, éclairé par des fenêtres hautes, est séparé du déambulatoire par six colonnes surmontées d'intéressants chapiteaux historiés ; ceux qui sont accolés au mur du déambulatoire sont de facture plus archaïque (remarquez les deux vieillards se tirant la barbe). Dans la nef, Christ en bois, de l'école espagnole du 13e s. Les tours qui flanquent le chevet de l'église de St-Robert sont les témoins du système de défense ajouté au 14e s.

A. Cassaigne / MICHELIN

Les tours du chevet de l'église, témoins du système de défense.

Circuit de découverte

L'YSSANDONNAIS

Circuit de 60 km – environ une demi-journée.

L'Yssandonnais couvre la partie ouest du bassin de Brive ; son territoire constituait durant le haut Moyen Âge un *pagus* (mot dont nous avons fait « pays ») qui avait pour chef-lieu Yssandon. Sa géologie variée – schistes noirs du plateau corrézien, mamelons de grès rouge dominés par des buttes calcaires ou « puys » – explique les séduisants contrastes de matériaux employés dans la construction des villages et des bourgs. Le relief, très vallonné, porte des prairies et des rideaux de peupliers dans les dépressions, des champs de tabac ou de maïs, des noyers et autres arbres fruitiers sur les terroirs les mieux exposés, tandis que la forêt de chênes couronne les puys.

Quittez St-Robert par l'est en empruntant la D 5.

Ayen

Ancienne châtellenie de la vicomté de Limoges, ce village est célèbre pour les **enfeus** (niches funéraires) du 12e s. placés dans les murs extérieurs de son **église**.

Mont d'Ayen★

À l'est d'Ayen, cette butte calcaire (377 m) est aménagée en aire de pique-nique. Dominant les vignes, une table d'orientation aide à la lecture du panorama (St-Robert, les monts Dore, Allassac).

Quittez Ayen par le sud-est en empruntant la D 2. Au lieu-dit La Contie, prenez sur la gauche la D 140E.

Perpezac-le-Blanc

Ce plaisant village aux maisons de calcaire blond est dominé par un élégant château *(ne se visite pas).*

Quittez Perpezac par le sud en empruntant la D 39. Peu avant Brignac-la-Plaine, tournez à gauche dans la D 3.

Puy d'Yssandon★

L'occupation du site est très ancienne : on y a découvert les structures d'un oppidum gaulois et des vestiges gallo-romains. Trois lieux sont à découvrir.

La **tour** est le seul vestige du château fort médiéval, propriété de puissantes familles : les Pompadour et les Noailles.

Isolée en bout de route, l'**église**, du 12e s., bénéficie d'un emplacement agréable qui domine le bassin de Brive (petite table d'orientation derrière le cimetière).

Une autre **table d'orientation** montre des vues étendues sur les monts du Limousin, les collines du Périgord et la plaine de Brignac.

Rejoignez la D 151 et prenez à droite. Au lieu-dit La Prodelie, tournez à gauche. La petite route rattrape bientôt la D 5 ; prenez à gauche, direction Ayen.

Le Roc

Rustique hameau perché au-dessus de la vallée de la Manou et dominé par le château de St-Aulaire. Le village entièrement bâti en grès rouge a été restauré.

Rejoignez la D 5 par St-Aulaire. Peu après, prenez à droite la D 3.

Objat

Pôle économique de la région, ce bourg actif s'est spécialisé dans la culture de la **pomme** et l'élevage du veau sous la mère. Vous pourrez apprécier ces produits en vous rendant au marché animé du dimanche matin. Il est également possible de visiter les vergers le jeudi de début juin à fin août. *Rens. et réserv. à l'office de tourisme : ✆ 05 55 25 96 73.*

Quittez Objat par le nord-ouest en empruntant la D 901.

St-Bonnet-la-Rivière

L'**église** est un original édifice roman en grès rouge, en forme de rotonde, dont le portail d'entrée s'abrite sous un clocher-porche. La légende veut que le chevalier Des Cars, seigneur de St-Bonnet, ait fait vœu d'élever une église à l'image du St-Sépulcre pendant sa captivité en Terre sainte.

Poursuivez sur la D 901 vers le nord-ouest.

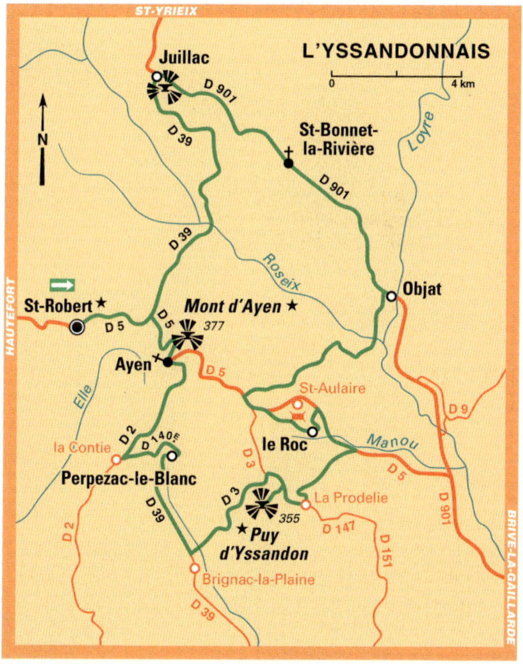

Juillac

Montez au Châtenet (345 m) où, parmi les vergers, vous découvrirez un joli **panorama** (table d'orientation).

Quittez Juillac par le sud en empruntant la D 39, puis la D 5 qui ramène à St-Robert.

St-Robert pratique

Adresse utile

Office de tourisme – *Pl. de la Prévôté - 19310 St-Robert - ✆ 05 55 25 21 01 - juin-sept. : mar.-vend. 10h-12h, 14h-18h ; lun.-dim. 14h-18h ; reste de l'année : ouvert pdt vac. scol.*

Se loger et se restaurer

Bon à savoir – Aménagée par l'office du tourisme d'Objat, l'aire de service pour **camping-cars** dispose d'un bloc sanitaire complet (douches, lavabos, WC) et fermé. Également une borne de remplissage et de vidange, ainsi qu'un branchement électrique réservé aux usagers. Aire de jeux pour enfants. Barrière avec code.

Hôtel de France – *Av. Georges-Clemenceau - 19130 Objat - 13 km à l'est de St-Robert par D 39 et D 17 - ✆ 05 55 25 80 38 - perso. orange. fr/hoteldefrance. objat - fermé 20 sept.-5 oct. et 24 déc.-3 janv. - P - 27 ch. 45 € - 9 € - rest. 14/42 €.* Cette maison de pays située près de la gare offre un confort simple mais des prix bas. Il faudra passer par le bar pour prendre votre clé avant de poser votre sac dans l'une des chambres ; elles sont modestes dans l'un des bâtiments et plus récentes dans l'autre. Cuisine régionale.

Camping Espace Objat Loisirs – *19130 Objat - 13 km à l'est de St-Robert par D 39 et D 17 - ✆ 05 55 25 96 73 - www.cc-bassinobjat.com - - 20 chalets 105 €/w.-end pour 6 pers.* Bien situés au bord du lac, et à deux pas du centre-ville, ces chalets en bois bénéficient d'une belle superficie au sol, assez rare pour ce genre de constructions et d'un réel confort, dû en partie à l'équipement électroménager conséquent. Terrasse couverte et toit en ardoise. Pas de location au week-end en juil. et août.

Hôtel d'Hôtes La Boissière – *Au bourg - 19310 Ayen - 4 km à l'est de St-Robert par D 5 - ✆ 05 55 25 15 69 - www.laboissiere.com - fermé 3 sem. en fév. - 7 ch. 58/73 € - repas 13/35 €.* Offrant une formule hybride d'hébergement entre hôtel et chambres d'hôte, cette maison un peu bourgeoise abrite aussi des ateliers d'artistes. Une décoration très originale, meubles anciens au milieu de couleurs vives, vient égayer les lieux. Nombreux stages parmi lesquels céramique, musique et danse.

Loisirs

Les Attelages du Haut Repaire – *Haut Repaire - 24390 Coubjours - ✆ 05 53 50 32 79.* Promenades à l'heure, demi-journée, journée (avec pique-nique) ou week-end en attelages traditionnels.

Événements

Juillet-août – *www.amisdesaintrobert.com.* Concerts de musique classique, théâtre et musiques du monde.

Sarlat-la-Canéda★★★

9 707 SARLADAIS
CARTE GÉNÉRALE B2 – CARTE MICHELIN DÉPARTEMENTS 329 I6
SCHÉMAS P. 192 ET P. 288 – DORDOGNE (24)

Avec ses ruelles médiévales et ses hôtels particuliers gothiques ou Renaissance, Sarlat, blottie dans une dépression ceinturée de collines boisées, attire les foules au cœur du Périgord noir. Il suffit de faire le tour de la magnifique vieille ville, secteur sauvegardé, pour comprendre les raisons de cet engouement. Outre cette architecture d'apparat, les étals de son marché comme la multitude de restaurants qui affichent au menu truffes et foie gras rendent Sarlat plus qu'alléchant. Pour l'apprécier tranquillement, venez hors saison.

Se repérer – Sarlat se trouve aux portes de la vallée de la Dordogne (que vous pourrez longer jusqu'à Bergerac, à 63 km à l'est) et 90 km au nord-ouest de Cahors, si vous souhaitez rejoindre le Lot.

Se garer – Le bourg s'est développé selon un axe nord-sud. La vieille ville, ceinte de petits boulevards (nombreux parkings), est accessible par les avenues Thiers et Gambetta. En été, elle est réservée aux piétons. Trois parkings sont payants et neuf gratuits, les principaux sont signalés sur la carte.

À ne pas manquer – Une visite guidée de la ville ; son éclairage nocturne ; les couleurs et saveurs du marché ; la dégustation de pommes de terre à la sarladaise ; l'architecture rurale des cabanes du Breuil, aux alentours.

Organiser son temps – Comptez une journée pour la ville, 2 à 3 jours pour suivre nos 3 circuits au départ de Sarlat qui vous permettront de découvrir toutes les richesses du Périgord noir.

Avec les enfants – En été, les guides assurent des visites spécifiques pour les 6-12 ans. Les Cabanes du Breuil, constructions en pierres sèches.

Pour poursuivre la visite – Voir aussi Beynac-et-Cazenac, le château de Commarque, les jardins d'Eyrignac, les jardins de Marqueyssac, Le Bugue, Les Eyzies-de-Tayac-Sireuil, la vallée de la Dordogne et le Périgord noir.

Comprendre

De l'abbaye à l'évêché – Sarlat s'est développée autour d'une **abbaye bénédictine** fondée à la fin du 8e s. qui reçoit sous Charlemagne les reliques de saint Sacerdos, évêque de Limoges, et de sa mère, sainte Mondane. Les abbés restent tout-puissants jusqu'au 13e s. qui voit la décadence de l'abbaye plongée dans des luttes intestines aux épisodes parfois sanglants : ainsi en 1273, lors d'un office, l'abbé fut soudain terrassé par une flèche décochée par un moine.

Pour vous rendre compte de l'étendue du domaine de l'abbaye, rendez-vous au **jardin du Plantier** où les moines cultivaient vigne (*plantier* signifie « petit plan de vigne ») et potager, devenu un agréable jardin public *(aire de jeux pour les enfants)*.

En 1299, la signature par la commune, l'abbaye et le roi d'un acte d'affranchissement, « le livre de la paix », permet à la cité de s'émanciper de la tutelle religieuse : elle est désormais administrée par les **consuls**. S'instaurent alors deux lieux de pouvoir. En 1317, le pape Jean XXII, partageant l'évêché de Périgueux, proclame Sarlat **siège épiscopal** d'un territoire dont les limites s'étendent bien au-delà du Sarladais. L'abbatiale devient cathédrale.

Le saviez-vous ?

Les origines de Sarlat sont à chercher du côté du bas latin, certainement *serrum*, la « colline », suivi de *latum*, « large ». Le bourg de La Canéda a été rattaché à Sarlat par la suite. La Canéda vient du latin *canetum*, « lieu planté de roseaux », « roseau » se disant *canet* en occitan.

Un Sarladais, connu sous le surnom de François-Louis Fournier-Sarlovèse (1773-1827), inspira à Joseph Conrad *Le Duel*, nouvelle qui servit de base au film *Les Duellistes* du réalisateur Ridley Scott (1977). Conrad et Scott étaient fascinés par les 22 duels consécutifs qui opposèrent durant 19 ans ce général, cavalier émérite et sabreur chatouilleux, glorifié par la campagne d'Espagne, à un autre général d'Empire, Dupont. Le duel final se situe, dans le film, au château de Commarque *(voir ce nom)*.

L'âge d'or de Sarlat – Au 13e s. et au début du 14e s., elle devient une ville de foires et de marchés prospère, mais la guerre de Cent Ans la ruine, la laissant exsangue et dépeuplée. En remerciement de sa fidélité et de son âpre défense contre les Anglais (auxquels elle avait été cependant cédée par le traité de Brétigny en 1360), le roi Charles VII lui accorde de nombreux **privilèges**, dont l'attribution de nouveaux revenus et l'exemption de certaines taxes. Les Sarladais reconstruisent leur ville et, entre 1450 et 1500, édifient la plupart des hôtels qui font aujourd'hui la fierté de Sarlat. Les magistrats, les clercs, l'évêque et les dignitaires du chapitre, les marchands forment une bourgeoisie aisée et importante à laquelle se mêlent des hommes de lettres comme Étienne de La Boétie qui insuffle son esprit humaniste. La **Contre-Réforme**, alors dominée par une noblesse de robe, marque la ville : couvents (clarisses, récollets…), chapelles et hôpitaux se multiplient ; la cathédrale est achevée. Seule la disparition des remparts trouble la ville à la fin de l'Ancien Régime.

Se promener

LE VIEUX SARLAT★★★

Sarlat a été coupée en deux par la rue de la République, appelée « **Traverse** » par les habitants, artère percée au 19e s. qui sépare artificiellement la ville en un quartier ouest plus populaire et un quartier est plus aristocratique. Les maisons frappent par leur architecture : les cours intérieures, l'appareillage et la qualité de leurs pierres de taille choisies dans un beau calcaire ocre blond. La plupart ont été surélevées au cours des siècles et présentent un rez-de-chaussée médiéval, un étage gothique rayonnant ou Renaissance, des faîtages et des lanternons classiques et une couverture de lauzes. Préservé grâce à son éloignement des grandes voies de communication mais se dégradant cependant, la vielle ville fut choisie en 1962 comme site pilote de la **loi Malraux** visant à sauvegarder les quartiers anciens à valeur historique et architecturale.

Commencez la visite du vieux quartier à l'office de tourisme.

Ancien évêché

L'intérieur a été transformé en théâtre et abrite l'office de tourisme au rez-de-chaussée. Poursuivez place du Peyrou pour admirer, à droite de la cathédrale, la **façade★** percée de grandes fenêtres gothiques au 1er étage, Renaissance au 2e et surmontée d'une galerie Renaissance italienne. Celle-ci fut ajoutée ultérieurement par l'évêque italien Nicolo Gaddi, ami de la reine Catherine de Médicis.

Cathédrale St-Sacerdos

Une église avait été construite à cet emplacement au 12e s. En 1504, l'évêque **Armand de Gontaut-Biron** entreprend la démolition de l'édifice pour reconstruire une cathédrale plus importante. Mais il quitte Sarlat en 1519 et les travaux sont abandonnés pendant plus d'un siècle. L'église actuelle, élevée aux 16e et 17e s., a conservé la base romane de la **tour de façade** qui présente deux premiers étages à arcatures aveugles et à baies ouvertes. Le troisième étage est une adjonction du 17e s.

J. Damase / MICHELIN

Lacis de ruelles et hôtels restaurés : la ville conserve une allure médiévale.

Dans l'ensemble, ressort le **gothique méridional**, tardif, caractérisé par une allure massive et un intérieur sobre. D'ailleurs, ce qui frappe surtout en entrant, ce sont le grand volume et l'élévation. La nef voûtée d'ogives prolonge un chœur à cinq pans pourvu d'un déambulatoire. Parmi le mobilier de l'église, on remarque une tribune supportant des **orgues de Lépine** (célèbre facteur d'orgues du 18e s.).

Sur la même place.

Maison de La Boétie★

J. Damase / MICHELIN

Si vous avez une bonne vue, vous distinguerez sur les rampants du pignon aigu de la maison de La Boétie des choux frisés !

Remarquable, c'est un peu l'emblème de la ville. Construite autour de 1525 par Antoine de La Boétie, lieutenant criminel de la sénéchaussée de Sarlat, elle a vu naître **Étienne de La Boétie** (1530-1563), l'ami de Michel de Montaigne, auquel il légua la totalité de sa bibliothèque. Au rez-de-chaussée, sous un arc à colonnades s'abritait autrefois une échoppe. Au-dessus, deux étages de style Renaissance italienne sont percés de larges baies à meneaux encadrées de pilastres à médaillons et à losanges. Dans la partie gauche de la maison, légèrement en retrait, la toiture de lauzes est percée d'une lucarne moderne à la décoration luxuriante.

Au rez-de-chaussée s'ouvre le **passage Henri-de-Ségogne**, aménagé entre l'hôtel de Maleville et la maison de La Boétie, qui permet de « trabouler » à la lyonnaise en passant successivement sous un arc, dans un couloir, puis sous une voûte.

Hôtel de Maleville★

Il est aussi connu sous le nom d'**hôtel de Vienne**, pour avoir appartenu d'abord à Jean de Vienne, Sarladais né dans une famille pauvre en 1557, qui après une ascension sociale remarquable devint surintendant des Finances d'Henri IV. Plus tard, cet hôtel fut racheté par la famille de Maleville, dont Jacques de Maleville participa à la rédaction du Code civil.

Il fut agencé au milieu du 16e s. en résidence noble à partir de trois maisons plus anciennes et de styles différents. Le pavillon central, très haut et étroit, qui fait office de tour, est précédé d'une terrasse sous laquelle s'ouvre l'arc de la porte d'entrée surmonté de médaillons représentant Henri IV et un portrait féminin (Marie de Médicis, Gabrièle d'Estrée… ou une de ses nombreuses maîtresses !). Il est soudé à l'aile gauche par un pan coupé flanqué d'une tourelle en encorbellement. L'aile droite sur la place de la Liberté se termine par un pignon Renaissance.

Suivez le passage couvert s'ouvrant à gauche de la porte d'entrée. Prenez en face la rue du Minage qui débouche sur la rue de la République. Remontez cette artère commerçante, puis tournez à droite dans la rue des Consuls.

Rue des Consuls

Les hôtels forment ici un ensemble extrêmement intéressant d'architecture sarladaise du 14e au 17e s.

À droite après le tournant.

Hôtel Plamon★

Appartenant à une famille de drapiers, les Selves de Plamon, dont le nom apparaît encore sur l'écu du fronton triangulaire du premier portail, ce groupe de bâtiments fut construit à différentes époques, comme en témoigne au tournant de la rue le balcon arrondi, en avancée, posé sur une magnifique trompe (petite voûte, afin de faciliter la circulation). Côté façade sont représentés l'ensemble des styles qui se sont succédé à Sarlat : le rez-de-chaussée du 14e s. s'ouvre par deux grandes arcades ogivales ; au premier étage, les trois baies sont ornées d'un remplage gothique rayonnant. Les fenêtres à meneaux du deuxième étage sont postérieures (15e s.). Pénétrez dans la cour intérieure de l'hôtel, et admirez un très bel **escalier★** en bois, à balustres, du 17e s. À gauche, la tour Plamon, fort étroite, a été percée de fenêtres de plus en plus petites vers le haut de façon à dessiner une ligne de fuite.

Fontaine Ste-Marie

Située face à l'hôtel Plamon, une résurgence naturelle s'épanche sous la voûte fraîche d'une grotte.

Place du Marché-aux-Oies★

Cette place était réservée aux négociations concernant les oies. Elle offre un beau décor architectural de tourelles, clochetons et escaliers d'encoignure, et une sculpture contemporaine dédiée au fameux volatile.

Hôtel de Vassal

Situé à l'angle de la place du Marché-aux-Oies, cet hôtel du 15e s. présente deux bâtiments en équerre flanqués d'une double tourelle en encorbellement.

À côté, l'**hôtel de Gisson** (16e s.), appelé aussi hôtel Magnanat, se compose de deux corps de bâtiments soudés par une tour d'escalier hexagonale au remarquable toit pointu couvert de lauzes.

Bon à savoir – Ces tours qui renflent les façades ont été ajoutées comme signe extérieur de richesse, donnant à ces hôtels particuliers des allures de château.

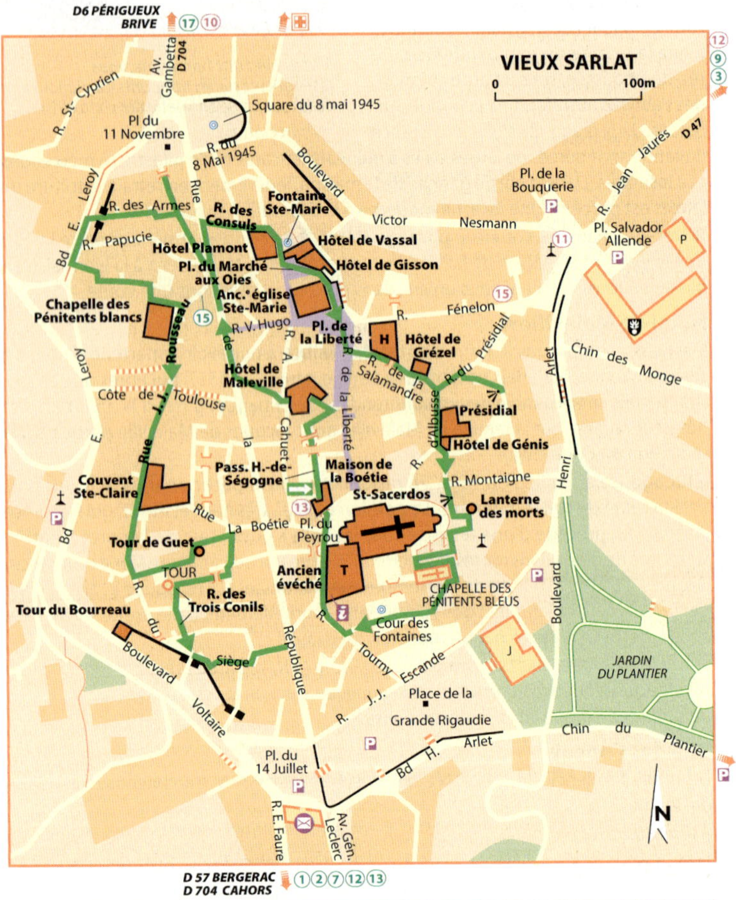

SE LOGER

Abbys (Hôtel) 1
Altica (Hôtel) 2
Clos-Vallis (Chambre d'hôte Le) 3
Filolies (Chambre d'hôte Les) 7
Jardin de Clélia (Hôtel Le) 9
Mas de Castel (Hôtel) 12
Montaigne (Hôtel) 13
Récollets (Hôtel des) 15
Rhonie (Ferme-auberge de la) 17

SE RESTAURER

Bistrot de l'Octroi (Le) 10
Couleuvrine (La) 11
Garrigue-Haute (Ferme-auberge La) 12
Jardins d'Harmonie (Les) 13
Rossignol 15

Place de la Liberté

Nommée Place du Roi avant la Révolution, c'est la place centrale de Sarlat. Outre les terrasses de café très animées, elle est bordée à l'est par l'**hôtel de ville**, ancienne maison commune reconstruite au début du 18e s. après un incendie.

Au nord se dresse l'ancienne **église Ste-Marie** dite « l'église du marché », sujet de controverse. Désaffectée, son chœur a été démoli au 19e s. Elle fut alors ré-agencée en logements, puis elle abrita la Poste avant d'être laissée à l'abandon… jusqu'à ce que l'architecte **Jean Nouvel** vînt la revisiter avec sobriété et élégance. Il a restitué sa nef élancée, vitré simplement les ouvertures et fermé l'édifice avec une porte monumentale en acier. Que l'on aime ou non, une chose est sûre : depuis 1999, le lieu a retrouvé vie, accueillant un marché couvert.

Quittez la place de la Liberté par la rue de la Salamandre, sur la gauche.

Jean Nouvel

Le grand public français l'a découvert avec l'Institut de Monde Arabe et bien davantage avec le musée du quai Branly à Paris (2006), mais c'est tout une œuvre de dimension internationale que cet architecte-urbaniste a déjà derrière lui, reconnue par la profession qui lui a décerné le prix Pritzker en 2008 (récompense comparable au Nobel). Parmi les projets dont on entend déjà parler : La Tour du Signal dans le quartier de la Défense à Paris et Le Louvre à Abu Dhabi.

Né à Fumel (Lot-et-Garonne) en 1945, il a passé son enfance à Sarlat avant de partir étudier à Bordeaux, puis à Paris. Ce n'est donc pas un hasard si en Périgord on lui doit, outre la restauration de l'église Ste-Marie, la réalisation de Vesunna à Périgueux *(voir ce nom)*.

Hôtel de Grézel

Occupé par le restaurant « Gueule et Gosier » et édifié à la fin du 15e s., il présente une façade à colombages à laquelle est accolée une tour noble à la belle porte en accolade de style gothique flamboyant. Plus bas, remarquez sur plusieurs toitures le beau montage des lauzes épousant parfaitement l'évasement du bas du toit, témoignant de la maîtrise des charpentiers et des couvreurs. Dans la région, on vous le dira : « Qui bien lauze, pour cent ans pose. »

Avancez dans la rue du Présidial, puis la rue Landry pour apercevoir le **clocheton du Présidial** (17e s.), ancien siège de la justice royale *(aujourd'hui restaurant)*.

Revenez sur vos pas et prenez à gauche la rue d'Albusse.

Au coin de l'impasse de la Vieille-Poste, où se trouve l'ancien relais de poste, se dresse l'**hôtel de Génis**, édifice sobre et massif du 15e s., dont l'étage en encorbellement est supporté par sept corbeaux de pierre.

Poursuivez dans la rue Sylvain-Cavaillez et pénétrez en face dans le jardin.

De ce jardin, **ancien cimetière** de l'abbaye, belle vue sur le chevet de la cathédrale et les différentes cours. Il est surplombé par un édifice énigmatique.

Lanterne des morts

Cette tour cylindrique de la fin du 12e s., surmontée d'un cône terminal décoré de quatre bandeaux, compte deux salles. L'une au rez-de-chaussée, couverte d'une voûte bombée supportée par six arcs d'ogives et l'autre dans la partie conique qui était inaccessible à un homme. De nombreuses hypothèses ont été émises au sujet de cet édifice : tour élevée pour commémorer le passage de saint Bernard en 1147 (il aurait béni des pains qui auraient guéri miraculeusement les malades), lanterne des morts – mais comment la lanterne pouvait-elle être éclairée puisque la salle du haut était inaccessible ? – ou peut-être chapelle funéraire.

Descendez l'escalier (au passage, sachez que les pierres tombales ont été redéposées ici pour marquer l'emplacement du cimetière) et contournez la chapelle des Pénitents bleus (12e s.). Passez dans la cour des Chanoines, puis dans la cour des Fontaines. La rue Munz et la rue Tourny ramènent à la place du Peyrou.

LE QUARTIER OUEST★

Situé de l'autre côté de la Traverse, ce secteur a aussi fait l'objet d'un plan de rénovation et de réhabilitation. Moins prisé, il commence à s'animer dans sa partie basse, avec l'ouverture de cafés et restaurants. Sillonné de ruelles tortueuses et déclives, son calme permet de découvrir une autre facette de la ville.

Remontez la rue de la République, pratiquement jusqu'en haut, pour vous engager à gauche dans la ruelle des Armes, bordée de restaurants, et grimper ensuite rue des Armes.

En arrivant au reste de **rempart** qui ceinturait la ville, remarquez à droite les quelques marches d'escalier encore présentes, qui donnaient accès au chemin de ronde.

Prenez à gauche sur le boulevard pour repiquer dans la première rue à gauche.

Chapelle des Pénitents blancs

Édifiée entre 1622 et 1626, elle faisait partie d'un couvent de religieux récollets qui furent remplacés au 19e s. par quelques pénitents blancs. Le portail baroque est assez étonnant : il est composé de quatre colonnes dont les chapiteaux laissent perplexe quant à la finition de l'entablement qu'elles soutiennent.

Rue Jean-Jacques-Rousseau

Artère principale de ce quartier, elle est jalonnée de belles maisons anciennes. Au n° 9, à l'angle de la côte de Toulouse, l'hôtel Monméja présente une belle façade du 18e s. (c'est le premier bâtiment qui fut restauré suite à la loi Malraux) et, à l'angle de la rue de La Boétie, une échauguette signale le **couvent Ste-Claire**, vaste bâtiment du 17e s. autrefois occupé par les clarisses, aujourd'hui transformé en habitations HLM.

Bon à savoir – Le jardin de l'ancien couvent est utilisé lors du Festival de théâtre en été, ou lors de concerts et autres événements culturels.

Poursuivez dans la rue du Siège, puis tournez à gauche dans la rue Rousset.

Tour de guet

Imbriquée dans des immeubles au bout de la rue Rousset, elle est couronnée par des mâchicoulis du 15e s. et flanquée d'une tourelle en encorbellement.

Tournez à droite rue de Cordil.

Rue des Trois-Conils

Elle se coude au pied d'une maison agrémentée d'une tour ayant appartenu à des consuls apparentés à la famille de La Boétie.

Prenez à droite la rue Aimery et passez sous le porche en face.

Tour du Bourreau

Dix-huit tours reliaient les remparts de la ville. Il n'en reste plus que deux, dont celle-ci, qui date de 1580.

Revenez sur vos pas et descendez la rue du Siège qui ramène rue de la République.

Où se niche la lumière ?

À droite de l'entrée du restaurant, situé au niveau du coude de la **rue des Trois-Conils**, voyez une niche encadrée de fer… et bien imaginez qu'elle renfermait autrefois une manivelle qui permettait de faire descendre une bougie pour la recharger en huile de noix (évidemment, si commune dans la région), pour ensuite la remonter et assurer ainsi l'éclairage public. Les manivelles ont disparu, restent les niches qui rappellent que l'éclairage au gaz date d'hier : il a en effet été remis pour rendre à la ville son ambiance d'autrefois.

Aux alentours

Marquay

11,5 km au nord-ouest de Sarlat par la D 6. Environné de sites paléolithiques importants, le bourg est devenu un centre de villégiature apprécié. Son **église** fortifiée, du 12e s., présente un plan insolite : ses croisillons se terminent en absidioles.

Tamniès

15 km au nord-ouest de Sarlat par la D 6. Le bourg domine la vallée de la Beune de son église du 12e s. et de l'ancien prieuré qui la jouxte. Tamniès est par ailleurs apprécié pour son **étang de loisir**s *(☏ 05 53 29 65 98 - juil.-août - 1,50 €).*

Circuits de découverte

LE SUD DU PÉRIGORD NOIR★★★ 2

Circuit de 80 km – environ une demi-journée. Voir Vallée de la Dordogne.

DE LA DORDOGNE AU PAYS D'ARTABAN★★

Circuit de 75 km – environ une demi-journée. Voir Le Périgord noir.

DE LA DORDOGNE À LA BEUNE★

Circuit de 60 km – environ une demi-journée. Quittez Sarlat par le sud-ouest en empruntant la D 57. Peu après Vézac, prenez à droite dans la D 703.

Beynac-et-Cazenac★★ *(voir ce nom)*

Poursuivez en direction de St-Cyprien. À la sortie du village, tournez à droite.

Cazenac

Perché sur une colline perdue au milieu des bois, ce village possède une petite église gothique. De là, belle vue sur la vallée.

Faites demi-tour et reprenez la D 703 (à droite).

St-Cyprien *(voir Le Bugue)*

Quittez St-Cyprien par le nord-est en empruntant la D 25.

Chapelle de Redon-l'Espi

Perdue au fond d'un vallon sauvage, cette sobre chapelle romane est flanquée au sud des ruines d'un monastère. Au début du 16e s., des religieuses de l'ordre de Fontevrault habitaient les bâtiments qui furent saccagés pendant les guerres de Religion. On prête à une jeune bergère une brève apparition de la Vierge. Depuis cet événement, survenu au 19e s., un pèlerinage se déroule en septembre. Le nom de Redon-l'Espi viendrait du latin *rotondo spino*, évocation possible d'une relique de la sainte épine conservée pendant des siècles à la proche abbaye de St-Cyprien.

Revenez sur la D 25 (à droite). Peu après Allas, prenez à gauche la D 47. Après 1,5 km, tournez à droite.

Cabanes du Breuil★

06 80 72 38 59 - www.cabanes-du-breuil.com - ♿ - en sais. : 10h-19h ; hors sais. : 10h-12h, 14h-18h - possibilité de visite guidée sur demande préalable (1h30) - 4 € (enf. 2 €).

Les cabanes du Breuil constituent un ensemble unique de *caselles* (ou *gariottes*) du Périgord : cinq cabanes, dont certaines jumelées, aux toits de lauzes percés de lucarnes s'organisent autour d'un corps de ferme toujours en activité. Un espace culturel est consacré à la construction de ces cabanes et à celle de voûtes romanes.

Faites demi-tour et reprenez la D 47 (à gauche) vers Sarlat. Après 3 km, tournez à gauche.

Château de Puymartin★

05 53 59 29 97 - www.chateau-de-puymartin.com - visite guidée (1h, dernière entrée 30mn av. la fermeture) août : 10h-18h30 ; juil. : 10h-12h, 14h-18h30 ; avr.-juin : 10h-12h, 14h-18h, sam. 14h-18h ; sept. : 10h-12h, 14h-18h, sam. 14h-18h ; oct. : 14h30-17h30 ; nov. : sur réserv. - 7 € (6-12 ans 3,50 €, 12-18 ans 5 €).

Durant les guerres de Religion, ce château fut une base catholique face aux protestants établis à Sarlat. Construit aux 15e et 16e s. (très remanié au 19e s.), il est formé de plusieurs corps de logis reliés à des tours rondes et cernés de courtines.

L'intérieur offre un décor et un **mobilier** de qualité. La chambre d'honneur est ornée de verdures d'Aubusson (18e s.) aux tons restés très frais. Jouxtant celle-ci, le charmant **cabinet de méditation★** est le joyau du château ; ses boiseries murales sont recouvertes de peintures à la détrempe (fixées au blanc d'œuf) du 17e s. évoquant des thèmes mythologiques. Dans la grande salle, la cheminée est habillée d'un trompe-l'œil et le plafond décoré de poutres peintes au 17e s. Belle suite de six tapisseries flamandes relatant la guerre de Troie, une table et des sièges Louis XIII, une commode Régence, un secrétaire Louis XV. La visite permet d'accéder à une chambre de défense hexagonale voûtée en étoile, puis aux combles. Au rez-de-chaussée, dans l'ancienne salle d'armes, sont rassemblés divers meubles, tapisseries et peintures.

Revenez sur la D 47 (à gauche) qui ramène à Sarlat.

M.-H. Carcanague / MICHELIN

Château de Puymartin.

Sarlat pratique

Adresse utile

Office de tourisme – *R. Tourny - 24200 Sarlat-la-Canéda - ✆ 05 53 31 45 45 - www.sarlat-tourisme.com - juil.-août : 9h-19h, dim. 10h-12h, 14h-18h ; avr. : 9h-12h, 14h-18h, dim. 10h-13h, 14h-17h ; juin et sept. : 9h-13h, 14h-18h, dim. 10h-13h, 14h-17h ; reste de l'année : 9h-12h, 14h-18h, dim. 10h-13h (oct.-nov.).*

Visites

Visite guidée – *Rens. à l'office de tourisme - avr.-oct. - 5 €.* Sarlat, qui porte le label **Ville d'art et d'histoire**, propose des visites-découverte (1h30) animées par des guides-conférenciers agréés par le ministère de la Culture et de la Communication. Les mêmes guides-conférenciers proposent en juil.-août des circuits thématiques, ludiques, renouvelés chaque semaine, pour enfants de 6 à 12 ans *(groupe de 12 max.).*

Visite nocturne – *Rens. à l'office de tourisme - juin-sept. - 5 €.* Pour apprécier l'éclairage, conçu par Jacques Rouveyrollis (éclairagiste du monde du spectacle), composé de candélabres et de spots sous verre se combinant pour conférer à Sarlat la nuit un charme supplémentaire.

Autorail Espérance – *Rens. et réserv. à l'office de tourisme - tlj sf dim. et j. fériés - 11 € (-12 ans 4 €).* En été, cet autorail relie Sarlat à Bergerac en 1h, avec commentaire des paysages et sites, ainsi qu'une dégustation de produits régionaux.

Se loger

À SARLAT

Hôtel Abbys – *Rte de Souillac, à Vialard - ✆ 05 53 30 85 50 - www.abbys-hotel.com - P - 30 ch. 34/42 € - ☕ 5 €.* Fiez-vous aux apparences : l'aspect extérieur de cet établissement, à l'entrée de la ville, est celui d'un hôtel de chaîne… et il dispose des mêmes caractéristiques. Petites chambres climatisées, sans grand charme mais fonctionnelles, salle à manger simple, et prix très doux, même en pleine saison.

Hôtel Altica – *Av. de la Dordogne - ✆ 05 53 28 18 00 - www.altica.fr - P - 46 ch. 34/42 € - ☕ 4,90 €.* Cet établissement de chaîne proche du centre de Sarlat-la-Canéda constitue une adresse fort commode pour poser ses valises dans l'une des plus ravissantes petites villes du Périgord noir. Chambres, avec wifi, très convenables à prix « plancher ».

Hôtel des Récollets – *4 r. Jean-Jacques-Rousseau - ✆ 05 53 31 36 00 - www.hotel-recollets-sarlat.com - P - 18 ch. 43/63 € - ☕ 6,90 €.* Hôtel de caractère aménagé dans l'ancien cloître du couvent des Récollets (17e s.). Chambres sans ampleur, mais très calmes et bien refaites : mobilier contemporain, système wifi, poutres et murs d'origine. Belle salle voûtée ou charmant patio pour le petit-déjeuner.

Hôtel Le Jardin de Clélia – *La Vigne du Foussat - ✆ 05 53 28 56 32 - www.le-jardin-de-clelia.com - P - 9 ch. 50 € - ☕ 5 € - repas 16/25 €.* Les chambres de cet ancien séchoir à tabac sont toutes sensiblement de la même dimension. En revanche, chacune a été décorée selon un thème particulier qui invite à l'évasion vers des horizons proches (Italie, Grèce) ou lointains (Afrique noire, Égypte, Asie…). Restauration sur place. Ensemble à prix raisonnable près du vieux Sarlat.

Hôtel Montaigne – *Pl. Pasteur - ✆ 05 53 31 93 88 - www.hotelmontaigne.fr - fermé en janv. - P - 28 ch. 54/64 €, 2 appart. 4 pers. 90 €- ☕ 8 €.* Dans une bâtisse classique, à proximité de la vielle ville, les chambres rénovées avec soin et l'accueil aimable en font une adresse sympathique. Le moins : les chambres qui donnent sur la rue de la République, bruyante ; le plus : la salle des petits-déjeuners sous la verrière.

AUX ALENTOURS

Hôtel Mas de Castel – *3 km au sud de Sarlat-la-Canéda par D 704 et C 1 - ✆ 05 53 59 02 59 - www.hotel-lemasdecastel.com - fermé 12 nov.-29 mars - P - 14 ch. 45/80 € - ☕ 7,50 €.* Rien ne troublera votre repos dans cet hôtel aménagé autour d'un ancien corps de ferme situé en pleine campagne. Chambres aux tons pastel et mobilier rustique ; quelques-unes sont en rez-de-jardin. Piscine.

Chambre d'hôte Le Clos-Vallis – *Clos Vallis - 3 km au nord-est de Sarlat par D 47 rte de Ste-Nathalène et chemin à gauche - ✆ 05 53 28 95 64 - www.leclosvallis.com - 4 ch. et 1 gîte 70 € - ☕ 6 € - repas 30 €.* Les bâtiments de cette vieille ferme restaurée s'organisent autour d'une jolie cour de style périgourdin. L'ancienne grange abrite les chambres simples (murs en pierre apparente ou peints en blanc, sol carrelé ou en coco, mobilier en pin), claires et reposantes. Accueil sympathique et discret.

Ferme-auberge de la Rhonie – *1,5 km à l'est de Meyrals, à Boyer - 24220 Meyrals - 7 km au sud-est des Eyzies-de-Tayac par D 48 - ✆ 05 53 29 29 07 - www.coustaty.fr - fermé 30 nov.-20 mars - P - 10 ch. 65 € - ☕ 7,50 € - rest. 17,50/33 €.* Depuis son changement d'activité en 1976, cette ferme n'a cessé de se développer autour de son élevage d'oies. Une table délicieuse proposant, bien sûr, foie gras, confit ou cassoulet, et une boutique pour emporter quelques trésors faits maison. Chambres coquettes aménagées dans le corps principal de cette ancienne place forte et gîte dans une maison de caractère.

Chambre d'hôte Les Filolies – *24200 St-André-d'Allas - 6 km à l'ouest de*

Sarlat - ✆ 05 53 30 31 84 - www.lesfilolies.com - fermé 14 nov.-14 fév. - ⊭ - 4 ch. 53/63 € ☕. Aménagées dans la grange et les écuries d'un ancien relais de poste, ces 4 chambres d'hôte disposent chacune d'un accès indépendant au jardin fleuri et à sa jolie piscine. Intérieur un peu exigu mais confortable. Petits-déjeuners à base de produits régionaux, servis dans une salle à manger au charme rustique.

Se restaurer

⊖⊖ Rossignol – *15 r. Fénelon - ✆ 05 53 31 02 30 - fermé jeu. - 17/60 €.* Ce modeste restaurant familial proche du centre-ville abrite une salle à manger sagement rustique : mobilier en bois brut, cuivres accrochés aux murs, etc. Le patron réalise en toute simplicité une cuisine régionale saine et copieuse pour laquelle il n'utilise quasiment que des produits frais, à commencer par les poissons.

⊖⊖ Le Bistro de l'Octroi – *111 av. de Selves - au nord de la ville, dir. Brive - ✆ 05 53 30 83 40 - lebistrodeloctroi@orange.fr - formule déj. 15 € - 18/26 €.* Ce restaurant, proche du centre historique, possède de sérieux atouts pour allécher les gourmets. Outre les recettes locales, la carte offre une place de choix au bœuf limousin et aux spécialités de poisson. Beaux volumes en salles et en terrasse.

⊖⊖ Les Jardins d'Harmonie – *Pl. André-Malraux - ✆ 05 53 31 06 69 - www.lesjardinsdharmonie.com - fermé 7 janv.-15 fév., lun. et mar. hors sais. - formule déj. 10 € - 19/25 €.* Au cœur de la vieille ville, sous la voûte de la Boëtie, ce salon de thé propose pâtisseries maison et infusions variées dans un cadre très cosy. À l'heure des repas, il sert une assiette complète de spécialités du pays, à savourer sur la petite terrasse. Boutique avec un joli choix de thés.

⊖⊖ La Couleuvrine – *1 pl. de la Bouquerie - ✆ 05 53 59 27 80 - www.la-couleuvrine.com - fermé de mi-janv. à mi-fév. - 21/33 € - 23 ch. 52/70 € - ☕ 7,50 €.* Installé dans une tour d'angle des remparts de la cité médiévale, ce restaurant conserve le caractère des lieux jusque dans son intérieur avec ses meubles anciens. Classique le midi, la carte s'étoffe de spécialités régionales et gastronomiques quand vient le soir. Bistrot à vin en sous-sol et terrasse ombragée.

AUX ALENTOURS

⊖⊖ Ferme-auberge La Garrigue-Haute – *24370 Prats-de-Carlux - 8 km à l'est de Sarlat, par la D 47, rte de Ste Nathalène - ✆ 05 53 29 80 08 - www.lagarriguehaute.fr - fermé Toussaint-Pâques - réserv. obligatoire - 16/35 € - 7 ch. 40 € - ☕ 5 €.* Située dans la campagne sarladaise, cette exploitation agricole, toujours en activité, propose en saison de vous accueillir dans ses chambres simples mais agréables ou pour dîner. Bien sûr, les produits de la ferme sont à l'honneur : rillettes, foie gras, magrets ou confits, salade du jardin et le fameux gâteau aux noix pour terminer ! Attention toutefois à bien réserver car l'adresse est très connue !

Que rapporter

Marchés – Sam. dans les rues de la vieille ville et merc. matin pl. de la Liberté. Marché couvert de l'église Ste-Marie : tous les jours en saison (sf dim., lun. et jeu. hors saison). Marché au gras et aux truffes : sam. matin de mi-novembre à mi-mars. Marché aux noix et aux châtaignes : sam. matin en oct.-nov.

Chez le Gaulois – *1 r. Tourny - ✆ 05 53 59 50 64 - de déb. avr. à fin oct. : 9h-0h ; le reste de l'année : 10h-22h - fermé dim. et lun., nov.* Le maître des lieux, dit le Gaulois, propose sa sélection de produits régionaux et assure le service en contant leur petite histoire. Superbes jambons crus suspendus à une potence, charcuteries à dévorer sur une planchette et succulentes glaces artisanales : une sympathique petite balade gourmande.

Sports & Loisirs

Indian Forest Périgord – *Manoir de la Feuillade - à 5 km au sud de Sarlat-la-Canéda par D 704^A, dir. Souillac - 24200 Carsac-Aillac - ✆ 05 53 31 22 22 - www.indianforestperigord.com - fév.-nov. : 9h-19h - 11 à 22 €.* Dans un parc de 4 ha, parcours d'aventure permettant de se déplacer d'arbres en arbres de manière ludique et sportive. Plusieurs niveaux de difficultés. Pensez à vous munir d'une bonne paire de chaussures et d'une tenue adaptée, le reste est fourni : baudriers, mousquetons, poulies, gants et surtout conseils des guides.

L'Étrier de Vitrac – *Pech de Pech - 8 km au sud de Sarlat par D46 - 24200 Vitrac - ✆ 06 87 76 90 34 - www.etrier-vitrac.com - accueil : 9h-18h ; randonnées sur réserv.* Club équestre dans un plaisant environnement de sous-bois. Petits et grands trouveront une formule adaptée à leur niveau : promenade bucolique dans la campagne, exploration de la forêt périgourdine pour cavaliers débutants ou confirmés.

Événements

La Ringueta – *Rens. à l'office de tourisme.* Le lun. de Pentecôte, les années paires, rencontre de jeux traditionnels ambiance festive en occitan.

Festival des jeux du Théâtre – *✆ 05 53 31 10 93 - www.festival-theatre-sarlat.com.* De mi-juillet à début août : représentations variées en plein air.

Festival du film de Sarlat – *Rens. à l'office du tourisme.* Pendant 5 jours à la mi-novembre, projections de films d'écoles.

Souillac★

3 898 SOUILLAGAIS
CARTE GÉNÉRALE C2 – CARTE MICHELIN DÉPARTEMENTS 337 E 2 – SCHÉMA P. 190 – LOT (46)

Avec son élégante église romane à coupoles, la ville est considérée comme la porte orientale du Périgord noir. Animée, voire remuante, elle conjugue avec une certaine réussite patrimoine et économie. Bref, un excellent lieu de villégiature pour découvrir le Quercy et le Périgord noir.

Se repérer – Souillac se situe à la croisée de la D 820, de l'A 20 et de la D 703 (Sarlat-Martel). Elle se trouve à 32 km au sud de Brive, 29 km à l'est de Sarlat et 63 km au nord de Cahors.

Organiser son temps – Comptez 1h30 pour la ville, un jour pour les environs.

Avec les enfants – Le musée de l'Automate leur plaira, de même qu'une descente de la Dordogne en canoë.

Pour poursuivre la visite – Voir aussi la vallée de la Dordogne, le Périgord noir, les jardins d'Eyrignac, Gourdon, les grottes de Lacave, Martel et Rocamadour.

Comprendre

Du marécage au tabac – Lorsque les bénédictins s'installent dans la plaine de Souillès, ils remplacent une communauté fondée, d'après la tradition, par saint Éloi. Les moines assèchent sans relâche et transforment le marécage en un riche domaine. Plusieurs fois ruinée et saccagée par les Anglais au cours de la guerre de Cent Ans, l'abbaye se relève grâce à la ténacité des abbés, mais les guerres de Religion lui causent des dommages encore plus grands. Reconstruite au 17e s. et rattachée alors à la congrégation de St-Maur, l'abbaye cesse d'exister à la Révolution, ses bâtiments étant transformés en magasin des tabacs.

L'église romane St-Martin, détruite lors des guerres de Religion, fut reconstruite au 15e-16e s. Son clocher sert de **beffroi** et elle abrite désormais l'office de tourisme.

Visiter

Ancienne église abbatiale

L'église abbatiale Ste-Marie *(voir ABC d'architecture p. 63)* est devenue l'église paroissiale, à la suite de l'église St-Martin. Elle remonte au 12e s. et s'apparente aux édifices de style byzantin de Périgueux et de Cahors, mais elle est plus évoluée dans ses formes, plus légère dans son élévation. De l'extérieur, on admire un ravissant chevet aux absidioles pentagonales et une étonnante tour. À l'intérieur de l'église, les fragments du magnifique **portail★** retiennent l'attention. À droite de la porte, le bas-relief roman du prophète **Isaïe★★** est saisissant d'expression. Le pilier sculpté qui jouxte ce bas-relief représente dans un tumulte d'animaux plus ou moins imaginaires et de couples enlacés (face externe) le sacrifice d'Isaac par son père Abraham,

J. Damase / MICHELIN

L'ancienne église abbatiale s'apparente aux cathédrales romanes d'inspiration byzantine d'Angoulême. De la place de l'abbaye, admirez le joli chevet aux cinq absidioles pentagonales.

arrêté par la main de Dieu. Au-dessus de la porte, entre saint Benoît et saint Pierre, s'inscrit la légende de Théophile. Le moine Théophile, injustement privé de ses fonctions d'économe, signa un pacte avec le diable pour recouvrer son emploi. Rongé par les remords, il implora le secours de la Vierge qui lui apparut en rêve, accompagnée de saint Michel et de deux anges, pour lui accorder son pardon. Remarquez aussi le trumeau, d'une grande richesse décorative.

Le saviez-vous ?

L'ancien Souillès proviendrait d'un mot local, *souilh*, en français « souille », désignant un lieu marécageux où se vautrent les sangliers. La ville se situe dans la plaine alluviale de la Dordogne.

Virginia Woolf (1882-1941) fut ravie de son séjour et assura : « L'Angleterre, après cela, a l'air d'une bonbonnière grouillante de vacanciers. » Nous sommes alors en 1937. Depuis, les choses ont quelque peu changé…

Musée national de l'Automate★

Accès par le parvis de l'abbatiale St-Pierre. ☎ 05 65 37 07 07 - juil.-août : 10h-19h ; juin et sept. : 10h-12h, 15h-18h ; avr.-mai et oct. : tlj sf lun. 10h-12h, 15h-18h ; nov.-mars : tlj sf lun. et mar. 14h30-17h30 - 5,50 € (enf. 3 €).

Ce musée-spectacle, toujours en mouvement, réunit plus de trois mille pièces, dont mille automates, et permet de revivre plus d'un siècle d'histoire du jouet mécanique, qui a longtemps animé les vitrines des supermarchés parisiens. Un tel lieu n'aurait jamais existé sans la perspicacité de la dynastie Roullet-Descamps qui, à travers quatre générations de créateurs, a renouvelé ce monde du mécanisme. Observez en particulier l'exceptionnel **jazz-band**, groupe d'automates électriques créé en 1920, où violoniste, pianiste et batteurs noirs donnent un vrai concert. Aujourd'hui, les robots du 21e s. animent la collection.

Circuit de découverte

LA VALLÉE DE LA DORDOGNE LOTOISE★★★ 1

Circuit de 85 km au départ de Souillac – comptez environ une journée. Voir Vallée de la Dordogne.

Souillac pratique

Adresse utile

Office du tourisme du pays de Souillac – *Bd Louis-Jean-Malvy - 46200 Souillac - ☎ 05 65 37 81 56. - www.tourisme-souillac.com - juil.-août : 9h30-12h30, 14h-19h, dim. 10h-12h, 15h-18h, merc. 10h-12h, 15h-20h ; reste de l'année. : tlj sf dim. 10h-12h, 15h-18h - fermé 1er janv., 1er Mai et 25 déc.* Il propose des visites guidées en saison.

Se loger

Chambre d'hôte et gîte Le Manoir – *La Forge - 5 km au nord-ouest de Souillac par D 15 - ☎ 05 65 32 77 66 - www.lemanoir.net - fermé 30 oct.-15 avr. - - 5 ch. 52/58 € - repas 22 €.* Une adresse séduisante pour ceux qui recherchent calme et repos. Plaisantes chambres d'hôte s'ouvrant sur les pâturages et les bois alentour et cinq confortables gîtes (jusqu'à six personnes). Piscine et étable transformée en espace de loisirs pour les enfants : ping-pong, bibliothèque, etc.

Hôtel Belle Vue – *68 av. Jean-Jaurès - ☎ 05 65 32 78 23 - www.hotelbellevue-souillac.com - fermé 8-31 janv., fév. et w.-end en déc. - P - 26 ch. 48/50 € - 6,50 €.* Grand bâtiment proche de la gare abritant des chambres simples, mais propres. Équipements sportifs côté jardin (piscine, tennis) et petite boutique de produits régionaux.

Le Quercy – *1 r. Récège - ☎ 05 65 37 83 56 - www.le-quercy.fr - ouv. 20 mars.-15 déc. - 25 ch. 55/60 € - 8 €.* Accueil familial dans cet hôtel confortable, à l'écart du centre. Les chambres, bien tenues, sont pour la plupart dotées d'un balcon tourné vers la terrasse fleurie ou la piscine.

Grand Hôtel – *1 allée Verninac - ☎ 05 65 32 78 30 - www.grandhotel-souillac.com - fermé nov.-fév. - 30 ch. 58 € - 7 € - restaurant 11,50/28 €.* De sa terrasse à balustres sur le toit, vous aurez la ville à vos pieds. Chambres actuelles dans le bâtiment principal, d'autres plus rustiques dans une maison du 18e s. La salle à manger se prolonge d'une véranda et d'une belle terrasse sous les platanes.

Se restaurer

Le New's hôtel Ambassadeurs – *21 av. du Gén.-de-Gaulle - A 20 sortie 55 - ☎ 05 65 32 78 36 ou 05 65 32 10 14 - www.ambassadeurs-hotel.com - fermé 16 fév.-8 mars et 17-30 nov. - formule déj. 22 € - 15/57 € - 71 ch. 52/62 € - 6,50 €.*

Cet hôtel-restaurant souillagais occupe maintenant plusieurs bâtiments de part et d'autre de la route. Atmosphère un peu « vieille France » au n° 12 de la rue et ensemble complètement rénové au 21. Chambres spacieuses et confortables, terrasse et piscine. Pour la restauration, « L'Œil de Bœuf » vous propose une cuisine à la plancha ou plus traditionnelle avec les produits du terroir.

Le Redouillé – *28 av. Toulouse - 05 65 37 87 25 - fermé 12 janv.-2 fév., 11-31 mars, lun. et mar. - 17/45 €.* Cette accueillante maison ancienne est située à la périphérie de Souillac, dynamique bourgade qui constitue un lieu de villégiature idéal aux portes du Périgord noir. Pour vous attabler, vous aurez le choix entre une salle à manger égayée de couleurs provençales, une autre plus sobrement aménagée et la sympathique terrasse dressée sous l'ombrage de grands arbres. Aux fourneaux, le chef métamorphose des recettes classiques en de délicieux plats inventifs.

Que rapporter

Distillerie Louis Roque – *41 av. Jean-Jaurès - 05 65 32 78 16 - www.lavieilleprune.com - 8h30-12h, 14h-17h - fermé dim. et j. fériés.* Les héritiers de Louis Roque élaborent liqueurs et apéritifs régionaux dans le souci d'une tradition vieille de près d'un siècle. On goûtera notamment la vieille prune, l'eau-de-vie qui a fait la renommée de la maison. Visite gratuite du chai et du musée, et dégustation offerte.

Sports & Loisirs

Randonnée – L'office du tourisme du pays de Souillac propose des circuits à la découverte de ses environs en vallée de la Dordogne, dans le Quercy et la basse Corrèze.

Copeyre Canoë – *05 65 37 33 51 ou 05 65 32 72 61 - www.copeyre.com.* Location de canoë *(14 €j.)* ou kayak *(18 €/j.)* toute l'année sur 3 bases le long de la Dordogne. Si vous ne faites qu'une partie de la descente, sachez que la portion située entre Gluges et Souillac est l'une des plus sauvages…

Quercyland – *Voir Copeyre Canoë - mai-sept. : 11h-22h - 7 €/pers., forfaits famille et sem.* Parc aquatique et parc d'attractions.

Événement

Souillac en jazz – *Rens. à l'office de tourisme - www.souillacenjazz.net.* À la mi-juillet, pendant 7 jours la ville vie au rythme du festival Sim Copans qui s'adresse volontiers au non spécialistes.

Terrasson-Lavilledieu

6 336 TERRASSONNIENS
CARTE GÉNÉRALE B2 – CARTE MICHELIN DÉPARTEMENTS 329 I5 – DORDOGNE (24)

Prenez la peine de vous arrêter flâner dans le vieux Terrasson. Après le pont, le charmant centre, avec ses toits en ardoises, s'étend sur les collines de la rive gauche de la Vézère. Une restauration et une signalétique efficaces, couplées à un heureux penchant pour les jardins, font de cette bourgade une halte agréable.

- **Se repérer** – Terrasson se trouve entre Brive-la-Gaillarde (à 28 km au nord-est) et Montignac (18 km au sud-ouest).
- **À ne pas manquer** – La visite contée des jardins de l'Imaginaire.
- **Organiser son temps** – Comptez 1h pour la ville seule, 1h15 pour la visite guidée des jardins.
- **Avec les enfants** – Le parcours entre les jets d'eau leur plaira.
- **Pour poursuivre la visite** – Voir aussi Brive-la-Gaillarde, les jardins d'Eyrignac, le château de Hautefort, Montignac, St-Robert et Turenne.

Comprendre

Les origines de la ville – Sa situation en hauteur vaut au site une occupation ancienne : une grotte préhistorique, classée, et des vestiges de villas romaines l'attestent. Au 6e s., saint Sour, ermite auvergnat, cherche un emplacement pour un nouveau monastère. Il est accompagné des saints Cyprien et Amand, qui fonderont respectivement St-Cyprien et St-Amand-de-Coly. Une tradition, plus jolie que fiable, rapporte que le moine aurait lâché des colombes et qu'elles se seraient toutes posées là, lui arrachant l'exclamation « Terra sunt ! » (elles sont à terre !), dont serait issu le nom de Terrasson. Au 12e s., l'implantation monastique s'est beaucoup développée. Elle est en lien avec l'abbaye limousine St-Martial, ce qui explique sans doute la ressemblance du pont qu'elle fait édifier avec celui qui se lance en travers de la Vienne à Limoges, à la même époque.

Se promener

Vieille ville

Bon à savoir – Vous trouverez un plan *(gratuit)* du circuit historique, très pratique, à l'office de tourisme et à la billetterie des Jardins de l'Imaginaire.

Une fois le parcours terminé, revenez à l'église pour redescendre vers la rivière par la passerelle aménagée sur la **falaise de Malpas** qui offre un beau point de vue.

Le **circuit historique**★, ponctué de 17 bornes explicatives, relie les maisons à colombages disséminées dans les ruelles, l'église de St-Sour (chevet du 15e s., nef du 19e s.) dominant la ville et la vallée, l'hôtel de ville (19e s., incendié en 1944), le **pont** (12e s.), les cluzeaux (cavités artificielles), fontaines et petites places.

En face des jardins de l'Imaginaire, des **sarcophages mérovingiens** (5e, 6e s.) découverts en 2006, sont exposés dans une vitrine.

Visiter

Jardins de l'Imaginaire★

05 53 50 86 82 - www.ot-terrasson.com - visite (1h15) juil.-août : 9h50-11h50, 12h50, 13h50-18h10 ; avr.-juin : tlj sf mar. 9h50-11h50 (avr. 11h20), 13h50-17h20 ; de déb. sept. à mi-oct. : tlj sf mar. 9h50-11h50 (oct. 11h20), 13h50-17h20 (oct. 14h-17h) - 7 € (-10 ans gratuit -16 ans 4 €).

Après avoir pris vos billets dans le château Jeanne-d'Arc, vous partirez à la découverte des 6 ha du jardin en terrasses dominant Terrasson et sa vallée. Cette création contemporaine est due à Kathryn Gustafson qui remporta le concours international lancé en 1992.

Le caractère original du lieu tient dans sa **visite contée** qui vous emmène à travers le bois sacré aux vagues bleues et blanches qui rappellent la couleur des pierres et des ardoises de la ville, la forêt peuplée d'elfes et de lutins, les jardins d'eau que l'on traverse avec délice ou crainte en se faufilant entre les jets. On découvre aussi la roseraie (2 000 rosiers), une charmille percée de portes et de fenêtres, cinq cascades fontaines ouvrant sur une collection d'iris, jusqu'à la serre tapissée d'un mur végétal, œuvre de l'architecte Ian Ritchie, qui abrite des expositions.

Terrasson-Lavilledieu pratique

Adresse utile

Office de tourisme – *R. Jean-Rouby - 24120 Terrasson-Lavilledieu - 05 53 50 37 56 - www.ot-terrasson.com - juil.-août : 9h30-12h30, 14h30-18h30 ; reste de l'année : tlj sf dim. 9h-12h, 14h-18h.*

Visites

Visite guidée – En été, l'office de tourisme propose une visite guidée comprenant la vieille ville et un cluzeau *(durée : 1h30 - lun. 11h et jeu. : 21h).*

Promenade en gabarre – *Rens. à l'office de tourisme - juil.-août : 15h, 16h, 17h ; mai-juin et sept. : w.-end 15h, 16h, 17h - 5,50 € (5-12 ans 4,50 €).*

Visite d'une truffière pilote – *Rens. et reserv. à l'office de tourisme - juil.-août : mar. 15h.*

Se loger

Camping Le Clos du Moulin – *24120 Terrasson-Lavilledieu - 05 53 51 68 95 - www.leclosdumoulin.com - - 14 chalets 680 €/sem. pour 5 ou 6 pers.* En bordure de rivière, ce village de chalets ouvre ses portes sur un site verdoyant. Hébergement sans surprise mais de grand confort et bien entretenu. Piscine.

Se restaurer

Aux saveurs des jardins – *Pl. Foirail - 24120 Terrasson-Lavilledieu - 05 53 50 30 91 - auxsaveursdesjardins@wanadoo.fr - ouv. mi-avr.-fin sept. - réserv. conseillée - 14/29 €.* Situé à l'entrée des Jardins de l'Imaginaire, ce restaurant offre une jolie vue sur la vieille ville. L'important est dans l'assiette, avec une cuisine du terroir, agrémentée de fleurs comestibles. C'est original, joli, et agréable au palais.

L'Imaginaire – *Pl. Foirail - 24120 Terrasson-Lavilledieu - 05 53 51 37 27 - www.l-imaginaire.com - fermé 3-14 janv., 8 12 mars, 15-26 nov., dim. soir et mar. de sept. à juin et lun. - 27/92 € - 7 ch. 85/115 € - 12 €.* Confortablement installé dans la belle salle voûtée de cet ancien hospice du 17e s., vous goûterez aux plaisirs d'une cuisine aux saveurs raffinées. Régal des yeux et du palais assurés !

Que rapporter

Marché – Jeu. matin.

Événement

Festival de l'Imaginaire – *Rens. à l'office de tourisme.* Théâtre de rue la 2e semaine de juil.

Turenne★

770 TURENNOIS – CARTE GÉNÉRALE C2
CARTE MICHELIN DÉPARTEMENTS 329 K5 – SCHÉMA P. 137 – CORRÈZE (19)

La cité dresse autour des ruines de son château le bel amphithéâtre de ses maisons. Fief du huguenot Henri de La Tour d'Auvergne, maréchal de France et héros de la guerre de Trente Ans, Turenne conserve sa fierté de capitale de l'ancienne « vicomté ». Comme dit le dicton, comparant la ville à ses voisines : « Pompadour pompe, Ventadour vente, Turenne règne. »

M.-O. Bernard / MICHELIN

Comment ne pas remarquer ce beau village, qui étage ses maisons aux toits d'ardoises, sur une butte isolée culminant à 320 m d'altitude ?

- **Se repérer** – Accroché à une butte calcaire isolée au cœur du causse corrézien, Turenne contrôle l'entrée des causses du Quercy. Le bourg se trouve à 18 km au sud de Brive.
- **À ne pas manquer** – La vue depuis la tour de César.
- **Organiser son temps** – Comptez 2h, compte tenu de l'affluence en saison.
- **Pour poursuivre la visite** – Brive-la-Gaillarde, Collonges-la-Rouge, Martel et Souillac.

Comprendre

Petite ville, grand passé – *Castrum Torina* au 8e s., puis *Torena* trois siècles plus tard, Turenne voit la forme presque définitive de son nom apparaître au milieu du 12e s. : Turena. Son origine ? Le mot préceltique *turra* (« hauteur »).

L'incapacité des derniers Carolingiens à gouverner l'ensemble de leurs possessions et l'aptitude des seigneurs de Turenne à résister aux invasions normandes semblent être à l'origine de l'émancipation du fief vis-à-vis du pouvoir royal. Dès le 11e s., une forteresse couronne la butte témoin détachée du causse de Martel. Au 15e s., Turenne a sous sa dépendance le tiers du Bas-Limousin, le Haut-Quercy et le Sarladais, soit mille deux cents villages et bon nombre d'abbayes. La vicomté jouit alors d'enviables privilèges. Tout comme le roi de France, les vicomtes agissent en véritables souverains anoblissant à leur guise, créant offices et consulats, battant monnaie, levant les impôts. Les habitants étaient exonérés de la taille (impôt). Mais le dicton « heureux comme les vicomtins » prit fin en 1738, lors de la vente de la vicomté à Louis XV…

Les La Tour d'Auvergne – Cette famille a rendu célèbre le nom de Turenne. Au 16e s., Henri Ier de La Tour d'Auvergne (1555-1623) est le chef des huguenots du Limousin et le plus vaillant soutien de la Réforme. Pour récompenser son zélé lieutenant, Henri IV lui fait épouser l'héritière du duché de Bouillon, Charlotte de La Marck, en 1591 ; les Turenne émigrent alors à Sedan. Mais Charlotte meurt trois ans après ce mariage, laissant à son mari les titres de duc de Bouillon et de prince de Sedan. Celui-ci se remarie avec Élisabeth de Nassau dont il aura huit enfants. Son fils cadet, également prénommé Henri, est un fabuleux stratège et deviendra le Grand Turenne

(1611-1675). Mais c'est l'aîné, Frédéric-Maurice, qui hérite de la vicomté. Il y reçoit en 1650 la princesse de Condé et son fils, le duc d'Enghien. La rencontre entre ces deux partisans de la Fronde fut l'objet de telles magnificences qu'elle resta célèbre sous le nom de « semaine folle de Turenne » et qu'il fallut prélever deux années d'impôts pour rembourser les dépenses occasionnées.

Se promener

VILLE BASSE

C'est le quartier du Barri-Bas, ancien faubourg de la ville.

Place du Foirail

Au sud, l'**hôtel Sclafer** avec sa terrasse à l'italienne était la demeure de notaires au 17e s. En face, remarquez une **échoppe** du 15e s. et sa grande arcade.

Remontez la rue du Cdt-Charollais.

Place de la Halle

Les logis tout autour témoignent de la richesse des habitants, surtout l'élégante **maison Vachon**, demeure des consuls de Turenne aux 16e et 17e s.

Rue Droite

Entre deux hôtels, cette rue étroite s'élève vers le château, bordée de maisons anciennes à encorbellement et d'échoppes.

De la place de la Halle, prenez à droite.

Rue Joseph-Rouveyrol

Admirez la **maison de l'Ancien Chapitre** dont la tour est décorée d'une belle porte de style gothique flamboyant.

Poursuivez tout droit en empruntant la rue de l'Église.

Église

Certains historiens affirment que sa construction fut décidée par Charlotte de La Marck en 1593, année de la conversion au catholicisme du roi Henri IV, mais elle ne fut consacrée qu'en 1668. L'édifice, en forme de croix grecque, est curieusement voûté d'une belle mosaïque de pierres jaunes et blanches dessinant un réseau de nervures prismatiques. Le mobilier des 17e et 18e s. comprend des stalles et, surtout, un maître-autel surmonté d'un retable en bois sculpté et doré figurant la passion du Christ. Un décor en trompe-l'œil plus tardif occupe de part et d'autre l'espace entre les colonnes torses.

Juste au-dessus de l'église, un vaste bâtiment, la **maison Tournadour**, était le grenier à sel de la ville.

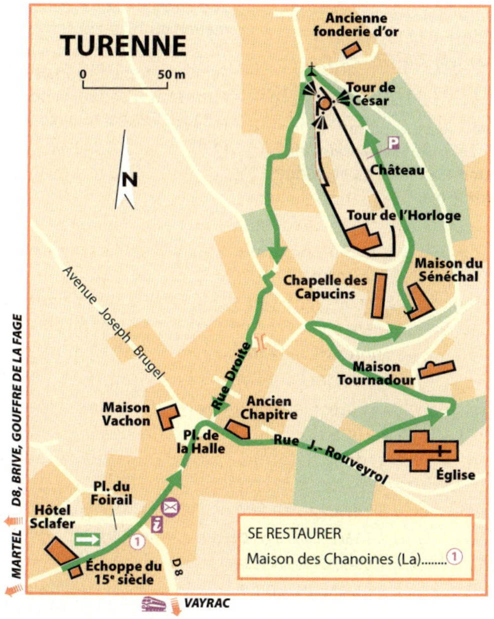

VILLE HAUTE

On pénètre dans la ville haute par la **porte fortifiée** de la deuxième des trois enceintes qui protégeaient le château. À droite, la **maison du Sénéchal** s'orne d'une élégante tour. À gauche, la **chapelle des Capucins** (1644) sert de cadre à des expositions.

En contournant le **château** *(description dans « Visiter »)* par la droite, remarquez une série de manoirs recouverts de toits d'ardoises et flanqués de tours trapues, solides constructions au nom parfois évocateur, comme la **fonderie d'or**.

Redescendre vers la ville basse en empruntant la ruelle qui sépare la deuxième de la troisième enceinte, puis la **rue Droite** *(description dans la première partie du circuit)*.

Visiter

Château

✆ 05 55 85 90 66 - www.chateau-turenne.com - juil.-août : 10h-19h ; avr.-juin et sept.-oct. : 10h-12h, 14h-18h ; nov.-mars : dim. et j. fériés 14h-17h - 3,80 € (10-18 ans 2,60 €, - 10 ans gratuit).

Il fut démantelé par Louis XV juste après la réunion de la vicomté à la Couronne. Seules les tours de l'Horloge et de César furent épargnées, occupant chacune une extrémité du promontoire, **site★** remarquable qui était autrefois entièrement couvert par le château et ses vastes corps de logis. Une chapelle s'élevait derrière la **tour de l'Horloge**. De cet ancien donjon du 13e s., on ne visite que la salle des gardes voûtée en berceau brisé. Quelques objets évoquant le passé de Turenne y ont été rassemblés. Au-dessus se trouve la salle de la monnaie ou salle du trésor.

La **tour de César** circulaire à l'appareillage irrégulier semble dater du 11e s. Un escalier permet d'accéder au sommet *(322 m d'altitude, table d'orientation)* d'où vous pourrez contempler un superbe **panorama★★** sur la région par-delà un paysage verdoyant et vallonné, avec les monts du Cantal vers l'est et en plein sud la vallée de la Dordogne.

Circuit de découverte

SUR LES TERRES DE M. DE TURENNE★ 2

Ce circuit de 55 km au départ de Brive-la-Gaillarde (voir ce nom) passe par Turenne.

Turenne pratique

Adresse utile

Office de tourisme – *19500 Turenne - ✆ 05 55 85 59 97 - www.brive-tourisme.com - juil.-août : 9h30-12h30,14h30-18h30 ; de Pâques à fin juin et sept. : tlj sf lun. 10h-12h30, 15h-18h ; w.-end Toussaint : vend.-dim. 10h-12h, 15h-17h.*

Visite

Visite guidée – *Rens. à l'office de tourisme - 4 €.* Trois fois par semaine en été : costumée le lun., mar. et jeudi, aux flambeaux le mar. soir.

Se restaurer

€€€ La Maison des Chanoines – *✆ 05 55 85 93 43 - www.maison-des-chanoines.com - fermé 11 oct.-9 avr., merc. soir en juin et le midi sf dim. et j. fériés - réserv. obligatoire - 32/40 € - 7 ch. 65/95 € - ☕ 9 €.* Entrez dans cette maison du 16e s. par son escalier à vis. Vous aurez le choix entre la salle à manger voûtée avec pierre apparente ou la petite terrasse avec son coin jardin et son potager. Six chambres confortables et calmes.

Vendoire

151 VENDOIRIENS
CARTE GÉNÉRALE A 1 – CARTE MICHELIN DÉPARTEMENTS 329 C3 – DORDOGNE (24)

Aux confins du Périgord et de l'Angoumois, la Lizonne constitue une frontière naturelle qui marque la limite du monde méridional : côté Périgord, on parle encore la langue d'oc avec cet accent chantant qui caractérise les parlers du Midi ; côté Angoumois se trouve l'accent des parlers du Nord et la langue d'oïl, et au milieu Vendoire.

- **Se repérer** – Vendoire se trouve à 50 km au nord-ouest de Périgueux et 21 km au nord de Ribérac par la D 708 puis la D 101.
- **Organiser son temps** – Comptez 2h30 pour la ville et l'écomusée.
- **Avec les enfants** – L'écomusée, c'est quand même une belle balade ! D'autant qu'un petit restaurant sait accueillir les enfants fatigués.
- **Pour poursuivre la visite** – Voir aussi Aubeterre-sur-Dronne, Bourdeilles, le château de Mareuil et Ribérac.

Comprendre

Petite écologie des tourbières – Comme le pétrole, la tourbe est une véritable roche végétale fossile. Elle est issue de la dégradation incomplète de débris végétaux car le sol retient trop peu d'oxygène pour permettre aux micro-organismes décomposeurs de recycler la matière organique. Parce que cette décomposition est très lente, les tourbières conservent longtemps en bon état des végétaux disparus. Elles sont donc des livres ouverts pour les paléontologues. Dans le même temps, les tourbières retiennent d'énormes quantités d'eau qu'elles restituent très progressivement au réseau hydrographique.

Sur un sol si pauvre, les végétaux ne se développent que grâce à des stratégies adaptées. Ainsi, les plantes carnivores capturent des petits animaux pour récupérer l'azote qu'elles ne trouvent pas dans le sol.

Se promener

Le bourg

On y découvre une demeure à fronton central en plein cintre, bâtie sous Louis XVI. À l'est du château, la petite église romane a conservé une abside polygonale. La façade ouest, très abîmée, a gardé son premier niveau d'arcatures d'influence saintongeaise.

Écomusée de la Tourbe

3 km à l'ouest de Vendoire (itinéraire fléché), sur les bords de la Lizonne. ✆ 05 53 90 79 56 - de mai à mi-sept. : 10h-18h - 3 € (- 12 ans 2 €, - 5 ans gratuit).

Dans le lit majeur de la Lizonne se sont développées au quaternaire de vastes tourbières de fond de vallée. Il en reste 65 ha, dont environ 30 ha, sur 4 m d'épaisseur, ont été aménagés pour la découverte de cet écosystème singulier :

J. Damase / MICHELIN

Dans le lit majeur de la Lizonne se sont développées de vastes tourbières de fond de vallée.

observation de la faune et de la flore à l'aide d'un livret explicatif vendu sur place, promenades en barques sur des plans d'eau communicants. Dans le bâtiment, des vitrines permettent d'approfondir la visite, et notamment d'apprendre que la tourbe a été un combustible exploité pendant des millénaires, jusqu'en 1950.

Circuit de découverte

LE « PAYS DE BOURZAC »

Circuit de 45 km – comptez environ une demi-journée.

Le territoire vallonné de ce « pays de Bourzac », depuis Fontaine au nord jusqu'à St-Paul-Lizonne au sud, se caractérise par la richesse de ses cultures, la beauté et la tranquillité de ses villages massés autour d'églises romanes souvent fortifiées.

Quittez Vendoire par le sud en empruntant la D 102. À la sortie du village, prenez à droite.

Nanteuil-Auriac-de-Bourzac

L'**église** résulte de la superposition de bâtiments de plusieurs époques. Son origine est romane, comme l'attestent l'abside aux beaux chapiteaux et le chœur voûté d'une coupole. Dotée ensuite d'un clocher-porche et d'une abside surélevée, l'église reçut au 16e s. des bas-côtés et des voûtes d'ogives dont subsistent les culées. Le porche d'entrée est Renaissance.

Quittez Nanteuil par le sud-ouest en empruntant la D 100. Après 5 km, tournez à gauche dans la D 97.

Bouteilles-St-Sébastien

L'**église** illustre parfaitement la vague de fortification qui modifia, dans la région, de nombreux édifices romans pendant la guerre de Cent Ans. Ici, l'abside fut surélevée pour former avec le clocher un curieux donjon.

Faites demi-tour et quittez la D 97 à gauche, 2 km après la sortie de Bouteilles.

St-Paul-Lizonne

L'église fortifiée conserve un **plafond peint★** et un retable de la fin du 17e s. *✆ 05 53 91 66 15 - possibilité de visite sur demande à la mairie : lun.-jeu. 14h-18h - gratuit.*

Quittez St-Paul par le sud et rejoignez à gauche la D 97E.

Lusignac

Construit sur une crête, le village présente des maisons anciennes et un manoir des 15e et 17e s. L'**église** fut fortifiée au 15e s. sur les bases d'une nef à file de coupoles du 12e s. (retable en bois sculpté du 17e s.).

Quittez Lusignac par le nord, en direction de Verteillac, et suivez la D 97E.

St-Martial-Viveyrol

Le caractère austère de l'**église** romane à deux dômes et clocher-donjon est souligné par ses étroites baies. La chambre de défense disposée au-dessus des voûtes est percée de grandes ouvertures. Autour de chacune des baies, les quatre trous permettaient aux défenseurs de fixer les étais d'un plancher en encorbellement.

Poursuivez sur la D 97E.

Cherval

Ce village possède l'une des plus jolies **églises à coupoles** de la région, restaurée par les Monuments historiques. Quatre coupoles en file – trois sur la nef, une sur le chœur – sont portées par de grands arcs brisés qui épousent la courbure des pendentifs. La voûte du chœur est ornée d'une couronne de pointes de diamant.

Quittez Cherval par le nord en empruntant la D 2E, puis tournez à gauche dans la D 100 en direction de Nanteuil. Après 2 km, prenez à droite.

Champagne-et-Fontaine

Église fortifiée voûtée d'ogives sur une double nef au 16e s. et précédée d'un porche à multiples voussures. Remarquez de belles maisons et le manoir de Chaumont (16e s.).

De l'église, une petite route ramène à Vendoire.

Vendoire pratique

Voir aussi Ribérac.

Adresse utile

Syndicat d'initiative – *Av. d'Aquitaine - 24320 Verteillac - 05 53 90 37 78 - mai-août : 9h-12h, 14h-17h30 ; sept.-avr. : tlj sf sam., vend. 9h-12h.*

Se loger

Chambre d'hôte du Domaine de Puytirel – *24320 Champagnac-et-Fontaine - à 6 km au sud-est sur D 100 et rte de Goût-Rossignol - 05 53 90 90 88 ou 09 62 15 93 81 - www.puytirel.com - - 5 ch. 60 € - repas 20/25 €.* Cette ancienne propriété viticole aux allures de ferme en activité propose des séjours originaux dans une bâtisse au charme d'antan. Sans décoration particulière, les intérieurs bénéficient pourtant de volumes généreux. Cheminées et parquets dans les chambres. Table d'hôte gourmande et foie gras de fabrication maison.

Chambre d'hôte Les Pouyades – *24320 Cherval - à 10 km au sud-ouest par D 708 rte de Verteillac et rte secondaire à gauche - 05 53 91 02 96 - - 3 ch. 85 €* . Entourée d'un parc aux arbres centenaires, cette très belle demeure un peu bourgeoise ne manque pas d'élégance. De son hall vaste et habillé de colonnes, l'escalier mène aux chambres, décorées avec goût. Un mobilier de famille à la fois simple et agréable orne toutes les pièces. Accueil souriant et convivial.

Villefranche-de-Lonchat

805 VILLAFRANCOIS
CARTE GÉNÉRALE A 2 – CARTE MICHELIN DÉPARTEMENTS 329 B6 – DORDOGNE (24)

S'il ne reste plus de cette ancienne bastide anglaise que le tracé des rues et quelques monuments, le village n'est pas moins le centre le plus actif du pays de Gurson, région vallonnée et couverte de vignes entre Libourne et Ste-Foy-la-Grande. Et il ne s'agit pas des premières vignes venues, mais de celles qui donnent les crus de bergerac et de saint-émilion.

Se repérer – À mi-chemin entre Bordeaux (à 61 km à l'ouest) et Périgueux (à 65 km au nord-est), Villefranche se trouve à 45 km à l'ouest de Bergerac.

À ne pas manquer – Les jardins de Sardy.

Organiser son temps – Comptez 1h pour le village.

Avec les enfants – La base de loisirs de Gurson *(voir l'encadré pratique)*.

Pour poursuivre la visite – Voir aussi Bergerac, le château de Montaigne, le château de Montréal et Neuvic.

Se promener

La ville, sur le chemin des guerres avec les Anglais, n'a rien gardé de ses fortifications de la fin du 13e s. Elle a pourtant préservé son plan quadrillé et ses simples édifices religieux, une église et une chapelle du 14e s. Remarquez aussi l'étonnante maison second Empire qui accueille la mairie et un musée d'histoire locale.

Le saviez-vous ?

L'expression de « villefranche » ne date que du 12e s. et désigne une ville ou une bourgade affranchie par le roi des droits seigneuriaux. Cette exemption ici est liée à la nature du village, bastide fondée à la fin du 13e s., succédant à la paroisse de Lopchac.

Circuit de découverte

LE PAYS DE GURSON

Circuit de 45 km – comptez environ une demi-journée. Quittez Villefranche-de-Lonchat par l'est en empruntant la D 32.

Château de Gurson

Campé sur une butte, le château a conservé quelques vestiges de ses fortifications. Donné par Henri III d'Angleterre, duc d'Aquitaine, à son sénéchal Jean de Grailly, il fut reconstruit au 14e s. Au pied de la butte, un **plan d'eau** a été aménagé.

Revenez sur la D 32 (à droite), puis prenez à gauche.

Carsac-de-Gurson

Entouré de vignobles, ce village possède une **église** dont la façade romane présente toutes les caractéristiques du style saintongeais.

Quittez Carsac par le nord-est en empruntant la D 33.

St-Martin-de-Gurson

L'**église** présente une belle façade (12e s.) de style saintongeais. Le portail sans tympan s'ouvre sous cinq voussures lisses retombant sur dix colonnes aux chapiteaux sculptés d'oiseaux et de monstres. Au-dessus, une arcature, composée de sept arcs en plein cintre reposant sur des colonnettes, est bordée d'une moulure décorée de têtes, surmontée d'une intéressante corniche à modillons sculptés.

Poursuivez sur la D 33, puis tournez à droite dans la D 11. Avant le bourg de Vélines, tournez à gauche, puis à droite après le gymnase.

Les jardins de Sardy★

✆ 05 53 27 51 45 - de mi-avr. à mi-oct. : 10h-18h - 6 € (-12 ans gratuit).

En 1956, Betty et Bertie Imbs achètent le domaine ; suivant les conseils d'un ami architecte féru d'Italie, ils font relever les murs, raccourcir la bâtisse de 4 m et ajouter un escalier reliant l'habitation au grand bassin rectangulaire. Ils créent ensuite les jardins : des cyprès structurent la verticalité et quelques topiaires forment le cadre où s'expriment les « mixed borders » (massifs mélangés) dessinés par Mme Imbs, passionnée de jardins anglais. À présent, leur fils a repris les lieux et le jardinier arrivé lors de la création continue de l'entretenir.

La visite commence par la **cour des senteurs** (sauge, citronnier, camphre…), sensibilisation à l'approche olfactive de ces jardins où les couleurs se fondent et les effluves se mêlent. La plate-forme offre une vue d'ensemble, avant de s'engager sur la pente douce bordée de vivaces aux teintes pastel qui mène à la pièce d'eau. Remarquez au passage la statue de saint Fiacre (patron des jardiniers) qui s'élève sur la racine d'un charme. Derrière, dans le sous-bois, un promontoire offre une belle perspective sur le **grand bassin** parsemé de nymphéas. Après en avoir fait le tour, on descend sous la tonnelle de rosiers, passant la fontaine alimentée par une source, pour arriver au **verger** (pommiers, abricotiers…) au-delà duquel s'étend une zone boisée. Ce jardin de 12 ha est un refuge pour les oiseaux, reconnu comme tel par la Ligue de protection des oiseaux. Les spécialistes y entendront sans peine verdiers, troglodytes, accenteurs et pinsons. De retour au grand bassin, on emprunte l'escalier bordé d'un magnifique olivier, puis on longe la paroi rocheuse couverte de grimpantes jusqu'à l'ancien lavoir du Moyen Âge. On peut alors rejoindre la terrasse du salon de thé, mais on se laisse tenter par l'envie de rebrousser chemin pour prolonger la rêverie.

J. Malburet / MICHELIN

Heureuse alliance entre influences anglaise et italienne autour d'une demeure fortifiée remaniée au 18e s., adossée à un piton rocheux.

Le **château de Sardy** domine 5 ha de vignoble à flanc de coteaux. Une petite production pour un bergerac soigné *(visite du chai sur demande).*

Après Vélines, prenez à droite la D 936, vers Libourne. Au lieu-dit Tête Noire (3 km), tournez à droite.

Montcaret

Villa gallo-romaine – *℘ 05 53 58 50 18 - www.monum.fr - sur réserv. 8 j. av. - possibilité de visite guidée (1h) - de fin mai à fin sept. : 9h45-12h30, 14h-18h30 (dernière entrée 1h av. fermeture) ; de déb. oct. à fin mai : tlj sf sam. 10h-12h30, 14h-17h30 - fermé 1er janv., 1er Mai, 1er et 11 Nov., 25 déc. - 3 € (-18 ans gratuit).* À l'emplacement de Montcaret s'étendait, à l'époque gallo-romaine, une grande villa (plus de 10 ha) établie sur les premières pentes du coteau de la Dordogne. Dévastée par les Barbares au temps des invasions, lieu de culte pour les premiers chrétiens et siège d'un prieuré bénédictin au Moyen Âge, la villa était depuis longtemps oubliée lorsque, en 1827, apparut fortuitement une mosaïque lors de la construction d'un lavoir. Son dégagement fut entrepris de 1921 à 1941.

L'ensemble des vestiges, utilisés comme nécropole du 6e au 12e s., correspond à une villa à péristyle et cour intérieure, avec ses **thermes** (bains privés). Ils sont remarquables par leur système de chauffage fonctionnant grâce à des appels d'air, comme par leurs **mosaïques★** du 4e s. En effet, le pavement intact présente seize carrés aux motifs aquatiques. Attenante à la salle abside (350 m^2), la **salle cruciforme** de 55 m^2 constitue le point d'orgue de la visite. Au sol, 5 tapis de mosaïques et un chauffage par hypocauste (voyez le réseau de conduits aménagés sous le sol et dans les murs). Dans la partie d'accueil du site est aménagée une **salle d'exposition** destinée à recevoir les objets découverts au cours des fouilles : fragments de marbre et de chapiteaux romains, sépultures du 6e au 12e s. avec leur mobilier funéraire.

Église – Elle dépendait de l'abbaye St-Florent-de-Saumur. Au fond de l'abside, du 11e s., quatre beaux chapiteaux romains et mérovingiens en marbre, à décor d'acanthes, ont été réemployés dans l'édifice par les bénédictins. Sur la façade ouest, remarquez les deux bas-reliefs romans : l'un représentant Adam et Ève, l'autre saint Pierre et saint Paul.

Quittez Montcaret par le nord vers St-Michel-de-Montaigne.

Château de Montaigne *(voir ce nom)*

Poursuivez la D 9 vers le nord, puis tournez à droite dans la D 21, et de nouveau à droite.

Montpeyroux

De l'extrémité de la butte de Montpeyroux, une belle **vue** s'offre sur la région, les maisons basses se dispersant au milieu du vignoble. Dans le village, la maison noble des Marroux a appartenu à Bertrand Eyquem, frère cadet de Michel de Montaigne.

Entourée du cimetière, l'**église** romane présente une façade saintongeaise rappelant celle de St-Martin-de-Gurson. Admirez la belle corniche à modillons sculptés courant le long de l'abside revêtue de neuf arcs d'appliques. À côté, un élégant **château** des 17e et 18e s. s'organise autour d'un logis flanqué de deux pavillons en équerre, cantonnés de tours rondes. Chaque ouverture est surmontée d'un œil-de-bœuf.

Quittez Montpeyroux par la D 10 vers le nord pour rejoignez Villefranche-de-Lonchat.

Villefranche-de-Lonchat pratique

Voir aussi Bergerac.

Se loger

Chambre d'hôte du Domaine de la Mouthe – *La Mouthe - 24700 St-Rémy - 11 km au sud-est de Villefranche-de-Lonchat par D 32 et rte secondaire à gauche - 05 53 82 15 40 - www.pays-de-bergerac.com/hebergement/domaine-mouthe - - 5 ch. 55/70 € .* Les bâtiments d'origine de cette ancienne ferme ont été transformés en gîtes, et l'habitation principale, reconstruite à partir de vieilles charpentes de récupération. Les 3 petites chambres du rez-de-chaussée demeurent claires et agréables alors que 2 autres, plus spacieuses trouvent leur place dans l'annexe contiguë.

Chambre d'hôte Les Trois Chênes – *Rte de Mussidan - 24130 Le Fleix - à 15 km au sud-est par D 32 - 05 53 24 15 89 - les-trois-chenes@wanadoo.fr - - 5 ch. 55/62 € - repas 15 €.* À la sortie du bourg, cette maison, presque cachée derrière son portail, abrite 5 chambres, dont une accessible aux personnes à mobilité réduite. Chacune d'entre elles a été décorée selon une unité de couleur, mais toutes bénéficient d'une tenue impeccable. Jolie terrasse ombragée et petit parc clos au dehors.

Se restaurer

Ferme-auberge de Jolibois – *24610 St-Méard-de-Gurçon - 12 km à l'est de Villefranche D 32 - 05 53 82 47 02 - fermeaubergejolibois@orange.fr - fermé 2 sem. déb. janv., 2 sem. déb. sept., les soirs sf du dim. au mar. en sais. et le soir hors sais. sf sam. - réserv. conseillée - 12 € déj. - 23/35 € - 2 ch. + 2 gîtes 45 € - 6 €.* Adresse prisée des gens des alentours, cette ferme-auberge dispose d'une grande salle à manger aménagée dans une ancienne grange. Élaborée à partir des produits de l'exploitation, la carte réserve une place de choix aux spécialités à base de canard. Vente directe de conserves préparées sur place. Chambres d'hôte.

Sports & Loisirs

Base de loisirs de Gurson – *05 53 80 77 57 - www.lac-de-gurson.com - sais. : 9h-19h - 2,50 € (enf. 1,50 €).* Deux lacs : l'un de 12 ha pour la baignade et les activités de plage, l'autre de 4 ha pour pratiquer la pêche. Également sur place : pédalos, toboggan aquatique, tennis, accrobranche, centre équestre, etc. Gîtes, camping, aires de pique-nique et espaces restauration.

NOTES

NOTES

NOTES

NOTES

Sarlat-la-Canéda : ville, curiosité, région, nom de personnalité ou historique.
Les sites isolés (châteaux, abbayes, grottes…) sont répertoriés à leur propre nom.
Nous indiquons par son numéro, entre parenthèses, le département auquel appartient chaque ville ou site. Pour rappel :

19 : Corrèze
24 : Dordogne
46 : Lot
82 : Tarn-et-Garonne

T

U

V

W

Y

Z

CARTES ET PLANS

CARTES THÉMATIQUES

PLANS DE VILLES

PLANS DE MONUMENTS

CARTES DES CIRCUITS

Info pratique

NUMÉROTATION ROUTIÈRE

Sur de nombreux tronçons, les routes nationales passent sous la direction des départements. Leur numérotation est en cours de modification.

La mise en place sur le terrain a commencé en 2006, mais devrait se poursuivre sur plusieurs années. De plus, certaines routes n'ont pas encore définivement trouvé leur statut au moment où nous bouclons la rédaction de ce guide. Nous n'avons donc pas pu reporter systématiquement les changements de numéros sur l'ensemble de nos cartes et de nos textes.

Bon à savoir – Dans la majorité des cas, on retrouve le n° de la nationale dans les derniers chiffres du n° de la départementale qui la remplace. Exemple : N 16 devient D 1016 ou N 51 devient D 951.

Manufacture française des pneumatiques Michelin
Société en commandite par actions au capital de 304 000 000 EUR
Place des Carmes-Déchaux - 63000 Clermont-Ferrand (France)
R.C.S. Clermont-Fd B 855 200 507

Dépôt légal : octobre 2008 – ISSN 0293 9436
Compograveur : Nord Compo, Villeneuve d'Ascq
Imprimeur : Canale
Imprimé en Italie : septembre 2008